Vietnam
Entre le meilleur et le pire

50 ans de fidélité aux combats de ma jeunesse

MÉMOIRES, SOUVENIRS, TÉMOIGNAGES :

Indochine, Vietnam, Asie du Sud-Est

- Osa PUTU OSANKA, *Dignité !* (récit traduit du malais-Indonésie)
- Jean AURILLAC, *Journal de captivité à Saigon et Loc-Ninh (9 mars-1er octobre 1945)*
- Philippe DEVILLERS, *Vingt ans et plus avec le Viet-Nam 1945-1969*
- Uwe SIEMON-NETTO, *Duc, un regard allemand sur le Vietnam (1965-1972)*
- Paul DISLÈRE, *Mémoires, 1865-1870. Les voyages d'un jeune ingénieur de la Marine*
- NGUYEN HUU LE, NGUYEN THANH KHANG, *Je dois vivre ! Chronique du goulag Hô Chi Minh 1975-1988*
- Guillaume AROTCARENA, *Singapour vu d'en bas. Chronique d'un Basque en Asie, 1980-1989*
- Alain RUSCIO, *Cambodge, an I. Journal d'un témoin*
- Philippe RICHER, *Dans tous mes états*
- Michel STRULOVICI, *Sorties de guerre, Vietnam, Laos, Cambodge 1975-2012*
- Pierre BEZARD, *L'Or, le fer et le droit. Indochine Vietnam 1940-2009*
- Cdt CHAUVIN, *Carnets du Tonkin. Dinassaut 4 (1953)*
- Jean LE PICHON, *Récits et lettres d'Indochine et du Vietnam 1927-1957*
- VO NGUYEN GIAP (Propos recueillis par Alain RUSCIO), *Une Vie*
- Dr Jean-Michel KRIVINE, *Carnets de missions au Vietnam 1967-1987*
- Dr Jean-Michel KRIVINE, *Carnets de mission dans les maquis thaïlandais 1978*
- Albert CLAVIER, *De l'Indochine coloniale au Vietnam libre. Je ne regrette rien*
- Pierre DUVAL, *L'Appel de la rizière*
- Charles FOURNIAU, *Le Vietnam que j'ai vu (1960-2000)*
- Jean-Claude POMONTI, *Ma part de rêve. Le demi-siècle de reportages d'un Asiate*

Suite à la fin de l'ouvrage

ISBN : 978-2-84654-663-8
EAN : 9782846546638

Les Indes savantes, 94, boulevard Auguste-Blanqui, 75013 Paris
Mail : contact@lesindessavantes.com
Site Web : http://www.lesindessavantes.com

André MENRAS

Vietnam
Entre le meilleur et le pire

50 ans de fidélité aux combats de ma jeunesse

les Indes savantes

Préface

par Hoàng Hưng[1*]

En tant que Vietnamien, ayant vécu l'histoire contemporaine de son pays pendant quatre-vingts longues années, je ne peux m'empêcher d'être bouleversé en lisant les écrits d'André Menras.

Les faits dont il a été témoin, acteur ou victime pendant les deux périodes qui précédèrent et suivirent la réunification du pays sont authentiques. Racontés à chaud et pris sur le vif, ils révèlent un homme de conviction, y compris pour ceux qui ont des opinions, des vues ou une interprétation de l'Histoire différentes voire contraires aux siennes.

L'Histoire contemporaine du Vietnam est capricieuse, pleine de paradoxes. À tel point qu'un regard objectif ne peut s'empêcher de s'interroger : en fin de compte, pourquoi les Vietnamiens se sont-ils battus pendant plus de cent ans pour arracher l'indépendance ? Pour en faire quoi ? Obtenir quoi ? À quoi bon rompre avec le joug colonial occidental en plaçant le pays sur la voie de la civilisation moderne pour qu'aujourd'hui le Vietnam « indépendant » reste toujours un pays arriéré, sous la coupe d'un impérialisme du Nord qui menace sa souveraineté et lui imprime son modèle totalitaire antidémocratique ?

Tout étranger ayant l'occasion de rencontrer des citoyens vietnamiens, entendra nostalgie et regret concernant le choix d'une voie qu'ils considèrent comme une erreur de la part des élites du passé. Mais ce sont des expériences très concrètes et particulières qui ont conduit André Menras à la décision historique de sa vie : planter le drapeau du Front national de libération du Sud-Vietnam dans le ciel, au-dessus de la capitale de la République du Vietnam. Ce choix est celui de la vie et du cœur, pas celui du calcul, la tête froide, en termes de gain et de perte. Ceux qui ont le plus admiré cet

1. Poète, critique littéraire, journaliste officiel, – ex-rédacteur des journaux et websites Lao Động (Hà Nội), puis free lance talawas.org (Berlin), boxitvn.online (Hà Nội), vanviet.info (HCM), co-fondateur du Comité de campagne pour une Union Indépendante des Écrivains Vietnamiens, prisonnier de conscience (1982-1985).

engagement sont les paysans pauvres, cibles des insultes « xà lù, cu soong » (salaud, cochon) de la part de colonialistes au long nez ou d'intellectuels privilégiés formés par l'occupant.

C'est encore la voix de la vie et du cœur qui détermine le nouveau choix d'André Menras quand il revient au Vietnam en 2002 avec les honneurs du Parti communiste au pouvoir et reçoit en 2009 la nationalité vietnamienne directement du Président de la République.

Cependant, une fois de plus, il va choisir de se ranger du côté des victimes du nouvel envahisseur : les pêcheurs de la mer de l'Est du Vietnam face aux fusils et aux canons à eau des pirates chinois. Mais plus difficile encore, il va se tenir aux côtés de ceux qui sont réprimés par le régime dont ils ont contribué à la victoire. C'est-à-dire les intellectuels et personnalités communistes qui ont résisté aux Français, aux Américains et à la République du Vietnam et qui désormais, pour exiger la liberté promise, la démocratie et les droits humains se retournent contre le Parti devenu un « capitaliste rouge » totalitaire.

En fait, rien de paradoxal ici. En tant que citoyen vietnamien aujourd'hui, il continue avec ses camarades la lutte pour la liberté et le bonheur du peuple vietnamien contre les forces obscures au pouvoir, forces qui ne sont plus extérieures mais intérieures.

Ses deux films documentaires *La Meurtrissure* et *Vietnam : un cri qui vient de l'intérieur* sont la voix de vrais Vietnamiens d'aujourd'hui que tout journaliste ou cinéaste de ce pays devrait admirer et regretter de n'avoir pu réaliser.

André Menras ! C'est un cœur qui bouillonne d'amour et de colère, honnête et juste, sans compromis ni concessions. Il aime le pays et le peuple du Vietnam plus que beaucoup de Vietnamiens. André « a toujours pris le parti des larmes », selon l'épitaphe que mon ami le poète Dương Tường, récemment décédé, voulait qu'on grave sur sa tombe. Ce parti, c'est celui du peuple vietnamien qui depuis 100 ans est victime du Mal sous différents visages.

Selon la croyance traditionnelle vietnamienne, je serais prêt à imaginer qu'André Menras est la réincarnation de l'un de ces « intellectuels patriotes » tels le poète politicien Nguyễn Trãi qui dénonça les crimes de l'armée des Minh au XVe siècle « brûlant le petit peuple dans des flammes féroces » ou le poète aveugle Nguyễn Đình Chiểu exprimant sa douleur et sa compassion devant la fuite éperdue des gens du peuple devant la soldatesque française au XIXe siècle « les enfants quittaient la maison en courant de toute part… ». Dans cette vie, le « lettré patriote » vietnamien renaît en occident avec la peau blanche.

Avant-propos

Ce livre arrive longtemps après un premier ouvrage[1] écrit en 1973 avec un autre jeune enseignant français, Jean-Pierre Debris. Ficelé en onze jours et nuits, c'était un témoignage brut de littérature sur les deux ans et demi de bagne saïgonnais que nous venions de vivre pour avoir porté au cœur de Saïgon le drapeau du Front national de libération du Sud-Vietnam. Publié en sept langues, il avait alors beaucoup servi dans notre combat pour activer la libération des dizaines de milliers de prisonniers politiques que la dictature pro-américaine détenait et liquidait dans les bagnes du Sud.

Cinquante ans après, le monde a beaucoup changé, le Vietnam aussi, mais mon attachement à ce pays ne s'est pas émoussé. Il s'est même renforcé. Il a été officiellement consacré le 2 décembre 2009 par l'obtention de la nationalité vietnamienne, des mains mêmes du président de la République Nguyễn Minh Triết, au palais de Justice de Saïgon, en présence du vice-ministre de la Justice et du maire adjoint d'Hồ Chí Minh-Ville. C'était la première fois qu'un étranger « cent pour cent » était ainsi fait vietnamien par le plus haut représentant de l'État.

J'ai pris cet évènement comme un grand honneur, comme la reconnaissance de ma contribution à la paix mais aussi comme un nouveau défi, un appel pour aider le Vietnam à avancer vers la modernité dans le respect des combats et des sacrifices passés. J'ai donc épousé officiellement le Vietnam pour le meilleur et pour le pire. Préserver le meilleur et combattre le pire.

Avant de me décider, j'ai beaucoup tergiversé. Alors que des dizaines de milliers de citoyens qui y étaient nés le quittaient chaque année, moi, le Tây* venu du bout du monde, demandais à y entrer. J'ai réfléchi à ma tranquillité confortable de « héros » dont la photo est exposée depuis des années au musée de la guerre d'Hồ Chí Minh-Ville, de « grand ami du peuple vietnamien » plusieurs fois décoré. J'aurai pu rester l'invité de marque campé sur mon héroïque séant, anesthésié à jamais dans un moment épique de l'Histoire. Mais quand, dans ce monde marchand, la pauvreté, l'injustice et

1. Rescapés des bagnes de Saïgon. Nous Accusons (Editeurs Français Réunis)

l'oppression sont toujours là, quand les sacrifices du passé sont petit à petit confisqués, quand l'indépendance, qui n'est autre que le respect d'un peuple pour lequel vous avez lutté, est mise à mal et que la paix est à nouveau menacée, comment rester dans la poussière d'un musée sans éternuer ? Le passé ne vaut que s'il sert le présent et le nourrit des valeurs de progrès. De plus, je me suis toujours méfié des héros. Leur propension à laisser accommoder leurs médailles à toutes les sauces politiques me les rend suspects.

Dans mon cas, aucun mérite à remettre ces décorations en jeu, aucun risque à continuer la partie : je ne peux plus perdre parce que je suis mort. Je l'ai appris le 21 janvier 2022 par téléphone. Mais oui, certains amis affligés m'ont même adressé des messages de condoléances par SMS ! Le journal *l'Humanité* venait de publier ma nécro. Mais il s'agissait d'un pauvre homonyme aveyronnais. Sincèrement touché par les condoléances du journal, j'y ai lu un résumé fidèle de mon histoire d'amour anticolonialiste avec le Vietnam. Mais le compte n'y était pas, il n'y avait que le début. Question d'espace probablement ! Alors j'ai décidé de prendre la plume pour compléter l'histoire.

Je l'ai fait également au titre de ma nouvelle identité bi-citoyenne. Pour examiner comment la rendre utile. Pour qu'elle ne soit pas qu'un moment de spectacle médiatique. Pour poser les questions actuelles qui me préoccupent et m'obliger, « d'outre-tombe », à répondre à beaucoup d'autres. Pour rester fidèle au drapeau de mes vingt ans et que les nouveaux combats le prolongent et lui redonnent couleur. Le rouge mais aussi le bleu.

Ni un roman, ni une biographie, ni une froide analyse politique ou sociale, je veux ce livre sans prétention ni dogme. Comme la voix simple d'une vie originale qui se croise avec des milliers d'autres, empêchées ou non. Une voix qui s'interroge et veut sainement contribuer à l'essor pacifique et indépendant de ce pays pas si petit, qui le mérite tant. Je veux ces pages sans langue de bois, authentiques et complexes comme les morceaux de vie qu'elles racontent, sans déballage mais sans hypocrisie.

Le livre contient beaucoup de documents, articles, billets, écrits à différentes périodes de ma vie et qui reflètent mes sentiments et opinions à ces moments-là du parcours. Relus aujourd'hui à la lumière des événements en continuelle évolution, dans un contexte social et politique mouvant, je nuancerais ou changerais certaines certitudes de l'époque, mais je me suis interdit d'y toucher, comme on ne change pas les paroles de *La Marseillaise* sous prétexte qu'on est européen ou que la paix bannit l'image du « sang impur qui abreuve nos sillons ».

La réalité de la vie politique et sociale vietnamienne peut déconcerter. J'ai souvent subi ses contrepieds, paradoxes et contradictions ainsi que le révèlent les pages qui suivent. L'optimisme peut y survivre, en persévérant. L'essentiel est là : les faits rapportés ici sont vrais, les questions qu'ils soulèvent bien réelles et n'ont pas fini de nous interpeler.

Ce livre irritera certaines autorités du Vietnam actuel. Je le sais et tant mieux. Il m'attirera peut-être leurs foudres. Peut-être botteront-ils mon auguste train hors du musée… Il choquera sans doute certains amis vietnamiens, gênera peut-être quelques Français vrais ou faux amis du Vietnam. Peu importe, je n'écris ni pour plaire, ni pour vendre. Je le fais en toute modestie surtout à l'intention des lecteurs vietnamiens. D'abord parce que je n'aime pas que d'autres parlent en mon nom de choses qui me concernent et qu'ils n'ont pas vécues. Ensuite parce que j'ai besoin de dire et raconter des choses simples que la censure impitoyable et imbécile ne permet pas de partager.

À ceux qui pensent exagérées mes critiques à l'encontre du Parti communiste vietnamien, maître autoproclamé et sans partage de la vie de la nation, et à ceux qui le soutiennent, je répondrai simplement que, pour moi, ces critiques et accusations ne sont pas un plaisir mais une douleur, que chacune de ses violences, de ses corruptions, chacun de ses abandons de dignité humaine et de liberté me touche au plus profond de mes convictions. Je dis à ces détracteurs : non, je ne suis pas anti-communiste, c'est vous qui l'êtes en acceptant que soit souillé ce que cet idéal contient de libérateur. Je ne dirai rien qui soit faux mais ne comptez pas sur moi pour cacher la vérité.

Je veux ce livre comme un coup de réveil à ceux qui pontifient sur un Vietnam qui serait définitivement libéré, faisant arrêt sur image sur les grilles d'un palais explosées par un char un demi-siècle auparavant. Je le veux comme un pied de nez à ceux qui veulent enfermer, aseptiser ou asservir la parole, la réduire à un discours officiel qui pare au plus pressé, oublie, dessèche et déforme des pans entiers d'Histoire. Je le veux aussi comme une affirmation de résistance et de détermination face aux revanchards du passé que j'ai bien connus, ou aux conquérants du présent qui ne parlent de pauvreté que pour mieux s'en servir, toujours à l'affût de faiblesse démocratique pour rétablir un nouvel ordre et servir un nouveau maître. Je le veux enfin et surtout, comme une sincère déclaration d'amour au peuple du Vietnam.

Deux seuls regrets : avoir fait souffrir mes parents et n'avoir pas assez remercié les milliers de celles et de ceux qui m'ont aidé tout au long de ce singulier parcours que j'ai très souvent subi plutôt que choisi, mais dont je suis fier.

Lou gardo !

Dans quel état d'esprit était l'adolescent finissant que j'étais quelques jours avant son départ pour Saïgon et la guerre, en ce mois de septembre 1968 ? Je ne résiste pas à l'envie de raconter son dernier fait d'armes.

Le rituel jour de l'ouverture de la chasse coïncidant pratiquement avec mon départ, je me dispensai de prendre un permis de chasser coûteux... d'autant que la chasse se déroulerait essentiellement sur les terres familiales aveyronnaises.

Le matin était encore frais et brumeux. Deux de mes oncles, mon père et moi chassions le perdreau sous la ferme de Ramiès dans le vaste champ pentu moissonné le mois précédent, entre la ferme et la châtaigneraie. Selon le pire scénario envisagé, la 2 CV des gardes-chasses arrêta son moteur sur la petite route qui nous dominait. Deux hommes en descendirent. Le plus corpulent, le chef, se dirigea vers l'oncle Raymond et l'oncle Alfred qui assuraient l'aile côté route. Ils furent les premiers à être contrôlés. L'autre garde, à la silhouette plus élancée, marcha vers mon père. « Garo ! » (Attention !) A l'autre aile du groupe, côté bois, j'allongeais le pas insensiblement, sans me retourner. Ce fut un sifflement strident qui lança le coup d'envoi de ce match singulier.

Démarrage pleine pente, fusil à la main, vers la châtaigneraie. À chaque foulée le chaume dressé craque dans un vacarme réprobateur. Et me voilà devenu gibier. Juste retour des choses. Je pourrais décoller comme un perdreau tellement la pente me donne des ailes. J'ignore où je mets les pieds et ne pense même pas au faux pas sur ce terrain truffé de rocs invisibles. Violemment chahutée à ma taille, la cartouchière se déleste de ses cartouches à chaque impact de mes pieds sur le sol. « Arrête-toi, je t'ai reconnu. » Une voix jeune, saccadée par l'essoufflement. Surtout ne pas se retourner : le dos, quand il est recouvert, n'a pas d'identité, les braconniers le savent bien. Mes oncles ont rappelé à eux les chiens d'arrêt pour m'éviter d'être facilement tracé par mon poursuivant. Je continue mon sprint sans faiblir vers le couvert des châtaigniers et attaque en sèches foulées le flanc opposé de la combe, vers le plateau. Là, je serai définitivement hors du champ des longues-vues.

Je ne suis plus suivi. Le jeune garde, à la fois essoufflé et distancé, a sans doute jugé plus prudent de ne pas pénétrer dans cette végétation inconnue devenue ma complice. On ne sait jamais avec les Menras !

Quelques minutes encore de marche forcée et j'atteindrai les grands fourrés de genêts et de ronces. J'accueille leurs griffures comme des marques de bienvenue protectrice. Je m'y enfonce, démonte mon vieux browning. La crosse et le mécanisme soigneusement enveloppés dans mon premier pull sont camouflés profondément dans un roncier rapidement localisé. J'enfouis le canon, après l'avoir enveloppé de mon deuxième pull, dans un tronc de châtaigner creux à quelques dizaines de mètres. J'ai récupéré mon souffle.

Le crime est presque parfait… À un détail près : je conserve dans ma poche les clefs de la vieille Juva 4 que j'ai empruntée à mon grand-père pour conduire mon oncle et mon père à cette ultime ouverture de la chasse avant notre séparation. Seule voiture immatriculée dans l'Hérault garée près de la route, les deux gardes aveyronnais s'y intéresseront immanquablement. Mes oncles également car cet épisode leur a creusé l'estomac et desséché le gosier à l'heure du traditionnel petit-déjeuner de l'ouverture. Pâté, jambon, saucisson, roquefort, miche de pain dodue et bouteilles de vin rouge : tout se trouve dans la voiture, dans un grand panier, bien à la vue mais inaccessible. Les trois frères dépêchent alors l'oncle Alfred vers Maziès, la ferme paternelle, à plus d'un kilomètre de là, avec mission de me retrouver ainsi que les clés et de les ramener. Les connaissant, j'ai anticipé et me poste dans un fourré avec vue sur les chemins possibles vers la ferme. Je me garde bien d'aller jusqu'à celle-ci car, plantée comme elle l'est à l'extrémité du plateau, elle est idéalement exposée au balayage scrutateur des longues-vues. Après quelques dizaines de minutes d'affût, j'intercepte l'oncle Alfred au passage, lui remets les clés.

Il aurait dû être irrité par la marche forcée que je lui imposais. Au contraire, il était ravi. À son retour de la ferme, il me rapporta un bon casse-croûte et une veste, de quoi attendre sereinement le coucher du soleil après avoir changé de cache. Puis il rejoignit ses deux frères pour un bon petit-déjeuner, fusils cassés mais chargés à portée. La conversation était volontairement joviale, émaillée de franches provocations à l'égard des deux pauvres gardes au gosier sec et à l'estomac creux qui, debout à côté d'eux, stoïques, déclinèrent l'invitation. Pour mes oncles, pas de regret : au diable les perdreaux, les gardes étaient plus intéressants car ils faisaient partie de la tradition familiale de résistance depuis leurs ancêtres à cheval qui, sur dénonciation de voisins malveillants, venaient sur ces terres pauvres interdire une partie de l'économie familiale en arrêtant les poseurs de tendelles* et autres collets et « ferrous*[1] ». Comme les bougres avaient sorti le laguiole pour s'attaquer à la charcuterie, le plus âgé des gardes, qui avait depuis longtemps les Menras dans son collimateur, demanda à mon père où se trouvait son fils. Mon père répondit sans se démonter : « Je n'ai pas de fils ». Chasseurs, ne prenez pas la chasse à la légère, elle peut vous faire renier ! Ajoutant au côté pagnolesque de la scène, mon oncle Alfred fit pendant à la question du garde et lui demanda où se trouvait sa femme, selon lui imprudemment délaissée en ce jour d'ouverture plein de chasseurs de tous poils… Le petit-déjeuner tranquillement savouré, ils reprirent la chasse, comme si de rien n'était. Et les deux gardes, près de la voiture plantèrent des heures les yeux rivés à la longue-vue.

1. Les astérisques renvoient au lexique page 383.

D'accord avec vous : ce n'est pas bien. J'aurais dû faire fi du Vietnam. Prendre, même pour un seul jour, le permis de chasser. Je n'aurais pas dû m'enfuir à la Vietcong. Mes oncles auraient dû respecter les gardes... Mais pour comprendre tout le sens de l'événement, il faut le considérer comme un simple épisode d'une longue saga entre les Menras et les gardes. Une culture de résistance aux intrusions ou interdictions étrangères sur les pauvres terres familiales menaçant le droit ancestral à la chasse. C'était une question de fierté, de tradition, mais aussi, à l'origine, d'économie, de survie.

Une fratrie de douze enfants au départ sous la poigne de fer d'un père moustachu, craint comme un parrain et que l'on vouvoyait. Tous les enfants, surtout les aînés, avaient chacun leur travail d'adulte. Mener les bœufs de labour sur ces terres ingrates où la lauze rouge affleurait, dégager les roches soulevées et les entasser en clapas*, défricher les bois pour la vente, le chauffage et les tâches domestiques, faire paître le bétail, les trois ou quatre vaches, les trente brebis, les quelques porcs ; assurer la traite, transporter les bidons de lait sur plus d'un kilomètre à travers bois pour le ramassage par la fromagerie, pétrir le pain et le cuire au four, aller faire la lessive au maigre ruisseau à 500 mètres de la ferme et remonter la lessive lourde de son eau à travers le bois pentu, cueillir tout ce qui pouvait l'être, faire les conserves... La vie était rude et la pitance maigre dans la ferme isolée. Pour les Menras, l'école de Saint-Amans n'était fréquentable que de Toussaint à Pâques. De façon très clairsemée. Le reste de l'année, les enfants étaient mobilisés à plein temps pour les travaux de la ferme ou loués comme domestiques dans des fermes voisines pour assurer leur soupe quotidienne.

Quant à la chasse, elle occupait une place importante dans la vie de chacun, nourrissait l'économie de la famille tout en faisant l'objet d'âpres rivalités internes. Seul le mince plateau était cultivé. Le père, dont la bourse était cadenassée, avait divisé en plusieurs lots les soixante hectares d'espace pentu, boisé de petits chênes noueux, de cades et de châtaigniers. Chaque lot était attribué à un membre de la famille – y compris à chacun des deux parents – qui avait droit exclusif de piégeage sur son territoire. En des coins reculés tenus secrets, chacun posait ses tendelles, ces trébuchets subtilement tendus sous des cades avec une lauze plate, armée en fragile équilibre, prête à s'abattre sur l'oiseau au moindre coup de bec déclencheur. Le soir ou tôt le matin, en s'assurant de ne pas être épié, on allait relever les grives et retendre les pièges. Le butin, apporté à travers bois au village le plus proche, était acheminé par bus à Saint-Affrique moyennant commission au chauffeur, pour être vendu au marché ou aux restaurants, clients attitrés. Ainsi chacun construisait sa maigre cagnotte, soigneusement cachée dans une boîte en fer, pour ses projets personnels. Le piégeage des grives, autorisé dans le département voisin de la Lozère était interdit dans le sud-Aveyron, ce qui était vécu comme une profonde injustice. La famille Menras en avait fait les frais en la personne de deux gardes-montés qui avaient découvert facilement des tendelles sur les terres de la ferme. Pour éviter condamnation et amende à mon grand-père, mon père qui n'était pas majeur porta le chapeau et dut s'acquitter de quelques jours de travaux d'intérêt général...

Les lièvres ou autres lapins attrapés au collet ne finissaient que rarement sur la table familiale et étaient réservés aux restaurants chics de Lacaune ou Saint-Affrique. J'ai un clair souvenir du petit enfant de la ville que j'étais, ébahi devant les peaux de renard destinées à la vente que mon oncle Raymond avait suspendues dans les combles.

Les frères et sœurs avaient quelque chose des trappeurs : pister le lièvre au bâton en période de neige ou enfumer la fouine dans un tronc de châtaignier pour la capturer au sac, sans en abîmer la peau – une peau de fouine valait, en ce début de XXe siècle plusieurs mois de salaire d'un ouvrier agricole – ; descendre au ruisseau à travers bois par nuit noire de lune nouvelle pour un plat de truites prises à la lampe et à la fourchette, ou d'écrevisses cueillies à la main, des heures dans l'eau glacée. Aucun des frères ne savait nager mais quelques brasses suffisaient pour se sortir d'un « gourp » sous les railleries des comparses…

Des hommes et des femmes rudes au labeur, forgés par cette vie rugueuse, qui prenaient juste de quoi vivre à une nature radine, en même temps qu'ils la préservaient, dans un espace tellement familier qu'il faisait partie d'eux-mêmes ; Ils n'avaient jamais compté que sur eux-mêmes dans les longues périodes de vaches maigres que la famille avait dû traverser. Dans un coin de France où la loi de l'État, comme celle de la religion pourtant fortement prégnante, étaient relativisées par les rudes nécessités de la vie de ce terroir. Ainsi, puisqu'il est ici question de chasse, mon père me racontait souvent une anecdote. Le très pieux jeune Tourel, qui deviendra plus tard évêque de Montpellier, alors en permission de son service militaire et de retour provisoire au pays, fut convié par ses amis chasseurs à manger « la lèbre », le lièvre, considéré comme le plat royal de la convivialité et de l'amitié. Presque la communion en quelque sorte. Mais les hôtes étaient bien ennuyés : c'était un vendredi, jour interdit de viande par l'Église, y compris celle du noble oreillard. On dit que le futur prélat débloqua la situation en déclarant « la baptegaren peis ! » (Nous la baptiserons poisson !) Il y avait eu, paraît-il, un précédent au XVIIe siècle lorsque la pêche étant rendue très difficile par une épaisse couche de glace, le premier évêque du Québec avait bibliquement décrété que le castor serait « poisson » pour la table du vendredi.

Imaginez le profond mépris que mes oncles et mon père vouaient aux deux pauvres gardes venus de la ville pour leur imposer une loi étrangère et qui, à l'orée de leurs terres, exigeaient d'eux – quel culot ! – un permis de chasser. Le soir même de cette partie de chasseur-chassé, par crainte de gendarmes venus en renfort et pour protéger l'oncle Raymond qui restait à la ferme, nous quittâmes Maziès par le méchant chemin de terre miné de nids d'éléphants, pourfendeurs de carters de voitures. Regrets pour une belle et insouciante partie de chasse à la fois polluée et égayée par les gardes, mais fierté pour ce bras d'honneur résistant dans le droit fil de la tradition familiale. Quelques jours après, Orly m'attendait, avec la chère tante Michou que je n'allais plus jamais revoir et l'oncle Denis dont le couscous épongé sans modération au gris de Boulaouane me donna, l'espace d'une nuit, des allures de perdreau désailé. Puis « Good morning Vietnam ! »

Mon petit carnet noir

Ces lieux où tu passais
Sont-ils encore là ?
Ces gens qui te parlaient
Tu ne les reverras.
Ils se sont effacés
Légers comme des plumes.
Dans ton rêve éveillé
Les années les ont pris.
Ce qu'il en est resté
C'est le toi d'aujourd'hui.

Ce n'était ni un pari stupide, ni une farce, ni un acte de mercenaire. Ma prise de position et mon action contre la guerre ont fait l'objet d'un long cheminement. Pas très long dans le temps : vingt-trois mois de présence au Vietnam, mais un chemin considérable de maturité parcouru par ce gamin insouciant que j'étais à mon arrivée jusqu'à celui du jeune homme tranquillement en colère que la guerre a fait vieillir plus vite. Grande colère faite de beaucoup de petites, qui se nourrissaient l'une l'autre dans un mélange explosif. Elles prenaient racine dans mon rejet des milieux français qui puaient le colonialisme finissant avec leurs minables petits trafics et leur mépris des Vietnamiens. Elles se nourrissaient aussi de mon aversion des Américains et de tous leurs alliés qui « libéraient » le peuple dans l'apocalypse et l'humiliation. Plus j'ai avancé dans mes découvertes de terrain, plus j'ai accumulé de ressentiment envers eux et d'empathie avec les Vietnamiens du peuple que je rencontrais, en lutte pour leur survie, chacun à sa façon. Il se peut qu'au gré de mes rencontres j'aie croisé ceux qu'on appelait des Vietcongs. C'est même certain. Parmi tous ceux qui m'avaient ouvertement ou sous le sceau de la confidence fait part de leur hostilité aux Américains et au régime, il devait bien y en avoir quelques-uns. En action sur le terrain je n'en ai rencontré qu'une fois, AK 47 à la main, chargeur banane bien reconnaissable. C'était le 12 juin 1970 en milieu d'après-midi sur la piste entre Ban Mê Thuột et Gia Nghĩa près d'un petit village nommé Đức Lập. Comme dans les clichés, le jeune homme portait un pyjama noir. Il a surgi du bas-côté et s'est mis en travers de la piste en brandissant son arme. J'ai délicatement arrêté la voiture, mains bien en évidence et je suis descendu. Il était très nerveux, regardait tout autour et en l'air. Je m'empressai de lui montrer ma carte d'identité en précisant que j'étais un professeur français enseignant à Saïgon. Il m'a demandé si j'étais armé. Je lui ai dit que non. Après avoir fait le tour de la voiture et inspecté l'intérieur, il m'a demandé ma destination. J'ai dit : « Đà Lạt, pour faire des photos ». Comme il semblait réfléchir, j'ai craint d'être enlevé. Ça avait été récemment le cas d'un coopérant français à Đà Lạt que les maquisards avaient gardé plus de quinze jours. Je crois qu'il s'appelait Dujardin. Alors une idée saugrenue m'est passée par la tête : j'ai proposé à notre jeune ami de lui laisser ma montre en lui disant que je la reprendrai au retour. Il l'a mise au poignet, s'est dirigé vers le bas-côté et a disparu. C'est ainsi que la belle montre Lip en or offerte par ma mère est passée à la Résistance.

Cinq minutes plus tard un avion de reconnaissance américain survolait la voiture, tournait plusieurs fois au-dessus pour enfin disparaître. Ouf! Bien sûr, j'ai de nombreuses fois devancé ou suivi des coups de mains, des contrôles de la Résistance sans que la malchance me mette au beau milieu. Je ne peux pas dire que j'avais de la sympathie pour ces combattants de l'ombre qui faisaient sauter les ponts, truffaient les pistes de mines et taxaient les voyageurs au détour du chemin, mais je ne les connaissais pas et ne les voyais pas. En revanche, j'avais pu mesurer à quel point de très nombreux militaires de Saïgon pouvaient constituer des bandes redoutables. Ivres, ils avaient la rafale de M16 facile et la population n'était pas rassurée, dès lors que n'importe qui pouvait être baptisé Viêt-Cong. Une amie vietnamienne de Saïgon qui avait dû sortir après le couvre-feu avait été violée par ces soudards. Elle n'a jamais osé dire où, de peur de représailles. Imaginez ce que cela pouvait être dans des villages reculés !

J'ai sillonné le Sud-Vietnam à moto, en voiture et une fois en bateau de pêche. Une grande partie de mes vacances scolaires y est passée. La photo me passionnait. Mais elle me servait aussi de prétexte pour accéder à l'histoire des gens croisés sur mon chemin. Il est rare qu'une belle photo soit une photo volée. Le plus souvent elle est le fruit d'un échange voire d'une sympathie qui vous en apprend plus que bien des livres. Mes trois auxiliaires indispensables Nikon F2, Leicaflex, Leica M3, avec leurs objectifs, étaient tout mon trésor. En même temps, ils constituaient un vrai danger par les convoitises qu'ils pouvaient attirer dans des zones où le fusil est roi et les témoins rares et souvent muets. J'avais pour moi ma jeunesse passablement inconsciente, ma très bonne santé, mon vietnamien très rudimentaire mais efficace pour briser la glace. Je le piochais ici ou là dans la vie quotidienne, le testais et le faisait fructifier au gré des rencontres. J'avais également cet atout dont je ne me privais pas : j'étais français c'est-à-dire pas américain.

En 1969, sur une vieille Suzuki achetée d'occasion à un lycéen, j'ai exploré les alentours de Đà Nẵng où j'étais alors en poste. J'y employais toutes mes après-midi, la classe n'ayant lieu que le matin. Je connaissais comme ma poche tous les villages aux alentours de la base militaire américaine. Très vite éloigné du microcosme français poussiéreux, j'ai fréquenté les bars américains accolés les uns aux autres, tout au long du Bạch Đằng* face au fleuve Hàn. C'était le rendez-vous de défoulement des militaires en goguette ou en déprime au retour ou avant une opération. Je ne me lassais pas d'observer ce milieu à la fois pitoyable et inquiétant d'hommes qui tentaient de chasser dans toutes sortes de fumées le spectre de leur vie en sursis. C'est là que j'ai connu Henry, c'est du moins le nom qu'il se donnait. Ce quarantenaire américain de haute stature possédait un bar et vivait avec une Vietnamienne qui s'occupait de l'intendance et de la gestion des filles du bar. Henry, intrigué par mon comportement solitaire m'a soupçonné d'entrée de faire partie du renseignement. C'était amusant parce qu'à l'observer, j'ai pensé la même chose de lui. Il avait par ailleurs une confiance surdimensionnée en la puissance de son oncle Sam et il l'étalait sans complexe: « André, we can buy everything » me disait-il souvent. Il est vite devenu mon laisser-passer pour accéder à l'intérieur de la base militaire. Il a tenté de m'accrocher en me proposant de me prêter sa jeep pour convoyer « quelques petites choses » dans un village voisin. Plan foireux que je me suis empressé de décliner. Il a aussi essayé de recueillir des confidences sur la communauté française à Đà Nẵng. Peine perdue puisque je ne fréquentais pas ce monde-là. En somme, ce brave Henry était un de ces Américains bien tranquilles qui croyaient avoir la main sur les événements alors que ceux-ci étaient en train de le dépasser. Comme le lui a cruellement révélé le drapeau que j'ai porté en plein cœur de Saïgon un an après notre rencontre: « André, we can buy everything ». Fucking surprise!

Profitant de vacances scolaires plus longues, à partir de Đà Nẵng, j'ai poussé au nord par le col des Nuages via Huế jusqu'à Đông Hà, près de la zone démilitarisée. À l'occasion d'autres vacances et toujours sur ma vaillante moto, j'ai entrepris ensuite un périple de 1 500 km aller-retour de Đà Nẵng vers Kontum, Pleiku, Ban Mê Thuột au cœur des Hauts plateaux[1] du Tây Nguyên en traversant les villes côtières de Tam Kỳ, Quảng Ngãi et Quy Nhơn.

La même année, pour les congés de Noël, je me suis rendu de Đà Nẵng à Saïgon sur un petit bateau de pêche en partance du Bạch Đằng*. Le forfait pour cette campagne côtière, acquitté confidentiellement au patron du petit équipage, comprenait le transport et la nourriture. J'avoue ne pas avoir retenu grand-chose de l'équipée sinon que les pêcheurs étaient du genre taiseux, jouaient très souvent aux cartes et que j'ai beaucoup dormi durant ces trois jours. Profondément et anormalement. Un somnifère dans la nourriture? Possible: le « Tây* », occidental, dormant comme une souche, l'embarcation qui longeait la côte pouvait facilement charger ou décharger du matériel prohibé voire subversif, échanger documents ou informations…

Les seuls souvenirs que j'ai de l'équipée: un contrôle des gardes-côtes américains. Surpris de ma présence mais sans faire d'ennui. Et, au large de Nha Trang, alors que la mer était calme, une inquiétante séance de rodéo marin provoqué par un hélicoptère qui jouait à descendre à la verticale de notre embarcation pour la faire rouler et tanguer. J'ai bien cru qu'il allait nous couler. Finalement, je suis quand même arrivé à Saïgon sain et sauf.

Ce besoin dévorant de découverte n'était pas du goût du consulat qui, ayant eu des échos de mes déplacements, les a considérés comme de potentielles sources d'ennuis pour le conseiller culturel qui devait répondre de la conformité de mon comportement.

1. Zone de plateaux aux forêts denses située au centre-ouest du Vietnam. Elle s'étend sur cinq provinces et abrite des dizaines de minorités ethniques.

Mais de quoi se mêlait-il, ce jeune blanc-bec ?! La saison scolaire 1968-1969 terminée, j'ai donc été rappelé à Saïgon l'année suivante pour rester sous contrôle en attendant la fin de mon contrat.

Mais à 25 ans je n'étais pas de nature à me laisser consigner en attendant bien sagement qu'on me dise de faire mes valises. C'est donc en mai-juin 1970, quelques mois avant mon arrestation, que je suis reparti à l'aventure sans but précis, pour de nouvelles rencontres avec les habitants de ce Vietnam que je commençais à comprendre et à aimer.

De cette période, il me reste un petit carnet noir. Je l'ai retrouvé dans les affaires rendues par la police lors de mon expulsion de prison. J'y notais les différentes étapes de mes excursions, les évènements marquants, le détail des photos réalisées, les personnes rencontrées.

J'ai commencé l'aventure du carnet noir avec un autre jeune coopérant, Daniel Claveyrolas. Nous partagions le même logement rue Ký Con à Saïgon. Nous partagions aussi un sentiment très négatif sur la communauté française et sur la guerre américaine. Pour une caution dérisoire nous avons loué une vieille Volkswagen dans un garage saïgonnais.

Du 6 au 27 mai ce fut mon avant-dernière immersion dans le Sud-Vietnam en guerre. Environ 2 000 km. (Voir carte page XVII). Nous sommes retournés ensuite à Saïgon en longeant de plus près la frontière cambodgienne sur la ligne Ban Mê Thuột, Gia Nghĩa, Đồng Xoài et Biên Hòa. J'ai perdu toutes ces précieuses photos, confisquées par la police lors de mon arrestation. J'ai aussi perdu mes appareils jamais restitués par un faux ami inconnu censé les mettre à l'abri après mon arrestation. Il ne me reste pour raviver la mémoire que ce précieux petit carnet noir aux pages jaunies.

Plus de 50 ans après, quand je relis ces notes griffonnées aux détours de pistes chaotiques, je souris au gamin que j'étais, à sa fraîcheur, à son culot et à ses expressions… J'y parle d'« Amerloques », de « Viets », de « Moïs »*, autant de termes fortement connotés de racisme, que je condamnerais aujourd'hui mais qui traduisent l'état d'esprit, la maigre connaissance du Vietnam et de la vie de ce jeune de 25 ans que j'étais. Les jours y défilent dans une succession de pistes truffées de mines, de ponts sautés, de convois de camions ou de chars, de contrôles militaires, d'hôtels crasseux et incertains, de bars glauques, de huttes perdues et accueillantes. Mitraillades nocturnes quasi quotidiennes dans cette atmosphère de couvre-feu au confinement vigilant mais vivant que j'appelais « la soirée vietnamienne ». Une sorte d'ivresse du « tout peut arriver d'un moment à l'autre », comme dans un tourisme de guerre, où l'on se glisse dans l'irréel d'un monde bien réel, où la mort, la souffrance, la peur, la faim, et l'oppression sont les voisines ordinaires. Une vie de sursis dont les hommes semblent s'accommoder et dans laquelle les enfants naissent et grandissent naturellement.

Si, par je ne sais quelle perversité, cette vie de folies extrêmes m'attirait, moi qui me croyais neutre spectateur de passage, je ne mesurais pas vraiment à quel point la cruauté ordinaire des scènes rencontrées, des histoires contées de la bouche et des yeux de leurs acteurs-victimes allaient éveiller en moi un sentiment grandissant d'exaspération, de révolte et finalement de résistance. Les choses ont commencé à changer quand mon regard est passé du « Ce n'est pas moi » au « Et si c'était moi ? Et si c'étaient les miens qui devaient vivre et mourir comme ça ? »

Avant de me battre contre elle, j'ai fait mes adieux pacifiques à cette guerre par un dernier salut à Đà Nẵng en partant de Saïgon par la route Mandarine qui longe la mer. Retour par les Hauts plateaux en bifurquant à partir de Phan Rang via Đà Lạt, Bảo Lộc, Biên Hoa… Après quelques centaines de kilomètres, je m'étais retrouvé seul dans ma fidèle Volkswagen.

Mon petit carnet noir raconte le hasard des rencontres, mêlé aux notes concernant les photos prises en chemin. Dans l'extrait suivant j'ai dû procéder à un minimum d'ajouts explicatifs nécessaires à la compréhension des notes.

> « … Le lendemain, départ de Xuân Lộc à 9h30 vers Phan Thiết. Les amerloques grattent une piste défoncée. Je longe une chaîne de collines à l'ouest puis une autre à l'est. Arrivé au croisement : Ham Tân 23 km, Phan Thiết 46 km : plus de coco dans le réservoir. Palabre avec des miliciens. Le chef me déconseille de continuer et m'annonce un contrôle des Viets au kilomètre 25. Deux Américains bousillés. La montagne se rapproche de plus en plus de la piste et la végétation devient de plus en plus dense. Un camion dans le fossé : Phan Thiết 29 km. Pont sauté : déviation. 1 km plus loin, autre pont sauté. Piste défoncée. Deux paysannes m'arrêtent pour que je les emmène à Phan Thiết. Une monte, l'autre a peur. Elle dit à sa copine que je suis américain, que les camarades pourraient m'arrêter et lui chercher des crosses. On arrive dans un petit bled : Ấp Gò Bồi, à 13 km de Phan Thiết. Les montagnes se sont éloignées de la piste. Un petit bled : Kim Ngọc à 64 km de Phan Ri. Je passe Phu long, la piste est ravagée. Montagnes à droite et à gauche, de plus en plus proches. Stop à 40 km de Phan Ri. Les Américains me disent d'attendre 2 heures à cause d'un pont sauté. Puis se ravisent et m'ouvrent un morceau de piste au bull. Ils disent que la région est truffée de mines. Tank bousillé à 5 bornes de là : photo 28 mm 16/60. Arrêt sur un pont : un paysan vient de se faire écraser par un convoi militaire. Attroupement. Peur, colère ? Le pont s'appelle Cầu Tóm Lụa. (Écrit par un habitant sur mon carnet).
>
> Bouffé à Phan Ri chez des Chinois et discuté avec un ultra qui aurait voulu qu'on ne parle que le chinois et pas d'autre langue. Couché à côté du marché dans un hôtel style courant d'air, pas d'électricité, pas d'eau. J'ai droit à une nouvelle soirée vietnamienne : attaque vers 9 heures du soir. Ça tire de partout. Plus de lumière, ils ont éteint ; les bavards se sont tus ou ne parlent qu'à voix basse. Coups de mortiers. Plus les tirs se rapprochent, plus on se tait à l'intérieur. Les gens de l'hôtel pensent que j'ai peur et viennent aux nouvelles gentiment. Les tirs reprennent mais je peux quand même entendre le tic-tac de la pendule entre deux rafales. Plus rien. Si, la musique du transistor avec un hymne militaire. Le concert reprend à 200 m environ avec le bruit du canon en arrière-fond. Silence… Si on balance une rafale dans la cahute, je ne vois pas ce qui pourrait l'empêcher d'arriver jusqu'au lit… à part la grille d'entrée. Les bavards reprennent du caquet. Jusqu'ici c'est ma meilleure soirée vietnamienne. Pourvu qu'il y ait des rafales de temps en temps, ça ferait taire les bavards et je pourrais m'endormir tranquille. Sauf que je pourrais retrouver la Volkswagen avec des trous d'aération supplémentaires.

Le lendemain matin départ via Phan Rang. Je demande ma route à un milicien qui me l'indique en ponctuant son explication par des « vici » nerveux (pour V.C Vietcong). Montagnes à l'ouest. Dunes à l'est, sable blanc. Phan Rang 59 km, j'aperçois la mer à l'est. Puis un petit camp de militaires américains, à 50 km de Phan Rang. Nom du bled : Vĩnh Hão. On me réédite le coup du « vici ». À la sortie, une vingtaine de fours à charbon de bois, en terre battue. Il pleut. Pont sauté, déviation dans le cours d'eau. Deux ponts pétés en 1 km : un métallique, l'autre en pierre. La voie ferrée a dû passer par là un jour : rails.

Croisé char américain seul à 3 km de Cà ná. Rectification : il n'est pas seul, au virage suivant, plus de cinquante camions. Deux bornes plus loin, encore deux ponts sautés. Je quitte la mer pour aller vers la chaîne qui fait une courbe à l'ouest. Phú Quý à 8 km de Phan Ranh. Sec et plat. Galettes de riz à sécher. Traversé Long Hải à 3 km de Phan Ranh et 44 km de Cam Ranh.

Arrêt à Phan Rang : petites boutiques disposées près du marché. Musique. Petites tables et petites chaises bariolées. On me balance des coquillages par-dessous les tentures de la boutique d'à côté. C'était une jeune fille.

À 100 km de Nha Trang, bled Hậu Diêm : marais salants. Photo : affiche de ralliement pour les Viets. Traversée d'une série de bleds avec maisons de part et d'autre de la route. Manguiers. À 20 km de Nha Trang, hévéas « Plantation de l'Institut Pasteur de Paris. Extensions ».

En panne. Poussé par des ouvriers de la plantation. Départ pour Nha Trang sans arrêt. Direction Thuy Hòa. Arrivé à Ninh Hòa, 31 km de Nha Trang, je cale : impossible de repartir. Je m'énerve, demande à un gars de me pousser. Il essaye de marchander. Je propose 50 piastres. Il demande le double. Je lui déchire les 100 piastres au nez et je marche jusqu'à un garage qui me dépanne. Une connexion de la batterie est cassée : 1 000 piastres. Au café, on m'offre des bananes et refuse que je paye. Je dors à Tuy Hòa après avoir mangé au restaurant coréen du coin « Arirang House ». Je vais au pieu la gueule en feu. Une fille vient me dire qu'il y a des voleurs de voiture dehors. Pour garder la mienne elle demande 500 piastres. Je l'envoie promener et je fais mes valises. Vers une heure un Coréen bourré me conduit dans un bouge où je passe la nuit moyennant 900 piastres de plus. Départ de Tuy Hòa à 7 heures du matin. À Sông Cầu, baie avec cocotiers et montagnes : marais salants. Prends Coréen en stop. Je crève. Arrivé Qui Nhơn à midi. Prend chambre au Thanh Binh Hotel : 800 piastres. On refuse de me laver le linge pour le lendemain matin : il faut faire trop vite. Je fais un tour dans Qui Nhơn et fais réparer la roue. Base américaine en bas de la montagne avec taudis et prostituées. Plage petite et pas belle. Au sud, barques des pêcheurs, au nord installations de la Navy. Beaucoup de vent dans cette baie. Les petites vendeuses de cacahouètes, chewing-gums et cigarettes marijuana se font concurrence et guettent le client. Je n'y coupe pas de ma mendiante aveugle et des petits gosses collants. Un d'entre eux porte en bandoulière un fusil de bois et de bambou. Il a l'air très sérieux. La rue des bars s'appelle la rue Võ Than.

J'irai y faire un tour après dîner. J'y suis allé : matafs américains et civils qui travaillent pour RMK[2]. Pas un seul Français.

Des militaires américains me photographient sur la route. Arrêt à Bồng Sơn à 85 km de Quảng Ngãi pour croûter. Contrôle de la Military Police qui n'insiste pas. Bon repas, gens sympas. Je continue, cocotiers de part et d'autre de la route, montagnes à l'ouest. Paysage verdoyant mais pas de rizières ou très peu. Cabanes en terre battue. À Tài Lương, bonnes femmes et gosses puisent de l'eau dans le canal en contrebas de la rizière. Ils ont une sorte de hotte conique en bambou solidement tressé avec de chaque côté deux cordes d'un mètre avec poignée aux extrémités. La hotte est descendue dans l'eau et remplie puis ils la remontent en tirant sur les cordes de chaque côté. (Je fais le croquis). Je traverse Tam Quan (Bình Đinh), bled récemment attaqué par les Viets. Je pénètre dans les montagnes après avoir passé quelques postes amerloques ; je peux voir la mer et les mini rizières à sec en contrebas. Sa Huỳnh à 183 km de Đà Nẵng : quelques marais salants. Je suis encore photographié par des militaires américains du haut d'un char. Je les photographie aussi. Arrivé dans un bled : Mộ Đức. Tout en longueur, huttes de part et d'autre de la route. Beaucoup de meules de paille. Peu de rizières. Je m'arrête pour boire dans un petit bled et parle avec Trần Quốc Tuần (il écrit lui-même son nom) qui n'aime pas les Américains. Une vieille boit un coup à côté de moi, tête rétrécie style coupeur de têtes, imperturbable. Du vent. Des boy-scouts curieux. Quelques champs de maïs. Je suis à 35 km de Tam Kỳ. Imposantes bases américaines côté dunes. Vent de sable. Tam Kỳ : rien de particulier sinon le vent. Fais le plein d'essence.

Trois ponts sautés avant d'arriver à Hội An. Un Vietnamien que j'ai pris en stop écrit sur mon carnet : « Sunday 7, 35, Nguyễn Hoàng (ĐN) ». Arrivé Đà Nẵng je prends une chambre au « Grand Hotel » et rencontre Victor le magnifique. Capitaine de vaisseau de 50 ans. À deux heures du matin, on atterrit chez un capitaine des douanes vietnamien. Victor est obsédé par les pommes de terre frites qu'il demande avec insistance à la « baby son » de 16 ans. Elle refuse énergiquement. Victor a eu une liaison avec une Vietnamienne, a pris en charge ses six gosses pour pouvoir lui en faire un. Puis elle l'a quitté pour « un gangster chinois » et monté un bar à Nha Trang. Elle a refusé pendant un an de lui reconnaître la paternité d'une petite fille puis elle l'a enfin reconnue. Il a une fille de 21 ans à Liverpool en Angleterre et cette petite enfant d'un an et demi au Vietnam dont il est très fier. Il dit : elle est ma dernière.

Le 8 juillet : Je vais voir Lili, un photographe chinois que je connaissais bien de l'année précédente et vais déjeuner avec lui, sa femme et un de ses amis. (J'avais été invité à leur mariage et Lili, non content de m'arnaquer gentiment sur la vente d'appareils photos me volait de temps en temps de beaux clichés (j'en ai reconnu un, « la jeune fille au buffle », prise au pied du

2. RMK : Entreprise américaine de construction pendant la guerre.

col des nuages, publiée dans le journal *Tin sáng* alors que j'étais en prison). Tâm m'informe sur la situation à Đà Nẵng : plastiquages de plus en plus nombreux dans grands restaurants et petits troquets ; grenades balancées de moto dans jeep. Jeeps volées : 4 ont disparu sans laisser de traces. Vols dans les maisons. Tout à l'actif de gradés qui font opérer leurs hommes pendant le couvre-feu et contre lesquels la police ne peut rien faire. Une Allemande infirmière à l'*Elgoland* (bateau hôpital amarré sur le Bạch Đằng*) a sauté sur une mine en allant à Hội An. Jolie d'ailleurs, j'ai vu la photo chez Lili. Je suis allé manger au petit troquet, à côté du cinéma, dans la ruelle. Le Chateaubriand a rapetissé, le prix a augmenté. J'ai avancé jusqu'au col des nuages et me suis arrêté pour des photos devant les baraques à filles qui longent la base, les gosses m'ont pris en affection quand je leur ai dit que j'étais un « ăn cấp », un voleur. Ils ont ri franchement quand j'ai répondu en vietnamien aux amerloques de la police militaire qui checkaient leurs G.Is et voulaient aussi contrôler mon identité. Un grand bougre « qui est venu au monde au Canada » parlait un français vétuste mais assez actuel pour lui permettre de comprendre que je l'emmerdais profondément. Ils n'ont pas insisté, à contrecœur. Allé boire un coca puis dodo.

Le 9 juillet : Départ pour Qui Nhơn. Des convois sur la route : coréens, américains. Très forte chaleur. Photos Leica M3 : militaires coréens en kimono entraînant au combat des gosses vietnamiens. À quelques kilomètres de Bông Sơn, à Phù Cát croisé chars du bataillon coréen « Tiger ». Pris en stop un jeune G.I paumé qui voulait voir son frère, militaire dans une autre unité. Je le laisse plus loin sur la route.

Je trouve un hôtel à Qui Nhơn rue Gia long : le Đông Nam, crade au possible. Une cloison percée me sépare d'un couple de Vietnamiens. Je confie mes appareils au patron. Vais boire un coup sur la plage et rencontre une femme qui parle français. Elle travaille pour les Américains et pour la sœur du chef de la police. Elle est intarissable avec ce jeune Français venu de nulle part. Elle me raconte le sort des paysans suspects foutus en tôle avec les Viets qui chantent des chansons viets même en tôle. (Quand j'ai connu la prison à Chí Hoà, j'ai pu vérifier que c'était vrai puisque je les ai moi-même chantées). Le directeur de la prison reçoit 30 piastres par jour et par prisonnier pour la bouffe. Il n'en dépense que 15, le reste va dans sa poche. Les malades doivent être envoyés à l'hôpital. S'ils n'ont pas de fric, ils crèvent en prison. Par contre, les bien-portants qui ont du fric peuvent s'acheter du repos à l'hosto. Certains payent pour aller en ville et ne reviennent jamais. Le directeur de l'hôpital reçoit les médicaments et en revend la moitié chaque jour à une « mama san », tenancière de bordel. Les « sécurité police » paieraient une taxe aux Viets pour acheter leur sécurité. Les military police qui coincent un G.I dans Qui Nhơn (*off limits*) percevraient des pots de vin pour fermer les yeux. Les Américains qui sont à la direction du « Labour office » percevraient des pots de vin pour accorder des certificats de travail. Cette femme me dit « si la guerre dure trop longtemps, les GIs américains revenant nombreux aux États-Unis, ce pays sera aussi corrompu que le Vietnam ». Elle s'est fait violer par un major américain noir pour lequel elle travaillait. Elle parle aussi des filles qui atterrissent au bar par pauvreté et par violence, qui sont définitivement rejetées par la société et qui réagissent de leur côté en se liant aux Américains. Ces Américains « qui portent des bonbons et des gâteaux aux enfants de l'orphelinat mais qui ne les touchent pas parce qu'ils sont trop sales ». Un Américain bousille un gars avec sa jeep. Il a tort : il doit indemniser la famille. Il refuse. Il va trouver le chef de la police, lui donne de l'argent pour étouffer les cris de la famille du mort.

Histoire des hommes vietnamiens qui viennent se faire soigner à l'hosto par des nurses néozélandaises accueillantes. Les amerloques sortent tôt le matin avec leurs trucks et écartent les « vici* » potentiels à coups de boîtes de coca ou de bière. Les mêmes boîtes agrémentées de quelques steaks qui servent à acheter la fille qui nourrit sa famille. Et pourquoi le bar vietnamien doit fermer à 10 heures du soir alors que le bar coréen reste toujours ouvert ? Ils refusent de payer la taxe à Quy Nhơn et payent le percepteur à Saïgon... Histoire du toubib coréen renvoyé en Corée sous pression concertée des docteurs vietnamiens parce qu'il se livrait, moyennant 7 000 piastres par cas, à l'avortement des filles de bar. Je remercie la dame pour sa confiance, le crabe et le jus de papaye qu'elle m'a offerts et vais me coucher.

Allé chez l'intarissable François boire un coup. François est adjudant-chef en retraite, ancien gardien du jardin botanique à Antibes. Il s'est fait construire sa petite maison à côté de Lyon. Il y a deux ans il est allé 6 mois en France et s'est payé un voyage organisé de 19 jours en Europe : Italie, Hongrie, Roumanie, Autriche etc. Il vit au Vietnam sans « rien voir, rien entendre, rien dire ». Il déclare ses impôts, n'accepte pas les dollars, n'a pas de gosses. Il a 54 ans.

Et les histoires défilent, vraies ou improbables :

« Histoire du vol des sacs de ciment : 600 sacs sur un bateau, juste devant chez lui. Par des militaires américains de la Navy. Le gardien mort, assommé. Les sacs immédiatement écoulés. Histoire du MP américain qui loue un Lambro (triporteur) puis une jonque, va remplir ses sacs sur le bateau du PX ancré dans la baie puis repart écouler ça : « bon exemple pour les coolies qui voient le manège ». Histoire du Têt : les Viets opèrent un contrôle dans une barraque près de l'endroit où se trouve un général coréen. Ils arrêtent une jeep dans le noir pour coincer le général mais il n'est pas là. Ils tuent les soldats coréens. Ils arrêtent ensuite la femme de François et ses quatre bonnes qui allaient en Lambro à la pagode Chăm à la sortie de la ville. Cours de politique à côté de Coréens morts. Quand ça commence à tirer, une des jeunes bonnes de 16 ans, cheveux très courts, habillée avec un pantalon noir chemise noire, récemment arrivée de son village, les Viets relâchent les prisonniers. La fille sort et se fait descendre.

Rencontré Totor, ancien de la navale (Arsenal) qui travaille chez Samico. Après avoir été assistant de plantation puis propriétaire associé à 25 % il a amassé au bout d'un an 3 millions de piastres soit 51 millions de francs. Il les investit en France avec un camarade d'école dans l'achat de trois épaves sabordées à Toulon : 25 millions. Elles devaient être vendues en Italie pour les Américains et leur guerre en Corée. Mais la guerre est finie et Totor a perdu les 25 millions et continue à en perdre à cause de la location de l'emplacement. Et le revoilà en Indo… Il prend une plantation à Đi Linh. Sur la piste, les Viets l'arrêtent à un contrôle. Taxe : 1 000 piastres. Il n'en a que 600. Ils lui donnent un reçu pour le retour, mentionnant qu'il doit 400 piastres. « Ils sont réglo ». Son associé est aussi ancien militaire. Il a travaillé pour Eiffel et les Américains.

Histoire de la création des bars à Qui Nhơn : 1) À l'origine petites maisons en dur au rez-de-chaussée pour les sous-officiers français mariés. 2) Des Américains volent des camions entiers de matériel de construction et les échangent aux officiers vietnamiens contre de très jeunes filles de 12 à 14 ans. 3) les maisons en dur sont transformées en bars et les Vietnamiens construisent des bicoques sur la partie sablonneuse qui se trouve à l'arrière des maisons existantes. 4) Les rangers vietnamiens et les officiers, en opération, raflent les jeunes filles dans les villages. Ils s'en servent puis les envoient au bar. Les femmes des officiers tiennent la caisse. 5) Chaque mois, l'officier supérieur encaisse sa part et avec ce fric se fait construire sa villa au bord de la plage. 6) le GI américain a droit à 3 bouteilles de whisky venant du PX (magasin hors taxe géré par l'armée). Il les apporte au bar contre une fille. Mais il paye 150 piastres pour chaque verre bu ou offert.

Histoire du MP qui indique aux voleurs vietnamiens l'endroit où il a découpé le grillage du dépôt de marchandises dont il a la garde pour le passage du camion. Il donne l'heure à laquelle le camion doit passer, le magasin où il faut aller, le numéro des caisses où se trouve le matériel intéressant. Les voleurs ont un délai pour charger. Passé ce délai le MP tirera.

Histoire de l'occupation de Đà Lạt par les Viets il y a onze jours. (Alors qu'un des deux jeunes GIs rencontrés dans un bar à Vung Tau m'avait certifié que les Viets étaient en train de quitter Đà Lạt.). Les Viets occupent la ville pendant 24 heures : un séminaire, une université… Ils invitent l'évêque à une discussion et lui demandent de dire d'une façon précise ce qu'il pense du FNL. Sur les 80 assaillants, ils ont 4 morts et les enterrent à l'intérieur du couvent avant de se retirer. Une division de militaires saïgonnais arrive. Ils ne trouvent que la terre fraîchement remuée. Ils déterrent les 4 cadavres et les exposent fièrement sur la route. Ils ont été décorés.

Le 11 juillet, chez François. Levé à 11 heures rencontré le père Corentin. Un franciscain. Il a sa paroisse à 100 km de Nha Trang, sur la route de Ban Mệ Thuột. Le père Corentin va chez François tous les mois pour prendre un repas gratuit, manger du veau Marengo, boire du Courvoisier et goûter du Roquefort. Il a en plus son « petit billet ». Il n'a pas le rond. Son évêché lui donne 10 000 piastres par an. Il en dépense 100 000 pour sa paroisse. Il parle deux dialectes montagnards : le radhé et le gia rai. Il parle aussi le vietnamien et regrette de ne rien comprendre à l'anglais car ça l'empêche de taper efficacement les Amerloques.

Repas avec Totor, François, Rolland et le curé. Puis nous allons visiter le village montagnard de Cây Cay à 20 km de Nha Trang. Sœurs franciscaines. Sœur irlandaise en uniforme, laide comme un cul et nommée Amour. Deux gars du Catholic Relief Service et de l'U.S.A.I.D. Des gosses apeurés ont été ramenés après une opération montée par les Coréens. Le père Moussay, à Phan Rang, s'occupe des montagnards. Les Amerloques ont porté des vitamines en vrac pour les gosses victimes de malnutrition, ventres gonflés, manque de sel car isolés dans les montagnes. Deux bébés sont sur le point de mourir et sont sous perfusion. Ils sont allongés sur un lit de camp avec leur mère. Corentin dit que les Américains ont perdu espoir de sauver un autre gosse (eau ou ascite dans l'abdomen). Autre maladie : la gale ; les enfants en souffrent tous. Il faut les désinfecter et les laver trois fois par jour jusqu'à ce que ça disparaisse. Le père Corentin a une moto Puch 125 et fonce comme un dingue avec son casque colonial blanc et sa soutane de franciscain. Il a aussi une vieille 203 dont le démarreur est HS. Il est furieux contre les convois amerloques qui font volontairement des écarts pour jouer avec lui et le pousser vers le bas-côté.

Histoire de la guerre psychologique : les Américains font croire pendant un an, à coup d'alertes, que le village est sur le point d'être attaqué. À la fin les familles quittent le village. Ses montagnards et lui, Corentin, se sont déjà repliés 2 fois vers la ville. Histoire des montagnards enrôlés dans l'armée de Saïgon. Au début certains se sont suicidés. Maintenant au bout de 3 ou 4 mois ils désertent pour regagner leur village et ensuite se rengager dans une autre unité où la solde est meilleure. Le gouvernement a compris : quand un montagnard demande une permission, elle lui est tout de suite accordée. Il rentre chez lui, y reste 5 ou 6 mois puis revient.

Histoire des montagnards qui vont faire le « rẫy », brûlis sur les flancs de collines pour y planter ensuite du maïs et autres cultures. Ils ont droit à un flanc de la colline. S'ils vont sur l'autre, c'est tir libre par les Américains. Dernièrement deux montagnards ont été abattus ainsi. Les habitants du village ont exposé les corps au milieu de la route pour protester.

Histoire des représailles coréennes : Ils ont fait l'objet de quelques coups de feu dans un village. Ils ont pris 40 hommes et les ont fusillés. Selon eux 15 d'entre eux étaient des Viets… Les villageois ont dit que 6 d'entre eux travaillaient dans les plantations de Ban Mê Thuột et étaient rentré chez eux voir leurs parents près de Quy Nhơn.

Le 12 juillet : Bloqué à Sông Pha : normalement le col Đèo Ngoạn Mục, route nationale N° 20, est ouvert à 11 h 30 dans le sens Phan Rang – Đà Lạt mais les Amerloques me disent qu'il n'ouvrira qu'à 3 heures je mange au « Lost Paradise », en bas du col. Le patron parle français. Photo d'une hutte en construction : armature en rotin, torchis par-dessus. Les Américains du convoi commencent à s'impatienter. Descendent de leurs taxis avec leurs gilets pare-balles et les M16, vont aux nouvelles et chercher des sea rations en tête du convoi. Impossible de fumer car la sueur me dégouline sur les mains tellement humides que le papier ne résiste pas. Je dégouline des yeux, du nez, de la bouche. Encore une heure et je me dessèche. Mon jean et mon polo sont complètement trempés. Je suis obligé de me changer. Et la pluie se met à tomber. Il est 2 heures. Les gens sont rentrés dans les bus et dans les voitures. Je suis crevé. Je m'endors dans la voiture. Voilà 3 heures que nous attendons. Je me réveille et vérifie si rien n'a été volé. Puis départ en trombe. Je me glisse à l'intérieur du convoi américain et j'y suis prisonnier. Impossible de doubler, la route est trop étroite et fangeuse. Il est six heures dans ce convoi à nouveau stoppé. Belle occase d'embuscade pour les Viets ! Les camionneurs vietnamiens interpellent les GIs « hey, you ! ». Ils s'entendent répondre des « suck my dick ! » ou « fuck you ! ». Certains se fendent la pêche. D'autres qui se sont embourbés rient moins : ils doivent donner 500 piastres aux Américains pour se faire remorquer. C'est gratuit pour les voitures. Je m'en sors seul.

Heureusement les Viets ont raté cette occasion. Sorti du col à la nuit. J'essaye de trouver une chambre dans le premier bled : Quận Đôn Dương. Pas de chambre. Traverse le pont direction Đà Lạt mais je glisse dans le fossé à 3 km du bled et à 200 m d'un poste saïgonnais. L'embrayage est mort et je ne peux pas me sortir du fossé tout seul. Je redescends au bled pour chercher les flics. Je trouve le chef du village qui veut bien me dépanner avec ses deux montagnards. Ils me sortent du fossé. Je donne 500 piastres aux deux montagnards mais le chef du village refuse tout argent.

Le 14 juillet Đà Lạt : contrôle d'identité, peut-être pour fêter la bastille. Les flics passent dans les maisons. Les militaires sont consignés. Je fais réparer l'embrayage mort : 7 500 piastres. Je fais le plein. Sur les 10 000 piastres qu'il me restait je n'en ai plus que 1 500. Bref, ennui d'argent au « Sans Souci ». Le patron m'apprend qu'en dessous logent deux charmantes personnes dont une me trouve sympa. Malheureusement, elles travaillent dans un hôtel pour Américains. Une de ces filles a eu un gosse avec un lieutenant pilote. Le père s'est tiré aux US. La mère a vendu l'enfant 20 000 piastres. Le père est revenu pour racheter le gosse 50 000 piastres. Il n'a pas pu. Un bébé se vend ici 10 000 piastres, un gosse déjà grand 20 000. Petit coup de fatigue. Je vais voir un western au cinéma Hòa Bình. Mon briquet, acheté à Vung Tàu et laissé dans la boîte à gants pendant la réparation a disparu. J'ai la flemme d'aller me battre. Je laisse tomber. Je vais manger au « Mekong ». Le maître d'hôtel est bavard : les Français ne payent pas beaucoup et les profs vietnamiens aussi qualifiés qu'eux n'ont pas d'argent. Une compagne ? Non merci. Je vais au pieu à 9 heures Couvre-feu à 10 heures ».

Fin du petit carnet noir. Dix jours plus tard, je planterai le drapeau.

Le drapeau de l'exaspération et de la révolte

Ce 25 juillet 1970 ma vie bascule. Plus de 50 ans après il continue par moments de hanter ma mémoire.

À l'heure où les drapeaux bleu et rouge à étoile jaune du Front national de Libération du Sud-Vietnam fleurissent dans les défilés anti-guerre qui gonflent les avenues des capitales et les campus du monde entier, avec un collègue coopérant, Jean-Pierre Debris, nous allons planter le nôtre en plein cœur de Saïgon, super forteresse des troupes étrangères d'occupation au sud du pays.

Chacun agit avec ses raisons propres. Les miennes ne sont liées à aucune appartenance politique. Elles se sont construites dans la tourmente des deux ans de guerre que je viens de vivre depuis mon arrivée en septembre 1968. Je les ai clairement exprimées au colonel des renseignements qui m'a interrogé trois jours durant, immédiatement après notre arrestation : « J'ai vu, de mes yeux vu, dans tout le sud du Vietnam le saccage systématique d'un pays, le massacre organisé du peuple des campagnes. Des scènes d'horreur qu'on n'aurait même pas tolérées envers des animaux. Honte insoutenable de témoin impuissant et qui vous colle à la peau quand on a détourné les yeux. La seule voie pour la paix de ma conscience c'est de faire quelque chose pour arrêter ce cauchemar quotidien. La seule voie pour la paix du pays c'est le retrait des forces d'occupation étrangères, en premier lieu des forces américaines. La guerre et les massacres continueront tant qu'elles seront là. Ainsi, le drapeau du FNL incarne la seule force populaire de résistance pour une paix durable ». Voilà ce qui a été consigné dans l'acte d'accusation prononcé par le régime et qui, lors d'un simulacre de procès devant le tribunal militaire de la Troisième région, m'a valu deux ans et demi d'emprisonnement.

Cinquante ans après, je n'en changerais pas un mot. Les bombes et la mitraille se sont tues, le napalm et le feu ont cessé de ravager villes, villages, récoltes et forêts, dès que les troupes étrangères ont quitté le sol du Vietnam. Je suis très fier d'avoir contribué à ce silence des canons, même si la paix qui a suivi a conduit à l'exil tragique de centaines de milliers d'innocents, même si le régime de « libération » qui a été instauré a très vite effacé le bleu de son drapeau pour un rouge chaque jour plus terni par celui de Pékin. Même si ce pouvoir n'a pas répondu, loin s'en faut, à mes espérances de liberté et de justice sociale en glissant par la corruption et l'autoritarisme violent vers une autre dépendance. C'est un autre combat, celui d'aujourd'hui.

Lorsque je brandis ce drapeau en ce 25 juillet, une autre exaspération m'habite. Quel mépris j'ai alors pour ces Français du consulat général, des écoles et des lycées, des commerces de tout poil qui s'abritent derrière une neutralité de façade pour, en autruche, se livrer aux petits business que je découvre alors ou qui me sont rapportés. Un tel change les piastres avantageusement sur le dos des jeunes coopérants nouvellement arrivés ; un tel, ancien de la coloniale, collectionne imperturbablement les bleus de Chine tandis que le monde s'écroule autour de lui ; cet autre collectionneur ne vit que pour garnir son trophée de prostituées ramenées des lupanars de la ville, à tel point qu'il finira par contracter une méchante maladie qui le conduira souvent à l'hôpital Grall ou au Cambodge ; tel autre affiche sans complexe son goût prononcé pour les jeunes garçons qu'il héberge généreusement dans sa villa de style colonial. Le goût français ! D'autres vendent le bac, véritable passeport pour des études en France, échappatoire au recrutement dans l'armée… contre argent comptant ou cousines aimables et dociles. D'autres enfin font leur beurre au jour le jour derrière leur bar à GI's… Quelle image de la France pour le Vietnamien de la rue ! Comme ils sont petits, tout petits, dérisoires, du haut de leurs « Cercles » ! Gonflés de condescendance envers les autochtones, y compris ceux qui les courtisent… À sa façon, ce petit monde nourrit la guerre et s'en nourrit, bien drapé de ce bon vieux drapeau tricolore de liberté et d'émancipation républicaine. Bien sûr, on tombe toujours dans l'excès injuste en généralisant à l'ensemble de la communauté surtout quand l'amertume s'accumule au fil de mois terribles. Tous ne sont pas ainsi. Mais il n'est pas exagéré d'affirmer, avec le recul de l'indignation, que la plupart de ces Français s'accommodent de la guerre.

Pas vraiment accepté par cette communauté, le petit groupe de jeunes coopérants militaires de passage dont je fais partie le lui rend bien. Ceux d'entre nous qui avons occupé en 1969 le consulat général pour exiger le versement de nos salaires au paiement trop longtemps différé, tandis qu'avec ces sommes « on » joue sur les ondulations du taux de la piastre – savent bien ce que signifie « panier aux crabes ». Nous rejetons à des degrés divers cette nomenklatura d'opérette, souvent en nous rapprochant des Vietnamiens. Pour certains d'entre nous, ce rapprochement va jusqu'à l'empathie. Pour toutes ces raisons, le drapeau est aussi pour moi comme un appel à un salubre coup de balai donné à cette image peu glorieuse de mon pays. Une volonté de se désolidariser publiquement de ce petit monde mesquin, ersatz désuet d'une France nostalgique de la colonisation. Nous avons secoué ce panier aux crabes et ils nous ont pincés. Ils se sont fâchés tout… rouge. Nous sommes devenus, pour la gazette des « expats » des « maoïstes-anarchistes », coupables d'un geste « imbécile » et « indigne ». Bref, nous ne sommes pas de bons Français. Pas étonnant non plus que l'administration pompidolienne – dont le président veut prendre ses distances avec le discours de Phnom Penh prononcé par le général de Gaulle cinq ans auparavant, pour se rapprocher des Nixon et Kissinger – accuse le choc et traîne les pieds pour activer ses devoirs de protection envers nous. Nous dérangeons ce petit monde et ces messieurs qu'on nomme grands. D'autant que je ne sollicite pas leur aide, loin s'en faut, en récusant l'avocat vietnamien qu'ils ont désigné pour plaider la jeunesse ignorante, le droit à l'erreur, le pardon… et demander l'expulsion clémente.

Comme d'aucuns ont pu le dire ou l'écrire, je n'étais pas payé par la CIA. Je n'étais pas non plus un agent du Deuxième bureau français en mission pour le retour de l'empereur Bảo Đại. Je n'avais pas fait le pari imbécile de mettre ma vie en jeu par une mascarade de potache. Non, désolé, je n'étais pas communiste. Je n'avais pas de lien avec un mouvement de résistance, ni étudiant, ni combattant. Les seuls étudiants vietnamiens que j'avais rencontrés étaient des amis sans engagement politique et qui, surtout les garçons, cherchaient sans succès à fuir la guerre. Le seul combattant « vietcong » que j'avais rencontré était un paysan au visage brûlé par le soleil qui, surgi des bords de la piste, m'avait arrêté avec son AK 47.

La vérité est beaucoup moins rocambolesque : j'étais un jeune instituteur envoyé au Vietnam pour y enseigner le programme français, dont le fameux « nos ancêtres les Gaulois… » à Đà Nẵng, et la langue française aux jeunes enfants du lycée Lê Quý Đôn, ex-Jean-Jacques Rousseau, à Saïgon. Je me suis appliqué à le faire de mon mieux et quelquefois avec passion en oubliant, j'en conviens, ces pauvres Gaulois. Cela me valut la rétrogradation de ma note, consécutivement au vif échange qui suivit la visite dans ma classe consulaire du lycée Blaise Pascal à Đà Nẵng d'un inspecteur… très gaulois : le programme en histoire et en géographie n'était pas respecté. Après réflexion, derrière son accès de conformisme, le bougre était peut-être un subversif : Vercingétorix n'était-il pas un grand résistant à l'agression étrangère, un grand patriote digne d'être admiré, enseigné, imité ? Bref, je concède mon manque de lucidité. Mais à ce moment-là… je me sentais plus près de Gavroche que du roi des Arvernes. Avec, je le concède au vu de l'évolution du Vietnam dont je continue à suivre de très près les turbulences, beaucoup de fraîcheur qu'on pourrait qualifier aujourd'hui de naïveté mais dont je reste fier car je n'attendais rien en échange… Ni héroïsme (terrible mot), à un âge et dans un environnement quotidien qui banalise la mort, ni embrigadement. Lucide concernant le danger, car le pire avait été envisagé. Même pas un chagrin d'amour pour expliquer l'action « folle ». Simplement une féroce volonté de paix et d'humanité. Ironiquement d'ailleurs, ce fut le nom du bagne où je fus envoyé : « Chí Hòa », Volonté de Paix.

Comment d'ailleurs aurais-je pu ne pas me sentir concerné après avoir sillonné le Sud pendant plus de deux ans ? Ce n'était pas parce que j'étais au Vietnam, que je devais devenir un non-citoyen, aveugle et sourd du cœur et de l'esprit, une espèce de fonctionnaire-robot programmé pour vendre imperturbablement du français au milieu d'une vaste entreprise de destruction d'un peuple, d'un pays et d'une culture, avec la complicité des autorités de mon pays, les trafics et la corruption de certains de nos fonctionnaires…

Je n'avais, au départ de Paris, signé aucun contrat du type : je m'engage à regarder sans voir, penser sans réfléchir, écouter sans entendre, mettre sous la table les valeurs de l'enseignant républicain que j'avais épousées au cours de ma formation à l'École normale d'instituteurs de Montpellier. Sans la victoire du FNL, il ne pourrait jamais y avoir de paix. J'en étais et j'en reste toujours convaincu. Voilà pourquoi ce drapeau brandi en plein cœur de Saïgon. Voilà pourquoi cet acte véritablement pacifiste. C'est exactement ce que j'ai déclaré au cours de mon interrogatoire. Je n'avais d'ailleurs rien inventé. Un certain général de Gaulle n'était-il pas venu, cinq ans auparavant à 150 km de Saïgon pour déclarer l'impossibilité de régler cette tragédie par la guerre ?

La longue journée !

Ce 25 juillet 1970, face au marché Bến Thành, nous partons de la place où se trouve aujourd'hui la statue altière de Trần Hưng Đạo, héros historique de la résistance à la Chine, nous descendons sur 500 mètres l'avenue Le Loi, autre héros de la lutte séculaire contre les mêmes Chinois pour l'indépendance. Housse de canne à pêche à la main et sac à dos. Dans la housse, autour de sa hampe, le drapeau du FLN de deux mètres sur trois. Dans le sac, les deux masques à gaz achetés à des policiers de combat pendant une manifestation étudiante et les tracts demandant le retrait des troupes américaines et de leurs alliés.

Notre objectif: l'imposante statue de deux « marines » arc-boutés, que certains qualifient de mémorial. Bien agressif pour un mémorial : le marine américain poussant bravement devant lui le marine vietnamien canon du fusil d'assaut pointé vers l'Assemblée nationale. La guerre résumée en une attitude. Je suis à jeun, dans l'éventualité d'une intervention chirurgicale d'urgence, mais ce n'est pas la faim qui noue mon estomac et rend mes mains moites. Je n'ai pas pris de drogue et pourtant je marche dans un état second, à la fois spectateur et acteur d'un film étrange où la peur me retient et la colère me pousse. Je me suis conditionné au point que j'ai dépersonnalisé de son attrait ordinaire le monde qui m'entoure. Je suis dans ma carapace vigilante et dure. Arrivé à l'angle des rues Lê Lợi et Tự do, face à l'historique café Givral, seule une vingtaine de mètres nous sépare de la statue qui nous toise encore du haut de ses sept mètres, sur la place Lâm Sơn, de l'autre côté de la rue.

Midi, l'heure de l'apéro pour les correspondants de presse étrangers cantonnés au Continental et, en face, au Caravelle, à quelque 200 mètres. J'entre dans Givral et téléphone à quelques journalistes dont je me suis procuré le numéro : « Dans 5 minutes, un événement spectaculaire à la statue des deux marines. Cameras conseillées ». Il est évident que leur présence sur les lieux sera pour nous une protection, sinon la garantie qu'on ne nous tirera pas dessus.

Sortie de Givral avec ses parfums d'anis, de pâtisseries et de jolies femmes en *áo dài** chatoyants. Sur le trottoir, un marchand de journaux étrangers et un mendiant cul de jatte qui avance machinalement la main. Il ne sera pas déçu. Je l'approche en mettant la main à ma poche, son sourire se fige et ses yeux s'écarquillent quand je lui tends une impressionnante liasse de piastres, équivalant à un mois de mon salaire. C'était l'arme fatale de corruption prévue dans le cas, bien improbable cependant, d'un contrôle policier sur le trajet. Hors de question de l'emporter avec moi en prison pour faire le bonheur des geôliers. Notre mendiant, après avoir encaissé cette grosse poignée d'émotion, se volatilisera comme s'il avait vu le diable.

Quelques pas pour traverser la rue et comme deux coqs sur leurs ergots nous voilà bien campés sur les casques des deux marines. Chacun le sien : l'un pour déployer le drapeau, l'autre pour sa protection et l'éparpillement des tracts. Désormais, faire le vide dans sa tête, ne plus penser qu'à tenir le plus longtemps possible. Le brouhaha ordinaire va decrescendo et la place se fige rapidement dans une attente lourde. Une jeep de la Military police, patrouillant habituellement à quelques centaines de mètres, près des bars à filles de la rue Tự Do, s'arrête à notre hauteur et un gros gaillard prend flegmatiquement des clichés du panorama. Au pied de la statue, près des marches d'escalier et jusqu'aux carrés de pelouse environnants, un groupe de « badauds » vietnamiens s'est très rapidement constitué. Les plus proches sont bien identifiables à leur poche gonflée par une arme de poing. Ils sont de plus en plus fébriles, les yeux rivés sur nous. Certains journaux « de source bien informée » les appelleront « la foule ». Questions, nom d'oiseaux en anglais et en vietnamien commencent à fuser. Je ne réponds pas. Surtout laisser croire que nous pourrions être américains ! Premiers jets de pierres. Un passant français se plante face à moi et m'insulte en anglais : « son of a bitch ! ». J'aperçois l'œil rassurant d'une première caméra. Concentré sur les voies d'accès à ma position pour essayer de gagner quelques minutes à la défendre, je ne vois pas ce qui se passe du côté opposé. Mon collègue a été jeté à bas. Le drapeau arraché. Soudain, venu de derrière, le canon froid d'un colt sur la tempe m'immobilise. Yeux fous, visage déformé par la haine et la peur, le doigt engagé sur la détente. J'ai bien cru que c'était la fin. Longues fractions de secondes où j'essaye de paraître impassible, figé, sans détourner la tête de peur de déclencher la détente… D'en bas, une voix aboie : « Đừng bắn ! » (Ne tire pas !). Je suis poussé dans le vide, reçu à la volée par une avalanche de coups, surtout à la tête. Certains portés avec des pierres. Je m'efforce de tenir sur mes jambes pour préserver mes côtes et mon ventre. Tête baissée pour protéger les yeux, mes deux bras sur les tempes ne suffisent pas à cacher l'arrière du crâne bien à découvert. C'est lui qui encaisse l'essentiel de la grêle. Chaleur du sang qui coule dans mon cou et sur mon visage, goût métallique salé sur mes lèvres. Chaque nouveau coup résonne plus fort dans ma tête où le vertige naissant estompe la douleur. Je vacille. Je dois forcer une brèche, sortir du cercle à tout prix tant qu'il me reste des forces dans les jambes sinon ils me massacreront. Je ricoche de coup en coup jusqu'à la chemise blanche du gros Français qui m'a insulté. Aubaine de sa bedaine qui, ironie du sort, va passer par mon sang du blanc conservateur au rouge révolutionnaire ! Je l'agrippe fermement et y plonge ma tête. Répit, mes oreilles sifflent et mes jambes vacillent.

Lorsque je lirai quelques années plus tard le récit de l'événement dans un quotidien régional français sous le titre : « Saïgon : Les deux jeunes Français ont failli être lynchés par la foule », foule de 2000 personnes selon ce quotidien, je découvrirai la déclaration de ce passant bien intentionné – homme d'affaires, avait-il déclaré, qui habitait Saïgon depuis 17 ans - : « J'étais avec la foule et j'étais indigné. J'ai participé à ce mouvement de haine mais quand ils sont tombés et que la foule s'est jetée sur eux, j'ai tout fait pour les sauver ». Et de montrer sa chemise ensanglantée. Il n'est jamais trop tard pour montrer un peu de courage !

Une sirène m'annonce la fin de la curée. Juste le temps de distinguer l'œil goguenard du gros MP, policier militaire américain improvisé en photographe, lorsque le brancard passe près de lui. Puis une dizaine de points au cuir chevelu et les soins sommaires, essentiellement pour essuyer le sang, dans un petit hôpital, non loin de là, toujours en activité aujourd'hui, rue Lê Lợi. J'ai pu récupérer trente ans plus tard une photo de ce passage, prise subrepticement par un membre du personnel. En revanche, impossible de retrouver trace du film de l'événement dont mon père a découvert un extrait par hasard le soir même, chez un voisin, lors du journal télévisé.

Il a gardé pour lui le douloureux fardeau et ma mère n'a appris la nouvelle que plusieurs jours après, par une voisine gaffeuse. Elle ne s'est jamais complètement remise du choc. Mon père, plus solide, a cependant également marqué le pas physiquement. On m'a souvent demandé si je ne regrettais pas mon acte. La seule chose que je regrette profondément, c'est la détresse et le déchirement que je leur ai si injustement infligés.

Les boîtes à larmes de ma mère

Pour beaucoup de choses, ils étaient à l'opposé. Mon père était comme un roc lié à la terre, solide, infatigable, sédentaire, ne laissant rien paraître. Un chêne trapu et noueux du Sud-Aveyron. Ma mère : un papillon avec des envies d'espace souvent contrariées. Mais le papillon ne s'est jamais éloigné du chêne en soixante et dix ans de mariage. Mon père, s'il ne ménageait pas sa sueur, était économe du moindre petit billet que cette sueur rapportait dans son portefeuille, bien calé dans la poche avant de sa salopette. Il se méfiait de la banque, n'aimait pas les chèques, considérait le crédit comme un déshonneur et cachait les maigres économies du ménage dans une boîte en fer enterrée dans la cave. Dès mes huit ans, il me donnait « la solde » chaque semaine pour payer mes petits travaux au jardin et quand, adolescent, j'étais de sortie il me demandait toujours « Tu as de l'argent ? ».

Ma mère, qu'en blaguant, il qualifiait de « dépensière », était souvent attirée par des futilités. Comme une enfant, elle cachait à mon père certains achats qu'il feignait d'ignorer pour simuler ensuite la contrariété quand il les découvrait. Car il était heureux qu'elle soit heureuse. Toute leur vie, la terre les a fait vivre mais aurait pu très tôt les séparer. Mon père était dans son élément. Ma mère la trouvait sale et pénible et rêvait d'être caissière dans un grand magasin. Pourtant, jamais je n'ai assisté à une dispute sérieuse entre eux. Je savais par contre que j'étais quelquefois source de conflit par mes espiègleries scolaires ou de la rue. J'avais alors, face à mon père et dans mon dos, une alliée inconditionnelle. Toute leur vie, ils ont fait bloc à mes côtés, sans jamais faillir. Comme beaucoup de parents, ils souhaitaient pour moi tout ce qu'ils n'avaient pas eu. Même quand ils étaient en désaccord avec mes choix, ils m'ont toujours épaulé de leur mieux.

Ma décision de partir au Vietnam ne les a pas réjouis à cause de l'éloignement et, bien sûr, de la guerre dont on voyait quotidiennement les images à la télévision. Le mot « militaire » dans mon statut de « coopérant » les inquiétait beaucoup. Mon père le laissait moins voir que ma mère mais accusait le coup. C'est à partir de ce moment-là que j'ai commencé malgré moi à leur faire du mal.

Ma mère était une personne rangée et méticuleuse. C'est elle qui s'occupait de la

« paperasse », mon père étant fâché avec l'écriture. Elle avait une étroite armoire à porte coulissante où elle classait les documents de la vie courante et les albums photos. Avec mon départ au Vietnam, des intruses se sont invitées dans cet espace jusque-là paisible et innocent. C'était des boîtes destinées à conserver les lettres, articles et autres documents qui jalonnaient l'odyssée vietnamienne du fils remuant. J'en ai compté trois: pleines à craquer. Les deux premières étaient des boîtes en fer dont l'une avait contenu des « petits-beurre Grill-Or de l'Alsacienne ». La troisième, en bois, avait, d'après son étiquette, hébergé de l'extrait de Ginseng coréen, certainement offert par des amis vietnamiens. Je pense que pas un de ces documents n'a été lu sans arracher à ma mère des larmes dans le secret de sa chambre.

J'ai découvert ces boîtes à larmes longtemps après mon retour en fouillant l'armoire que ma mère avait définitivement abandonnée. Elles étaient pleines de mes lettres, de coupures de journaux bien datées, de l'impressionnant courrier échangé avec le consulat et le ministère des Affaires étrangères, le Secours populaire français, les parents de JP Debris. Des télégrammes envoyés dans l'affolement, des lettres d'amis ou de parents qui réconfortent ou aggravent l'inquiétude. Près de 150 pièces. Ma mère y notait avec minutie la date de la réception, de la réponse.

Elles pourraient être classées selon deux périodes: celle d'avant le drapeau, de mon arrivée au Vietnam en septembre 1968 jusqu'à mon arrestation le 25 juillet 1970, et celle de la prison allant de cette dernière date à ma libération le 31 décembre 1972.

Avant le drapeau

Chaque fois que je relis les courriers d'avant le drapeau, je mesure à quel point mes pauvres parents ont dû passer par tous les états. Avec le ton décalé de ces lettres et ma façon de tourner en dérision les choses les plus graves, je mesure aussi, non sans colère à mon encontre, à quel point j'étais parfois un véritable jeune con, cruel sans le vouloir avec ceux qui l'aimaient le plus, qui devaient prendre tout au premier degré et qui se consumaient d'inquiétude. Il est vrai aussi que j'étais souvent choqué par ce que je vivais, que ce soit dans la communauté peu brillante des expatriés dont je me sentais tellement étranger ou par les manifestations brutales de la guerre qui m'entourait. La dérision était une façon de me protéger.

Je vous livre à l'état brut une des toutes premières lettres du 6 octobre 1968, lettre postée par les soins de l'administration du lycée: « On est arrivé à Saïgon le 25 à midi. Je suis resté trois jours à Saïgon pour recevoir mon affectation par les huiles du Consulat, changer de l'argent et me balader dans le centre-ville... Puis j'ai pris un DC6 pour Dà Nẵng à environ 900 km. Nous sommes en pleine mousson. Il pleut violemment cinq à six fois par jour. Mais c'est une pluie chaude, agréable, et entre deux averses il fait frais. Le lycée Blaise-Pascal est un véritable petit village avec parc, ruisseau... Sans moyen de locomotion, je suis allé à la plage en stop dans une jeep d'Américains. Pris à part ils peuvent être sympas mais en groupe je les trouve plutôt cons. Ils se font d'ailleurs très souvent pigeonner par les Vietnamiens. Pour me loger, on m'a attribué une petite villa destinée à des officiers français au temps de la colonie. On m'a proposé les services d'une femme de ménage vivant avec sa famille à proximité que je paierais pour les courses, la cuisine, le ménage et la garde de la maison. J'ai peur d'être un peu envahi, mais le restaurant chaque jour, c'est cher. Je ne peux pas vous écrire tout ce que je voudrais. Je le ferai par la prochaine lettre qui passera par la poste ».

La suivante, plus informative : « Déjà un mois de Vietnam. Je commence à voir un peu clair. J'ai hérité d'une classe primaire « française » dite « classe consulaire ». Pédagogiquement, j'ai assez de mal à m'en dépêtrer mais c'est intéressant parce qu'il y a pas mal de nationalités de 8 à 15 ans. J'ai tous les après-midi libres car il fait trop chaud et on ne travaille que le matin. J'ai déjà trois leçons de boxe vietnamienne à mon actif et dans trois mois je pourrai passer la ceinture blanche. Ça ne vaut pas le rugby, pas du tout pratiqué ici, mais c'est amusant. Je connais beaucoup de gros costauds qui ne feraient pas un pli devant ces petits hommes électriques. J'ai repris la pipe mais je ne fume pas l'opium, je vous rassure. Ici, c'est encore la saison des pluies. Je commence à m'habituer à ce climat. Je n'ai pas rétréci : je pèse toujours 67 kg et mesure toujours 1,69 m mais je commence à être barbu, non pas par coquetterie ou laisser-aller, mais pour éviter d'être pris pour un Américain. J'ai déjà mis cinq fois le costume, ce qui, vous le savez, est un véritable exploit. Je suis logé (10 000 F), nourri (25 000 F), servi et blanchi (10 000 F). Comme je touche 125 000 F par mois, il me reste 80 000 F pour l'achat de la moto et des appareils photo. Rassurez-vous, je n'ai pas encore attrapé la vérole, contrairement à certains Français de mon entourage. Il y en a même un, un malade du sexe, qui a attrapé « la Coréenne » qui résiste aux antibiotiques. Un autre courtise les jeunes garçons qu'il loge chez lui… enfin, côté compatriotes ce n'est pas brillant. Mais je rassure ma petite maman : son fils est sage et prudent. Pour parler de la situation militaire, j'ai nettement l'impression que la télévision française grossit démesurément la puissance américaine. Il n'y a plus de guerre parce qu'il y a déjà un vaincu : l'Américain. Le Viêt-Cong marque un point chaque fois qu'il le veut, où il le veut. Le Sud-Vietnam est déjà mort pour les Américains. Sur 500 000 hommes, il y en a tout juste 100 000 qui combattent, les autres sont dans les bureaux, dans l'information, dans la CIA, dans les travaux routiers. Ici justement la ville compte pas mal d'agents de renseignement, américains ou vietnamiens à cause de la base aérienne, deuxième du monde au point de vue trafic, un décollage chaque minute. Je vais vous envoyer un petit film qui montre le port de Danang, ses installations et les navires à l'ancre. C'est énorme et en même temps bien fragile. N'importe quel Viêt-Cong, qu'il sache nager ou pas, peut passer à travers les contrôles. Il y a deux grands ponts qui permettent de franchir la rivière Hàn, rivière salée de 200 à 300 m de large. Sur ces ponts, les sentinelles américaines tuent le temps à décharger leurs fusils M16 sur des touffes d'herbes qui défilent en contrebas. Sourires crispés des passants mais les Viêt-Cong doivent se tordre de rire. Je vous enverrai certainement cette photo parce que les Américains aiment bien poser et fixer leur connerie pour la postérité. Il est vrai que les marines appelés sont assez désabusés. Ils ont eu à choisir entre cinq ans de tôle ou deux ans de Vietnam. Pas de quoi être enthousiaste. L'autre soir, dans un bar, j'en ai rencontré trois qui revenaient de ce qu'ils appelaient le front, un front qui se déplace si vite qu'on ne sait jamais où il est. C'étaient tous des appelés et le plus âgé avait un an de moins que moi. J'aurais aimé pouvoir enregistrer ce qu'ils m'ont dit sur la guerre et sur le gouvernement américain : c'est ça qu'il faudrait passer à la télé. Ils parlaient avec d'autant plus de franchise qu'ils avaient bu et qu'ils retournaient dans la brousse la semaine d'après. Ceux-là avaient tout à fait perdu le complexe de supériorité que j'ai vu chez d'autres Américains civils. Ils avaient une frousse bleue des petits Vicis*… À noter aussi que le racisme entre blancs et noirs sévit ici aussi. Comme ils m'ont dit : « Au front, on se tient les coudes mais ici, dans les bars, on tient ses distances ». Les rixes ne sont pas rares. La semaine dernière, 2 police militaire blancs ont été tués par des « marines » noirs : une rafale de fusil M16.

Les plus sauvages de cette soldatesque, « défenseurs de la liberté », sont sans conteste les Coréens. Ce sont les seuls capables de faire face, non pas devant le Viêt-Cong mais surtout devant les populations civiles désarmées. Des tueurs professionnels que les Américains utilisent chaque fois qu'ils veulent se livrer à des représailles ou à des opérations terroristes. Ils ont le don de détruire un village en quelques heures, de dépecer un homme, une femme ou même un enfant en quelques secondes, comme si c'était du bœuf ou du mouton, juste pour terroriser les survivants. Ils sont aussi à leurs heures paisibles, professeurs de karaté taekwondo pour les enfants. Les Vietnamiens en ont vraiment peur.

En me baladant dans la ville, j'ai découvert une particularité : le « Marché aux voleurs ». C'est un endroit marrant et très animé non seulement parce qu'il y a des pickpockets mais surtout parce qu'on y trouve à des prix intéressants toutes sortes de produits chapardés dans les magasins détaxés de l'armée US. Ça va de l'électroménager aux paires de godasses à la bombe à raser en passant par la clé à molette, et d'autres produits jusqu'aux plus insolites… Vous voyez, votre fils n'est pas malheureux ! »

Après une série de lettres qui se veulent rassurantes mais qui ne le sont pas vraiment, d'autres sont arrivées. Par certaines questions, je suis encore en France, mais dans ma vie quotidienne, de plus en plus au Vietnam.

Le premier janvier 1969 : « Je vous écris cette lettre de la plage où je me trouve en ce moment. Je suis entouré d'une bande d'enfants qui me demandent de leur donner cinq piastres pour garder mes habits et ma moto. J'espère que je pourrai m'en débarrasser quand j'irai à l'eau. Ici, c'est très beau mais dans cette baie de « la montagne des singes » les gens n'osent pas aller se baigner. Ils pensent que le coin est habité par un mauvais génie qui vous tire par les pieds. Je viens de manger une excellente soupe de crabe pour cinquante piastres soit 125 anciens francs. Il y a très peu de Vietnamiens qui prennent le soleil car ici, seuls les paysans et les pêcheurs sont bronzés. Le bronzage est la marque de ces catégories sociales du bas de l'échelle. Peau blanche est signe de noblesse et le soleil est l'ennemi des femmes. Ce matin j'ai fait mes quatre heures de cours et j'ai bien besoin de me détendre car mes petits monstres me pompent l'énergie. Je me suis baigné pour la Noël et j'ai bien pensé à vous avec vos petites laines…

Ici, la saison des pluies est pratiquement terminée et il fait très chaud. Voilà une bande de soldats américains qui arrivent et s'installent sur la terrasse pour enchaîner leurs boîtes de bière. Ils posent leur fusil n'importe comment. Si papa voyait ça, lui qui m'a si souvent engueulé sur la façon de tenir mon browning… ces gens-là ne sont pas de bonne compagnie. À Đà Nẵng, le pastis est rare et cher mais on en trouve dans quelques boutiques dont les patrons magouillent avec le PX[1]. Le vin que j'ai goûté est infect et malsain, il est souvent trafiqué à Cholon, le quartier chinois de Saïgon… »

1. PX Post Exchange, magasin réservé au personnel de l'armée américaine où il était possible d'acheter divers objets du quotidien à bas prix.

Lettre du 11 janvier 1969 « … tout va bien mais on n'est pas du tout au courant du déroulement des pourparlers de Paris. Si vous pouviez m'envoyer quelques coupures de journaux… Ça traîne, on dit que les Amerloques ont prévu un plan de retrait qui va jusqu'en 1972. Je les trouve optimistes ».

La lettre imbécile

Je n'étais pas suicidaire, loin de là mais les trajets et l'environnement militaire étaient aléatoires. De toute évidence, je risquais un malencontreux accident. L'enlèvement par les guérilleros pendant trois semaines d'un collègue, coopérant au lycée Yersin de Đà Lạt alors qu'il se baladait dans les bois environnants, montre que cela pouvait arriver au plus sage. Je l'envisageais froidement et, avant chacune de mes longues sorties, je laissais sur mon bureau une lettre d'adieu adressée à mes parents.

C'était la période des vœux de fin d'année et avant de prendre la route, je laissai à la femme de ménage le soin de poster une pile de lettres et autres cartes postales pour la France. La lettre d'adieu était posée à l'écart sous un livre. La femme de ménage, croyant que je l'avais oubliée, l'a mise dans la pile et a posté le tout. Juste avant mon départ, en vérifiant, j'ai découvert la catastrophe. J'ai foncé à la poste pour essayer de récupérer le funeste courrier. Un responsable, moyennant finances pour le désagrément, m'assura qu'il allait s'en occuper. De toute façon, j'étais condamné à faire confiance au fonctionnaire : je ne pouvais envoyer un télégramme ou téléphoner pour dire à mes parents de ne pas s'inquiéter au cas où ils recevraient ce courrier. Cette démarche très insolite n'aurait fait qu'aggraver l'inquiétude. Je n'avais pas d'amis à la poste de Béziers pour subtiliser la lettre. Il ne me restait qu'à partir en espérant l'interception au Vietnam.

Le 2 janvier ma mère affolée écrivait au ministre des Affaires étrangères qui, faisait télégraphier au consul général à Saïgon. Un télégramme du même jour envoyé de Saïgon par le conseiller culturel Garreau lui répondait que « André Menras qui a effectué un déplacement en province durant les vacances de Noël a regagné Saïgon en bonne santé. Les nouvelles qu'il vous a adressées sont absolument sans fondement ». Puis le général Guinot, dont je dépendais, lui répondit que je n'avais été « victime d'aucun événement fâcheux dans la nuit du 24 au 25 décembre » et qu'il n'y avait pas lieu de s'alarmer. Ensuite, ce fut une cascade de courriers rassurants. Le 9, mes parents recevaient le télégramme du bureau des appelés du contingent à Paris disant que : « … l'état physique et moral [d'André Menras] est tout à fait satisfaisant et n'avait été à aucun moment de nature à inspirer l'inquiétude… Les alarmes causées par ce coopérant à sa famille tirent leur source d'une lettre puérile qu'il leur aurait adressée avant d'effectuer un déplacement en province à l'occasion des vacances de Noël… » Puis un courrier du 14 janvier signalant à mes parents une lettre adressée au ministre des Affaires étrangères par le capitaine de vaisseau Coulondres… Enfin, comme en conclusion vint la longue lettre du 17 janvier dans laquelle le conseiller culturel compatissait avec mes parents, fustigeait mon « enfantillage », s'irritait d'avoir eu à fournir des rapports aux différents ministères. Il précisait ainsi la sentence : « Tout autant que votre fils ne se livrera pas à de nouvelles fantaisies, il n'a pas lieu de craindre d'être inquiété et terminera ici l'année scolaire. Je ne puis cependant lui laisser l'espoir de revenir ici à l'issue des prochaines vacances scolaires. En effet, compte tenu de son adaptation imparfaite aux conditions de vie et de travail dans ce pays, je suis convaincu qu'il est de son propre intérêt de ne pas poursuivre cette expérience vietnamienne au-delà de la présente année scolaire ». D'une certaine façon, après le terrible choc, ma mère devait être soulagée par le verdict : encore quelques mois et son fils unique allait lui revenir. Et, logiquement, l'orage qui couvait entre les coopérants et la mission culturelle aurait dû précipiter ce retour.

Le payeur qui ne paye pas

En effet, nous étions démobilisables en début d'année civile pour être, dans mon cas, remis à disposition du ministère de l'Éducation nationale. J'ignore si ce changement de statut ou d'autres raisons moins avouables en furent la cause mais les coopérants n'ont pas été payés pendant près de deux mois. Le 13 avril à la « Paierie de France » au consulat, avec trois de mes collègues Jean Aniort, Daniel Claveyrolas et Pierre Libert nous avons bloqué dans son bureau pendant quelques heures le brave payeur qui ne payait pas. Évidemment, nous n'avons fait preuve d'aucune violence mais notre détermination fut visiblement dissuasive. Dans ce pays où perdre la face est signe d'humiliation particulière, on peut dire que l'équipe consulaire, en faisant appel à la police vietnamienne pour nous déloger a montré ce qu'elle était. Quant à nous, ce n'était pas le but de compliquer la situation en créant un incident avec cette police locale. Notre objectif avait été atteint : secouer le cocotier. Si bien atteint que l'événement a finalement figuré dans un article du *Nouvel Observateur* du 28 septembre au 4 octobre 1970 signé de Christina Bener et intitulé « Les cousines de Saïgon ».

Ebranlés dans leurs fondements, les Garreau, Trihoreau, Gliozzo, Didier et consorts ont sorti l'artillerie lourde. J'ai retrouvé leur courrier dans les boîtes de ma mère : 28 avril : « … en raison de l'incident inadmissible que vous avez provoqué le 13 avril et de votre arrêt de travail depuis cette date, le Département a décidé qu'il était mis fin à votre mission au Vietnam. En conséquence, il me prie de vous inviter à prendre toutes les dispositions nécessaires pour regagner la France dans les plus brefs délais ». « J'ai l'honneur de vous faire savoir qu'ayant cessé volontairement d'assurer votre service sans justifier de nul empêchement matériel, tel que raison de santé ou cas de force majeure, vous ne remplissez plus les conditions pour percevoir une rémunération qui n'est due qu'après « service fait » ». Oui chef, mais, si moi pas travailler toi pas payer, alors quand moi travailler pourquoi toi pas payer ?

19 mars : « Vous voudrez bien vous présenter aussitôt que possible à Madame Ly, secrétaire du médecin-chef, afin de subir la dernière visite médicale nécessaire à l'établissement de votre certificat de libération ». Et, du même chef du personnel, griffonné en lettres énormes à l'intention d'un certain M. Manh à Air France. Fin avril : « Je vous adresse MM. Menras et Aniort… et vous serais reconnaissant de bien vouloir les faire partir, dans la mesure du possible, le plus tôt possible ». On perçoit aisément dans la fébrilité de la graphie et de l'expression toute l'exaspération du chef. Pauvres conseillers de ceci ou de cela, chefs, sous-chefs, payeurs ou non, ils ne se doutaient pas qu'ils regagneraient la France bien plus tôt que prévu et quitteraient le Vietnam dans une situation moins glorieuse que la mienne.

Enfin, après les boulets, je recevais les dernières balles mesquines. 16 avril :

« Vous être prié de rendre à M. Didier, l'ensemble des documents scolaires (feuilles de notes, compositions, livrets scolaires) concernant vos classes au centre scolaire Lê Quý Đôn et qui pourraient être en votre possession ». Didier... avec du recul ce nom me dit quelque chose. Il me rappelle le chef du service des pensions de La Baule, auteur des coups tordus administratifs dans la gestion de mon dossier pour la retraite (voir chapitre : « Les ministres passent...) Mais ce n'est, peut-être, que simple coïncidence.

J'ai bien sûr laissé à la direction de l'école, et non pas à ce M. Didier, les documents administratifs en ma possession. Car ils appartenaient aussi aux élèves. Quant à la méthode d'enseignement du français à mes petits Vietnamiens que j'avais mise au point à force de beaucoup de travail, (tableau de feutre, figurines, structures de langage, corpus de mots imagés, progressions) j'ai consacré amicalement plusieurs heures pour la présenter et la léguer à quelques collègues vietnamiens enseignant le français.

La purge consulaire a frappé huit coopérants « rebelles » : Claveyrolas, Libert, Aniort, Ronchin, Cathelin, Bloch, Bellorget et moi-même. Mes collègues arrivés en France ont contacté les directions syndicales pour dénoncer la situation et ont pris un avocat pour demander des comptes au consulat général. Quand ils m'ont demandé de participer à leur action, j'étais déjà derrière les barreaux de Chí Hòa depuis plusieurs mois. Mon esprit était entièrement à ce nouveau combat et ma mère recevait d'autres lettres à larmes. Je n'ai donc pas répondu, à mon grand regret, non parce que je n'adhérais pas à leur combat, mais parce que je n'avais personne à l'extérieur pour le suivre. Je ne sais d'ailleurs toujours pas à quoi il a abouti.

Ainsi, début mai, après tous ces courriers vengeurs, je me sentais totalement libéré de ce milieu étouffant et malsain. Avec toutefois la forte résolution de saisir plus tard une bonne occasion pour témoigner de sa nature. Non par simple vengeance mais par souci d'hygiène.

Avec le peu d'argent qu'il me restait, j'ai entrepris les deux périples à travers le Sud en guerre, tels que je les décris dans le chapitre « Le petit carnet noir ». Cette fois, je n'ai pas laissé de lettre à poster pour mes parents en cas d'incident « fâcheux ».

Toutes ces expériences avec le milieu consulaire et pseudo-culturel français, ajoutées à ce que j'avais vu en deux ans du saccage systématique d'un pays et de ses habitants ont fortement nourri un sentiment de révolte et d'indignation qui m'a conduit naturellement à l'épisode du drapeau le 25 juillet 1970. Abandonner le Vietnam la tête basse en ayant vu et su tout cela m'aurait toujours poursuivi comme une désertion honteuse. Alors, les boîtes à larmes de ma pauvre mère allaient encore se garnir.

Après le drapeau

Elles se répartissent en trois catégories : les lettres que je leur ai envoyées, les lettres reçues du consulat ou du ministère et les lettres amicales et de réconfort. Bien que les troisièmes aient été d'une grande importance pour le moral de mes parents, je me concentrerai sur les deux premières catégories car cc sont ces documents qui permettent de suivre les péripéties de ma détention.

On mûrit vite dans la guerre et j'avais bien mûri en quelques mois en perdant beaucoup de mon ton badin ou sarcastique. Par l'action du drapeau, je me trouvais propulsé en plein champ de bataille : celui de la prison. Dans cet environnement sous pression permanente et sous haute surveillance, j'ai dû produire deux sortes de lettres : la lettre officielle hebdomadaire passée au crible de la censure et qui se bornait à des « Je vais très bien, le moral est bon… » ce qui était difficilement crédible et donc pas forcément rassurant. D'autant que les lettres clandestines venaient contredire les premières. Destinées à être lues par d'autres que mes parents, elles étaient accusatrices, informatives sur la situation pénitentiaire infligée aux détenus politiques et donc forcément très inquiétantes. Les épisodes violents que j'ai vécus personnellement ne pouvaient pas être tus. Je devais les dénoncer pour forcer le consulat et le ministère à me protéger. À certains moments, ce n'était plus une question de pudeur mais de survie. D'ailleurs, l'adoucisseur diplomatique qu'était le consulat général à Saïgon a aussi, par sa volonté de ne pas déplaire à mes geôliers, souvent contribué à aggraver l'anxiété de mes parents, qui ont appris par mes lettres clandestines le jeu trouble de ces messieurs.

Le Figaro : « Les Vietcongs français »

Pendant deux ans et demi, ma mère a dû faire face à cette attente interminable sous cette multitude de chocs épistolaires qu'elle n'avait aucun moyen de maîtriser. Je ne suis pas très fier d'en livrer ici quelques-uns sans rien en changer mais ils ont le mérite de mettre à nu des moments clé de ce qui fut pour elle une souffrance quotidienne. À noter en passant que la plupart des missives en provenance du ministère des Affaires étrangères étaient adressée à Monsieur Menras Paul…

Après la sévère bastonnade et la lapidation vue à la télé par mon père, le soir même de l'arrestation, le 25 juillet, ma mère n'a pas tardé à être au courant car dans une de ses boîtes je trouve cet article du 27 du *Figaro*. Intitulé « Ce sont les deux Vietcongs français de Saïgon ». Il commence fort : « Mourir à Saïgon, un drapeau Vietcong à la main, lynchés par une foule furieuse, tel est le sort qu'ont failli subir… »

Le 14 août 1970, une semaine après l'arrestation, le ministère transmet à mes parents une lettre écrite de ma main et datée du 29 juillet : « Je vais bien, je suis très bien traité par la police et pense être bientôt jugé. Nous serons peut-être encore séparés pendant quelques années durant lesquelles je vous demande d'être patients. Je n'ai besoin de rien et suis heureux. Je viens de m'ôter un poids énorme de la conscience ». Juste après que j'ai envoyé une lettre de la prison par le canal de la censure dans laquelle j'écrivai – « Surtout pas d'argent à qui que ce soit… je suis majeur et j'ai pris mes responsabilités. C'est à moi de les assumer » – l'avocat recommandé par le consulat, Me Bùi Tường Chiểu envoyait son numéro de compte dans une banque parisienne. Il demandait 200 000 francs pour ma défense. Il était président de l'Alliance franco-vietnamienne à Saïgon, ce qui, eut-il voulu réellement nous défendre, en disait long sur sa liberté de manœuvre devant un tribunal militaire de la dictature. Lors de ses premières visites au parloir, à ses conseils de sagesse, de modération et, d'amende honorable pour obtenir l'expulsion, nous avons mesuré l'incompatibilité de stratégie qui nous séparait : nous voulions dénoncer, accuser les criminels de guerre qui nous jugeaient alors que lui voulait faire excuser de jeunes naïfs qui n'avaient rien compris mais qui avaient bon cœur. Ainsi qu'il l'expliquait dans sa lettre du 1er décembre à mes parents, « … il convient d'adopter à l'audience une attitude correcte, modérée, s'abstenant de tout propos agressif… Malheureusement votre fils ainsi que son camarade sont décidés à faire à l'audience le procès du gouvernement du Vietnam (notez l'expression « du Vietnam ») et peut-être même du consulat général de France, à attaquer, nommément désignés, les dirigeants vietnamiens ; bref, ils tiennent à être extrêmement violents... » Nous avons donc récusé ce drôle d'avocat respectueux du diable et excusant ses victimes. Ce qui ne l'a pas empêché de conserver ses honoraires.

Deux mois plus tard, lettre officielle signée du consul général, Jacques de Folin : « ... votre fils a exprimé l'intention de récuser maître Bùi Tường Chiểu, préférant assurer lui-même sa propre défense... À nos yeux, Me Bùi Tường Chiểu était certainement l'avocat le plus qualifié du barreau de Saïgon pour suivre cette affaire. Aucune faute de procédure ne peut lui être imputée... ». Je me doutais bien de la communauté de point de vue avocat-consulat. L'hostilité à notre action n'était pas aussi franchement exprimée que dans le journal des expatriés français à Saïgon juste après le jugement : » Deux quasi-débiles mentaux face à des juges compréhensifs enclins à la clémence ».

Je trouve ensuite cette lettre du 4 août 1970 signée du ministre des Affaires étrangères, Maurice Schumann, adressée à son ami le sénateur Pierre Brousse, maire radical de Béziers : « ... Depuis notre entretien téléphonique, j'ai continué à m'occuper de cette douloureuse affaire sans préjuger de l'avenir et dans les limites que vous indiquez vous-mêmes... » M. Brousse avait invité mon père à le rencontrer pour lui suggérer de m'inciter à la « modération ». Modération qui, par exemple, aurait consisté à écrire une lettre dans laquelle je regretterais mon acte et demanderais la clémence. Mon père lui a répondu dans son franc-parler : « Mon fils a trois fois sept ans (la majorité était à 21 ans). Je sais qu'il est honnête et je lui fais confiance. Il sait ce qu'il a à faire ».

Réseau clandestin

Le 15 septembre 1970, j'envoyais ma première lettre par le réseau clandestin de la prison : » Voici 53 jours que je suis en prison et pourtant j'ai l'impression que le temps passe très vite. N'étant pas encore jugé, je suis « au secret », c'est-à-dire que mes gardiens filtrent contacts et nouvelles venant du monde extérieur et bloquent les informations politiques... Si par hasard vous avez vus des images de mon arrestation à la télé, je pense en particulier à la bastonnade, ne vous affolez pas. Je n'ai que quelques points au cuir chevelu. Maintenant tout est terminé et j'ai une santé de fer. En dehors d'Alain Charles (un ami d'enfance), ne parlez de ces lettres à personne. Méfiez-vous des étrangers qui vous contactent : ils ne sont peut-être pas tous bien intentionnés... On va essayer de mettre en place un dispositif pour que vous puissiez m'envoyer secrètement des informations, patience... »

Puis, du 28 septembre, l'acte d'accusation arrivait du tribunal militaire de la 3e région : « Atteinte à la sureté de l'État » avec ma déclaration sommairement exposée en ces termes, bien adoucis : « ... durant les deux ans vécus au Vietnam, il a constaté que les étrangers, principalement les Américains, ont pourri cette société. Toutes ces turpitudes et indignités sont la conséquence de la présence étrangère dans ce pays et des individus qui l'ont acceptée et maintenue. Il n'y a qu'une seule organisation politique appelée FNLSVN (Front national de libération du Sud Vietnam) qui refuse la situation énoncée plus haut. C'est pourquoi il a décidé avec son ami Debris de disséminer des tracts contre la République du Vietnam et de déployer le drapeau du FNLSVN sur la statue des marines. Les deux individus ont acheté l'étoffe du drapeau au marché de Saïgon, l'ont apporté dans une boutique pour y faire coudre les deux pièces d'étoffe, la bleue et la rouge. Ensuite ils ont amené l'étoffe chez eux pour y coller l'étoile jaune. Quant aux tracts ils ont été tirés sur une ronéo personnelle et il les a répartis dans les zones de Đakao, Khánh Hội, Tân Sơn Nhứt, Chợ Lớn… »

Évidemment, la déclaration était résumée et avait été soigneusement épurée de sa substance c'est-à-dire de toutes les raisons concrètes motivant mon acte, raisons que j'avais exposées pendant de longues heures d'interrogatoire au colonel de la police spéciale. Je comptais bien le faire devant la Cour.

7 octobre 1970, *Le Monde*, dans la rubrique « Indochine » – au léger parfum colonial pourtant seize ans après Điện Biên Phủ – « Les autorités ont libéré lundi trois dirigeants étudiants parmi lesquels M. Huỳnh Tấn Mẫm, président de l'Union nationale des étudiants, emprisonnés depuis trente-cinq jours pour avoir notamment protesté contre les pratiques de formation militaire dans les universités. Leur incarcération ainsi que les traitements qui leur ont étés infligés ont soulevé de nombreuses protestations parmi les jeunes et leurs professeurs, et dans la classe politique saïgonnaise… MM. Menras et Debris risquent une peine de cinq à vingt ans de travaux forcés ».

Puis c'est l'assignation à comparaître le 27 octobre devant le tribunal, annoncée par la presse et la lettre du 29 venant du consulat annonçant le report. « … Ainsi que vous avez pu l'apprendre par les communiqués de presse, le procès de votre fils se trouve reporté au mois prochain… » Ce sera le 8 décembre 1970. *Le Monde* du lendemain rend compte de l'audience où nous sommes rapidement bâillonnés et expulsés : « Ces derniers, dès que les sentences furent prononcées, levèrent le poing. M. Menras s'écria : « Vive le Front national de Libération ! » Les photos sont prises par le journaliste de l'AFP Paul Léandri qui sera, quatre ans plus tard, exécuté d'une balle dans la tête au siège de la police spéciale vietnamienne pour avoir refusé de donner ses sources concernant l'offensive du FNL et de l'armée nord-vietnamienne sur les Hauts plateaux. Son épouse me les remettra en 2004. Le journal saïgonnais *Tin sáng* reprend courageusement dans son titre le mot que j'ai jeté au passage dans son micro à la sortie du tribunal : « Commedia ! »

Mon optimisme raisonné

10 décembre 1970 deux jours après, lettre du sous-directeur des affaires consulaires au ministère des Affaires étrangères à mes parents : « … Malgré le comportement qu'ils ont adopté au cours de l'audience, la Cour leur a reconnu des circonstances atténuantes, en vertu de quoi ils ont été frappés de peines de prison et non de travaux forcés ». Je n'ai jamais eu connaissance de ces dites « circonstances atténuantes ».

Au moment où nous regagnons la prison quelle est la situation concernant la guerre ? Les coupures de presse trouvées dans la boîte à larmes donnent des nouvelles du terrain : « A Washington, la Chambre des représentants a voté une motion de soutien à l'opération de commandos récemment lancée au Vietnam du Nord contre l'ancien camp de prisonniers de Sơn Tây près de Hanoï… » *Le Figaro* du même jour : « Le procès du lieutenant Calley, accusé d'être responsable du massacre de Mỹ Lai[2], risque de prendre une nouvelle tournure à la suite de la déposition accablante d'un étudiant, Thomas Turner, qui affirme avoir vu Calley assassiner méthodiquement près d'une centaine de civils sud-vietnamiens ».

Du même journal : « De violentes manifestations anti-américaines se sont déroulées lundi et mardi à Qui Nhơn, ville côtière du centre du pays et abritant une importante base de transit américaine. Lundi un G.I.'s avait tué « accidentellement » un jeune lycéen de douze ans en voulant empêcher un groupe de jeunes gens de monter à bord des camions transportant des rations. Depuis, des immeubles, des véhicules américains ont été brûlés et des G. I.'s ont été blessés par des pierres lancées par des manifestants qui ne respectaient pas le couvre-feu. Les autorités ont décrété que la famille de la victime serait indemnisée mais que le soldat responsable de la mort du jeune homme ne serait pas remis aux autorités sud-vietnamiennes ». Troublant, car c'est exactement le scénario que m'avait raconté un an plus tôt une dame rencontrée au hasard sur la plage de Qui Nhơn.

En date du 7 février 1971, j'envoie une lettre clandestine à mes parents dans laquelle je leur explique pourquoi je refuse de signer une demande de pardon. « … Signer serait me reconnaître coupable d'une faute, ce serait donner tort à tous les résistants qui se sacrifient chaque jour sur le champ de bataille et dans les prisons. Je connais bien ces gens : ils vous ressemblent : bons, honnêtes, fiers et obstinés quand ils savent qu'ils ont raison. Je ne peux pas les laisser tomber, les trahir. Si je le faisais, rien n'aurait plus de sens pour moi : ni ce que je pense, ce que j'ai fait et supporté jusqu'ici, ni la peine que je vous ai causée, ni les amitiés affectueuses qui se sont liées autour de moi… D'autre part, il va de soi que si je signais, ils s'empresseraient de rendre leur victoire publique et de l'exploiter dans les médias officiels dans et à l'extérieur du pays. Du genre « les deux Français communistes ont été rééduqués et sont repentants ». Je suis sûr que vous ne voudriez pas qu'on traite ainsi votre fils… » Puis j'argumente pour un optimisme raisonnable : « … À Paris, les négociations ont l'air de dégeler, Nixon est forcé de faire des concessions. Il ne peut pas espérer prolonger la guerre indéfiniment puisque les troupes US et leurs mercenaires accélèrent leur retrait. En juin, ils ne seront plus que 69000 « non-combattants ». Comment pourraient-ils espérer militairement avec cet effectif alors qu'ils n'ont pas pu tenir avec 500 000 hommes ? Ensuite il est très intéressant de noter qu'au moment même où les forces US s'affaiblissent, pour la première fois depuis le début de la guerre, on observe la présence de tanks nord-vietnamiens sur les Hauts plateaux, près de la frontière cambodgienne et laotienne. Cela signifie que les « camarades » ne comptent pas attendre indéfiniment et qu'ils ont les moyens de précipiter les événements. Nixon le sait. Il sait aussi que s'il veut être réélu en novembre 1972 il doit régler « le problème vietnamien » comme il avait promis de le faire il y a quatre ans au début de son mandat. Il n'a pas le choix, il faut qu'il arrive à un accord avant novembre. Actuellement le Nord et le FNL se montrent intransigeants sur une seule chose : Thiệu doit disparaître du gouvernement avant que l'on vote pour un

2. Mỹ Lai : nom du hameau où, le 16 mars 1968 des unités de l'armée américaine ont massacré 504 civils non armés, pour la plupart des femmes et des enfants. Avant d'être assassinées, de nombreuses victimes ont été violées, torturées et mutilées.

gouvernement de transition. Le secrétaire d'État Rogers a déclaré que les US se montreraient « très souples » quant à cette date de démission. Si j'étais à la place du cher Président, j'aurais beaucoup d'inquiétudes. De toute façon, je pense que la solution n'est pas loin ; il suffit de patienter encore un peu... »

Et je leur faisais un petit schéma d'optimisme. « Un camarade vietnamien qui n'est pourtant pas superstitieux m'a fait remarquer que depuis 1945, l'Histoire du Vietnam semblait se composer en cycles de 9 ans avec un événement très important au terme de chaque cycle : 1945 : retour des colonialistes français ; 1954 : Điện Biên Phủ ; 1963 : Assassinat du dictateur Diệm par la C.I.A. 1972 : Américains dehors et paix au Vietnam ? » Malheureusement, la paix aura dû attendre trois ans de plus.

La bibliothèque du professeur Trần Hữu Khuê

Je dois ici quitter momentanément les boîtes à larmes de ma mère pour expliquer comment j'étais relativement bien informé de la situation extérieure. Tout d'abord par le canal clandestin très vite mis en place, j'avais des nouvelles de l'extérieur. Mais aussi, chose qui me fait croire que le régime pénitentiaire de la République du Vietnam était plus « libéral » que le régime actuel de la République socialiste, j'avais accès à la bibliothèque gérée par un détenu politique, le professeur Trần Hữu Khuê, qui deviendra mon papa d'adoption. L'administration ne venait pas trop mettre son nez dans cette réserve de vieux livres et de revues, bien vite tamponnés du sceau de la censure. Pour l'anecdote, quelques jours après ma libération en janvier 1973, avec JP Debris nous coécrivions le livre « Rescapés des bagnes de Saïgon, nous accusons ». Le livre, dépouillé de sa couverture, a pénétré la bibliothèque de la prison avec le tampon rouge réglementaire. Le sceau rectangulaire avait été fabriqué par des étudiants avec une pomme de terre !

Dans la bibliothèque on trouvait aussi des magazines. En français comme *L'Express* et en anglais, comme *Times*, *Newsweek* et même le *New York Times* : des trésors d'informations, articles d'opinion, reportages que je dévorais, relisais, subtilisais, que je découpais et que je recopiais pour les coller dans un épais cahier bleu encore en ma possession. Il a miraculeusement survécu à toutes les fouilles. Les prisonniers politiques du Vietnam socialiste ont-ils droit à cela aujourd'hui ? Je n'avais jamais lu autant sur la guerre quand j'étais en liberté. Je puisais beaucoup d'optimisme mais aussi de tristesse à lire ces reportages sur l'évolution des combats sur le terrain, l'accumulation des victimes, sur la dégradation vertigineuse du moral des troupes US (drogue, tension raciale, insubordination, attentats sur des officiers zélés), sur le développement du mouvement anti-guerre aux États-Unis...

Le premier article remontait à novembre 1965 où, tout feu tout flamme, autour des libérateurs fraîchement débarqués, le journaliste rappelait la « party » que les Français à Đà Nẵng avaient organisé pour offrir des paquets cadeaux de Noël aux G.I.'s. Mais je lisais de la même année dans ces magazines des reportages très intéressants et détaillés sur la chute de Plei Me, celle d'A Shau, base de feu censée contrôler les pistes Hồ Chí Minh, en 1966 avec des mercenaires montagnards encadrés par les bérets verts des forces spéciales US. J'ai également compilé des articles sur les 12 600 mercenaires Thái, Mèo et Lào, « armée secrète » sous les ordres de la C.I.A. C'est dans ces magazines que j'ai découvert les premières images du massacre de Mỹ Lai. C'est également dans ces pages que j'ai lu pour la première fois des rapports scientifiques et militaires sur l'opération « Wasteland » ou « Ranch Hand », la guerre bactério-chimique et ses conséquences. Par cette presse américaine, je pouvais suivre le déroulement des combats, cartes des opérations à l'appui, les commentaires des militaires, officiers et hommes du rang, les réactions aux États-Unis dans les milieux politiques, dans la rue, les universités… *Time* et *Newsweek* parlaient même des arrestations des opposants vietnamiens, des manifestations contre Thiệu dans Saïgon, avec les photos, des pourparlers de Paris… J'ai conservé un article du 8 mai 1972 parlant du bagne des prisonniers de guerre de Phú Quốc où la police militaire de Saïgon avait ouvert le feu sur les détenus en tuant et en blessant 56. Je pouvais lire des tribunes avec des points de vue divergents bien documentés. J'avais accès à des communiqués d'agences dont j'ignore comment ils se trouvaient là, (AFP, Reuters, UPI) sur les hôpitaux et les digues bombardés au Nord… Le dernier article que j'ai recueilli sur mon cahier bleu date du 10 mai 1972. C'est un article de *Time magazine.* Il décrit, carte à l'appui, la débâcle des troupes de Saïgon devant les troupes régulières du Nord à An Lộc à 60 km de Saïgon et montre deux photos. La première est un hélicoptère qui décolle du sol avec des soldats de Saïgon qui s'accrochent dans le vide aux deux patins d'atterrissage et leurs camarades qui courent à une dizaine de mètres en dessous. Elle est sous-titrée : « Soldats blessés de l'armée de la République du Vietnam se bousculant pour un hélicoptère qui décampe ». et, en petits caractères : « Dans certains endroits, Vietnamisation a signifié Nord-vietnamisation ». Sur la page voisine, le portrait d'un homme avec un beau sourire, intitulé « L'homme derrière l'offensive ». Il s'agit du général Giáp. Article tout à fait objectif avec cette remarque bien chauvine et méprisante pour l'armée de Saïgon : « Giáp n'est pas Patton mais il doit seulement être meilleur que les Sud-Vietnamiens et à l'évidence de cette offensive, il l'est ». Souvent, les articles reflétaient très fidèlement la situation réelle vue du côté américain et laissaient paraître les sentiments des journalistes : amertume, sarcasme, indignation, colère, résignation… Aujourd'hui, en 2023, à la relecture de cette presse, on comprend mieux pourquoi les gouvernements va-t-en-guerre se sont efforcés depuis la guerre du Vietnam, d'écarter ces éclairages extérieurs des champs de bataille et de leur environnement. L'information strictement contrôlée par l'armée en donne un visage plus aseptisé et optimiste.

Un article de *Newsweek* du 18 janvier 1971 fait un bilan de la guerre au Laos pour écraser « la piste Hồ Chí Minh ». Il parle de l'échec de l'opération « Tigre d'acier », des « 1 500 tonnes de bombes déversées chaque jour dans un affrontement entre la technologie informatisée de l'Air Force et la ténacité des paysans nord-vietnamiens » ; des 227 pilotes portés disparus, des 500 avions et 13 hélicoptères perdus… À côté de cela, je lis un papier sur Mme Tuyết Mai, l'épouse du général cow-boy Nguyễn Cao Kỳ qui est allée se faire arrondir les yeux à Tokyo et qui est « en conflit » avec des minorités ethniques de Đà Lạt « déplacées » pour cause de guerre. Elle s'est emparée du « lieu de ses rêves » : 3 500 acres de leurs terres ancestrales…

Un régime qui se désagrège de l'extérieur, miné de l'intérieur. Et quelque part dans ces grands combats de la grande Histoire se déroulent les petits combats de la mienne.

De part et d'autre des barreaux

Quelques jours après cet article, le 3 février 1971, le consul général écrit à mes parents : « … Votre fils a, au lendemain de son procès, déposé un recours en cassation. Cette décision est regrettable : il est en effet très improbable que le premier jugement soit annulé et toute possibilité d'intervention du consulat est de ce fait bloquée jusqu'à ce que le jugement soit définitif, ce qui… peut nécessiter plusieurs mois ». Au même moment, la vietnamisation s'embourbe au Laos dans l'« infâme piste Hồ Chí Minh ». La confusion et le doute s'installent. Officiellement c'est l'état-major de Saïgon qui a planifié le grand fiasco de cette invasion du Laos, l'« opération Lam Sơn 719 ». « C'est absolument faux » écrit *Newsweek*, « le véritable architecte est le général Creighton Abrams, commandant en chef des forces US au Sud-Vietnam ». Washington affirme que les Américains ne sont pas engagés dans les combats. « C'est faux. » dit le journal « A Khe Sanh, à Tchepone, des rapports du terrain montrent que les forces spéciales prennent part aux combats : éclaireurs guidant les hélicoptères, équipes de secours aux hélicos endommagés… des centaines d'hommes ».

Lettre à ma mère du 10 avril « … Vous me demandez de vous parler de mon recours en cassation. Depuis que je l'ai déposé, il y a quatre mois, j'attends une réponse ; pendant tout ce temps, n'ayant pas été définitivement jugé, je suis au secret. Heureusement, des camarades s'occupent de moi et malgré la surveillance qu'elle m'impose, l'administration ne peut réussir à m'isoler. Le système est une écumoire percée en prison comme à l'extérieur. Et s'il en était besoin les nouvelles du Laos rechargeraient mes batteries. Tout va pour le mieux et le temps est de notre côté ».

Time magazine 5 avril 1971. « Fin de l'invasion un lieutenant-colonel US en pimpant uniforme briefait un groupe d'attachés militaires étrangers à Saïgon : A ce jour, aucun élément de l'armée du Sud Vietnam ne reste au Laos » commençait-il, « Les forces ennemies les chassent vers la frontière – attendez, je ne voulais pas utiliser ce mot – Ils les suivent vers la frontière ». 45 jours après son début, l'opération Lam Sơn 719, test de l'efficacité de la vietnamisation était terminée… » La première brigade de 2000 marines sud-vietnamiens, s'est accrochée à ses positions, les bases « Delta » et « Hotel », jusqu'à ce qu'elle ne puisse pas repousser les vagues d'assaillants. Alors les marines abandonnèrent leur artillerie et leurs morts et décampèrent vers la frontière à 10 km de là. Quand ils la franchirent, 48 heures après, il n'en restait plus que mille. Les tankistes nord-vietnamiens les chassèrent sur près d'un kilomètre à l'intérieur du Vietnam, non seulement aux commandes de leurs engins de fabrication soviétique mais aussi avec les quelque 30 tanks M-41 de fabrication américaine abandonnés par l'armée de Saïgon… Les pertes de l'armée saïgonnaise s'élevaient à près de 50 % des 22 000 hommes au départ de l'opération. 102 morts et 215 blessés américains (censés ne pas intervenir).100 hélicoptères et 5 avions détruits ».

La bastonnade selon chacun

Je ne peux pas dire que j'étais joyeux en apprenant ces hécatombes et en imaginant tous ces jeunes déchiquetés par la mitraille ou carbonisés par les flammes, en sachant que les victimes vietnamiennes de l'autre côté étaient encore plus nombreuses à cause des tapis de bombes américaines. Mais ce genre de nouvelles venait alimenter mon optimisme et ma détermination. Elles me montraient que la guerre ne pourrait durer longtemps ainsi.

Dans la boîte à larmes : *Midi libre* du vendredi 30 avril 1971. « Sévices contre les prisonniers politiques français : Deux Français qui purgent des peines de quatre à trois ans de prison dans le pénitencier de Chí Hòa à Saïgon, pour « activités subversives » ont été sévèrement battus lors d'une échauffourée qui a éclaté lundi matin à l'intérieur de la prison. L'état de santé des deux prisonniers J.-P. Debris et André Menras, originaire de Béziers, a été jugé assez sérieux pour que le consulat de France se saisisse de l'affaire ». L'échauffourée dont parle le quotidien était en fait une bastonnade survenue le 26 avril dans la cour du secteur BC lorsque nous nous sommes opposés à la déportation vers les cages à tigre du bagne de Poulo Condor des détenus politiques âgés, malades et faibles. L'administration de la prison avait lâché sur nous plusieurs dizaines de prisonniers de droit commun qui nous ont bastonnés jusqu'à l'inconscience pour nous traîner ensuite dans une cellule d'isolement au secteur AB.

Lettre du 3 mai 1971 à mes parents signée du consul : « ... Deux de mes collaborateurs se sont rendus à la prison et ont exigé de s'entretenir avec votre fils. Celui-ci étant au secret, ils n'ont pas pu lui parler mais ont pu le voir dans sa cellule ; votre fils paraissait fatigué et portait des traces de coups... »

Le premier jour de la bastonnade nous avons commencé une grève de la faim qui a duré 23 jours (racontée dans le chapitre « Gaspard ») en passant par l'hôpital psychiatrique de Biên Hòa d'où nous sommes sortis le 9 mai après quatre jours d'internement en cachot d'isolement. Le 17 mai 1971, lettre du consul à mes parents : « ... En ce qui concerne la santé de votre fils, je crois savoir qu'elle est bonne puisqu'il est rentré de l'Hôpital il y a huit jours, le directeur de cet hôpital ayant estimé qu'il n'avait plus besoin de le soigner... Toutefois, il ne faut peut-être pas vous attendre à une solution très rapide de cette affaire, car le gouvernement vietnamien va sans doute vouloir, pour diverses raisons, attendre quelque temps avant de prendre une décision (pour faciliter les choses, je vous recommande une grande discrétion) ... Il est au secret à la suite d'une manifestation, qu'il a, je crois, largement contribué à fomenter et qui a amené cette réaction violente de ses gardiens ». Et plus loin, « Il faut reconnaître que votre fils et son ami Debris ne sont pas toujours des prisonniers faciles. S'ils ont un grand courage, ils ont parfois une attitude provocante qui n'arrange pas les choses ».

Tout y est : Il « croit savoir » que ma santé est bonne, alors que la grève de la faim continuant, j'ai dû déjà perdre une quinzaine de kilos au moment où ce monsieur écrit dans son salon feutré ; je « fomente » des « manifestations » dans la prison ; je suis un provocateur et les gardiens ne font que « réagir ». En somme, je n'ai eu que ce que je cherchais. Puis il rassure, il donne de l'espoir : « Ne vous attendez pas à une solution très rapide » et termine par un taisez-vous déguisé en « grande discrétion ». C'est du soutien ou je ne m'y connais pas !

La dernière recommandation de discrétion était bien sûr tout le contraire de celle que je donnais à mes parents car j'avais bien compris que seule une pression populaire en France pourrait nous protéger d'un nouvel incident « fâcheux » en faisant bouger notre ministre et son antenne saïgonnaise. L'attitude accusatrice à peine déguisée de la part du premier diplomate français au Sud-Vietnam était confirmée par son patron, le ministre des Affaires étrangères, Maurice Schumann. Le 19 mai, il écrivait au maire de Béziers, une lettre transmise à mes parents. Après avoir rappelé que « les intéressés [avaient] volontairement bloqué toute possibilité de suspension de peine », il évoquait la mansuétude de la Cour suprême qui « a jugé dans des conditions de très grande rapidité » le recours en cassation. « Le Président a fait valoir qu'il ne pouvait accepter de casser un jugement qui, tout compte fait, était favorable aux accusés, pour leur substituer une sentence plus dure ». Et le ministre de terminer : « Croyez bien que nous ne négligerons aucun moyen pour faciliter le retour en France de ces deux jeunes gens qui, il faut bien le reconnaître, ne facilitent pas les choses et ont même la volonté de les compliquer… »

J'ai alors acquis la certitude qu'aucune issue positive ne viendrait de ce côté. C'est à partir de là que je commençais à envisager sérieusement un plan d'évasion.

Le 25 mai 1971, par la voie du consulat à mes parents : « Je peux enfin vous envoyer ces quelques mots (les premiers depuis combien de mois ?) pour vous rassurer quant à ma santé. Vous avez dû apprendre par la presse que nous faisions la grève de la faim pour appuyer un certain nombre de revendications. Nous avons recommencé à nous alimenter et un médecin français est venu nous rendre visite pour nous conseiller. Moral excellent. Bonne fête à maman. Je reviendrai bientôt ».

Ça se délite à l'extérieur

Le moral n'était pas vraiment excellent concernant l'intérieur de la prison mais il l'était connaissant la situation à l'extérieur. L'échec sanglant de l'invasion du Laos pour nettoyer la piste Hồ Chí Minh était en train de provoquer une contre-offensive amenant l'armée nord-vietnamienne à une quarantaine de kilomètres à peine de la frontière thaïlandaise. Les préludes de la campagne électorale pour la réélection de Thiệu remuaient des puanteurs de corruption, des règlements de comptes et même des menaces de coup d'État qui pouvaient présager d'une fin précipitée pour ce régime. Le cow-boy vice-président aux dents longues Nguyễn Cao Kỳ déclarait notamment à la cantonade que ceux qui sont responsables d'« injustices sociales » devraient être abattus. « Souvent ils occupent de hautes fonctions et sponsorisent des subalternes comme des généraux ou autres hauts officiels. Ils sont nombreux, peut-être moi-même ». Surréaliste.

À l'intérieur de la prison, on ressentait la tension sous la forme d'un durcissement à l'égard des détenus politiques. D'où les déportations vers Poulo Condor*, les déplacements d'un bagne à un autre, notre bastonnade… De plus en plus plongés dans la cacophonie politique et militaire prélude au sauve-qui-peut, avec le banquier américain qui les lâchait, les dirigeants de Saïgon se préoccupaient-ils de notre sort ? Paradoxalement oui.

Communications secrètes en haut lieu

Plusieurs années après la fin de la guerre, j'ai eu accès à des documents classifiés « Mật » (Secret) datés du 2 juin 1971. Ils témoignent à la fois d'une pression accentuée venant du ministère des Affaires étrangères français, ce que je n'aurais pas soupçonné, et du dilemme du régime saïgonnais dans cette période préélectorale explosive.

Le premier document est le rapport confidentiel N° 491 : BNG/AUCH signé du ministre des Affaires étrangères, Trần Văn Lắm. Il est adressé au Premier ministre. Je le reproduis ici presque intégralement car il me paraît bien refléter l'embarras causé à ces messieurs. « Objet : demande du consulat général de France au Vietnam d'expulser les deux prisonniers français Jean-Pierre Debris et André Menras ». Il expose à sa façon le motif de notre détention, puis : « … pendant leur incarcération les deux détenus ont provoqué des troubles. Ils ont fait la grève de la faim et de la soif pour exiger un régime spécial et ont ensuite demandé à être conduits à l'hôpital et ont demandé à un employé du consulat et à un médecin de venir prendre soin d'eux. Le ministère de l'Intérieur, que nous avons consulté a accédé à la requête du consulat général et le vice-consul et un médecin leur ont rendu visite. Les deux prisonniers sont actuellement très faibles à cause de la grève de la faim et de la soif et tiennent des propos incohérents qui témoignent d'une déchéance importante aussi bien physiquement que mentalement. Devant cette situation, le consulat général de France nous a adressé une circulaire diplomatique le 24 mai 1971 demandant au nom du gouvernement français la clémence du gouvernement vietnamien et l'expulsion des deux détenus vers la France. Dans le cas où ces deux individus seraient expulsés, le consulat s'engage à mettre en œuvre les mesures nécessaires pour éviter tout incident regrettable à leur arrivée à l'aéroport d'Orly. Compte tenu du passif de ces deux individus français et de leurs actes tout au long de leur détention, ils ne méritent en rien la clémence du gouvernement vietnamien. Ils ont méprisé les lois de leur pays de résidence et actuellement cherchent tous les moyens pour créer des soucis et des difficultés aux autorités locales. La lettre qu'ils ont envoyée en France et que le journal LE MONDE a publiée le 25 mai 1971 témoigne de la grande impertinence de ces deux Français vis-à-vis de la population vietnamienne. La sentence du tribunal militaire est juste. Mais compte tenu de la situation internationale et du contexte des relations diplomatiques entre le Vietnam et la France, à notre humble avis, peut-être faudrait-il examiner attentivement le cas des deux individus français. Depuis leur incarcération jusqu'à présent, leurs actions telles que fomenter des troubles dans la prison, faire la grève de la faim et de la soif pour mettre la pression sur le gouvernement, ont pour but de créer un courant d'opinion international qui nous soit défavorable. Ils veulent se placer dans la position de victimes d'un régime « inquisitorial » et ils pourraient faire en sorte de se détruire eux-mêmes pour servir leurs folles intentions : se sacrifier pour le communisme. Ainsi, il est à craindre que la détention de ces deux individus n'entraîne des conséquences négatives pour nous au plan de la propagande internationale s'il leur arrivait de mourir. Leur détention pendant près d'un an est déjà une leçon bien méritée. En outre, le gouvernement français porte une attention particulière à la détention de ces deux individus et, ainsi que je vous l'ai précisé dans mon rapport N° 130-BNG-VP-M du 22-5-1971 concernant ma rencontre du 8-5-1971 avec le ministre Maurice Schumann à Paris, il a manifesté le souhait que le gouvernement vietnamien fasse preuve de clémence en expulsant les deux individus vers la France. Bien sûr, une fois libérés et de retour en France, les deux individus feront des déclarations véhémentes contre le gouvernement vietnamien. Le gouvernement français ne peut qu'empêcher l'organisation d'un accueil impétueux des deux individus à leur arrivée en France. Il ne pourra pas empêcher la tenue de « meetings » organisés par le clan anti-guerre pour exploiter leurs propos et en faire une tribune pour invectiver notre régime. Pour toutes ces raisons, le ministère des Affaires étrangères propose que, si sur le principe le ministère de l'Intérieur n'y voie aucun obstacle, notre gouvernement pourrait accepter d'expulser les deux individus quand la situation se sera apaisée et peut-être sera-t-il difficile de le faire avant les élections d'octobre. La présence en France des deux individus avant la campagne électorale pourrait causer des troubles dans l'opinion à l'intérieur comme à l'extérieur du pays qui ne seraient pas à notre avantage ».

Joint au rapport du ministre Lắm, les rapports sur la bastonnade : Rapport du 3 juin 1971 : « Le 26 avril 1971, alors qu'ils étaient détenus au secteur BC, les deux prévenus communistes français, comme à l'ordinaire, sont descendus prendre le soleil et se laver dans la cour du secteur de 9 heures à 10 h 30. Ensuite, les intéressés ont refusé de regagner leur cellule et ont continué à répondre aux sollicitations de quelques prévenus communistes obstinés de retour de Poulo Condor* le 19 avril 1971, troublant la sécurité et l'ordre dans le Centre. Ils ont frappé et blessé un membre de la sécurité qui les conduisait dans une autre cellule du secteur AB pour que la police nationale du 10e arrondissement puisse venir dresser un procès-verbal de l'agression du personnel blessé. Après leur réclusion au secteur AB, les intéressés se sont montrés encore plus obstinés, refusant toute nourriture et criant des grossièretés pendant le salut du drapeau pour provoquer le personnel. En outre, la fouille de leur cellule du secteur BC a permis de confisquer un certain nombre de documents écrits à la main pour étudier le communisme et des signes secrets (morse) pour communiquer avec les prévenus communistes vietnamiens. Le matin du 28/4/71, refus de l'interrogatoire du policier de la police nationale qui était venu dresser procès-verbal. Le soir du 28/4/71, refus de recevoir le vice-consul de France dans sa visite habituelle. Le matin du 29/4/1971, ils ont chanté des chansons Vietcong pendant que tous les détenus étaient silencieux pour saluer le drapeau national. Le matin du 29/4/71, refus de voir le docteur du Centre venu les soigner. Après plusieurs jours de refus de nourriture, les intéressés montrèrent des signes de fatigue et des actions incohérentes, si bien que le Centre les a déplacés à l'asile de Biên Hoa le 4/5/71 pour y être traités. Ils ont ensuite été reconduits au Centre le 8/5/71. De retour au Centre, les intéressés ont continué à refuser la nourriture et se sont montrés extrêmement obstinés, cherchant toujours à agresser le personnel et ont utilisé des cendres de cigarettes pour écrire sur les murs de la cellule des slogans comme « Le front national de libération du Sud Vietnam vaincra car il a raison » et « A bas la République du Vietnam »... De plus, ils ont exigé de la direction trois points : 1/ Leur permettre de rendre visite aux représentants de la cellule OB1 (où sont détenus les communistes obstinés) pour connaître les conditions et l'opinion de leurs camarades.

2/Les transférer au secteur ID avec les détenus étrangers de droit commun. 3/ Téléphoner à M. Dirac du Consulat pour qu'il vienne les voir. Si ces conditions sont réalisées, ils accepteront de s'alimenter. Le 18/5/71 ils ont encore écrit des propos à caractère menaçant envers la direction. Le 19/5/71 le consul français et un médecin français accompagnés du médecin du Centre sont venus les voir et les soigner, et les intéressés ont accepté de boire du Coca-Cola mais refusé toute nourriture. Le 23/5/71, ils ont repris à manger en apprenant que la Cour suprême avait rejeté leur appel. Le 01/6/1971, ils ont accusé réception de cette décision.

Rapport « secret très urgent » du 7 juin 1971 du ministère de l'Intérieur au chef de cabinet du Premier ministre. Il est signé du colonel Huỳnh Ngọc Diệp. «… Au cours de leur détention dans le Centre de rééducation de Chí Hòa les inculpés se sont montrés obstinés avec de nombreuses actions de résistance contre la discipline en essayant toujours de communiquer avec les éléments communistes à des fins de propagande, inciter à la résistance contre le gouvernement, lutter selon la ligne communiste et entraîner quelques prisonniers à troubler l'ordre dans le Centre. Pour empêcher les actions ci-dessus, la direction du Centre a proposé de transférer les deux détenus intéressés à Poulo Condor* mais le Premier ministre donna des instructions pour les maintenir au Centre de rééducation de Saïgon. Là, ils ont refusé de se faire soigner et ont une fois refusé de voir le Consul adjoint français M. Hennekine. Le 26/4/71, les inculpés se sont montrés encore plus violents en saccageant le Centre et blessant un membre du service d'ordre. Le personnel du Centre en fouillant la cellule a confisqué des documents communistes et des codes secrets pour communiquer avec d'autres détenus communistes. Depuis le 26/4/71, ont ouvertement fait la grève de la faim, refusant leur ration alimentaire mais quelquefois le personnel les a surpris en train de manger à la dérobée des rations cachées en un endroit qui sert de pièce à conviction. En outre, ils ont continué à provoquer le personnel du Centre de rééducation, insulté l'infirmier et quelquefois versé le riz à la tête de ceux qui venaient leur apporter la nourriture. Le Centre de rééducation, craignant que les deux intéressés ne soient atteints de folie les envoya pour des soins à l'asile de Biên Hòa le 4/5/71. Le 8/5/71, ils en sortirent faute de symptômes clairs de cette maladie. Le 15/5/71, mon ministère a accepté que le Consul adjoint M. Hennekine et un médecin français viennent leur rendre visite et les soigner. Le 18/5/71, les deux inculpés en grève de la faim depuis 23 jours et ont accusé le directeur du Centre de porter les responsabilités des conséquences au cas où il refuserait de les laisser voir les détenus communistes et communiquer avec eux.

Comme nous avons constaté que les deux criminels étaient à bout de forces, après en avoir fait le rapport au Premier ministre le 22/5/71, nous sommes intervenus auprès du ministère de la santé pour désigner un hôpital où les faire soigner (Les deux hôpitaux Chợ Rẩy et Chợ-Quán ne les ont pas acceptés, disant qu'ils n'avaient pas d'endroit pour les détenir, en outre l'hôpital Chợ-Quán était en pleine reconstruction). Le 27/5/71 le ministère de l'Intérieur accepta à nouveau que M. Hennekine vienne régulièrement rendre visite aux intéressés. Mon ministère approuve complètement l'opinion du ministère des Affaires étrangères exprimée dans sa circulaire N° 491-BNG -AUCH du 2/6/71 car vu les circonstances du crime des deux individus et les actes de mépris de la loi nationale dont ils ont fait preuve pendant leur incarcération, ils ne méritent pas la clémence du gouvernement de la République du Vietnam. Cependant, dans la situation internationale actuelle et compte tenu des relations diplomatiques entre le Vietnam et la France, nous osons croire que le gouvernement devrait faire preuve de clémence et les expulser du Vietnam après les élections de l'Assemblée et du Président ».

Les faits rapportés coïncident à peu près avec le récit que j'en fais dans le chapitre « L'ami Gaspard ». Mis à part quelques contre-vérités puériles telle la fable du coca-cola et celle selon laquelle nous aurions stocké des rations alimentaires dans notre cachot de 6 m², le seul endroit possible étant le trou des w.-c. entièrement à découvert. Et comment aurions-nous pu molester un pauvre garde-chiourme quand nous étions matraqués par trente voyous ?

Mais j'étais loin de me douter à quel point cette action de résistance et la campagne de presse ainsi que le mouvement déclenché par le Secours populaire français avaient ébranlé ce régime agonisant jusque dans les plus hautes sphères politiques : ministres des Affaires étrangères, ministre de l'Intérieur, Premier ministre… Quel honneur pour nos deux petites personnes ! Pour moi, ces documents valent des décorations décernées par l'état-major de « l'ennemi ». Évidemment et heureusement, ma mère ne pouvait avoir vent de ces confidentiels échanges dont dépendaient mon sort.

Le consulat rassure

Pendant ce temps le consul de Folin lui écrivait : « L'état de votre fils continue de s'améliorer. Vous savez qu'il a interrompu sa grève de la faim il y a 15 jours. Nous avons pu obtenir qu'il bénéficie de conditions sanitaires satisfaisantes. Il reprend du poids et peut maintenant jouer quotidiennement au volley-ball dans la cour de la prison. Ses amis et un agent du consulat lui portent régulièrement les vivres et médicaments nécessaires à son rétablissement complet. Je m'occupe de demander au gouvernement vietnamien l'expulsion des deux garçons et j'ai bon espoir d'obtenir satisfaction ». Oublié le réquisitoire précédent : désormais tout va pour le mieux dans la meilleure des prisons ! Comme à l'ordinaire, le diplomate recommande la plus grande discrétion. Ce qu'il ignorait encore, c'est que j'avais trouvé plusieurs moyens de faire sortir des lettres clandestines vers la France par la poste, grâce à des familles de détenus politiques ou des détenus de droit commun français et même par un gardien. Lettres surtout destinées à être publiées. Comme elles étaient très lourdes en témoignages de violences, je voulais éviter ce surplus d'anxiété à mes chers parents. Je les faisais donc adresser à mon ami d'enfance Alain Charles. Mais je les ai retrouvées dans les boîtes à larmes de ma mère. Alain, après avoir fait la transmission aux journaux comme je le lui demandais, a voulu que mes parents conservent la propriété des originaux, se disant que, de toute façon, ils finiraient bien par avoir les informations par la presse.

Ainsi, quand le consul écrivait que tout allait bien dans le meilleur des mondes, mes parents recevaient une très longue lettre de douze feuillets méticuleusement écrits en tout petits caractères, dont de larges extraits feront l'objet d'une série d'articles signés Jean Saluste dans *La Marseillaise* et d'une double page signée Alain Wasme dans l'*Humanité*. En voici un passage qui, comme beaucoup d'autres, dément entièrement les propos optimistes du consul : « Deux mois après notre bastonnade, le vendredi 6 juin 1971 : 11 h 30 : toutes les portes sont fermées, y compris celles des cellules des kapos*. La visite des familles a été écourtée. 12 h 45 : Les kapos* sortent de leurs cellules du secteur ED. On leur distribue matraques et gourdins (bois de chauffage provenant des cuisines), chaux vive, grenades vomitives, masques à gaz. Des clameurs montent des secteurs ED et FG : ce sont nos camarades. À leurs cris répondent ceux des femmes (environ 300) incarcérées dans le « nouveau dispensaire » situé dans la deuxième enceinte de la prison. Musique américaine à plein volume – les airs qui passent à chaque répression – diffusée par les haut-parleurs de la tour centrale. Elle ne parvient pas à couvrir les clameurs des détenus. Conduits par leur nouveau chef, un dénommé Tr, les kapos pénètrent dans les cours de F et de G. Ils escaladent les portes aux barreaux doublés de tôle qui donnent sur les cours et déversent de la chaux vive et des grenades vomitives par les trous d'aération. Les camarades refusent de sortir, frappent contre les portes en scandant des slogans contre la répression. Une heure après, les kapos pénètrent dans les cellules, matraquent et traînent les prisonniers hors de leurs cellules, suffoqués par les gaz. On les ligote dans les cours, tout en continuant à les matraquer. Ils sont ensuite traînés à nouveau, portés à dos d'homme pour les plus âgés inconscients ou sur des brancards pour les infirmes, jusqu'à la cour attenante aux cuisines à l'entrée du secteur FG. Là, des camions bâchés de l'armée et un gros fourgon de la prison attendent leur chargement. Deux kapos saisissent le prisonnier inconscient, l'un par les pieds, l'autre par les bras et le jettent sur la plateforme avec moins de ménagement que s'il s'agissait d'un quartier de viande. Pour les vieux et les infirmes, le procédé est simple : on soulève le brancard à hauteur des épaules et on l'incline brusquement. L'homme roule et tombe sur les autres. Au besoin, on le repousse du pied. À trois heures de l'après-midi, la répression est terminée et le convoi quitte Chí Hòa avec la nouvelle fournée pour Poulo Condor. Durant la traversée, un des détenus a succombé des suites de ses blessures et a été jeté à la mer. Version des autorités : il est tombé accidentellement à l'eau. Au total 410 prisonniers ont été déportés. Les trois quarts sont des politiques ».

Rapport honteux de la Croix rouge internationale

Dans la même lettre j'écrivais : « Le 6 juillet 1971, nous avons eu la visite de la Croix rouge internationale. En présence du directeur Lợi Nguyên Tấn qui bouillait de rage, nous avons expliqué à ces messieurs ce qui se passait exactement dans ce gentil « Centre de rééducation ». J'ai même glissé à l'un d'eux un rapport relatif aux répressions : dates, chiffres, noms. Je sais que certains de mes camarades en ont fait de même. Je reste cependant sur une impression tout à fait sceptique quant à l'efficacité de cet organisme, aussi réputé soit-il ».

J'avais raison mais j'étais loin de me douter de leur mauvaise foi délibérée. Voici des extraits du Comité international de la Croix rouge du 21/7/ 1971 transmis par la Croix rouge française. Je n'en change pas un mot. « L'aspect général de ces deux détenus est bon. Ils sont bien nourris et jouissent d'une bonne santé » (17 kg perdus !). Le logement est celui d'une prison française seuls à partager une cellule (6 m^2), à mon avis suffisamment et correctement aérée et éclairée (Une ouverture de moins de 1 m^2 avec des barreaux !). Au moment de ma visite, ils circulaient librement dans le couloir de la prison, à torse nu, ce qui est contre les bonnes règles de cet établissement. (C'est vrai nous n'avions pas mis la veste de notre pyjama noir des Viêtcongs). Dans le logement se trouve une toilette (trou à même de sol !), suffisamment d'eau, (un seau !), un réchaud pour préparer les mets (récipient en alu et bougie en guise de combustible !). Puis l'observateur « impartial » détaille notre ration journalière telle que l'administration la lui a communiquée : « 500 gr de pain, baguette fraîche, 2 bananes fraîches, 200 gr de viande de bœuf et de petites quantités de sel, oignons, graisse, etc. Riz en quantité variable ».

On aura noté le « fraîche ». Pour un peu le bougre se serait invité ! En réalité, on nous apportait quotidiennement en tout et pour tout : une demi baguette de pain, deux bananes, deux bols de riz rouge et quelques lardons.

Et de continuer son rapport surréaliste : « J'ai eu l'occasion de m'entretenir avec les deux détenus un petit moment, sans témoin. Ils se sont plaints de la nourriture, de mauvais traitements, qu'ils n'ont pas su préciser mais qu'ils ont ensuite généralisés. Selon eux, il semblerait toutefois qu'ils ont été battus lors d'une revendication concernant la nourriture et le traitement. Selon les autorités de la prison, les deux détenus ne se conforment pas au règlement intérieur de cet établissement. Ceci est confirmé par le consul général de France que j'ai vu et qui m'a confié qu'une demande d'expulsion avait peu de chance d'aboutir vu leur comportement ».

Ce rapport d'anthologie n'est pas signé du nom de l'individu qui l'a commis mais simplement de la directrice de « l'Agence centrale de recherches à Genève », Mlle P.Y Tombet. C'est une pièce supplémentaire qui confirme ce que j'avais bien senti sans en avoir de preuve : la connivence pour des raisons différentes entre la direction de la prison et, au-delà, le gouvernent vietnamien qui voulait me casser d'une part, et d'autre part, le consulat et la Croix rouge internationale qui étaient censés me protéger. Le consul tenant des propos optimistes à mes parents. La Croix rouge déformant ou inventant les informations données sur le terrain pour minimiser la gravité de la situation, mettre en doute notre tabassage (« selon eux, il semblerait toutefois qu'ils ont été battus ») et faire passer ces tueurs pour des gens indulgents.

En 1974 nos amis suisses nous ont invités pour témoigner lors d'un débat public à Genève avec un représentant de la Croix rouge internationale. Au dernier moment il a été annulé pour cause… d'alerte à la bombe ! Jamais, malgré les accusations publiques régulièrement portées contre eux, les représentants de la Croix rouge internationale de l'époque ne se sont manifestés pour justifier leur très officiel rapport mensonger.

Un consulat bien timoré

16 novembre 1971 : Lettre du ministère des Affaires étrangères. « À la date du 16 novembre notre représentant consulaire m'avisait que MM. Menras et Debris paraissaient tous deux en bonne santé et semblaient assez correctement traités par le personnel de la prison ». On notera : « paraissaient », « semblaient », « assez correctement traités » plus prudents que le rapport de la Croix rouge.

Le 16/12/1971 j'adressais à mon ami Alain Charles une lettre pour mes parents : « Le 24 novembre, le consulat a reçu une lettre de vous dans laquelle, maman, tu disais ton angoisse d'être sans nouvelles de moi depuis la première quinzaine d'Août. Je vous dois une explication. Durant les premiers mois de mon emprisonnement, mon courrier vous parvenait à travers la censure de l'administration pénitentiaire. Il m'était de ce fait très difficile de vous écrire autre chose que des banalités. Le consulat s'est alors proposé de prendre la relève et j'ai accepté en pensant qu'il me fournirait l'occasion de vous parler plus franchement. Tant que M. Hennekine s'occupait de nous, les lettres subissaient évidemment la censure du consulat mais ne passaient pas dans les mains ou les oreilles des Vietnamiens. Actuellement, avec le nouveau consul adjoint, les lettres venant de vous sont non seulement plus espacées mais elles doivent en plus rester ouvertes de façon à être lues – et éventuellement censurées – par le consulat. Les lettres venant de moi subissent la double censure prison-consulat. Si la teneur de l'une d'entre elle ne satisfait pas le consul-adjoint, de son propre aveu, il ne vous la transmet pas…

Dans ces conditions, pour le courrier secret, utilisez la mère de Rich et, pour les nouvelles ordinaires, reprenez mon adresse à la prison. Cette mesure s'impose d'autant plus que depuis deux semaines, j'ai coupé toutes les relations avec le consulat. Pour beaucoup de raisons. D'abord, au départ, il valorise une catégorie de Français que je n'estime pas et même que je combats. Ils sont plus proches de ce régime que de moi. Il suffit de lire au lendemain de notre procès ce qu'a écrit de nous le « Journal d'extrême orient » hebdomadaire financé par le consulat: « ... de quasi-débiles mentaux face à des juges compréhensifs et enclins à la clémence... »

Faisons un bilan de ce que m'a apporté le consulat: 1) Par l'intermédiaire de l'avocat Bùi Tường Chiểu Bùi, par lui recommandé, il a d'abord tenté de me faire signer une lettre de repentir qui aurait détruit tout ce que j'ai fait et m'aurait aussi détruit. 2) Il a montré toute son impuissance lors du matraquage du 26 avril 1971. Tout juste capable d'obtenir, 4 jours après, l'autorisation de jeter un regard furtif à travers le judas du cachot où nous étions reclus. 3) Après 25 jours de grève de la faim, craignant d'être perfusés de force, nous avons mis notre seule carte dans les mains du consulat, notamment pour exiger de meilleures conditions de vie et pour une hospitalisation et des soins dentaires que je réclame depuis des mois. Si je cessais la grève, Hennekine me promettait une hospitalisation à l'Hôpital Grall et l'expulsion qui suivrait les mois suivants. Des promesses creuses pour désamorcer la colère mais rien n'est venu. 4) Le consul adjoint a ensuite eu l'audace de me proposer de renoncer à notre statut politique. Cela, disait-il, accélérerait le processus d'expulsion. Je ne vois pas comment c'était possible car j'étais condamné sous le matricule QPMT qui veut dire littéralement « Criminel du Front » donc militaire. Pour mes geôliers je n'étais donc pas « politique ». Ensuite cela aurait été renoncer à tout mon combat et à moi-même.

Il y a un mois et demi, il m'avait déjà proposé de rédiger une lettre de pardon que le ministère de la Justice « aurait certainement prise en considération ». Le consulat, garçon de courses du ministère de la Justice de Saïgon! Je ne reproche pas au consulat son impuissance à nous faire sortir de là. Au contraire, elle me satisfait car elle prouve que les relations diplomatiques entre Paris et Saïgon ne sont pas bonnes et ceci est tout à l'honneur de la France. Ce que je reproche à cette diplomatie c'est d'utiliser, sous la pression de l'opinion et des médias, une stratégie et des compromissions avec mes geôliers incompatibles avec les idées qui m'ont emmené en prison et de nature à faire douter de ma détermination et à dénaturer mon combat. Je n'en retire ni appui fiable ni sympathie authentique ».

Après la bastonnade d'avril, la longue grève de la faim, l'asile de fous et le retour à une situation bloquée où nous avions baissé les bras pour d'illusoires revendications de confort et d'hygiène, je savais que dans le cas d'une nouvelle action de notre part, ou de provocation montée par la direction, c'était la déportation à Poulo Condor. Nous avions eu la rumeur de cette éventualité par nos camarades dans la prison et elle a été confirmée dans le document secret du ministre de l'Intérieur auquel j'ai eu accès après la guerre.

Je sentais bien que l'accalmie d'après bastonnade n'était que provisoire et qu'ils laissaient passer l'orage de l'indignation et des articles de presse. La rancœur des geôliers et de leurs chefs était forte et ils pouvaient aller plus loin. Rien ni personne ne nous protégeait d'un coup de couteau ou de tournevis donné par un de ces droits communs assassins que l'administration pourrait utiliser et qu'elle punirait par la suite, à sa façon. C'était facile car ils nous croisaient librement dans les couloirs, dans la cour, à la bibliothèque...

Cette situation déjà tendue pouvait évoluer vers le pire. Bien évidemment, elle dépendait de l'évolution de la situation politique et militaire au Vietnam-Laos-Cambodge mais aussi de la pression que le mouvement anti-guerre américain mettait sur le couple Nixon-Kissinger.

Les Américains pris à partie, les dictateurs rivaux se déchirent

En toute modestie concernant mes analyses, mes lectures à la bibliothèque étaient édifiantes et me donnaient des éléments de réflexion assez fiables.

Time magazine du 28 juin 1971 rapportait le défilé militaire à Saïgon, de 10 000 hommes sous les yeux des deux rivaux pour les prochaines élections présidentielles. Le vice-président Nguyễn Cao Kỳ dans son allocution menaçait Thiệu indirectement : « Ces Vietnamiens qui avaient l'habitude de servir les colonialistes (Thiêu était diplômé de l'école militaire française de Đà Lạt) et qui pratiquent la politique de la dictature familiale doivent prendre mon avertissement au sérieux ». ... Les quatorze quotidiens qui ont publié le discours ont été immédiatement confisqués par le gouvernement pour avoir propagé des articles « menaçant la sécurité nationale » ... Time écrit : « Un groupe de 27 hauts militaires et officiels accusaient le général Ngô Dzu commandant du 2e corps, région des Hauts plateaux, une des quatre régions militaires du Sud-Vietnam, pour ses pratiques corrompues et ses falsifications des pertes sur le front ». Ils terminent en disant : « On se demande si nous nous battons contre les communistes ou pour eux ».

Le même magazine du 27 septembre 1971 parlait de la visite à Saïgon du sénateur McGovern, candidat à la présidence américaine et vigoureux opposant à la guerre. Alors qu'il participait à une réunion dans une église avec le « Comité pour la réforme des prisons », les vitres ont été brisées par des jets de pierres et une bombe incendiaire a détruit huit motos et une jeep. Il a fallu trois appels téléphoniques à l'ambassade dont un directement à l'ambassadeur, Ellsworth Bunker, avant que la police militaire vienne secourir le sénateur. Le chef de la police de Saïgon a justifié l'attaque en déclarant que McGovern s'était réuni avec des « agents Viêtcongs » et le Président Thiệu a froidement ignoré la demande d'excuses du sénateur.

Et les affrontements s'enchaînaient : dispersion violente d'une manifestation à l'appel des bouddhistes Ấn Quang qui réclament le boycott des élections ; agression d'un rassemblement de députés d'opposition qui réclament la démission de Thiệu ; groupe de journalistes étrangers pris en chasse dans les rues de Saïgon avec des grenades lacrymogènes. Au moins neuf véhicules américains incendiés à Saïgon en une semaine. Si bien que le commandement australien ordonne la pose sur ses véhicules d'autocollants portant un éclatant kangourou rouge pour les différencier des véhicules US. Le commandement américain concède qu'il pourrait « être forcé de consigner les G.I.'s dans leur base pour leur sécurité ».

Fiasco cambodgien, les Américains sauvent les meubles

Et, pendant que les hyènes se mangeaient le nez à Saïgon, qu'en était-il du front ? Nous avons déjà parlé de la débâcle au Laos. L'invasion du Cambodge destinée à détruire les « sanctuaires Viêt-Cong » était, elle aussi, un remarquable fiasco. *Time* en parlait ainsi : « Les Nord-Vietnamiens contrôlent les campagnes avec un tel succès que les observateurs étrangers parlent ironiquement du général Lon Nol [3] comme du « maire de Phnom-Penh ».

Au Nord, sous la zone démilitarisée, sur les quarante kilomètres hautement stratégiques qui relient la mer de l'Est à la chaîne Trường Sơn et les pistes Hồ Chí Minh, les Américains sont en train d'évacuer les sept bases de feu et leur 5e division mécanisée pour laisser « le job » à l'armée de Saïgon bien seule et déjà sérieusement malmenée.

À l'arrière, c'est-à-dire aux États-Unis, la situation n'est pas meilleure. *Time*, toujours, ainsi que *Newsweek* consacrent de nombreux articles aux révélations des « Papiers du Pentagone » par Daniel Ellsberg. L'histoire secrète de la guerre : les dissimulations, les mensonges, les crimes, les menaces et pressions sur la presse depuis Johnson jusqu'à Nixon. Ces médias parlent de la montée de l'indignation populaire et de la volonté, même dans l'armée, d'accélérer le retrait des troupes. Démocrates et Républicains se déchirent sur fond de « Let's get out ! » (Tirons-nous de là !).

Enfin, dans le chantier de ma petite bibliothèque, je lis dans *Newsweek* du 26 juillet 1971 ce gros titre, comme un mauvais présage pour le régime de Saïgon : « Nixon : I will go to China » (Nixon : j'irai en Chine). J'y apprends que Kissinger a déjà préparé ce voyage avec Chou En Lai. Concernant le Vietnam, on y parle de « donner au régime sud-vietnamien une chance raisonnable » de « survivre ».

Mon projet d'évasion dévoilé

Voilà ce que je savais de l'état du front et de l'arrière à ce moment précis de ma détention. C'était assez pour envisager de prochains changements importants dans la situation de ceux qui me tenaient à leur merci. Il ne faisait aucun doute que ce régime courait à sa disparition. Mais combien de temps allait-il perdurer ? La réaction probable à l'affaiblissement n'était-elle pas le durcissement ? Avec quelles conséquences derrière les barreaux des cellules de celles et de ceux qui le combattaient sans concession ?

Avec mon codétenu, nous avions à peu près la même analyse : nous étions coincés dans la plus grande incertitude concernant notre sécurité. Or, une opportunité s'offrait à moi. Depuis plusieurs mois j'avais des rages de dent avec abcès. Le régime alimentaire n'y était probablement pas pour rien. Au début, j'ai eu droit aux « bons offices » du médecin de la prison qui n'a pas fait de quartier : extraction d'une molaire et d'une prémolaire. Anesthésie quasi nulle. J'ai eu de la chance de n'avoir pas d'infection étant donné le matériel. Alors, comme je voyais encore le représentant du consulat, j'ai demandé qu'il intervienne pour me faire soigner les autres dents malades à l'hôpital

3. Il fut l'homme des Américains. Son nom reste associé à la République khmère qu'il dirigea de 1970 à 1975, d'abord comme chef du gouvernement, puis en tant que Président.

Grall, hôpital français de Saïgon. J'y avais déjà été conduit dans les premiers mois de mon incarcération pour une intervention chirurgicale au cou suite à un hématome infecté, souvenir de la bastonnade reçue sous la statue. Ce premier transfert s'était effectué en jeep bâchée seulement sur le haut mais non sur les côtés. J'avais été très surpris du manque de sécurité : le chauffeur était à l'avant et j'étais à l'arrière, non menotté à côté de mon gardien armé d'un M16. Je ne sais pas s'il était chargé. L'homme, près de la soixantaine, n'avait pas l'air d'un fou de la gâchette. J'avais discuté avec lui pendant tout le trajet. Si j'avais voulu, j'aurais très bien pu sauter du véhicule et m'enfuir dans le dédalle de ruelles que nous avions traversées.

Je savais également où aller. Plusieurs mois avant mon arrestation, j'avais pris l'habitude de sortir après le couvre-feu pour prendre mon plat de cuisses de grenouilles frites au beurre ou de cerf grillé au citron autour du marché Bến Thành et flâner à pied dans le centre de Saïgon avant de rentrer chez moi. J'aimais bien échanger quelques mots avec les pauvres, SDF ou non, qui dormaient sur les trottoirs devant les boutiques et faisaient office de gardiens de nuit. Je passais souvent par la gare des bus et j'y rencontrais régulièrement un marchand de journaux d'une cinquantaine d'années qui se faisait appeler Mạng. Nous avions sympathisé parce que j'étais français, professeur et jeune et que je bredouillais le vietnamien. Le premier soir de notre rencontre, il m'avait invité à m'asseoir à côté de sa pile de journaux et offert un verre de thé. Il me faisait signe du doigt dans la direction de chaque détonation lointaine. Avec ses quelques mots de français, il donnait son sentiment : « Lui beaucoup salaud ! ». « Lui », c'étaient les Américains qui bombardaient sans relâche dans la région de Tây Ninh, à quelques dizaines de kilomètres de là, vers la frontière cambodgienne. Et je lui montrais que je partageais son sentiment. Puis, de soir en soir, il finit par m'inviter chez lui pour un repas avec sa famille et un certain monsieur Minh, son ami.

M. Minh parlait assez bien le français et afficha clairement la couleur : il avait de la sympathie pour la résistance et me parla de son père, déporté à Poulo Condor par les colonialistes français.

J'ai invité ces deux amis chez moi quand je logeais dans une ruelle près du rond-point appelé « Lac de la tortue » à Saïgon. J'étais en très bons termes avec mes voisins, mais mes deux amis ne manquaient jamais une occasion de leur dire de me protéger des voleurs et... des filles mal intentionnées. Le courant passait vraiment. Jamais cependant ils ne m'ont dit ce qu'ils faisaient, même si j'en avais quelque idée. Avant mon arrestation, j'avais déménagé rue Ký Con sans leur laisser d'adresse pour ne pas les mettre en danger.

Ils faisaient partie des « oubliés ». Brusquement sans nouvelles, ils ont dû me prendre pour un triste personnage jusqu'à ce qu'ils apprennent le coup de tonnerre médiatique du drapeau. Pour Noël 1971, j'ai reçu de leur part, transmis par les camarades détenus, un billet tout neuf de 20 dongs avec, écrit en français « Joyeux Noël et heureuse année ». Selon la tradition vietnamienne, offert à l'occasion de la nouvelle année, un billet de banque neuf devrait porter bonheur. En tout cas, par le canal qu'ils avaient emprunté, je savais désormais à coup sûr qui ils étaient. Je pourrais les contacter pour une aide dans le cas d'un projet d'évasion.

Sinon, je savais où les trouver dans Saïgon. Et ils sauraient certainement comment m'exfiltrer vers le maquis. Ces suppositions étaient justes car en 2002, lors de mon retour au Vietnam, j'ai retrouvé M. Mạng qui vivait dans la campagne en banlieue de Saïgon. Son fils avait eu mon adresse grâce aux nombreux articles parus dans les journaux. Il m'a appris qu'il avait rejoint le maquis à l'âge de 17 ans. J'avais ainsi confirmation que la famille était bien dans la Résistance au moment où je projetais mon évasion.

Le point d'interrogation principal était de savoir si mon transfert vers l'hôpital se réaliserait dans les mêmes conditions que le précédent. Dans le cas d'une garde renforcée avec menottes, gardes armés, fourgon fermé, je ne prendrais évidemment pas de risques suicidaires, me ferais soigner, retournerais sagement à la prison et personne n'en saurait rien. J'avais la certitude que, dans la période de protestations qui suivait notre bastonnade, l'administration ne pourrait que répondre positivement à ma demande de transfert médical et que le consulat l'appuierait.

Dans le cas d'une réussite, au moment où, au cours des négociations à Paris, le régime de Saïgon continuait de nier la présence de détenus politiques au Sud-Vietnam, mon témoignage sur place serait une arme efficace pour protéger mes camarades et aurait un grand impact sur leur moral. Tout était clair pour moi et l'occasion ne se représenterait pas de sitôt. Il fallait la saisir.

Mais JP Pierre Debris n'était pas de cet avis. Il trouvait le projet téméraire et trop dangereux. En cas de réussite, il craignait de rester seul avec des représailles à son égard. Je lui rappelais que de toute façon, je serais libéré avant lui, ma peine étant moins lourde d'un an. Il me trouvait tantôt suicidaire, tantôt lâcheur. Je lui exposais tous les arguments possibles, lui rappelant qu'en cas de succès, il garderait un contact permanent avec le consulat et qu'il ferait l'objet d'une vigilance accrue de sa part à partir de mes témoignages très détaillés et largement médiatisés. En cas d'échec malheureux, il n'avait pas le droit de décider de ma vie à ma place. L'avait-il fait au moment du drapeau? Je ne comprenais pas son attitude car je le savais courageux et il savait lui-même que si une telle opportunité s'était présentée à lui, je l'aurais soutenu de toutes mes forces. Je lui ai finalement dit que je prenais son attitude comme un renoncement à notre combat pour attendre docilement le moment de notre libération et que je maintiendrai ma demande de transfert. Nos relations se sont tendues.

Avec du recul, cette situation me rappelle – à une autre échelle – le différend entre détenus de Poulo Condor. Je le raconte dans le détail dans le chapitre « Du pavois » et le cas de Thiều Thị Tân. En quelques mots: L'accord de Paris venait d'être signé et les détenus connaissaient la clause les concernant qui prévoyaient leur échange prochain. Un certain nombre d'entre eux étaient partisans d'attendre sagement leur libération sans s'exposer à la répression. C'étaient les « majoritaires ». Les « minoritaires » étaient d'avis de continuer à lutter pour exiger des soins médicaux, une nourriture décente, des mesures d'hygiène, contre les bastonnades, causes de souffrance, d'infirmité et même de décès. La question a été tranchée par la violence physique de la part des majoritaires sur les minoritaires. Terrible!

Debris a tranché notre différent par une autre violence. Lors de la visite du représentant du consulat qu'il était le seul à rencontrer, il lui révéla mon projet. Le consulat s'empressa d'en faire part à la direction de la prison qui, évidemment, annula ma sortie. Lorsqu'il regagna notre cellule, Debris m'annonça tranquillement la nouvelle. La gifle qu'il reçut en retour exprima, mieux que des mots toute ma stupéfaction. Je restais interloqué, prostré dans un coin du cachot, sans pouvoir y croire. Le coup était bien plus violent que tous ceux que j'avais reçus lors de l'arrestation ou de la bastonnade d'avril. Venant de la part de mon camarade et complice avec qui j'avais partagé tellement de moments difficiles, un tel mépris de mes décisions personnelles, de ma liberté de choix surtout quand elles allaient dans le sens du combat, une telle trahison me dépassaient. Le ciel me tombait sur la tête.

Jusque-là, pour nos geôliers, nous formions un bloc indestructible. À partir de cet instant nous étions deux, bien distincts. Jean-Pierre leur avait fait cadeau d'une belle victoire. Nous avions perdu de la force et du respect. J'ai immédiatement informé les camarades vietnamiens qui, bien qu'extrêmement peinés et inquiets, n'ont pas pris parti. J'ai demandé à la direction de ne plus cohabiter avec Debris. Ma demande a été acceptée comme une aubaine et il a été transféré au secteur ID, avec les détenus étrangers. Et bien que je sois autorisé à me rendre de temps à autre au secteur ID, je n'ai jamais plus rien confié à Jean-Pierre. Je ne sais pas si de son côté, il a évoqué ce projet d'évasion. Ce que je sais par retour de courriers dans les boîtes à larmes de ma mère, c'est qu'il a envoyé à ses parents et à M. Avril du Secours populaire français des lettres où il a tenu des propos alarmistes quant à mon équilibre mental. Je n'en veux pour preuve que cette lettre du 12 mai 1972 venant du représentant du ministère des Affaires étrangères et adressée à mes parents :

« Notre consul général à Saïgon vient de me transmettre des informations sur la situation de votre fils, qui me conduisent à vous écrire. L'impression que j'en retire est que celui-ci s'isole de plus en plus. Continuant de refuser tout contact avec le consulat général, il vient dernièrement de demander à ne plus partager la même cellule que son compagnon, M. Jean-Pierre Debris et a obtenu satisfaction de la direction. Son attitude, je ne vous le cache pas, me préoccupe et je pense qu'il serait souhaitable que vous-même puissiez intervenir auprès de lui afin de l'inciter à ne pas se refermer, comme il le fait, sur lui-même et pour le moins à vous écrire – vous savez que nous pouvons acheminer ses lettres – et à accepter, car je ne vois là rien qui puisse le heurter, de recevoir l'aide que nous pouvons lui apporter… »

Je n'ai jamais effacé, au contraire, tout ce que nous avions fait de beau, de très beau, ensemble jusqu'à cette trahison, mais j'avais désormais plus de sympathie pour Rich, le détenu américain qui prenait des risques à recevoir pour moi via sa maman aux États Unis, une partie de mon courrier secret. Lorsque nous avons été libérés, je me suis efforcé de taire ce douloureux épisode et de ne rien montrer du ressentiment qui ne m'a plus quitté pour ne pas nuire à l'efficacité de nos témoignages. Je n'en ai même jamais reparlé avec Debris. Mais dès que cela a été possible sans porter préjudice à mes camarades emprisonnés, j'ai fait ma route seul. Encore aujourd'hui lorsqu'un ami me demande des nouvelles de Debris, je lui réponds négativement mais j'ai envie de lui dire que ça ne m'intéresse plus. C'est aussi pourquoi dans la plupart des passages de ce livre je parle à la première personne quand j'aurais été heureux de dire « nous ».

L'administration semble lâcher du lest mais le danger augmente

À partir de cette séparation, je n'ai plus partagé qu'avec mes camarades vietnamiens à « l'infirmerie », en particulier Mười Để, qui se trouvait avec moi au secteur AB et aussi avec « papa » Khuê qui gérait la bibliothèque, tandis que je gardais mon contact avec Rich au secteur ID pour les nouvelles de France. Mais j'étais surtout concentré sur l'envoi d'informations à l'extérieur. Je recevais des colis de France et avais demandé par une lettre officielle du 15 juin 1972 l'autorisation de rencontrer les enfants prisonniers politiques du secteur BC, les « Nhi đồng », pour partager ces colis avec eux. L'autorisation écrite à la main qui s'est retrouvée je ne sais comment dans une boîte à larmes de ma mère, a été donnée par le directeur de la prison à la sécurité, au chef du secteur BC et à un certain M. Đăng. Ils devaient permettre cette rencontre à condition que je ne fasse que transmettre la nourriture sans un mot et en la présence de ce M. Đăng. Il précise « M. Menras vous fera savoir l'heure où il souhaite se rendre au secteur BC ». Quelle magnanimité, quel humanisme !

Dans le même temps, cette lettre du début juillet envoyée à mes parents : « ... Ici, dans ce petit monde à part, la guerre continue à vous poursuivre. Il y a à peine une semaine, sept prisonniers politiques dont trois vieillards ont été sérieusement blessés au cours d'une bastonnade provoquée par les kapos* de service au cours de la baignade matinale. La scène a duré dix minutes. Une quarantaine de kapos, armés de seaux, de pierres, de gourdins, ont acculé mes camarades dans un coin de la cour et les ont roués de coups aux yeux de toute la prison. Les chefs laissaient crier et restaient assis à leur bureau. À l' « infirmerie », en trois jours, quatre « politiques » sont morts : tuberculose, sous-alimentation, absence de traitement suite aux maltraitances. Pas de médicaments sauf pour ceux qui payent. Certains meurent dans leurs cellules. Leurs camarades en geste de désespoir et de colère ont tenté d'empêcher l'évacuation des cadavres pour rencontrer la direction. La direction a fait dire qu'elle ne pouvait venir car trop occupée par des problèmes urgents concernant les droit communs (trafics d'héroïne, surpopulation, rixes...) et qu'elle n'avait pas de crédits pour les Viêt-Congs. Un garde commente : « Ceux qui crèvent ne nous ennuient plus ». « Des gosses dont l'âge varie de 11 à 15 ans viennent de rentrer en provenance d'autres prisons, d'autres maltraitances. Bienvenue au « Centre de rééducation » mes enfants ! »

Lettre du 3 août 1972 adressée au colonel directeur de la prison, double envoyé à mes parents par le canal clandestin, le représentant du consulat, M. Brochant avait refusé de la transmettre. Elle traduit l'insécurité grandissante dans le bagne. Un détenu étranger M. G. qui m'avait quelquefois aidé venait de se faire agresser par un groupe de kapos. « L'affaire G. reflète exactement l'aggravation de la situation dans votre prison. Elle vient essentiellement d'un service de sécurité assuré par des assassins et des bandits sans foi ni loi que j'appelle les kapos, sélectionnés parmi les plus redoutables de Saïgon. Ils sont si redoutables qu'ils effraient et commandent les gardiens eux-mêmes. Ils ont une totale liberté de circulation et peuvent accéder quand ils le veulent à n'importe quelle cellule. Comment qualifier un régime pénitentiaire qui s'appuie sur ces criminels et leur permet de se procurer à volonté drogue et alcool, de disposer de tout un attirail de couteaux, tournevis, barres de fer, pioches, fourches et même des menottes qu'ils utilisent en guise de poings américains comme ce fut le cas dans l'agression de M. G ? À chaque nouvel incident, ce sont les mêmes explications : les « sécurités » ont enfreint les ordres, pris des initiatives dont eux seuls sont responsables ; ils seront sévèrement punis ; cela ne se reproduira plus ; on s'excuse. Parlons des sanctions prises contre ces assassins. Il y a un peu plus d'un mois, un prisonnier en poignardait un autre pendant son sommeil tandis que deux de ses complices immobilisaient la victime. Ces trois assassins venaient du secteur de la « Sécurité ». Hier, ce même meurtrier qui portait les cinq coups de poignard un mois auparavant, est venu dans le secteur des étrangers, accompagné encore une fois de ses deux complices et… d'un gardien. Les trois tueurs ont immobilisé M.G. tandis que le gardien, effrayé, s'éclipsait. En ce qui concerne M. Debris et moi-même, nous avons déjà goûté aux gentillesses de vos kapos. Nous ignorons ce que nous réserve l'avenir mais le dernier incident nous donne toutes les raisons de penser que si vous ne nous assurez pas des garanties solides et durables, nous risquons fort d'être les prochaines victimes. Si j'avais été présent lorsqu'ils ont frappé M.G, j'aurai certainement été frappé comme lui. Peut-être plus durement… Par cette lettre, je tiens à vous avertir en présence du représentant du Consulat de France, monsieur Brochand… »

La lettre n'est pas partie en temps escompté, j'ai eu le temps de rajouter au dos: PS: « Hier, le 6 septembre 1972, une dizaine de prisonniers parmi lesquels des « Sécurités » se sont rendus au secteur FG armés d'une pioche. Ils ont écarté le chef du secteur, ont fait sauter le cadenas d'une des portes, ont pénétré dans la cellule et ont frappé à mort un détenu: crâne fracassé, cage thoracique enfoncée. L'exécution a eu lieu dans la cour devant le personnel impuissant et terrifié. D'après les rumeurs ce serait une histoire d'héroïne entre droits communs. Il faut signaler que le commando le plus puissant de la « sécurité » est entièrement constitué d'opiomanes et d'héroïnomanes qui partagent avec des éléments de l'administration les bénéfices de leur triste commerce. À l'« infirmerie » on compte en moyenne trois ou quatre morts par semaine… » M. Brochand a refusé devant moi de transmettre cette lettre à la direction de la prison, je la lui ai donc fait parvenir par un gardien. Sans réponse. Mais le diplomate a dû s'empresser d'en faire le rapport au consul. Également sans réponse. Pendant ce temps, à l'extérieur, l'empoignade était à son comble entre le Président Thiệu et le vice-président Kỳ pour l'élection présidentielle du 8 octobre. Kỳ venait de tenir une conférence de presse annonçant que certains chefs de province avaient été « achetés ou terrorisés » par les hommes de Thiệu, que les lois avaient été changées à la dernière minute en sa défaveur. Il déclarait vouloir « sauver le pays du naufrage ». *Time* rapporte: « Lors du vote de la loi à la Chambre des députés, un supporter de Kỳ a sorti un révolver et brandi une grenade vers les partisans de la nouvelle loi tandis que d'autres législateurs parcouraient la salle en agitant des armes de poing et en braillant les uns contre les autres ». Finalement, La Cour suprême a rejeté la candidature du cow-boy pour manque de soutien légal. J'ignore de quoi seront faits les prochains jours et avec quels contrecoups dans la prison.

Sur le front du consulat

Le mardi 5 septembre 1972 j'envoie cette lettre clandestine à mes parents. Je savais que ma demande de sortie pour l'hôpital était bloquée à cause la révélation de Debris. Mais j'insistais pour savoir jusqu'où le soutien du consulat irait en augmentant la pression sans toutefois déformer les faits: « Cet après-midi, un nouveau membre du consulat, du nom de Rouvière est venu se présenter. Il m'a dit d'un air plein de suffisance que le directeur avait promis qu'on allait me soigner à Chí Hòa même. Quand je lui ai répliqué qu'il n'y avait pas les appareils nécessaires, que les conditions d'hygiène étaient déplorables et que la qualification du « dentiste » était des plus douteuses, il est monté sur ses ergots. Il m'a dit textuellement que j'aurais dû prévoir ça avant d'entrer en prison et que je devais accepter d'être soigné avec les moyens du bord ». La lettre poursuit : « Si le Consulat le veut vraiment, je pourrais être soigné à l'hôpital français ou, au pire, ici, par un dentiste français. Mais malgré les « nous ferons tout notre possible » en conclusion de chaque lettre qu'ils vous envoient, ils s'en foutent. Le consulat promet, le consulat ne veut pas d'ennui avec la direction, avec le gouvernement vietnamien. J'ai accepté de revoir ces brasseurs de bonnes paroles pour vous, pour que vous soyez rassurés. J'espère à présent que vous comprenez à quel point j'avais raison quand je refusais de les voir ».

J'ignore si le consulat a eu connaissance de cette dernière lettre mais le 18 septembre, le Rouvière avait perdu de sa superbe et venait m'annoncer que les autorités pénitentiaires avaient donné leurs raisons quant au refus du transfert à l'hôpital Grall : « 1) Les Nord-Vietnamiens s'infiltrant de plus en plus dans la capitale, les autorités craignent que vous soyez enlevé par eux au cours du trajet. 2) Votre cas est si délicat qu'il n'est plus du seul ressort des autorités pénitentiaires. Il nécessite, pour être réglé, la réunion des ministres en conseil restreint ». Après avoir patiemment écouté ces galéjades, j'ai clairement exposé au diplomate Rouvière comment j'entendais faire respecter mes droits aux soins, par mes propres moyens, essentiellement par des actions de communication fortes. À cet effet, je lui donnais une lettre à communiquer à mes parents. Je l'ai retrouvée dans la boîte à larmes : « ... Vous recevez cette lettre par l'intermédiaire du consulat. Je suppose que vous avez reçu des nouvelles de l'étranger. De mon côté, j'ai eu des échos de votre inquiétude par la maman de la personne en question. J'ai également appris que vous aviez envoyé une lettre au consul et je l'attends depuis une semaine. Ici, la situation est toujours celle que je vous ai décrite il y a près de deux mois. Des promesses qui font passer le temps. Je ne peux plus tenir. Je souffre trop et il n'est pas question que je cède à l'arracheur de dents de la prison. Quand la gentillesse et la patience sont inefficaces, il faut employer d'autres méthodes... » Si cette lettre a été transmise par le consulat, j'ignorais à quel point les informations que je faisais sortir par ailleurs étaient relayées par la presse en France.

Le silence ne protège pas

Ma stratégie était d'augmenter la pression pour que soient publiés des passages de ces lettres. Jean Saluste du journal *La Marseillaise* à Béziers, avait bien compris que le silence ne me protégeait pas. Passant outre les consignes de discrétion données par les diplomates, il avait déjà publié des séries d'articles « Chí Hoà, bastion du « monde libre », « Chí Hoà, paradis des négriers du « monde libre », « Un Biterrois dans l'enfer de Chí Hoà » etc. Le quotidien avait ménagé de grands espaces consacrés aux appels de Secours populaire français signés Gilbert Avril. On y trouvait des informations sur les actions en direction de Maurice Schumann venant de trente communes du Nord, de l'épiscopat, des universités surtout du côté de chez Debris. Je n'ai découvert cela qu'après ma libération, par les boîtes à larmes de ma mère, à l'exception du cas qui n'a pas été raconté sous forme de lettre. Le colonel directeur, furieux, m'avait convoqué pour m'interroger et proférer ses menaces. Il venait de prendre connaissance de la double page parue dans le journal *l'Humanité* qui reprenait les informations données par *La Marseillaise*. Enfin un journal national osait un véritable article sur notre emprisonnement, deux ans après notre arrestation ! L'officier supérieur était surtout vexé et courroucé car il avait compris qu'il ne pouvait pas cacher au monde extérieur les crimes commis dans sa prison. À moins de nous confiner en isolement total, option qui n'était plus possible car elle aurait provoqué un tollé comparable à celui suivant notre bastonnade. Le coup de l'« accident » suite à « bagarre entre prisonniers » restait possible mais le remède risquait d'être plus néfaste que le mal. Il était donc limité à une surveillance qu'il savait délicate et perméable. Tout cela explique en partie pourquoi le message clair qui venait d'être envoyé par ce cher Rouvière a finalement été entendu.

Dans la lettre du 18 septembre envoyée à mes parents, j'écrivais : « Je quittais l'honorable diplomate à 10 heures et dès 11 h 30, la Direction générale téléphonait à la prison : « Monsieur Menras doit être conduit de toute urgence à l'hôpital militaire ». À 15 heures j'étais dans le cabinet du chirurgien-dentiste. J'y suis retourné le lendemain et je dois y revenir deux ou trois fois encore dans les jours à venir. Plus question de Nord-Vietnamiens, de Conseil des ministres, plus de problème ». Il faut dire que j'étais menotté, encadré par deux gardiens dans un fourgon fermé. Difficile de leur fausser compagnie sans faire de casse. Ça n'était pas mon style. Je me suis donc résigné.

Jean Letourneau l'Indochinois vient réconforter mon geôlier

Dans les turbulences du moment, je venais d'apprendre la venue à Saïgon d'un vieux vestige poussiéreux du colonialisme à l'invitation de Thiệu. Il s'agissait de M. Jean Letourneau, ancien ministre des États associés et Haut-commissaire en Indochine, président en 1972 de l'association dite d'« Amitié France-Vietnam ». Les deux personnages se connaissaient bien puisque Thiêu avait été cadet, puis diplômé à l'école militaire de Đà Lạt quand Letourneau siégeait au plus haut de la colonie. Les deux avaient des souvenirs et un langage commun, celui des rapaces. Letourneau était-il une carte diplomatique pour, au passage, infléchir la décision d'expulsion ? Je trouve un peu présomptueux de ma part de le penser. En tout cas, il venait certainement apporter un message de soutien de la part des nostalgiques de l'Indochine française au moment où le bateau américain prenait l'eau.

Quelques mois auparavant, alors que les lignes de défense du Sud-Vietnam au bas Laos et sur la zone démilitarisée commençaient à se fissurer en contrecoup de la catastrophique invasion du Laos, l'association d' « Amitié » de ce Monsieur s'était fendue d'un communiqué publié par le journal « *Le Monde* » le 15 avril 1972 : « Au mépris des accords de Genève, une fois de plus violés, les troupes du Nord-Vietnam ont franchi la zone démilitarisée du 17e parallèle, le gouvernement de Hanoï reconnaissant ainsi que, seuls, les éléments vietcongs qu'il soutient et alimentent à l'intérieur du Sud-Vietnam, sont incapables de venir à bout de la détermination du gouvernement et du peuple sud-vietnamiens. En se livrant ainsi, avec d'énormes moyens matériels fournis par Moscou et Pékin, à une telle attaque extérieure, Hanoï prend la responsabilité des nouveaux deuils et des nouvelles souffrances que subissent tous les Vietnamiens, du Sud comme du Nord. Cependant, comme ils l'avaient fait lors de la célèbre attaque du Têt 1968, les Sud-Vietnamiens refusent de se rallier et préfèrent tout abandonner pour fuir l'envahisseur. L'association Amitié France-Vietnam est scandalisée qu'aucune protestation ne s'élève contre cette agression caractérisée et que, bien au contraire, la compréhension semble, une fois encore, se porter uniquement vers les agresseurs. Elle s'étonne que l'incroyable prétention des Nordistes de vouloir, après avoir déclenché l'offensive générale, faire reprendre les conversations de Paris, qu'ils n'ont cessé, depuis deux ans, d'empêcher d'aboutir, ne soit pas unanimement dénoncée. En ce qui la concerne, l'association tient à élever une vigoureuse protestation contre cette nouvelle phase de la guerre et adresse ses vœux au président de la République Thiệu, au gouvernement de Saïgon, à la vaillante armée et à la population sud-vietnamiennes, soumises une fois de plus à de cruelles épreuves ».

Messmer avec les communistes

La messe était dite. Je retrouvais là la diplomatie de collaboration que j'avais connue avant mon arrestation. J'espère que je ne lui ai pas dû l'adoucissement des griffes de mes geôliers. Mais peut-être l'avait-on dépêché seulement pour remettre de l'huile dans les rouages grippés de cette collaboration. Dans la bibliothèque de la prison, pleine de trésors, je tombais sur un article de l'agence UPI. Il parlait de la colère déclenchée par une déclaration du Premier ministre Pierre Messmer, le 18 septembre. Dans une longue diatribe télévisée, Thiệu accusait la France d'interférer dans les pourparlers de Paris en soutenant « la solution de voyou ourdie par les communistes ». C'est-à-dire la constitution d'un gouvernement de coalition et le retrait de toutes les troupes US. « Le peuple vietnamien a la nausée quand il se souvient de la lâche trahison des colonialistes en 1954 qui ont vendu le Vietnam de concert avec les communistes… Le soi-disant gouvernement tripartite de coalition proposé récemment par les communistes en accord avec les colonialistes repris par de faux pacifistes et propagé par une poignée d'agents français qui s'appellent la troisième force du Sud-Vietnam mais qui vivent en exil à Paris… Toute action ou déclaration qui soutiendrait cette sombre et hideuse solution politique en échange de quelques concessions de la part des communistes nord-vietnamiens sera punie en conséquence par le peuple de la République du Vietnam ».

Ainsi les relations diplomatiques France-Thiệu à Saïgon soufflaient le chaud et le froid. Et, dans ces violents courants d'air, je risquais de m'enrhumer. Tout ce remue-ménage m'envoyait cependant des signes de changement positif perceptibles dans la prison. Je les prenais avec méfiance mais attention. J'écrivais : « Il y a quelques jours, alors que j'avais déjà été conduit deux fois à l'hôpital, un individu qui s'est présenté comme étant responsable de la sécurité à la police nationale – peut-être un de ceux qui a donné le feu vert pour notre bastonnade – m'a fait appeler au téléphone chez le directeur pour me demander des nouvelles de mes dents et de ma santé en général. Et il glissa sur un ton charmant qu'il agissait directement sous les ordres du ministre de la Justice qui demandait de faire tout le nécessaire pour que je sois soigné dans les meilleurs délais et les meilleures conditions. Avant que je quitte son bureau, le Directeur m'a informé qu'il avait reçu ces jours derniers deux coups de téléphone du ministère de l'Intérieur. Ces messieurs demandaient notre dossier – qui, selon toute vraisemblance devrait déjà atteindre une corpulence respectable – ainsi qu'un rapport concernant notre comportement actuel. Sommes-nous enfin rééduqués ? Le directeur a sans doute répondu affirmativement, ne serait-ce que pour se débarrasser d'un fardeau difficile à manipuler. La question de notre expulsion semble se poser de façon plus pressante. Mais quelles en seront les modalités ? personnellement je n'accepterai cette libération que si elle est inconditionnelle. Pas de recours en grâce, pas de demande d'amnistie. Je ne signerai aucun document de ce genre. Thiệu nous a emprisonnés au nom des intérêts d'un gang de dictateurs bellicistes et de leur patron américain. Ce sont eux les criminels et le seul document que je puisse signer est leur acte d'accusation. Quant à nous, nous n'avons rien volé, nous n'avons blessé personne : nous sommes innocents et devons être libérés. Tout simplement. Certains amis français nous ont beaucoup parlé de souplesse, de diplomatie pour une plus grande efficacité. Il n'y a pas de souplesse possible sur certaines choses et la diplomatie n'a de sens que si elle sert à préserver certaines valeurs essentielles. Elle n'en a plus quand elle les ternit. Je viens de rencontrer un vieux paysan vietnamien qui a passé 14 ans au bagne de Poulo Condor. Il a connu les « cages à tigre » – ancienne et nouvelle forme –, les tortures, les coups la faim, les humiliations. À chaque cicatrice sur son corps, il donne un numéro de camp, de cellule, des noms de camarades gravement blessés ou battus à mort. Ce vieil homme vient d'être transféré sur le continent à Chí Hòa pour, selon les autorités, y être soigné. Il comptait revoir sa famille mais sa femme ne viendra pas à la visite du vendredi : elle a été tuée par un éclat de mortier. Deux de ses fils sont morts dans les rangs du FLN. Le troisième est porté disparu dans l'armée de Saïgon. Seule la fille cadette est venue voir son vieux père et lui a apporté un maigre panier... Cet homme pourrait être libéré dans les 24 heures. Il lui suffirait d'accepter de saluer le drapeau de Saïgon, c'est-à-dire de saluer tout ce contre quoi il a tant combattu et souffert. Il n'existerait plus rien de lui. Des cas comme celui-ci, il y en a des dizaines de milliers au Vietnam. J'en ai croisé des centaines en deux ans d'internement. Des familles décimées, un peuple martyrisé, écartelé dans une volonté de se battre pour rester lui-même, jusqu'au bout. Leur cause, je l'ai faite mienne et je suis considéré par ces patriotes non pas comme un allié mais comme un véritable frère. Ils m'ont donné tant de preuves de cette affection ! Alors je suis français mais je me sens aussi vietnamien. Je n'entreprendrai aucune démarche qui risque de laisser penser une seule seconde que mon attachement à la cause de la libération du peuple vietnamien puisse souffrir la moindre restriction ». Exprimé de façon très exaltée, c'était mon sentiment profond du moment...

Lettre du Consul le 19 octobre 1972. Deux mois et demi avant notre libération. Il confirme : « ... votre fils reçoit régulièrement les soins dentaires que nécessite son état dans un hôpital militaire de la ville ». Puis : « ... Vous verrez dans la lettre de votre fils André qu'il fait allusion à une libération éventuelle qui pourrait intervenir prochainement. J'avoue ne rien savoir officiellement de tout cela et pense qu'il faut se garder une fois de plus d'un optimisme qui risquerait d'être démenti par les faits ». Enfin, le consul recommande de « se garder de toute publicité quelle qu'elle soit, qui pourrait tout compromettre ». Quel était donc ce « tout » que la vérité pourrait compromettre ? Seuls les dieux de la diplomatie le savaient.

Nixon-Kissinger préparent la valise made in China

Pendant ce temps, ce qui est sûr, c'est la situation militaire sur le terrain qui se précipitait avec ses répercussions dans les négociations de Paris. Côté américain, l'agitation s'intensifiait chez les familles des 1600 militaires disparus ou emprisonnés. C'était devenu le point qui semblait le plus sensible : le sort d'un mari, d'un fils, d'un père ou d'un frère. Noyés dans les nouvelles de combats qui s'étendent, au moment du retrait annoncé mais qui dure interminablement, la libération des prisonniers de guerre était devenue l'issue majeure dans l'opinion. Hanoï l'avait bien compris qui offrait la libération de ces prisonniers contre un retrait total des forces américaines à la fin de l'année.

L'atmosphère était déjà au bilan. Dans cet article « Cost of War » *Time* d'août 1972 faisait le macabre inventaire de la guerre depuis l'intervention directe américaine en 1965. La terre : les millions de bombes et autres roquettes et obus déversés sur le Vietnam, le Laos et le Cambodge, le septième de la superficie du Vietnam sous les épandages d'herbicides… Les hommes : arrêtée en février 1971 l'étude comptabilise 53915 américains morts, 149154 assez grièvement blessés pour être hospitalisés. Dans l'armée du Sud-Vietnam : 472013 tués soit 2,6 % de la population. Dans la population civile, le rapport donne un nombre de tués « très approximatif » de 325000 dont, selon le gouvernement sud-vietnamien, 30 % de moins de 13 ans. Selon les chiffres du « dénombrement des cadavres » fournis par l'armée, le nombre de morts chez les Viêtcongs et les Nord-Vietnamiens réunis seraient de 714984. Ces terribles statistiques me confortaient dans tout ce que j'avais fait et ce que je faisais pour stopper cette putain de guerre.

Ça sentait la fin. Nixon et Kissinger appelaient Mao au secours. Sur *Time* de la même date un dessin humoristique montrait Nixon portant un sac à dos contenant le *New York Times*, révélateur des papiers du Pentagone, en plein effort pour escalader la grande muraille et Mao au-dessus de lui, le tirant par la main. Sur le mur : « Élections 1972 ». Tout était dit.

Les différents journaux rendaient compte des derniers soubresauts de la bête grièvement blessée. Ordre de Nixon de bloquer et de miner les ports du Nord-Vietnam en donnant trois jours aux navires étrangers pour les quitter. Bombardements intensifs des villes, hôpitaux, écoles, digues… Je lisais les reportages sur la récente débâcle de mai 1972 à Quảng Trị, Huế, Đà Nẵng, avec les flots de réfugiés de plusieurs kilomètres de long sur la route N° 1 : un soldat sud-vietnamien en fuite qui déclare au journaliste : « Je préfère aller en prison plutôt que sur le champ de bataille ». Des bandes de soldats qui stoppent les bus sous la menace du fusil et en délogent les passagers pour prendre leur place. Des soldats de la 3e Division, abandonnés par leurs officiers qui se débarrassent de leurs insignes, arrivent dans Huế, pillent, mettent le feu au marché. Ni la police, ni les pompiers n'osent intervenir. Et, selon le journaliste, l'incendie devient spectacle près de la rivière des Parfums. Le reporter cite un professeur de français à l'université de Huế. Il a déjà envoyé sa femme et ses trois enfants à Đà Nẵng : « Combien de temps pensez-vous que je pourrai rester à Huế ? Les Américains vont-ils revenir ? Les Marines vont-ils nous aider ? » Finalement, je suis peut-être plus en sécurité derrière mes barreaux que lui derrière les fenêtres de son université. Un monde apocalyptique s'écroule. Puis *Time* décrit la longue fuite vers Đà Nẵng, par le col des Nuages. Je revois en lisant tous ces endroits que je connais bien et j'ai le cœur serré. À Đà Nẵng, plus de places dans les avions pour trois semaines: les spéculateurs les ont bloquées pour les revendre à prix d'or. Côté américain, les voix s'élèvent qui montrent la CIA du doigt pour n'avoir pas été à la hauteur. « Les renseignements n'ont pas prévu que les Nord-Vietnamiens prendraient le chemin le plus court du nord au sud à travers la zone démilitarisée plutôt que de l'ouest à l'est par les hauts plateaux. Ils ont été surpris par l'énorme quantité de matériel volumineux et sophistiqué déplacé sur 600 ou 700 miles vers le sud par camion, barques et même par vélo poussés ou montés sur des pistes de jungle ». Les intéressés répondent: « Nous savions qu'une offensive se préparait mais nous ignorions la quantité de matériel, le type d'armement, leur répartition dans les futures zones de combat, la quantité de munitions… Ils ont tiré plus de 2000 salves d'obus à An Lộc… » (à 60 km de Saïgon). *Time* continue: « Des officiels ont concédé que les Américains, malgré le déploiement de la technologie électronique, la photographie infrarouge, les capteurs acoustiques et la technologie de surveillance aérienne, semblent avoir été dépassés par les Nord-Vietnamien: « Nous avons écouté leurs communications radio pendant des années et ils le savaient. Ils sont devenus plus sophistiqués et ont pris des contremesures ». Le magazine précise: « A Tây Ninh et An Lộc, à quelques dizaines de kilomètres seulement de Saïgon, l'apparition soudaine de trente tanks nord-vietnamiens, pour une moitié, des T54 de 40 tonnes et pour l'autre moitié des PT-76 amphibies, a surpris à la fois les Sud-Vietnamiens et les Américains. On ignore s'ils ont été transportés démontés par camion ou par barques, ou conduits de nuit sous camouflage, mais leur acheminement a dû prendre au moins deux à trois mois ».

Tout ce que j'entendais venant des familles de mes camarades venues à « Thăm nuôi » (visiter et nourrir) confirmait les reportages que je lisais dans les magazines américains: dans toutes les provinces du nord au sud le climat était à l'effondrement de l'armée de Saïgon. À Saïgon même, c'était à la fois la confusion et le raidissement du pouvoir politique de Thiệu lâché par les Américains avec la psychose grandissante des Vietcongs infiltrés, la loi martiale, l'attentat de la rue Tự Do, la menace de coup d'État du côté du cow-boy Cao Kỳ… Je sentais très bien que les portes de Chí Hòa s'ouvriraient bientôt. D'autres aussi le sentaient dans l'administration, militaires ou civils. Cette situation pourrait mener aussi bien à une série de soubresauts violents qu'à un adoucissement opportuniste dont on pourrait se prévaloir à l'occasion, si ça tournait mal. Dans cette atmosphère d'attente en situation de vigilance extrême, je me préparais à l'agression ou à l'expulsion.

La dernière lettre trouvée dans une boîte à larmes de ma mère est datée du 29 novembre 1972, envoyée par la voie clandestine. Je demande à mes parents de remercier tous ceux qui aident à diffuser l'information, qui m'envoient des lettres de réconfort directement à la prison. Je leur demande de rappeler au ministère que mes soins dentaires ont été interrompus depuis deux semaines et que le consul devrait s'en soucier. Je conclus ainsi: « Il y a de fortes chances pour que je ne passe pas les fêtes de fin d'année parmi vous mais je reste très optimiste quant à l'issue finale. Nous arrivons au bout du tunnel et, quelques mois de plus ou de moins, ça n'a pas tellement d'importance puisque, de toute façon je dois être libéré dans huit mois… »

Cet optimisme s'est révélé pessimiste: le mois suivant je quittais Chí Hòa menotté pour l'aéroport de Tan Sơn Nhứt escorté par la voiture du consul. Les accords de Paris allaient être signés dans quelques jours, ma mère pouvait refermer ses boîtes à larmes mais mes camarades restaient toujours dans les griffes des geôliers.

L'ami Gaspard

J'ai souvent eu affaire à des rongeurs. Des bipèdes qui vous grignotent le cerveau ou/et le portefeuille. Des quadrupèdes, beaucoup plus inoffensifs, quelquefois délicieux, garennes aux cèpes de l'Aveyron ou moins engageants, rats des rizières de Long An que l'on croque du bout des dents en avalant prestement une goulée d'alcool de riz tout en souriant pour garder la face devant ses hôtes. Mais jamais, au grand jamais, je n'aurais touché à Gaspard.

C'était un rat des villes, authentique citadin de Saïgon, qui avait élu domicile dans la prison centrale de Chí Hoà au premier étage du secteur AB. Je venais d'y être transféré, ce 26 avril 1971, comme je résistais physiquement à la déportation de centaines d'emprisonnés politiques vers le bagne et les cages à tigre de Poulo Condor.

Ma forme n'était pas excellente mais la rage boostait le moral. Dans cette sombre cellule de deux mètres et demi sur trois, seulement deux ouvertures : le judas de la porte donnant sur le couloir et une étroite fenêtre en hauteur avec trois ou quatre barreaux. C'est là que s'est égrenée la presque totalité des vingt-trois interminables jour et nuit de la grève de la faim qui suivit la bastonnade.

Le plus long, c'était la nuit avec son lourd silence déchiré de temps à autre par quelques cris qui montaient de cet univers de souffrance. Un grand sentiment de solitude et de vulnérabilité. Surtout les premiers temps quand la faim tenaillait et ne vous lâchait pas.

C'est dans ces moments-là que j'ai apprécié Gaspard, du moins sa compagnie. C'était un rat noir curieux de caractère et de comportement. Ponctuel, il arrivait presque toujours vers le milieu de la nuit. Il s'immobilisait sur le rebord de la fenêtre. Son petit museau pointu passait la cellule au radar, à l'affût de la moindre information, tandis qu'il m'interrogeait fixement des yeux. Je ne bougeais pas, pour ne pas l'effrayer. Mais il voyait bien que je ne dormais pas. Et nous restions ainsi de longues minutes, figés dans l'expectative avec, me concernant, la crainte qu'un déséquilibre subit ne provoque sa fuite. Passé mes premiers noirs desseins, malignes suggestions de mon estomac tourmenté envers son innocente personne, notre nocturne rendez-vous prit peu à peu l'allure d'une complicité singulière. Je me plaisais à lui prêter à mon égard une certaine compassion. Peut-être même de la solidarité. Peu à peu, ses premières visites dues à la quête de pitance s'étaient transformées en rencontres de simple courtoisie, tout à fait désintéressées, entre bons voisins que nous étions.

Trente-deux ans plus tard, à l'autre bout du monde, alors que je campais dans ma cellule à ciel ouvert sous l'énorme campanile de la cathédrale de Béziers (Voir chapitre « Douce France »), j'ai lié une aussi étrange relation avec deux pigeons qui venaient régulièrement meubler ma solitude et restaient tranquillement à quelques mètres de moi. Encore plus proche dans le temps, je me souviens de cette frêle salangane, en pleine mer du sud-est asiatique, qui était venue me rendre visite dans la cabine du chalutier alors que tout l'équipage dormait. Elle s'était planté quelques minutes à un mètre de moi, griffes accrochées près du timon, en me fixant de ses petits yeux ronds, alors que l'épaule fracturée et le moral en berne, je me sentais bien seul. Était-ce seulement pour se reposer ? Trêve de conjectures, dans toutes ces situations, rat, pigeons ou salangane, alors que j'étais en situation de vulnérabilité extrême, j'ai toujours fait l'objet de compassion de la part des animaux. Je les ai trouvés attentifs, confiants, réconfortants et forts tandis que, faible et dans le doute, je me surprenais à les envier pour leur liberté.

Hors de toute démarche intéressée car il n'y avait pas de nourriture à attendre, il semblait bien que la sympathie de Gaspard me soit acquise. J'ai quand même à plusieurs reprises cru lire dans ses frémissements de moustache un brin de réprobation. Chaque jour, en effet, les deux kapos de service faisaient irruption dans la cellule, matraque d'une main, bol de méchante nourriture de l'autre. Aussitôt posé au sol, le bol, d'un coup de pied, allait rouler vers la porte et son contenu renversé suivait le même chemin. Visiblement, Gaspard désapprouvait ce gaspillage. Comment expliquer à son estomac tourmenté que ma liberté passait par ce gâchis et que c'était cette faiblesse acceptée qui me rendait fort ?

Après une semaine riche en communication non verbale, notre relation avec Gaspard fut interrompue par mon transfert musclé à l'hôpital psychiatrique de Biên Hòa. Le but des autorités étant de casser la grève de la faim et de conclure à une déficience mentale qui aurait ôté tout sens politique au combat mené et peut-être donné prétexte à une expulsion magnanime bien médiatisée.

Cachot plus étroit encore que celui de Chí Hòa, murs parés de virgules d'excréments, hurlements des malades… Je regrettais dès la première nuit l'absence de Gaspard. Après quatre jours d'« examen », le médecin francophone M. Hiệp me délivra courageusement un certificat de bonne santé mentale alors qu'il m'avouait en privé ses préoccupations pour ma santé physique. Je retrouvais donc avec plaisir ma cellule de Chí Hòa avec l'ami Gaspard et ses petits yeux malicieux. Au bout de vingt-trois jours, 17 kg en moins et n'ayant rien obtenu des revendications exigées, je recommençais à m'alimenter sur les conseils de mes camarades vietnamiens. Ils s'inquiétaient du pire, dans mon isolement avec la nervosité grandissante des tueurs froids qui pouvaient accéder à ma cellule à leur gré et sans témoin. Heureusement, l'émotion de l'opinion populaire en France, relayée bon gré mal gré par le consulat, incita finalement la direction à retenir ses chiens.

Et l'ami Gaspard profita de cette accalmie car désormais je laissais toujours pour lui un peu de nourriture sur le rebord de la fenêtre où je me suspendais chaque matin pour de pénibles tractions de bras. Il a même goûté à la succulente cuisine indienne que mes voisins de cellule, Bachir et son père, Tamouls indiens, me faisaient apporter de temps à autre par le débonnaire gardien qui venait de m'être préposé. C'était la période où les lettres de solidarité, biffées des grands coups de feutre noir de la censure, arrivaient de France par centaines et où la porte de la cellule s'ouvrait de plus en plus souvent, me donnant libre accès au couloir. Si bien que Gaspard dut partager ma compagnie avec celle de mes gentils voisins Tamouls, un détenu chinois qui m'appelait « Sì Hải », (Quatre océans) et, tout au fond du couloir, mon cher Mười Để, l'unijambiste prétendument « rallié » qui saluait le drapeau mais était en fait mon contact avec les prisonniers politiques des autres secteurs. Je sentais que Gaspard n'appréciait pas ces soudaines intrusions dans notre amitié. Mais il n'y avait pas de quoi être jaloux : c'était lui qui en gardait le meilleur. Il était le seul à m'observer la nuit, à l'heure où la porte était verrouillée et où le judas ne s'ouvrait pas, lorsque j'écrivais avec application sur une feuille de papier pelure, en toutes petites lettres pour économiser l'espace, les informations à destination de l'extérieur. Dans ces moments-là, il était en quelque sorte mon rat de garde. Sa présence me rassurait car je savais qu'il m'aurait prévenu de tout mouvement suspect dans le couloir. Complice jusque dans l'intimité, il ne détournait même pas les yeux quand je pliais délicatement mon précieux manuscrit dans une fine enveloppe en plastique avant de le fourrer dans mon slip. Puis, de semaine en semaine, les visites de mon attachant rongeur se sont espacées. Et je ne le revis plus.

Peut-être, de dégoût, a-t-il pris le maquis en apprenant qu'une délégation de la Croix rouge internationale venue inspecter la prison avait écrit, dans son rapport officiel que j'étais « bien traité et en bonne santé », bien que « torse nu et ne me conformant pas au règlement intérieur de l'établissement ». Ah ! Ces humains, Suisses de surcroît, si propres d'apparence et qui médisent des rats…

Mon ami Rich ou l'ambassade US facteur du général Giáp

Le bagne de Chí Hòa, baptisé « Centre de rééducation » en fut vraiment un pour moi. J'y fus rééduqué aux idées révolutionnaires au contact de toutes les composantes de la résistance : étudiants et intellectuels, religieux, guérilleros du Sud, combattants du Nord ; je m'y suis aussi, paradoxe de l'histoire, réapproprié, grâce à ces amis Vietnamiens, une partie de l'Histoire du mouvement anticolonialiste français. C'est là que je fis un nouveau grand pas vers ma future nationalité vietnamienne, tout en devenant plus complètement français.

Dans cet immense heptagone de béton, originalement édifié par les colonialistes français, vivaient ou survivaient environ 5 000 personnes. La majorité était constituée de détenus politiques, hommes et femmes de tous âges. Il y avait même des enfants, « nhi đồng ». Quelques dizaines de gardiens en tenue militaire, encadraient des centaines de « droit commun », voleurs, assassins, violeurs, qui régentaient les détenus politiques souvent par la matraque, quelquefois par l'eau savonneuse ingérée de force ou même par l'administration d'impulsions électriques dans la salle dite « de cinéma ». On pouvait aussi trouver dans ce microcosme de la société saïgonnaise une fine équipe de Philippins coffrés pour avoir fabriqué de faux dollars et qui rôdaient librement d'un secteur à un autre, tournevis affûtés en poche.

Quand on lutte dans de telles conditions, ce qui peut paraître de l'extérieur la plus grande des misères et le plus grand des dénuements, peut être ressenti de l'intérieur comme une grande force et un pouvoir exaltant. Je m'explique : dans ma petite cellule, j'étais vraiment peu de chose. Jeune Français ordinaire, loin de mon pays et de ma famille, j'aurais pu me mettre à douter de l'essentiel : la défense de mon humanité... mais plus mes geôliers déployaient d'efforts pour m'isoler et m'humilier, plus ils me donnaient le sentiment de mon importance. Ils me faisaient prendre conscience que j'existais désormais essentiellement par la cause que je défendais. Et elle était gigantesquement belle : en finir avec toute cette saloperie. Cela me rendait intouchable, presque intemporel. J'étais en même temps l'objet d'affection, de confiance de la part de mes amis détenus vietnamiens avec lesquels mes contacts n'ont jamais pu être interrompus malgré les risques encourus. J'ai réussi à établir des liaisons secrètes et régulières avec la France, ma famille, les organisations démocratiques, humanitaires tel le Secours populaire français, le journal *La Marseillaise* et, dans la foulée, *l'Humanité.*

Mes lettres empruntent tout un réseau solidaire, qui, à l'aller partent de mon cachot de Chí Hòa, sortent par la famille d'un détenu de droit commun français via un ami d'enfance à Montpellier, puis mes parents à Béziers. Le circuit retour du courrier et même des colis est dû à une rencontre fortuite.

C'est dans le couloir menant à l'infirmerie qu'accompagné par mes gardes, je rencontre Rich, alors que je suis encore reclus au secret. C'est un jeune Américain de mon âge à l'œil débonnaire et à la moustache torsadée, fraîchement démobilisé de son service au Vietnam. Il a été arrêté de retour du Cambodge avec quelques pilules de LSD en poche. Menu fretin abandonné à la police vietnamienne par son ambassade au moment où le moral des troupes tombe en déliquescence et rébellion dans la marijuana, l'héroïne injectée ou sniffée. Au moment aussi où quelques éléments mafieux proches du haut commandement rapatrient la « blanche » produite au Vietnam ou au Laos dans les sacs en plastique des G.I's tombés au combat. Rich sait tout cela et en garde une grande amertume.

Mais ce n'est pas sur le dépit que notre amitié se construira. Il a assisté, du haut de sa cellule ouverte sur les cours, aux bastonnades générales des prisonniers politiques qui précèdent chaque nouvelle déportation vers le bagne de Poulo Condor, et, en particulier, à la mienne. Il a entendu dans le silence de la nuit les cris des détenus qui appellent les gardiens pour un camarade mourant ou déjà mort. Chaque soir, il a écouté sans le comprendre le journal crié venant du secteur des femmes où sont détenues l'avocate Ngo Ba Thanh et les étudiantes opposées au régime : « ...Ici la voix des femmes pour le droit à la vie ! » La voix déchirait le silence en égrenant les maltraitances subies dans la journée et les revendications des détenues. De sa cellule dominante au troisième étage du secteur ID, chaque matin, il a vu les Vietcongs faméliques dans leur pyjama noir, grabataires suite aux coups aux genoux ou au maintien aux fers pendant de long mois, ramper vers le bassin pour un peu d'eau douteuse en s'entraidant comme les frères d'une même famille...

Quand il me croise sur le chemin de l'infirmerie, la tête généreusement bandée, dans mon pyjama noir, avec mes sandales en pneu de voiture caractéristiques des combattants vietcongs, entre mes deux gardes, il me gratifie d'un « Hi, how are you ? » avec un franc sourire. Je le fixe sans lui répondre. Surprise, défiance. Quelques jours après, je reçois, jeté en boule à travers les barreaux, un petit mot sur lequel sont griffonnés « do you play chess ? » (joues-tu aux échecs ?) L'histoire commence là.

L'infirmerie fut notre première base de rencontre et d'échange. L'infirmier assiégé de cas ingérables faute de compétence et de médicaments provoquait de longues files d'attente ce qui nous laissait du temps avec certains gardiens prisonniers peu regardants et ne comprenant pas l'anglais. Curiosité devant ce Français insolite ? Admiration devant le courage des résistants ? Amertume envers son administration omnipotente qui le laissait croupir dans cette crasse pleine de danger ? J'ai vite compris que cet Américain avait envie d'aider et j'ai vu qu'il en avait les moyens. Il pouvait librement circuler dans l'espace carcéral, d'un secteur à l'autre. Il avait accès à l'extérieur par le courrier, les colis, le peu d'argent envoyé de chez lui… Il pouvait corrompre pour écarter certains obstacles au niveau des gardiens. Ce fut pour moi un précieux allié. Mais jamais je ne l'ai « utilisé » ni mis en danger à son insu. Je lui ai toujours expliqué et traduit en anglais le contenu exact des informations qu'il véhiculait. Je lui ai toujours demandé son accord pour le contenu des colis qu'il allait recevoir de France via sa mère aux USA. Je lui ai toujours rappelé le danger d'une prolongation de peine s'il était pris. Rich n'a jamais hésité. S'il était pris, il avait toujours une échappatoire à plaider : il ne comprenait pas le français et nos deux mères étaient amies. Quant aux envois vers l'extérieur venant de la prison, nous avions décidé d'un commun accord qu'il n'interviendrait pas : trop dangereux pour lui. Ainsi, Rich s'intégra au vaste réseau parallèle qui ne fut jamais découvert.

Notre courrier lui arrivait par la valise diplomatique américaine à l'ambassade US à Saïgon, avant d'être gentiment acheminé à Chí Hòa par un de ses éminents représentants. Ainsi, soigneusement emballés par mes amis Nicole et Alain, nous parvenaient des ouvrages tels que : *Guerre du peuple, armée du peuple* de Võ Nguyên Giáp, *Le Vietnam* de Jean Chesneaux, *Histoire de la Palestine* de Lorand Gaspard, *L'impérialisme en 1970* de Pierre Jalée, *Le mouvement révolutionnaire arabe* de Nathan Weinstock, *Ce que tout révolutionnaire doit savoir de la répression* de Victor Serge, *Le syndicalisme* de Karl Marx et Friedrich Engels, *Lénine et la philosophie* de Louis Althuser. De quoi patienter jusqu'à une libération lointaine.

Quel bonheur de savoir que notre solidarité avait fait de l'ambassadeur des USA à Saïgon un postier du général Giáp et de l'oncle Hồ ! J'ai même reçu dans une boîte de jambon de Lacaune, sertie dans les ateliers de M. Cros à Candoubre, la déclaration d'Hồ Chí Minh au Congrès de Tours[1] ! Mon ami Cao Lập que j'ai retrouvé en 2002 à Hồ Chí Minh-Ville se souvient bien de ces lectures puisqu'il faisait partie des étudiants francophones emprisonnés auxquels ces livres étaient transmis pour qu'ils les traduisent, les transmettent à leur tour, pour en débattre et nourrir leur idéal de résistance.

Rich a été libéré quelques semaines après mon expulsion et je l'ai retrouvé dans le Colorado, chez sa maman et lors d'un meeting à Denvers le 12 mars 1973. J'ai été ensuite aspiré par une campagne internationale de témoignages et la reconstruction de ma vie tandis que lui reprenait son travail de charpentier quelque part aux USA. Après des années sans nouvelles, j'ai tenté de retrouver sa trace. En vain. Grand regret.

1. Congrès de Tours : 1920, naissance du Parti communiste français.

À peine expulsé, les témoignages

Expulsés, menottés mais non fouillés, nous traversons Saïgon dans la tenue que nous avions en prison, pyjama noir et chaussures Hồ Chí Minh. Deux jeeps de la police militaire, escortées par une voiture du consulat. Les menottes ne nous seront ôtées que dans l'avion où deux Français en civil semblent avoir pris la relève : le sévère confinement carcéral prend la forme d'un baby-sitting aérien jusqu'à Paris. Pas de liberté à l'escale de Hong Kong.

Réception très confidentielle à Paris

À Paris nous sommes annoncés à Roissy mais arrivons à Orly. Pas de manifestation de joie intempestive à l'aéroport et pas de journalistes, s'il vous plaît ! Comme l'avait demandé le ministère saïgonnais. Seul un petit groupe soigneusement filtré est autorisé à l'accueil. Mon père et celui de Debris, mon oncle Denis et ses enfants, deux représentants du Gouvernement révolutionnaire provisoire du Sud-Vietnam (GRP) et de l'Union générale des Vietnamiens en France, des amis du Secours populaire français, Roger et Marie-Jo Saunal, amis très proches qui se sont précipitamment déplacés de Londres, Jean-Claude Adam, collègue connu à Saïgon…

C'est la première fois que mon père quitte son jardin pour « monter » à la capitale et ce sera la dernière. Je ne le verrai à l'aéroport que quelques dizaines de minutes car je dois me libérer des documents que j'ai chargés dans mon slip de la part des détenus politiques à l'intention du GRP : listes des détenus à Chí Hòa et à Poulo Condor, liste des prisonniers de guerre en transit, comptes rendus des répressions…

Puis c'est la traversée de Paris : surréalistes Champs-Elysées en ce 1er janvier glacial de 1973, en mince pyjama noir, les orteils à l'air, jusqu'à l'appartement de Mireille Gansel, écrivaine, critique littéraire, traductrice amoureuse du Vietnam, où nous attend Mme Minh[1], de la délégation du GRP. Les documents transmis, je suis reconduit à

1. Phạm Thị Minh : (aussi appelée Lê Thị Kinh) Petite fille du célèbre patriote Phan Chu Trinh et cousine de

Nanterre chez l'oncle Denis où mon père m'attend pour un repas si longtemps espéré mais vite abrégé par l'irruption d'un ami du Secours populaire qui doit me convoyer sous protection à Gennevilliers. Le lendemain, c'est la conférence de presse au siège du SPF, rue Froissard. Je ne reverrai mes parents que trois jours après et pour seulement deux jours dont un de manifestation à Béziers pour la paix au Vietnam avant de repartir pour un tour du monde qui durera un an et demi.

J'ai effectué les premiers mois de témoignages en compagnie de mon codétenu Jean-Pierre Debris. En Europe et aux Etats-Unis – Canada jusqu'à fin mars 1973 nous étions soit ensemble soit séparés selon les invitations. J'ai assumé ensuite seul, les tournées en Nouvelle-Zélande, en Australie et au Japon ainsi que le Congrès mondial de la paix à Moscou. Je n'aurais jamais pensé que ce drapeau de la révolte individuelle planté à l'épicentre de la guerre provoquerait de telles ondes sismiques et m'emmènerait si loin, si longtemps. Je ne pensais pas qu'il donnerait à ma voix une telle dimension, qu'il mettrait sur mes épaules une telle pression. Pour en mesurer l'impact, il faut se représenter l'atmosphère électrique qui régnait autour du Vietnam. Et c'est dans cette atmosphère que j'allais parcourir le monde.

D'abord en sillonnant la France où plusieurs générations ont été marquées par cette « sale guerre d'Indochine » devenue guerre du Vietnam et qui, prélude à la déchirure algérienne encore à vif, symbolisait l'échec et la honte des colonisateurs, la misère, la souffrance et la lutte des colonisés contre un vieux monde en disparition. Avec Paris choisi par les belligérants comme centre d'interminables pourparlers pour en sortir. Dans quelques jours à peine les Accords de Paris allaient être signés comme un pas décisif vers la paix.

Juste le temps de quelques conférences de presse, d'un grand meeting à la Mutualité à Paris, de dizaines de débats dans les universités, des rencontres dans des entreprises, des églises… Un saut à Londres pour des interviews à la BBC et une visite dans les bureaux d'Amnesty afin de tracer rapidement et de mémoire un plan de la prison de Chí Hòa et donner ou confirmer des listes de noms de détenus politiques. Puis la Belgique et le Luxembourg avec un témoignage devant le Comité international des juristes démocrates. Passage à Genève avec une alerte à la bombe qui a empêché le témoignage public sur le mensonge honteux du rapport de la Croix rouge internationale concernant notre santé et nos conditions d'emprisonnement. (voir page 53).

Le climat général

Puis ce fut l'Italie avec le Congrès mondial des chrétiens… Enfin, le 5 mars 1973, départ pour les USA. Dans les états-majors politiques et sur le terrain, l'essentiel était entendu : le « jaunissement des cadavres » était définitivement validé par Kissinger pour une « paix dans l'honneur » dans un Vietnam qui serait désormais juridiquement découpé en trois. Pour une part de gâteau chinois, Richard le « Tricky » (tricheur) – ainsi qualifié par son propre peuple – et son cerveau Henry Kissinger, après d'ultimes

Nguyễn Thị Bình. Membre de la délégation du GRP à Paris, elle fut un temps ambassadrice de ce gouvernent après la signature des Accords de Paris.

raids sanglants sur Hanoï, ses ponts, ses digues, ses écoles et ses hôpitaux, avaient vendu leur allié du Sud-Vietnam y compris l'archipel des Paracels dont la marine de guerre de Mao allait s'emparer à peine un an plus tard. Les opinions publiques étaient à vif dans l'impatience d'une fin propre et définitive. Au Sud, la pression s'intensifiait et le calme augurait de la tempête. Chacun sentait bien que l'équilibre du texte signé ne tiendrait pas longtemps devant la fragile réalité du terrain. Chacun se doutait que les patriotes vietnamiens ne laisseraient pas se renouveler le coup de la violation des Accords de Genève en 1954. Le mouvement pacifiste international était plus que jamais en effervescence pour que cesse définitivement cette sale guerre d'agression.

Aux États-Unis la tension était encore plus sensible avec les 50 000 « boys » revenus du Vietnam au fil des années dans des sacs mortuaires, les dizaines de milliers de mutilés, de drogués, de réfractaires à la conscription, les pilotes des bombardiers géants B-52 abattus au-dessus du Nord, emprisonnés, comme une honte nationale... On était en plein scandale des « papiers du pentagone ».

C'est dans l'atmosphère du « Watergate », qui aboutira à la démission de Nixon un an plus tard, que je partais pour les USA deux mois après ma libération. Élie Mignot, spécialiste des questions coloniales au PCF, très impressionné par la violence de la société américaine, avait tenté de me dissuader : « Ils trouveront toujours un fou pour te faire la peau ». C'est aussi dans cette atmosphère que je m'envolais en mars et avril 1974 pour la Nouvelle-Zélande et l'Australie que les USA avaient embarqués dans la tuerie encore bien présente dans les mémoires. Le climat n'était pas très serein non plus lorsqu'un mois après l'Australie, j'arrivais au Japon qui avait servi de base arrière aux troupes US. Là aussi la plaie restait ouverte dans « la génération de la guerre du Vietnam ». Les clivages restaient violents alors que le pouvoir nippon venait en catimini de renouer les relations diplomatiques avec Hanoï.

Pour chaque pays que je parcourais, l'histoire et la situation politique étaient différentes. Et j'étais loin d'en connaître les détails. Mais je savais bien que partout mon témoignage allait raviver de vieux démons. J'étais emporté dans un tourbillon que je ne maîtrisais pas et auquel il fallait bien faire face quels que soient les écueils ou les risques.

Les USA, pays décisif

Les États-Unis étaient le gros morceau. C'était essentiellement là que se trouvait le salut des détenus politiques vietnamiens encore emprisonnés : l'aide financière au régime de Saïgon, c'était l'aide au maintien des prisons.

L'invitation envoyée le 22 février au siège du Secours populaire français venait de deux grandes organisations : Amnesty international USA alors dirigée par Amy Augustus et l'Assemblée internationale des chrétiens de Marianne Hamilton et Paula Westerlund. Le programme nous faisait traverser les USA d'est en ouest à partir de New York pour terminer sur Boston et un vol privé vers le Canada, Montréal et Québec. Le périple était dense : New York, Cleveland, Detroit, Chicago, Minneapolis, Los Angeles, San Francisco, Philadelphia, Denver, New York, Washington D.C. et Boston. Pour les accueillants locaux, les organisateurs nationaux spécifiaient entre autres choses : « Prévoyez de lancer une campagne de lettres à envoyer aux membres locaux du Congrès pendant la visite des deux jeunes gens dans votre ville. Nous espérons que des groupes de coopérations émergeront dans chaque ville… en gardant la programmation TV comme première priorité, sans négliger les radio-talks, les interviews publiques et celles des chroniqueurs locaux. Les grands meetings publics sont importants mais sur l'ensemble du pays il semble que nous soyons sur la pente descendante concernant le remplissage des grands espaces. Des réunions plus intimes avec des acteurs locaux du mouvement populaire devraient être insérées entre ces grands meetings. Si vous pouvez lever des fonds, faites-le. Nous collecterons l'argent pour leurs frais d'avion d'une ville à l'autre. Amnesty paye pour leur vol transocéanique. Toute collecte hors des frais de transport sera partagée entre les deux groupes organisateurs. L'argent de l'Assemblée internationale sera utilisé pour la publicité concernant la libération des détenus politiques du Sud-Vietnam. Nous imprimons un tract d'information sur Debris et Menras pour que vous le passiez aux personnes de votre communauté avant leur arrivée. Les prisonniers politiques qui souffrent au Sud Vietnam comptent sur vous ».

Suit la liste des noms et numéros de téléphones des personnes-contacts par région. Je les cite car ils ont été admirables de courage, de gentillesse et de persuasion. Amy Augustus, Cora Weiss, Gerhard Elston, Chris Jenkins, Rosalie Reichman, Kevin Clark, Bill Hogan, Gianetta Sagan, Jerry berge, Madeline Duckles, Rev. Thos. Hinsberg, Jim Leshan, Harry Dury, Kathy Knight, John McAuliff, Nina Mohit, Marianne Hamilton, Paula Westerlund, Lou Wolf.

L'information qui nous a précédés le plus souvent était un long article de Tom Wicker du *New York Times* qui nous a interviewés dès notre arrivée. Utilisé comme tract, il titrait : « Les autres prisonniers », l'opinion publique ne se souciant que des pilotes des B-52 abattus et encore détenus au Nord-Vietnam. Logés et nourris par les militants qui nous ont guidés et protégés, nous avons rencontré toutes sortes de public, comme lors des prises de parole sur les campus célèbres comme celui de Berkeley en Californie, théâtre de la première grande manifestation anti-guerre ou celui de Princeton…

Merci Madame Baez et désolé d'avoir oublié ma grenade

Je me souviens comme dans un rêve de cette soirée où après un « call-show » et une interview télévisée à San Francisco, Gianetta Sagan nous conduisit chez la chanteuse Joan Baez qui nous reçut dans une villa près de la plage. J'avoue que je ne connaissais pas cette magnifique voix et cette courageuse artiste, monument de la lutte pour la liberté d'expression et pour la paix au Vietnam. Je n'étais donc pas impressionné, tout au plus surpris. Elle m'offrit une cartouche de « Gitanes », nous invita à une petite collation avec, je crois, du vin de France. Puis, devant un feu de cheminée, elle prit sa guitare et chanta pour nous. Gianetta qui veillait au grain faisait quelquefois irruption dans la pièce pour lui recommander de ne pas forcer sa voix. Mais Joan Baez nous l'offrait sans retenue au fil de ses chansons. Elle enchaînait ce récital intime et insolite naturellement, comme une amie de toujours devant un feu de camp improvisé, sans poser de questions, comme pour nous bercer. Et je recevais ses mélodies comme un baume réparateur, comme du miel qu'on savoure. J'étais sous le charme et ne me souviens pas d'avoir dit grand mot. La fatigue aidant, les yeux un peu embués, j'aurais presque oublié mes compagnons de prison et comme dans un sursaut, je me reprochais ces instants d'abandon. Minuit passé, Gianetta, avec l'autorité de l'affectueuse mama italienne, est venue baisser le rideau de cette soirée d'exception. Le lendemain matin au petit-déjeuner nous avons échangé quelques mots sur la guerre. Joan Baez était profondément persuadée qu'une résistance pacifique à la Gandhi aurait pu venir à bout des B-52 et du napalm, que les mères avec leurs enfants auraient pu arrêter les chars en se couchant devant leurs chenilles. Évidemment, peut-être un peu sèchement dans une langue que je ne maîtrisais pas suffisamment, je lui ai exprimé mon total désaccord avec ce point de vue séduisant mais absolument utopiste. Comment faire entendre humanité à des barbares qui déclarent vouloir « ramener le Nord à l'âge de la pierre », qui parlent le plus tranquillement du monde de « campagne de dénombrement des cadavres » comme d'une partie de chasse, qui détruisent méthodiquement des hommes et des femmes dans des « cages à tigre » ? Devant de tels monstres, la résistance armée devient le moyen obligé de survie. Et d'évoquer la résistance aux nazis pendant la seconde guerre mondiale… Non seulement je n'ai pas convaincu Joan Baez mais je pense l'avoir un peu déçue. Je l'ai revue quelques temps après à Paris où elle était venue se faire soigner. Elle m'avait fait prévenir de sa présence par les soins du Secours populaire français. Lorsque j'allais la voir, elle me demanda en riant si j'avais laissé ma grenade dans le couloir. C'était, bien sûr, une plaisanterie mais elle exprimait certainement un malentendu sur ma personne dont je ne voulais pas me défendre. J'admirais la femme et l'artiste. Surtout après m'être documenté sur sa vie. L'amicale rencontre qu'elle m'avait offerte avait été un grand bonheur que je n'oublierai pas. Mais désormais je ne voulais pas ternir ces images par de vains propos. Je la laissais donc au monde des artistes et je continuais de me débattre dans le mien. Je n'ai plus revu Joan Baez. Mais je pense que nous aurions aujourd'hui, cinquante ans après, un passionnant échange sur le thème de la violence selon qu'elle est utilisée pour se libérer ou pour gouverner.

C'est une grande perte pour le peuple vietnamien que de telles artistes, Jane Fonda, dans un autre registre, et bien d'autres encore, aient pris leurs distances avec le Vietnam : la dictature repousse les vrais artistes. La paix venue, l'option de la violence policière imposée par le Parti communiste vietnamien, parti unique comme système de gouvernement, a-t-il fait regretter à ces Américains d'exception leur courageux engagement passé ? J'espère que non, car, au moment où ils l'ont fait, cet engagement était juste.

Le supplice des interviews

Dans ce tour médiatique des USA, les interventions dans les églises me paraissaient les plus rassurantes et bienveillantes. Les call-shows ou les talk-shows, échanges radios avec des auditeurs, me causaient plus de soucis par la difficulté de la langue, des accents si loin de mon anglais scolaire, et les explosions d'agressivité de certains appels (vétérans, suprémacistes blancs et racistes de tout poil). Je me sentais assiégé sans savoir quand et d'où allait venir le coup. Mais le plus inquiétant était l'interview télévisée en direct. Certes, elle était préparée. Mais j'ai souvent fait l'expérience de questions préparées qui n'étaient pas posées à l'antenne et de questions posées à l'antenne qui n'avaient pas été préparées. Dans une interview à la radio le ton et le rythme du discours, sa fluidité ou ses hésitations viennent renforcer ou fragiliser l'idée exprimée mais l'auditeur honnête peut être indulgent envers un étranger s'il y a quelques accrocs. L'interview télévisée est bien plus redoutable. Je vivais chacune d'entre elles comme une séance de dénudation totale et publique. D'abord, qu'on le veuille ou non, l'apparence physique est partie influente du discours et je ne trouvais pas la mienne flatteuse. Je savais également que j'avais une grande réactivité d'expression à l'émotion et que des gros plans judicieusement cadrés pouvaient altérer l'impact des mots prononcés et même les détourner de leur sens. J'étais excédé par les publicités : je parlais de tortures, d'humiliations, et subitement, on coupait pour une pub sur une marque de voiture, de protections hygiéniques, ou autre ketchup. Je vivais l'invasion de ces marchandises dans l'espace émotionnel et rationnel que j'avais commencé à établir comme une intrusion indécente qui banalisait une situation tragique pour la réduire à un simple divertissement, exotique de surcroît. J'enrageais. Lorsque je revenais à l'antenne, j'avais du mal à garder un visage serein, à me remobiliser. Souvent j'ai eu envie de quitter le plateau. Puis je me raisonnais : « Quelles personnes admirables que celles qui t'accueillent et puis, pense à tes copains derrière les barreaux ». Alors, je ravalais mon exaspération et mon amour-propre et continuais. Ces interviews étaient plus pénibles mais moins inquiétantes que celles réalisées en différé. J'avais toujours peur qu'on les charcute sans que j'aie aucune possibilité d'intervenir.

Bon appétit

J'ai aussi dû endurer une autre spécificité américaine : les terribles déjeuners ou dîners débats avec des personnalités des affaires et de la politique. Les invités mangent dans un brouhaha de cantine, cliquetis de couverts, conversations entremêlées, ambiance ordinaire sinon festive. Et votre hôte vous tend le micro pour parler des conditions de survie des 200 000 détenus à l'autre bout du monde et dire à ces décideurs bien nourris et bien propres sur eux que leur vie dépend d'eux. Vous savez que dans le lot se trouvent des assistants de députés, parfois des députés eux-mêmes, alors il faut être diplomate. Jusqu'au moment où on ne peut plus le rester. Comme lors de ce déjeuner à Washington DC, « sponsorisé » par le sénateur Case avec les collaborateurs des députés et sénateurs. À la fin du témoignage pendant lequel ils avaient joué de la fourchette tout en échangeant des bribes d'opinion que je n'entendais pas, un de ces brillants cerveaux a déclaré : « Mon gars (le parlementaire qu'il représentait) dit que les Vietnamiens devraient régler ça entre eux. De plus, il ne pense pas qu'il devrait parler des tortures des Sud-Vietnamiens si on ne parle pas aussi des tortures au Nord ». La journaliste Mary McGrory du *Washington Post*, a résumé ainsi ma réponse dans son article : « Menras dit avec regret qu'il est difficile d'éveiller les Américains : « J'ai trouvé que vous étiez seulement préoccupés par le retour de vos 600 prisonniers. Mais n'oubliez pas : sans les dollars américains, il n'y aurait pas de prisons au Sud-Vietnam ». C'était ma réponse en substance mais je ne pense pas avoir répondu à ce Ponce Pilate avec autant de sobriété et de calme.

Les rencontres avec les sénateurs et parlementaires « colombes » (pacifistes) à l'intérieur du Congrès lui-même ont été très encadrées et brèves pour ne pas dire anecdotiques. Mais les plus en vue d'entre eux, le Sénateur Mc Govern et le député McClosky nous ont quand même reçus en particulier et écoutés quelques minutes. Le député Podell avait convoqué une conférence de presse où les questions s'entrechoquaient selon les lignes éditoriales à peine masquées. C'est en relisant mes notes que je retrouve la trace d'un dîner à New York avec Daniel Ellsberg, analyste militaire, lanceur d'alerte. Il avait transmis deux ans auparavant au *New York Times* et au *Washington Post* les « Pentagon papers » (documents secrets du pentagone), révélant au grand public les sales dessous de la guerre du Vietnam. Deux mois avant notre rencontre, poursuivi pour vol, conspiration et espionnage, il était encore sur le banc des accusés devant la Cour fédérale de justice de Californie. Mais quand je l'ai rencontré, je lui ai parlé comme à n'importe quel citoyen américain car je ne connaissais pas la véritable dimension politique du personnage. De même lorsque j'ai rencontré Noam Chomsky toujours à New York à l'occasion d'un meeting organisé par la Convention Redress contre la torture. Entièrement concentré sur mon témoignage, je n'ai pas eu le temps d'apprécier la compagnie de ces grandes figures du mouvement anti-guerre américain. C'est aussi une des frustrations de cette situation: on passe à la va-vite et il faut enchaîner. On touche au pire mais on effleure à peine le meilleur, perdu à jamais sans qu'on ait eu le temps de l'apprécier.

Courtes retrouvailles à Denver

Le meilleur de cette Amérique tranquille et explosive, égocentrique et généreuse, réconfortante et inquiétante, je l'ai rencontré aussi au fin fond du Colorado, près de Denver sur une petite colline appelée « Marble Circle ». J'étais invité dans cette ville par l'« American Friends Service Committee » de Louis Wolfe. Grand meeting où j'ai retrouvé mon ami Rich Buebb, le prisonnier américain, ancien G.I, de Chi Hoà qui m'avait aidé à faire rentrer des lettres et autres livres interdits dans l'enceinte de la prison. Grandes effusions malgré le public ! Il avait été libéré quelques semaines après mon expulsion et avait rejoint sa mère et son travail de charpentier dans son Colorado natal. La maman qui avait correspondu avec ma mère grâce aux traductions et aux envois de mes amis Alain et Nicole, n'était pas venue au meeting, peut-être pour éviter une grosse émotion. Mais j'ai pu m'évader une paire d'heures pour suivre l'ami Rich jusqu'au mobil-home où logeait cette dame. Bien sûr, les larmes étaient au rendez-vous dans cette modeste habitation. Elle savait toute l'histoire que Rich lui avait racontée. Et elle m'accueillit comme un fils, en regrettant que je ne reste pas quelques jours. Une mère américaine, comme des dizaines de milliers d'autres à qui « ceux qu'on nomme grands » ont fait subir pendant des mois et des années l'angoisse de perdre ce qu'elles avaient de plus cher. Ces moments très simples ont été les plus forts de ceux que j'ai vécus pendant ce séjour. Peut-être parce que dans ce petit coin d'Amérique, je me suis senti chez moi.

Les catholiques du Canada

Dernier grand meeting le 23 mars à Boston avec la participation de K. Barton Osbourn, ancien officier de la CIA qui avait participé à la campagne d'assassinats de masse du « programme Phoenix » au Sud, et un leader étudiant vietnamien: Ngô Vĩnh Long.

De Boston, nous avons embarqué sur un avion privé de quatre places à destination de Montréal puis Toronto et Québec. Un jour et un meeting dans chacune des villes. Notre court séjour a été pris en main magistralement par la communauté catholique et nos témoignages ont aidé à la constitution d'un dossier étoffé sur les prisonniers politiques encore détenus. J'ai eu de bons retours de ce séjour. Ainsi, du Père Jean Fortier, de Montréal j'ai reçu cette lettre du 6 mai 1973 : « J'ai eu l'occasion de faire une heure à la radio et une rencontre publique. Une école secondaire a organisé toute une semaine de sensibilisation (semaine de la résistance). Je suis allé rencontrer le comité de Toronto. La télévision a donné ton interview à l'émission SD, le jour de Pâques ».

De Lise Nantel, Québec le 8 mai 1973 : « Georges Lebel est revenu le 3 mai du Sud-Vietnam. Il a rencontré avec Monseigneur Belanger (qui n'est pas encore rentré de Rome) le père Tín, Cần et autres. Il a vu quatre ex-prisonniers de Côn Sơn*, libérés et hébergés chez la mère d'un des quatre. Il en a vu un de Đà Lạt libéré et remis à sa famille. Tous sont paralysés. Il a rencontré environ 25 familles de prisonniers actuels qui ont prouvé avec les papiers « permission de visite » le transfert de leurs proches du statut de prisonnier politique à celui de prisonnier de droit commun. Je t'envoie le rapport de Georges et de Monseigneur ».

Des USA, je recevais cette lettre de Cora Weiss, du Comité de Liaison avec les familles des prisonniers de guerre américains détenus au Nord-Vietnam, 21 mars 1973 : « Chers amis, ce fut un plaisir peu ordinaire de participer à votre accueil et à l'organisation de votre séjour. Vous trouverez ci-joint quelques exemplaires des articles parus à cette occasion et un nouvel article du *Washington Post* qui annonçait votre arrivée. Vous vous êtes faits beaucoup d'amis ici et avez mis beaucoup de gens en mouvement, vos paroles stimulantes ont aidé à la mobilisation de développements importants au sein de notre mouvement et nous espérons en voir bientôt les fruits. Des lettres adressées aux prisonniers vietnamiens seront envoyées à Saïgon et aussi portées en main propre. Des observateurs seront envoyés au Sud-Vietnam, des membres du Congrès sont consultés et interpellés, des efforts sont également accomplis pour réduire notre budget de la Défense et éliminer les fonds destinés à Thiêu et ses prisons. Je vous remercie de la part de nous tous pour votre courageuse contribution spécialement de la part de mes enfants que vous avez profondément marqués ». Il y a des lettres qui font du bien !

Festival mondial à Berlin-Est

J'avais déjà pris la parole à l'Ouest à Bonn, Düsseldorf et Heidelberg. J'ai été ensuite invité de l'autre côté du mur du 26 juillet au 6 août 1973, au Festival mondial de la jeunesse et des étudiants à Berlin.

Le festival était organisé minutieusement pour être la vitrine avantageuse du régime et de la société est-allemande. Plus de 40 000 participants. J'ai découvert un vrai bouillonnement de liberté entre jeunes. Il est vrai que certains dirigeants de ces Jeunesses communistes n'étaient plus vraiment très jeunes, en particulier les Soviétiques. Mais ça passait dans la masse, à part lors des prises de parole officielles. Les débats entre jeunes Allemands de l'Est et de l'Ouest allaient bon train sur fond d'amélioration des relations entre les « deux Allemagnes ». Tantôt organisés avec micro et prise de parole, tantôt improvisés et toujours passionnés au détour des rues sur l'unification allemande, le droit à l'auto-détermination, les libertés individuelles… Les représentants de délégations internationales n'étaient pas en reste. Même si, pour une large part, les orateurs délégués se rejoignaient sur des positions de gauche et pacifistes, les échanges étaient d'une grande richesse et les cultures se mêlaient sans se heurter. Tout près d'Alexanderplatz, les pelouses du Tierpark plus romantiques ont vu se nouer bien des amourettes militantes.

Thép mới, sceptique sur le programme commun

La délégation des jeunes « pionniers » vietnamiens, hermétiquement encadrée, et très dépaysée dans cette ambiance de sage Woodstock, a pu mesurer l'affection et l'admiration que lui portaient tous ces jeunes. Mis à part quelques formules de politesse, je n'ai pas pu dialoguer avec ces très jeunes « pionniers ». Leur groupe était accompagné par quelques adultes dont un journaliste de *Nhân Dân* (*Le peuple*) qui signait ses articles « Thép mới » (Acier nouveau). C'était un homme d'âge mur, très jovial et très cultivé, au franc-parler. Notre témoignage sur les prisons, bien mis en valeur dans le Festival, l'a beaucoup remué. Il ne tarissait pas de questions sur le Programme commun de gouvernement entre communistes et socialistes en France. Il était très sceptique quant à son succès de transformation sociale révolutionnaire. D'autres questions le préoccupaient : la politique de « détente » où s'engageaient les Brejnev et Kossyguine allait-elle affaiblir le soutien au Vietnam ? Je n'étais pas expert pour en parler et en vérité je n'en avais pas trop envie mais nous avons quand même effleuré ces questions en quelques bocks de bière avant d'en revenir au Vietnam.

Un autre 11 septembre avec d'autres terroristes

Les délégués chiliens au festival nous informaient au fil des heures avec force détails de l'état de la « détente » telle qu'ils la vivaient dans leur pays. Les USA travaillaient assidûment au coup d'État de Pinochet : première tentative de coup d'État en juin, grèves subventionnées par la CIA, assassinat d'un haut militaire proche du président Allende. Je me souviens bien de ce jour où la délégation chilienne, des jeunes très courageux et très lucides, a annoncé son retour prématuré au pays. Tout le festival était ému et profondément inquiet.

Avant notre départ de Berlin, le secrétaire de la Jeunesse communiste française, Jean Michel Cathala, a annoncé à la presse la constitution prochaine d'un « Comité national pour la libération des détenus politiques du Sud-Vietnam ». Paroles, paroles…

Deuxième passage en RDA

Avec Jean-Pierre Debris, nous sommes retournés en RDA du 31 août au 20 septembre, à l'invitation de la maison d'édition « Volk und Welt » (Peuple et Monde). Les réunions ont été nombreuses à Berlin, Karl-Marx-Stadt, Dresden, Magdebourg, Leipzig… Nous avons porté notre témoignage dans des maisons de la culture, des usines, des foires aux livres, des universités… Pas un seul meeting public cependant. Il faut dire qu'en RDA, la solidarité avec le Vietnam était une institution. Même pas discutable. Partout dans les lieux publics, les magasins ou les entreprises on trouvait des « boîtes de solidarité Vietnam » consacrées à recueillir la contribution directe des citoyens ordinaires. C'était un acte quasi machinal, qui allait de soi.

Notre interprète, Joachim Meinert un petit homme à la voix de stentor originaire de Saxe, parlait couramment le français ainsi que l'italien, l'espagnol, l'anglais et le russe. C'était le traducteur attitré de l'écrivain Michel Tournier. Au fur et à mesure du séjour, une certaine confiance s'est installée entre nous et il prenait quelquefois des accents plus discrets que celui de la traduction pour disgresser sur les travers d'un régime où il se sentait mal à l'aise : la pression policière, en particulier sur les intellectuels, les restrictions aux libertés de réunion, de circulation surtout à l'étranger. Il décodait tout cela à l'occasion des petites péripéties rencontrées au hasard du quotidien. Je me souviens de cette soirée où nous lui avions demandé d'aller prendre un verre en musique pour nous détendre. Il nous conduisit dans un établissement près de l'hôtel. À l'entrée, contrôle : « La cravate est obligatoire ». Nous n'en portions pas. Joachim tenta d'expliquer en montrant ses papiers : « Ils sont invités officiellement par notre maison d'édition… Ce sont des hôtes de marque… Ils viennent apporter leur témoignage sur le Vietnam où ils ont été prisonniers politiques… Leur tenue est correcte… ». Face à un « non » imperturbable, Joachim, vexé, a haussé le ton. Il a demandé : « Vous n'allez tout de même pas appeler la police ? » « Si vous insistez ! » s'est-il entendu répondre. Nous nous sommes allongés sur la pelouse devant le club, en riant comme des gamins dans l'espoir d'attirer la Stasi locale qui ne s'est pas manifestée pour nous cravater, même si elle avait dû être informée et ne devait pas être bien loin.

Le 11 septembre 1973, j'étais à Berlin lorsque la terrible nouvelle est tombée : le président du Chili Salvatore Allende était mort au cours de l'attaque du palais présidentiel par les putschistes de Pinochet. Les jeunes Chiliens rentrés un mois plus tôt du festival étaient certainement dans les griffes des fauves, comme mes amis vietnamiens encore emprisonnés. Ce soir-là et le jour qui suivit me parurent bien sombres et je pense avoir redoublé de vigueur dans mes témoignages pour le reste du séjour.

Après ce deuxième passage en RDA, ce fut un bref séjour à Amsterdam les 12 et 13 octobre pour participer à une conférence internationale sur les prisonniers politiques au Vietnam du Sud. Elle était organisée par le « Brede Vietnam Beweging Nederland » et Amnesty International, en présence de Don Luce, Sean Mac Bride, le père Thi… Le premier, citoyen américain ayant révélé au grand public l'existence des « cages à tigres » réservées aux détenus politiques, le second était le président d'Amnesty international. Le troisième, un prêtre catholique militant pour la libération des prisonniers de conscience.

Moscou : détente et discours soporifique

Une semaine après, j'étais à Moscou invité au Congrès mondial de la Paix avec la délégation française du Mouvement de la Paix. La délégation était conduite par Léo Figuères membre du Comité central du PCF et Roger Billé, un autre communiste, en était le coordinateur. Environ 3 000 délégués, personnalités de très nombreux pays. Je notais la présence dans l'avion du journaliste et écrivain Jean Lacouture. Pas très loquace. Dommage, faute de parler de décolonisation nous aurions pu discuter rugby.

Dans l'immense palais des congrès du Kremlin, le discours de Brejnev fut à la hauteur de l'évènement: grand hymne à la paix de plus de deux heures et d'où le terme « impérialisme » avait été banni. Imperturbable depuis le petit box en contrebas des trois ou quatre rangs réservés aux invités de marque situés derrière lui, l'homme à la poitrine surchargée de médailles, nous asséna son prêche interminable. Même la photographie officielle n'aurait su cacher ce grand moment d'enthousiasme qui animait les officiels à la tribune. Les têtes avaient du mal à tenir aussi droites que la ligne fixée par Brejnev: Sean Mac Bride, Président d'Amnesty international, se tenait le front, main ouverte, le coude vaillamment planté sur le pupitre devant lui. Tel autre mobilisait ses deux poings pour soutenir son menton, coudes en appui. Un autre encore tentait d'éviter le basculement latéral en étayant du bras au niveau de la joue. Un autre se frottait les yeux, tête bien engagée vers l'avant. Pour moi, le spectacle était à la tribune. Quant à la salle: après le passage des photographes qui, de chaque allée, fixaient ces instants historiques – et les portraits des participants sans en oublier un – les postures se relâchaient, dos calés contre les dossiers dans une ferme résignation.

Pour nos travaux, nous avions le choix entre quatorze commissions. Deux possibilités s'offraient à moi: la commission des droits de l'Homme ou la commission Indochine. Je ne pouvais pas me partager entre elles. Je choisis donc la seconde.

Un bus pour une ronéo

Avant mon départ de France, j'avais reçu du Vietnam des lettres de mes amis encore détenus ou qui venaient d'être échangés à Lộc Ninh selon les termes des Accords de Paris. Elles décrivaient très concrètement leur tragique situation et je décidais de les traduire en français et en anglais pour les distribuer au Congrès. Je demandais à Roger Billé de faire part à nos hôtes de mon intention en sollicitant la mise à disposition d'un matériel de duplication. La réponse se fit attendre deux jours à la suite desquels j'appris qu'il n'y avait plus de véhicule disponible pour me conduire au lieu de duplication. C'était ballot! Après avoir fermement insisté sur l'importance de ces documents authentiques et actuels pour les travaux de la commission, je rédigeais un petit mot en français que je transmettais à l'interprète. J'informais les organisateurs que lors de ma prise de parole déjà prévue dans le planning de la commission, je ferai part aux délégués de mon regret de ne pouvoir leur transmettre ces documents uniques faute de véhicules disponibles. Quelques heures plus tard on m'annonçait qu'un bus m'attendait à l'extérieur pour me conduire au sanctuaire des ronéos. Juste le temps de prendre les documents dans ma chambre et me voilà dehors par moins 15 degrés, en bras de chemise. Quand l'inertie bureaucratique se débloque, elle ne fait pas de demi-mesure: dans ce grand bus j'étais le seul passager. J'ai pu faire autant de copies que souhaitées et une voiture m'a ramené à l'hôtel. Dans la grande salle où se réunissaient les plus de cent délégués de la commission, on m'installa une petite table pour y disposer les lettres, avec une chaise où j'ai pu m'installer pour expliquer. J'ai même eu le concours de plusieurs jeunes interprètes dont la plupart parlaient un vietnamien appris à l'université de langues étrangères, plus conforme que le mien, avec l'accent du nord. J'ai pu ainsi dialoguer individuellement avec les délégués qui le souhaitaient.

Le moment venu de mon intervention à la tribune, mon temps de parole était limité à dix minutes. Je pensais aux deux heures de soupe indigeste assénées par Brejnev et me persuadais que ma voix n'était pas la mienne mais celle de mes amis en ce moment détenus et que leur voix valait plus que les maigres minutes accordées. Je pris donc deux fois plus de temps au grand souci de Léo Figuères qui me montrait frénétiquement sa montre du doigt. Les yeux de l'auditoire ne me disant pas d'arrêter, je suis allé au bout et mes amis détenus ont été chaleureusement applaudis. Suite à l'intervention, il ne resta bientôt plus de lettres sur la petite table. J'avais gagné la sympathie d'un groupe de jeunes et nous avons parlé de la situation dans leur pays.

C'est ainsi que j'ai appris d'une interprète une croustillante métaphore sur le centralisme démocratique expliqué par le père à son fils, habitants de Moscou. Celui-ci n'avait pas compris ce concept utilisé par la maîtresse. La métaphore pédagogique choisie par le père tournait autour d'un seau plein d'eau. Pour expliquer le centralisme, il prend le seau, monte à l'étage et déverse l'eau sur son fils qui est en bas. Ça c'est le centralisme. Ensuite, il dit à l'enfant resté en bas, de remplir le seau tandis que lui, remonte à l'étage et une fois prêt, il demande au gamin de lui lancer l'eau. Le gamin est à nouveau trempé. Ça c'est la démocratie. Mais je médis avec ingratitude : pour la première et seule fois je mangeai du caviar. Et ce fut à la petite cuillère !

Cadeau de Moscou : le manifeste anti-Mao

J'ai quitté Moscou en emportant, comme une curiosité, un petit manifeste anti-Mao de cinquante pages parmi ceux généreusement distribués par nos hôtes. Il avait été édité un an auparavant par l'agence Novosti, une des principales agences de presse soviétique. Entièrement traduit en vietnamien, il s'intitulait « Les points dont Pékin ne parle pas ». C'était une compilation de citations extraites de grands classiques du communisme à la sauce du Grand Timonier. Aussi indigestes que le discours du petit père Brejnev lors de l'ouverture du Congrès, le préambule donnait le ton : « Cela fait plus de vingt ans que Mao Tse Tung et sa faction ont ouvertement commencé à avancer sur leur « route particulière » visant à saboter l'action du mouvement communiste, ouvrier et de libération nationale dans le monde… » En bref, « Mao et sa faction » propagent « une pensée moyenâgeuse héritée » de Confucius et de Lao Tseu, un socialisme petit bourgeois d'origine paysanne fortement nationaliste… »

Alors que le récent discours de Brejnev venait scrupuleusement d'occulter le mot « impérialisme », la conclusion était sans ambiguïté : « Désormais, la situation est très claire : si la politique de Mao n'est pas une politique d'alliance avec la Russie, d'alliance avec les pays socialistes, alors certainement ce sera une politique d'alliance avec l'impérialisme ».

Hélas, à l'examen des évènements de 1972, année d'édition de ce livret, le voyage du couple Nixon-Kissinger à Pékin, venait confirmer, juste après les terribles bombardements de Hanoï, ce pacte de Mao avec l'impérialisme. Cette alliance, sur fond d'effritement de la puissance soviétique, s'est faite dans le sang du peuple vietnamien : harcèlements répétés des Khmers rouges, bras armés de Pékin à la frontière sud-ouest du Vietnam, invasion soudaine par six cent mille hommes en 1979 à la frontière nord, agressions à l'est sur les archipels des Paracels et des Spratleys en 1974 et 1988…

Depuis la nuit des temps, l'Empire du Milieu a toujours considéré le Vietnam et son peuple comme sa propriété. Plutôt s'entendre avec le colonialisme et l'impérialisme pour consacrer un Vietnam divisé avec une partie tampon contrôlée par Pékin à sa frontière sud, que d'avoir un Vietnam unifié, fort et indépendant qui pourrait lui poser des problèmes d'alliances. L'attitude des dirigeants chinois lors de la conférence de Genève en 1954, prêts à entériner la partition définitive du Vietnam, ainsi que leur tiédeur concernant les Accords de Paris en 1973 dans leur objectif de réunification, expriment la constance de cette politique: résister à l'impérialisme jusqu'au dernier des Vietnamiens pour faire rempart aux démons à sa porte sud. D'autant que le démon désigné par Pékin était devenu soviétique.

Lorsqu'après avoir été sévèrement bastonné par les kapos* dans la cour de Chí Hòa, après l'hôpital psychiatrique et la grève de la faim, j'ai été transféré dans le secteur AB de la prison, j'ai très longuement échangé avec mes amis détenus sur l'aide chinoise. Tous savaient que la Chine interdisait son territoire et ses ports au transit de l'aide soviétique, c'est-à-dire les trois quarts du volume total de l'aide reçue par le Vietnam du Nord. Quand j'ai évoqué la question, suite à la visite de Nixon à Pékin en février 1972, ils ont d'abord adopté la position officielle du Parti: ne pas prendre position. Mais très vite Mười Để a exprimé regrets et amertume face à l'attitude chinoise. Il était loin de se douter de tout ce que les camarades Mao puis Deng Xiao Ping et Xi Jinping allaient infliger par la suite au peuple vietnamien en dédommagement de l'aide reçue. Je n'ai jamais plus été invité à Moscou et Pékin a complètement ignoré mon livre et mes témoignages.

Nouvelle-Zélande, l'île du Nord en Mini Cooper

Après quatre jours de témoignages et de rencontres à Singapour, j'arrive à Auckland, l'île du Nord. Un an avant la naissance du célèbre et gentil dynamiteur du ballon ovale natif de cette ville, Jonah Lomu. Liée aux États-Unis par un traité d'alliance, la Nouvelle-Zélande a retiré, il y a deux ans seulement, ses dernières troupes du Vietnam.

Après que les services sanitaires de l'aéroport ont désinfecté ma personne et ses maigres bagages, je suis accueilli par Ken Howell un des responsables de R.A.V.P.O.C, (Libérez tous les prisonniers vietnamiens de conscience). Fondée en août de l'année précédente, cette association gagne rapidement en influence. Neuf députés du gouvernement Kirk portent au poignet les noms de prisonniers politiques du gouvernement Thiệu. Interviewé dans la foulée par John Harris de la télévision nationale NZBC, l'ambassadeur de la République du Sud-Vietnam, Đoàn Bá Cang, donne le ton en déclarant à la presse: « Menras est un sympathisant communiste avéré ».

J'enchaîne les interviews avec celle de Ray Watchman pour *Zealandia*, quotidien national de sensibilité catholique (20000 exemplaires). Il titre sur mon portrait qui prend un quart de page: « The face of André Menras... ». Effectivement j'ai le visage passablement marqué par la fatigue. Un autre journaliste du quotidien *New Zealand Herald* (conservateur) qui tire à 200000 exemplaires, me demande: « Qui vous paye? » Je lui réponds en lui montrant ma semelle trouée. À Wanganui je dors chez la famille Dasler qui vit sur son bateau le *Spirit of Peace*. Une chance, j'ai évité de quelques années le *Rainbow Warrior* de Greenpeace coulé dans le port d'Auckland par les barbouzes de Mitterrand.

Le coin rouge

Sur la route d'Auckland vers Wellington, entre Wanganui et Palmerston North notre Mini Cooper s'arrête à Himitangi. Ken, le jeune chauffeur qui me conduit à travers l'île, m'annonce une surprise pour moi qui vis dans le pays de la vigne. C'est madame Sam, 84 ans, marchande de spiritueux. Elle semble ravie, m'accueille comme du bon vin et débouche une bouteille… de rouge en me donnant du camarade à profusion sous l'œil amusé de mon ami chauffeur. Elle est intarissable et je ne comprends que quelques gouttes de son propos au fort accent local. Mais j'acquiesce du chef d'un air entendu. Alors elle me guide vers son « red corner », le « coin rouge ». Portraits de Lénine, Marx, Staline, Mao, Fidel. Ils sont tous là, trônant au-dessus des bouteilles, certains croqués au crayon. De nombreux volumes à leur gloire les escortent, entassés sur des étagères à côté d'un vieux phonographe. C'est dans ce « coin rouge » que madame Sam a exposé ses trophées de manif: brassard rouge et matraque pris à la police montée lors d'une grève des travailleurs à Palmerston North. Elle s'enorgueillit: « Voici la faucille et le marteau soviétiques qui seront un jour sur la lune ». Dans la boutique, bien rangés à côté des bouteilles près du comptoir, quatre petits livres rouges de Mao… Quand elle reçoit des visiteurs américains, madame Sam est fière de les guider dans ce « red corner » où campe son piano avec une partition armée et prête au combat: *l'Internationale.* Beau clin d'œil que m'ont fait mes hôtes catholiques que cette truculente rencontre du bout du monde. Un petit moment de respiration dans un programme de feu depuis la descente de l'avion à Auckland. Hélas et heureusement ce ne fut pas le cas du quotidien ordinaire.

Rudes journées

Je prends l'exemple d'une journée: Dunedin (île du Sud) le mercredi 24 mars. On lit dans mon journal de bord: 9 heures-10 heures: St Hildas + John McGlashan High Schools (150 terminales filles); 10 heures-11 heures: Kings High School (80 terminales garçons) 12 heures-1 heure: Terrace Lounge débat (Students Union); 1 heure-3 heures: New-Zeeland Broadcasting Corporation, radio nationale; 3 h 30: Evening Star, radio Otago; 4 h 30: Otago daily times; 5 h 30: Critic (Student paper); 6 heures: Tea people organizing; 8 heures: Public meeting de 2 h 1/2 (150 personnes, majorité de travailleurs) chants pour les emprisonnés politiques, Nuit dans un monastère.

Ajoutez le long dîner chez l'habitant où, assiégé de questions, vous ne pouvez pas finir vos bouchées, où la couche est chaque jour différente avec le souci de vos vêtements et le minimum de vigilance que vous devez conserver pour votre sécurité… et vous avez une idée de l'épreuve physique et de la tension mentale soutenue pendant un mois… Avant d'enchaîner directement sur l'Australie pour un mois de plus: des centaines d'interviews radios, débats publics, rencontres dans les universités, les lycées, avec des élus, des responsables politiques, syndicaux, des responsables religieux…

En chemin toutes sortes d'informations me parviennent au hasard de mes rencontres ou par les médias. Par exemple, j'apprends à retardement que le journal *Điện Tín* de Saïgon annonce que le Haut comité à la propagande du régime refuse de publier les Accords de Paris. En particulier, la clause concernant les détenus politiques.

Mes fans malais

Dans l'île du Sud, une douzaine d'étudiants malais m'accompagnent partout. Ils me donnent un paquet de biscuits pour le voyage en bus. Un d'entre eux m'offre ce mot écrit en anglais sur une bande de papier. Il fleure la révolution culturelle : « Cher M. Menras, Aspirant à des objectifs héroïques, nous osons faire nos sacrifices. Créer un nouveau monde lumineux, les étoiles, la Lune et le Soleil vont changer l'ordre ». Mao Tse Tung. Il est touchant ce rêve de jeunes Malais pauvres perdus dans ce coin de Nouvelle-Zélande, rêve qu'ils veulent partager avec un jeune occidental de passage, lui-même rêveur. Ils viennent d'un pays marqué par des années de guérilla communiste avec le soutien de Pékin contre le pouvoir colonial britannique puis le gouvernement malais. L'occupation par un pays étranger, les milliers de compatriotes torturés, tués, les milliers d'emprisonnés politiques : ils connaissent. Désolé, l'attitude de Mao Tse Tung ne me laisse pas espérer des lendemains lumineux venant du guide suprême. Mais je ne suis pas là pour ce genre de débat. Il ne ferait que fragiliser le soutien des prisonniers politiques que je suis venu chercher.

Le combat médiatique

Le périple néo-zélandais est tout du long riche en rebondissements. À côté de l'exaltation et de la bienveillance pacifiste rencontrée dans les collèges, les universités et les églises, auprès de certains responsables syndicaux, élus ou membres du Parlement, les médias de droite ne m'épargnent pas. Aussi bien dans les « talk-back » de la radio, échanges en direct avec d'invisibles et quelquefois inaudibles auditeurs, que dans les articles de la presse écrite. Ainsi ce rédacteur en chef de l'*Otago Daily Times* qui, le 27 mars, pond un papier suite à mon interview en caricaturant les chiffres que je donne et sous-titre la photo : il a passé « quelque temps » dans la prison de Chí Hòa. Tel autre *Evening Star* commet ce titre, digne du maccarthysme : « Héros et ami du peuple vietnamien ou agent communiste ? » Pas de droit de réponse. Le *Christchurch Star* produit un article inexact en plusieurs points. J'annule une partie du programme pour rendre visite au rédacteur en chef. Nouvelle interview et rectifications dans l'édition du soir.

Du côté du soutien, il n'y a pas que de bonnes surprises : Amnesty International de Wellington représentée par un certain Johnny Ians reproche à mes hôtes de ne se soucier que des emprisonnés politiques du Sud Vietnam (sous-entendu : pas des pilotes américains des B-52 descendus alors qu'ils bombardaient le Nord) et envoie une missive à tous les membres d'Amnesty Nouvelle-Zélande pour se dissocier de Ravpoc, c'est-à-dire de l'action de soutien aux emprisonnés vietnamiens. Ceux d'Auckland et de Christchurch l'enverront promener et je ne lui cacherai pas mon sentiment.

Les opposants les plus farouches nous gratifient aussi d'intimidations masquées ou plus claires qui dissuadent certains de m'accueillir. Menaces par téléphone à plusieurs journaux ou radios, alerte à la bombe lors de mon passage à l'Université de

Wellington où nous devons évacuer les locaux pour continuer le débat sur la pelouse avec une centaine d'étudiants. Poupée vaudou aux yeux et au corps percés d'aiguilles dans la boîte aux lettres des amis qui m'hébergent. On sent bien que le pays, entraîné dans un pacte d'alliance avec les USA, n'a cessé sa participation à la guerre que très récemment. La douleur et les passions sont encore fortes.

L'inénarrable monsieur Titman

Et puis il y a Monsieur Titman, Clarke Titman... Venu d'on ne sait où, comme un diable sorti de sa boîte. Il dit parler au nom d'une nébuleuse association des « Amis du Sud-Vietnam » qui, selon ses propres dires à la presse, compte le nombre impressionnant d'« environ cinquante membres » dont une majorité de vétérans de la guerre. L'homme est costumé et dûment cravaté. Son inséparable serviette en cuir noir atteste l'intellectuel distingué et bien documenté qu'il joue. Mais le haut du personnage dépare un peu donnant à l'ensemble un aspect insolite : tignasse généreuse submergeant les oreilles et sourcils drus, barbe blanche taillée court et au cordeau, avec un petit bouc sur un menton en galoche. Un petit air d'oncle Sam, le haut-de-forme étoilé en moins. Seuls les yeux de Monsieur Titman, lançant le feu du fond de leurs orbites indiquent que l'homme n'est pas là pour plaisanter. Dès mon arrivée en Nouvelle-Zélande il est à l'aéroport. Il suivra mon long parcours étape par étape pour m'apporter la contradiction lors des débats publics, réclamant des interviews contradictoires dans les médias au nom de sa microscopique association. Certains journaux sauteront sur l'occasion, jouant le show qui noie le poisson et réduit le problème politique et humain que je pose, vital pour des dizaines de milliers de personnes, à une joute entre deux ego. Ils donnent ainsi autant de valeur aux assertions dignes de la plus classique rhétorique anti-communiste, n'apportant rien de concret, de nouveau et d'actuel, qu'à mon témoignage vécu, daté et circonstancié. « Menras *vs* Titman » : c'est le titre de l'un d'entre eux. Avec, quand même, un léger avantage en ma faveur quand il sous-titre en citant mon contradicteur « Anyone who calls me a fascist is a lying sonofabitch » (Quiconque me traite de fasciste est un fils de pute de menteur). Argument que je me suis bien gardé d'utiliser bien que je l'aie souvent entendu prononcer à son adresse par les étudiants dans les universités. Un journal nous présente ainsi : « Le contraste entre les deux est frappant : M. Menras est un homme tranquille pas totalement à l'aise avec la langue anglaise tandis que M. Titman est à la fois plus agressif, d'allure distinguée au visage profondément ridé et aux cheveux argentés, fier de ses mains calleuses et vague sur ses liens réputés avec la C.I.A ».

Habitués à ses apparitions intrusives, beaucoup de jeunes de mon entourage l'appellent « the jocker » : le bouffon. Mais l'homme ne se découragera pas. Je me souviens d'un débat à l'Université de Dunedin. Je viens de recevoir le livre blanc édité clandestinement plusieurs mois auparavant à Saïgon par le père Chan Tin sur les emprisonnés politiques et dans le débat j'en cite un ou deux passages. Notre « jocker » saute sur l'occasion pour, comme de coutume, dénigrer ce « tissu de mensonges ». Lorsque je lui demande s'il l'a lu, il affirme que oui. Alors j'insiste : « Comprenez-vous le vietnamien M. Titman ? » Surpris, il me répond non. Et je savoure la suite : – « ce livre n'a été écrit qu'en vietnamien ». Il quitte la salle en fureur, copieusement conspué par des « ouh ! »

réprobateurs. On a les plaisirs que l'on peut. Mais il sera encore là à Timaru, Christchurch, Blenheim et le jour de mon départ pour l'Australie à Wellington. Je dois le reconnaître : ce monsieur que je redoutais un peu au départ m'a souvent amusé et sa persévérance au long du séjour me l'a rendu presque attachant. Il allait pouvoir se reposer. Pas moi.

Les accus rechargés

Mais les bons retours rechargeaient mes accus. Tel ce télégramme de Gérald O' Brien et de Mike Moore, députés néo-zélandais aux bons soins de Jeoff Wollford et Rachel Brown de l'Association Ravpoc, le 3 avril 1974 : « Mike Moore et moi-même sommes actuellement à Auckland, à l'Assemblée mais nous vous envoyons notre engagement solidaire pour votre entreprise de libérer tous les prisonniers politiques vietnamiens et souhaitons bon retour à André Menras en lui faisant savoir qu'il y a des gens de toutes conditions dans notre pays qui ont été émus par sa visite et qui respectent le dévouement qu'il porte à cette cause ». Elle est pas belle la vie ?

Un petit saut vers l'Australie

De Wellington, un saut de kangourou au-dessus de la mer de Tasman et un peu moins de quatre heures après, Sydney sur la côte orientale de l'Australie. Comme la Nouvelle-Zélande, le pays a lui aussi été englué dans la guerre du Vietnam aux côtés des USA. Près de soixante mille Australiens y ont participé et en ont payé le tribut du sang : plus de cinq cents tués et trois mille blessés avant l'annonce officielle de la fin de l'engagement en janvier 1973. Des manifestations de plusieurs centaines de milliers de personnes ont secoué le pays : « sitting-down » géants, grèves, arrestations et emprisonnements de résistants à la conscription. Le Vietnam a contribué à la bipolarisation de la vie politique avec un parti travailliste farouchement anti-guerre.

Tenir un cap de funambule

J'arrive à la veille des élections de 1974 dans un climat de forte tension. Le ton est donné par la conférence de presse en présence de Jim Cairns alors ministre du Commerce d'outre-mer et qui va devenir Premier ministre du gouvernement travailliste le mois suivant. Il a été l'animateur des puissants « Vietnam *moratorium* », moratoires sur le Vietnam. Le document distribué à la presse lors de la conférence est clair : « Un appel pour l'application des accords de paix de Paris ». Il demande au gouvernement australien de prendre les mesures afin de restaurer le respect de l'accord, de reconnaître le gouvernement révolutionnaire provisoire du Sud-Vietnam et de conditionner l'aide à Saïgon au strict respect des clauses de l'accord, en particulier celle qui concerne la libération des détenus politiques.

Invité dans un tel cadre politiquement balisé et présenté aux médias par un hôte de cette stature politique je devrais être rassuré. Pourtant je ne le suis pas. J'ai été officiellement invité pendant vingt jours par le « Congress for international cooperation and disarmament » (CICD). En examinant mon programme je découvre que je vais devoir évoluer dans un ensemble disparate et fractionné d'organisations civiles, locales ou liées à des organisations internationales comme Amnesty, Greenpeace… professionnelles, religieuses (dont l'archevêque anglican Felix Arnott), humanitaires, écologistes, syndicats ouvriers et étudiants, partis politiques avec des antagonismes quelquefois très marqués, des rivalités de leadership et, en tout cas, un manque de coordination. Même le Labour party auquel appartiennent les militants qui m'invitent à sa droite et sa gauche aux frontières quelquefois indéfinissables. Bien qu'entièrement d'accord avec la ligne politique affichée par M. Cairns concernant les Accords de Paris, je ne dois pas, en l'affirmant, être accusé de parti pris dans un débat politicien interne qui, au-delà du Vietnam, vise le pouvoir australien. Je suis un étranger appelé pour son témoignage et je devrai m'y tenir. L'influence de Pékin est perceptible dans la jeunesse et les milieux universitaires et la Chine ne s'est jamais montrée comme un chaud partisan d'un Vietnam unifié et fort. Les Accords de Paris portent en germe la réunification du pays, alors sous l'influence prépondérante de l'URSS. Cela pour dire que la question de la libération des détenus politiques selon les termes des Accords de Paris n'est pas gagnée pour la totalité du mouvement anti-guerre australien. A fortiori pour ceux qui ont soutenu l'engagement militaire et considèrent cette libération comme une trahison. Or, je devrai forcément parler des Accords de Paris comme étant la clé politique et juridique des prisons. Je dois aussi interpeller la bourse du contribuable australien en parlant du projet de la Banque mondiale, certainement à l'initiative des États-Unis, pour une aide financière multilatérale au régime de Saïgon à laquelle l'Australie est conviée. En même temps, je crains qu'aux yeux de certains, ce discours politique n'enlève de l'authenticité à mon témoignage. Et l'essentiel est bien le témoignage. Le sort des détenus parle à tous et peut atténuer des clivages vers un consensus.

J'essaie de tenir ce cap contre vents et marées en faisant le funambule dans les débats et rencontres. Mais c'est surtout dans les interviews que les médias m'amènent sur le terrain politique. J'écouterai beaucoup d'opinions dans une neutralité bienveillante en me gardant de m'en mêler. Je ne signerai pas de pétitions où il est question de Soljenitsyne et du goulag soviétique, de la « longue marche » trans-australienne jusqu'au North West Cape, marche de protestation soutenue par Pékin pour exiger le retrait des quelque trente bases américaines implantées dans le pays.

Ajoutez à cela le « mouvement contre le passage des autoroutes dans les villes », les groupes trotskystes qui déchirent les affiches appelant au respect des Accords de Paris, les malentendus que peuvent provoquer des problèmes d'accent ou de vocabulaire… Non, je ne suis pas vraiment à l'aise quand le débat part dans tous les sens. Je resterai donc à ma place de témoin dans mes propos et déclarations avec les membres du parlement national et du Queensland rencontrés au « Forum sur le Vietnam » à Sydney et présentées par M. Gollan, secrétaire général du « Conseil mondial de la paix » en Australie. Car je ne sais jamais bien qui est qui.

De Sydney à Brisbane, Canberra, Melbourne, Hobart et Launceston (en Tasmanie), puis Adelaïde, le périple se déroule par avion. À chaque arrivée dans un aéroport nouveau les médias sont là. Presse écrite locale ou nationale, télés et radios. La couverture sera soutenue (une dizaine de quotidiens) et les journalistes pondérés et professionnels. Mis à part *The Telegraph* de Brisbane qui titre son article sur ma rencontre prochaine avec l'archevêque, ne dit pas un mot sur les Accords de Paris et centre son fiel sur la détention des prisonniers américains au Nord-Vietnam et les crimes du « Vietcong » pendant l'offensive de 1968. Ce que *The Telegraph* ne publie pas c'est que l'archevêque, représentant d'Amnesty international dans l'État du Queensland, m'a déclaré que d'un côté comme de l'autre les belligérants sont mauvais mais qu'on « devrait adhérer aux Accords de Paris ».

Bière de Tasmanie... que de la mousse !

Je n'ai pas toujours été à la hauteur de mes résolutions de calme et de patience. J'ai le souvenir d'une rencontre peu glorieuse. C'était à Launceston, au nord-ouest de la Tasmanie, cette petite île-Etat de l'Australie à la pointe sud-est du continent, entre la mer de Tasman et l'océan Indien. Nous avions parcouru en voiture les 200 km qui nous séparaient de l'aéroport de Hobart pour rencontrer un sénateur de la gauche du Labor Party, trésorier national, M. Justin Obyrne. Prisonnier de guerre dans un camp pendant quatre ans, en tant que pilote de la RAF descendu au-dessus du sol allemand, le personnage et sa fonction valaient le déplacement. Mais je n'ai pu parler avec lui que quelques minutes devant un public qui divergeait sur de nombreux points : sur 90 personnes, 33 seulement se déclaraient prêtes à soutenir la proposition de Jim Cairns sur le Vietnam. Peu ou pas d'empathie pour les Vietnamiens, discours anarchisants : « A quoi sert de mourir pour défendre sa culture », « Best we forget » (Le mieux est d'oublier) plutôt que « Lest we forget » (N'oublions pas) ... J'étais fatigué, passablement découragé, plus irritable. C'était la fin d'un long périple et cette cacophonie me contrariait plus que de raison. Alors, un pacifiste local que j'avais croisé l'année précédente au Congrès mondial de la paix à Moscou m'a guidé pour une visite dans les locaux des « Union leaders » dirigeants du syndicat du textile pour y parler des emprisonnés du Vietnam.

Dans cette île du bout du monde, si je déplore n'avoir pas vu d'ornithorynques, ces mammifères qui pondent des œufs, j'ai rencontré des bipèdes avaleurs de bière qui m'ont fait sortir de mes gongs. À la tiédeur de l'accueil j'ai senti que l'objet de la réunion n'était pas vraiment l'audition d'un témoignage. En revanche, les bières défilaient bon train. En attendant patiemment que se libère un espace de parole au milieu de ce flot de mousse continu, dans le brouhaha je saisissais au passage quelques bribes de conversation très cyniques où l'on affirmait que rien n'était « at stake », en jeu, au Vietnam. Pendant ces longues minutes, je pensais à mes amis dans leurs cellules et rongeais mon frein. J'allais sortir de la salle quand mon hôte me demanda de dire quelques mots. Alors, certainement à tort, je me suis soulagé. J'ai simplement dit : « Désolé de vous avoir dérangé. Profitez de votre bière ». Et je suis parti. Ce fut l'intervention la plus sobre et la plus minable que j'ai faite lors de ce séjour australien. Je n'en suis pas fier.

Pique-nique à Camberra

C'est à Canberra où je suis resté quatre jours que je pense avoir été le plus utile. J'y ai rencontré des membres du ministère des Affaires étrangères au cours d'un pique-nique informel dans les bois. Au-delà du témoignage, ils étaient officieusement intéressés par l'appréciation que j'avais sur l'évolution de la situation au Sud-Vietnam et m'ont posé beaucoup de questions sur la troisième composante politique. Côté officieux j'ai également rencontré Bài et Lâm à l'ambassade de la RDV. J'étais hébergé chez Christine et Gordon White, deux intellectuels. Elle, auteure d'une thèse sur la réforme agraire au Vietnam du Nord dès 1954, connaissait Charles Fourniau après avoir passé huit mois à Paris. Lui, enseignait à l'université nationale d'Australie, parlait chinois, avait étudié à Taïwan, voyagé en Chine, Hong Kong, au Vietnam, en Thaïlande. Il comprenait le français et était membre du Labor Party. En dehors de jouer *l'Internationale* en jazz sur son piano, il travaillait à un essai qui sera édité deux ans plus tard dans une revue spécialisée sur la Chine par l'université de Cambridge : « Politique de classe et origine de classe : le cas de la révolution culturelle ». Ils étaient tous deux des fans de Jean Chesneaux, historien et militant français d'abord communiste puis maoïste, spécialiste de l'Asie orientale. Pendant deux jours pleins nous avons travaillé avec Christine sur un article : « La prison de Chí Hòa, microcosme de la société saïgonnaise ». Je ne sais ce qu'est devenu l'article mais ces deux jours de répit à voir les merles et les écureuils s'égailler m'ont fait du bien.

Contrairement à de nombreux d'endroits où je suis passé, je n'ai pas reçu beaucoup de retour de mon périple australien à part une proposition d'emploi par CICD, l'organisation invitante.

« Aborigènes lointains » de Sydney

Le moment le plus émouvant que je retiens de cette équipée c'est cette rencontre avec un pasteur et son épouse qui consacraient leur vie à aider les aborigènes sans abris et en grande détresse dans les sous-sols de Sydney. Ils m'ont guidé dans cette découverte d'un monde à la fois indigne et révoltant, soigneusement caché sous terre au pied des beaux immeubles. Des hommes et des femmes déracinés, souvent détruits par l'alcool, rebus d'une société qui leur a volé leur âme, leur raison de vivre, leur humanité. Je pensais à mes amis dans leurs cellules et me disais qu'ils étaient beaucoup plus libres et beaucoup plus vivants que ces pauvres gens car il n'y a pas plus terrible qu'une telle désespérance. Je suis reparti de Sydney avec les deux tomes de ce livre écrit par Charles Dunford Rowley et dédicacé par mes deux amis : *The remote Aborigenes*, (*Les Aborigènes lointains*). Pas si lointains.

Le Japon en plein repositionnement, un pays particulièrement concerné

De retour d'Australie, un mois de réunions et conférences débats en France et je décollais pour Hanéda, l'aéroport de Tokyo pour une tournée de témoignages de vingt jours dans plusieurs grandes villes de l'archipel : Tokyo essentiellement, Yokohama, Nagoya, Kyoto, Osaka, Kobe ainsi que plusieurs petites agglomérations à leur périphérie.

Comme partout où je suis passé dans le monde, le Vietnam avait pendant des dizaines d'années cristallisé les tensions. Le japon n'y faisait pas exception. Depuis plus de quinze ans, chaque famille japonaise, pas très éloignée des combats géographiquement, pouvait suivre la guerre à la télévision. On pouvait sentir dans l'opinion et les cercles politiques une compassion certaine pour ce « petit peuple » d'Asie qui subissait de plein fouet les foudres du colosse occidental déclencheur d'Hiroshima et de Nagasaki et qui y résistait. Droite et gauche s'affrontaient autour de plusieurs pierres d'achoppement : traité de défense commun avec les USA, bases militaires US dont Okinawa d'où décollaient les B-52 qui bombardaient le Nord et le Sud-Vietnam, sanglantes confrontations entre mouvements d'extrême gauche et les autres mouvements, confrontations au sein de l'extrême gauche elle-même, jusqu'à la terrible tuerie de l'hiver 1972 quand trente d'entre eux s'étaient entretués... La visite récente du couple Nixon/Kissinger à Pékin, n'était pas pour rassurer ceux qui craignaient déjà la perspective d'une hégémonie chinoise avec la bénédiction de Washington. Crainte partagée avec le Vietnam (Nord et Sud) qui voyaient cette visite comme une trahison américaine ou chinoise.

J'arrive en plein dans ce bouillonnement où sur fond de politique intérieure, les relations avec le Vietnam sont en train de subir une véritable mutation. Officiellement le Japon reconnaît toujours la République du Sud-Vietnam (Saïgon) mais secrètement, il est en train de renouer des relations avec la République démocratique du Vietnam (Hanoï) et est sur le point de reconnaître le Gouvernement révolutionnaire du Sud-Vietnam suite à la signature des Accords de Paris.

De nombreuses organisations sont mobilisées pour m'assurer un séjour bien rempli. Le syndicat national des métallurgistes japonais, les partis communiste et socialiste, plusieurs mouvements bouddhistes, les Juristes démocrates, la délégation pour la Conférence de Rome, le Comité de soutien au peuple vietnamien, l'association d'amitié Japon-Vietnam, le Comité de liaison pour la libération des emprisonnés politiques, la Fédération nationale des employés de l'émission privée, le syndicat des employés de la NHK, entreprise publique qui gère les stations radios et la télévision publique, la Fédération nationale des employés du livre et de la presse...

L'organisation de mon programme fut d'une rigueur militaire. Je n'ai pas souvenir d'avoir dormi une seule fois chez l'habitant. J'étais étroitement accompagné par mon interprète qui allait jusqu'à dormir dans ma chambre d'hôtel. Ainsi se volatilisaient les quelques heures d'intimité qu'il me restait. C'était un Japonais affable d'une quarantaine d'années qui se faisait appeler Paul et qui maîtrisait parfaitement le français. Je devais lui faire entièrement confiance car je ne comprenais rien au japonais. Pas moyen de rectifier, d'apporter une nuance ou de développer mon propos. Sa compétence et la fidélité de sa traduction m'ont été confirmées à plusieurs reprises par des Français nippophones présents. Lors d'une conférence à Kyoto, où je devais avoir un coup de mou, un professeur français venu me serrer la main à la fin de la soirée m'a dit : vous pouvez féliciter votre interprète, il a quelquefois complété votre témoignage ! Pas étonnant : Paul avait lu le livre *Nous accusons* traduit en japonais et s'était consciencieusement préparé avant ma venue. Après quelques jours de traduction, il était certainement capable de se passer de moi pour la partie témoignage !

Par deux fois seulement durant tout le séjour, je n'ai pas eu recours à ses services. Ce fut le 26 mai. J'ai pu pendant quinze minutes m'adresser à Saïgon en vietnamien par le canal de la radio publique nationale NHK. Ma voix devait trembler car je savais que mes amis détenus avaient une radio Sony trois bandes que j'avais fait introduire clandestinement pour eux dans la prison de Chí Hòa. Peut-être m'écoutaient-ils ? Je savais que, de toute façon, certains de leurs parents et amis seraient à l'écoute. J'en ai eu confirmation quelques années mais j'ignore si c'était par NHK ou par « Radio libération » qui émettait depuis le maquis. La deuxième fois que j'ai pu retrouver « le pays » en direct, fut le 4 juin : quatre bonnes heures de dialogue avec 40 étudiants vietnamiens à Tokyo. Parmi les 800 à ce moment-là au Japon, 150 étaient militants pour la réconciliation nationale, contre le régime de Thiệu.

L'ami Thọ

Quand j'écris ces lignes aujourd'hui, je pense à mon ami Lê Hồng Thọ. Originaire de Huế et étudiant au Japon, secrétaire général de l'association Beheito (pour la paix et l'indépendance) il a participé à toutes les actions estudiantines japonaises pour faire cesser la guerre. En 1969, occupation de l'ambassade de Saïgon avec des slogans exigeant le retrait des troupes américaines, ceci au risque d'une expulsion vers Saïgon et d'un jugement par un tribunal militaire. En août 1972, à Yokohama, il a été très actif dans le mouvement qui, pendant cinquante jours et nuits a empêché l'embarquement de chars américains vers le Vietnam. Il a manifesté et fait la grève de la faim pour protester contre les bombardements des B-52 sur Hanoï en 1972… Il a fini ses jours à HCM-Ville[2], emprisonné au secret pendant plusieurs mois avant d'être libéré, menacé, ulcéré de tristesse, suivi comme un malfaiteur par la police politique. La dernière fois que je l'ai vu à HCM ville, il n'était que l'ombre de lui-même. Le jeune étudiant qui, quarante ans auparavant arrêtait les tanks américains, a fini sa vie dans la crainte d'une moto surgie d'un coin de trottoir, cassé par ceux dont il avait fait le lit.

Au moment où le régime de Hanoï venait d'être admis au Conseil des droits de l'Homme des Nations Unies, voici un extrait de la lettre manuscrite que j'avais envoyée à l'ambassadeur du Vietnam à Paris le 4 décembre 2014 lorsque j'ai appris son arrestation : « Toute sa jeunesse et sa vie ont été consacrés à lutter aux côtés de son peuple… Arrivé à la soixantaine, diabétique insuliné et victime d'accidents circulatoires cérébraux ayant provoqué une paralysie faciale, M. Thọ se consacrait à la publication sur sa page internet d'informations pluralistes… ». Lettre sans réponse.

Hiroshima, Nagasaki… Moruroa…

Un autre temps fort de mon séjour japonais fut la rencontre avec les représentants des victimes d'Hiroshima et Nagasaki auquel le grand quotidien national *Asahi Shinbun* (*Journal du soleil levant*) a consacré deux pages le 3 juin 1974. Ils m'ont invité à une manifestation nationale, à leur côté dans les rues de Tokyo, contre les essais nucléaires français à Moruroa et j'ai insisté pour que cette activité soit insérée dans mon programme.

Le 16 juin, je quittais le Japon pour la France. Trois mois plus tard, M. Yoshinori Ito, secrétaire général de l'Association d'amitié Japon-Vietnam, m'écrivait : « Depuis votre départ, en juillet dernier, nous sommes entrés en relation avec la délégation du GRP… Maintenant, nous enverrons une commission d'enquête à Saïgon pour venir à bout des obstacles créés par le gouvernement de Saïgon et nous venons de commencer à réunir des fonds destinés aux prisonniers politiques ».

2. HCM-Ville : Hồ Chí Minh-Ville, nom donné à Saïgon en 1975 après la libération.

Tenant compte des témoignages bien circonstanciés, enregistrés et recoupés, les juristes japonais avaient élaboré la brochure sur la question des emprisonnés politiques vue sous l'angle du droit international ainsi que des Accords de Paris, à des fins de vulgarisation. M. Toru Kawai, traducteur du livre *Nous accusons* et professeur à l'Université de Waseda à Tokyo, m'informait du succès de l'édition japonaise : déjà 18 000 exemplaires vendus depuis mon départ.

Tout allait pour le mieux et je pouvais enchaîner avec un regain d'énergie.

Paris Tristesse

Au retour de mes longs mois de témoignages aux quatre coins du monde, la question des emprisonnés politiques au Vietnam du Sud n'était pas encore réglée. J'avais été particulièrement ravi quand, lors du Festival international de la jeunesse et des étudiants à Berlin Est en septembre 1973, le représentant de la Jeunesse communiste, membre du Comité central du PCF, Jean Michel Catala, s'était engagé solennellement devant les médias présents à constituer un comité pour la libération des emprisonnés politiques au Sud-Vietnam. J'allais enfin me poser et œuvrer efficacement dans la construction d'un mouvement solide pour la libération de mes amis encore détenus.

J'ai attendu plusieurs mois avec impatience la constitution de ce comité. J'étais d'autant plus impatient que la période était pleine de dangers pour mes amis emprisonnés. Le régime de Saïgon multipliait les déplacements des détenus politiques d'une prison à l'autre pour compliquer le suivi par les familles, tout en changeant leur statut de politiques en droit commun. Déçu par le silence fuyant que mes questions répétées rencontraient au sujet de ce comité, je décidai de ne plus recevoir le subside mensuel que le SPF m'allouait conjointement avec l'Association d'amitiés franco-vietnamienne, et de chercher un travail pour subsister de façon indépendante à Paris.

Rotatives de l'*Aurore,* le pavé parisien

J'espérais toujours pouvoir forcer les événements en restant dans la capitale. Une de mes connaissances à la CGT me fit embaucher « au Livre » comme manœuvre à l'imprimerie du journal l'*Aurore*. L'imprimerie se situait rue Richelieu et je devais traverser Paris en passant par Montreuil pour regagner le dernier de mes domiciles provisoires à Rosny-sous-Bois. Au petit-matin, après les huit ou six heures de travail, selon que je faisais les 3/8 ou les 4/8 dans la chaleur du troisième sous-sol, je pédalais pendant une heure à l'air libre. C'était mon Paris by night, sur un vieux solex seulement utilisable en mode vélo, son moteur à galet étant hors service. Il me paraissait bien lourd à déplacer mais son manque de suspension avait le mérite de me maintenir éveillé sur les pavés cahoteux des grandes avenues parisiennes. Arrivé au Fort de Rosny qui dominait la banlieue encore éclairée, plus que deux kilomètres jusqu'au petit deux-pièces pour un rapide encas, un câlin à ma bien-aimée et quelques heures de sommeil avant la retraversée de Paris, de jour cette fois, vers l'imprimerie. C'était éprouvant mais des centaines de milliers de travailleurs vivent de telles épreuves au quotidien et j'avais connu bien pire.

Le plus difficilement supportable était de mesurer mon impuissance dans l'aide que je pouvais apporter à ceux qui restaient emprisonnés, à ceux qui venaient d'être « échangés », selon les termes de l'Accord de Paris et qui luttaient encore. Leurs lettres continuaient à me parvenir avec des mois de retard car elles devaient entreprendre le périple de la zone libérée au Vietnam jusqu'au siège du GRP* à Paris avant de m'être adressées rue Froissard, au siège du SPF qui me servait de boîte aux lettres.

Ecrite sur papier pelure, comme nous le faisions en prison, chacune me remerciait, m'appelait à ne pas décrocher: « ...ils nous ont embarqué pour l'échange, moi, Mẫm, M. Châu, M. Long, M. Trọng avec d'autres détenus, étudiants et intellectuels, mais au cours du trajet, ils ont reconduit Mẫm, MM. Long, Trọng et Châu à la prison de Chí Hòa. Vingt d'entre nous avons lutté pour exiger d'être libérés à Saïgon et être reconnus comme membres de la « troisième composante » mentionnée dans l'Accord. Malgré le soutien du Comité international sur place, ils ont refusé. Cher André, aide-nous à faire connaître notre lutte en Europe, Aux USA, en Australie... »

Mes chers amis surestimaient grandement mon influence. Et je culpabilisais d'être ainsi entravé, à m'en rendre malade. Ils ne se doutaient pas de l'impuissance de mes efforts pour impulser la création de ce comité national. Ils étaient loin d'imaginer ma situation, les bras mobilisés par les chutes de papier journal et la tête dans le guidon de mon rustique vélosolex. Et les lettres affluaient. Comme celle-ci, échappée du bagne de Poulo Condor: Le 2/5/1973, quatre mois après les Accords de Paris – « Ils ont bloqué soigneusement les issues des cellules et tiré plusieurs salves de fusées lacrymogènes. Ils ont ensuite fait exploser les grenades vomitives pour que nous perdions connaissance. Une fois la porte ouverte ils se sont rués à l'intérieur pour frapper à tour de bras, coups de pieds dans les reins. Ils nous ont jetés un à un hors de la salle. Là, un autre groupe de soldats nous a agrippés par le cou et nous a lié les mains. Ils nous ont traînés inanimés sur le sable et le gravier pendant une centaine de mètres pour nous lancer finalement sur le camion comme on charge du rotin: une couche empilée sur l'autre. Arrivés aux nouvelles cages à tigre, ils nous ont jetés sur le sable brûlant de la cour et assemblés en tas. Après nous avoir laissé au soleil une heure entière, ils nous ont traînés à l'intérieur des cellules: étranglements, coups de genou, coups dans les côtes, sous les aisselles, face écrasée au sol, recouverts de terre jusqu'à l'étouffement ». Puis la lettre égrenait la liste des victimes: 13 détenus, âgés de 21 à 60 ans, hommes et femmes, originaires de 9 provinces différentes. Tous morts durant ce mois de mai 1973. J'étais fatigué, bouleversé, amer. Pas loin de la déprime... Le père Jean Fortier, rencontré au Canada puis à Paris quelque temps avant l'avait bien vu. Il m'écrivait, inquiet: « Tu sembles souffrir plus maintenant que tu n'es plus dans la prison avec tes frères ». Il voyait juste. J'avais l'impression de me sentir plus libre dans ma cellule saïgonnaise près de mes camarades emprisonnés que dans cette maudite salle des machines pour un journal dont je combattais les valeurs.

Je pensais à ceux que j'avais laissés derrière moi si fiers, chaque fois que je retrouvais les seigneurs des rotatives qui me regardaient de haut en jetant négligemment au pied des machines ces larges pans de papiers imbibés d'encre que je devais ramasser. Cette encre dont l'odeur me collait à la peau sans que je puisse m'en débarrasser. Ils me semblaient loin les grands moments de solidarité et d'enthousiasme rencontrés de par le monde. Ils m'avaient fait oublier la fatigue, le stress et quelquefois la peur. Ils m'avaient boosté tout au long de mes dernières campagnes internationales. Désormais, Je me sentais bien seul dans ce combat qui n'arrêtait pas de continuer.

Mais en même temps, ces lettres me redonnaient de l'énergie. Quelquefois, cela peut paraître insolite, je fermais les yeux et me raccrochais aux visages de ces amis lointains. Ils défilaient dans ma mémoire quand je balayais la salle sous l'œil inquisiteur du chef d'équipe. À ces moments-là, je ne sais plus si c'était moi qui tenais bon pour eux ou eux qui tenaient bon pour moi.

Le choix du retour aux sources

J'étais sur une mauvaise pente, celle du découragement, et je devais en sortir. Il fallait se rendre à l'évidence: dans ces conditions de fatigue physique, de précarité matérielle et de fragilité psychologique, je n'étais plus utile à Paris, j'y perdais mon temps et l'amertume rongeait l'énergie qu'il me restait. Ainsi, le dénouement tant attendu se dessinait et pour moi arrivait aussi l'heure des choix, choix qui allaient orienter le reste de ma vie.

J'avais deux grandes options. Il me fallait d'abord choisir mon pays. D'un côté, ma famille biologique, mon père et ma mère admirables qui avaient tant souffert, dignement, en silence et que j'avais délaissés durant toutes ces années, qui m'avaient, quelquefois sans bien comprendre, toujours soutenu et gardé leur amour; mes amis qui avaient toujours été fidèles et inconditionnels de notre amitié; Annie que j'aimais comme femme et comme militante, mon pays et ma région que j'adore et où se trouvent mes racines, mon enfance.

De l'autre, ce Vietnam meurtri, exsangue et à reconstruire, son peuple admirable, ma grande famille vietnamienne plongée à la fois dans le deuil, le dénuement et l'exaltation d'une victoire glorieuse avec, face à elle, le nouveau et formidable défi que l'Histoire lui lançait sans avoir le temps de souffler: gagner la paix. Moi, le fils unique, jamais je n'aurais eu autant de pères adoptifs (Mười Để, Khuê et bien d'autres), de mères, de frères et de sœurs. Centaines d'êtres chers qui m'ont aidé à devenir adulte en éveillant ma conscience, stimulant ma dignité et ma combativité jusqu'à me révéler, si loin de mon pays, les traditions de lutte de mon propre peuple ! Cette famille m'ouvrait grand les bras, prête à m'accueillir comme un de ses fils.

Parmi ces deux grandes options j'avais de nombreuses offres professionnelles. Le Vietnam me proposait de rester à Hanoï comme traducteur d'une maison d'édition. Le docteur Henri Carpentier me proposait de l'accompagner dans son projet d'hôpital mobile au Vietnam. Des offres d'un fonctionnariat militant venaient du SPF avec Julien Lauprêtre, de l'Association d'amitiés franco-vietnamienne avec Charles Fourniau et André Leplat, des relations internationales du PCF avec Théo Ronco. Enfin, côté français, je gardais la possibilité de renouer avec un métier que j'aimais et qui pourrait être une sorte de thérapie douce pour estomper les terribles coups de stress que j'avais subis sans discontinuer depuis cinq ans.

J'ai également reçu de sérieuses propositions au Canada avec le père Jean Fortier, en Australie avec le « Congress for international Cooperation and disarmament », à Londres avec Amnesty international et Sean Mc Bride, son président… Offres flatteuses et tentantes, mais la déconvenue du Comité de soutien promis puis complètement ignoré m'avait rendu méfiant.

Je ne souhaitais pas garder l'image même avantageuse d'un ancien combattant ni entrer dans les pantoufles d'une personnalité. De plus, je considérais que le passé aussi glorieux et digne de respect fût-il, ne suffisait pas à justifier le présent et que l'on devait sans cesse prouver à la vie ce que l'on a été en relevant de nouveaux défis. Par ailleurs, j'avais toujours eu un peu de mal avec les appareils du pouvoir à l'égard duquel je conservais une grande méfiance et, à fleur de peau, toujours prête à surgir, une réaction de résistance. Je ressentais ce que l'on m'offrait comme un pouvoir de confort, de célébrité et de dépendance. Rien à voir avec celui que j'avais connu en prison, qui était fait de danger, de résistance et de liberté.

Combien de fois mes amis français, membres d'organisations ou de partis qui pourtant soutenaient le Vietnam m'ont-ils déconseillé avec insistance de participer à tel ou tel meeting de solidarité sous prétexte qu'il était organisé par tel ou tel mouvement qu'ils n'appréciaient pas ? Combien de fois, désirant de ma part une plus grande implication dans la vie politique française m'ont-ils demandé, excédés par mon refus : « Enfin, il faut choisir, es-tu vietnamien ou français ? » Je me souviens de l'agacement d'Elie Mignot, membre du comité central du PCF, pour me dissuader de témoigner aux USA, arguant qu'il y avait mieux à faire en France pour un Français. Face à ces amicales pressions, j'ai toujours gardé mon libre arbitre parce que j'ai gardé en même temps que mon amitié, mon indépendance envers toutes ces organisations.

Bien singulier plaidoyer pour l'individualisme, diront certains. D'autant moins compréhensible de ma part que je venais de participer à une expérience où j'avais pu mesurer à tous les instants dans ma chair et dans mon esprit que, sans le collectif et son organisation, l'individu compte pour bien peu. En retournant dans mon sud natal j'avais le sentiment de n'être pas allé au bout du combat. Et cet empêchement ne venait pas de mes « ennemis ».

Home, sweet home ? Pas tout à fait.

Douce France et ses clochers

J'ai repris mon métier d'instituteur le 3 octobre 1974 dans un village du sud de la France. J'ai adhéré au PCF sur la base de ses traditions internationalistes. J'ai milité pour l'union des forces de gauche autour d'un programme commun de gouvernement anticapitaliste qui s'est vite vidé de son contenu. J'ai milité au conseil départemental du Syndicat national des instituteurs (SNI).

Première tracasserie administrative

Malgré tous les examens médicaux et les vaccinations que j'avais subis mon dossier sanitaire jugé « incomplet » me valut d'attendre plus de quatre mois ma première paye alors que ma situation matérielle n'était pas brillante – Annie n'avait plus d'emploi – et que nous vivions à l'étroit dans la toute petite maison de mes parents. Mes collègues nous proposèrent une aide matérielle que nous avons refusée pour leur demander d'intervenir syndicalement. Ce fut en quelque sorte notre lutte d'installation.

J'avais du mal à me réadapter au travail d'instituteur. Cela aurait été malgré tout plus pénible si j'avais dû travailler dans un bureau ou derrière des machines car la compagnie permanente des enfants, leur soif insatiable d'attention, d'affection et de connaissances, m'ont obligé à me reconstruire.

Danse dans le bus

C'est en revenant en bus de Paris vers Béziers, suite à l'enterrement de Jacques Duclos, grand dirigeant du PCF qui avait le Vietnam au cœur, qu'à la radio la nouvelle tomba : « Le général Dương Văn Minh s'est rendu. Saïgon est libérée. Le Vietnam est indépendant et de fait, réunifié ! » Larmes, embrassades, pas de danse ! La victoire l'emportait sur la tristesse du deuil. Ainsi va la vie. C'était le 30 avril 1975. Je ne savais pas qu'à ce moment même, mes camarades de Poulo Condor se libéraient eux-mêmes, prenaient possession du bagne et de l'île, dont le premier administrateur serait mon ami Tư Cẩn, emprisonné du camp N° 6. Mais bien que l'ignorant, je l'imaginais et mon cœur baignait dans le bonheur. J'étais libéré d'un énorme poids. Ma vie en France devenait désormais possible. J'allais pouvoir cicatriser.

« ...d'autres moyens pour vous faire entendre raison »

Après le mini combat pour la « régularisation », mené avec l'appui des syndicats, le ton était donné. Alors ce fut l'épisode : « Ici, on a d'autres moyens qu'au Vietnam pour vous faire entendre raison ». Face à ce que j'avais subi dans les cachots de la dictature, la menace de l'inspecteur de circonscription dénommé Favier aurait dû me faire rire. Mais mon sens de l'humour s'était émoussé et je lui claquais la porte au nez. Ce petit fonctionnaire qui se croyait grand me menaçait de ses foudres ridicules car j'osais m'opposer à la décision de l'Académie de fermer la classe d'initiation au français où je venais d'être fraîchement nommé. Elle était destinée à accueillir des enfants nouvellement arrivés en France. Le ministre de l'Immigration Lionel Stoléru, de passage à Montpellier, venait d'en annoncer triomphalement l'ouverture sur Béziers. Je m'étais rendu sur les lieux avant la rentrée et j'avais découvert un désert de classe : ni livre ni cahier, aucun matériel pédagogique ordinaire, encore moins spécifique et surtout… pas d'élèves. Aucune information auprès des familles concernées. Avec quelques amis nous avions entrepris une campagne de porte à porte dans les cités pour convaincre les parents. Et c'est au moment où les enfants commençaient à arriver, que l'Inspection académique décidait de fermer le poste en m'enjoignant de rejoindre une autre école à la rentrée des vacances de Toussaint. Ce mépris de l'intérêt des enfants et de la déontologie de l'enseignant et l'opportunisme de l'annonce ministérielle ne m'ont pas poussé au consensus. Au retour des vacances, fi de l'injonction académique, je réintégrai mon poste initial et occupai la classe. Avec le soutien du député-maire communiste de la ville, Paul Balmigère, du Parti socialiste, des syndicats et différentes associations, je m'opposais à cette décision de fermeture qui pénalisait les enfants les plus pauvres et les plus vulnérables.

Le Vietnam à mon secours

À Montpellier et à Béziers, les couloirs des Inspections étaient en émoi et une sanction exemplaire était envisagée. « Cet instituteur se trouve dépourvu de poste et ne peut donc être payé ». (Inspecteur d'Académie). C'était la deuxième fois, après l'occupation du consulat à Saïgon, que l'administration ne voulait pas me payer. Vingt-sept ans après l'incident, j'ai pu lire avec délectation ce rapport « personnel et confidentiel » concocté par le « think tank » du recteur d'Académie, en date du 6 novembre 1975 : « Monsieur Menras, l'instituteur en cause est ce même instituteur qui, détaché au Sud-Vietnam il y a quelques années avait attiré sur lui l'attention de la grande presse en hissant au sommet d'un édifice public de Saïgon le drapeau du Vietcong. Le gouvernement sud-vietnamien d'alors l'avait fait condamner à une peine de trois ans de prison ; libéré et revenu en France, il avait été réaffecté dans l'Hérault, son département d'origine. On peut donc penser qu'une sanction à l'encontre de M. Menras, pourrait être utilisée comme une arme politique, et que l'Administration de l'Éducation serait assimilée dans une partie de l'opinion publique à l'ancien gouvernement de la République du Sud-Vietnam. On peut donc adopter une position dure : maintenir la fermeture de la classe, déplacer Monsieur Menras, le sanctionner pour refus d'obéissance, le priver de son traitement aussi longtemps qu'il n'aura pas rejoint son nouveau poste et protester auprès des Pouvoirs Publics contre le geste de quelques élus, ceci au prix d'un retentissement qui risque d'être national. On peut, au contraire, minimiser l'incident et admettre que si on arrive à recruter une dizaine d'élèves, quel que soit leur âge, l'ouverture de la classe sera maintenue… »

Cette sage recommandation fut suivie en haut lieu. Ainsi, le Vietnam venait à mon secours. De son côté, le bon maire Paul Balmigère, avec son accent d'ouvrier agricole de l'Aude avait apostrophé l'inspecteur d'Académie. De sa grosse voix qui roulait les « r » comme un torrent en colère roule les cailloux, il l'avait mis en garde : « Ne touchez pas à MenRRRas ! »

Et c'est ainsi que dans ma ville, fut maintenue la première classe pour les enfants de travailleurs étrangers… grâce au Vietnam et à ses amis. J'en retirai une grande fierté mais les chances d'avancement normal de ma carrière venaient d'en prendre un sacré coup (en huit ans, depuis mon CAP en 1967, je progressais de… moins un demi-point dans ma notation !)

Le Vietnam « à petite distance »

Le Vietnam ne me quittait pas. Fin juin 1975, j'ai reçu une lettre de l'hôpital de Rüdersdorf (RDA). Mon cher Mươi Để s'y trouvait, à 31 km au nord de Berlin avec des camarades mutilés de guerre. Pour les hommes Bảo, Mai Truyền, Miêng… Pour les femmes Anh, Nhựt, Cân, ba Hồng. Mười Để m'écrivait : « Je me sens très réconforté, figure-toi qu'en 4 semaines mon poids a augmenté de 4,2 kg, on vient de prendre la forme de mon moignon pour me faire une fausse jambe, j'espère et souhaite te recevoir… C'est l'occasion unique où nous vivons à petite distance… » Petite distance pour papa Để : Béziers-Rüdersdorf : 1 700 kilomètres ! Avec Annie, nous avons donc pris notre vieille R 8 et sous une pluie battante nous avons rejoint nos amis blessés de guerre et infirmes. Ce fut une belle fête : les larmes et le champagne firent briller les yeux et les chants retentirent au grand étonnement de nos hôtes allemands. Puis ce fut la rentrée, mon travail qui me passionnait et la lutte en France pour changer la vie.

Invitation officielle pour brèves retrouvailles

En juillet 1977, j'eus l'honneur et le plaisir de recevoir du Premier secrétaire de l'Ambassade de la RSVN en France, M. Trần Văn Lâm, la lettre suivante : « Cher ami, nous voudrions vous inviter au Vietnam durant cet été afin que vous puissiez revoir le pays et le peuple pour qui vous avez lutté, rencontrer nos dirigeants ainsi que des amis vietnamiens… ».

Je n'ai pas hésité un instant. Mi-août, j'étais au Vietnam pour être de retour à la rentrée des classes de septembre. Il faut situer cette visite éclair dans le contexte de l'époque. Le Vietnam traversait une situation économique très difficile. Évidemment, plus d'aide américaine pour le Sud et le blocus du pays. Plus d'aide chinoise non plus. Le Vietnam devait se débrouiller quasiment seul alors que son agriculture avait été détruite et que son industrie était quasi inexistante, que la population du sud, surconcentrée stratégiquement par les agresseurs autour et dans les grandes villes, était improductive et qu'il fallait la nourrir, les campagnes étant vidées des paysans. Ajoutez à cela la poussée démographique, le manque cruel de médicaments et de services sanitaires, de cadres compétents, décimés par la guerre ou envoyés dans des camps… Les autorités devaient en même temps, faire face au terrible héritage laissé par l'occupant, corruption, violence, drogue, prostitution, maladies, infirmités…

Sur le plan extérieur, la jeune nation se trouvait littéralement en état de siège. Militairement, commençait à se dessiner en effet, la menace chinoise, géant plein d'appétit, jamais remis de la réunification, hostile à un Vietnam fort, indépendant, ami de l'URSS à sa frontière sud. Cette pression militaire commençait à s'accentuer notamment à la frontière cambodgienne par Khmers rouges interposés et fixait les forces vives du pays dans des tâches de défense. Diplomatiquement, le Vietnam faisait l'objet d'une campagne de calomnie bien orchestrée dans les « démocraties » occidentales. Elle s'appuyait sur le non-respect des Accords de Paris symbolisé par l'offensive générale de la campagne Hồ Chí Minh, la tragédie des « Boat people » qui fuyaient la misère et certaines exactions des cadres locaux revanchards et déjà corrompus ; les expulsions et réquisitions chez les riches compradores chinois qui s'engraissaient de cette misère en l'aggravant et envenimaient encore plus les rapports avec Pékin. Les quelques jours de mon séjour n'étaient pas favorables à la fête de retrouvailles tranquilles et sereines.

Rencontre avec Phạm Văn Đồng

Je fus accueilli en hôte de marque. Mes guides et accompagnateurs : Debris qui avait choisi de vivre à Hanoï, Si Phan, vieux militant qui avait côtoyé Hồ Chí Minh, une jeune cadre et un chauffeur vigilant. Nous restâmes inséparables. Mon irrépressible besoin d'autonomie en souffrit bien des fois.

À Hanoï, j'eu le grand privilège d'être reçu pendant deux heures par le Premier ministre Phạm Văn Đồng, chaleureux, impressionnant de clairvoyance et de simplicité. Il me parla très franchement des difficultés du moment : du nombre et de la qualité des cadres, du problème du Sud, ses nombreuses ressources, ses qualités humaines, sa faculté d'adaptation mais aussi des obstacles pour passer d'une société parasitaire de consommation à une société de production. Il fit malicieusement un parallèle entre les Accords de Genève en 1954 et les Accords de Paris me disant : « Nous avons voulu cette fois-ci nous assurer nous-mêmes de son application. C'est la revanche de l'Histoire ». Il fut aussi question du défrichage des régions montagneuses : « C'est vital, trois fois vital pour nous ». Oui, mais le « nous » n'incluait pas les minorités ethniques gravement menacées par cette migration intérieure. Phạm Văn Đồng a aussi insisté sur une chance qui subsistait après tant d'occasions manquées pour une coopération mutuellement profitable avec la France. Il a envisagé la possibilité de la venue de la gauche au pouvoir faisant part discrètement de son scepticisme sur le succès du Programme commun : « Si le Parti communiste n'est pas assez fort, alors on peut craindre l'échec » ; de la Chine, qu'il n'osait pas nommer (déjà) : « Nous ne sommes pas, comme certains, de ceux qui croient pouvoir effacer le camp socialiste et le mouvement communiste et ouvrier international ». À Hanoï, j'eus aussi le grand plaisir de rencontrer au cours d'un dîner organisé en mon honneur, Mme Phan Thị Minh avec laquelle j'avais beaucoup travaillé à Paris.

À mon arrivée à l'aéroport de Tân Sơn Nhứt à Saïgon, je fus accueilli très chaleureusement par une délégation dans laquelle se trouvaient notamment mon cher ami le colonel Dương Đình Thảo, ancien porte-parole du GRP* à Paris, Huỳnh Tấn Mẫm et Maître Nguyễn Long, mes ex-compagnons de détention. Je pus revoir Mươi Đề et quelques autres camarades mais de façon très furtive au cours d'une réunion publique. Je n'eus même pas le temps de répondre à son invitation d'aller manger dans sa famille.

Frustration et craintes…

J'avais tant attendu de ces moments. J'en espérais tant d'affection si longtemps contenue et voilà qu'alors qu'ils étaient là devant moi, une bureaucratie imbécile me les ravissait. Certes, ma préoccupation était d'être utile au Vietnam à peine libéré que les loups blessés et humiliés n'avaient pas renoncé à étouffer. Je voulais bien consacrer mon court séjour à la visite de zones de rééducation, à Phước Bửu ou ailleurs, de nouvelles zones économiques – Đan Phượng, Lê Minh Xuân ou d'autres – participer à de nombreuses réunions d'information et d'échange pour pouvoir, de retour en France, rapporter une image plus objective du Vietnam, de ses difficultés et être plus efficace dans mon aide. Mais ma grande frustration reste de n'avoir pu prendre le temps de profiter de mes amis. Un regret que je ne puis imputer à personne et qui peut paraître sentimental et quelque peu égoïste, mais, comme, le dit le proverbe : « On ne se baigne jamais deux fois dans la même eau du même fleuve » et je n'ai plus jamais revu Mươi Để et Nguyễn Long.

Retour en France plutôt morose en ce début septembre dans ma classe d'initiation au français. Regrets et remords. J'écris un long article : « Les neveux d'Hồ Chí Minh » publié intégralement dans le journal « Avant Garde » de la Jeunesse Communiste française. Et la vie reprend. J'adresse toutefois une lettre de remerciement à l'ambassadeur du Vietnam à Paris pour l'accueil qui m'a été réservé en même temps que mes préoccupations sur les pièges de dérives liberticides intérieures créés par la tension aux frontières. En me permettant la remarque : bien préserver la démocratie. Restée sans réponse, je crains que ma lettre n'ait pas été bien perçue.

En 1980, Annie donne le jour à notre fils Sylvain. Pendant les vingt-deux ans qui suivirent cette visite, ma vie française a occupé toute la place. Cependant, la pensée du Vietnam ne m'a jamais quitté et j'ai toujours attendu avec impatience le moment d'y retourner.

La retraite ! Le Vietnam m'attend, l'injustice aussi

Oui, mais voilà, pour retrouver le Vietnam, il me fallait disposer de suffisamment de temps. Ces deux conditions ne pourraient être réunies qu'à l'occasion de mon départ à la retraite. C'est là que le Vietnam m'attendait.

La retraite ! Le mammouth du dégraisseur de service, le ministre Claude Allègre[1], m'y attendait avec une surprise. Alors que mes camarades de promotion de l'École normale d'instituteurs et d'institutrices préparaient leur départ, j'apprenais que je devais effectuer deux années et demi de travail supplémentaires pour cause de « mise en disponibilité pour suivre [mon] conjoint » ! C'est ainsi que l'administration désignait mes années de bagne politique. Je me retrouvais ainsi, trente ans après la prison, victime d'une double peine, une sorte de bonus français aux années de cachots saïgonnais. L'écrivain Gilles Perrault dont j'avais demandé le soutien, dans une lettre qu'il m'avait adressée, exprimait bien la situation : « Effarante histoire ! ô combien accablante ! La date de votre entrée en retraite est importante pour vous, certes, mais ce n'est pas l'essentiel. L'essentiel c'est qu'on ose vous pénaliser pour une action qui fut à l'honneur de la France. Il s'agit donc d'une question de principe. L'acte que vous avez posé avec un courage rare, nul n'a le droit d'en faire un handicap. Quel scandale ! Comment un gouvernement qui se prétend de gauche peut-il connaître la moindre hésitation ? »

Oui, cet acte pacifique avait servi l'image de notre pays, de nos enseignants, les relations qui ont suivi avec le Vietnam réunifié et le développement des affaires avec ce pays, y compris celles de ceux qui, aux pires moments de la guerre, souhaitaient sa perte. Et puis, les Jospin, Fabius, Lang, Védrines, alors lieutenants de Mitterrand et à ce moment-là au pouvoir, savaient bien ce que combat voulait dire. Peut-être même à cette époque-là s'étaient-ils risqués à manifester dans la rue pour la paix… L'injustice et l'hypocrisie me paraissaient d'autant plus ubuesques que pas mal d'expatriés jugés par Paris bien conformes et représentatifs de la France à Saïgon à cette époque vaquaient à leurs petites magouilles permises par la guerre pendant que je croupissais derrière les barreaux pour crime de paix. Bref, à l'orée de la soixantaine, mon passé vietnamien me rattrapait et un nouveau combat s'imposait à moi face au bras armé de l'Éducation nationale.

Sans entrer dans les arcanes administratives et juridiques, qu'est-ce que je demandais à mon ministère de tutelle ? La régularisation de deux périodes, la période d'incarcération et la période de témoignages, et leur prise en compte pour le calcul de ma retraite. Durant ces années de 1970 à 1974, ma situation n'avait fait l'objet d'aucune régularisation de la part de l'administration, d'aucun acte soit de mise en demeure de rejoindre mon poste, soit de mise en disponibilité, soit de mise en détachement, soit de mise à disposition. Dans une première période, incarcéré par une puissance étrangère, j'avais été mis dans l'impossibilité d'exercer. Pour la période suivante concernant mes témoignages dans le monde, je demandais à être détaché auprès du Secours populaire Français (SPF) association reconnue d'utilité publique. C'était chose fréquente et tout à fait légale à l'époque dans d'autres grandes associations pour les fonctionnaires de l'Éducation nationale (AICF, ATD Quart-Monde, La Croix Rouge et bien d'autres). Julien Lauprêtre, président du SPF et Gilbert Avril qui avait suivi pas à pas ma situation ont écrit au ministre Lang pour confirmer, preuves à l'appui, la véracité des faits.

Dans cette affaire, tout était vrai, documenté de sources multiples, vérifiable. Rien

1. Ministre de l'Éducation nationale du gouvernement Jospin qui avait déclaré, en parlant des effectifs de l'Éducation nationale qu'il estimait pléthoriques, vouloir « dégraisser le mammouth »

n'était magouillé comme dans le dossier de Régis Debray, dont je parlerai plus tard, rien n'était sale comme dans ceux de certains terroristes de l'O.A.S, régularisés par un décret du gouvernement Maurois.

Résignation inenvisageable

L'horizon était bien bouché quand j'écrivais le 28 octobre 1999 une lettre au ministre Claude Allègre dans laquelle je disais, après avoir expliqué ma situation: « ...J'ai conscience d'avoir honoré ma fonction d'enseignant français en traduisant dans les actes ce que je professais par la parole, l'attachement profond aux valeurs universelles qu'enseignent notre Ecole... Le cours de l'histoire m'a donné raison: le Vietnam réuni est en paix, la coopération a prévalu et je suis encore plus fermement convaincu d'avoir par mon action, servi la cause de mon pays, son image et l'avenir des relations entre nos deux peuples. C'est la raison pour laquelle, je vous demande de bien vouloir ne plus considérer les quatre années passées dans les geôles d'un dictateur et à plaider la cause des prisonniers politiques dans le monde, comme des années inutiles et de simple congé, mais au contraire comme les plus honorables et les plus fécondes de ma modeste carrière d'enseignant ».

Le même jour, j'adressais la lettre suivante à son Excellence, l'Ambassadeur de la République socialiste du Vietnam en France, M. Nguyễn Chiến Thắng : « ...j'entreprends une démarche auprès du ministère de l'Éducation nationale pour obtenir la reconnaissance des années d'incarcération et de militantisme pour la libération des prisonniers politiques et la prise en compte administrative de ces années pour le calcul de ma retraite. La décision ne sera pas purement administrative. Elle sera bien sûr essentiellement politique: il s'agira, pour mon gouvernement, de reconnaître ou non l'utilité de mon action passée pour le Vietnam et pour la France et de la valoriser ou non. C'est dans ce contexte que votre appui, sous la forme que vous souhaiterez et que vous pourrez lui donner, peut m'être d'une grande utilité. Toutefois, je comprendrai très bien si les impératifs et les convenances diplomatiques vous interdisaient d'entreprendre toute démarche en direction du gouvernement français et cela n'altérerait en rien les liens profonds d'amitié et de fraternité qui, malgré ces années de silence, m'unissent à votre peuple, votre gouvernement et votre pays... »

La réponse d'Allègre a mis cinq mois à me parvenir: « ...aucune disposition ne permet la prise en compte ultérieure dans votre carrière de cette période... » Quant à la réponse de l'ambassadeur du Vietnam, elle ne vint jamais. Je reçus simplement un coup de téléphone très amical de M. Phan Thiên Nhiên, conseiller diplomatique qui, ne se prononçant pas quant à une éventuelle intervention de l'ambassade ou du ministère de l'Éducation et de la Formation vietnamien m'informa qu'il allait être rappelé au Vietnam et personnellement me souhaita... bon courage. Ainsi, je me retrouvais seul pour ce nouveau combat. Si la réponse du ministre ne m'a pas surpris outre mesure, celle des autorités vietnamiennes m'a peiné.

J'aurais pu capituler et opter pour une patience résignée. Mais « résigné » est un mot absent de mon dictionnaire. Après les premiers moments d'indignation, j'avoue pourtant avoir envisagé cette option. Je ne me sentais pas les ressources mentales, physiques et financières pour mener à bien ce nouveau combat qui s'annonçait titanesque.

J'ai tenté de me trouver des arguments « raisonnables ». Si je continuais d'enseigner, comme me l'imposait l'administration, ce serait financièrement plus intéressant car je partirais à la retraite au niveau « hors classe » avec une pension mensuelle supérieure à celle d'un départ immédiat… Après tout, je n'étais pas si fatigué de mon métier et tiendrais bien encore deux ans et demi… J'étais bien seul, à part mon épouse et quelques amis pour tenir tête avec succès à une telle machine… J'allais encore créer du souci à mes vieux parents et à mon entourage… Enfin, comme disent les Vietnamiens, il n'y a pas de honte à s'écarter devant l'éléphant. Dans le cas présent, c'était le mammouth.

Mais j'avais encore envie de passer entre les pattes de la bête. Réagir, résister devenait au fil des jours une question de santé mentale. Je ne me serais jamais pardonné cette soumission. J'ai même envisagé une action-réponse immédiate que je trouvais appropriée à la sanction de l'administration, basse et nauséabonde. L'avantage est que je pouvais mener et assumer cette action en solitaire. Louer un tractopelle, engin que je savais bien piloter, charger le godet de fumier, symbole de la façon dont mon action passée était traitée, traverser une partie de Montpellier de nuit, descendre la rue de l'Université qui mène au rectorat et déverser devant son académique portail le référentiel fumant et bien odorant de mon indignation. Le cercle très restreint d'amis auprès desquels j'avais pris conseil me fit remarquer que cette action, certes éloquente, ne mettrait pas tous les rires de mon côté, que je ferais sûrement l'objet de poursuites pénales et d'amendes coûteuses avec une administration furieuse d'avoir perdu la face. Elle pourrait même utiliser l'incident pour mettre en doute ma santé mentale et jusqu'à ma capacité d'enseigner… Selon eux, il fallait informer d'abord, rassembler avec patience et persévérance. On verrait après. Oui mais comment informer ? J'étais un véritable dinosaure pour tout ce qui touchait à internet et n'avais pas trop foi en ma capacité de rassembleur. Mais je faisais confiance en leur esprit d'initiative et me rangeai à leur sage conseil en gardant le projet fumier comme dernier recours. Je n'ai jamais pu le réaliser. Dommage ! Si je puis dire, je le sentais bien.

Les copains d'abord

Ma chance fut que mon histoire se déclara dans une conjoncture particulière. C'était en effet la période où le monde enseignant ainsi que bien d'autres professions menaient de grandes luttes de résistance contre les mesures d'austérité imposées par l'administration Lang. Dans l'Académie de Montpellier et dans la région de Béziers en particulier, la combativité était forte et les initiatives originales. Elles dépassaient le champ d'influence et le mode d'action des syndicats traditionnels. Des actions médiatiques, inventées sur le terrain au pied levé étaient rapidement mises à exécution. Ainsi à Béziers nous avions occupé les bureaux de l'inspection primaire. Nous y avions dormi en famille, certains collègues avec leurs enfants, dans une bonne humeur générale et le respect des locaux. Nous avions investi les carrefours d'accès au centre-ville en filtrant gentiment les automobilistes pour les informer. Nous avions bloqué un TGV en gare de Béziers, le temps de distribuer un tract aux passagers, déployé des banderoles géantes sur les remparts de la vieille ville etc. Nous nous reconnaissions dans ces actions non violentes mais fermes qui illustraient de façon bon enfant et inattendue l'essentiel de nos revendications, c'est-à-dire notre opposition à la suppression de postes d'enseignants qui touchait les enfants les plus défavorisés, au démantèlement de notre école publique et républicaine. Nous avions conclu l'année scolaire par une grande fête, la « fête des 630 », nombre de postes que nous avions sauvés. Elle avait eu lieu en famille chez moi, en Aveyron, dans une petite jasse* rustique perdue au milieu des bois. Ce sont tous ces liens d'amitié qui allaient me sauver de l'impasse où je me trouvais.

Pendant ces longs mois, je continuais à exposer mon cas aux différents ministres pour contester le mensonge d'État, « disponibilité pour suivre son conjoint ». Sans écho. Je confiais mon dossier à un délégué syndical qui le transmettait à la secrétaire nationale qui à son tour le passait à M. Alain Geismar, ancien leader étudiant de mai 1968, devenu depuis… Inspecteur général. Cet ex-farouche défenseur verbal du Vietnam s'était probablement empressé… de placer le dossier bien au chaud sous une pile d'autres dossiers, sans que, pendant un an, la secrétaire nationale lui demande plus de comptes. Puis, le ministre Allègre ayant été vigoureusement poussé vers la sortie par les luttes enseignantes, le nouveau ministre socialiste Jack Lang arriva, plus « médiatique » que le précédent. Mais toujours aussi sourd.

Alors, voyant mon désarroi, Annie, Robert, Sylvain, les deux Eric, Linda, Daniel, Cathy, Michel, Dany, Annick, Martine, Lionel, Richard, Dominique, les deux Philippe… et beaucoup d'autres qui suivirent, ont pris les affaires en main. Pendant que je continuais à interpeler les différents ministères, le groupe créait un comité de soutien, organisait les conférences de presse, la mobilisation syndicale, sollicitait de très nombreuses personnalités. Eric Perlès créa un site web qui subsiste encore en partie tronqué aujourd'hui – amenras.free.fr – pour informer et mobiliser. Grâce à eux, j'avais repris espoir.

Lang, Fabius, Védrine, Jospin : ils savaient bien

D'autant que je découvrais des raisons supplémentaires de faire éclater l'injustice. Des précédents existaient. L'administration s'était montrée bien conciliante pour des situations similaires. Ainsi, la première réponse écrite d'Allègre, datée de 1999, mentionnait en même temps que sa fin de non-recevoir me concernant, la fleur faite aux militants de l'OAS, bénéficiaires de mesures réajustant leur carrière (décrets du gouvernement Mauroy). Comme le commentait le journaliste Jacques Moléna dans *Marianne* : « …par centaines, soldats perdus, militants de l'O.A. S et autres généraux félons ont, par le biais d'amnistie et d'une providentielle loi du 3 décembre 1982, pu gommer leurs périodes de dissidence ou d'incarcération et, comme si de rien n'était, reconstituer leur carrière ».

Et que dire du cas Régis Debray, emprisonné en Bolivie de 1967 à 1970 pour sa présence aux côtés des guérilleros du Che. Il n'a même pas eu besoin de loi. Il est vrai que lui et moi n'avions pas les mêmes relations. Lors de mon emprisonnement, le président de la République n'était pas intervenu en personne pour demander ma libération. Mon cas avait été plus que négligemment traité au niveau consulaire. Je n'aurais pas pu, comme Debray, parler de Fabius, ministre des Finances en ces termes : « …C'est à cette occasion qu'un beau jeune homme aux traits ronds, aux propos justes et mesurés dont l'abord un peu gourmé me déplut à première vue, entra dans notre cercle… » Entendez : le cercle des jeunes loups qui gravitaient autour de François Mitterrand. Quand son dossier a été arrangé, Fabius était Premier ministre, Lang ministre de la Culture, Jospin premier secrétaire du PS. Les trois, désormais au plus haut du pouvoir et dont dépendait le règlement de mon dossier pouvaient-ils ignorer le précédent Debray devenu ensuite chargé de mission pour les relations internationales auprès de François Mitterrand? La même année, M. Hubert Védrine était nommé conseiller à la cellule diplomatique de l'Élysée. Les deux hommes se donnaient du « cher Régis, cher Hubert ». Or, il se trouve que le désormais Premier ministre, Lionel Jospin me faisait répondre, qu'il rappelait mon dossier à MM. Lang et Fabius « en soulignant l'objet de [ma] démarche » et « qu'il le signalait à M. Hubert Védrine afin qu'il puisse faire l'objet d'un nouvel examen approprié ». En termes rugbystiques, cela s'appelle botter de son en-but sous la pression. Le chanteur Marcel Amont, sollicité pour faire partie du comité de soutien a eu ces mots « tracasseries, mesquineries, jem'enfoutisme, courtelinisme, poncepilatisme inacceptables ».

Aveu tranquille de Régis Debray

Debray avait été officiellement détaché auprès du ministère des Affaires étrangères de 1966 à 1969, ses années de détention en Bolivie, en tant que professeur à l'Université de La Havane. Le monde est petit. J'ai appris son histoire en juillet 2001 de façon tout à fait fortuite par un monsieur Dominique Chalaye devenu depuis un ami véritable. Ancien fonctionnaire au service des pensions à La Baule il avait eu à régulariser la situation de Debray. Dans l'avion de retour de Nouvelle-Calédonie, où il était en poste, Dominique, tombe sur un article de *Libération* signé d'Emmanuel Davidenkoff qui relate mon affaire. Quelque temps plus tard, il me téléphone et propose de me rencontrer pour me parler de ce dossier. Lancés sur cette piste, mes amis dégottent le livre *Les Masques*, où Debray se fend d'un savoureux passage. « En fait, je n'ai jamais été professeur de philosophie à l'Université de La Havane. Mon détachement était fictif, obtenu par moi après un échange de lettre avec le ministère de l'Éducation nationale à Paris, mais en bonne et due forme. C'était ma fonction officielle, l'intitulé sous lequel j'avais régularisé, en le déguisant, mon abandon de poste au lycée de Nancy ». Clin d'œil amusé de La Fontaine à l'instit interloqué: « Selon que vous serez puissant ou misérable, les jugements de cour vous rendront blanc ou noir… »

En juillet 2003, alors que j'occupais le clocher de la cathédrale, cet ex-preux chevalier de la révolution internationale a été sollicité par mes amis lors d'une conférence qu'il donnait à Béziers. Il n'a pas daigné joindre son nom à mon comité de soutien. Choqué sur le moment je m'en félicite avec le recul du temps. Je tiens cependant à préciser que mon indignation n'est pas due à l'acte politique qui a ainsi régularisé la situation de Debray. Je pense au contraire qu'à cette époque, il a pu être porteur d'idées de progrès.

Indignation grandissante et soutien protecteur et chaleureux, tout me poussait à continuer de secouer fermement le cocotier politique et administratif. Selon l'expression vietnamienne: secouer l'arbre pour bluffer le singe. Un avocat du Barreau montpelliérain, Me Demersseman avait accepté de me défendre à titre gracieux… Et le travail de fourmi continua pendant deux longues années. Les lettres et mails se succédaient vers les différents cabinets ministériels qui se renvoyaient le dossier comme on joue à la patate chaude. D'Allègre en passant par Gayssot, Lang, Fabius, Jospin… J. Lang se déclarait « ému par le ton de [ma] lettre », transmise en marge du conseil des ministres par J.-C. Gayssot. Et les mois passaient. J'apprenais de source sûre l'existence de nouveaux cas de détachement rétroactifs de fonctionnaires de l'Éducation nationale. Y compris, pour certains, après leur décès. Petit à petit le comité de soutien s'étoffait. Les articles se succédaient.

Le combat n'était plus celui du minuscule petit instit gesticulant face au mammouth cuirassé. Le rapport des forces pouvait basculer. Mais pour s'amplifier, la dynamique demandait à être nourrie par du nouveau. Et, hélas, comme toujours, il fallait du médiatique. Le 28 novembre 2001, rassemblement de 300 personnes devant la sous-préfecture de Béziers. Le journaliste de *Midi libre* écrit « L'instituteur récite sa dernière leçon d'instruction civique sur le thème de la désobéissance civile et de la défiance citoyenne. Si, d'ici une quinzaine de jours, elle n'était pas apprise par la hiérarchie, il promet de passer à une tout autre offensive ».

Un clocher idéal

À Béziers, le choix de la cathédrale Saint-Nazaire. Géographiquement, la belle dame de 57 mètres de haut est idéalement dressée à la proue des remparts médiévaux de l'antique cité, dominant la plaine du Languedoc et les villages alentour, jusqu'aux massifs de la Montagne noire, du Caroux et des Pyrénées. À des dizaines de kilomètres à la ronde sa vue est incontournable. Tous les axes de passage par les quatre ponts qui enjambent l'Orb invitent à lever les yeux vers elle. L'édifice ne manque pas non plus de force historique. Ses pieds sont ancrés place de la Révolution, près d'une stèle à la mémoire de Casimir Péret, maire républicain, insurgé contre le coup d'État napoléonien de 1851 et mort en exil dans un bagne guyanais. Plusieurs siècles auparavant, la cathédrale a été entièrement incendiée pour crime de résistance contre les troupes du roi et du pape parce qu'elle refusait de leur livrer les Cathares réfugiés dans ses murs. Un fier goupillon qui s'était dressé devant le sabre de l'oppression. Enfin, pour ajouter à la symbolique, la cathédrale était encadrée du Palais de justice et… de la prison. Le lieu idéal pour dénoncer une injustice.

L'archiprêtre Bétoulières, homme de cœur

Notre choix étant fait, restait à convaincre l'archiprêtre. Le contexte semblait favorable. Lors de mes pérégrinations pour dénoncer la sauvagerie du régime carcéral américano-saïgonnais, j'avais déjà reçu le soutien de beaucoup de catholiques (J.O.C en France, Canada, Nouvelle-Zélande, U.S.A, Italie, Belgique, Australie…). Moi qui ne croyais plus au ciel, bien qu'ayant servi la messe dans mon très jeune âge, j'avais partagé beaucoup de combats avec eux à partir de nos valeurs humaines communes. Je ne voulais en aucune façon qu'une occupation du clocher soit perçue comme une gêne à l'exercice du culte, encore moins comme une agression ou une offense. Je sollicitais donc une entrevue avec l'archiprêtre Jacques Bétoulières pour lui confesser mon projet. « Si vous jugez que cette action est incompatible avec l'Église, la théologie ou avec la pratique de votre culte, je m'abstiendrai ».

Les bronzés font de l'escalade

Une semaine après, l'homme d'église m'invitait dans son logement pour me dire qu'il ne voyait pas de gêne majeure à l'action telle que je la lui avais décrite et qu'il la comprenait. C'était le feu vert que nous attendions. Avec mes amis, la date et l'heure furent décidées dans la foulée. Je devais emporter un minimum de matériel pour faire face à la pluie, au froid et peut-être à la neige de décembre, pour communiquer, me barricader contre d'éventuelles agressions, m'assurer par grand vent, tenir quelques jours contre la faim et la soif, déployer et fixer les banderoles géantes... ! Une fine équipe s'est constituée avec Eric Perles, bon technicien en escalade, comme chef de cordée, mon fils Sylvain, Eric Espinasse, Lionel, Stéphane Fresquet, Thierry Cabrol et Daniel Bouquard. Chacun était physiquement solide et avait son secteur de compétence et de responsabilité : sécurité du franchissement jusqu'au toit du clocher, installation de la tente igloo, arrimage des banderoles géantes. Nous étions excités comme des potaches qui allaient défier magistralement cette autorité si longtemps hautaine et muette.

Il fallait désormais se procurer les clés de la petite porte en bois qui ouvre sur l'antique et étroit escalier hélicoïdal menant au toit. L'archiprêtre m'avait bien confié incidemment que la serrure n'était pas solide mais je répugnais à la forcer. Je devais donc subtiliser délicatement les clés au brave sacristain Jean-Claude, encore sous le choc d'une agression récente par une équipe de pilleurs de troncs. Jean-Claude siégeait ordinairement adossé à la porte sésame, devant une petite table où étaient exposés prospectus et cartes postales à vendre. Le trousseau de clés était généralement posé sur la table, à portée de main scélérate. Il suffisait de détourner son attention, le temps d'une prise d'empreinte avec de la pâte à modeler bien préparée. Autour d'un pastis ou d'un café, des stratégies plus pagnolesques les unes que les autres ont vu le jour. Et chacune nous faisait nous gondoler en imaginant les copains en action : le couple Robert-Annick, petit homme grande femme, devant le chœur. Elle se pâmant, victime d'une crise d'hypoglycémie, lui, gesticulant pour demander de l'aide, de l'eau, du sucre... Et le pauvre Jean-Claude affolé accourant en claudiquant, et... délaissant son trousseau de clés. Scénario abandonné car nous n'étions pas sûrs de contenir de pressants fous rires.

Autre plan : Jean-Patrick le loubard et son arrivée vrombissante devant le portail, petit homme pétaradant sur son monstre à deux roues et, pour ajouter à la discrétion, affublé d'une combinaison bien flashie au nom de son garage. Discrétion garantie ! Dans son rôle de ferronnier d'art, il venait solliciter une visite guidée (par Jean-Claude) pour croquer quelques ouvrages qu'il était censé reproduire pendant qu'un autre faux dévot accaparait les clés. La scène fut réellement jouée mais sans succès, le bedeau gardant ses clés en poche.

Jean-Claude était visiblement sensible aux sourires féminins. Les collègues femmes ont donc été mobilisées pour constituer un groupe de touristes belges avec leurs enfants. Elles ont assailli le bedeau de toutes sortes de questions pour le déstabiliser et lui ont demandé de les guider pour une visite de la cathédrale... Échec : il restait toujours accroché à ses clés. Finalement, nous avons renoncé à tout subterfuge car chaque scénario pour déjouer sa surveillance s'avérait aléatoire. D'autre part, il prêtait à rire à ses dépens et nous ne voulions pas ridiculiser le brave homme.

Arrive ce mardi 11 décembre 2001 en fin d'après-midi. Alors qu'il est assis à sa table, les clés bien en évidence, nous entrons dans la cathédrale comme un groupe d'une quinzaine de touristes. Je mets la main sur les clés tandis que mes collègues femmes restées autour de lui le rassurent en lui disant qui nous sommes vraiment et ce que nous allons faire. Déconcerté sans être apeuré, il essaye de bredouiller quelques mots dissuasifs que nous n'entendrons pas car nous nous engouffrons déjà dans l'étroit escalier aux marches moyenâgeuses, fermant la porte à clé derrière nous. Le trousseau sera restitué lors de la descente du groupe. Poussière soulevée par nos pas, fientes, plumes et cadavres de pigeons… arrivés au chemin de ronde qui précède les dernières marches vers le toit, une porte métallique nous barre l'accès ne laissant à sa partie supérieure qu'une imposte de quarante centimètres de haut, espace libre que mon fils Sylvain a tôt fait de franchir. Une fois le matériel transmis, plus qu'une trentaine de marches et c'est la sortie par la tourelle sur le toit, la porte d'accès n'étant pas fermée. Après une brève reconnaissance des lieux, l'installation commence: fixation de l'igloo aux pieds métalliques du campanile, à la verticale du bourdon. Arrimage des grandes banderoles, comme des drapeaux de résistance « Justice et Paix ». « Deux ans et demi pour la paix, ça suffit ! » « Lang, où sont les valeurs de l'École ? »

Le toit à quatre pentes d'une cinquantaine de mètres carrés dépourvu de tout garde-corps, n'inspire pas confiance à Éric Perlès qui me persuade de rester encordé par une longe fixée au pied du campanile… Deux bonnes heures d'installation rigoureuse et après de chaudes accolades, mes chers sherpas rejoignent le groupe qui les attend en bas en compagnie du bedeau, complètement rassuré. Mon ami Aimé Couquet, président du groupe communiste au conseil municipal et conseiller régional, s'est joint au groupe dans l'éventualité d'un coup de force policier. De mon côté, je téléphone à l'archiprêtre pour lui annoncer mon installation. Il me recommande beaucoup de prudence en me souhaitant bonne chance. Puis c'est le tour du sous-préfet Jacques Delpey. Mon message est on ne peut plus clair: « Dans le cas d'une intervention policière violente, je suis physiquement et mentalement déterminé à emmener avec moi dans le vide un ou deux assaillants ». Ce n'était pas du bluff et le sous-préfet a visiblement bien entendu le message. La suite des évènements a montré que l'homme n'était pas un adepte de la matraque. Un commissaire de police s'est rendu à l'entrée de la cathédrale pour constater la situation et dialoguer avec le groupe d'amis, puis s'est retiré.

La nuit sur le clocher

Une traverse de bois clouée à ses extrémités sur le dormant, juste pour être prévenu d'une éventuelle agression et éviter d'être piégé sous la toile de la tente… la nuit de décembre est là et je sais qu'elle sera longue car je ne dormirai pas. En bas, place de la Révolution, le groupe d'amis s'amenuise jusqu'à disparaître. Je suis seul. Unique sécurité: la grosse batterie que j'ai emportée me permet de communiquer avec mon téléphone portable sans trop de restriction et en cas de coup dur. Bien que pas trop rassuré, je rassure ma famille. Je n'écarte aucune éventualité. Je suis en effet conscient que la nuit est le moment du danger. Toutes portes closes, la cathédrale est vide ainsi que les ruelles alentour. Des intrus qui se laisseraient enfermer pourraient tranquillement avoir raison de moi, sans témoin, dans un silence total et en profitant de mon sommeil. Gros dormeur, je connais bien mon point faible et redoute la terrible faille dans ma vigilance où ma sécurité pourrait capituler devant la dictature du sommeil. Je retrouve la même angoisse de l'endormissement, le même sentiment d'abandon à tous les possibles que j'ai éprouvé des centaines de fois dans ma cellule du bagne saïgonnais, trente ans auparavant. À la merci de n'importe qui, n'importe quand.

Mon horloge biologique est déjà bien secouée par les soucis des derniers mois et je sais qu'elle va encore en prendre un sacré coup avec cet énorme bourdon de bronze suspendu à trois mètres à la verticale de mon frêle igloo, sonnant immuablement et à répétition les heures et les demi-heures. Pour ne pas exploser en vol, il faut donc se reprogrammer mentalement et adopter au plus vite un rythme biologique de combat où tout relâchement d'attention doit être sous contrôle. Se préparer à de nombreuses nuits de veille en se ménageant des espaces de récupération le jour. Organiser la nuit en travail de réflexion et d'écriture, préparer les communications du lendemain, vérifier systématiquement les attaches et l'état de l'igloo, écouter la radio pour suivre l'actualité, rester attentif aux bruits insolites dans la cathédrale et dans les ruelles : tout sauf une attente passive. Redevenir sauvage.

Les besoins vitaux

En dehors de cette préoccupation principale qu'est la lutte contre le sommeil de nuit, je dois aussi résoudre les problèmes inhérents aux autres fonctions vitales. J'ai fait provision de barres énergétiques et je sais que je peux maîtriser la faim comme je l'ai fait dans de pires conditions durant mon incarcération au Vietnam. Le problème de la soif est plus sérieux car l'eau est vitale mais elle est lourde et encombrante à transporter. Enfin, la délicate question de l'évacuation des besoins naturels pour des raisons d'hygiène et de pudeur nécessite également le transport quotidien de contenants pleins puis vides. Les longues-vues ou autres téléobjectifs ayant de toute part accès au clocher, la satisfaction de ces besoins naturels exige une stratégie de dissimulation. Pour l'approvisionnement et l'évacuation, si mes amis ne parvenaient pas à maintenir ouverte la voie d'accès par l'escalier, il faudrait mettre au point un système plus aléatoire de poulie fonctionnant par l'extérieur, le long d'une façade… Pas facile mais nous l'avons envisagé.

Heureusement, l'établissement d'un *statu quo* raisonnable entre les autorités et les amis déterminés à me protéger avec la bienveillance de l'archiprêtre a permis la mise en place d'une logistique vitale pour tenir dans la durée. Le passage vers mon refuge altier était contrôlé par mes amis en possession de la clé.

Dès que France Bleu Hérault a donné l'information à 18 heures ce lundi soir, mon téléphone n'a cessé de sonner. Jusqu'à très tard dans la soirée et tôt dans la matinée. Des collègues mais aussi beaucoup de citoyens intrigués ou indignés sont venus jusqu'à la cathédrale. Certains collègues y ont mis en chantier une nouvelle banderole. Fina, employée municipale qui faisait le ménage à l'école Paul Riquet où j'avais enseigné a été une des premières à tenir la petite table où étaient exposés articles de presse et autres documents. À midi, les membres du comité de soutien et d'autres collègues sont venus manger un sandwich au pied de l'édifice. Le socialiste Jean-Michel Du Plaa et le communiste Aimé Couquet les ont rejoints. Sur cette place s'est organisée de façon informelle la présence continue d'un groupe de soutien moral et logistique, autour d'Eric, Linda et Robert. Il s'agissait aussi de décourager d'éventuelles velléités d'intervention de la part des autorités municipales ou préfectorales qui pourraient vouloir me déloger par la force. Un hélicoptère de la gendarmerie est venu survoler sur le côté mon frêle campement. À l'intérieur, des militaires en tenue. Nos regards se sont croisés quelques secondes. Était-ce un message ? Je n'ai pas vu de caméra. En bas, un turn-over s'est mis en place en fonction des disponibilités de chacun pour que le soutien vigilant soit permanent. Mes amis se sont réparti les rôles, ceux qui manquaient de temps apporté des repas qui ont gravi les 212 marches jusqu'au sommet.

Les soutiens se renforcent et le temps se gâte

Les soutiens étaient plus nombreux le matin entre 7 et 9 heures avant les cours, entre midi et 14 heures, et surtout entre 17 heures et 21 heures Certains m'ont même rendu visite sur le clocher par amitié, par curiosité. Toute la journée des dizaines de témoignages de soutien ont afflué de toutes parts. Les secrétaires généraux de tous les syndicats d'enseignants au niveau national ont lancé une pétition commune de soutien. Une dizaine d'autres syndicats et associations se sont joints au mouvement. Préavis de grève en préparation dans les écoles maternelles et primaires de l'Hérault; première remise d'une pétition d'un millier de signatures à l'Inspecteur d'académie. Des journalistes ont interpellé l'Académie qui restait muette. Un ancien parent d'élève m'a appelé d'Alsace : il venait d'apprendre la nouvelle sur internet : « Qu'est-ce qu'on peut faire ? ». C'était la question que beaucoup me posaient. Ils ne se doutaient pas à quel point ils faisaient déjà beaucoup en se manifestant. De son côté, l'archiprêtre déclarait à Gaëlle Schüller de France-Bleu Hérault : « J'admire ce qu'il a fait, les valeurs qu'il a défendues, son courage à la fois quand il était jeune à Saïgon au Vietnam et aujourd'hui encore. Sa volonté a été un message de paix, de libération, de justice. Les moyens utilisés sont pacifiques. On est dans un monde qui a besoin de ce message-là. On va avoir une célébration avec des jeunes, je vais leur en parler, je suis heureux qu'il y ait des gens du monde laïque qui témoignent aussi de cela. On l'accueille avec tout ce qu'il représente ». Le véritable bras de fer avec le mammouth des ministres sourds et muets était bien engagé. Et, pour la première fois, je prenais la mesure de ma force grandissante, pour ainsi dire.

Les deux premières nuits ont été glaciales sur ce pan de terrasse battu par le vent. Moins six degrés mais le ressenti était plus sévère. La toile du petit igloo et les cordages claquaient contre les supports métalliques rouillés du campanile. Appel du sous-préfet Jacques Delpey : « Soyez raisonnable, on annonce une tempête de neige pour cette nuit, ne risquez pas votre vie, vous allez être entendu… ». « C'est bien aimable à vous de vous inquiéter de mon sort mais vous comprendrez que j'attends des documents signés ». Et, après quelques minutes d'échange courtois : « Bon, désolé, Monsieur Menras, moi je vais à un concert de jazz à Narbonne ». Chacun a le concert qu'il peut. Le mien n'était pas du genre « Sonate au clair de lune », mais il était gratuit, joué pour moi tout seul, aux premières loges sur un toit cathédral, avec Eole à la baguette : claquements, sifflements, cliquetis, grincements, vibrations qui me secouaient à chaque puissant tintement du bourdon au-dessus de ma tête… Dans de pareils moments, je retrouvais le réflexe appris en prison pour écarter la peur : le sourire intérieur têtu façon « même pas mal ».

Mobilisation et médiatisation s'élargissent

Une chose était sûre : dans mon petit igloo, accroché à la toile, j'étais sûrement plus « ému » que Jack Lang dans son salon bien au chaud. Cette nuit-là fut blanche bien que sans flocon. Le lendemain matin, le bronze du bourdon ainsi que les voitures en contre-bas étaient tapissés de givre. J'apprenais la nouvelle par la presse : Jean Claude Gayssot « voit rouge » et « va prendre Fabius entre quatre z'yeux au conseil des ministres ». L'info avait un côté rassurant car jusque-là le ministre biterrois était insaisissable. Je n'avais pu le rencontrer qu'en coup de vent lors de sa brève incursion électorale à Béziers. Mais j'étais loin d'être complètement rassuré quant à la fermeté de son soutien ! Son collaborateur, Bernard Vasseur, répondant à une lettre où j'exposais sans détour mes interrogations sur la timidité de l'appui du ministre, me disait sa déception quant à mon reproche et écrivait : « Peut-être serait-il temps – je parle en général et pas pour toi – de voir les limites (et les impasses) d'une culture simplement fondée sur la contestation... ». Ces mots, de la plume d'un proche collaborateur du ministre communiste étaient-ils de nature à me rassurer ? J'apprenais aussi que suite à cette théâtrale rencontre Gayssot-Fabius « entre quatre z'yeux » Fabius aurait enjoint à ses services de « régler au plus tôt cette affaire ». Dans la foulée, l'Inspecteur d'académie en personne me téléphonait pour m'annoncer la signature imminente d'un arrêté rétablissant mes pleins droits à pension à compter du 1er janvier 2002, après la prise en compte immédiate des trente-trois mois de bagne saïgonnais et de la période de témoignages avec Amnesty international et le Secours populaire français. Soit. Mais, par ces temps de frimas, le Menras échaudé craignait l'eau froide. Fi du chant des sirènes : pour moi, rien n'était fait et l'essentiel était de récupérer du froid glacial de la nuit et de renvoyer de l'énergie à mes amis en bas qui battaient la semelle sur la place pour veiller à ma sécurité. Je devais rassurer les collègues en grève pour mon soutien, communiquer avec les différents syndicats et associations. Il fallait que le rassemblement prévu dans deux jours soit un succès. C'était la rue qui ferait bouger les ministres. Et la rue continuait de se mobiliser. Après les reportages de TF1 – et son journaliste caméraman pris en flagrant délit de vertige –, France 3 et M6, des messages arrivaient de toute la France. Avant de partir pour Toulouse, le rugbyman international Richard Castel était monté sur le clocher pour bien marquer son soutien. D'autres figures du monde du rugby étaient déjà membres du comité de soutien : Jean-Louis Martin et Michel Palmié dont les filles avaient été mes élèves, Raoul Barrière, l'entraîneur mythique de l'ASB rugby, Daniel Herrero le Toulonnais charismatique... Leurs voix venaient se joindre à celles d'artistes tels Marcel Amont, Jean Ferrat, Roger Hanin, d'écrivains tels Régine Deforges, Gilles Perrault, Edmonde Charles-Roux, de juristes comme Gisèle Halimi, de scientifiques comme le professeur Albert Jacquard, d'hommes du cinéma et de l'image comme Bertrand Tavernier, Willy Ronis, des personnalités du monde politique d'Olivier Besancenot et Alain Krivine à Noël Mamère en passant par Rolland Leroy, avec la quasi-totalité des maires du Biterrois, des syndicats enseignants unanimes, le soutien officiel du Conseil départemental en réunion à Béziers... Porté par de tels hommes et de telles femmes, avec des milliers d'autres citoyens anonymes, comment craindre le froid ? la chute ? la déprime. Il me poussait des ailes et j'en oubliais de m'encorder.

L'Académie cède, apaise. Le ministère piège

Quatre jours après l'ascension, le rassemblement de résistance prévu se transforma en célébration de la délivrance. L'inspectrice de l'Éducation nationale, Mme Arnaud Rossignol venait me remettre en main propre dans la cathédrale l'arrêté de l'inspecteur d'Académie Michelet me rétablissant dans mes droits. Malgré la neige dans le département, deux cent cinquante amis s'étaient déplacés pour acter la victoire sur le parvis. À côté d'Alain Barrau, député socialiste qui s'était démené pour mon dossier, Daniel Bouquard, le président de l'association de soutien, a lu l'arrêté signé par l'inspecteur d'Académie. Mes amis Robert Renau, Linda Perles, Cathy Diaz et Eric Perles ont lu les quelques mots que j'avais préparés dans mon igloo car je savais que l'émotion et la fatigue m'empêcheraient de les prononcer. Au regard du froid qui piquait, je les ai jugés un peu longs. Mais quel bonheur ! Grâce à ces amis et à des milliers d'autres, nous avions tordu le bras à la violence bureaucratique et froide que les ministres m'avaient imposée pendant plus de deux ans ! Dans ces moments d'allégresse, je recevais par téléphone une invitation pour me rendre à Paris rencontrer le ministre Lang « afin de tirer, ensemble, les leçons de cette expérience ».

En conclusion de son papier, le journaliste de *Midi Libre*, Gérard Laudinas, me cite, m'adressant à mes amis « C'est vous qui m'avez fait monter en haut du clocher et c'est vous qui m'en avez fait descendre ». Et le journaliste commente de façon prémonitoire : » Il n'est pas sûr que ce soit eux, pas convaincus pour deux sous que la morale et la justice l'aient véritablement emporté, qui le fassent aussi monter à Paris ! ». C'était vrai, il ne fallait pas y aller, c'était aussi l'avis de Richard Abauzit mon collègue syndicaliste et ami montpelliérain qui avait suivi les arcanes juridiques de mon dossier depuis le début. C'était également celui de mon cher père, pragmatique paysan aveyronnais, qui connaissait bien les bêtes. Il m'avait maintes fois mis en garde contre les ministres « qui sont francs comme des ânes qui reculent » ! Mais je n'écoutais pas. Avec mon éternel défaut de faire toujours crédit – on peut l'appeler confiance ou naïveté – précédant des moments de méfiance extrême, je pensais que j'allais enfin avoir l'occasion de déballer au ministre « ému » en le regardant droit dans les yeux ce que je pensais de son émotion et ce qu'avait été la mienne durant deux longues années. Je pensais aussi entendre de sa bouche comment les engagements pris seraient tenus.

L'heure était à l'enthousiasme. Avant mon déplacement, j'ai tenu à assister à la messe de minuit dans la cathédrale sous le regard noir du maire de droite Raymond Couderc et le sourire bienveillant de l'archiprêtre à son passage sur l'allée centrale qui allait du chœur à la crèche. C'était ma façon de remercier la communauté catholique locale pour son hospitalité protectrice.

Le leurre du ministère

Je garde de cette montée à Paris un goût amer de trahison ministérielle et de niaiserie de ma part. Ce 22 janvier 2002, je prenais l'avion en compagnie de l'inspecteur pédagogique régional Jean-Luc Cousquer. Plusieurs années auparavant j'avais croisé ce brillant jeune homme à l'école fédérale du Parti communiste à Sète alors qu'il venait donner aux militants un cours professoral sur le marxisme-léninisme. J'avais ensuite retrouvé sa trace sur un document entérinant ma note d'inspection sur lequel il avait signé un « conforme » de validation. Le professeur de révolution avait fait son chemin si conforme qu'il distribuait maintenant des bons points de conformité aux enseignants. C'était également lui qui, en charge de mon dossier administratif à l'Académie et interpellé par les journalistes le jour de mon ascension, avait déclaré : « Le règlement de ce dossier est hors de nos compétences et la prise de décision se situe du côté du ministère… ». Il savait ce que « s'en laver les mains » voulait dire. Et, avec lui comme accompagnateur à Paris, j'étais bien dans ce « poncepilatisme » dont parlait le chanteur Marcel Amont. À la réflexion, la démarche allait même au-delà. Elle consistait à me rassurer en me faisant penser que les arrêtés signés par l'Académie sur l'ensemble de mes revendications étaient juridiquement confirmés par le ministère. En fait, j'allais me faire enfariner au 112 rue de Grenelle. C'est là que nous avons rencontré non pas le ministre comme annoncé au téléphone à la descente de la cathédrale, mais son directeur adjoint de cabinet, M. André Hussenet.

Ce monsieur Hussenet, se montra évasif sur ce que j'avais enduré. Ce n'était visiblement pas son propos. Par contre, il était rassurant sur la validation ministérielle des engagements pris par l'inspecteur d'Académie. Selon lui, juste quelques questions techniques restaient à régler. Elles le seraient par un autre acteur auquel il fit la passe, M. Alain Seksig, conseiller technique, qu'il faisait appeler pour me le présenter. Ce dernier m'apprenait en toute confidence, bien sûr, que « Monsieur le ministre avait été choqué et quelque peu vexé par le ton de mes lettres ». Désolé, je croyais ce bon maître seulement « ému » selon les propos de sa lettre d'attente. Il était maintenant « choqué » et « vexé » et me le faisait dire, courageusement, depuis son fauteuil ministériel. Pauvre homme, vraiment, je ne voulais pas lui faire de peine !

Je retournais à Béziers, certes avec quelques inquiétudes sur les flous qui subsistaient, les responsabilités diffuses, sur le bienfondé de ma confiance, quelques certitudes sur la morgue de ces « gens d'en haut ». Mais j'avais aussi grand besoin de souffler en essayant de me convaincre, comme au tout début : « ils n'oseront pas mentir encore ».

Le 14 février, grande opération de désamorçage de mes soutiens inquiets qui eux n'étaient pas confiants : une missive signée de la main du ministre Lang est envoyée massivement à tous ceux, personnalités politiques, syndicats et associations qui avaient soutenu mon combat : « Je suis en mesure de vous informer que le ministre de l'Économie, des Finances et de l'Industrie [Fabius] a pu réserver une suite favorable à la requête de votre correspondant ». Le premier tour des présidentielles approchant, le « correspondant » a bien compris l'objectif de la missive ministérielle : pas de vague, circulez il n'y a plus rien à voir.

Dérobades, magouilles et mensonges

Mais, cacophonie : le 22 mars, un nouvel acteur entre en scène. Un certain M. Larbo, inspecteur d'Académie adjoint, laisse entendre que la reconnaissance de mon temps d'incarcération politique incombe au ministère des Affaires étrangères et que mon second détachement comme bénévole auprès du Secours populaire français ne sera pas effectué.

En fait, le document initialement établi signé de l'inspecteur d'Académie et transmis par les services académiques pour le calcul de ma pension a été modifié à mon insu. « Erreur interne, nous allons rectifier, pas de souci » m'assure l'inspecteur « conforme » Cousquer auquel je téléphone immédiatement. Il est vrai que la « technicienne » des services académiques en charge de mon dossier a bien affiché la couleur à l'entrée de son bureau. Le portrait grimaçant de Richard Abauzit – syndicaliste et ami qui suit mon dossier – y est exposé, vociférant dans un haut-parleur au cours d'une manifestation, comme un communiste mordant son couteau. La dame a agrémenté la page d'aimables annotations pour dénigrer cet ami. Dans ce contexte, les « erreurs » en ma défaveur n'ont pas de quoi m'étonner. Qui croire? L'inspecteur d'Académie Claude Michelet me proposa une rencontre informelle. Il s'était déjà déplacé à Béziers et l'inspectrice Arnaud Rossignol avait mis à disposition sa demeure pour cette entrevue confidentielle. J'étais presque certain de sa sincérité. Il me proposait même de l'attaquer en justice, ce que je refusais. Avec du recul, j'ai le sentiment qu'il a été utilisé en haut lieu comme fusible pour désamorcer une situation embarrassante pour le gouvernement de gauche et qu'ensuite sa hiérarchie, par des bugs administratifs bizarrement cohérents, lui marchait désormais sur la tête.

Dans ce climat de dérobades, de mensonges et de magouilles, les syndicats enseignants indignés s'adressaient conjointement aux ministres Lang, Védrine, Fabius et Jospin pour exiger que les engagements pris soient tenus. « Francs comme des ânes qui reculent », mon père avait bien raison…

Repas festif et billet pour le Vietnam

Je suis, tu es, il, elle, nous sommes fatigués, écœurés. Besoin de respiration amicale, solidaire, détendue. Alors, contre vents et marées, nous organisons la fête tant attendue à Portiragnes, petit village près de Béziers. Autour de quelques bons morceaux de chevreuil et de sanglier, 300 amis partagent la joie d'une victoire que beaucoup pensent définitive et… d'un départ à la retraite reposant pour tous. Eric Perlès, exprime bien ce sentiment général bien qu'il ne croît pas au repos. Il m'offre de la part de tous un billet d'avion pour le Vietnam avec ces mots: « On aurait bien pris un aller simple mais la somme collectée était trop importante » et, affectueusement résigné, « on se préparera donc pour ton retour… ». Le journal *Midi Libre*, cite mes chaleureux remerciements à tous ces amis ainsi que la conclusion de mon petit laïus: « …la situation n'est pas réglée… l'engagement de l'inspection académique de décembre est remis en question par le ministère. Les discours contradictoires me laissent dans le doute… ». En attendant, le comité reste vigilant.

Lamentable ping-pong entre Lang, Védrine et Jospin

Le mois d'avril se passe dans le chaud et le froid en échange de lettres et de courriels avec les différents cabinets ministériels et en préparation d'une conférence de presse explosive à la veille des élections présidentielles.

Lettres témoignages envoyées à Lang par Julien Lauprêtre, président du Secours populaire Français, par Denys Robillard, président d'Amnesty international : sans écho. Tout début avril ping-pong épistolaire entre les ministères de l'Éducation nationale et des Affaires étrangères. Le 9 avril, Jospin botte en touche de l'Hôtel Matignon : son cabinet me signifie qu'il transmet mon dossier à Jack Lang. Le 11 avril, je reçois du cabinet du ministère de l'Éducation nationale télécopie de l'arrêté qui régularise la période carcérale en détachement auprès des Affaires étrangères, signé par deux ministres : Hubert Védrine et Jack Lang. J'annule in extremis la conférence de presse prévue juste avant le premier tour.

Le 21 avril, au soir du premier tour de la Présidentielle, Jospin prend acte du « coup de tonnerre » populaire, annonce qu'il se retire de la vie politique. Il partira sans signer l'arrêté de détachement interministériel me concernant malgré les courriers insistants que syndicats et associations lui ont adressés.

Le 30 avril, vingt-sept ans après l'entrée des troupes du FNL dans Saïgon, deux ministres, Fabius et Lang, signent enfin l'arrêté de mon second détachement me reconnaissant « en service détaché auprès de l'association Secours Populaire Français ». C'est-à-dire toute la période de ma campagne nationale et internationale de témoignages pour la libération des emprisonnés politiques au Vietnam du sud. Mais la défection du Premier ministre permettra ensuite à la droite de bloquer l'application de tous les arrêtés.

Lorsque je m'envole pour le Vietnam, quelques jours plus tard, après avoir créé l'Association d'amitié pour le développement des échanges pédagogiques entre la France et le Vietnam (ADEP-FV), enregistrée au J.O du 6 avril 2002, je ne suis pas entièrement rassuré. Mais j'ai tellement envie de pouvoir enfin respirer un air plus sain et passer à des actions plus constructives que je savoure mon départ comme une libération.

Good morning Vietnam !

Je débarquai à Hanoï puis Hồ Chí Minh-Ville à quelques jours de l'anniversaire de la naissance de l'oncle Hồ, dans la moiteur des 40 °C et du brouhaha ambiant, spectateur passif d'un manège irréel : *áo dài** traditionnels de tissus fins aux couleurs chatoyantes ; poses d'abandon sur les bancs, jambes repliées sous soi ; épaulettes à quatre étoiles argentées feuilletant la revue *Otô* aux luxueuses limousines ; jeans et tee-shirts avec drapeaux américains ; coiffes traditionnelles de fin velours noir ; portables à l'oreille ; bouches aux dents noircies par le bétel ; inévitable businessman chinois au ventre rebondi vociférant, fil à l'oreille ; cure-dents qui fouille les espaces reculés de la bouche et taxi agressif qui vous prend la valise des mains.

Personne pour m'accueillir puisque personne n'avait été prévenu. Je me sentais plus seul que sur le clocher, « Tây ballot* », occidental avec son balluchon, à l'automne de sa vie, sur les traces d'un passé riche d'amitiés précieuses, mais éloignées de plus d'un quart de siècle, dispersées, disparues… C'était cette érosion du temps que je redoutais le plus. Je n'avais pas de but précis, sinon retrouver quelques amis survivants et, avec eux, à travers leur regard, leurs histoires, répondre à des questions si longtemps sans réponse, essayer de comprendre qui j'étais, qui nous étions. Je voulais aussi leur transmettre toute l'amitié et l'affection de ma famille et de mes amis français et honorer la mémoire des disparus en fêtant la paix retrouvée.

Phú Quốc, île d'acclimatation

Mon vietnamien parlé, déjà très pauvre dans les années 70, avait presque totalement disparu de ma mémoire et je ne voulais pas – Ah non ! – parler anglais. Si près du but, à deux doigts du bonheur, je m'inventais des raisons pour retarder l'échéance : le moment du contact avec mes anciens compagnons. J'avais peur tout à la fois d'être déçu par la frilosité de l'accueil et de déranger, ou au contraire d'être trop chaleureusement accueilli, de ne pas être à la hauteur, ou pire de ne retrouver personne de mes amis. Il fallait que je me calme, que je m'acclimate, que je me prépare à ce choc.

Comme mon budget ne me permettait pas un long séjour à l'hôtel, je fus tout d'abord hébergé par une collègue française devenue professeur à Hồ Chí Minh-Ville qui eut la gentillesse de mettre à ma disposition une pièce.

Je décidais alors de me rendre à Phú Quốc, visiter le sinistre bagne où avaient été déportés les prisonniers de guerre qui, à Chí Hòa, m'avaient confié juste avant mon expulsion fin 1972, une lettre écrite avec leur sang à l'attention de leurs représentants à Paris. En fait de calme pour l'esprit, Phú Quốc était plutôt mal choisi. Mais où aller au Vietnam sans que le passé s'invite ? Sous une mousson généreuse, trempé jusqu'aux os, je parcourais sur ma vieille Honda de location les 30 kilomètres qui séparent Duong Dông, capitale de l'île, du « Trại giam Cây Dừa », la sinistre « prison des cocotiers », à la pointe méridionale. La visite d'un tel lieu m'a replongé dans le stress du passé tout en testant les limites de mon émotivité.

Fantômes de ma jeunesse

Initialement édifié par les colonialistes français, le camp lui-même, à l'entrée duquel a été construit un musée, se trouve au milieu de deux grands espaces consacrés à la commémoration. En neuf ans sur plus de 40 000 détenus originaires de tous les coins du pays, plus de 4 000 furent assassinés là.

Comme je m'y attendais, la visite du musée a fait resurgir les images du passé, et j'étais en prise à une très forte émotion lorsque je suis sorti pour flâner sous le soleil de plomb qui a succédé à la pluie battante, dans l'immense espace clos entre les baraquements tout en longueur, aux toits de tôle et au sol de béton. Je passais près de l'incroyable rouleau de barbelé, cellule cylindrique en plein soleil dans laquelle les geôliers « punissaient » les récalcitrants pendant des jours. Je côtoyais la boîte de tôle de 2 mètres sur 2, véritable étuve-cercueil. Ma cellule de Chí Hòa, c'était le « Majestic » comparé à ces outils d'extermination. « Les prisonniers de guerre doivent être protégés en tout temps, notamment contre tout acte de violence ou d'intimidation, contre les insultes et la curiosité publique. Les mesures de représailles à leur égard sont interdites ». Si loin de la convention de Genève, ces prisonniers de guerre se battaient donc ici. Pied à pied, une vie pour un mot, pour un refus, pour un regard que l'on ne baisse pas, une tête que l'on ne courbe pas.

Sur le cahier du musée, signé par les visiteurs, de belles phrases, pleines d'humanité, mais d'autres qui me donnaient la nausée : « Pourriez-vous s'il vous plaît écrire les légendes en anglais aussi de sorte que nous puissions mieux comprendre les photos » (Australie) ; ou bien « Très intéressant et peu raffiné » (Belgique) ou encore « la guerre est terrible. Personne n'a raison » (Julien, France). Et encore « J'étais un enfant quand tout cela se passait sur cette belle île… j'espère que nous pourrons tous oublier le passé » Oublier ! la barbarie n'est pas seulement dans les actes barbares, elle fait son lit dans la bêtise, l'ignorance, la lâcheté et la volonté d'oublier. Oublier ? Jamais ! À peine une semaine ici et déjà j'avais beaucoup de mal à réprimer la colère qui montait en moi devant l'expression de ce tourisme tranquille tellement en décalage avec la sauvagerie humaine qui avait habité ces lieux. Et je retrouvais un peu ma jeunesse dans cette colère.

Comme le directeur du musée, en bon fonctionnaire, fermait à 17 heures pile, la jeune Ngọc Giàu, qui m'avait aimablement servi de guide, m'offrit, comme on prend soin d'un grand oncle, un paquet de petites crevettes séchées pour reprendre ma route. Elle savait que je n'étais pas un visiteur ordinaire.

Développement et premières inquiétudes

Je restais encore deux ou trois jours dans l'île, pour mesurer le bonheur de la paix, le dynamisme, la frénésie de développement : construction tous azimuts, maisons individuelles ou collectives en bord de plage, de route ou en ville, près des plantations de poivriers ; tas de tuiles, de briques, échafaudages de fortune, pléthore de « maçons ». Partout des ponts. Sur la route, des panneaux invitant au respect de la nature, des règles de la circulation. En ville, un préservatif géant agitait les bras et interpellait le passant : « S'il te plaît, ne m'oublie pas ! » Le jeune Vietnam visiblement grandissait vite avec la fragilité anatomique de l'adolescence.

Quelques points me préoccupaient cependant. D'abord le développement et l'étendue impressionnante des clôtures dans toute l'île : béton, bois, barbelés. Ensuite, la pollution des plages magnifiques, quelquefois dissuasives de la baignade. Enfin et plus inquiétant, les pressantes sollicitations privées dont je faisais l'objet, en tant que touriste étranger, pour acquérir, sinon la propriété réservée à l'État, du moins la jouissance de terrains en bord de mer.

Malgré les conseils de prudence des deux jeunes serveurs de l'hôtel, j'avais joué le jeu et répondu aux sollicitations de deux aigrefins dont un cadre du Parti communiste qui, pour quinze mille euros, me proposait un terrain de 5 000 m² au nord-est de l'île, au bord de la plage. À partir de l'hôtel Thắng Lợi près de Dương Đông je traversai à moto la magnifique forêt primaire puis je pénétrai dans une immense lande pour arriver à une hutte sur pilotis d'une quinzaine de mètres de long, à 50 mètres de la plage, d'où l'on voyait la côte cambodgienne, au milieu de nulle part… Un vieil homme y vivait, Je me suis présenté comme un touriste et il m'a invité à boire le thé. Au mur, deux diplômes de la Résistance. Comme je lui racontais mon histoire, il s'est confié. Il n'avait pas du tout envie de quitter sa hutte ni son terrain mais des Vietnamiens étaient venus lui proposer de l'échanger contre une pension à vie dans une maison de repos en ville. Le brave homme était visiblement la cible d'indélicats qui auraient fait d'une pierre deux coups en grugeant le naïf étranger dans le cas où la terre, possiblement située en zone stratégique vu sa proximité avec le Cambodge, aurait pu être réquisitionnée.

Phú Quốc fut aussi pour moi la découverte d'une prostitution tranquille – que j'avais rencontrée sous l'ancien régime – lorsque, stoppant dans un restaurant d'apparence ordinaire, d'une table voisine et visiblement poussée par sa patronne, une jeune femme est venue s'asseoir à ma table, silencieuse, l'air gêné et malheureux. Naïf ou de mauvaise foi ? N'étais-je pas habitué à côtoyer dans mon pays dit civilisé, la corruption, la gestion quelquefois mafieuse des biens publics, les trafics immobiliers à grande échelle, la prostitution de très jeunes femmes ? Fallait-il que j'arrive au Vietnam pour être choqué par quelques sollicitations ? Non et oui. Non parce que je sais bien qu'on ne peut pas panser aussi facilement les profondes cicatrices de l'agression la plus sauvage de ces cinquante dernières années, que la mondialisation à la sauce américaine force toutes les portes, surtout celles de la misère, qu'elle n'est pas porteuse de dignité et de philanthropie et que soigner par l'injection du dollar amène souvent le malade à l'infection. Oui j'étais choqué, justement parce que j'étais au Vietnam, parce que le sang versé était encore tout frais pour effacer à jamais ces humiliations, cette misère et cette dépendance… Tous ces sacrifices pour voir resurgir ces vieux démons ? J'ai écrit cela, d'une façon certes plus édulcorée mais cependant très claire dans le dernier chapitre vietnamien du *Nous accusons*, réédité au Vietnam par la maison Tuổi Trẻ. Il a été censuré et remplacé par six pages de photos.

Ainsi me suis-je acclimaté à Phú Quốc. Je me sentais désormais mieux armé pour rechercher mes amis.

Que sont mes amis devenus ?

De retour à Hồ Chí Minh-Ville, je loue une moto taïwanaise « Bonus », et me lance hardiment dans la fournaise vrombissante. Pour ma sécurité, je m'oblige à oublier tout ce que j'ai appris du code de la route français en m'efforçant d'aiguiser mes réflexes pour me préparer aux cas de figure que je vais désormais rencontrer : demi-tour en plein carrefour, circulation à contre-sens, jaillissement d'une ruelle adjacente, touchette du guidon en pleine vitesse… Sans oublier la règle d'or : le camion a toujours raison.

Ainsi paré, mon petit sac sur le dos, je me rends à l'Hôtel de ville où je compte bien trouver un officiel municipal pour lui expliquer qui je suis et ce que je désire. Évidemment, je ne peux approcher la porte d'entrée principale, d'ailleurs fermée, car une jeune sentinelle m'intercepte. Je lui explique donc mon problème en baragouinant mon vietnamien résiduel. « En 1970, j'étais professeur de français à Saïgon… » Il écoute poliment les yeux un peu ronds ce drôle de touriste, regarde avec intérêt mes photos, très impressionné par celle qui me montre en compagnie du Premier ministre Phạm Văn Đồng, mais il me répond d'un air sincèrement désolé, qu'il ne peut quitter sa guérite. Je le remercie, jette un regard de regret à la porte fermée et passe mon chemin. J'ai ensuite l'idée de me rendre au siège de la télévision pour demander à y lancer un appel. Je mets donc au point un court texte que je lirai si nécessaire. Mais à la réflexion, solliciter la télévision pour un cas personnel me paraît bien présomptueux. Alors je décide de tenter ma chance par la presse écrite. J'achète un journal dans un kiosque. J'opte pour *Thanh Niên*. Je note l'adresse : 248 Cống Quỳnh. Q1. Je vais prendre une soupe près du marché Thái Bình et à 14 heures, heure d'ouverture, je me rends au journal. Je déballe mon histoire et mes documents à la secrétaire de la réception. Elle m'écoute avec un intérêt grandissant au fur et à mesure que je sors photos et lettres de mon sac. Elle se saisit des documents et disparaît derrière une épaisse cloison de verre où je devine qu'elle s'adresse à une silhouette masculine.

Mẫm m'attend

La voix monte et l'homme ne tarde pas à déboucher vers moi, le visage radieux, les bras ouverts. – Marcel ? (Lorsque j'ai été arrêté, la presse parlait de moi sous le nom d'André Marcel Menras). J'acquiesce, surpris. Il m'embrasse et se présente : Trần Thành Minh, ancien vice-président des étudiants de Huế. Très ému, il me déclare que mon histoire pour lui « fait partie de ces choses que l'on oublie seulement avec la mort ». Après quelques mots, où il m'explique les conditions de sa lutte à Huế dans les années 70, il passe un coup de fil. « C'est votre ami Mẫm, il vous attend ». Fébrile, Minh me dicte l'adresse de Mẫm, tandis que sa secrétaire qui a pitié de moi, lui demande de parler plus lentement. Il me donne ensuite ses coordonnées personnelles tout en me raccompagnant à la moto. Un quart d'heure après j'arrive rue Nguyễn Thị Minh Khai, et gare mon engin dans la cour. On m'attend, on me guide jusqu'au bureau de Mẫm. Nous sommes seuls, la joie n'est pas retenue : embrassades, yeux humides, mains serrées. Les rides l'ont à peine touché. Son regard est toujours aussi bon et intelligent. Devant une tasse de thé, nous parlons de notre famille, de Jean-Pierre Debris dont j'ai perdu la trace et Mẫm me réprimande en français : « Pourquoi tout ce temps sans contact ? Où étais-tu passé ? » Il m'apprend que Mười Đề et Nguyễn Long, mon avocat prisonnier, ont disparu. Mais beaucoup sont encore en vie et il va les contacter. Après m'avoir demandé si je peux encore parler vietnamien, il enchaîne dans sa langue maternelle. Une demi-heure après arrivent Lợi et Nhân, deux anciens prisonniers de Poulo Condor. Sacs en plastique lourds de livres et de documents parmi lesquels un énorme livre sur Côn Đảo. Lợi me montre le passage où l'on parle de moi et du fameux poste de radio que j'avais clandestinement transmis à Phạm Văn Ba.

Lợi ne me quitte plus

Je suis déjà rentré de plain-pied dans l'immense tribu des Tà ru*. Pour mon plus grand bonheur, je ne vais plus en sortir.

Je ne puis ici relater tous les détails de mon séjour que mes amis prirent désormais en charge en s'efforçant de satisfaire et même de devancer tous mes souhaits. Lợi et sa femme Thủy veillaient au grain, leurs grands cahiers d'écolier pleins de numéros de téléphone. Et je redoutais toujours le moment où ils allaient immanquablement me passer le combiné pour que je parle dans mon vietnamien déplorable à un nouvel ami… que je ne connaissais pas. Tâm, Nhân, Quảng, Phi Long, Thắng… nous accompagnaient dans la valse ininterrompue de rencontres inattendues, inespérées, émouvantes. Je n'ai jamais autant chialé de ma vie. J'étais pris de vertige. Des morceaux vivants de mon livre m'entouraient, me souriaient, m'embrassaient. J'étais, comme sur un nuage, redevenu Hồ Cương Quyết[1], mon nom de lutte.

Au fil des rencontres, malgré les réflexes persistants du secret protecteur, les barrières de la modestie, la pudeur et la douleur, ils me livraient les pièces du fabuleux puzzle de leurs vies résistantes, pièces que je m'efforçais consciencieusement de réunir.

C'est Cao Nguyên Lợi que je n'avais jamais rencontré ni avant ni pendant ma détention qui d'un tacite accord avec toute la tribu, prit en main ma destinée. Il faut dire qu'ancien professeur emprisonné à Poulo Condor, il avait acquis une renommée historique auprès des détenus politiques en fournissant, après sa libération, les plans de l'accès au secteur des cages à tigre au journaliste américain Don Luce. Celui-ci avait conduit le futur sénateur Tom Harkin sur les lieux en forçant la main à l'administration

1. Littéralement : Hồ (comme Hồ Chí Minh) le fortement déterminé. Nom vietnamien que m'ont donné en prison mes camarades détenus et que je garderai comme mon nom de citoyen vietnamien.

du bagne. Ils avaient découvert près de 700 femmes et hommes détenus dans les conditions les plus barbares d'une mort lente. La révélation sur *Life magazine* avait ému le monde entier. C'était en juillet 1970, une semaine avant mon emprisonnement.

Lợi prenait soin de moi, épaulé par une équipe de choc d'anciens détenus politiques, dont le fidèle Nhân, ancien commando suicide pendant la résistance, qui ne le quittait pas. Il était en quelque sorte l'imprésario fantôme de la célébrité naissante et parfois de la légende qu'ils étaient tous en train de créer. Il planifiait mes rencontres, m'aidait à formuler mes interventions grâce à sa bonne compréhension du français. Il filtrait aussi mes contacts. C'était d'un côté très utile par le nombre impressionnant de personnes que seul je n'aurais jamais pu joindre. Je dois aussi avouer que mon ego n'était pas insensible à tous ces honneurs. Mais je commençais à me sentir légèrement oppressé, bridé, dans la libre découverte du pays telle que je l'avais amorcée à Phú Quốc. J'ai notamment appris plus tard qu'il avait écarté le fils de mon ami Mạng, marchand de journaux que j'avais connu avant mon arrestation (voir chapitre « Les boîtes à larmes de ma mère »)

Flotter sur un nuage

Comme je ne voulais pas squatter éternellement chez ma collègue française de la rue Kỳ Đông, j'ai accepté l'invitation du frère de Cao Nguyên Lợi, Cao Lập qui me proposa un hébergement idyllique dans un des centres touristiques dont il était directeur: une hutte sur pilotis sur la rivière de Saïgon dans un centre touristique de première classe. Le restaurant de cet endroit paradisiaque m'était ouvert gratuitement. Ma moto et moi y étions discrètement mais étroitement gardés. J'étais l'hôte VIP permanent des lieux. J'avais avec Lập des rapports beaucoup plus sereins et libres qu'avec son frère car il avait été incarcéré comme moi à Chí Hòa où je l'avais rencontré et avait un côté artiste beaucoup moins austère que Lợi. J'étais beaucoup plus détendu à Bình Quới. Tellement que je me risquais même à quelques poèmes, illustrés d'aquarelles, dans ma hutte au-dessus de l'eau. Je flottais sur un petit nuage.

Ces moments de fraîche évasion avaient un effet thérapeutique après la résurgence de certaines scènes du passé. Lập me confiait aussi que, chaque fois qu'il entendait tourner des ventilateurs, comme ceux qui accompagnaient ses interrogatoires par la police politique de Nhà Đô Thành, il avait besoin d'écouter de la musique…

Lợi ou la stratégie vers le pavois

Je sentais bien que Cao Nguyễn Lợi voyait d'un mauvais œil une partie de son contrôle sur moi lui échapper. Pour lui, le centre touristique était un lieu de perdition et il craignait que je n'y fasse de mauvaises rencontres, c'est-à-dire des rencontres qui m'éloignent des objectifs auxquels il me destinait. Mais ses objectifs ne me déplaisaient pas, alors je l'écoutais et acceptais de m'extraire de ces instants où je me serais volontiers noyé. C'étaient de grandes réunions d'amitié avec « la tribu » des anciens prisonniers politiques dans différentes provinces du centre et du sud de façon à créer un mouvement de popularité qui pousse les autorités d'Hồ Chí Minh-Ville à me remettre publiquement la médaille de citoyen d'honneur. Puis, fort de cette dynamique, « monter » à Hanoï pour y être reçu par la vice-présidente de la République, ancienne détenue politique des cages à tigre de Poulo Condor, Mme Trương Mỹ Hoa. En chemin, il prévoyait de faire rééditer, avec un complément que j'aurai ajouté, le livre *Nous accusons* et réaliser un film documentaire dont je serais le principal personnage : *Le Français Vietcong.* Quand Lợi m'exposait cette stratégie vers la gloire en en modélisant les étapes de son doigt sur le sable de la plage de Nha Trang, je le prenais pour un gentil mégalo. J'avais tort : tout s'est réalisé.

Je ne sais pas et n'ai jamais su exactement pour qui ramait Lợi. Probablement pour ou avec le soutien d'un ou plusieurs services de police politique. Je me souviens de ce jour à Huế, lors de mon ascension vers Hanoï, quand la réceptionniste de l'hôtel m'avait demandé mon passeport, oublié à Saïgon. « Il est avec nous » avait simplement répondu Lợi. Après avoir expliqué que c'était la loi et parlé d'appeler la police, la brave dame s'était entendu répondre sèchement – « La loi, la police, c'est nous ». Notre petit groupe comptait le vice-procureur de la République d'Hồ Chí Minh-Ville, ancien détenu politique. Quant à l'appartenance à la police, la réponse de Lợi et le silence craintif de la réceptionniste étaient éloquents.

La tribu des Tà Ru

J'ai assez rapidement perçu que les prisonniers politiques constituaient avec leurs familles et amis une force réelle, organisée. Mais c'était déjà une force du passé qui, si elle avait conservé son prestige, était en train de perdre son pouvoir aux portes des musées et y résistait. Elle pouvait apparaître comme une force conservatrice en s'opposant majoritairement à la corruption endémique qui gangrénait déjà le développement du pays. Je me souviens de cadeaux que j'avais apportés de France pour un certain nombre de mes amis, comme il est d'usage au Vietnam. Un coutelier de ma ville bradait son stock et il avait de très beaux « Laguiole » que j'ai achetés. Quand je les ai transmis à Lợi pour qu'il les répartisse, il m'a dit malicieusement : « C'est pour couper la corruption ? » J'ignorais que j'arrivais en pleine préparation du procès « Năm Cam » du nom du parrain saïgonnais à la tête d'une mafia vietnamienne et internationale. Le procès impliquait 155 prévenus fonctionnaires, cadres du Parti, militaires, policiers… Il se conclura en 2004 par l'exécution de Năm Cam et quatre de ses principaux comparses.

C'est dire que chez beaucoup d'anciens combattants et détenus politiques la colère était forte de voir souiller ainsi le rêve de la société propre et juste pour laquelle ils avaient tant sacrifié. Quant aux autorités, ne serait-ce que par simple opportunisme politicien devant l'indignation populaire, elles devaient se montrer à leur écoute. Lợi me raconta l'histoire de leur camarade Thắng, ancien de Poulo Condor, devenu garde forestier à Phan Thiết, qui avait dû fuir à Saïgon chercher protection face à la mafia du bois, deux de ses collègues intègres ayant disparu en forêt. Les Tà ru* avaient organisé un meeting de cinq cents personnes à Saïgon pour le protéger.

Dans des conversations privées aussi bien que dans des réunions publiques, j'ai souvent entendu des revendications concernant les pensions ridiculement basses ou carrément « oubliées ». C'est à ce moment-là que j'ai commencé à entendre des histoires de terres et de maisons illégalement réquisitionnées. Certains même, comme mon ami Võ Huy Quang, m'ont demandé d'intercéder auprès des hautes personnalités du Parti que je rencontrais pour leur transmettre leurs lettres d'inquiétude ou d'indignation. Je l'ai toujours fait. Dans son cas : combattant dans les deux Résistances, condamné à mort sous Ngô Đình Diệm, quatorze ans de cages à tigre et pas un sou de pension, la lettre était carrément accusatrice. (Voir chapitre Du pavois).

Même si leur affection était sincère, mon arrivée au Vietnam était bien à propos pour aider la « tribu » à se rappeler au bon souvenir d'un Parti en renouvellement qui, malgré le discours officiel et la phraséologie, tournait bien vite la page du passé pour entrer dans celle des affaires. Et, dans ce contexte, je me suis souvent posé la question : sans cette force des Tà ru* qui me poussaient vers les projecteurs, les autorités m'auraient-elles déroulé le tapis rouge comme elles l'ont fait ? Ils ont envahi la grande salle de la « Maison d'amitié » d'Hồ Chí Minh-Ville pour m'y voir décerner le titre de citoyen d'honneur – qu'ils avaient demandé pour moi – par le vice-président du Comité populaire. Ils m'ont porté jusqu'au musée de la guerre en proposant d'y exposer la photo du drapeau ainsi que mon portrait aujourd'hui disparu. Ils ont également beaucoup œuvré pour que soit réédité le livre *Nous accusons* en vietnamien, que j'ai actualisé avec des chapitres complémentaires et quelques modifications qu'on ne pouvait apporter auparavant. Il était important pour ces femmes et ces hommes de se reconnaître dans ce livre qui, selon leur mot, « réchauffait » la mémoire et la solidarité. Réédité par la maison d'édition « Trẻ » (Jeunesse), le livre le fut a minima : mille exemplaires pour un pays de 90 millions d'habitants et dont la seule ville de Saïgon comptait encore plus de 5 000 anciens emprisonnés politiques. Une réédition très discrète, quasi formelle. Peut-être a-t-elle été voulue si discrète parce que je commençais à poser quelques questions sensibles sur la corruption ou parce que j'y parlais en termes directs de mon combat contre les gouvernements Jospin puis Raffarin pour la reconnaissance de mon action pacifiste et que les dirigeants vietnamiens voulaient éviter d'éventuelles contrariétés diplomatiques. J'avais bien senti cette attitude de distanciation à Paris quand l'ambassadeur du Vietnam m'avait donné chaleureusement l'accolade en coulisses mais qu'il avait ignoré ma présence en public. Difficile de passer rapidement du slogan « libérez-vous » des années 70 à celui d'« enrichissez-vous » du début des années 2000.

Loin de moi l'intention d'apporter de l'eau aux tenants du « plusieurs Vietnam » qui n'ont toujours pas quitté leur casque colonial, mais je dois reconnaître que je n'ai pas été accueilli de la même façon au sud-centre et au nord du Vietnam. Il y a certainement des raisons affectives. Les prisonniers du Nord que j'avais très brièvement rencontrés en détention étaient pour la plupart des prisonniers de guerre en transit vers la « prison des cocotiers », l'enfer au sud de l'île de Phú Quốc. Je n'avais eu que très peu de contact avec eux et ils étaient peu nombreux. Contrairement aux détenus politiques du Sud avec lesquels des liens affectifs très profonds s'étaient tissés au fil des mois. Les murs des prisons paraissent très épais pour les détenus. Ils sont en fait très minces pour les nouvelles qui les traversent. Ce qui explique que mon existence au nord et dans les familles n'a pas été nourrie par un bouche-à-oreille populaire comme au sud mais essentiellement par l'information politique ponctuelle donnée par les autorités. Ainsi mon histoire était-elle beaucoup plus connue au sud et au centre qu'au nord. Je l'ai constaté lors de notre voyage de Saïgon à Hanoï pour obtenir une sorte de validation politique de ma consécration au sud : réception par la vice-Présidente de la République au siège de l'Assemblée nationale, première page du *Nhân Dân*, organe central du Parti communiste, la validation suprême ! Oui, beaucoup plus de chaleur au sud et plus de froide politique au nord. Mais peut-être cette impression est-elle simplement le transfert du syndrome du paysan aveyronnais face au citadin de Paris...

Faux pas de Lợi corrigé par Hanoï ?

Peu importe si Lợi était ou non en service policier et au compte de quelle tendance politique au sein du Parti, il faut reconnaître qu'il a mené sa barque avec maestria. Il s'est bien fait taper un peu sur les doigts à Hanoï certainement pour avoir confondu mon ami Robert Renau qui m'accompagnait à mon invite, avec Jean-Pierre Debris en attribuant au premier les honneurs dus au second. Il s'ensuivit des représailles mesquines sur le pauvre Robert et une longue bouderie de Lợi durant le voyage retour. Je suppose qu'à Hanoï, Lợi s'est vu dépossédé, on ne sait par qui, de son ascendant exclusif sur l'organisation de mes activités. Cette dissonance interne dont je n'ai jamais su le fin mot a eu des conséquences sur l'attitude de Lợi à mon égard. Il est devenu plus distant. Jusqu'au point où il m'a carrément ignoré quand je lui ai demandé en prévision de mon retour en France, de me restituer les documents que je lui avais confiés et auxquels je tenais beaucoup. De nombreux documents uniques tels l'original de mon acte d'accusation, des vidéos tournées lors des différentes cérémonies, rencontres et festivités. Sans réponse de sa part pendant plusieurs jours, je suis allé chez lui, un soir. Une fois franchi le premier portail et la cour où logeait la famille des gardiens, j'ai dû lourdement insister pour que son épouse Thuy daigne m'ouvrir la porte. Très gênée, elle m'annonça que son mari était absent et qu'elle ignorait quand il rentrerait. J'ai compris que l'absence de Lợi était délibérée et j'ai dit gentiment à Thuy qu'elle me rende simplement ce qui m'appartenait et je ne les ennuierai plus.

Menacé de la police

Après s'être absentée pour téléphoner longuement, elle est revenue navrée me disant que Lợi rentrerait très tard. Refusant la chaise qu'elle me proposait, je me suis assis à même l'herbe du jardin. J'ai attendu deux bonnes heures, les pieds dévorés par les moustiques, lorsque le voisin est arrivé. Je l'avais plusieurs fois croisé puisque je garais habituellement ma moto devant sa porte et il savait très certainement qui j'étais. Il s'avança et, d'un ton ferme : « Maintenant il est tard. Vous devez partir ». Sur le même ton je lui répondais que je partirai quand j'aurai récupéré ce qui m'appartenait. Alors, menaçant il me fixa : « 113, vous connaissez ? ». (C'est le numéro d'urgence des forces de police). J'étais assommé : citoyen d'honneur d'Hồ Chí Minh-Ville, médaille d'or « pour la jeune génération », médaille « pour la paix et l'amitié entre les peuples », médaille du « combattant révolutionnaire arrêté et exilé par l'ennemi » ... ainsi menacé pour le compte de celui qui m'avait poussé vers ces honneurs ! C'était si grotesque que j'ai quitté les lieux. Je n'ai rencontré Lợi qu'une seule fois depuis. Juste pour l'envoyer promener. Mais j'avoue qu'il a sérieusement égratigné mon enthousiasme et que l'expérience m'a appris à relativiser les marques d'affection et les honneurs faciles en attendant qu'ils se décantent à l'épreuve du temps.

Documents détournés

Parmi les vidéos retenues par Lợi ou les services pour lesquels il travaillait, beaucoup témoignaient de moments heureux avec les Ta rù*. Cette mémorable équipée à Vĩnh Long, en plein cœur du delta du Mékong, chez un des plus respectés des anciens détenus de Poulo Condor, M Trinh Văn Lâu dit « Tư Cẩn », fut l'un des moments forts des retrouvailles. Pas de journalistes ni de caméras mis à part la mienne. Ils étaient une bonne trentaine d'hommes à m'attendre de pied ferme, le verre à la main et, pour certains, la larme à l'œil. Grand repas où, entre les histoires du passé, nous avons entonné des chants révolutionnaires, l'hymne du Front national de libération, *l'Internationale*, la *Marseillaise*… Avec mon vieux copain Robert qui, paniqué, est venu m'appeler au secours pour que je le sauve des invites meurtrières à lever le verre dont il était la cible. « Nam vô tửu, kỳ vô phong » dit le dicton : « Un homme sans alcool est comme un drapeau sans vent ». Et le drapeau flottait fort ! Ne parlant pas un mot de vietnamien ni d'anglais, mon pauvre ami s'était retrouvé isolé au milieu d'un groupe de Tà ru* enthousiastes, le verre à la main, et n'avait d'autre moyen de partager leur émotion qu'en répondant aux « cent-pour-cent ! », (cul-sec !), que chacun lui proposait à tour de rôle. En le ramenant près de moi, j'ai évité de justesse le Điện Biên Phủ éthylique qui l'attendait. La fête a continué par la traversée du Mékong toujours en chantant. Puis, sur une des îles, ce fut la danse improvisée du « cheval noir ». Enfourchant un long bâton et tenant à la main une coque de ramboutan en guise de verre plein d'alcool de riz, ces jeunes fous de plus de soixante ans que nous étions, avons chanté le bonheur d'être bien vivants.

Celui qui m'a décoré, en prison pour corruption

La fête fut belle aussi lors du « sacre » de citoyen d'honneur de Hồ Chí Minh-Ville dans cette grande salle pleine à craquer de Tà ru* où j'étais le seul en pyjama noir des paysans du Mékong et des guérilleros, ce pyjama que je portais en prison, sandales Hồ Chí Minh et le « khăn rằn », l'écharpe blanche et noire traditionnelle. Je m'étais prêté à cette mise en scène décalée, comme une façon d'affirmer et de revendiquer celui que j'avais été à quelques kilomètres de là, pendant deux ans et demi, trente-deux ans plus tôt. Je n'imaginais pas que celui qui me remettait cette médaille serait emprisonné pour corruption – et peut-être aussi divergence politique – vingt ans plus tard. J'ai conservé l'écharpe qui protège du soleil, absorbe la sueur, atténue les bourrasques, cache le sourire et permet d'essuyer les larmes.

Les ministres passent, les clochers restent

À mon retour en France, le gouvernement a changé. L'équipe ministérielle de gauche qui m'a fait tant de misères a laissé la place à une droite très offensive envers les droits et les libertés. Les engagements par arrêtés pris par les anciens sont démentis par les nouveaux. Les anciens ne protestent même pas et se contentent de transmettre mes courriers aux nouveaux.

Cadeau de la gauche caviar à la droite revancharde

J'ai pu mesurer à l'aune de mes démarches dès octobre 2002 à quel point ces messieurs ont une culture commune, peu glorieuse, peut-être apprise dans ces mêmes grandes écoles qui les produisent majoritairement. Ce qui était mépris, duplicité, « poncepilatisme », mensonge, pour la gauche devient pour la droite, forfaiture, acharnement revanchard, trahison des engagements de l'État, et toujours, le mensonge. Le second arrêté ministériel signé par Lang, Fabius et la direction générale de la Fonction publique agissant pour le compte de Lionel Jospin n'aurait, selon le cabinet de Francis Mer, nouveau ministre des Finances, jamais été transmis ! Et de toute façon, selon le chef de cabinet de ce ministre, il est trop tard, les délais légaux pour un recours sont passés. C'est ballot : je n'ai pas été informé comme la loi l'exige des modifications administratives survenues après signature des arrêtés académiques ! La stratégie est simple : les ministres Ferry, Mer et consorts pour légaliser le blocage politique lâchent l'armée des « techniciens ». Ping-pong entre l'aimable fonctionnaire de l'académie de Montpellier – cette dame A. que j'avais maintes fois rencontrée et qui avait commis des « erreurs » sur mon dossier en 2002 – le service des pensions de l'Éducation nationale à La Baule et le Service des pensions de l'Économie et des finances à Nantes. Ce fut un tir de barrage continu et concerté entre ces différents services, orchestrés depuis de longs mois par ces différents personnages : Mme A. à Montpellier et M. D. à La Baule. Des articles, des codes, des documents postdatés, des trucages, des appellations mensongères, pour lessiver, selon le chef de cabinet de Francis Mer, « une décision rétroactive qui [m'a] placé, à titre gracieux, dans une situation fictive d'activité… »

Et me voilà à nouveau devant de longs et pénibles mois de combat pour remobiliser le soutien depuis dispersé et tenter d'obtenir justice et respect. Recours devant le tribunal administratif, conférences de presse, lettre manuscrite de Mme Nguyễn Thị Bình, figure emblématique de la Résistance vietnamienne, vice-présidente de la République socialiste du Vietnam, à Jacques Chirac pour lui rappeler que je suis « un cher ami du peuple vietnamien », courriers croisés des syndicats, associations, personnalités politiques qui pilonnent les ministères. Derrière leurs sacs de sable juridico-administratifs, les ministres n'en démordent pas, bien décidés à avoir raison du petit instit frondeur et déjà bénéficiaire privilégié d'arrêtés « gracieux ».

« Oh, non ! Pas de nouveau ! »

Alors commence le deuxième baroud. Le 13 juin 2003, Jean-Claude, le bedeau, est toujours assis, adossé à la vieille porte ouvrant vers le clocher, devant sa petite table. Mais, cet après-midi-là, il n'a pas les clés. Il les a confiées à Gérard Perier et un de ses amis qui se sont présentés pour prétendument vérifier l'état du paratonnerre sur le clocher. Les deux amis sont montés tout naturellement en vérifiant qu'aucun obstacle n'avait été installé depuis décembre 2001 et ils ont ouvert la porte métallique qui fermait le passage des dernières marches vers le toit. Pendant ce temps, à l'extérieur, près du portail, notre équipe attend avec l'équipement de sherpas chevronnés. M'accompagnent dans cette seconde ascension : notamment Eric Perlès, Jean-Louis Amoros, Thierry Cabrol, Stéphane Fresquet, et mon fils Sylvain.

Au feu vert des deux éclaireurs, nous entrons tout sourire. « Oh non ! Pas de nouveau ! » Le pauvre Jean-Claude n'est pas apeuré car il nous connaît tous et a suivi par la presse les péripéties de la trahison. Il est juste ébahi, scotché à sa chaise. Mes amis restés en bas qui sont un peu devenus les siens le réconfortent et les 212 marches médiévales sont avalées en quelques minutes. L'installation se fait sans encombre dans un environnement désormais familier. Banderoles géantes solidement arrimées : « Chirac, respect des engagements de l'État » ; « Raffarin, respect de la continuité républicaine » ; « Paix, amitié, solidarité entre les peuples ». D'où que l'on vienne, on ne peut pas les manquer. Je téléphone au nouveau sous-préfet M. Koegler qui, pour avoir suivi mes propos dans les conférences de presse, devait s'attendre à une action. Dans la foulée, j'appelle l'archiprêtre Bétoulières qui est surpris et semble froissé de n'avoir pas été prévenu. Il me recommande la prudence. C'est vrai, j'aurais dû l'informer mais je savais qu'il n'avait pas changé d'opinion et voulais lui éviter une délicate approbation officielle. Mes amis redescendus, je m'installe dans mon loft plein ciel. Je retrouve ma vue sur la rivière et ses escadrilles de colverts, sur l'immense vignoble s'étirant des contreforts des Cévennes à la mer et sur la petite maison de mes parents dont une fenêtre donne sur le campanile. Mon igloo à l'aplomb de l'énorme bourdon dont j'avais oublié les retentissants rappels à l'heure. Je suis à nouveau chez moi après un an et demi d'absence.

Le pouvoir local s'émeut avec modération

Bien que n'y croyant pas vraiment, je me prépare à un éventuel assaut nocturne en barricadant la porte de la tourelle donnant accès au toit et en m'encordant. Je garde toujours mon téléphone portable branché. Je dois maintenant me reconditionner pour retrouver le rythme de vie de mon premier séjour : veiller la nuit et dormir par intermittence le jour. Car dans la journée le soutien vigilant des amis est là, contrôlant l'accès au clocher de l'intérieur.

Le lendemain vers 23h un coup de téléphone : le gentil sous-préfet Koegler est en bas, place de la Révolution, non loin du café ombragé. Je m'avance pour le voir et m'assois au surplomb d'une gargouille ébahie. « Allons, monsieur Menras, il y a moyen de s'entendre. Descendez boire une bière fraîche et nous discuterons tranquillement ». La proposition est tellement candide que nous avons, la gargouille et moi, beaucoup de mal à réprimer un franc éclat de rire. En bon instit maîtrisant ses classiques, je revois instantanément la scène du renard invitant le coq à descendre de sa branche pour venir recevoir « le baiser d'amour fraternel ». J'étais peut-être injuste, M. Koegler était venu seul et sans armes et ce fut le seul représentant des autorités à proposer sa médiation. Ce dont il s'acquitta honnêtement jusqu'au dénouement. Mais, pour l'instant, hélas pour lui non plus, pas de bière fraîche.

Le lendemain c'est au tour du maire Raymond Couderc d'arpenter le parvis excité comme une puce, téléphone portable à l'oreille sous l'œil goguenard de mes amis assis à quelques pas de lui. Puis c'est l'hélicoptère de la gendarmerie qui y va de son survol rapproché, comme lors du premier séjour. Enfin, chaque matin, l'aimable fonctionnaire des renseignements généraux vient aux nouvelles par téléphone. Bref, la situation semble bien calée.

Cowboys parisiens et locaux désarmés

Les messages de solidarité sont incessants. Les quotidiens *L'Hérault du jour* et *Midi Libre* sont bien présents. Le premier m'ouvrira ses colonnes pour un « billet du clocher » quotidien. Une sorte de thérapie pour soigner ma solitude cathédrale. Tout est en place pour un siège qui promet d'être long. Et il le fut : 46 jours et nuits. La violence d'un assaut de type commando aurait bien convenu à certains cow-boy de l'équipe Couderc et de Sarkozy, nouveau ministre de l'Intérieur, depuis en délicatesse avec la justice, mais elle risquait d'être politiquement contreproductive dans le climat social explosif du moment. Et puis, devant l'opinion tout parlait en ma faveur : le non-respect des arrêtés ministériels signés ; mon passé de pacifiste ; ma carrière d'enseignant passionné qui valut un communiqué de presse de la part des parents de mes anciens élèves, de militants associatifs dans le domaine du sport, qui provoqua une lettre de soutien des « juges », entraîneurs et gymnastes internationaux, champions du monde et champions d'Europe des pôles France de l'INSEP, Lyon, Antibes ; la nature pacifique de l'action dans le respect du lieu et des personnes, avec le soutien de l'archevêque ; mes 58 ans et la dangerosité de l'action ; mon soutien local rapproché... Autant d'éléments qui rendaient difficile l'utilisation de la matraque et des menottes. Alors, leur violence prit la forme de la durée, du pourrissement par les jours et les nuits interminables en ces temps de canicule de cette année 2003 où les personnes âgées et physiquement fragiles tombaient comme des mouches. Interpellé en conseil municipal par Aimé Couquet, conseiller communiste, qui s'était enchaîné par solidarité avec José Bové, le leader paysan, alors emprisonné et moi-même, Couderc avait clairement exprimé l'objectif de son camp : « Qu'il y sèche ! » Et en cet été de feu, c'était chose possible, le vent n'aidant pas à tenir à 60 mètres de haut sur ce pan de béton dénudé et brûlant.

Les professionnels de la patate chaude

« Il a pris ses responsabilités » a commenté M. Tonaire, un conseiller du ministre de la Fonction publique en s'adressant au député communiste François Liberti. Ce petit monde d'en haut avait beau jeu de faire traîner le dossier, le gouvernement précédent lui en avait montré la technique. Voyez un peu : mon affaire était celle d'un enseignant, elle relevait donc du ministère de l'Éducation nationale. Oui mais... cet enseignant en âge d'effectuer son service militaire a été mis à disposition du ministère de la Défense. Passe à lui. Oui mais... l'intéressé optant pour la coopération culturelle, il dépend du ministère des Affaires étrangères. Passe à lui. Oui mais... le statut d'un fonctionnaire relève forcément du ministère de la Fonction publique. Passe à lui. Entièrement d'accord mais... le règlement comptable des services et pensions d'un fonctionnaire concerne le ministère de l'Économie et des finances. Bien sûr, mais... au regard du dossier, quand quatre ministres sont concernés, cela devient l'affaire du gouvernement, donc du Premier ministre... Passe à lui. Oui, je vous entends bien mais cette affaire n'est tout de même pas une affaire d'État ! Alors, débrouillez-la dans les services initialement concernés. Retour à l'envoyeur. Et voilà tous les ingrédients pour une nouvelle belle partie de patate chaude interministérielle. Sachant que chaque ministère est doté d'un directeur de cabinet, de conseillers techniques et tout le tissu bureaucratique qui va avec, il y a de quoi perpétuer lettres d'attentes et promesses d'examen de dossier, égarement de documents entre les services, demandes d'envoi d'autres documents et ainsi de suite... jusqu'au gouvernement suivant et même au-delà ! Pendant plus de quatre ans, j'ai appris à connaître les noms de quelques-uns de ces professionnels du tourner en rond, bien calés et inaccessibles dans leurs fauteuils ministériels.

J'ai tout enregistré

Ce deuxième séjour fut à lui seul une véritable épopée. Pour écrire ces lignes, j'en ai redécouvert le fil heure par heure en écoutant pour la première fois depuis trente ans les conversations téléphoniques que j'avais assidûment enregistrées sur mon clocher. En effet, à des fins de mémoire mais aussi pour des raisons de sécurité, mes amis électriciens m'avaient muni d'un dispositif batterie-kit main libre-enregistreur minidisque branché en permanence. J'ai fidèlement retranscrit les 300 pages de ce trésor. J'y retrouve les voix familières de ma famille, des amis proches ou lointains, des journalistes, des représentants de l'État : des élus, députés et maires des villages du Biterrois, de l'archiprêtre... Voix qui me sont chères pour beaucoup et dont certaines aujourd'hui se sont éteintes. J'ai revécu en auditeur ému et souvent amusé les hauts et les bas de mes quarante-six jours et nuits de réclusion « volontaire ». Et bien des images ressurgissent. J'ai revécu mes doutes, justifiés ou mal fondés, mes certitudes, excessives ou légitimes. Ce combat a été fabuleux, c'est vraiment le mot car il tient de la fable, tant dans ses péripéties et par son caractère surréaliste que par son côté bon enfant. C'est peut-être aussi pour cela qu'il a enthousiasmé bon nombre de ces grands enfants que nous sommes. Oui, ce fut une belle, très belle bagarre où le renard de la fable s'enfuit à la dernière minute en « tirant ses grègues » et où le vieux coq « se mit à rire de sa peur ». Même s'il y laissa quelques plumes.

Une belle histoire en cette période d'agression gouvernementale sur les droits acquis, les retraites, les libertés, offensive sans précédent contre notre école républicaine. Trichet, gouverneur de la Banque de France relaxé dans l'affaire du Crédit Lyonnais alors que les cow-boy de l'État interpellent violemment José Bové à son domicile du Larzac pour l'incarcérer comme un terroriste à la prison de Villeneuve-lès-Maguelone, les intermittents du spectacle traités en parasites, le Conseil d'État et les ministres qui confisquent mes droits pour les reconnaître au criminel de guerre Papon : douce France, en ces temps de canicule, ta tache brune n'est pas due qu'au soleil !

Médias locaux parlent, médias nationaux chuchotent

Sur mon clocher, j'écoute les bulletins de la radio que mes enregistrements ont fidèlement consignés. Ils donnent le cadre social et politique aussi bien régional que national et international à ma frêle petite action de résistance.

À ce sujet, que dire des médias en dehors de la presse locale qui a suivi le combat depuis le tout début et m'a accompagné jusqu'à son dénouement ? Parmi les télévisions, seule France 3 a couvert l'évènement régionalement : textes fidèles et très belles images dues à Phillipe Menut, aujourd'hui disparu. TF1, présente dès le début en 2001 lors du gouvernement de la gauche plurielle, est restée absolument muette en 2003 sous Raffarin. Jean-Pierre Pernaut maintes fois sollicité, a trouvé le sujet « pas assez gai en période de vacances ». Absents aussi France 2, M6… Les quotidiens nationaux n'ont commencé à réagir qu'à partir du quinzième jour, ceci malgré les cinq dépêches de l'AFP… *L'Humanité*, curieusement et malgré le soutien sans faille des militants et élus communistes locaux ainsi que mes sollicitations directes répétées, n'a pas fait preuve de plus d'empressement et m'a consacré moins d'espace que la Une meurtrière du *Figaro*. Peut-être que j'attendais trop de ce quotidien communiste compte tenu des deux pages retentissantes signées Alain Wasmes publiées à partir de mes lettres de prison alors que j'étais encore derrière les barreaux à Saïgon… Tout se passait comme si la majorité des rédactions nationales avaient appliqué la stratégie du gouvernement : « …qu'il y sèche ! » comme avait dit le maire de Béziers. Bizarrement, ce furent aussi les mots dits à deux consœurs par la correspondante du journal *Libération* dans l'Hérault.

Mon quotidien en altitude

Au 41e jour, Gaëlle Schüller, journaliste à France Bleu Hérault, fait ainsi le point de ma situation : « Seul sur son clocher, André Menras est entouré d'amis. Des copains de l'Éducation nationale d'abord qui ne le lâchent pas… Sa famille inquiète qui vient lui rendre visite ou encore des anonymes qui lui téléphonent et lui montent ses repas ; un couple de pigeonneaux et un bébé martinet qui est monté sur son épaule pour reprendre son envol. Ce fonctionnaire des renseignements généraux qui l'appelle chaque matin pour s'inquiéter de sa santé et de quand il compte descendre. Mais il y a aussi des ennemis en haut de cette cathédrale. D'abord le vent qui a déjà eu raison de deux tentes, l'administration qui tarde à répondre à sa requête et puis, tout bêtement les poux des platanes qui le harcèlent de leurs piqûres. Mais André Menras se dit inébranlable dans la justesse de son combat. Le haut de la cathédrale Saint-Nazaire, dit-il, est loin d'être un paradis, mais les geôles vietnamiennes étaient avant tout un enfer ».

Le même jour, la journaliste parle ainsi de mon quotidien : « La cloche, silencieuse la nuit, réveille l'ancien instituteur chaque matin à six heures pétantes. André Menras suit alors un rite immuable, 50 pompes, trois cents abdominaux, puis selon sa forme deux ou trois fois la remontée d'une quarantaine de marches franchies deux par deux qui mènent jusqu'au sommet de la cathédrale. C'est alors l'heure de la douche, si l'on peut oser l'appeler ainsi. Cinq litres d'eau sont à sa disposition. Ses copains se chargent de les monter chaque jour tout comme ils font un roulement pour lui apporter ses repas. Chacun y va de sa spécialité et n'hésite pas de monter les 212 marches du clocher pour lui témoigner de sa solidarité. L'instit tient à les accueillir comme il se doit, rasé de près. Auparavant à 8 heures, il a téléphoné à ses parents âgés de 80 et 88 ans pour les rassurer, eux qui de leur fenêtre, ont vue sur le sommet de la cathédrale. André Menras rédige ensuite son papier d'humeur édité dans l'*Hérault du jour* avant de réviser son vietnamien. Ses potes lui ont monté un dictionnaire. Il écoute aussi la radio mais avoue qu'il a bien du mal à penser à autre chose qu'à son combat. L'après-midi : sieste. Les heures s'égrènent et à 22 heures il entend pour la dernière fois du jour la cloche sonner. Et, dernier mauvais coup : hier soir l'orage a emporté sa toile de tente. C'est déjà la troisième qui est arrachée par le vent ».

La fête et le blues

Ce soir de la fête de la musique, 9e jour de clocher à 22 h 30, je me confie à l'enregistreur : « Les musiques montent des rues. Celle de la mairie tape, tape. Celle des Allées Paul Riquet cogne et en bas, place de la Révolution, les fifres d'un orchestre plus ou moins provençal. C'est la fête du bruit. Ça résonne et monte de toutes parts. Je me sens en état de siège. Ah, si le mouvement social pouvait avoir autant de succès ! Et toi, tu es seul ici comme un Pierrot sur la lune, loin de ta femme, de ton fils, de tes parents… Tu sais que tes amis sont malheureux pour toi et les autres font la fête. Ils te font la fête en pleine tronche. T'en as plein les yeux, plein les oreilles. Je me sens fatigué de faire figure optimiste à chaque appel téléphonique, à chaque visite. Et ce moment de blues est un moment difficile. Vraiment. Dans ces moments-là on a besoin de se reconvaincre du pour quoi, du pour qui on est là. Ça me rappelle la prison, quand le moral glissait et qu'il me fallait reprendre mes marques. Pour toujours arriver à la conclusion : tu n'as pas d'autre choix si tu veux rester toi-même. Je dois chasser l'amertume qui n'est pas juste. Il faut bien que la pression subie s'évacue. Et c'est mieux avec les autres, par une thérapie collective : la fête. Bon, je reprends mon souffle et c'est reparti ».

Moments de plénitude

L'enregistreur vocal a été aussi témoin de moments de plénitude ainsi ce 23e soir à

21 h 30. « J'ai essayé d'installer la nouvelle tente mais trop de vent du nord-ouest. Je suis allongé et regarde le ciel. Martinets face au vent dans le ciel juste au-dessus de moi, comme des ancres marines noires qui décrochent d'un coup et par des vols rapides et saccadés plongent vers les insectes. Croissant de lune à l'ouest. Nuages orangés, légers comme des coups de pinceau qui traînent. On voit les Pyrénées et je distingue encore le bleu de la mer. Les lumières sont allumées partout dans la ville. Je suis sous le campanile et la radio chante « T'voir ta gueule à la récré ». L'Orb, flaques de lumières allongées comme des danseuses qui tournent. Les façades, comme des visages éclairés par-dessous avec autant d'yeux écarquillés, façades plates ou anguleuses, embrasées ou à peine léchées par la lumière, grises sur un côté, jaunies sur l'autre, balcons comme des bouches. Gigantesque maquette animée par la traînée des phares des voitures et leurs feux rouges. Aboiement de chiens au loin. Encore une belle journée ».

Mes épisodes ventés sont aussi enregistrés à chaud comme celui de la nuit du 26 juin au 14e jour.

« 3 heures du mat. Bourrasque du grec*, la tente ballotte de tous les côtés. Problème à venir pour la banderole de 11 mètres sur 3. Comment la placer ? La tenir ? Le dessous de la tente se soulève et se boursoufle. Je suis obligé d'abandonner la tente pour aller dans la guérite. Je déménage les affaires (portable, cahier, lunettes). Je leste le fond de la tente et j'évacue. Le vent s'engouffre violemment par-dessous. S'il souffle à l'intérieur, c'est râpé. Je suis bon pour faire Aladin et la tente volante. Le vent est juste face à l'ouverture. Je prends la lampe et sors à quatre pattes. J'ai de la peine à tenir debout sur ce toit en dévers. Je reviendrai chercher ce qu'il reste quand ce sera possible. Le pire des scénarios pour ce matin. Le vent a arraché une banderole côté sud. Elle s'est enroulée à un montant du campanile. Je ne m'arrime pas parce que j'ai peur de m'entraver à la corde. Par des allées et venues laborieuses, je vide la tente, elle est sacrifiée. Sifflements des pentures sur les gongs de la porte. Les crépitements rageurs de la tente sont insupportables à l'oreille. Comme celui des flammes dans un incendie géant. La cloche qui tinte anarchiquement sonne le glas de mon frêle abri. Les gargouilles n'ont pas fait leur travail : le diable est sur le toit ! »

Mes billets du clocher publiés par l'*Hérault du Jour*

Voici quelques billets du clocher écrits à la volée, dans la tente, la guérite ou à l'ombre de la cloche. Tous ont été publiés dans l'*Hérault du jour*. Ils étaient lus bien au-delà de Béziers et du cercle de mes soutiens. Chacun est le reflet d'un moment de cette saga, comme un message à ceux qui n'attendaient que ma chute et à ceux qui soutenaient fermement mon combat.

Sur le silence des ministères

Seuls les ministres… 6e jour

Dans ma réclusion altière, je suis entouré de mes amis et de mes proches. Je fais l'objet de l'étonnement, de l'attention et, qui sait, peut-être de la compassion de quelques animaux. Un couple de pigeons roux, des rouges-queue qui, entre deux bourrasques, viennent devant moi, à quelques mètres m'observer. Un lézard qui penche sa tête du haut de la girouette dominant le campanile et n'en revient pas de ce bonhomme dans sa petite tente bleue... Ils me rappellent Gaspard, le gros rat saïgonnais qui me rendait régulièrement visite vers trois heures du matin avec son air débonnaire entre les barreaux de mon cachot alors que, tabassé, je faisais la grève de la faim et que ma sympathie à son égard était plutôt, je l'avoue bien honteusement... alimentaire. Ainsi, même les bêtes s'inquiètent des hommes en réclusion. Seuls les ministres qui les y ont conduit les ignorent. Triste démocratie.

Sur les ministres le Droit et l'Histoire (8e jour)

Voleurs de droits, gommeurs d'histoire

Lettre à monsieur Raffarin, Premier ministre... Pendant ces années que Fabius, Lang et Jospin ont finalement dû reconnaître et que vous voulez, monsieur Raffarin, me confisquer, où étais-je donc ? À quoi faire ? Habillé par les uns, hébergé par les autres, sans un sou en poche, je parcourais campus, usines, églises, temples et pagodes, de congrès en congrès, de pays en pays, y compris les États-Unis. Avec le Secours populaire français, Amnesty International, la J.O.C et bien d'autres, je ne vivais que pour une seule chose : témoigner. Je parlais inlassablement de Phương, ami étudiant torturé devant sa fiancée puis assassiné en prison cinq jours après ma libération ; de madame Sáu Mù, aveugle à cause des poignées de chaux vive que ses geôliers lui lançaient au visage ; de milliers d'autres détenus politiques confinés comme elle dans les « cages à tigre », ces étroites fosses aux murs de béton et au toit de barreaux. Je parlais inlassablement de ceux et celles qui, ramenés de torture ne devaient leur survie qu'à l'urine de leurs codétenus, seul liquide à boire disponible ; de ceux et de celles qui, aux fers en permanence, sentaient leurs membres inférieurs se paralyser lentement tandis que les geôliers les laissaient des jours durant au milieu de leurs excréments. Je parlais de ceux qui criaient la nuit, dans la cellule voisine : « Chef ! Chef ! Il y a un mort dans la cellule OB1 ! » et qui gardaient contre eux durant de longues heures, le cadavre de leur camarade.

Non, monsieur Raffarin, vous n'effacerez pas ainsi l'Histoire ! Non, pendant cette période de ma vie que vous voulez effacer de vos tablettes, je n'étais pas « en congé pour suivre mon conjoint ». J'étais de façon pacifique en guerre pour les droits de l'Homme et pour la paix, en bon instit français et républicain. Pendant ce temps, d'autres se taisaient. D'autres, de votre famille politique, ceux-là mêmes qui m'ont abandonné aux griffes du dictateur saïgonnais, qui m'ont dénigré, hurlaient avec les loups pour faire rendre gorge au peuple vietnamien. Ils sont au pouvoir aujourd'hui et ne m'ont jamais pardonné. Voilà pourquoi je paye encore mon crime de paix ».

Sur mon optimisme et ma détermination

L'anti-girouette (17e jour)

Au plus féroce de la répression, alors que mes camarades déportés dans les cages à tigre résistaient de tout leur être avec ce qu'il leur restait de corps, qui aurait dit que deux ans plus tard, ils se libèreraient eux-mêmes et que l'un d'entre eux serait le premier maire de Poulo Condor ? Qui aurait dit aux habitants d'Hanoï au plus fort des bombardements meurtriers de 1972 que les bombes cesseraient définitivement de tomber un an après pour une paix victorieuse ? Qui m'aurait dit aux moments les plus durs des passages à tabac, de l'arrestation, des interrogatoires, de l'internement psychiatrique et de l'isolement au secret que deux ans plus tard je reverrai mes parents ? Qui aurait dit que le triste commandant Tuấn qui dirigeait les gardiens et tortionnaires de notre bagne se retrouverait si tôt derrière ses propres barreaux ? Il en va de la vie et de la lutte comme du vent sur mon clocher. Tantôt il souffle de l'ouest en bourrasques et arrache ma frêle tente igloo. Le lendemain, une autre vient la remplacer. Tantôt, en pleine nuit, il tourne au marin, devient tempête et m'oblige, encordé, à évacuer mes effets. Le lendemain, tout est réinstallé. Alors, il vire au grec, fouette l'énorme banderole qui claque et racle contre les arêtes de pierre comme une voile folle que je dois en hâte décrocher. Demain, elle sera à nouveau déroulée.

Tourne le vent, tournent les girouettes, mais grâce à mes amis, je reste debout et maintiens le cap : DROITS devant. Ceux que Raffarin me vole et ceux qu'il arrache à la hussarde à des millions de citoyens. Le vent tournera. Certainement. Contrairement aux girouettes qui le suivent et le subissent docilement, c'est nous qui finalement marquerons la direction. Avec obstination. Pour qu'il nous pousse et nous donne du souffle »

Sur le mépris des ministres

Homme ou punaise ? (18e jour)

Si vous allez un jour au Vietnam au moment de la saison sèche, demandez à visiter l'île de Poulo Condor, dans cette partie de la mer dite « de Chine » et qui appartient au Vietnam. C'est une île merveilleuse entourée de petits îlots à la végétation luxuriante. La palette changeante des bleus et des verts du ciel, des plantes et de l'océan en fait un véritable paradis de paix. C'est ce qu'écrivait en substance Camille Saint-Saëns, venu jusqu'en ce bout du monde chercher l'inspiration. Mais les agissements de son hôte, militaire gouverneur de l'île et l'arrivée des premiers bateaux de prisonniers politiques qui débarquaient enchaînés au quai neuf cent dix-neuf lui laissèrent craindre « de grands malheurs ». Il avait raison. L'île fut vite transformée en enfer sur terre. Vingt mille emprisonnés politiques y furent exterminés, de mort lente ou violente. Parmi les meilleurs fils et filles du Vietnam. Gigantesque cimetière avec à perte de vue ces tombes et ces autels porteurs de baguettes d'encens. Énorme camp de concentration où les colonialistes français puis les impérialistes américains ont rivalisé de sauvagerie. Allez donc visiter les minuscules cages du camp numéro sept ! Derrière l'épaisse porte de bois armée de métal, vous découvrirez un socle de béton sur lequel le détenu était immobilisé, entravé par des fers. Sur le mur gris, à côté de lui, on peut voir encore une multitude de taches brunes plus ou moins allongées, comme un tableau surréaliste, avec, hors de portée, en lettres rouges délavées par les ans : « prière de ne pas écraser les punaises sur les murs ». Ainsi, dans ce lieu comme dans beaucoup d'autres, l'homme fut traité par l'homme avec bien moins d'égard qu'une simple punaise. Les crimes continuant, c'est pour en témoigner que j'ai parcouru le monde entier. Cette action fut finalement reconnue au niveau de l'État français comme une action d'enseignant utile à mon pays et à ses valeurs humanistes. C'est désormais ce droit et avec lui les valeurs, la mémoire et la leçon de résistance dont il est porteur que nos ministres me confisquent.

Et à mes 18 jours de clocher répond la violence de leur silence. Il confirme la nature de l'humanisme dont ils se drapent : plus proche de la punaise que de l'Homme.

Sur le soutien affectueux et exceptionnel (19e jour)

Merci messieurs de votre acharnement !

Il est des moments où il faut reconnaître certains bienfaits à ceux-là mêmes qui vous font du mal, rendre à Jean-Pierre ce qui appartient à Jacques. Au cours des vingt jours de réclusion panoramique où ils m'ont contraint pour me faire entendre et exiger la restitution de mon droit, ces messieurs qui nous gouvernent m'ont déjà offert par la persistance de leur mépris vengeur, bien des moments de bonheur simple que je n'aurais peut-être jamais goûtés.

Grâce à eux j'ai pris le temps de voir se transformer le fragile duvet de deux pigeonneaux – Justice et Paix – en un beau plumage qui annonce l'imminence de l'envol. Un jeune martinet est venu, chose rare, se poser tout près de moi au petit matin d'un jour de vent violent. Après avoir bu, toiletté son plumage et restauré ses forces, il a voleté de ma cuisse à mon épaule et m'a salué avant de plonger, face au vent, vers les toits de la ville. J'ai même lié conversation et amitié avec un couple de rouge-queue qui régulièrement, à la fraîche, vient me tenir compagnie.

Mes amis n'ont jamais été si proches de moi. Jamais je ne me suis autant senti en osmose avec eux. De la France entière, j'en ai retrouvé, perdus de vue depuis des années. J'en ai découvert de nouveaux que je ne soupçonnais pas. À tous, ils ont entrepris de me choyer, de me nourrir comme un prolongement d'eux-mêmes. Mes repas, plus riches et copieux que de raison me pousseraient même, si je n'y prenais garde, vers un embonpoint de moine ou de… ministre. Et si je maudis nos gouvernants pour les nuits blanches d'angoisse de mes vieux parents, de ma femme et de mon fils, tous par eux pris en otage, je dois aussi les remercier pour la fierté qu'ils nous ont donnée de les combattre ensemble.

En résistance à la grisaille de la vie que ces messieurs me proposent, des fleurs viennent égailler la froide pierre de l'escalier : roses, lavandes, œillets, fleurs sauvages. En pied de nez à leur silence que relaient en écho les grands médias télévisés, de la musique m'est dédiée, tantôt du chœur de cette cathédrale par la chorale de mes amis, tantôt s'élevant du parvis pour me tirer des larmes de joie. D'autres musiciens que je ne connais pas s'arrêtent et me donnent l'aubade. Un jeune ami inconnu me propose spontanément d'offrir, avec les potes de son groupe, une animation musicale en bas, place de la Révolution. La musique sacrée des grands orgues participe même de la fête. Jouée par l'archiprêtre, elle me parvient comme un encouragement par l'immense tuyau vertical de l'escalier et dans le noir me fait vibrer. L'imposante campane, à la verticale de ma petite tente rythme le temps tranquillement de façon devenue presque familière, comme pour m'assurer que mes jours dérobés sont bien enregistrés et seront déduits de la conscience de leurs voleurs. Une juste décote en quelque sorte.

Enfin aujourd'hui, est-ce un augure ? alors que mes deux pigeonneaux sont prêts à s'envoler, deux de mes anciens petits élèves de l'école Paul Riquet devenus de grands et solides gaillards, sont montés jusqu'à moi pour m'apporter à boire et à manger. Ce nouveau moment de bonheur est aussi à porter à l'actif du généreux acharnement de nos ministres. Aussi, comme il se doit, mes pensées vont vers eux. Avec reconnaissance.

Sur le temps qui passe (38e jour)

Hors de notre temps (!)

Pour la deuxième fois de ma vie, je me retrouve confronté au temps. Face à face avec lui. Au fil des jours, j'ai réappris à le connaître, à mieux le décrypter, le quantifier pour m'en faire un ami, le vivre comme un capital qu'on accumule et non comme une partie de vous-même que l'on vous arrache. Car il est, Albert avait raison, tout à fait relatif, tour à tour compressible, élastique, immobile ou inexistant. À la fois physique et bourré de psychologie et d'histoire. Il est aussi récurrent, surgissant soudain d'un passé chargé d'images pour malicieusement interrompre et suspendre la fluidité du temps présent. Il est extrêmement polymorphe. Ainsi, si vous me demandez depuis combien de temps je suis là-haut, je pourrais vous répondre façon Prévert, au choix : je suis là depuis 38 marches d'escalier moyenâgeux bien balayées, deux pigeonneaux passés du duvet à la plume, 3 petites tentes aux 4 vents, 13 roses fanées, 300 amis en bas autour de la petite table, 1 500 touristes qui signent et peut-être se signent, 9 678 coups de grosse campane, quelques centaines de locomotives sur la voie ferrée avec leurs wagons et passagers, 4 ponts sur l'Orb et deux millions de véhicules, 10 millions de claquements de toile dans mes oreilles… Je pourrais aussi vous répondre : je suis là depuis zéro marque de respect de la part de l'État, zéro reconnaissance de mes droits. Les aspects du temps les plus difficiles à vivre, vous l'avez compris, sont ceux où il est nul ou plutôt ceux où rien ni personne ne s'inscrit dedans. Je savais déjà les ministres hors la loi républicaine, hors la loi humaine. Ils sont aussi hors de mon temps, hors de notre temps. Je serais tenté de ponctuer cette dernière phrase par un point d'exclamation pour la transformer à leur intention en ferme injonction citoyenne. Defòra ! * Question de temps.

Allo ? Ne quittez pas !

Il faut le reconnaître : recevoir un appel d'un média en haut d'un clocher n'est pas chose ordinaire. Mais si on arrive à prendre de la hauteur avec l'évènement, c'est quelquefois cocasse. Coincé depuis vingt-deux jours à 57 mètres du sol sur quelques mètres carrés, en plein vent ou sous la pluie avec une batterie qui s'épuise, et entendre : – « Ne bougez pas », « Ne quittez pas », « Vous avez quelques secondes s'il vous plaît ? » déclenchait chez moi de petits rires nerveux difficiles à comprendre à l'autre bout du fil. De même une radio nationale vous demande si vous êtes du soir ou du matin afin de décider si l'interview de quelques minutes aura lieu à minuit ou à 6 heures du matin.

D'autres rapports ont été plus tendus, comme avec ce journaliste au nom topographique bi-particulaire du quotidien *Le Parisien* qui reçoit ainsi votre appel alors que vous avez été présenté par une autre journaliste. Quand vous vous référez à elle : « Qui est cette dame ? Vous êtes le monsieur… oui mais bon, je suis en train de travailler, elle me dérange… téléphonez-moi dans une heure éventuellement ». Une heure après : « Bonsoir monsieur. Je vous ai appelé tout à l'heure… (il m'interrompt et s'adresse à une autre personne…) Je continue : je voulais juste vous dire que vous m'avez reçu comme un malpoli ou un intrus mais on m'avait donné votre numéro comme celui d'une personne prête à m'écouter. Sans ça, je ne vous aurais pas appelé. Excusez-moi si je vous ai dérangé. Je vous souhaite le bonsoir ». Et j'ai raccroché au nez de ce journaleux imbu de sa plume. C'est un jeune stagiaire qui m'a rappelé, très poli, quelques jours plus tard. Il a fait un très bon papier.

Et puis il y a eu les problèmes d'approche dont nombre de mes amis ont fait l'épuisante expérience. Du haut de mon clocher c'était encore plus irréel. Ainsi ce gag tel qu'il a été enregistré par mon magnétophone avec le journal *Le Monde* le 11e jour.

– Est-ce que pourrais avoir la rédaction s'il vous plaît? « – Quelle rubrique? – Euh... social – Ne quittez pas. – (Longue attente.) Allo? – Bonjour madame. – C'est pour quel secteur, monsieur, excusez-moi... – J'appelle de Béziers dans l'Hérault... – Non mais je vous demandais: quel service? – Social. – Ah, le social... Ne quittez pas. Allo? (Une autre personne) – Bonjour madame. En deux mots je vous raconte l'objet de mon appel: je suis instituteur, j'ai 58 ans et voilà onze jours que je suis sur le clocher d'une cathédrale à 57 mètres de haut... – Dans quel département? – Dans l'Hérault – Il faut que sur place on vérifie, voyez-vous... – A Béziers exactement. – Eh ben je vais vous donner le nom du correspondant hein... parce que d'ici on ne peut pas vérifier. – Oui, excusez-moi mais la vérification est quand même très facile: appelez la sous-préfecture ou le commissariat de police (je ris) – Oui, attendez, ne bougez pas... – Merci (Je ris nerveusement). – C'est M. Benguigui. Ne bougez pas. Je vous donne son téléphone. – Merci beaucoup madame. Au revoir ». J'avais déjà le numéro: canard muet.

Conférence de presse sur le clocher

Qu'à cela ne tienne! Relevant le défi d'Ubu et de Kafka, après quatorze jours et autant de nuits à la belle étoile, nous tentons une percée médiatique avec une conférence de presse sur... le clocher. C'est le jeudi 26 juin. Ils sont là, dans cet espace très réduit en déclive sur quatre pentes sans garde-fou, essoufflés d'avoir gravi les 212 marches irrégulières: l'ancien ministre Jean Claude Gayssot, les deux députés François Liberti (PCF) et Kléber Mesquida (PS) Jacques Blin (vice-président PCF du Conseil départemental), un responsable national du Secours populaire français et un responsable régional, Aimé Couquet, Conseiller régional PCF, Richard Abauzit, syndicaliste SNUipp, plusieurs autres syndicalistes et les journalistes Gérard Laudinas de *Midi Libre*, Gaëlle Schuller de France Bleu Hérault et Michel Szewczyk, de l'*Hérault du jour*. Ceux qui avaient le vertige se sont adossés aux barreaux du campanile ou ont agrippé les cordages de sécurité installés pour la circonstance. Les autres se tiennent debout, face à moi. Je suis sûr que chacun gardera en mémoire toute sa vie cette conférence de presse aérienne. Comme il n'y a pas assez d'espace sur le clocher, au pied de la cathédrale, les maires de huit communes du Biterrois, écharpe tricolore en bandoulière, marquent leur soutien entourés des amis fidèles qui veillent en permanence. Une semaine après, le 3 juillet, les mêmes élus, n'ayant pas été entendus, occuperont la sous-préfecture pour, au bout de six heures, obtenir un rendez-vous à Paris cinq jours après, avec un conseiller du ministre de la Fonction publique. L'entretien n'apportera rien de nouveau, ce haut technicien ne semblant pas connaître mon dossier.

Un dénouement expédié par deux fusibles de service

Excédés, le 23 juillet militants et élus rencontrent le préfet à Montpellier et arrachent un autre rendez-vous et la promesse d'une rencontre pour le lendemain en marge de l'Assemblée nationale avec le ministre. Deux députés MM. Liberti et Mesquida et Richard Abauzit, le syndicaliste, doivent rencontrer le ministre Delevoye. Suite à cet entretien d'une heure qui n'apportera rien de neuf, mes amis obtiennent dans la foulée la venue à Béziers d'un haut fonctionnaire missionné par le gouvernement – et non pas un seul ministère – pour venir finaliser la négociation en sous-préfecture.

À sa décharge, ce missionné gouvernemental M. Dupont, inspecteur général de l'Éducation nationale, descendu en catastrophe de Paris n'avait été informé de sa venue que la veille et avouait ne connaître mon dossier que très partiellement. C'était son collègue Simon qui en était chargé mais ce dernier était en congé, détail qu'ignorait le ministre, Dupont dixit. Il avait fait un saut par Montpellier pour covoiturer un lieutenant : M. Larbo, inspecteur d'Académie, qui l'avait briefé pendant ce court laps de temps mais lui-même avec de sérieux manques. Il s'en est excusé le plus sérieusement du monde devant le groupe de travail : « Je n'ai pas le dossier et, comme madame A. n'était pas là, je n'allais quand même pas fouiller son bureau ».

En présence des députés et du sous-préfet, ces deux malheureux sacrifiés devaient livrer une lutte décisive face à Richard, un combattant acharné, juriste et syndicaliste, armé de pied en cap sur un dossier qu'il avait patiemment constitué depuis plusieurs années. Il en possédait toutes les pièces, classées chronologiquement, et pouvait les extraire à la demande. Sur mon clocher, j'étais au téléphone, pour d'éventuelles précisions et décisions. C'est ainsi que l'inspecteur général découvrit, désemparé, que Paris lui avait donné de fausses informations et photocopia les vrais documents transmis par Richard. Mais il freinait des quatre fers, n'osant y croire et, malgré son honnêteté, il avait certainement reçu des consignes restrictives.

L'inspecteur au tableau noir sous la dictée de l'instit

L'inspecteur d'Académie, de son côté, avait des problèmes de chronologie. Les inspecteurs généraux, ayant un QI aussi supérieur soit-il à celui de leurs enseignants de base, comment le brave homme aurait-il pu assimiler en quelques heures un dossier épais de deux ans ? Comme le sous-préfet disposait d'un tableau noir dans la salle de réunion, à la demande de l'inspecteur général, son inspecteur d'Académie dut passer au tableau pour écrire sous la dictée de Richard l'instit, le déroulement des faits. J'aurais tellement aimé être une souris à la sous-préfecture pour assister à la scène.

Hélas, je devais me contenter de courts échanges, courtois mais parfois virils, du haut de mon clocher, aux quatre vents. Cela va sans dire, il y eut quelques « je vous entends très mal » et le vent n'y était pour rien. Notamment lorsque le brave inspecteur général sortit de son chapeau un ultime lapin : un faux document, jusque-là inconnu et étranger au dossier, que lui avait fourni à Paris un vrai conseiller technique. Mais quel document ! Selon son interprétation, le ministère pouvait réduire de moitié le montant de ma reconstitution de carrière arrêté par le gouvernement précédent. M. Dupont tenta de me persuader d'être raisonnable. En vain, puisque le document ne l'était pas. Pas une seule virgule ne devait être changée des arrêtés signés par les ministres du gouvernement précédent. C'était pour moi non négociable.

Richard craignait la rupture et me dit que l'homme avait un train à prendre incessamment. Je savais que le téléphone était en mode haut-parleur : – « Il est pressé ? Et alors ? J'ai passé cinquante jours sur ce clocher ! Je ne le retiens pas ! » Le sous-préfet, s'écartant du groupe en chuchotant tenta de m'amadouer : « Allons, Monsieur Menras, vous n'êtes pas un homme de pognon… » : « Exactement, je suis sur ce clocher essentiellement pour des valeurs que nos ministres foulent au pied ». La communication avec Paris devint tout à coup réalisable, avec le conseiller en question qui admit que le document de dernière minute n'était pas le document adéquat. Quand j'écoute à nouveau ces échanges je ne peux m'empêcher de penser que l'épreuve a été longue, pénible, par moments dangereuse, mais comme elle en valait la peine ! Dans tous les cas, contrairement à l'invitation du renard, le vieux coq s'est bien gardé de quitter sa branche. Il ne le fit que lorsqu'il fut assuré que son droit lui était rendu, au soir du 46e jour.

En tournant les pages, certaines s'envolent…

Je dois avouer que j'ai eu un énorme privilège : la petite maison dans la plaine où je voyais le linge blanc que ma mère agitait de la fenêtre pour répondre au mien. Avec mon père de 88 ans que j'imaginais retournant la terre dans ses carrés de légumes. Les deux près de moi comme des anges gardiens qu'il faut rassurer mais qui vous encouragent. Malgré les moments de larmes à peine contenues ils n'ont jamais flanché.

Pendant ces 50 jours d'hiver glacial et d'été caniculaire sur ce clocher, un autre allié m'a été d'un grand secours : le Vietnam. Il n'a jamais quitté mon esprit. Dans les moments les plus durs, je le rappelais à ma mémoire. Mais il faut bien reconnaître qu'au-delà de ces images, le soutien des représentants du Vietnam a été particulièrement absent. Pas même un coup de fil privé de l'ambassade pour assurer ma famille de sa sympathie, alors qu'au Vietnam on venait de me porter sur le pavois du héros. Absents pour simplement confirmer que j'étais bien incarcéré dans le bagne de Chí Hoà pendant deux ans et demi et non « en congé pour suivre mon conjoint ». Absents pour affirmer que pendant un an et demi j'avais parcouru le monde pour aider à la libération de dizaines de milliers de détenus politiques, à ce que cessent les tortures et les disparitions. Peut-être encore un problème de service postal déficient. L'ambassadeur du Vietnam à Paris, M. Nguyễn Mạnh Dũng, n'avait peut-être pas reçu ma lettre envoyée en recommandé avec accusé de réception. Sa réponse ne vint jamais.

Il est vrai que je n'avais pas besoin de me signaler ainsi à son attention : il était parfaitement au courant. Quelques mois auparavant, du 24 au 28 janvier 2003, je m'étais rendu à Paris pour lui rappeler mon dossier à l'occasion de deux évènements : un colloque international universitaire sur « La guerre du Vietnam et l'Europe » et une réception à l'ambassade pour commémorer le trentième anniversaire de la signature des Accords de Paris.

Le colloque était organisé à l'École militaire par le « Centre d'histoire de l'Europe du vingtième siècle » et l'association « Diplomatie et stratégie ». Charles Fourniau m'y avait fait inviter en tant que membre du Comité national de l'Association d'amitié franco-vietnamienne (AAFV) et ma demande avait été acceptée in extremis par les organisateurs. Le colloque se déroulait en la présence de Mme Nguyen Thị Bình ancienne vice-présidente de la République du Vietnam à laquelle je n'avais pas besoin d'être présenté, des conseillers de l'ambassade dont MM. Chiến et Phan Thiên Nhiên. Tout un aéropage d'éminents historiens, chercheurs et diplomates (dont les anciens ambassadeurs Philippe Richer et Froment Meurice) modéraient et guidaient les débats par demi-journée. La parole de la salle, quand elle était accordée, était souvent coupée par les organisateurs tel l'éminent professeur Maurice Vaïsse qui déplorait « que les débats soient marqués par l'agressivité d'un passé qui n'était pas mort » et veillait consciencieusement à ce que le discours ne glisse pas trop du côté qui n'était pas le sien. J'ai souvenir d'un de ces universitaires américains, un certain bushiste du nom de Larry Bergman, qui, m'ayant identifié, me gratifiait d'un regard haineux en affirmant que les Accords de Paris n'avaient aucune valeur. La seule fois où j'ai pris sur moi pour oser demander la parole, le micro m'a été refusé par le « modérateur », l'historien Philippe Devillers, membre de l'AAFV. Ca signifiait que ce monsieur, qui savait bien que mon histoire n'était pas anecdotique, ne me reconnaissait pas légitimité pour parler d'un sujet dont j'avais été acteur. En outre, son attitude confirmait que cette amitié drapée d'expertise qu'il affichait était une chasse gardée ou, dit plus abruptement, un casse-croûte intellectuel, propriété exclusive du sérail qu'aucun intrus ne saurait déranger. Vingt ans après, cette situation n'a guère évolué. Celle des chercheurs qui cherchent dans le sens du poil.

Mémoire à fidélité variable

Pour revenir à ce séjour parisien qui précédait de quelques mois seulement ma seconde ascension du clocher, je me suis rendu à l'ambassade du Vietnam, 62, rue Boileau, pour la commémoration du 30e anniversaire de la signature des Accords de Paris. Comme pour le colloque, je n'étais pas convié à cette cérémonie. Bizarre : l'ambassadeur et son entourage avaient pourtant lu la presse du Vietnam quelques mois plus tôt. Des pages entières sur les différents journaux du Parti communiste. La une du journal Le peuple. Ils avaient certainement vu quelques-unes des multiples émissions télévisées dont avait fait l'objet « le Français Vietcong ». Du sud au nord, bardé de médailles au Vietnam, j'étais brusquement « oublié » à leur ambassade de Paris pour commémorer un évènement historique majeur pour lequel j'avais quand même risqué plusieurs fois ma vie…

Ce dimanche après-midi, après avoir passé le filtre des CRS et des services de sécurité de l'Ambassade, je suis finalement guidé dans la salle pleine de Français et de Việt Kiều*. Chiến, le premier conseiller qui me connaît bien est un peu crispé et me place au premier rang, non loin de Madame Bình et de l'ambassadeur. J'apprends que les incontournables décorations sont prévues avec 28 récipiendaires. La plupart sont des membres du PCF et de l'Association d'amitiés franco-vietnamienne. Chiến refuse de transmettre mon dossier litigieux avec le gouvernement français à Mme Binh. Il m'invite à le faire moi-même tandis que Madeleine Riffaud qui ne la lâche pas, lui dit fièrement, faisant référence à la première ascension du clocher en 2001 : « On s'est battu pour qu'il obtienne satisfaction ». Malheureusement, beaucoup de « grands amis » du Vietnam étaient restés muets. Au moment du pot, j'ai le plaisir de revoir Toto, le chauffeur du PCF que j'ai souvent rencontré au GRP. Il est ravi de me revoir et me dit qu'il a suivi l'histoire de la cathédrale en décembre 2001. Rapidement, je m'éclipse sans reprendre des nems.

Ces rencontres ont eu le mérite de me donner la mesure du soutien que je pouvais attendre de la part du corps diplomatique et de ses amis français. Trente ans après, l'eau de la douche est encore bien froide. Seule, après maintes sollicitations, Mme Nguyễn Thị Bình a écrit une lettre personnelle à Jacques Chirac en l'invitant à considérer mon dossier avec bienveillance.

Du terrain, mon action n'a pas non plus trouvé grand écho mis à part la lettre ouverte de soutien de la part de jeunes Vietnamiens résidant en France. Comme prévu, l'Association d'amitié franco-vietnamienne dont j'étais membre du comité national a été remarquablement absente. Ses personnalités influentes, ses grands experts et amis du Vietnam n'ont pas été là prétextant que la période des vacances d'été choisie pour l'action n'était pas « stratégique ». Très peu d'entre eux à part Henri Martin et Madeleine Riffaud m'ont téléphoné et ont rejoint le comité qui me soutenait tout en me conseillant avec insistance d'interrompre l'occupation du clocher. Les autres se révélèrent à la fin comme des combattants valeureux quand il s'est agi de voler au secours de la victoire. J'aurais espéré mieux… Mais, c'est vrai, je suis un rêveur.

Beaucoup d'amis vietnamiens, au récit de cette saga d'un citoyen en conflit avec le pouvoir d'État m'ont dit : « Au Vietnam sous le régime actuel de Nguyễn Phú Trọng, tu n'aurais pas tenu une heure sur un clocher ou ailleurs et on n'aurait pas entendu parler de toi ». Ils ont certainement raison. C'est sûr, il y a des degrés dans le déni de démocratie. Comme dans la résistance à ce déni.

Silence, on tourne ! *La Meurtrissure*, longue saga

Comprendre mes films réalisés sur le tard et à l'arraché par un étranger au monde de l'image, sans aucun conseil ni guide, ni matériel, avec des budgets voisins de zéro – excepté pour le premier – c'est comprendre la force de ma volonté de faire connaître une tragédie humaine dont presque personne ne parle. Dérangeante pour certains, banale pour d'autres comparée aux autres drames qui secouent le monde, elle est celle des dizaines de milliers de pêcheurs du centre Vietnam en proie au terrorisme quotidien de la marine de guerre de Pékin dans les archipels des Paracels[1]et des Spratleys[2]. Quand les mots ne suffisent plus, il faut montrer les gens, les entendre parler, faire parler leurs yeux. Ces trois films sont sur YouTube à portée de clic.

L'histoire a commencé, sans que je m'en doute, dès 2006 quand j'ai appris fortuitement, par un petit article le sort de ces pêcheurs. J'ai beaucoup lu, réuni et étudié des documents historiques, géographiques, juridiques. J'ai beaucoup écrit sur le sujet. J'ai élaboré des statistiques sur les agressions connues. Mais un fait nouveau a précipité les choses : depuis le 1er décembre 2009, je suis devenu citoyen vietnamien, par décision du président de la République M. Nguyễn Minh Triết et en sa présence. Jusque-là, je me sentais concerné par cette douloureuse injustice. En tant que citoyen de la République socialiste du Vietnam, les pêcheurs devenaient mes compatriotes et leur problème devenait le mien, directement et politiquement. Quelques mois à peine après la cérémonie largement médiatisée de l'attribution de ma nationalité au palais de justice de Saïgon, je me suis rendu pour la première fois dans la province de Quảng Ngãi, au contact des pêcheurs.

1. Hoàng Sa (Les sables jaunes), les Paracels forment un archipel d'environ 130 îles coralliennes, réparties sur une zone de 250 km de long sur 100 de large. Orientés sud-ouest – nord-est entre la côte du centre Vietnam et l'île chinoise de Hải Nán.

2. Aussi appelé Spraleys ou Spratly ou Trường Sa (vietnamien), archipel d'îles, atolls, récifs, dunes de sable situé en mer dite de Chine au sud de Taïwan, à l'est du Vietnam et à l'ouest des Philippines, de la Malaisie et du Brunei.

J'avais échafaudé un plan : aller sur l'île de Lý Sơn, chargée d'histoire séculaire, fière des traditions de la Brigade maritime des archipels, rencontrer les pêcheurs du village de An Vĩnh. Il avait fourni les premiers effectifs de jeunes hommes partis dans les archipels sous l'ordre des seigneurs Nguyễn au XVIIe siècle, pour exploiter les ressources, récupérer des épaves, cartographier et protéger la souveraineté sur ces espaces insulaires et maritimes pleins de dangers. Je voulais partir avec eux pêcher en mer dans la zone où l'État vietnamien affirme sa souveraineté « indiscutable » ; voir les familles, particulièrement celles des pêcheurs agressés par la marine chinoise ; partager leur quotidien ; mesurer les conséquences matérielles et psychologiques d'actes sauvages méprisant les lois internationales ; rencontrer les autorités locales pour obtenir des listes de familles sinistrées et une certification officielle de cette situation. Ainsi, réunirais-je les éléments nécessaires à un rapport-reportage vivant et indiscutable qui me permettrait d'informer l'opinion française et européenne de façon objective, de la sensibiliser à cette grave question et de susciter la solidarité... Dès que ma situation de famille l'a permis, j'ai rejoint le Vietnam et l'île de Lý Sơn.

Préparation du premier séjour à Lý Sơn

Je m'envole le 16 septembre 2010 de Saïgon à Đà Nẵng. Je file vers Hội An par la route qui longe la mer, cachée sur des kilomètres par des murs de pierre, de barbelés, des miradors... Il y a quarante-cinq ans, du temps des impérialistes américains, j'avais accès à la mer, libre, sauvage, gratuite. Elle s'est « socialisée » pour devenir payante seulement accessible par de petits couloirs. Un progrès de « l'économie de marché à orientation socialiste » !

Comment obtenir un contact avec les pêcheurs ? Mon ami, l'écrivain Nguyên Ngọc qui habite à Hội An, me suggère de rencontrer M. Nguyễn Sự, maire de la commune. L'homme, 55 ans, très affable a voyagé en France et en Europe. Il parle de la Chine sans langue de bois. Selon lui, arrivé à Lý Sơn, je n'aurai qu'à montrer ma carte d'identité et dire qui je suis. En fait, M. Nguyễn Sự a aimablement botté en touche. Il ne m'aidera pas.

C'est la fête de la mi-automne, dragons-danseurs dans les rues pour des aubades en échange de quelques sous ; groupes de danseurs rivaux quelquefois transportés par camion, suivis par des hordes de Honda. Un dragon manipulé par une petite gamine vient devant moi. Elle ouvre la gueule de son bestiau. J'y dépose un billet que le monstre engloutit.

Lundi 20 septembre, je pars pour le port de Sa Kỳ, point d'embarquement du bateau « à grande vitesse » pour Lý Sơn. On traverse la rivière Thu Bồn. La récolte est achevée, le riz sèche sur la route en larges bandes jaunes. Midi, sortie des écoles, vélos et *áo dài** blancs qui flottent, vieille dame qui tracte une charrette à bras chargée de paille, aréquiers fins à la rectitude pure et la touffe coquette. Parmi les panneaux publicitaires de propagande : « Fille ou garçon, deux enfants ça suffit ». Et, de temps à autre, dans les petites dunes de sable jaune et blanc parsemées de pins filaos, des tombes clairsemées et des cimetières de « martyrs » témoins d'une résistance qu'on ne peut oublier.

Lý Sơn : accueil polaire des gardes-frontières

Les problèmes débutent le lendemain à Sa Kỳ. Malgré mon passeport vietnamien et carte d'identité vietnamienne, un officier m'assène sèchement mon premier interrogatoire. Arrivé à Lý Sơn une heure plus tard, deux gardes-frontières (*biên phòng*) dont un officier, m'attendent. L'officier reprend à l'identique l'interrogatoire que je viens de subir sur le continent. Le rapport terminé, il me conduit jusqu'à la moto taxi qui attend les voyageurs pour m'acheminer du village An Hải à l'autre bout de l'île.

Mes deux ballots et ma valise à l'arrière de la vieille « Minsk » sans repose-pieds sur d'étroits sentiers cahoteux, me voilà parti à vive allure à travers les champs d'ail et d'oignon bordés de sable blanc et de terre brune. Pas le temps de lever la tête vers les aréquiers, concentré que je suis à agripper le sac contenant mes appareils photo en cas de chute. À l'hôtel, les premières heures d'adaptation ne sont pas idéales. Malgré la gentillesse des gérants, il me faut subir le karaoké assassin de tympans. J'apprendrai à apprécier l'arrivée des 22 heures, moment où on stoppe le générateur fournissant l'électricité à l'île. Depuis, le progrès a frappé. L'île est reliée au réseau du continent par câble sous-marin : le karaoké peut prolonger ses ravages bien plus tard dans la nuit.

Etablir les premiers liens avec les pêcheurs ne sera pas compliqué. Quand j'explique qui je suis et le but de ma visite, les visages passent de la surprise à une franche curiosité. On vient me parler. On me guide chez M. Thoại, fervent collectionneur de tous objets et documents dont certains, très anciens, écrits en caractères *nôm**, témoignent de l'histoire des marins pêcheurs de l'île avec l'archipel des Paracels. Je suis ensuite invité à assister à une cérémonie rituelle de la mi-automne vouée aux « Martyrs tombés dans les Paracels et les Spratleys » à la pagode « Âm Linh Tự », lieu de départ des premiers soldats marins pour les Paracels il y a trois siècles. J'y rencontre des pêcheurs capturés, tabassés, rançonnés, détenus pendant plusieurs semaines par la marine de guerre chinoise en décembre dernier.

Sur la moto louée au gérant de l'hôtel, je parcours l'île au hasard et j'arrive au temple de la déesse Thiên Yana, vestige caché dans les feuillages, de l'ancienne civilisation Champa. Un vieil homme brûle des baguettes d'encens devant l'autel. Il ne doit pas avoir tous les jours l'occasion de parler avec un étranger et se lâche. Il est amer contre ce régime, il déteste la Chine, a entendu parler du projet « bauxite » sur les Hauts plateaux[3]. Selon lui, les pêcheurs de l'île vivaient mieux sous l'ancien régime. Il ajoute que bientôt des projets immobiliers et la corruption vont chasser les habitants pauvres à l'intérieur des terres. J'essuie ce déluge de pessimisme sans dire un mot.

Bruit de moteur de Honda qui stoppe près de la pagode. Le vieil homme me fait signe de la tête de m'éloigner. J'ai à peine fait quelques pas dans le jardin voisin feignant de prendre des photos qu'un homme vient le voir. Je distingue juste sa veste de survêtement bleue et blanche. Il parle quelques minutes puis repart. De retour à la pagode, j'interroge le vieil homme : « Il voulait savoir ce que vous m'avez dit. Revenez demain, je vous conduirai chez mon frère qui connaît bien les Paracels ». Je m'en serais douté : on veille sur moi.

3. Zone de plateaux aux forêts denses située au centre-ouest du Vietnam. Elle s'étend sur cinq provinces et abrite des dizaines de minorités ethniques.

Le lendemain, il m'attend sur la route de la pagode pour me conduire dans un dédale de ruelles près de la plage. Son frère, Lộc, nous sert le thé. Il a parcouru l'archipel de nombreuses fois. Quand je lui demande s'il peut m'y emmener, il parle des gardes-frontières et de la police qui lui feraient certainement des difficultés. « Et si on partait clandestinement ? », « Trop dangereux ! » Il fait partie des 43 pêcheurs capturés par la marine de guerre chinoise en décembre et il ne veut plus retourner dans ces îles. Il préfère aller plus au sud, dans les Spratleys, c'est plus sûr même si le périple est plus long et plus coûteux. Et il me conseille d'aller rencontrer ses collègues à An Vĩnh.

C'est toujours la fête de la mi-automne, fête de la pleine lune. La gérante de l'hôtel m'invite à savourer une impressionnante portion de « gâteau de lune » et j'oublie les pêcheurs pour quelques heures. Hélas, j'en retrouve quelques-uns, la face nettement plus illuminée que celle de la lune, pour une des plus redoutables épreuves de mon karma vietnamien : l'impitoyable karaoké. Un chien aboie dans la maison. Minuit et demi, la fenêtre de ma chambre, fragilement verrouillée, marque des secousses sans le moindre vent. Je ne suis pas tranquille. Mon ami Phan me téléphone : « Vous êtes encore en vie ? S'il vous plaît, revenez-nous sain et sauf ! » Ça donne le moral. Le lendemain matin, musique à fond sous la fenêtre. Les boîtes de bière vides qui restent sous les tables témoignent de l'âpreté du combat de la veille.

Un volontaire pour m'emmener

Je file vers le port où j'ai rendez-vous avec un pêcheur d'An Vĩnh, M. Nguyễn Quang Đời. L'homme, solide, la cinquantaine, est patron d'un petit chalutier de 90 chevaux. D'une famille de pêcheurs depuis des générations, c'est un expert de la navigation dans cette zone avec à son actif un grand nombre de campagnes, toutes effectuées sous l'occupation chinoise de l'archipel. Il connaît parfaitement les vents, les courants, les étoiles, les récifs, les positions chinoises et… les crosses de leurs AK47. Il m'emmènera avec lui, prévient-il, si j'assume les frais du voyage : vingt millions de dongs (environ 800 euros). Marché conclu, bien que la somme, très légitime, soit lourde pour ma bourse de retraité. Nous nous rendons chez lui consulter une carte. Nous convenons du périple : en tout dix à quinze jours d'expédition pour traverser l'archipel du sud au nord. À faire rapidement avant la saison des typhons dans quelques semaines. Tout est donc bien ficelé.

Nous devenons vite complices et envisageons les contingences extrêmes dont celle d'un arraisonnement souple ou dur par les militaires chinois et d'une éventuelle détention. Dans ce cas, mon passeport français, document que je prendrai avec le passeport vietnamien, ne manquerait pas de poser un problème inattendu à l'occupant et de mettre les dirigeants dans une position diplomatique délicate. Quant à la confiscation de mon matériel photo et audio ou même l'éventualité de ma détention, je suis prêt à les assumer. J'ai préparé une lettre de décharge laissée à des proches dans cette éventualité. Le pêcheur lui, encourt un risque plus grand. « Récidiviste », il serait passible de la confiscation de sa pêche, de son bateau, de la destruction sur place ou du vol de son matériel de pêche et de navigation. Enfin, il pourrait être détenu en attendant le paiement d'une rançon exorbitante. Le jeudi 23 septembre, je rédige en vietnamien une sorte de contrat dans lequel j'assume l'entière responsabilité d'éventuels accidents, naufrage ou arrestation.

« Le chef est absent »

J'expose mon projet au président du comité populaire d'An Vĩnh qui me paraît enthousiaste et s'engage à me fournir une liste certifiée des familles de pêcheurs victimes des éléments naturels et des exactions chinoises. Au passage, il m'informe qu'il y a quatre jours, un bateau de l'île a encore été capturé par les Chinois dans les Paracels. Avec le patron du chalutier, nous allons voir l'officier responsable du poste 328 des gardes-frontières pour obtenir l'autorisation de partir. Ici commence un épuisant va-et-vient entre les différentes administrations. On nous promène de l'île au continent, jusqu'au bureau de la direction de la Défense maritime de la province à Quảng Ngãi d'où « le chef est absent ». Là, nouvel interrogatoire. L'officier subalterne qui nous reçoit élève le ton et m'invite à aller au comité populaire de la Province. J'insiste en lui disant que je viens de très loin, que je suis prêt à déclarer par écrit que j'en assume toutes les conséquences… Que c'est dans l'intérêt des pêcheurs et du Vietnam… Il coupe, excédé : « Avez-vous vu le bureau des affaires étrangères ? Non ? Alors allez au comité populaire de la Province de Quảng Ngãi. Quand ils auront donné leur opinion, nous donnerons la nôtre ».

Je sens à ce moment-là que je n'aurais pas de refus mais aucune autorisation ni orale ni écrite. Cela se confirme : porte close au comité populaire de la Province. Mon ami Lê Quang Ba, ancien prisonnier politique, que j'ai appelé en désespoir de cause, me dit, mécontent, que j'aurais dû « m'inscrire » pour être reçu. Je ne pensais pas que mon projet prendrait des allures aussi subversives ! Nous voilà partis au service de l'Information et de la culture. Le patron du chalutier et mon ami Ba connaissent bien le directeur qui nous reçoit très gentiment. Il téléphone à l'un de ses amis au bureau des Affaires étrangères qui lui répond que ma nationalité vietnamienne devrait me dispenser d'une autorisation spéciale pour me rendre dans une zone sous souveraineté vietnamienne. L'affaire semble donc entendue bien qu'aucune décision écrite n'ait été prise par quelque autorité que ce soit.

Après un repas fraternel auquel nous ont invités mes amis anciens prisonniers, Đời, le pêcheur, insiste sur le fait que nous n'avons aucun feu vert effectif. Malgré tout, il me demande de retirer de la banque 25 millions de dongs au lieu des 20 millions prévus car il dit vouloir embaucher un pêcheur pour le voyage. Je lui réponds sincèrement que je ne peux pas.

La vieille dame digne

Le lendemain matin, 24 septembre en allant à la banque, je passe devant la grille bleue du comité populaire. Il est 9 h 50 et elle est fermée. Au milieu du passage une très vieille femme, assise sur le sol en plein soleil. Écrits dans le dos de sa chemise blanche élimée : son nom suivi des mots : « Bị ăn cướp đất » (On m'a volé mes terres). Je ne sais quoi lui dire ni quoi faire pour la soustraire au soleil de plomb sans interrompre son action désespérée. Je ne trouve des mots que pour les jeunes policiers. L'étonnement passé de m'entendre parler vietnamien, je lis dans leur regard la haine et la menace. Je me sens très mal de laisser cette vieille dame dans une telle situation mais je ne peux pas compromettre mon plan par un scandale avec ces flicaillons qui donnerait prise à ceux qui me mettent les bâtons dans les roues.

Comme à Hanoï un an auparavant, alors que je me rendais au palais présidentiel et que je croisais de malheureux paysans du sud dépouillés de leurs terres qui étaient « montés » à la capitale pour manifester, j'ai la très désagréable impression de leur laisser croire que je suis insensible à leur sort. Arrivé à la maison d'hôte pour retirer mes affaires je raconte cette histoire à mon ami Ba qui m'a rejoint. Il n'a pas l'air choqué. « Dans ces affaires, on ne sait jamais qui a tort ou raison, si ce sont des histoires entre voisins… il ne vaut mieux pas s'en mêler… ». Inutile de perdre mon temps avec Ba, de lui dire ce qu'il sait très bien sur les réquisitions illégales, véritables hold-up de terres agricoles par les cadres corrompus du Parti. Excédé je lui demande : « C'est ça le socialisme ? ». Depuis cet événement, chaque fois que je passerai à Quảng Ngãi j'éviterai de me signaler à Ba.

Le lendemain matin, traversée retour pour l'île de Lý Sơn. Je vais voir Đời. Son fils, qui se fait appeler Bỡi et doit prendre part à l'expédition, est présent. C'est un solide gaillard d'une trentaine d'années à l'air assez fermé. Đời m'annonce que nous partons dans trois jours à 7 heures du soir. Il s'ancrera en face de l'hôtel et m'attendra. Rendez-vous à 15 heures chez lui pour les derniers préparatifs. Il me demande si mon téléobjectif est assez puissant pour voir les îles. Il faudra couper le téléphone portable pour éviter d'être détecté. La seule façon de communiquer avec la terre est le Icom[4] mais Đời n'en a pas. Bỡi a peur que les Chinois nous tirent dessus… Je donne à Đời les vingt millions convenus et rendez-vous pour le lendemain matin. Il doit me présenter un certain nombre de pêcheurs déjà victimes d'agressions pour constituer leurs dossiers d'aide. Puis je regagne l'hôtel par la petite rue où le poisson sèche sur un treillis de bois éclairé des fulgurances bleues des soudeurs d'ancres marines au milieu des cris des marchandes ambulantes… Encore quelques heures de terre ferme. Je me rends à la pagode Âm Linh Tự où l'on célèbre le culte des « soldats » morts dans les Paracels, à côté de son petit cimetière près de la rue qui mène à la mer. J'y rencontre l'octogénaire Võ Hiển Đạt, alias « Hô », gardien des lieux, qui sait lire et écrire les caractères *nôm**. Il m'invite à prendre le thé, m'encourage dans mon projet et me conte la mer, ses richesses, ses colères, l'envahisseur chinois fauteur de ruine et de deuil… Puis, à travers les champs, je roule vers les collines, vers le cimetière des « tombes du vent ». Je visite les tombeaux de Phạm Quảng Ảnh, de Phạm Hữu Nhật, cette lignée des Phạm, pionniers de Lý Sơn, découvreurs d'îles pour le compte des seigneurs Nguyễn[5]… Je mesure à quel point les Paracels sont profondément enracinées dans la vie de cette île et de sa population.

Pendant ces visites, je remarque dans le rétroviseur de ma moto, suivant à distance respectable, la même veste de survêtement bleue et blanche aperçue à la pagode Thiên Yana au début de mon séjour sur l'île. Il me prend pour un imbécile. Il pourrait au moins changer sa veste de survêt repérable à dix lieues ! Je m'arrête à un détour de chemin et j'attends. Quand il arrive, je marche résolument vers lui et tire son portrait à objectif-portant. Le jeune homme, interloqué, reste immobile, assis sur son engin. « – Neveu*, tu es un policier n'est-ce pas ? » – « Oui petit-oncle*… ». « Alors, arrête de

4. Émetteur, récepteur radio à longue portée.
5. Dernière dynastie impériale qui régna sur le Vietnam de 1802 à 1945.

me suivre s'il te plaît, c'est du temps perdu en même temps que l'argent du contribuable. Dis à ton chef qu'il vienne me voir à l'hôtel : je lui paierai un café et lui dirai tout ce qu'il veut savoir ». Mon suiveur rebrousse chemin tout penaud. Je suis persuadé que le prochain choisira un survêt moins voyant.

Quand je raconterai plus tard cette histoire au président de la République, Nguyễn Minh Triết, il rira aux éclats et rétorquera : « C'est pour te protéger ! » La remarque, classique, ne me fait pas rire du tout. Me protéger des braves gens qui me parlent ? Pour qui leur parole est-elle un danger ? Certes il y a des agents chinois ou qui travaillent pour eux sur cette île comme partout au Vietnam. Me coller aux fesses me protégera-t-il d'eux s'ils ont ordre de me faire un mauvais coup ? En tout cas je vis cette « protection » comme un emprisonnement déguisé et ne pourrai jamais m'en accommoder. C'est pourquoi je n'habiterai jamais en permanence dans mon deuxième pays.

Le matin, du 26 septembre, 6 h 30, j'attends Đời dans ma chambre. Personne. Au bout de trente minutes, je descends. Il est attablé avec les pêcheurs. Il n'a pas sa mine souriante habituelle. Au lieu de me présenter ses amis pour que j'élabore un dossier sur chacun d'eux, il me laisse poser quelques questions puis se lève et va boire son thé à la table voisine. Arrive un personnage, la quarantaine et le ventre rebondi, face ronde et joviale : c'est le président du comité populaire du village d'An Bình. J'expose pour la nième fois le projet d'aide aux familles de pêcheurs et les documents administratifs nécessaires. Il écoute avec un air enthousiaste et me promet de certifier les attestations des pêcheurs ainsi qu'une liste officielle des familles sinistrées. Puis, après avoir bu une ou deux bières, il s'éclipse sans me donner de rendez-vous. Je comprends que l'histoire restera sans suite. J'ai du mal à poser mes questions aux pêcheurs à cause de la musique assourdissante. Je leur demande d'aller à l'intérieur pour pouvoir parler plus facilement et enregistrer les conversations. Mais je sens que l'heure n'est pas à l'interview. On me dit oui mais personne ne fait mine de se lever. Ils m'invitent à boire. Je décline poliment.

« Ma femme ne veut pas »

Là, coup de théâtre, Đời m'apprend brutalement que sa femme n'est pas d'accord pour cette campagne de pêche car il n'a aucune autorisation écrite des autorités. Il me remet la somme que je lui ai donnée la veille, puis s'en va confus en me souhaitant obséquieusement un bon retour. La pression a dû être forte car cet homme est certainement courageux et sincère.

Dehors, les pêcheurs qui devaient s'inscrire pour constituer les premiers dossiers continuent de boire : les canettes roulent sous la table. Ils m'invitent à nouveau : je ne réponds pas mais mon regard ne doit pas être amical. J'enfourche ma moto et vais respirer de grandes bouffées d'air du large pour me remettre du choc et prendre mes dernières photos. Deux heures plus tard, je reviens à l'hôtel. Les six pêcheurs, le visage rouge cramoisi, continuent leur voyage éthylique. Je les plains : comment de tels hommes habitués à affronter courageusement les fureurs de la mer et des Chinois peuvent-ils être aussi résignés sur leur sort ou jouer cette triste mascarade ? Méritent-ils tous ces efforts ! Mais, après tout, ils ne m'ont rien demandé. Alors pourquoi me plaindre ? Je ne suis qu'un pauvre idéaliste. On me l'a souvent dit.

Écœuré, je prépare mon départ pour le lendemain. Alors que je dis ma tristesse et ma désillusion à un vieil homme, il me confie : « C'était prévisible : les bureaucrates locaux ne se sont pas mouillés. Ils ont peur pour leur situation. Tout ce qui les intéresse, c'est leur « fauteuil » et leur famille, pas le sort des pêcheurs ; les pêcheurs, eux, ne peuvent rien faire en dehors des autorités, ils ont trop peur. Votre action est une action de cœur mais elle a des implications politiques graves et, ici, la politique est faite en haut, pas par les gens du terrain. Alors, en ne bougeant pas, les autorités ont créé les conditions de l'échec. Mais ne soyez pas trop malheureux beaucoup de gens savent ce que vous vouliez faire et vous estiment beaucoup ». Comme je lui pose une question sur l'avenir, il me répond : « Nombreux sont les pêcheurs qui ne vont plus dans les Paracels parce que c'est trop dangereux et qu'ils ne sont pas du tout protégés. Dans quelques années les pêcheurs chinois déjà totalement maîtres des îles seront totalement maîtres des eaux. Alors, ce sera le tour de l'archipel des Spratleys et peut-être même de Lý Sơn. C'est triste mais nous n'y pouvons rien ». De la part d'un homme de la génération qui a chassé les colonialistes et a reconduit chez lui le dragon de fer et de feu américain, ces mots de la défaite résignée avant d'avoir livré bataille me laissent sans voix. Me voilà gentiment menotté par la force d'inertie orchestrée par le pouvoir. Les dirigeants chinois n'auraient pas fait mieux !

Ce matin du 27 septembre 2010, il pleut à verse sur Lý Sơn, tonnerre et éclairs, comme si le ciel partageait mes sentiments. La rue principale en terre battue de An Vĩnh à An Hải s'est transformée en un torrent boueux. Sur le fronton des petites maisons, le drapeau, trempé, ne flotte plus. Il a perdu encore un peu plus de ses couleurs et moi encore quelques illusions. Mais, comme je suis un optimiste incorrigible et obstiné, je sais que je reviendrai.

Retour à Saïgon : éloge de Dèng Xiǎopíng

De retour à Saïgon, je rencontre mes amis. Je leur raconte par le menu ma déconvenue et j'écris un long article à publier dans bauxite.vn [6]. Je cherche en vain des raisons de booster mon moral défaillant. Je n'en trouve pas.

En me promenant, je rentre dans la grande librairie, rue Nguyễn Huệ : dans l'allée principale, le rayon des livres vietnamiens consacrés à la Chine s'est considérablement étoffé. Et j'y vois avec stupeur des titres tels que « Deng Xiao Ping, un chemin extraordinaire » (Maison d'édition de la culture et de l'information) ou « Dèng Xiǎopíng, une intelligence transcendante » (Maison d'édition politique nationale). Ainsi, en plein cœur de Saïgon, fait-on désormais l'éloge d'un criminel qui début février 1979 a donné le feu vert au déferlement d'une soldatesque de 500 000 Chinois qui se sont abattus sur le nord du Vietnam faisant près de 20 000 morts et dévastant cinq provinces. Un criminel qui a armé, entrainé les Khmers rouges et leur campagne génocidaire. Ainsi, ce régime, policier s'il en est, qui contrôle jusqu'à la moindre virgule des articles des journalistes, laisse-t-il publier ces éloges au plus haut responsable de l'agression

6. Site internet indépendant en permanence menacé par le pouvoir, fondé par les patriotes Nguyễn Huệ Chi et Phạm Toàn pour recueillir la libre expression.

chinoise par les maisons d'édition d'État. Je ne suis pas encore remis du soufflet enduré à Lý Sơn que je reçois ce boulet.

Pendant quelques jours, je me mets en pilotage automatique. Je renoue avec les petites histoires et même les potins saïgonnais au Highlands café, au centre touristique Văn Thánh. Je vais écouter la musique espagnole au « Carmen ». … Le 4 octobre j'apprends par mon ami Phan que mon article pour bauxite.vn peut être mis en ligne mais me le déconseille avant mon retour en France. Il a peur des réactions de la police. Je donne tout de même le feu vert à la publication.

Dans une pagode, je rencontre Phan Lạc Tuyen, ancien haut cadre du régime Ngô Đình Diệm, qui a participé au premier coup d'État manqué en 1963 et a rejoint le FNL au Cambodge… Il drape maintenant sa désillusion dans la proximité du bouddha. Le réalisateur Nguyễn Hoàng a filmé la rencontre de nos deux désillusions. Je ne vais quand même pas me faire moine !

Le lendemain, je vois mon ami l'écrivain Nguyên Ngọc au 165 Nam Kỳ Khởi Nghĩa, hôtel réservé aux parlementaires. Il a lu mon article et me suggère de tenter un départ vers les Paracels à partir d'une petite île au large de Đà Nẵng. Il appelle Nguyễn Sự, ancien maire de Hội An, que j'ai déjà rencontré et auquel il fait toujours confiance.

Ce même jour, Lý Sơn me poursuit : à la page 4 du journal *Tuổi Trẻ*, un gros article : « Troisième bateau confisqué par la Chine ». On y raconte l'arrestation, la détention du pêcheur Mai Phung Lưu et de ses neuf compagnons d'équipage. C'est son troisième bateau perdu depuis janvier 2009… Plus la rançon de 70 000 yuans demandée à l'épouse par téléphone. Le journal révèle les raids de plus en plus fréquents des flottilles de chalutiers chinois à quelques dizaines de lieues seulement de Cù Lao Chàm province de Đà Nẵng et Cù Lao Ré province de Quảng Ngãi. Ceux qui viennent de faire l'autruche à mes propositions d'aide se fendent courageusement d'une circulaire qui propose au ministère des Affaires étrangères d'intervenir ! Mesure hautement protectrice. « Il n'y a pas de honte à éviter le requin » On pourrait ajouter jusqu'à ce qu'il vous avale.

« Fais attention aux Chinois, ils sont cruels »

Le lendemain, M. Nguyễn Sự confirmera qu'il est « impossible » d'aller dans l'archipel. Deux jours plus tard, mon ami Nguyên Ngọc me dira que l'expédition serait possible dans quinze jours à partir de Cù Lao Chàm. Encore une douche écossaise. De toute façon, c'est trop tard pour moi. Je suis chargé par Madeleine Riffaud[7] d'une rude mission que j'ai acceptée par amitié et que j'expose en détail dans le chapitre « Du pavois ».

Je pars ensuite pour Hanoï, où j'ai rendez-vous avec Mme Nguyễn Thị Bình[8] au 68B rue Trần Hưng Đạo. J'ai une heure pour tout lui expliquer. Elle paraît fatiguée et se plaint de rhumatismes et d'arthrose aux lombaires et aux genoux. Elle a lu tous mes

7. Résistante dès l'âge de 17 ans, poète et journaliste, elle fut l'une des premières correspondantes de guerre françaises et l'une des premières militantes anticolonialistes.
8. Négociatrice des Accords de Paris, vice-présidente de la République socialiste du Vietnam de 1992 à 2002.

articles, particulièrement le dernier sur Lý Sơn. Des amis français dont elle est proche estiment que j'attaque trop la Chine. « Il dit des choses que nous ne pouvons pas dire… » leur répond-elle. Sur ma désillusion suite au fiasco de Lý Sơn, elle chuchote : « Il faut savoir comment l'administration fonctionne au Vietnam. Tu dois passer par l'association des pêcheurs et de là, tu auras le contact ». Nous parlons de Madeleine Riffaud, sa grande amie et de son état de santé. Je lui dis, – pourquoi le lui cacher ? – comment son film « Les trois guerres de Madeleine Riffaud » a été si imbécilement analysé par les apparatchiks de Saïgon. Et comment Dương Đình Thảo, son ami, autrefois porte-parole du GRP*, a participé à cette mascarade, jugeant inopportune la projection du film au Vietnam en raison de certains passages qu'il juge « insultants » pour Hồ Chí Minh. Elle ne semble pas étonnée et évite de parler de Thảo tout en me confiant que le niveau de certains cadres est bas. Puis elle revient à la Chine avec laquelle « les relations sont compliquées et demandent beaucoup de sagesse. Le Vietnam doit se renforcer économiquement, politiquement, solidairement pour pouvoir faire face ». Je note que ce n'est pas la direction que prennent les évènements, elle contourne. « La situation est plus compliquée que pendant la guerre ». Quand j'évoque l'annulation subite du colloque international organisé à Paris les 27 et 28 janvier dernier par la Fondation Gabriel Péri sur le thème de la souveraineté et de la paix en mer de l'Est, elle contourne aussi. L'heure est passée et nous n'avons pas eu le temps de parler de l'agent orange[9]. Juste avant la poignée de main d'adieu très appuyée, elle me glisse « Soit prudent, fais attention aux Chinois, ils sont cruels ».

C'est toujours avec beaucoup de respect que je revois cette grande dame qui a gravé son nom en lettres majuscules dans l'Histoire de son pays, surtout celle du Sud. Une grande dame dont le nom a fait trembler les Nixon et autres Kissinger. Hélas, aujourd'hui, ce qu'elle ne me dira pas mais qui transparaît, ce sont ses inquiétudes que l'on n'écoute pas face à la menace chinoise, à la corruption et une politique d'éducation délibérément obsolète et rétrograde.

Fin de séjour, moral dans les chaussettes

Le 1er novembre 2010, je retourne à Saïgon avant mon départ pour la France. Pour entendre en cascade des nouvelles affligeantes. Mes camarades Tà ru* m'apprennent que Thắng, le garde-forestier de Phan Tiết, ancien de Poulo Condor, qui a été menacé par la mafia du bois à cause de son intégrité, s'est présenté aux élections en candidat indépendant. Mais sa fille a été accusée d'avoir touché illégalement une petite somme d'argent et a été condamnée à sept ans de prison : il a dû retirer sa candidature.

Certains de mes amis qui me voient glisser sur la pente de la désillusion me tiennent des propos encourageants mais très généraux en se référant au passé. D'autres, aussi désillusionnés que moi, alimentent ma déprime. Ainsi quand je parle à un ancien cadre résistant dans les maquis, du film de Madeleine Riffaud qui évoque la terrible

9. Puissant herbicide utilisé par l'armée américaine. Fourni à partir de 1961 par des dizaines de multinationales américaines, le produit a servi à empoisonner systématiquement sols, cours d'eaux, nappes souterraines. Les populations sont encore lourdement impactées (voir *Ma terre empoisonnée* Tran To Nga, Stock).

période inquisitrice de la réforme agraire au Nord et des tribunaux populaires des années 1953-1956, il se confie. Il a vécu cette période maoïste. « Le tribunal populaire se composait de trois éléments : les *công* (ouvriers), les *nông* (paysans) et les *binh* (soldats). Le spectacle était public. Non loin de là, les meules de pailles pour amortir la balle et devant elles le trou. La condamnation était faite avant le jugement. La balle était tirée à bout portant dans le crâne ». Cet ami conclut : « Tu dois savoir qu'heureusement le Parti n'est pas que ça mais il peut être ça aussi ».

2011 : Je m'acharne, ils persistent

L'année 2011 est arrivée. Elle s'annonce lourde. J'ai laissé passer le nouvel an lunaire et je quitte à regret les lilas et les fleurs d'amandiers finissantes, pour mon deuxième séjour chez les pêcheurs.

Dans le TGV, ce 11 mars, j'apprends par une amie qu'Albert Clavier est décédé. C'est un des « soldats blancs d'Hồ Chí Minh », ancien résistant communiste du Vercors puis engagé en Indochine, convaincu qu'il va la libérer des fascistes japonais. Envoyé sur la frontière nord du Vietnam dans une unité de légionnaires qui veulent lui faire la peau pour ses idées libératrices, il déserte et passe au Vietminh. Il est chargé de la communication et de la propagande dans le maquis... L'homme – je l'ai rencontré chez lui à Saint-Laurent en 2005 – m'a montré avec fierté des mots de félicitation écrits de la main d'Hồ Chí Minh en me racontant la saga de sa vie vietnamienne. Il s'est marié avec une Vietnamienne dont il a eu une fille qu'ils ont appelée France. Il a même été membre du PCV avant d'en être exclu pour sa ferme opposition aux pratiques assassines de la réforme agraire. Sa vie étant menacée par les agents de Pékin, il n'a dû son salut qu'en trouvant refuge à l'ambassade de Hongrie. Condamné à mort par contumace par l'État français, il vécut de nombreuses années dans ce pays en attendant l'amnistie. Vie singulière dans la tenaille des guerres, des haines, des ingratitudes, des trahisons. Mort silencieuse : à part l'article que j'ai écrit, publié par le magazine *Xưa và Nay* et mis en ligne par Bauxite.vn, pas une seule condoléance sur les médias vietnamiens. Quand on ne reste pas bien docilement figé dans les rails du Parti, les sacrifices et contributions passés, aussi grands qu'ils aient été, sont vite oubliés.

Au Vietnam dans l'avion qui m'amène à Đà Nẵng, le jour anniversaire de la tuerie des soldats vietnamiens par la marine de guerre chinoise sur les récifs de Gạc Ma dans les Spratleys, le 14 mars 1988, je lis dans le journal *Thanh Niên* un intéressant article sur les « tombes du vent ». Il fait le lien entre les massacres chinois du passé quand les corps des victimes vietnamiennes ont été engloutis par la mer à jamais et les disparitions du présent dans les zones archipélagiques envahies par Pékin. Intitulé « Des tombes du vent aux pierres tombales », l'article parle des obsèques de Nguyễn Đảng disparu dans les Paracels avec six de ses équipiers, par temps calme. « À midi le 13 mars, tout le village des pêcheurs de An Hải, sur l'île Lý Sơn est une fois de plus plongé dans le deuil. Ils célèbrent les obsèques et construisent les tombes du vent pour six des leurs qui reposent au large dans la mer profonde. Parmi les six se trouve Nguyễn Đảng, le vieux loup de mer, la baleine du village, qui en cinquante ans de haute mer a maintes fois échappé à la mort... Lý Sơn compte des milliers de tombes sans occupant. Beaucoup n'ont même pas de stèle car leurs proches sont trop pauvres ». Le journaliste

Hiển Cừ qui suit les misères de cette communauté, rend compte de la situation dramatique que ces disparitions lèguent aux veuves et aux orphelins.

Ainsi, quand je ne vais pas à Lý Sơn, c'est Lý Sơn qui vient à moi. Juste le temps de rendre visite à ma maman adoptive Lê Thị Kinh qui vit dans la maison familiale de son illustre ancêtre, Phan Chu Trinh[10] dont sa rue porte le nom. Elle s'est fracturé le col du fémur. Bien que clouée à son lit, elle a bon moral. Elle me propose un hébergement gratuit à chacun de mes passages à Đà Nẵng. Je prends une soupe avec elle puis pars pour l'hôtel Rainbow sur le Bạch Đằng* où j'ai rendez-vous avec M. Bùi Văn Tiếng, secrétaire du Parti à l'organisation de la ville de Đà Nẵng et historien.

Citoyens fantômes

Sur recommandation de mon ami Nguyên Ngọc, M. Tiếng doit me présenter au maire du district des Paracels, M. Đặng Công Ngư. Encore un des paradoxes vietnamiens, les Paracels étant entièrement occupés par les Chinois depuis 1974, les Vietnamiens n'ont pu en conserver aucun espace et donc aucun citoyen résident permanent. Même si, *de jure*, la souveraineté vietnamienne sur l'archipel n'est pas discutable, *de facto*, la force du canon affirme la propriété chinoise suite à ce gigantesque hold-up.

Cependant, administrativement et politiquement la ville de Đà Nẵng a conservé le district des Paracels, avec son maire mais aucun citoyen. M. Tiếng que j'ai rencontré en ce début de séjour proposera, le 28 janvier 2012 dans le journal *Tuổi Trẻ* d'ouvrir une liste de citoyens d'honneur dans le pays et à l'étranger, citoyens « virtuels ». La proposition de M. Tiếng fait suite à la déclaration du Premier ministre Nguyễn Tấn Dũng de reprendre les Paracels de façon pacifique. Beaucoup de pêcheurs, dont le célèbre Mai Phung Lưu (voir page 166), ont posé candidature ainsi que des citoyens plus modestes dont je faisais partie. Mais, comme le disait M.Tiếng dans l'interview, « il faut l'avis du gouvernement ». Le même gouvernement qui venait de déclarer au pays qu'il fallait reprendre les Paracels. Vite publiée, la proposition de M. Tiếng a été tout aussi vite oubliée par Hanoï. En revanche, le message reçu et renvoyé en boomerang de Đà Nẵng est sans ambiguïté: la ville a été dotée d'un consulat général chinois, inauguré en grande pompe par le Premier ministre suivant, grossissant ainsi la métropole de nouveaux citoyens chinois et fournissant au consul de Pékin un poste d'observation et d'action plus proche de ce terrain sensible. En ce mois de mars 2011, je pense que M. Tiếng est aussi naïf que moi. Nous nous retrouverons trois ans plus tard à Đà Nẵng, bien qu'échaudés, mais toujours aussi naïfs, pour le Congrès international: « Les Paracels et les Spratleys: vérité historique ».

Avant mon départ pour Quảng Ngãi, je vais donc rencontrer M. le maire des Paracels Đặng Công Ngư. Très aimable, il m'annonce comme une victoire qu'à Đà Nẵng, les livres de géographie et d'histoire du collège pour l'année prochaine vont parler des îles Paracels et que je serai invité dans une classe pour dialoguer avec les élèves. J'attends toujours l'invitation ainsi qu'un exemplaire du livre. Puis, contraire-

10. Ou Phan Châu Trinh: (1872-1926) issu d'une famille de lettrés, propriétaires fonciers de la Province de Quảng Nam, patriote et résistant au colonialisme, il était partisan d'une voie pacifique et démocratique à l'indépendance.

ment à ce que m'avait laissé entendre mon ami Nguyên Ngọc, il m'informe que mon éventuel départ pour les Paracels ne pourra pas se faire de Cù Lao Chàm ou de Đà Nẵng. Je ne suis qu'à demi surpris. Après ces affabilités, M. Ngư m'invite à retourner voir M. Tiếng qui me recommandera à son ami, le premier secrétaire de la Province de Quảng Ngãi dont dépend l'île de Lý Sơn.

« Grand frère, cher compatriote... »

Le lendemain, je pars rencontrer Nguyễn Hòa Bình. Grand, complet gris, visage carré à la mâchoire décidée, il dit connaître mon CV complet, donc j'écourte. Il s'adresse à moi en termes de « Anh » (grand frère) et « Đồng Bào » (compatriote) et dit avoir bien compris mon souhait. Il va voir cela avec les autorités de l'île. Pas d'obstacle pour la sortie en mer mais je dois régler ça moi-même avec les pêcheurs. Après m'avoir demandé si ma santé est assez bonne pour supporter ce projet, il me donne le numéro du comité d'administration du port de Sa Kỳ et il me remercie « au nom du peuple ».

Trois jours de vent force 7 et 8 avec beaucoup de pluie : pas de traversée pour Lý Sơn. Je loue une moto et tue le temps sur la route qui va vers Sa Kỳ. Après le passage du pont qui enjambe la rivière Trà Khúc au lit presque asséché mais à la si bonne friture, les « cá bống », on tourne sur la droite, face au point où les motos chargées de cages d'oiseaux multicolores attendent les clients. En se penchant, on déniche sous le feuillage d'un énorme banian, fixée sur une stèle blanche, une plaque de bronze noircie par le temps. Elle représente une silhouette avec le poing levé « Vestiges de Sơn Mỹ » ou Mỹ Lai. Ce nom a fait le tour du monde en 1968 lorsque ce village a été rasé par les G.I's du lieutenant Calley et 504 femmes, vieillards et enfants massacrés dans une fureur sanguinaire. Le temps, la nature et peut-être aussi certains habitants ne semblent plus souhaiter rappeler la douleur. Le visiteur remarque plus facilement le panneau « vente interdite » sous lequel stationnent les vendeurs, que celui qui indique la direction du village martyr.

Les rizières et les jardins sont d'un vert éclatant, parsemés de sacs de plastique plantés sur des piquets pour éloigner les oiseaux. Les autorités livrent un véritable combat de propagande écologique en multipliant les panneaux qui appellent à ne pas déverser les ordures sur le bord de la route. Mais faute de contenants, les slogans ne sont que vœux pieux.

Second séjour à Lý Sơn

Le temps se calme et le 20 mars je suis au port de bonne heure pour l'embarquement vers Lý Sơn. Moins malmené qu'au premier séjour, je vais être gentiment et très étroitement « protégé ».

A mon arrivé, je repère les deux gardes-frontières perchés sur le promontoire, face au débarquement. Un gradé et son auxiliaire. L'inévitable se produit : dès qu'une moto taxi m'aborde pour proposer ses services, l'auxiliaire descend de son perchoir et s'adresse au taxi sans un regard : « Un moment ! un moment ! » Sans le laisser parler, je dégaine en le fixant : « Vous ne devriez pas ! » et je lui montre ma carte d'identité vietnamienne. Interloqué par la brutalité de ma réaction, il regarde son chef puis sort de sa poche une feuille de papier et un stylo pour noter les informations mentionnées sur ma carte. Pendant ce temps je lui demande pourquoi je suis le seul à être contrôlé ainsi alors qu'ils ont un rapport complet sur ma visite de septembre dernier. Ce comportement n'est rien d'autre qu'une mesure discriminatoire envers un citoyen vietnamien, une attitude raciste et une menace déguisée. Je lui reprends ma carte d'identité des mains, m'installe sur la moto avec mes bagages et demande au moto taxi très embarrassé de démarrer vers l'autre extrémité de l'île. Le chef reste sans broncher. Je retrouve le sentier chaotique à travers les champs de sable blanc qui bordent la mer, le ronronnement des motopompes qui arrosent, les gousses d'ail étalées en tapis devant les pas-de-porte à côté des algues marines qui sèchent au soleil et sur lesquelles roulent sans retenue vélos, motos et même camions : good morning Lý Sơn !

À l'hôtel, Hưng le gérant et les deux filles de la réception semblent ravis. Ma chambre à l'étage, face à la mer, a à peine changé : une des vitres est fêlée et la télé a fait son apparition. Toujours pas d'électricité : le groupe électrogène ne fonctionne pas encore. Le gérant m'apprend qu'une des belles-filles du vieux Nguyễn Đảng récemment disparu en mer avec cinq de ses compagnons travaille à l'hôtel. La quarantaine, le visage brûlé par le soleil, la femme paraît très touchée par la disparition de son beau-père et m'invite à rencontrer sa famille. Son mari viendra me chercher à l'hôtel à 16 heures pour me conduire devant la tombe du vent sur la colline Sỡi.

Le lendemain matin, lundi 21 mars, 6 h 30, la cour est en effervescence. On prépare un mariage. À côté des tables, on saigne les poulets. Après le petit-déjeuner, je me rends au siège du comité populaire de Lý Sơn pour rencontrer la vice-présidente, Mme Nguyễn Thị Hương, le président, dit-elle, étant provisoirement dans l'archipel des Spratleys. Pour justifier la force d'inertie qui m'a été opposée lors de mon précédent séjour, elle explique que les dirigeants ont eu peur pour ma sécurité. Je lui donne le double de ma lettre de décharge en cas d'un malencontreux accident. Elle semble satisfaite. À sa demande, je l'informe que je souhaiterais partir au plus tôt, le temps étant favorable et avec l'équipage de M. Mai Phung Lưu. Elle m'assure qu'elle va « travailler » avec le comité du village An Hải et la famille du pêcheur. Je lui précise que, comme l'a demandé le grand chef de la Province, Nguyễn Hòa Bình, les « négociations » se feront entre le pêcheur et moi-même.

Tout semble donc bien engagé puisque les apparatchiks locaux ont un solide parapluie. Ça devrait marcher. À 15 heures, la police frappe à la porte de ma chambre pour demander la durée de mon séjour. Je réponds que ça dépendra de la qualité de l'accueil. Même mon « camarade » Lê Quang Ba de Quảng Ngãi me téléphone : les policiers l'ont informé de mon arrivée. Le réseau de protection est bien en place.

Informations du micro, informations de la rue

Le 22 mars, 5 heures du matin, ambiance camping, le haut-parleur sonorise le quartier. Je prends mon petit-déjeuner dans la rue. Marchandes ambulantes avec leur chariot devant lequel s'arrête le client qui ne descend pas de sa moto. Odeurs d'ail et d'algues marines. À cent mètres le quai et ses fortes odeurs de poisson. Pendant que je grignote mon sandwich, le gardien et factotum de l'hôtel me propose ses services pour me guider. Il me dit qu'il est avant tout « bảo vệ » (littéralement : qui protège), la profession certainement la plus pléthorique au Vietnam. Il ne dort que quatre heures par nuit. Je lui demande s'il y a des voleurs : « Bien sûr, vol à la tire, dans l'habitation, drogués. L'an dernier la police a arrêté un réseau de 35 personnes dirigé par une femme ». Je lui parle de prostitution. Après un instant d'hésitation il me dit qu'il y en a sur l'île. Puis : « Quelquefois des commerçants chinois s'arrêtent et je leur fournis des filles : une passe 150 000 dongs, une nuit 500 000 dongs. Si vous en voulez une, ajoute-t-il avec le plus grand naturel, demandez-moi : elle viendra dans votre chambre ». Cela a le mérite d'être clair.

Comme lors de mon premier séjour, je loue la moto de la gérante. J'apprends par les femmes de ménage que la veille une délégation d'Européens accompagnés de beaucoup de pêcheurs de Lý Sơn a visité le dispensaire. Ils ont logé en face de l'hôtel dans la maison d'hôtes. Cette délégation était probablement composée de cadres de l'AFEPS (Association francophone d'éducation et de promotion de la santé), en mission de formation des pêcheurs-plongeurs. J'ai eu l'occasion par la suite de transmette de leur part du petit matériel à deux pêcheurs de l'île. Malgré toute leur bonne volonté et leur compétence, leur travail est tellement « protégé » par les autorités qu'il en est étouffé. Encore du gâchis !

Je pars à la chasse photographique, mon moyen favori pour nouer des relations. Je m'aventure sur la petite route qui serpente vers le haut de la colline Thới Lới, la plus élevée des six collines volcaniques de l'île principale. Des militaires descendent en file indienne et me saluent. C'est à cent mètres de leur poste et du radar : « Interdit de filmer et de prendre des photos ». Malgré cela, personne ne vient me « protéger ». Qui a dit que les militaires n'ont pas de savoir vivre ? J'ai gardé la photo pour le clip « Ballade pour Hoàng Sa », chanson écrite avec Jean-Pierre Pousset et postée sur YouTube.

L'insulte

Le 23, je prends mon petit-déjeuner dans la cour de l'hôtel avec So, un neveu du vieux Nguyễn Đảng, mystérieusement disparu en mer. Ancien garde-frontière, il vit de la pêche côtière. Il m'appelle « bố » (père). J'ai toujours été gêné par l'expression de cette affection excessivement rapide mais à quoi bon la décourager ? A la table voisine, deux gardes-frontières dont un chef au visage tendu qui ne répond pas à mon salut. Puis deux autres arrivent et encore deux autres. Je sens que le scénario du premier séjour va se renouveler. So me propose de rendre visite à l'atelier de menuiserie du vieux Võ Hiển Đạt, rencontré lors du premier séjour et gardien de la pagode des martyrs Âm Linh Tự. Il fabrique une jonque miniature, identique à celles qui partaient pour les Paracels, il y a plusieurs siècles. Au dos d'une feuille de calendrier, il a minutieusement tracé les plans avec toutes les cotes ainsi que les sortes de bois à employer. La maquette a été commandée par le musée de Quảng Ngãi. Je photographie tout en sachant que je ne suis pas là par hasard et que quelque chose ou quelqu'un ne va pas tarder à se manifester. Autour de moi, les aides de M. Đạt parlent de mon passé. Lui ne dit rien du séjour précédent.

Cela finit par arriver mais pas aussi brutalement que je le redoutais : le jeune homme qui est avec So écoute son téléphone portable et demande à s'absenter. Après dix minutes, la mine maussade, il annonce que l'ancien patron pêcheur qui m'a fait faux bond lors du premier séjour propose cette fois de m'emmener avec un équipage pour la coquette somme de… 500 millions de dongs, soit plus de 20 000 euros, vingt fois plus que la première fois et il ne vient même pas me l'annoncer. Je reçois la gifle sans broncher. Le vieux Đạt se plonge dans ses mesures pour mieux cacher sa réaction. Ou peut-être était-il au courant. Je ne sais plus en qui avoir confiance. Un autre bougre arrive, rougeot, la quarantaine et me demande si je serais d'accord pour 150 millions, plus de 6 000 euros. Je m'en vais sans saluer. So me suit m'expliquant que ces pêcheurs croient que je suis riche. Je lui réponds que ce qu'ils viennent de faire, c'est m'insulter, insulter leur profession et leur pays.

Je ne veux pas rentrer à l'hôtel par crainte du karaoké et la pluie est trop forte pour aller vagabonder dans l'île. Alors, quand So m'invite à aller rendre visite à sa mère et à sa grand-mère paternelle, j'accepte. Son père a été emprisonné politique de l'ancien régime à Qui Nhơn. Son grand-père a résisté contre les Français et a été battu à mort. La grand-mère, 83 ans, a aussi participé à la Résistance. Accrochés au mur et encadrés les certificats de mérite de « glorieux combattant » en font foi. Le portrait d'Hồ Chí Minh est là, bien en évidence, sur le petit autel, à droite de la grande pièce où nous buvons le thé. À chacune de mes réflexions sur les cadres du Parti et les dirigeants actuels, les yeux de la mère s'illuminent d'approbation. So sourit en mettant son doigt devant la bouche pour me signifier que parler ainsi peut être dangereux. Après les moments affligeants que je viens encore d'endurer, le doute étant devenu chez moi une seconde nature, je m'interroge : pourquoi So m'a-t-il emmené dans ce cadre si rassurant, presque idyllique ? Pour me remonter le moral ? Pour valider une sorte de certificat de fiabilité pour sa famille, pour lui ? La visite fait-elle partie d'une stratégie d'accueil convenue en haut lieu qui souffle le chaud pour finalement ne livrer que du froid ?

Garder mon calme

Il ne faut pas que je me laisse emporter par la colère, ni que je me décourage. Le 24 mars, à 8 h 30, je vais rencontrer Mme Hương, vice-présidente du Comité populaire pour faire le point sur l'aide promise par les autorités. On m'annonce que Mme Hương est en réunion. C'est un de ses collaborateurs qui me reçoit. Je sais déjà ce qu'il va me dire : « Désolé, je ne peux rien décider ». J'énumère quand même toutes les promesses d'aide qui m'ont été généreusement prodiguées. Je lui annonce que je m'apprête à poster sur le net mon expérience sur l'aide que les autorités apportent aux pêcheurs et sur la façon dont elles respectent leurs promesses. Il fait mine de noter. Trente minutes plus tard, il me rappelle : J'ai un rendez-vous avec sa cheffe à 14 heures.

J'ai le temps pour une balade. Je me dirige vers le temple Thiên Yana. Quand je passe devant l'entrée, mon attention est attirée par un petit homme, pantalon et chemise impeccables, lunettes de soleil, qui discute avec un bonze. Je reconnais l'individu qui était assis hier matin à côté de ma table à l'hôtel, avec le garde-frontière au visage fermé. Cette année ma protection rapprochée a abandonné son survêt bleu. Je contourne le temple et l'attends à l'affût, doigt sur le déclencheur. En vain : il s'est éclipsé. Je parcours 200 mètres, tourne en direction du port de An Hải puis l'aperçois dans le rétroviseur. Je m'arrête brusquement. Lui aussi et il fait mine de répondre à un appel sur son portable. Je lui fais un grand signe de la main et le prends en photo avant de continuer mon chemin. Après 400 mètres, je m'arrête pour photographier un énorme coquillage exposé au bord de la route. Et le voilà à nouveau. C'est la tactique du harcèlement. Je fais demi-tour, roule vers lui et le reprends en photo en lui lançant : « Excusez-moi, je prends tous les vestiges de l'île ». Puis je rebrousse chemin. Un vieil homme qui m'a vu photographier le coquillage m'invite à le suivre dans sa cour pour m'en montrer de plus beaux. Ancien pêcheur-plongeur, il s'est arrêté pour des raisons de santé à l'âge de 61 ans. Il m'invite à boire le thé. Je ne lui dis pas qui je suis, juste que j'ai la certitude d'être surveillé. Il lâche « Nous Vietnamiens, nous le sommes, à plus forte raison les étrangers ».

À 14 heures, la rencontre avec Mme Hương ne m'apporte rien à part le thé et l'aveu de son incapacité à m'aider. Je lui dis que j'aimerais bien qu'elle calme ceux qui collent à mes basques, elle rétorque qu'il ne s'agit pas de son service et qu'elle va se renseigner. Puis elle ajoute que le niveau de certains cadres est assez bas. Refrain connu. Je ne finis pas mon thé. La coupe est pleine.

Me voilà parti pour le poste des gardes-frontières. Je suis reçu froidement par M. Sơn, 45 ans, qui semble être le plus haut gradé. Il se déclare prêt à me conduire n'importe où sur l'île mais il m'invite à retourner à Quảng Ngãi pour m'inscrire sur la liste des pêcheurs. La deuxième manche de la partie de pingpong semble bien engagée et j'ai toutes les chances de la perdre. Il faut simplement que je la perde avec panache. Alors, avant de le quitter, je lui demande si ce sont les Chinois qui tiennent la liste des pêcheurs. Loin de se vexer, il rit et m'invite à revenir à 16 h 30 pour partager le repas. J'accepte et reviens sous la pluie. Le mérou est prêt, riz, légumes cuits et soupe mais aucune confidence au menu. C'est le jeune auxiliaire que j'ai remballé à mon arrivée sur l'île qui fait la conversation, me sert le petit verre d'alcool de riz : « Drink wine ». Comme pour l'entrevue avec Mme Hương, rien de positif.

« Je ne sais quoi faire pour t'aider »

Revenu à l'hôtel, je téléphone à Bùi Văn Tiếng, à Đà Nẵng, pour lui demander de m'aider : je n'arrive plus à joindre le grand chef de la Province M. Nguyễn Hòa Bình auquel il m'avait recommandé. « Hier matin, me répond-il, j'étais en réunion à Saïgon et j'ai rencontré Bình. Il m'a dit qu'il était au courant de tes difficultés actuelles mais qu'il ne pouvait t'aider car c'était de la compétence du commandement des gardes-frontières à Hanoï. Je suis très triste mais ne sait pas quoi faire pour t'aider ». Enfin, un langage clair : Hanoï a tout verrouillé. Mais je ne lâcherai pas.

Je rédige le renouvellement de ma demande pour 1) les statistiques des pêcheurs victimes des tempêtes et des agressions chinoises, des détentions et des vols pendant leurs activités dans l'archipel 2) Une liste de vingt familles prioritaires pour recevoir une aide 3) Organiser une rencontre avec le pêcheur Mai Phung Lưu. Je n'aurai aucune réponse. Pour la rencontre avec le pêcheur, on me fait dire que je serai prévenu à l'hôtel. Bref, le jeu continue.

Je pars vers la colline Sõi et son petit cimetière où les tombes regardent vers le sud et la vaste mer. Petite route d'où partent des sentiers qui se faufilent entre des murets de pierres basaltiques délimitant des champs de maïs, d'ail et d'oignon. J'arrive au petit phare entouré de centaines de blocs de basalte polis par les vagues. Fait rare, le coin semble désert. Un groupe de bécassines se lève, d'autres piètent sur l'allée. C'est la saison de la migration. Comme pour les hirondelles dont certaines vont faire leurs nids dans les Paracels.

Un vieux vélo appuyé à la digue. Au loin, sur la grève, une silhouette se déplace lentement entre les blocs. Une moto arrive : un homme d'une cinquantaine d'année vêtu pauvrement. Sa moto chinoise n'est pas de la première jeunesse. Il va tendre de petits filets pour prendre quelques poissons. « Les travailleurs ici ont la vie difficile. À Lý Sơn il faut acheter beaucoup de choses qui viennent de l'extérieur. Même le poisson est cher si on l'achète au marché. Quelques pêcheurs sont riches mais beaucoup ont des difficultés pour vivre. Moi, j'ai 125 m² pour planter de l'ail et de l'oignon mais c'est insuffisant alors je dois pêcher un peu et me louer comme manœuvre sur de petits chantiers. Je n'ai pas le niveau pour travailler dans une société. C'est très difficile. Ici, les soins médicaux ne sont pas à la hauteur. Nous n'avons pas de structure valable et le niveau de compétence des docteurs et du personnel, malgré les bonnes volontés, est insuffisant. Pour aller nous faire soigner sur le continent, il faut des millions de dongs. Ce n'est pas possible ».

Mail au Président

Le propriétaire du vélo arrive. C'est le fils, environ 20 ans, chemise et pantalon troués, vieilles tongs aux pieds. Le père continue : « Ici les gens sont pauvres mais vivent simplement. Pas de mauvaises choses comme à la ville. Tu laisses ta moto sur la route, personne ne la vole. Ici 80 % des gens sont bons. Les autres, ceux qui amènent la drogue ou qui volent sont des jeunes désœuvrés qui apportent ces maux d'ailleurs ». J'apprends par mon amie Trần tố Nga[11] que le président de la République, Nguyễn Minh Triết, veut me rencontrer. Trop tard pour téléphoner, et puis, mieux vaut tourner sept fois la langue, j'ai tellement de choses sur le cœur. On verra demain.

Le samedi 26 mars 2011, premier anniversaire du décès de mon père. 6 h 30, pas de musique, il pleut à verse avec un vent violent. Faute d'électricité et donc d'internet, je rédige une longue lettre en vietnamien au Président. Je lui demande sa « haute intervention pour que les gardes-frontières et les autorités régionales cessent de m'opposer leur force d'inertie ». La lettre terminée, je descends au restaurant prendre une soupe. Un groupe d'une dizaine d'hommes est attablé. Je reconnais un garde-frontière et vais le saluer. Il est en civil. Il me présente ses amis et m'invite à trinquer. J'accepte : un verre seulement. Je ne sais pas quand a débuté la beuverie mais elle semble bien avancée à voir la couleur des faciès. Dans le groupe, l'ancien secrétaire du Parti de Lý Sơn force la voix pour me démontrer son amitié. Il me donne du « grand frère » et du « camarade ». Une des jeunes filles qui travaille à la réception apporte les bières qu'elle met au frais. Et ce sont les grivoiseries classiques. D'une vingtaine d'année, la petite, qui m'a appris qu'elle vient d'arriver de Kiên Giang, dans le delta du Mékong, subit les grasses plaisanteries

11. Trần tố Nga : Vietnamienne et Française, issue d'une famille résistante pendant les guerres française et américaines, elle-même résistante dans les maquis, emprisonnée. Victime reconnue des épandages de dioxine elle a intenté un procès de dimension internationale aux firmes responsables de la fabrication de l'agent orange.

sans oser lever les yeux. D'un ton paternel mais un brin autoritaire, l'ancien secrétaire s'adresse à elle en me désignant de la main : « Tâche de choyer mon grand frère ! » Puis il invite la fille à trinquer et à s'assoir à côté de moi en lui suggérant de ne plus m'appeler « petit oncle » mais « grand frère ». Je libère la pauvre gamine très gênée et remercie l'apparatchik aviné de sa sollicitude en lui demandant si ses fonctions ont un rapport avec celles d'entremetteur. Gros éclats de rire et la jeune fille s'éclipse. Deux cadres de la télévision locale viennent se joindre au groupe : le directeur qui est aussi médecin et son compère, taiseux mais attentif à ce qui se dit. Bien que tous sachent pourquoi je suis là, aucun ne parle des Paracels. Les canettes s'enchaînent et les défis glorieux : 100 %, cul sec ! Ils me demandent ce que je compte faire dans les prochains jours, je réponds que j'attends une accalmie pour retourner sur le continent. Ils feignent d'en être attristés. Je quitte la table en m'efforçant de sourire et leur jette : « Sous un régime socialiste c'est dangereux d'être plus royaliste que le roi ». Ils rient.

Dimanche 27 mars : quatrième jour de mauvais temps, vent de force 7. Pas de navette vers le continent. Au petit-déjeuner, des pêcheurs-plongeurs en attente de départ pour la Malaisie, m'invitent à leur table. Ils me posent des questions sur la France. Ils demandent s'ils peuvent obtenir un contrat pour venir plonger en Nouvelle-Calédonie. Je leur dis que les pêcheurs là-bas ont déjà bien du mal à vivre. Et puis, l'inévitable : « Est-ce qu'en France il y a des « bia ôm » ? » (Étymologiquement bia = bière ; ôm = embrasser). C'est-à-dire des bars à entraîneuses. Puis, de façon tout à fait naturelle et sérieuse : « Pourquoi tu ne prends pas une "em bé", une petite de 20 ans, pour te réchauffer ? » J'ai du mal à m'acquitter de mon addition qu'ils veulent régler et monte dans la chambre pour envoyer le mail au Président. Je souris aux acrobaties assez surréalistes voire périlleuses que cette aventure m'impose : passer des conversations triviales avec des pêcheurs bruts de décoffrage à des échanges politiques avec la présidence de la République…

Mon « confident » de plus en plus suspect

So vient taper à ma porte, curieux de savoir qui me suit à moto mais je crois qu'il vient aux nouvelles. Puis il examine la chambre pour voir s'il peut repérer des « con rệp », punaises, c'est-à-dire des micros. Il me dit de ne pas laisser entrer de femme dans la chambre : « dangereux ! ». Il ne manque plus que le cobra ou la veuve noire sous mes draps et je nage dans James Bond !

Je reçois un coup de fil de ma maman adoptive de Đà Nẵng, Mme Lê Thị Kinh. Elle est toujours alitée suite à sa fracture du col du fémur. Elle et Phạm văn Ba, mon vieil ami, sont très inquiets. Ils se doutaient du blocage. Et me disent que l'intervention du Président sera délicate parce que les relations avec Pékin sont mouvementées. Elle espère que quelqu'un osera prendre la décision de me « laisser faire ». Ce soir j'enverrai par mail à son petit-fils la lettre que j'ai adressée au Président : « Dis la vérité. Aucune autorité ne t'a poussé ni même conseillé de faire cette action. C'est exactement comme il y a quarante ans, quand tu as planté le drapeau du FNL au cœur de Saïgon. Contrairement aux apparences, tu es loin d'être seul ». En situation d'apnée il est des phrases simples qui vous apportent l'oxygène.

Le lendemain matin 28 mars, cinquième jour consécutif d'intempérie. Des vagues rageuses s'écrasent contre les blocs en béton de la jetée. Encore un jour perdu. Les pêcheurs sont au petit-déjeuner. Dans la rue, le haut-parleur égrène les nouvelles entrecoupées de musiques agressives. La salle du restaurant ouverte aux quatre vents avec les éclats de voix des clients et les cris de la rue, est une véritable caisse de résonance. Des hirondelles viennent chercher abris dans la pièce. Une d'entre elles se pose sur la tête du bouddha rieur de la réception, une autre sur le guidon d'un vieux vélo. Je ne suis pas d'humeur à parler et n'ai pas grand appétit. Je remonte dans ma chambre et parviens à consulter mes mails. Mme Bích Huệ du cabinet de la Présidence, accuse réception de ma lettre trouvant mon combat « tout naturel » puisque, désormais, « je suis vietnamien ». Drôle de façon de m'encourager.

So vient me remettre quatre pages manuscrites sur la vie de son père, de son grand-père et de ses ancêtres pêcheurs. Après qu'il m'a quitté, la fille de la réception m'appelle et m'écrit sur un paquet de cigarettes : « không tốt » (pas bon). Elle dit qu'elle m'expliquera plus tard. Le soir en me servant le repas, elle me prévient que je ne dois pas faire confiance à tout le monde. Ici, il y a des gens qui voudraient m'utiliser. Elle est parente avec un des cadres qui m'ont invité à trinquer la veille. « Ne laissez entrer personne dans votre chambre, même pas des hommes ». Paradoxalement, ces conseils me réconfortent venant d'une gamine qui a dû voir et entendre des choses me concernant. Ils montrent qu'autour de moi de petites gens sont touchés par ce que je fais, veulent sincèrement me protéger et prennent des risques pour le faire.

Je profite d'une éclaircie pour aller prendre un café dans la rue, près d'un vieux pêcheur qui a entendu parler de moi. Il me raconte la pêche en haute mer, les poissons volants qui peuvent faire de très beaux vols au ras des vagues ; les thons que l'on pêche à la traîne avec de gros câbles ; les requins jusqu'à plusieurs centaines de kilos, recherchés pour leurs ailerons. Il me parle aussi des tortues de mer qui se prennent dans les filets par les ongles de leurs pattes et que les Chinois continuent d'exploiter malgré l'interdit. Il peste contre ces Chinois qui saccagent la mer. Puis il enfourche son vélo et s'éloigne entre les flaques. C'est un lundi soir à Lý Sơn.

Un intermède à Saïgon

Le Président ayant reporté son invitation, le 31 mars, je m'envole pour Saïgon. Dans l'avion, je lis un papier du quotidien *Sàigòn Giải Phóng* : « Six pêcheurs disparus en mer ». Un équipage de dix hommes pris par la tempête près de l'île Hòn Đôi dans la province de Khánh Hòa. Un autre du journal *Tuổi Trẻ* : « Garder le ciel des Spratleys », un reportage sur la défense aérienne de l'archipel. Encore les Paracels et Lý Sơn dans le journal *Thanh Niên* : « Déchiffrage des écritures anciennes » qui parle des anciens documents en caractères *Nom** laissés par les vieilles familles de l'île et qui attestent des liens séculaires de ces pêcheurs avec l'archipel. Même dans les airs, les archipels ne me quittent pas et je suis surpris de tout ce tapage dans la presse après la chape de silence que je viens de subir sur le terrain.

Bonsoir Saïgon : je vais manger un Phở près du marché Bến Thành. Je retrouve avec plaisir mon vendeur de lunettes contrefaites, ma vendeuse de journaux et mon moto taxi : enfin, la civilisation ! voire. Les nouvelles ne sont pas brillantes. *Thanh Niên* consacre une page à la sécheresse et la salinisation des terres qui frappent le delta du Mékong. On y parle des barrages en amont et l'amont de l'amont c'est la Chine qui en détient le robinet. Ce qui n'exclut en rien la responsabilité des grosses sociétés dirigées par des généraux vietnamiens qui font des millions de dollars en participant à l'édification de ces barrières mortifères pour leur propre peuple. Le même journal ose un petit encadré sur le procès de l'avocat Cũ Huy Hà Vũ, ce militant anti-corruption, résolument opposé au clan des prochinois. Le pauvre homme, dûment « protégé », a été surpris par la police en situation délicate dans sa chambre d'hôtel et les policiers ont pu saisir les pièces à conviction aussitôt livrées à la presse : deux ou trois préservatifs usagés trouvés dans la poubelle à verser à son dossier de dissident, l'adultère étant condamnable selon la loi vietnamienne. Le dangereux « terroriste » condamné à sept ans de prison a dû en faire quatre avant d'être expulsé aux États unis avec son épouse. Pour citer le secrétaire général du Parti, M. Nguyễn Phú Trọng « Notre démocratie est extrême, elle ne peut pas l'être plus ».

Afin de m'aérer dans la pollution, je prends un « xe ôm », moto taxi. Ça faisait longtemps que je n'avais pas dialogué par-dessus l'épaule d'un de ces acrobates ordinaires des deux roues : « Du temps des Américains, la vie était plus facile pour les pauvres. Un homme pouvait faire vivre cinq à six personnes. Maintenant c'est impossible. Je me souviens de l'école primaire sans que ça coûte un sou à ma mère. Maintenant l'école est payante et les enseignants poussent les élèves à prendre des cours supplémentaires. Les médicaments coûtent cher et beaucoup ont du mal à se soigner. Les pauvres sont de plus en plus nombreux à côté d'un petit nombre de très riches ».

Saïgon, un temps « perle de l'Extrême-Orient », se fait ravaler la façade, comme une vieille coquette. C'est au goût du jour dans ce centre-ville, autour du marché Bến Thành, des grandes avenues Trần Hưng Đạo, Lê Lợi… On voit pousser les instituts de beauté, de chirurgie esthétique… Des murs palissades de quatre mètres de haut s'élèvent de part et d'autre des avenues. Vert clair ou décorés de paysages à la beauté sauvage : îles de cocotiers, plages, mer émeraude… Parfois ce sont des photos de gratte-ciels arrogants, piscines et vertes pelouses à leur pied. Des vigiles en uniforme gardent les portails d'entrée et, quand ils s'ouvrent, on découvre les grues, bulldozers, pelleteuses qui creusent, bétonnent, ferraillent et des dizaines de fourmis aux casques jaunes et chemises bleues qui s'affairent jour et nuit. Dans quelques semaines, les barrières tomberont libérant les tours de béton, d'acier et de verre bien propres et aseptisées. Bonjour Saïgon-Singapour-Bangkok-Séoul-Taïwan… Adieu les Brodard, Givral, Thương xá Tax, ces vieux édifices coloniaux, adieu le Saïgon chargé d'Histoire et d'histoires, y compris d'un morceau de la mienne. Les prédateurs de ce régime mendient le passé dans leur phraséologie tout en l'effaçant par pans entiers. Je sais que ça ne va plaire à personne mais j'ai longtemps hésité à appeler Saïgon, Hồ Chí Minh-Ville et j'hésite encore. Parce que l'histoire de cette ville est très riche et que, pour une bonne période, elle s'est faite sans Hồ Chí Minh. Lorsqu'il militait à l'étranger, d'autres luttaient contre les colonialistes dans Saïgon et y laissaient leur peau. Parce que le nouveau ne se construit jamais à partir du néant et que je me méfie des effaceurs d'Histoire.

Certes, les carrefours d'HCM-Ville[12] sont beaucoup moins meurtriers que les blockhaus de sacs de sables et les nids de mitrailleuses de Saïgon. Les cars de touristes chinois d'HCM-Ville sont beaucoup moins invasifs que les chars et les jeeps des MP[13] américains de Saïgon. Mais que dirait Hồ Chí Minh de cette ville qui porte son nom et qui est devenue le théâtre de terribles histoires de corruption et de racket, des hold-up répétés de hauts dirigeants sur les terres et les biens, de persécutions policières, d'activités mafieuses ?

J'achète *Thanh Niên*: « Cinq ans de prison pour avoir vendu 14 femmes en Malaisie ». Puis Hiền Cừ : « Le 31 mars un chalutier de 11 pêcheurs coulé par la tempête sur sa route vers Sa Huỳnh, Quảng Ngãi. L'équipage a pu être sauvé ». Près de la côte, les gardes-frontières font leur travail et la presse semble en donner un éclairage plus soutenu qu'à l'ordinaire. Autre article sur Pékin qui publie son « livre blanc » de la Défense : budget en hausse de 13 % par rapport à l'année précédente. De beaux projets pacifistes en perspective ! Le même jour dans le très officiel *An Ninh Thế giới* (*Sécurité du monde*) : « La Chine dit une chose et en fait une autre ». Puis un long article de *Tuổi Trẻ* sur Lý Sơn qui expose les difficultés économiques rencontrées par les enfants de pêcheurs accidentés pour poursuivre leurs études. Je reconnais sur la photo la jeune lycéenne Lê Thị Thanh Thanh rencontrée deux semaines plus tôt. Le vent tournerait-il du côté de Hanoï ?

Ici, ce n'est pas la tempête mais le temps n'est pas réjouissant. Sur *Tuổi trẻ* du 7 avril : « L'accident rôde toujours ». Saïgon est en état de guerre suite à des travaux anarchiques : barrières sauvages, palissades en tôle de trois mètres de hauteur que la population appelle « lô cốt », vietnamisation de « blockhaus » et qui, quelquefois, s'écroulent sur les passants. Nids-de-poule et nids d'éléphants jusqu'aux « trous de la mort » quand la chaussée s'écroule brusquement sur plusieurs mètres, engloutissant des véhicules. Portions de bitume fraîchement tartiné, plus hautes de plusieurs centimètres à la jonction de la vieille chaussée, sans aucune signalisation… Avec les centaines de milliers de deux roues qui s'agitent dans cette ruche à longueur de journée, les blessés et les morts sont nombreux. Tellement qu'ils font l'objet de chroniques régulières dans les médias. Sur le même journal, le même jour : « Une conduite d'eau sectionnée rue Tôn Đức Thắng » ; « Un pont en construction s'écroule » ; » Des poteaux électriques déposés contre le portail d'une école où passent les élèves » ; « A Thủ Đức un « blockhaus » s'est écroulé ». La perle de l'Extrême-Orient minée de l'intérieur. Je tourne les pages du journal pour fuir ce champ de bataille : « Đắk Nông (Hauts plateaux) Plus de 150 personnes dévastent la forêt ». Décidément, l'horizon est bouché. Mon seul refuge serait-il le karaoké de Lý Sơn ?

On entre dans le dur

Jeudi 7 avril, je prépare par écrit ce que je veux faire et qui je veux voir à Lý Sơn et à Bình Châu pour informer le grand chef de la Province afin qu'il informe ses aides

12. Abréviation de Hồ Chí Minh-Ville, nom donné à Saïgon depuis 1975.
13. Military police.

qui informeront les autorités compétentes qui, à leur tour... J'envoie un message à Tuấn, le secrétaire de ce monsieur, pour avoir une adresse mail et j'ai – miracle ! – une réponse immédiate. J'envoie les listes de noms et de lieux. Le lendemain je poursuis par un mail au représentant du « Fond de recherche sur la mer de l'Est », M. Lê Vinh Trương. J'ai appris par la presse qu'il vient d'attribuer 5 millions de dongs au pêcheur Mai Phung Lưu (voir page 166) et 3 millions aux familles des six pêcheurs disparus. Ceci par l'intermédiaire du journal Vietnam.net et du journaliste H. Je vais donc prendre contact avec lui et glaner des informations sur sa campagne de pêche avec les pêcheurs de Bình Châu dans les Paracels. Rendez-vous est pris au Caravelle pour le dimanche 10 avec M. Lê Vinh Trương et ses amis.

Aujourd'hui sur *Thanh Niên*, signé Hiển Cừ : « Aider les pêcheurs victimes d'accidents pour qu'ils continuent de coller à la mer ». Après avoir exposé comment les victimes se retrouvent « les mains vides avec de lourdes dettes », le journaliste écrit : « Bien que la politique d'aide aux victimes existe, sa réalisation connaît beaucoup de blocages, de gros retards. Les autorités locales agissent de façon désordonnée ». Il parle des « bateaux étranges* », des navires coulés... Et d'énumérer les obstacles administratifs qui empêchent l'attribution de l'aide... La corruption n'est pas évoquée. En réalité l'aide est absolument dérisoire et la protection des pêcheurs sur le terrain face aux bâtiments chinois est inexistante. C'est bien ce que j'ai l'intention de montrer.

Un article ce samedi sur *Tuổi Trẻ* : déclaration, comme une sorte d'antienne, de la porte-parole du MAE* Mme Nguyễn Phương Nga : « Nous demandons que la Chine arrête de violer la souveraineté du Vietnam ».

Ce soir-là, sur la pelouse du campus de l'université australienne de technologie RMIT, on dépoussière le mouvement anti-guerre avec la venue de Bob Dylan. Je suis assis parmi quelques centaines de vieux étudiants nostalgiques de Woodstock. En première partie, quelques airs de Trịnh Công Sơn[14] et le saxophoniste Trần Mạnh Tuấn puis je partage la tristesse de l'harmonica poussif, la voix éraillée, éteinte, sans un mot ni pour le public ni pour le passé d'une silhouette fantomatique au chapeau de cow-boy : Bob Dylan and his band. Heureusement qu'il y avait le band !

Aller lentement pour avancer vite

L'intervention du Président a changé la donne (voir chapitre XV). Ce 11 avril à 13 heures, je suis à l'aéroport de Saïgon. J'avale une soupe. À côté de moi, deux Chinois dont un me regarde avec insistance. À trois tables, un Vietnamien avec son portable me jette quelques coups d'œil. Lequel est le flic ? Il faut que je me défende de l'espionnite.

Arrivé à Đà Nẵng à 17 heures, je prends un taxi pour Tam Kỳ à la rencontre du journaliste H. Soixante-cinq kilomètres et une heure trente d'émotions fortes. Le chauffeur, klaxon à fond, fait craquer ses cervicales par coups de tête latéraux pendant lesquels il ne doit pas avoir une vision idéale de la route. Motos qui zigzaguent au cul des camions. Camions qui se doublent tandis qu'un troisième arrive en face : personne ne

14. 1939-2001 compositeur et artiste-peintre profondément pacifiste, surnommé le « Bob Dylan vietnamien ». Beaucoup de ses chansons ont été interdites par le régime proaméricain puis par le régime prochinois.

ralentit et seulement deux ou trois mètres pour se rabattre. Après tout, chacun est averti à la loyale par le klaxon de l'autre ! Les motos cherchent refuge en catastrophe sur la mince bande de terre entre le bitume et le ravin. Mon chauffeur se faufile entre deux poids lourds puis se rabat : queue de poisson magistrale. Le poids lourd nous redouble rageusement. Je fais remarquer au Schumacher des rizières que s'il compte être payé, mieux vaut que je sois en vie et lui aussi. À l'arrière d'une moto, des oiseaux s'envolent de la cage mal fermée : ils sont sauvés, eux.

H. m'attend devant l'hôtel Hoàng Ngọc. J'y dépose mes bagages et il me conduit dans un restaurant populaire à l'ambiance campagnarde. Chiens et poules se déplacent à l'aise entre les gens qui mangent et discutent. H. semble être coutumier des lieux. Il commande : en apéritif, des cigales grillées, puis des « oiseaux canne à sucre » (*chim mía*), petits volatiles au long bec et effectivement au goût sucré. Ils ont été capturés au filet. Puis d'autres oiseaux grillés de la taille d'une caille. La serveuse les découpe devant nous et nous apporte l'accompagnement : poivre, sel, citron et saumure de poisson. Avec quelques canettes de bière fraîche, la soirée est supportable ! H. est un homme d'environ 40 ans, alerte et enjoué, prompt à s'enthousiasmer. Il me parle de son expédition non autorisée avec les pêcheurs-plongeurs dans les Paracels. Il s'était préparé secrètement à la plongée avec eux mais il a trouvé l'exercice trop professionnel et trop dangereux et, une fois sur place, il y a renoncé. Il pense comme moi que les autorités et l'administration de la province sont infiltrées par les renseignements chinois. Selon lui, les cadres vietnamiens ne forment pas un bloc monolithique. Il y a les patriotes, minoritaires, les opportunistes qui suivent le vent et les prochinois avec des intérêts matériels, les plus influents et dangereux. De toute façon, si on veut mener un projet utile qui touche aux relations ultrasensibles entre Vietnam et la Chine dans les archipels, il vaut mieux « couvrir ses arrières », avoir un ou des protecteurs puissants. Sinon, c'est le mur et il comprend l'échec de mes deux précédents séjours. Quand je lui dis que le Président Nguyễn Minh Triết en personne s'est engagé pour que je puisse effectuer un reportage sur les pêcheurs à condition de ne pas aller au large, il considère que c'est déjà très positif mais que rien n'est acquis. Je n'oublierai jamais sa phrase : « Au Vietnam, si tu veux avancer vite, il faut aller lentement ».

Nous allons à l'hôtel où il transfère sur ma mémoire externe des documents relatifs à son reportage, textes, photos, clips vidéo, statistiques. Je lui parle des journalistes. Son journal en emploie une centaine, parmi eux beaucoup de « journalistes-fonctionnaires », selon ses mots. Il est payé 300 euros par mois. Il a dû acheter de sa poche son ordinateur et son appareil photo et n'a pas les moyens de se payer des objectifs comme les miens. Il me montre le petit film qu'il a réalisé sur son périple dans les Paracels. Le document porte le sigle de Vietnam.net. Il n'a jamais été diffusé sur une chaîne nationale. Il m'apprend, sans qu'il y ait de relation, que le directeur de son journal a été « invité au repos », l'expression signifie viré. L'homme est un combattant. Parlant de son périple, il me confie qu'en cas d'arrestation par les Chinois, il était prêt à balancer son matériel à la mer. Je lui indique qu'on peut cacher une carte mémoire dans les soutes à poissons mais il affirme que les Chinois ont du matériel pour la détecter. J'objecte qu'on peut l'avaler mais il ne plaisante pas et répond que s'ils le découvrent, c'est la bastonnade ou pire. Il doit partir incessamment pour une semaine de reportage à la frontière du Vietnam, du Laos et de la Chine pour un sujet sensible : la location pour plus de cinquante ans, par des mandarins locaux, d'immenses territoires stratégiques au géant chinois Innovgreen. Pékin bloque ainsi des milliers d'hectares de terres dont il interdit l'accès aux populations autochtones alors que celles-ci manquent déjà d'espaces cultivables. Sur terre comme sur mer, H. est au cœur des sujets brûlants. Il m'invite à boire un thé chez lui pour me présenter son épouse et ses deux filles. Il est fier de me montrer un certificat de félicitations accroché au mur. C'est le premier certificat signé du maire des Paracels Nguyễn Công Ngư pour contribution à la souveraineté sur les îles.

Puis H. s'assoit à son bureau, écrit les numéros de quelques contacts avec les pêcheurs de Bình Châu et me fait un petit topo sur les différentes techniques de pêche ainsi que sur le matériel artisanal utilisé. Il dessine un plan pour que je me rende au village de pêcheurs. Il me donne quelques numéros de téléphone de ses amis journalistes à Quảng Ngãi en me recommandant de n'utiliser que ma carte d'identité vietnamienne pour toutes démarches tout en confirmant que j'aurai la police et les gardes-frontières sur le dos, ce dont je ne doute pas. Devant moi, il téléphone au pêcheur auquel il me recommande pour qu'il me guide. Il s'appelle Tiến. À entendre le long silence à l'autre bout du fil, je comprends que c'est loin d'être gagné. Je lui demande : « Il a peur, c'est ça ? » Il approuve de la tête. « Peur » le mot de plomb qui revient sans cesse. Les pêcheurs ont peur des Chinois et des autorités. Les journalistes ont peur du « Comité de la propagande et de l'éducation ». Les dirigeants ont peur les uns des autres et des Chinois et mentent, trahissent, répriment. Le frein de tout un pays : la peur.

Hồ Chí Minh avait dit : « la forêt est d'or et la mer d'argent ». Nous nous quittons pour la richesse. Lui part vers l'or, moi vers l'argent. Rendez-vous dans une semaine, à son retour des jungles frontalières. Un grand merci à vous, cher Monsieur H, pour votre décisif coup de pouce.

Le mardi 12 à 6 heures après un grand bol de *mỳ quảng*, soupe traditionnelle du Quảng Nam, au café Thiên Thai, je pars pour le hameau de Gành Cả, village de pêcheurs de Bình Châu. Tiến, le pêcheur vient m'accueillir sur sa moto pour me conduire chez lui, au terme d'un sinueux et cahoteux chemin de terre, trop étroit pour laisser passer une voiture. C'est un homme d'une cinquantaine d'années, de solide corpulence, à la voix forte et bien assurée. Son franc sourire inspire confiance. Il vit dans sa petite maison adossée aux rochers près de la plage avec son épouse et son fils tous deux handicapés mentaux. Lui-même pêcheur-plongeur depuis son adolescence, a été victime d'un accident de décompression et doit se contenter de pêcher près de la côte.

Les portes de la misère s'ouvrent

Tiến m'appelle rapidement « Anh Hai » ce qui signifie « grand frère aîné ». Il n'a pas besoin de note écrite ni de planning pour savoir où il doit me conduire. Dans sa tête tout est clair, tout a si longtemps attendu une attention, une écoute. Et les portes s'ouvrent sans qu'il les pousse tant il est connu et respecté dans cette communauté. La première femme que je vois est Mme Hào, 55 ans. Elle vit seule, après avoir perdu son mari et un de ses fils, disparus en mer avec huit membres de leur équipage. Il lui reste 100 millions (4 000 euros) de dette à rembourser pour le bateau et elle se déclare prête à témoigner. Puis Tiến me conduit à la maison voisine, celle de Tiêu Viết Là. 50 ans, quatre fois arrêté par la marine chinoise, emprisonné sur l'ile Phú Lâm, libéré contre rançon, roué de coups au point qu'il ne peut plus sortir en mer. L'homme contient sa colère, sa voix ne tremble pas : « J'ai à peine de quoi me soigner. Je ne peux pas rembourser mes dettes. L'État a beaucoup parlé l'aide mais ça fait plus d'un an que je n'ai rien vu arriver. Ma maison n'est plus à moi mais à l'État auquel je dois rembourser mon emprunt et pour cela je dois encore emprunter à mon entourage. Tu peux tout écrire parce que c'est la vérité et je suis prêt à le dire devant une caméra ». Toute la famille écoute en réparant un filet en fil de crin aux flotteurs rouges et jaunes étalé dans la cour. Puis, à la demande des veuves, nous allons voir la « tombe du vent » de Huệ, disparu en 2008. Elle est perdue dans un bouquet d'arbres à la sortie du village. Les visites s'enchainent avec les mêmes sombres histoires, la même douleur ravivée et la même colère contenue dans ce village de 60 patrons de chalutiers avec 200 familles et 600 bouches à nourrir.

L'oncle de Tiến, ancien cadre de la Résistance et vingt ans instituteur dans le village, essaye de le dissuader de m'aider craignant que ça lui attire des ennuis mais le pêcheur lui répond qu'il le fait pour le bien des habitants. Cependant je sens bien qu'il est inquiet et téléphone à H. pour qu'il le rassure.

Pose du filet et crêpes de Mme Nhị

En fin d'après-midi nous allons poser le filet avec son coracle appelé Thúng, petite embarcation sphérique de 1,5 m de diamètre en bambou tressé, dirigée et propulsée à la godille avec un petit moteur d'appoint. Environ 30 kilomètres posés, repérables en surface par des blocs de polystyrène blanc.

Après une nuit sous la moustiquaire percée et bercés par la télé, nous nous levons à 3 heures du matin et, une heure avant d'aller lever le filet, nous sommes dans la petite boutique de Mme Trương Thị Nhị. Elle prépare ses « bánh xèo », délicieuses crêpes farcies dont raffole l'ami Tiến. Madame Nhị a perdu son mari Phạm Huy en 1996, abattu par les Chinois d'une balle dans la tête. Ils venaient de se marier et elle était enceinte de ses deux jumeaux âgés maintenant de quinze ans. Ils sont tous prêts à témoigner. La dame m'a révélé que quand l'équipage a ramené le corps au village, les autorités ont veillé à ce que les obsèques se déroulent dans la plus grande discrétion. Le cas de Mme Nhị montre que les agressions, dont certaines mortelles, ne datent pas d'hier. La chronologie incomplète que j'ai pu en établir en répertorie plus de deux mille de 2002 à 2014. J'ai noté les dates, l'immatriculation des bateaux, le nombre d'hommes d'équipage, les noms des victimes, le montant des rançons. Ces statistiques ont été publiées, diffusées lors de la conférence internationale à Đà Nẵng. Jamais les autorités ne les ont démenties.

Nous levons les kilomètres de filets de Tiến. Le câble en nylon cisaille les doigts. Aujourd'hui n'est pas jour d'opulence : quatre kilos de seiche, quelques « face de diable » dont la nageoire dorsale est armée d'arêtes pouvant inoculer un poison très toxique, un poisson perroquet, quelques oursins… La pêche terminée, je prends la moto pour Quảng Ngãi. Rendez-vous élastiques : Le grand mandarin de la Province est pris à Saïgon, le vice-président du service de l'agriculture et de la pêche ne me recevra que demain, le journaliste Minh Thu auquel M. H. m'a recommandé n'est pas au rendez-vous. Il n'est disponible que le soir. Je suis donc confiné à l'Hôtel Hùng Vương situé sur l'avenue de la plupart des services administratifs et politiques. Le prix de la chambre est en conséquence. Le journaliste Minh Thu m'invite à dîner avec un confrère de la télé qui veut m'interviewer le lendemain matin et me demande de le présenter au secrétaire du Parti.

L'aide financière tenue en laisse

Le jeudi 14 avril, à 7 heures, je rencontre M. Hoàng, vice-président de l'association des pêcheurs et son adjoint Toản, responsable du Fonds d'aide. Il a entendu parler de moi, dit-il, depuis qu'il est tout petit. Dans la foulée, il m'annonce qu'il doit se libérer à 8 heures pour une réunion. Je le rassure : ce que j'ai à dire ne prendra pas beaucoup de temps. Je lui expose d'emblée mon programme d'aide. Il répond que les autorités consacrent 2 000 000 dongs (environ 100 euros) d'aide à chaque famille de disparu. La somme est répartie en deux mois : la moitié le premier mois et l'autre le second. Puis il m'annonce que l'État a décrété que pour l'aide venant de l'intérieur du Vietnam comme de l'étranger, il est nécessaire que le fonds de départ soit compris entre de 500 millions de dongs (environ 20 000 euros) et 200 millions (environ 8 500 euros), sinon l'aide sera refusée. Je lui coupe immédiatement la parole : ce décret empêche une aide plus conséquente en même temps qu'il prive les petits budgets de la possibilité d'aider. Il est dissuasif alors qu'il devrait être incitatif. Il sanctionne les pêcheurs en même temps qu'il les isole. Le plus inadmissible, mais en même temps très politique, est d'interdire l'aide populaire sous prétexte que son montant est minime. Encore une fois, les actes contredisent les belles paroles. Hoàng promet d'intervenir pour faire modifier ce décret. Mais Toản ne dit mot. Dans tous les cas, je les avise que je ne vais pas repartir de Lý Sơn et de Bình Châu sans remettre l'aide que j'ai apportée de France avec moi. Je le ferai de façon personnelle si c'est nécessaire. Je leur dis avoir prévu 12 millions de dongs pour les veuves des six disparus et 10 millions de dongs pour le pêcheur Mai Phung Lưu (voir page 166). Les 400 euros retirés du compte liquidé de mon association étant insuffisants, je rajouterai de ma poche pour un compte rond. Les choses étant claires, Hoàng me dit que son fonds va aussi aider les pêcheurs à cette occasion. Il téléphone à un autre apparatchik pour demander son avis concernant les familles des six disparus. Naïvement, ou peut-être a-t-il oublié ma présence, il avertit : – « D'autres vont remettre de l'aide et nous ne faisons rien ? Ce n'est pas tenable ». L'autre discute et, à la réponse de Hoàng, je devine qu'il objecte : « On n'a pas fait les formalités ». Hoàng lui répond : « Donne ton accord et je ferai plus tard toutes les formalités que tu veux, sinon ça prendra trop de temps ».

L'heure qu'il devait me consacrer est dépassée et je jubile. Il téléphone au comité populaire de An Hải à Lý Sơn d'où sont originaires les six disparus et demande l'organisation de la remise d'aide pour dimanche 9 heures en présence des dirigeants, des responsables du Fonds d'aide aux pêcheurs, du Front de la patrie et tout le tralala. Pendant ce temps, je reçois un appel de Nguyễn Hoà Bình revenu de Saïgon et qui veut me voir à 14 heures. C'est le dégel.

Avant mon départ, Hoàng fouille dans ses dossiers et en sort trois feuilles dûment tamponnées en rouge dont une – et c'est la première fois que j'ai un document officiel à ce sujet – sur les incursions chinoises dans la zone. Avec un sous-entendu de taille : les pêcheurs de la région sont au centre d'une guerre silencieuse pour laquelle la Chine a une stratégie, contrairement au Vietnam. Nous partirons ensemble dimanche pour l'île de Lý Sơn.

L'embellie chez les chefs et la pêche du matin

Je retourne à l'hôtel pour une interview télévisée. C'est long, très long. Je demande à voir les passages mais il me dit qu'il doit choisir avec les dirigeants. Autre surprise : un journaliste du journal « Công An » (Police) demande quelques mots. Minh Thu me tire de là en m'invitant à aller visiter son exposition photos sur le thème « Les Paracels vus de Lý Sơn », exposition qui sera inaugurée samedi. Il demande mon autorisation pour l'impression de grands panneaux annonçant le montant des aides que je vais remettre et les récipiendaires.

Déjeuner et quelques pas avant de me rendre au comité du Parti de la province pour rencontrer Nguyễn Hòa Bình. À 14 h 30, on m'invite à entrer. Le mandarin en chef, souriant, me présente son responsable du service de l'information et de la propagande M. Hải, fermé comme une huître. Bình qui s'était aussi débiné quand je faisais appel à son aide, s'empêtre dans des explications vaseuses : il aurait demandé à la vice-présidente Hương de créer les conditions de mon départ mais celle-ci lui aurait répondu que les pêcheurs avaient peur… Je réponds aussitôt : « Évidemment, quand ils voient que je suis suivi en permanence par la police, ça n'est pas fait pour les rassurer ! » Puis il parle du président de la République, Nguyễn Minh Triết, qui intervient personnellement pour qu'on m'aide à réaliser mon projet sans toutefois sortir en haute mer. L'huître reste fermée mais ouvre ses oreilles. Je dis qu'à mon retour à Saïgon j'ai promis de faire un rapport complet au Président sur mon accueil ici et que je leur en enverrai le double pour information. Ça ne détend pas l'atmosphère. Bình donne des directives à Hải pour que le voyage de dimanche à Lý Sơn se passe bien. J'explique que demain, j'irai tirer les filets à Bình Châu avec l'ami pêcheur qui m'accueille et rencontrer d'autres pêcheurs pour préparer mon reportage. Je fixe l'huître qui ne réagit pas. Bình commente : « C'est bien. Nous nous verrons pour l'inauguration de l'exposition photos ». Il me raccompagne tandis que l'autre reste sans bouger. J'ai nettement l'impression que le message fort du président de la République, venu après les consignes qu'ils ont dû donner pour faire échouer mon projet, plonge leur autorité dans un certain inconfort. D'autant que j'accueille ce changement d'attitude par de petites phrases et de grands sourires entendus.

La rencontre terminée, je roule vers Bình Châu. Soirée chez le pêcheur Nguyễn Thanh Tuấn qui a perdu son bateau dans une tempête l'année précédente. Il me montre le procès-verbal dressé par les gardes-frontières du poste 328 à Lý Sơn. Il attend toujours l'aide de l'État ou de la Province.

Les témoignages s'accumulent

Le lendemain matin avant l'aube nous allons déguster les crêpes de Mme Nhị avant de lever le filet. Tiến me prête un short et un T-shirt. Une seiche d'1,7 kg ; une sorte de serpent de mer (*cá chình rắn*) ; un rouget (*cá phèn*) … Un autre pêcheur a récolté 10 seiches soit 4 kg. Il en retirera 600 000 dongs, avec 400 000 dongs de frais, il lui restera

200 000 dongs soit moins de 9 euros. La pêche côtière ne nourrit pas les familles. Elle se tarit de jour en jour (surexploitation, pollution). Elle est devenue le refuge des pêcheurs âgés ou victimes d'accidents de décompression ou d'agressions comme Tiến ou Tiêu Viết Là... qui ne peuvent plus plonger ou partir au large. Les autres sont contraints d'aller chercher leur pitance dans les Paracels.

Nous continuons la visite des veuves : Mme Nguyễn Thị Tuyết, 40 ans, a perdu son mari près des récifs de Bombay en 2008. Trois enfants à nourrir. Mme Nguyễn Thị Sinh, 31 ans, deux enfants à charge. Mme Trần Thị Đúng, 48 ans, quatre enfants... Mmes Phạm Thị Ngọc, Nguyễn Thị Cúc etc. etc. J'ai du mal à soutenir les regards tandis que Tiến se détourne pour nous laisser seuls. Mais je dois constituer mes dossiers, préparer un document solide, indiscutable. Je recueille de précieux documents comme ce reçu délivré par la banque vietnamienne VietCombank à la famille du pêcheur Nguyễn Thanh Biên emprisonné par les Chinois. 6 300 euros versés à une banque de Hainan, l'île chinoise la plus au sud, pour la rançon libératrice. VietCombank étant entièrement sous le contrôle politique des dirigeants de Hanoï, le document atteste clairement un consensus malsain entre le Parti communiste vietnamien et le Parti chinois sur le dos des pêcheurs et de leurs familles. Alors que le PCV a, plusieurs fois, bloqué les comptes Vietcom bank pour l'aide aux familles de prisonniers de conscience vietnamiens, dans ce cas, il facilite une transaction qu'il devrait interdire. Ainsi, il devient un rouage à part entière de l'enlèvement et, de cette façon, le légitimise. C'est pour cela que mon reportage ne dérange pas que les Chinois.

Déjeuner chez Tiến. Au menu : le serpent de mer et un autre poisson de la pêche matutinale. Puis sieste jusqu'à 14 heures et suite de l'interview de Tiêu Viết Là : « En 2003, six hommes blessés, ils ont tout pris ; en 2006, ils ont pris tout le matériel et nous sommes rentrés le bateau vide ; en 2008 aussi ; l'an dernier en 2010, ils nous ont arrêtés, ils m'ont isolé du groupe et trois d'entre eux m'ont roué de coups. Ils m'ont emprisonné avec mes douze compagnons sur l'île de Phú Lâm pendant 29 jours et ma famille a dû payer 7 000 euros de rançon. Ils ont volé mon bateau ». Départ pour Quảng Ngãi. Je dois acheter les enveloppes et préparer les noms et l'argent pour après-demain.

Le samedi 16 avril, le journaliste Minh Thu m'appelle très tôt pour me dire que j'interviendrai lors de son exposition. Elle est de bonne qualité. La salle est grande. Atmosphère musicale. Il a mis six ans pour récolter ces beaux clichés de Lý Sơn : éléments d'Histoire, paysages, fêtes traditionnelles, superbes portraits. Nguyễn Hòa Bình arrive et vient tout de suite me voir. Il me présente pratiquement tous les « absents » de mes précédents séjours : cadres du Parti, de la Province, des gardes-frontières, du District de Lý Sơn, notamment son fantomatique président. Photo de famille avant les prises de parole. Les journalistes des médias nationaux *Dân Trí*, *Tuổi Trẻ*, *Nhân dân*, *Sàigòn Tiếp Thị*, de nombreux photographes et la télévision : tout ce beau monde est là. Il y a même le secrétaire du maire des Paracels descendu de Đà Nẵng pour l'occasion. Le président de la République a dû souffler fort !

Après l'intervention du responsable du service de la culture, du journaliste et photographe Minh Thu, du Premier secrétaire du Parti et de l'injoignable président du comité populaire de Lý Sơn, M. Huyện, je suis appelé au micro et me contente d'annoncer l'aide venant de mon association et les noms de récipiendaires. Photo en plan moyen où je remets une grosse enveloppe à un descendant des Phạm, une des familles fondatrices de Lý Sơn. J'ajoute qu'« un reportage sur les pêcheurs est en cours de réalisation et que j'espère qu'il trouvera le concours de toutes les bonnes volontés pour constituer un document de valeur utile aux pêcheurs et au Vietnam ». Après avoir fait le tour de l'exposition en ma compagnie pour la photo, M. Bình quitte le show.

Je plaisante avec un journaliste de ce revirement d'attitude de la part des autorités et lui parle de feu vert pour une lune de miel. Il répond en éclatant de rire : « N'oublie pas : au Vietnam le feu vert ne peut venir que d'un feu rouge ». Puis, je suis convié dans un restaurant comble : grandes tablées où les verres de bière s'entrechoquent. Ils sont tous présents, journalistes et politiques. Je devrais savourer cette avancée mais je suis tellement échaudé par les feintes précédentes que je modère mon enthousiasme. C'est seulement un bon début. À 14 heures un journaliste me téléphone et demande à me rencontrer à l'hôtel pour une interview. Il prend quelques clichés tout en parlant mais il n'interroge pas, il se confie. J'écoute tout en me demandant si ce n'est pas une technique qui consiste à prêcher le faux pour savoir ce que je pense vraiment. Quoi qu'il en soit, je n'ai rien à cacher. Il me dit qu'il est désolé du comportement des dirigeants. Il me cite particulièrement Nguyễn Hòa Bình, dont j'ai déjà expérimenté le côté patelin. Et il confirme : « Lorsqu'il t'a reçu pour le second séjour, après t'avoir assuré de son aide, il s'est empressé de téléphoner pour qu'on t'empêche d'agir. Il est intelligent, il a un doctorat contrairement à d'autres politiques. Il a de l'ambition et le sort des pêcheurs ne doit pas nuire à sa carrière ». Ce journaliste parlait vrai. Quatre ans plus tard, le 6 novembre 2015, le dictateur Xi Jingping intervenait devant l'Assemblée nationale vietnamienne pleine de députés muets. La bouche pleine de mots amicaux, de formules fraternelles, il leur assénait sa soupe pour qu'ils la servent. Je retiens cette prise de vue fixée par la caméra, comme un flagrant délit de collaboration : le guide suprême qui parle à la tribune et, à trois mètres de lui, Nguyễn Hòa Bình qui applaudit le menton bien droit. Pourtant, ce grand défenseur des pêcheurs de Quảng Ngãi sait mieux que quiconque les crimes que le nouveau Mao a commis et commet chaque jour contre ses compatriotes de Lý Sơn, de Bình Châu… Il a eu en main tous les rapports d'agression dressés par les gardes-frontières. Il a peut-être même rencontré certains pêcheurs, certaines veuves, entendu leurs récits… Mais il applaudit au criminel. J'ignorais qu'au moment où je le rencontrais cet ancien général de la police populaire et député de la province de Quảng Ngãi était sur orbite pour le poste de procureur en chef du Parquet populaire suprême du Vietnam, en route vers le Bureau politique où il siège au moment où j'écris. À l'heure de ses choix de carrière, le sort des pauvres pêcheurs de sa région n'a pas pesé lourd dans la balance. Avant de me quitter, ce singulier journaliste qui semble n'être venu me voir que pour me faire ces confidences, a un beau mot : « Les dirigeants s'éloignent des gens comme le feu de l'eau ».

Troisième séjour à Lý Sơn

Un autre journaliste vient frapper à ma porte et me montre sur son portable l'interview qui va passer le soir à la télévision de Quảng Ngãi, émission retransmise nationalement. Aucun mot de ce que j'ai dit sur la Chine. Avec un sourire confus, il admet qu'il a été censuré. Il fallait s'y attendre mais, même échaudé, je garde toujours un peu l'espoir… d'être à nouveau dupé.

Le lendemain matin, dimanche 17 avril, départ pour Lý Sơn avec une délégation de gardes-frontières et d'apparatchiks. Je suis à côté d'un journaliste de la marine, trois étoiles sur l'épaulette, qui m'informe que la Chine utilise de nouvelles armes pour harceler les pêcheurs : des canons à eau qui peuvent couler des embarcations de taille modeste et des projecteurs surpuissants dont les faisceaux peuvent rendre aveugle. Il me montre des vidéos sur son ordinateur portable mais je sais qu'il ne me les transmettra pas.

Lors de la remise de l'aide aux six veuves des pêcheurs disparus, l'atmosphère est lourde et très solennelle. Elles sont impressionnées par cet aréopage de personnalités. Le président de Lý Sơn, bien présent à la beuverie après l'exposition, est absent quand il s'agit des pêcheurs et a délégué sa vice-présidente Mme Hương qui adopte un ton neutre. Je me faisais une joie à l'idée d'aider ces six veuves mais sur place, je me sens très gêné de transmettre devant des caméras, ces enveloppes à ces pauvres femmes, ces femmes fières, qui les prennent avec leurs mains calleuses, en baissant les yeux. Le pêcheur Mai Phụng Lưu*, héro des Paracels, est absent. J'apprends qu'il est allé pêcher près de la Malaisie. Regrets. Je remets tout de même les 10 millions de dongs à son épouse qui me promet d'arranger un rendez-vous avant mon départ pour le continent. Il n'aura jamais lieu.

Nous poursuivons nos visites en rencontrant quatre autres familles mais, en la présence obligée et dissuasive du président du Comité populaire de An Hải. Je suis obligé de demander à ce monsieur de ne pas répondre à la place des intéressés. Je reviendrai dans des conditions plus favorables. Je loge au poste des gardes-frontières, comme les militaires. Pendant le repas, le président invasif annonce qu'il viendra avec nous pour les visites du lendemain. Je lui dis que sa présence intimide les gens et fausse les témoignages. Il se renfrogne devant son verre de bière. Un journaliste essaye de détendre l'atmosphère en m'apportant deux ou trois « Ốc Lồn », coquillages dont l'apparence peut rappeler celle du sexe de la femme. Ce grand moment hilarant passé, le directeur du service de l'agriculture et de la pêche me confirme que les Chinois savent tout ce qui se passe sur l'île et dans la région. Cela rejoint les propos du journaliste H. rencontré à Tam Kỳ. Est-ce pour m'intimider ? Pour justifier ma « protection » ? Il continue : « il y a des coïncidences troublantes : les pêcheurs « récidivistes », déjà arrêtés par eux, semblent les plus visés pour de nouvelles agressions, les plus durement malmenés. Les six disparus dont on vient de rencontrer les veuves faisaient partie de cette catégorie surtout monsieur Nguyễn Đảng ».

Avec un journaliste nous nous rendons chez Mai Phụng Lưu. Son épouse est seule dans sa modeste maison en train de trier des gousses d'ail. Elle m'en offre quelques-unes et me dit qu'elle m'appellera au retour de son mari. Départ sous la pluie vers la très ancienne petite maison de Phạm Thoại Tuyền, « Monsieur Paracels », qu'il a transformée en véritable musée. Minh Thu et ses copains journalistes m'y attendent avec le maître de maison qui m'accueille en disant : « Cette fois, tu as réussi ! ». VTV1, la télé nationale ainsi que la télé régionale ont parlé de ma visite.

Invitation du président à Hanoï

Le cabinet de la Présidence me demande quand je compte aller à Hanoï. Le Président veut organiser une rencontre avec des cadres du ministère des Affaires étrangères. La démarche me semble surdimensionnée car je ne sais rien de plus que ces messieurs dames, certainement beaucoup moins, mis à part le fait d'avoir touché de près la misère des familles. Peut-être est-ce de cela que le président veut que je parle. Mais ma priorité est de continuer les visites aux familles, réunir des témoignages et des documents pour préparer un bon reportage. Un reportage que les cadres des Affaires étrangères auraient pu commanditer avec de grands moyens s'ils l'avaient voulu. J'envoie le programme des quatre prochains jours avant d'embarquer pour Đà Nẵng. Mes « protecteurs » ne me lâchent pas; J'ai même surpris par effet de miroir un petit malin dans mon dos en train de photographier mes manipulations sur mon ordinateur avec son téléphone portable.

Lorsque je quitte l'île pour l'hôtel Sơn Trà à Quảng Ngãi, aucun des dirigeants ne m'a transmis les documents qu'ils s'étaient engagé à fournir. Mis à part ceux donnés à la hâte par M. Hoàng du service de l'agriculture et des pêches, le peu d'informations obtenu est venu des journalistes et de la population. Mais Toản, l'adjoint de M. Hoàng n'a pas omis de me faire apporter le décret très restrictif sur les autorisations d'aide pour les pêcheurs.

Après cette flambée d'attention officiellement bien orchestrée, la pâte a dégonflé. Je peux aller flâner seul, du moins apparemment, aux alentours de l'hôtel, sur les rives de la grande rivière Trà Khúc qui, en cette saison n'est qu'un mince filet d'eau, et aller déguster la délicieuse friture locale des « cá bống » avec des sortes de nems au maïs. Je parle au vendeur d'oiseaux qui stationne à côté. Pour la plupart, ce sont des « chim sáo » (oiseau flûte) sortes de mainates qui ont de grandes qualités d'imitateurs et de siffleurs. Il les capture au filet dans les montagnes la nuit, à 100 km d'ici. Il part à 2 heures du matin pour venir les vendre huit euros pièce. Environ dix ventes par jour.

Le vendredi 22 avril, je devais rencontrer des lycéens à Quảng Ngãi mais n'ai pas de nouvelle. Je n'ai pas de temps à perdre à attendre un événement qui sera peut-être décommandé à la dernière minute. J'arrive chez Tiến à 8 heures, juste quand il rentre de la pêche. Il me conduit chez un jeune pêcheur-plongeur handicapé suite à un accident de décompression.

Retour du bâton : les gardes-frontières harcèlent Tiến

À notre retour deux gardes-frontières arrivent à moto. Ils demandent à Tiến s'il peut répondre à leurs questions. Devant un verre de thé, ils commencent leur interrogatoire en ma présence : « Qui est votre invité ? d'où vient-il ? pourquoi l'hébergez-vous ? depuis combien de temps ? » Ils ne peuvent pas ne pas savoir qui je suis : les journaux locaux en ont beaucoup parlé, la télé a diffusé son reportage plusieurs fois. Ils sont donc là pour le compte des forces hostiles à mon projet, contrariées par le feu vert présidentiel. Je ne laisse pas Tiến répondre et leur demande de décliner leur grade et identité avant que je réponde à leurs questions. L'un est le capitaine Chiến, l'autre le commandant Tư du poste 288 des gardes-frontières. Ils déclarent venir au nom de leur hiérarchie pour dresser un procès-verbal de ma présence. Je leur montre ma carte d'identité vietnamienne et déclare être prêt à leur exposer mes crimes passés et présents. Le président de la République peut d'ailleurs en être témoin ! Ils énoncent que la loi impose à tout Vietnamien qui demeure hors de son lieu d'origine de venir faire une déclaration au poste de police local. Ce que je n'ai pas fait. Mais je l'ai faite au général de la police qu'est le premier secrétaire du Parti de la Province. Ils prennent alors ma carte d'identité et font mine de communiquer par radio pour la contrôler. Quand ils me la rendent je leur dis qu'ils feraient mieux d'aller en mer protéger leurs compatriotes pêcheurs plutôt que de menacer ceux qui font tout ce qu'ils peuvent pour les soutenir. Ils encaissent et concluent : « Il n'y aura plus de problème ». Je leur annonce que, j'irai me présenter à leur poste lors de mon prochain séjour. Tiến est inquiet. Cette visite est une véritable menace.

Je pars pour Đà Nẵng en taxi. Après 70 km de route, à Tam Kỳ je reçois un appel de Tiến. Dès que son nom s'affiche sur le portable, je devine : la voix mal assurée, il m'annonce que les deux gardes-frontières sont revenus chez lui le menacer. J'appelle M. H. avec qui j'avais rendez-vous pour une interview et lui explique que je retourne à Bình Châu pour voir les gardes-frontières. Il me conseille : « Bình tĩnh » (du calme).

Tiến m'attend chez lui. Les femmes réparent le grand filet dans la cour. Leurs visages sont plus graves qu'à l'ordinaire. Un procès-verbal a été dressé disant qu'il a hébergé un étranger sans le déclarer mais les gardes-frontières ne lui ont donné aucun document. Je calme mon ami, retourne au taxi et nous nous engageons sur les méchants chemins de terre qui mènent au poste 288, sur la colline qui domine Bình Châu et la mer. Je demande mon chemin de temps à autre à des paysans surpris. Après une quinzaine de kilomètres, le chauffeur de taxi me fait remarquer que la voiture souffre. Je téléphone au capitaine Chiến qui me répond : « Quel est le problème ? » Je lui dis : « C'est vous. J'arrive au poste et je veux vous voir ». Il raccroche.

Pas de sentinelle dans la guérite. Je demande au taxi d'attendre à l'extérieur et pénètre dans l'allée gravillonnée. De part et d'autre de grands panneaux avec, en lettres rouges et jaunes « Solidarité, solidarité, grande solidarité » et « Forger des soldats, se forger, forger des combattants ». Deux jeunes en T-shirt kaki apparemment pas surpris par ma visite. Je demande à voir le capitaine Chiến et ils me disent qu'il est en mission. Ils me font assoir à la terrasse extérieure, me servent le thé et me disent de patienter. Dix minutes passent, un commandant arrive et je lui demande de voir le commandant Tư qui était là lors de l'entrevue avec mon ami Tiến. Comme par hasard il est en mission comme son compère. Je m'énerve et demande à voir l'officier qui commande le poste. Une demi-heure plus tard, un lieutenant-colonel débarque. Je lui fais part de ma surprise et de mon indignation. Il sourit en affirmant que la visite des deux officiers était une simple visite de familles. Quand j'affirme que le procès-verbal est un faux car je ne suis pas un étranger et que je vais les attaquer en justice, il affiche son sourire forcé comme s'il s'agissait d'un incident dérisoire : « N'en parlons plus ». Je rétorque qu'au contraire j'ai déjà envoyé un mail au secrétariat de la Province et au secrétaire du président de la République. Que ces intimidations sont fourbes et lâches, indignes de militaires qui se respectent.

Sur le trajet du retour, arrêt obligé pour cause de défaillance du klaxon. C'est bien connu : on peut rouler sans freins, pas sans klaxon. Aucun des amis que j'ai rencontrés ne paraît surpris en apprenant le comportement des gardes-frontières envers le pêcheur Tiến. Ils sont plus habitués que moi à la lâcheté ordinaire. H. me dit simplement : « Protège-le ». Mon ami Nguyên Ngọc, est occupé à recruter des professeurs pour l'Université Phan Chu Trinh de Hội An dont il préside le conseil d'administration. Trop progressiste pour durer longtemps sous ce régime, elle sera bientôt sabotée. Il vient de constater, lors de sa récente visite aux minorités ethniques, que le saccage des Hauts plateaux par l'exploitation chinoise de la bauxite s'aggrave. Tiếng, le cadre du Parti, historien, qui m'avait recommandé à Nguyễn Hòa Bình, le chef de la Province, semble avoir jeté l'éponge et me parle de ses ennuis cardiaques. Je n'ai plus qu'à aller voir ma maman adoptive.

Ma « maman » Minh : « C'est dangereux »

Elle est à l'« Hôpital C » depuis quatre jours. Malades dans les couloirs, chambres pleines à craquer, familles qui suppléent la pénurie de personnel. Elle lit un magazine. Son beau sourire est intact malgré le col du fémur fracturé, ses problèmes d'estomac – « la cuisine n'est pas celle de la maison » – son diabète mal soigné. Elle ne se plaint pas et m'embrasse comme du bon pain. Ce haut cadre du GRP* lors des pourparlers de paix à Paris, première ambassadrice en Italie du Vietnam réunifié, vit dans un autre monde que les mandarins minables que je viens de croiser. Elle est d'une autre trempe. Le Vietnam que j'aime, c'est elle. Petite fille du grand patriote et intellectuel Phan Chu Trinh, elle a réparé et entretenu la modeste résidence de cet aïeul prestigieux à Đà Nẵng. Elle l'a aménagée en musée, sans demander un sou à l'État. Bien après sa retraite à 65 ans, elle s'est rendue en France avec ses maigres revenus pour consulter les archives de la colonie, notamment celles d'Aix-en Provence, afin d'écrire un livre de 2000 pages sur son aïeul.

Revenant à ma saga elle me dit : « Tu dois raconter tout ça à « 6 phong » (le nom de guerre du Président) et au MAE*. Je suis écœurée. Je te conseille d'agir et d'écrire de France, par tes propres moyens. Ne va pas te frotter aux cadres du terrain, c'est dangereux ». Elle me répète ce mot, trois fois. À chacune de mes visites, le plaisir de la retrouver n'a d'égal que ma tristesse de la quitter. Je ne sais jamais si et dans quel état je vais la retrouver. Heureusement, lors de la prochaine visite, j'aurais la joie de la voir chez elle, entourée de son fils Ninh et de sa belle-fille, descendus définitivement de Hanoï pour prendre soin d'elle.

Nguyên Ngọc est pessimiste

Mon ami Nguyên Ngọc est en veine de confidences. Suite au récit amer que je lui fais de mon dernier séjour à Quảng Ngãi et, comme pour conjurer les démons qui nous assaillent, elles fusent tous azimuts. Il pense que j'idéalise trop le Vietnam et les Vietnamiens. Nous parlons de l'identité nationale façon Sarkozy. Nguyên Ngọc lui, n'aime pas parler d'identité nationale, même face à la menace permanente de la Chine. « Un peuple qui vit à côté de ce mastodonte est condamné à être intelligent, souple et ouvert, à accueillir comme alliés ceux qui ne sont pas soi. L'identité nationale telle que beaucoup de Vietnamiens la pensent, exclut, isole. En fouillant la citadelle de Hanoï, on n'a trouvé que les fondations : quand les Lý, les Trần, les Lê, les Nguyễn, toutes ces dynasties, se sont succédé, chacun a rasé ce qu'avaient édifié les précédents. Cette identité est tellement exclusive qu'elle empêche la continuité. Phan Chu Trinh* avait déjà mis l'accent sur ce trait. Le Vietnamien a du mal à accepter ce qui n'est pas lui, comme lui. Tu es vietnamien avec ta carte d'identité, ton passeport, ton cœur, mais pour de très nombreux compatriotes tu ne l'es pas. Ils ne prennent que l'apparence immédiate, l'utilité immédiate. Regarde le confucianisme, on n'en retient que le côté hiérarchie sociale et centralisation du pouvoir parce que c'est utile pour administrer en protégeant l'identité existante. On ne va pas plus profond. Il n'y a pas de vrais philosophes vietnamiens. La communauté de Hội An où je vis est un contre-exemple de ce que j'affirme. Mélange de Chinois, de Japonais, de Vietnamiens, de Hollandais, de Portugais... Les Chinois de Hội An ne sont pas des résidents chinois au Vietnam. Ce sont des Vietnamiens parfaitement assimilés ». Puis sur Hồ Chí Minh : « Il a été pris en otage par Staline et par Mao. C'est le prix à payer pour la voie à l'indépendance qu'il a choisie. La réforme agraire au Nord a été particulièrement destructrice des deux structures sociales essentielles : le village et la famille, avec des villageois qui dénonçaient des notables, des enfants qui dénonçaient leurs parents. Nous en portons encore aujourd'hui les blessures et ce régime les tares ». Et l'écrivain et ancien combattant de la première heure d'ajouter : « Ceux qui parlent si fort d'identité nationale devraient faire preuve de plus de mesure quand ils laissent vendre leurs propres enfants à l'étranger. Récemment, dans la région du delta du Mékong, les différents responsables de province ont assisté à un colloque sur le thème des filles vendues à Taïwan, en Corée, en Malaisie... Elles sont au nombre de 200 000. Jamais, sous aucun régime, on n'avait assisté à une telle hémorragie honteuse car la plupart d'entre elles sont de véritables esclaves sexuelles. La misère n'est pas la seule en cause. Si les femmes étaient vraiment respectées, seraient-elles aussi nombreuses à s'exiler ainsi ? Seul ce régime « socialiste » a réalisé cet exploit ».

Et il enchaîne : « Concernant la forêt à laquelle je m'intéresse en particulier car le sort de nos compatriotes des minorités en dépend, le principal pirate du bois c'est le Premier ministre Nguyễn Tấn Dũng. C'est lui qui rend possible le pillage vers la Chine. Selon les directives gouvernementales, pour pouvoir s'attaquer à une forêt, il faut qu'elle soit reconnue comme pauvre. Alors de plus en plus de forêts deviennent pauvres. Toujours selon les directives gouvernementales, pour pouvoir détruire une forêt à des fins de replantation d'hévéas ou d'eucalyptus par exemple, au-delà d'une certaine superficie, il faut la signature du Premier ministre. Alors pour contourner la loi, les projets de destruction trop vastes sont divisés en lots de petits projets pouvant se dispenser d'autorisations légales. Et le Premier ministre ferme les yeux. Le milliardaire « Anh Gia Lai » a déjà ravagé la forêt du Vietnam, il est en train de s'attaquer à celle du Laos en achetant les autorités locales ».

Je n'irai pas jusqu'à dire que ces entretiens amicaux absolument improvisés avec Nguyên Ngọc me remontaient toujours le moral mais ils me confortaient souvent dans mes convictions. Ils apportaient de l'eau au moulin de mes combats. En conclusion de ce dernier échange, mon ami, revenant au sujet principal, est de l'avis de ma « maman » Minh : « Aller sur le terrain avec les pêcheurs devient chose dangereuse ».

Il suffit d'un président

M. Nguyễn Minh Triết est président de la République socialiste du Vietnam depuis 2006. Il a entendu parler de moi et du drapeau alors qu'il combattait dans les maquis du Sud à la frontière cambodgienne. Je l'ai rencontré par l'entremise des Tà ru* et en particulier de mon amie Trần tố Nga. C'est lui qui m'a accordé la nationalité vietnamienne. Sans lui, mon combat pour les pêcheurs aurait été un échec.

Alors que je me débats contre la force d'inertie des autorités locales, le 29 mars 2011, on m'annonce qu'il veut me rencontrer à Hanoï. Départ de Lý Sơn le mercredi 30 mars sur la moto du vigile de l'hôtel avec un seul repose pied, ma valise devant lui sur le réservoir, moi derrière, avec le gros sac à dos, déhanché et déséquilibré à négocier les trous et les bosses du chemin de terre boueux, entre des lycéens à vélo qui vont à l'école. La présidence me téléphone : le président doit partir au Japon et ne pourra me rencontrer que vers le 15 avril. J'annule donc la visite et le 31 mars je décolle pour Saïgon.

Petit-déjeuner avec le président de la République

Mardi 5 avril, coup de fil de Quyết le secrétaire du président. Il me passe son patron : – « Tu es bien rentré de Lý Sơn ? Je veux te voir pour le petit-déjeuner le mercredi 6 avril à 6 h 30 ». Le jour venu, je me rends à l'adresse indiquée dans le 3e arrondissement de Saïgon. Je suis attendu sur le trottoir par deux hommes en chemise blanche. L'un d'eux me salue par mon nom vietnamien et me demande de le suivre. Nous franchissons la grille, un autre homme en civil est en faction dans la cour puis une porte et l'épouse du Président, Mme Trần Thị Kim Chi m'attend. Petite femme, la soixantaine, en pyjama marron : « Bonjour grand frère* ». L'air jovial et l'allure facile, elle ne déparerait pas dans une rizière. J'entrevois le Président en short blanc qui enfile son pantalon et sa chemise bleue. Il vient vers moi, pas un cheveu blanc, et un franc sourire. « Bonjour petit frère ». Il me donne une ferme accolade et entre dans le vif du sujet. « Tu sais, la Chine ne veut pas discuter et elle est très forte sur l'arène internationale. La situation actuelle permet la loi du plus fort… Alors, il faut faire attention ». Les

Français puis les Américains étaient aussi puissants et pourtant… Mais on ne discute pas avec le Président quand il ne vous demande pas votre avis. Donc, je me tais.

Il est au courant de tout ce qui m'est arrivé et a donné lui-même l'ordre de m'empêcher de partir avec les pêcheurs. « Si les Chinois avaient appris que tu étais en mer ou s'ils t'avaient découvert par hasard, ils t'auraient fait disparaître et personne n'aurait jamais su ce qui t'étais arrivé. Pour nous tu es quelqu'un de précieux et nous devons te protéger ». En effet, je n'ai jamais eu autant de protecteurs de ma vie et je lui raconte rapidement les épisodes des filatures ubuesques sur l'île. Il éclate de rire : « C'est normal, c'est leur travail ». J'évoque la détresse des familles, comment pourrais-je rester passif ? Le Président doit partir le 12 avril pour Hanoï et me demande si je suis prêt à le suivre pour rencontrer un certain nombre de personnes, sans plus de précision. Évidemment, j'en serai très honoré.

D'accord pour un documentaire mais pas en haute mer

Sur ces entrefaites, mon ami Cao Lập arrive ainsi que le directeur général du groupe Saïgontourist, M. Đỗ Văn Hoàng. Cao Lập félicite le Président pour sa ferme déclaration à Bạch Long Vỹ, petite île vietnamienne dans le golfe du Tonkin à la frontière maritime entre le Vietnam et la Chine : « Nous ne céderons pas un seul pouce de terre de notre patrie ». Le Président dit qu'elle est le résultat d'une discussion interne au sein du Bureau politique. C'est bien ce que je pensais : s'il y a « discussion interne » sur le sujet, c'est qu'il n'y a pas uniformité de vue. La suite des évènements me le confirmera : Le Président Nguyễn Minh Triết ne fait pas partie des courtisans de Pékin.

Quand la conversation revient sur ma situation, je m'arme de culot : « Si je renonce à partir en mer, pouvez-vous m'aider à faire librement un reportage sur le continent ? Interviewer les pêcheurs, les familles, filmer où et comment ils vivent, avoir accès aux statistiques pour mettre en place une aide humanitaire » … Il n'hésite pas une seconde et me dit : « D'accord mais tu me promets absolument de ne pas aller dans les Paracels ». J'ai promis, entre – faute de grives – deux petits verres de vin chilien. Six ans plus tard, M. Triết n'étant plus Président, j'ai considéré – de mauvaise foi je l'admets – que cette promesse ne tenait plus et j'ai pris le grand large pour tourner mon second film, *Les chevaliers des Sables Jaunes*, dans l'archipel interdit. Il l'a finalement bien compris.

Ma promesse faite, il téléphone immédiatement au secrétaire de la province Nguyễn Hòa Bình, celui qui a beaucoup promis et n'a rien fait. Il l'invite à créer toutes les conditions pour le reportage mais interdit « strictement » toute sortie en mer. Puis il me le passe et nous nous fixons rendez-vous le 13 avril. Le Président note : « Alors tu ne viendras pas avec moi à Hanoï ? » Mais comment rater une occasion si belle et si longtemps attendue. La discussion glisse vers l'archipel des Spratleys. Il l'a visité trois fois et vante sa sécurité avec trente points de contrôle. Je veux lui faire remarquer que l'opération « Eau douce pour les Spratleys », menée à grands renforts publicitaires pour fournir du matériel de filtrage de l'eau de mer à ces îles lointaines, n'est pas dénuée de corruption et que j'en ai moi-même été témoin et victime. Les résidents vietnamiens à l'étranger sont sollicités pour l'achat d'appareils de désalinisation mais c'est l'armée qui les achète par les chemins les plus opaques. Comme beaucoup de contributeurs de mes amis, j'ai mis la main à la poche. Les sommes étaient gérées par le journal *Thanh Niên* sous la responsabilité de son directeur général Nguyễn Công Khế, aujourd'hui poursuivi pour corruption, le montant devait être conséquent. Un Việt Kiều* du Canada avait donné 10 000 euros... Je n'ai jamais pu savoir comment et par qui mes 1 000 euros avaient été utilisés. Le président me coupera la parole par deux fois et, visiblement, ne tient pas à entendre ce que j'ai à lui dire, peut-être parce qu'il le sait déjà. Rendez-vous pris après le reportage, je repars dans l'effervescence saïgonnaise.

Hanoï : reçu une nouvelle fois par le Président

Le 24 avril, je décolle pour Hanoï. Le Président me recevra le 26 à 7 heures, une voiture viendra me chercher à l'Hôtel Anh, rue Châu Long. J'écris soigneusement en vietnamien le résumé de ce que je dois dire sur mon séjour à Lý Sơn et Bình Châu. J'en revois tout le vocabulaire pour ne pas être à court de mots. Je ne veux rien oublier. Je garde les témoignages des pêcheurs les plus concrets possibles. Mon rapport est complet, je l'imprime et le glisse, signé, dans une enveloppe pour le lui remettre en main propre.

Le matin du 26 avril, la voiture vient me chercher à 6 h 30 précises. Le chauffeur et le jeune secrétaire de cabinet me font faire un tour de Hanoï car le Président n'est pas prêt. Puis nous arrivons devant le palais présidentiel, imposante résidence du gouverneur général au temps de la colonie, près de la grande place Ba Đình où Hồ Chí Minh prononça la déclaration d'indépendance et où se trouve aujourd'hui son mausolée. J'ai une pensée pour le pêcheur Tiến. Qu'il serait heureux s'il était avec moi !

Tapis rouge sur les dizaines de marches qui mènent au Président entouré de quelques membres de son cabinet et des représentants du MAE* dont M. Nguyễn Duy Chiến, vice-responsable du Comité national des frontières et Mme Lê Thị Thu Hằng, directrice générale du département presse et de l'information du MAE*. À leur surprise difficilement dissimulée, nous nous retrouvons avec le chef de l'État, comme de vieux amis. Puis nous nous rendons dans une grande salle ou se répartissent autour d'une somptueuse table ronde une douzaine de personnes. Le président me fait assoir à sa droite.

En quelques mots simples, il annonce qu'il n'a pas besoin de me présenter, ajoute que j'arrive juste de Lý Sơn chez « nos pêcheurs » et qu'il m'a invité pour que les cadres compétents entendent mes « sentiments » sur leur situation. Puis il demande à l'assistance de porter un toast aux pêcheurs et à la mer. Il a invité le Comité des frontières à organiser, après le petit-déjeuner, un entretien informatif à ce sujet et m'invite à dire quelques mots. Je m'en sors en déclarant que je suis très honoré de l'importance que le Président accorde à mon modeste point de vue humain sur une question aussi essentielle que sensible pour le Vietnam. En lui tendant l'enveloppe, je dis qu'elle contient un rapport assez complet sur mon séjour et que je suis prêt à y ajouter des détails. Enfin pour casser la solennité pesante, je sors de mon sac à dos un tupperware et déclare que les veuves des pêcheurs récemment disparus dans les Paracels seront fières d'apprendre que le président a reçu ces gousses d'ail qu'elles ont élevées. Applaudissements et rires.

Puis nous nous mettons à table : Phở bò, soupe au bœuf, et beaucoup de bonnes petites choses mais je ne sens pas ce que je mange, concentré que je suis sur toutes ces paires d'yeux et d'oreilles qui scrutent, sans trop le montrer, ce que je vais dire ou répondre. Interrogé sur mon programme pour les prochains jours, je lance que je dois être présent à Saïgon le 30 avril, jour anniversaire de la fin de la guerre. Le président m'invite à la cérémonie du 29. Il viendra lui-même me chercher à mon hôtel. Puis on plaisante sur mon accent qu'il note en riant « 10/10 », je lui réponds qu'à Lý Sơn où le « ba » se prononce « boa », je suis loin en dessous de la moyenne.

J'arrive à placer quelques mots sur la situation dramatique de certaines familles de pêcheurs. En écho, c'est un silence très attentif. Il m'écoute très gravement avec ce que je devine être de la satisfaction. Il semble être fier de ma prestation devant les cadres qui se lèvent tour à tour pour venir trinquer avec moi. L'atmosphère se détend. Le petit-déjeuner terminé, il se lève et me tend une petite enveloppe jaune portant le sceau de la République socialiste du Vietnam et le sien puis un mot que je lis très vite : « Tặng » (don). Il ajoute : « C'est pour les frais de ta venue à Hanoï ». Je lui dis que ce n'est pas nécessaire. Alors il la glisse dans la poche intérieure de mon veston en me donnant rendez-vous dans trois jours à Saïgon.

La réunion de travail bidon avec Nguyễn Duy Chiến

Après les serrements de mains, je reste avec quatre cadres. Chiến, le responsable-adjoint du Comité des frontières, nous conduit vers une petite pièce où les places sont indiquées. Je suis à côté de lui et face à moi, Huệ, la secrétaire francophone que j'ai déjà contactée de Lý Sơn ; derrière elle, Mme Hằng et un jeune cadre face à Chiến, muni d'un petit carnet. À côté de lui une épaisseur conséquente de feuilles photocopiées qui me sont destinées. Il me demande de façon très protocolaire comment je vois le déroulement de notre entretien et me dit qu'il donnera ensuite son point de vue. Je préviens : ce que je vais dire n'est qu'un témoignage, un exposé résumé de mes séjours de mes constatations et de mes projets, tel que j'en ai fait le rapport au président de la République. Chiến dit qu'il est d'accord mais je sens bien que ce qui l'intéresse surtout c'est de connaître le détail de mon film à venir.

J'insiste sur la misère et le désespoir des pêcheurs, sur l'aide dérisoire, consentie aux victimes. J'évoque le fameux décret qui empêche l'aide populaire. J'appuie vigoureusement sur le rôle négatif, voire dissuasif de certains gardes-frontières, sur la passivité voire l'absence de certains présidents de comités populaires, en particulier de M. Huyện à Lý Sơn. Je déplore une absence évidente de politique d'aide et de protection des pêcheurs face aux Chinois. Tous semblent prendre fidèlement des notes sans broncher.

Je consacre la deuxième partie de mon intervention à mon projet. Je filmerai pour l'essentiel les pêcheurs, les familles des disparus. Je m'efforcerai de montrer leurs conditions de vie en les situant dans le contexte culturel et historique. Lors de mes trois séjours j'ai rencontré mes témoins et je sais qui filmer, où, quand et à quel propos. Le synopsis avec la liste des noms et des lieux sera transmis aux autorités compétentes pour validation.

Lorsque j'ai terminé M. Chiến me tend la pile de photocopies précisant que ce sont des documents historiques et juridiques dont je pourrais avoir besoin. Je les connais pour la plupart. Chiến me dit qu'il a lu beaucoup d'articles que j'ai écrits sur les archipels. Aucune contestation, aucune question sur ce que j'ai exposé de mes récents séjours. Sentant venir le vent, il me recommande de ne pas critiquer, dans mon reportage, les autorités vietnamiennes locales car cela enlèverait de la crédibilité aux prétentions souveraines du Vietnam sur les Paracels. Ce qui n'est pas faux mais qui pose vraiment la question de la réelle volonté politique de protéger les pêcheurs, seuls témoins et garants de la présence du Vietnam dans l'archipel. Nous ne sommes pas là pour débattre, je le vois bien. Mme Hằng propose de mettre à ma disposition un journaliste cameraman du service. Il faut que je lui envoie par mail un programme de travail sur l'île en six jours. Heureusement qu'avec Tiến, le pêcheur, nous avons préparé en amont car six jours, c'est bien court pour faire le tour de la question. L'entretien aura duré environ une heure et demie sans que j'aie décelé beaucoup d'enthousiasme chez mes interlocuteurs. Visiblement la rencontre a été imposée par le Président. J'en ai eu confirmation lorsque quelque temps plus tard, j'ai lu, reprise sur Facebook cette déclaration d'anthologie de ce même Nguyễn Duy Chiến : « La Chine viole notre espace maritime, éperonne nos navires, sectionne nos câbles d'exploration… En fait, c'est le comportement de parents qui éduquent leurs enfants. Qui aime bien châtie bien. Pourquoi faudrait-il s'en inquiéter ? » Ces propos surréalistes de la bouche de ce très haut responsable des frontières du Vietnam m'ont confirmé que cette rencontre n'était rien qu'une mascarade pour jauger mes intentions. J'ai mesuré les limites du pouvoir présidentiel sous ce régime de parti unique, si formel qu'on puisse ainsi s'en moquer.

Sirènes et gyrophares, à Saïgon avec le Président

Surpris par la volonté délibérée de médiatiser cette invitation à Hanoï, je n'ai compris qu'ensuite la démarche du Président Triết pour imposer un projet positif pour les pêcheurs dans un contexte politique loin de faire l'unanimité. Peut-être même, se trouvait-il en position minoritaire dans le Parti. Il a manœuvré de façon à forcer la main à ses opposants pour qu'ils le valident officiellement au plus haut niveau du MAE*. J'ai été surpris par cette confiance et ma réussite est aussi devenue un engagement vis-à-vis de lui.

Hasard du calendrier ? Son invitation à participer aux cérémonies de célébration de la paix à Saïgon, trois jours après mon « travail » à Hanoï avait, je pense, pour objectif de m'imposer comme un ami auquel on ne touche pas. Encore une fois, ce sera sans demi-mesure.

Ce 29 avril il vient me chercher à mon hôtel, près du marché Bến Thành, plein centre-ville, dans sa voiture présidentielle précédée et suivie des voitures d'escorte, gyrophares et sirènes en pleine action. Direction l'hôtel de ville où attendent les journalistes et photographes autour de Lê Thanh Hải, membre du Bureau politique et prochinois s'il en est, Nguyễn Văn Đua, vice-secrétaire permanent du comité du Parti d'Hồ Chí Minh ville, responsable à la propagande et Lê Hoàng Quân, président du Comité populaire. Du lourd. Je n'ai pas été informé du complot ! Lê Hoàng Quân que j'ai rencontré à plusieurs reprises et qui m'a obtenu un rendez-vous avec le général Giáp me dit quelques mots de bienvenue au nom de la population d'Hồ Chí Minh-Ville, nous invite à prendre le thé et me tend une enveloppe devant les photographes. Comme je ne peux refuser, je le remercie pour les pêcheurs. Quand je l'ouvrirai j'y trouverai 11 millions de dongs soit environ 450 euros. Cette coutume de l'enveloppe (*phong bì*) tendue en public est particulièrement perverse : vous ne pouvez la refuser au risque d'offenser votre donateur et en la prenant vous vous exposez à des présomptions de corruption dont on ignore le montant car il n'est pas d'usage d'ouvrir l'enveloppe sur le moment. Le mot « phong bì » est aussi employé, comme en français d'ailleurs, pour illustrer la corruption. Après avoir été bien protégé, me voilà donc bien enveloppé. Cette courte incursion à l'hôtel de ville bouclée par la photo officielle dans le hall, la caravane présidentielle poursuit jusque devant le Grand Théâtre, stoppe au bas des marches pour un nouveau cliché où je suis pris en flagrant délit de connivence. Un Américain passant, par hasard ou non, vole le cliché. Et je redoute que la photo sorte sur le net car je suis encadré par les hauts dirigeants au cœur des grosses affaires de corruption qui éclateront dans les prochaines années. Seul le Président est propre mais, hélas, je ne suis pas à côté de lui !

Ensuite, on m'invite à entrer dans le théâtre pour la grand'messe. Uniformes, képis, épaulettes hyper étoilées remplissent les rangées… De quoi trouver sans peine dans cette auguste assemblée toutes les autorisations pour aller dans les Paracels. Je suis le seul occidental présent et des dizaines de paires d'yeux interrogateurs me le font savoir. Prises de paroles et témoignages d'anciens résistants et soldats de l'armée régulière qui ont livré les ultimes combats dans les faubourgs de Saïgon ; spectacle de danses et de chants, puis c'est le départ pour le cimetière des héros dans le 9e arrondissement. Le Président fait arrêter la voiture au bord de la route pour manger une soupe dans un de ces grands restaurants routiers. Les clients qui l'ont reconnu nous photographient avec leurs téléphones portables. Puis, à l'arrivée au cimetière devant toutes ces voitures officielles, je lui demande l'autorisation de m'absenter pour aller retrouver la tombe de Quới que j'ai connu à Chí Hòa et qui s'est évadé lors de sa déportation à Côn Đảo* puis est allé combattre à Củ Chi. Il y est mort, enseveli dans les galeries souterraines par les bombes des B-52. Le président me fait apporter un paquet de baguettes d'encens par son garde du corps et me donne rendez-vous à la voiture pour le retour. J'ai mis beaucoup de temps pour retrouver le secteur M4, rangée 8 et la tombe 22 de mon ami Quới. J'y ai patiemment attendu la fin des cérémonies. Le Président m'a raccompagné à l'hôtel en jouant à « Tous les cœurs » avec son garde du corps. Quand je suis descendu, il a baissé sa vitre pour dire au jeune gardien interloqué : « Prends bien soin de mon petit frère ». Comme il l'a fait à Hanoï avec les cadres des Affaires étrangères, le Président a ostensiblement marqué devant les dirigeants saïgonnais la considération qu'il me prêtait. Sans cela mon premier film n'aurait jamais pu être réalisé.

Feu vert pour le tournage

« M. Hồ Cương Quyết a été naturalisé vietnamien par le président Nguyen Minh Triet en 2009 pour services méritoires rendus au Vietnam lors de la précédente guerre de résistance contre les États-Unis et la construction du pays aujourd'hui. Le Département de l'Information et de la Presse a demandé au Département des Affaires étrangères de Quảng Ngãi de faire en sorte que M. Hồ Cương Quyết réalise le reportage qu'il souhaite et de nommer des cadres pour accompagner M. Quyết dans la réalisation de son programme. À cet effet, le Département de l'Information et de la Presse du ministère des Affaires étrangères vous demande d'envoyer un caméraman pour accompagner et soutenir M. Hồ Cương Quyết pour filmer à Lý Sơn sous la direction du Département des Affaires étrangères de Quảng Ngãi ». C'est la missive que, quelques jours après notre entretien à Hanoï, la cheffe du service de presse du MAE* et aussi porte-parole du gouvernement, Mme Nguyễn Phương Nga (voir chapitre XV) envoie à la direction du Département des Affaires étrangères de la Province de Quảng Ngãi et de Saïgon.

Aussitôt dit, aussitôt fait. Je me rends au siège de la télévision d'HCM-Ville*. Le directeur met à ma disposition une équipe de tournage : le caméraman Tuệ, un preneur de son Nhiều et mon ami Lê Hưng qui abandonne pour quelques jours son poste de présentateur vedette à la télévision de Saïgon pour me servir d'interprète. Il va d'ailleurs avoir un peu de mal, lui le pur Saïgonnais, avec l'accent des pêcheurs de Quảng Ngãi.

Nous partons pour huit cents kilomètres de minibus sur la route N° 1 vers Quảng Ngãi puis le petit village de pêcheurs de Bình Châu où nous attend l'équipe des Affaires étrangères de la Province : une jeune femme aux allures militaires, un agent de la sécurité et un jeune cadre francophone dépêché par Hanoï qui m'appelle « tonton ». Officiellement ils doivent m'aider à réaliser le film mais je sens d'entrée que leur « protection » est très voisine de la surveillance. Heureusement, je retrouve avec joie le pêcheur Tiến, mon tout premier contact dans le village, devenu mon ami. Nous sommes à pied d'œuvre dès le 9 mai. Mon équipe de « protection » vérifie systématiquement que les personnes interviewées figurent bien sur le synopsis que j'ai dû fournir avant mon départ. Les personnes que j'ai ajoutées en cours de tournage feront l'objet de débats, surtout auprès de la jeune représentante du service des relations extérieures de Quảng Ngãi qui, rigide comme le rapport du 12e Congrès du PCV lu par un élève du CE1, ne m'inspire pas grande sympathie.

À mon grand étonnement, je vais d'une famille à l'autre sans avoir préalablement écrit mes questions ni prévu le cadre du tournage. Tout cela s'improvise naturellement sur place, au feeling. Je demanderai simplement aux membres de l'équipe de protection de bien vouloir garder leurs distances. Leurs yeux et leurs oreilles gênent le tournage car les gens savent qui ils sont. Le preneur de son et la caméra sont déjà suffisamment impressionnants. En même temps, ils me connaissent et je ne manque pas de leur préciser que le film a le soutien du président de la République.

Je suis surpris du naturel avec lequel ils s'expriment. Tout comme moi, ils n'ont rien préparé et pourtant ils en oublient tant la caméra que ce qu'on leur permet de partager ne demande qu'à sortir. Nous n'aurons eu à refaire aucune scène mais certaines seront interrompues à cause de l'émotion qui monte et empêche la parole. Je suis la cause de certaines de ces interruptions.

Nous aurons aussi de francs moments de rire comme à Lý Sơn chez un pêcheur-plongeur septuagénaire, Bùi Thượng, « le roi de la plongée en apnée » du temps de l'ancien régime. Il a plongé toute sa vie dans les Paracels et nous mime la façon dont il fixait le grand requin pour l'intimider. Je tirerai de cette scène le refrain de la chanson écrite pour le plaisir et le combat « Ballade pour Hoàng Sa », mise en musique par Jean-Pierre Pousset.

D'autres moments sont très lourds comme les obsèques de ce jeune de 22 ans, victime d'un accident de plongée ou encore la cérémonie chamanique des « tombes du vent ». Ces deux séquences ne figuraient pas dans le synopsis et j'ai dû en négocier le tournage avec mes protecteurs. La première a pu être réalisée grâce à l'implication et au talent de Tuệ, le caméraman. La deuxième était plus délicate car elle montrait une pratique superstitieuse traditionnelle des familles des pêcheurs disparus en mer. Sous la direction d'un chamane payé pour l'occasion, là où les familles se réunissent devant une tombe vide pour assister à une cérémonie au cours de laquelle un mannequin d'argile est minutieusement construit puis sacralisé de façon à accueillir l'âme du défunt, jusque-là errante. Les familles peuvent ainsi faire leur deuil, venir honorer la mémoire du disparu et se libérer des turpitudes que peut leur causer l'âme errante en mal de refuge. Je n'avais pas connaissance de pareil rituel pour honorer les disparus. Il fallait le filmer et le conserver précieusement.

La cérémonie concerne la famille du pêcheur Lê Minh Tân disparu quelques mois auparavant avec cinq autres compagnons dans les Paracels, près des récifs Bombay. La veuve a hérité des dettes. Elle a fait construire la tombe mais n'a pas les moyens de payer la cérémonie. Je propose de prendre les frais en charge si elle me permet de filmer la cérémonie. Elle accepte sans hésiter. Il faut payer le chamane et louer un grand chapiteau pour abriter du soleil les participants. Je donne l'argent à ce dernier pour l'ensemble des frais. Mais il ne veut pas rembourser la veuve qui a avancé la somme empruntée pour la location du chapiteau. Il faudra une visite chez lui et quelques phrases convaincantes de mon groupe protecteur pour qu'il s'exécute. Misère et désespoir nourrissent souvent les charognards. Même si je le sais, naïvement, je n'aurais pas pensé que ce fût le cas ici et que, jusque dans cette île meurtrie, l'argent pouvait aussi effacer la solidarité.

Validation officielle, et première manif

Dix jours de tournage pour dix heures de rushes et ce furent trois semaines de montage dans les studios de la télévision de Saïgon où j'ai travaillé librement avec le très sympathique et professionnel monteur Khoi. Une projection finale de validation en présence du représentant du service des Affaires extérieures de Saïgon et finalement, le certificat de conformité du 7 juin 2011 délivré : « Autorisation d'exporter et d'importer un produit des médias. Le service des relations extérieures d'Hồ Chí Minh ville autorise M. André Menras Hồ Cương Quyết d'exporter les produits des médias ci-dessous : reportage sur la vie des pêcheurs du district de l'île Lý Sơn, Quảng Ngãi. Le contenu n'enfreint pas la loi du Vietnam sur les médias ».

Je m'apprête alors à rentrer en France avec mon film, monté de façon conforme pour les autorités et acceptable pour moi afin qu'il puisse sortir du Vietnam. Oui mais… Juste avant mon départ, la même porte-parole du gouvernement qui a donné le feu vert pour le tournage de mon film annonce qu'un navire d'exploration pétrolière vietnamien vient d'être agressé par des bâtiments chinois dans la zone économique exclusive du Vietnam. Un bateau de pêche, deux bâtiments du contrôle des pêches et plusieurs autres navires chinois ont participé à l'agression pour sectionner les câbles du *Bình Minh 2*. Ce sera ma première manifestation à Saïgon sous le régime de la République socialiste. Avec mes vieux complices nous nous réunissons au niveau du petit hôtel « Lan Lan », à l'angle des rues Trương Định et Nguyễn Du. Nous sommes dix, fixés dans l'Histoire par la photo de Cao Lập : Đình Vư ợng, Vương Đình Chữư, Nguyễn Đình Đầu, Lê Hiếu Đằng, Đỗ Trung Quân, Nguyễn Quốc Thái, Mme Trần Tử Vân Anh, Huỳnh Tấn Mẫm et Cao Lập. Le temps d'écrire quelques slogans sur de grands panneaux cartonnés, départ en taxi – la moto étant trop risquée – jusqu'à la cathédrale de Saïgon, point de départ supposé de la manifestation. Nous sommes vite absorbés par la foule impressionnante qui occupe l'avenue Lê Duẫn dans toute sa largeur, s'étend en amont au-delà de la résidence du consulat de France et de l'ambassade américaine et couvre la même avenue vers le consulat général de Chine. Pléthore d'uniformes de policiers de tout poil, matraque en main. Au niveau du grand rond-point, un civil, la soixantaine vient me dire que je ne devrais pas manifester puis s'éclipse. Je ne lui réponds pas. Quelques minutes après, il revient et nous dit que les « dirigeants veulent nous voir » à deux pas de là, rue Phạm Ngọc Thạch, au siège des Jeunesses communistes. La proposition fait débat un moment car Lê Hiếu Đằng refuse de les voir. Finalement il se résigne à venir avec le groupe, curieux d'entendre le message. Nous sommes accueillis par deux poids lourds du Parti de Saïgon que j'avais rencontrés en présence du Président deux mois plus tôt pour cette photo de groupe qui ne m'honore pas. J'allais pouvoir leur rendre la monnaie de la photo. Le premier, M. Nguyễn Thành Tài, vice-président permanent du Comité populaire, ne prononce pas un mot. Il est dans ses petits souliers. C'est son camarade Nguyễn Văn Đua, le propagandiste, qui prend la parole en commençant sur un ton à la fois grave et persuasif par « Camarades… ». Nous laissons filer ses premières phases sur la nécessaire stabilité politique, la nécessaire confiance en la compétence et le patriotisme des dirigeants pour régler ces problèmes sans avoir à descendre dans la rue, l'esprit de responsabilité de tout communiste… Cao Lập l'interrompt et lui demande qui sont les patriotes : ceux qui descendent dans la rue quand leur pays et leurs compatriotes sont agressés par une puissance étrangère ou ceux qui commandent à leur police de sortir la matraque pour les en empêcher. J'interviens ensuite pour dire à M. Đua qu'au regard des évènements, quand il s'adresse à moi en m'appelant camarade, il se trompe : je ne suis pas son camarade. Car en vietnamien ce mot, *Đồng Chí*, veut dire volonté ou direction communes. Dans les deux cas de traduction, je n'ai rien en commun avec lui. Il blêmit et me fusille du regard. Lorsque je le croiserai en janvier 2013, à l'occasion de l'anniversaire de la signature des Accords de Paris, il me dira en passant : « Je suis triste ». Mes yeux lui répondront : « Moi, plus encore ».

Cette mise au point qui se voulait confidentielle a été reprise et commentée par le poète et humoriste Đỗ Trung Quân qui faisait partie de notre groupe. Elle m'a aussi valu plusieurs articles dont les deux pages affectueuses dans le numéro 217 du magazine *Xa xứ* de l'écrivain Tống Văn Công, communiste, ancien combattant des deux Résistances. Il me priait, des deux mots *Đồng Chí*, camarade, tellement dévoyés de ne retenir que le premier, *Đồng*, qui veut dire « commun » qui est déjà si beau. Son article m'a fait penser à la chanson de Ferrat, « Camarade ». J'ai aussi marqué le coup en envoyant un compte rendu commenté de la manifestation à l'hebdomadaire *Tuần Vietnam* et à *Bauxite.vn* sous le titre « Parlons-en ! Haut, fort et clair ! » que mon ami Nguyễn Ngọc Giao a bien voulu traduire en bon vietnamien. J'ai atténué l'explication avec M. Đua car je ne voulais pas que cela devienne une affaire personnelle mais j'ai été très clair : … « Il arrive un moment où le silence ne protège plus du danger mais au contraire augmente sa menace car il est considéré par l'adversaire comme de la faiblesse. Comment peut-on espérer un soutien de l'opinion publique internationale si on empêche son propre peuple de s'exprimer ? Ce ne sont pas les seules réactions diplomatiques, certes nécessaires, qui amèneront la solidarité dont le Vietnam a terriblement besoin en ce moment. Comment ceux qui se sont appuyés sur la force populaire pour libérer et unifier le Vietnam peuvent-ils aujourd'hui la tenir à l'écart de l'information et de l'action… ? » L'article n'a été publié qu'en partie et cette censure a fait l'objet d'autres articles d'indignation. Bref, avant mon retour en France, le clan des prochinois à l'intérieur du Parti avait déjà des raisons d'avoir une dent contre *La Meurtrissure* et son réalisateur.

Une fois arrivé en France, j'avais l'intention de trouver un professionnel, ami du Vietnam qui puisse le recomposer à ma véritable convenance avec les rushes que je pensais ramener. En fait, non seulement le monteur ne m'avait pas chargé les rushes sur le disque dur externe mais j'ai perdu beaucoup de temps à chercher, parmi les amis du Vietnam, la personne idéale qui travaillerait bénévolement ou à portée de ma modeste bourse. Je n'ai trouvé que de vagues promesses avec des velléités d'arrangement ou de « reprise en main » du film un peu trop directives. J'ai donc abandonné à regret cet espoir qui a duré un mois dans la région parisienne. Je me suis contenté de présenter le film de façon improvisée, au rabais, en profitant de la projection d'un autre film organisée en banlieue par l'Association d'amitié franco-vietnamienne. On ne passa qu'une partie de *La Meurtrissure* et le débat fut inexistant, faute de temps. Je rentrai donc dans le Midi pour profiter de ma famille et prendre un peu de repos.

Un film pour en cacher un autre ?

Heureusement, comme j'ai pu le constater tout au long de mon long périple, le parti unique est toujours le théâtre de divisions, d'influences fluctuantes pour le pouvoir, de contradictions, d'appétits. Et les silences d'un jour peuvent devenir les coups de gueule du lendemain. Difficile de suivre ces turbulences ! On arrive toujours avec un temps de retard et quelques cicatrices.

Ainsi en cette période de froid, de pressions policières que mon film semblait susciter, malgré les injonctions présidentielles qui n'auraient plus de valeur en juillet pour cause de fin de mandat, quel ne fut pas mon étonnement de recevoir en France une invitation venant de Hanoï pour un nouveau film sur ma vie liée Vietnam ! La lettre émanait du réalisateur Đào Thanh Tùng au nom du très officiel « Studio du film documentaire et scientifique du Vietnam ». Le film s'appellerait: *André Menras: un Vietnamien.* C'était flatteur et positif pour moi et mes combats passés pourraient être l'occasion de rappeler mes combats actuels.

D'un autre côté, pourquoi ce film en cette période ? juste dans la foulée de mon documentaire qui montre clairement l'abandon des pêcheurs, avec les rumeurs de dissonance qui courent à mon sujet sur la démocratie, les répressions policières, les corruptions, la mollesse voire les connivences face aux menées chinoises... Est-ce que ce nouveau film viserait à m'utiliser pour « mendier le passé »[1] ? Je ne pouvais l'exclure. Et c'était dangereux car, selon la publicité qui lui était faite, ce film pourrait faire oublier *La Meurtrissure.* Si telle était l'intention du réalisateur ou des commanditaires du film possiblement conservateurs, les miennes étaient de profiter de l'occasion pour en remettre une couche sans trop de frais, mon voyage et une partie de mon séjour étant financés par le producteur. Mais je n'oubliais pas le contexte politique où se trouvait le Vietnam avec la montée du mécontentement populaire, du sentiment antichinois. Un courant démocratique pourrait aussi vouloir m'utiliser... En tout cas, ceux qui ont donné le feu vert pour un tel film y ont mis le prix : ces studios très officiels ne réalisent que deux films de ce type par an. Sur pellicule argentique, ils coûtent bien plus cher que des films numériques, et sont destinés à être conservés beaucoup plus longtemps. Préparerait-on ma nécro ?

En préalable à mon consentement, je posai trois conditions : le film devait parler clairement des pêcheurs du centre Vietnam et les montrer à Lý Sơn ; on devait illustrer largement la vie de mon ami Đặng Văn Việt, « oublié » par le Parti pour crime de curriculum vitae (Voir chapitre « Du pavois ») ; enfin, les détenus politiques de l'ancien régime devaient y figurer. Ces conditions ont été rapidement acceptées.

Trois mois après, je m'envolais donc pour Hanoï. Entretemps, le téléphone bambou m'avait informé que *La Meurtrissure* n'avait pas encore été projeté au Vietnam mais que le président l'avait visionné confidentiellement et qu'il avait été très ému. Succès déjà non négligeable.

1. Expression qui signifie appeler le passé glorieux à la rescousse.

André Menras : một người Việt (Un Vietnamien)

À l'aéroport Nội Bài, personne à l'accueil. À l'hôtel Anh, pas de chambre retenue. Tùng, le réalisateur, rapplique une heure plus tard et se confond en excuses. J'ai le pressentiment que le budget du film sera serré et que, non seulement, je ne toucherai aucune rétribution mais, au contraire, que je vais y être de ma poche. Il me conduit jusqu'à un autre hôtel un peu glauque vu l'allure de la réceptionniste et… le préservatif usagé que je trouve dans un tiroir. Je prends alors un taxi pour la rue Hang Mắm et un hôtel modeste mais propre. Le soir, dîner avec quatre de ses amis dont un couple franco-vietnamien qui semble appartenir au monde du cinéma. Tùng, sent bien que ma confiance n'est pas au rendez-vous. Il m'annonce que je serai le seul à faire les commentaires en vietnamien et qu'on ne tournera aucune scène contre ma volonté. Cela amuse le Français qui a sans doute entendu parler de moi. Il me dit que ça vaudrait le coup de faire un film sur le film.

Le vendredi 4 novembre 2011, je retrouve mon ami le colonel – « général-danseur » Đặng Văn Việt (Voir chapitre Du Pavois) pour aller tourner quelques scènes à la citadelle de Hanoï et à la prison centrale de Hỏa Lò, le « Hilton » ainsi baptisée par les pilotes prisonniers américains. Puis nous enchaînons au 30 Hoàng Diệu au milieu des reliques du général Võ Nguyễn Giáp, avec Mme Hà, son épouse que j'ai déjà rencontrée en 2009. Le général est à l'hôpital 108 de l'armée. Il est très faible, ne parle pas mais entend et comprend. Nous ne sommes pas autorisés à le voir. Interview très formelle de Mme Hà même si on sent de la sympathie entre nous. Quand je la quitte en la remerciant, elle me dit en français : « C'est moi qui vous remercie ».

Puis une scène très décontractée à la « B.T 205 » de Đặng Văn Việt. (« B.T » pour villa, Biệt thự, 205 est le numéro de l'appartement). C'est ainsi qu'il appelle cette pièce de 12 m^2 au 2e étage d'un HLM délabré. Le 6 novembre nous nous rendons au temple de la littérature Văn Miếu, ce haut lieu de l'Histoire du Vietnam qui a consacré des milliers de lettrés et dont un ancêtre de M. Việt fut un temps directeur.

Deux jours après, je m'envole pour Đà Nẵng. Personne ne m'y attend. Pluie torrentielle, rues inondées. Je prends la chambre qui m'est réservée. Au repas, une soupe de nouilles instantanées. Je vais voir ma « maman » Minh, comme toujours ravie de me voir et qui m'invite à dîner. Demain matin à 9 heures, nous tournerons chez elle une séquence où elle témoignera de notre collaboration à Paris après ma libération.

Le lendemain, rencontre avec un ancien élève du lycée Blaise-Pascal où je fus chargé de la « classe consulaire », vocable bien pompeux pour désigner la classe primaire accueillant les enfants de ressortissants étrangers. C'est rue Lý Tự Trọng et il ne reste qu'un seul mur du lycée. Mise en scène avec Nguyễn Văn Bán dont je ne pouvais me souvenir puisqu'il était lycéen à l'époque. Il tient une petite échoppe où il vend du pain et du café, aide son épouse à la couture et sort quelquefois pêcher la nuit.

L'équipe de tournage se dirige ensuite vers la plage Mỹ Khê, autrefois appelée China Beach – ce qu'elle est devenue ! – au pied de la mince péninsule Sơn Trà où je me baignais quarante ans auparavant. Mise en scène au milieu des rouleaux qui ont failli me noyer en 1969 et où je tire le filet avec quelques pêcheurs pas convaincus.

Mon ami l'écrivain Nguyên Ngọc m'appelle à ce moment-là pour m'inviter l'après-midi à l'université Phan Chu Trinh de Hội An. Je convaincs Tùng de faire avec son équipe, les quinze kilomètres qui nous séparent de Hội An. Arrivés rue Nguyễn Gia Thiều, mon ami nous accueille dans l'enceinte de l'université et demande à l'équipe de tournage de prendre son matériel jusqu'à une salle de classe pleine d'étudiantes en tenues traditionnelles. Le coup était prémédité. Sachant que nous allions passer par Đà Nẵng il avait préparé ses étudiantes volontaires à chanter en français, les paroles vietnamiennes n'ayant pas encore été trouvées, la « Ballade pour Hoàng Sa » que nous avions composée avec Jean-Pierre Pousset. Mais comme il n'avait pas assez de francophones, il avait dû mobiliser des anglophones. Contraint par le temps, il avait transcrit phonétiquement à la manière du cru, les paroles écrites au tableau et lues au fur et à mesure de la musique. C'était ce qu'il appelait avec humour, une traduction en langue « Ba Na », du nom de la minorité ethnique des Hauts plateaux que mon ami connaissait bien. Le chant sera utilisé par Tùng comme générique de son film.

De là nous continuons sur Bình Châu. Mise en scène avec les veuves réunies dans la cour de Tiến pour visionner *La Meurtrissure* sur un vieil écran de télévision. Phát, le caméraman, n'a aucune peine à filmer les pleurs bien réels de ces femmes qui revivent leur galère. Je profite de mon passage pour transmettre les aides recueillies en France et au Vietnam. Au moins quelque chose d'utile. Concernant les pêcheurs, la stratégie de Tùng consiste à se reposer sur les interviews de *La Meurtrissure*. C'est toujours ça.

4e séjour à Lý Sơn

Nous partons pour Lý Sơn le 14 novembre, commençons par la jeune orpheline du pêcheur Lê Minh Tân remontant l'eau du puits pour aider sa grand-mère avant de partir pour l'école. Dans la cour du lycée, Tùng me met en scène montrant d'une main aux lycéens une carte de l'île que j'ai trouvée sur google map et sur laquelle sont imprimés les caractères chinois « Lý Sơn, province de Hai Nan, Chine ». De l'autre main il me fait sortir de ma poche ma carte d'identité vietnamienne en disant : « Mais moi je suis à Lý Sơn et je suis vietnamien ». Le trait est gros, comme une revanche, à la mesure du harcèlement que j'ai subi de la part des gardes-frontières de Lý Sơn. C'est sa façon d'affirmer ma citoyenneté. Tùng utilisera aussi la scène du « roi de la plongée » Bùi Thượng mimant son face-à-face avec le requin pour rappeler le refrain de la chanson « Ballade pour Hoàng Sa » : « Fixons le requin, amis, fixons le requin, n'ayons pas peur, amis, face au lendemain ».

À Bình Dương, on tourne chez le Président

Au fur et à mesure que nous descendons vers le sud, Tùng semble se libérer de son conformisme et moi de mes réticences à jouer des rôles. Car je me rends compte que, malgré le côté théâtral de ses scènes, il est sincère. Le 19 novembre, nous rencontrons mon ami Mẫm et deux victimes de l'agent orange au musée de la guerre, rue Võ Văn Tần. C'est une bonne chose pour Mẫm car cela rappelle le résistant qu'il a été à la mafia saïgonnaise prochinoise qui l'a aujourd'hui dans son collimateur.

Deux jours après, le rendez-vous pris avec mon vrai protecteur, l'ancien président de la République M. Nguyễn Minh Triết, en présence de mes amis les plus proches, ex-détenus politiques de l'ancien régime, confirme les bonnes intentions de Tùng. Ma surprise est grande. Dans la petite propriété où il s'est retiré avec son épouse, dans la province de Bình Dương, beaucoup sont là : Cao Lập, Bùi Tiên An, Hạ Đình Nguyên, Trần Quốc Thuận, Lê Công Giàu, Võ Thị Thắng, Trần Thiện Tư. Le Président s'est abstenu de toute déclaration publique depuis son départ à la retraite en juillet mais il a accepté l'intrusion de la caméra à l'occasion de ce film à mon sujet. Grâce à Tùng, nous connaîtrons de vrais bons moments. Quand je raconte, par exemple, que la police, dans sa précipitation à m'intégrer, a été plus généreuse que le Président en m'accordant, au-delà de la nationalité, l'assimilation ethnique. En effet, dans l'espace de ma carte d'identité réservé à « Dân tộc », c'est-à-dire « peuple » dans le sens d'ethnie – le Vietnam en compte 54 – je me suis vu intégré au peuple Kinh, ethnie majoritaire. Nous avons été une bonne douzaine autour de cette table ronde à rire franchement quand j'ai fait remarquer que mon nez, la couleur de mes yeux et mes poils sur les bras confirmaient cette évidence. Plus sérieusement, la caméra n'a pas manqué la déclaration du Président, conservée dans le film : « André Menras était un de nos amis dans le mouvement des étudiants et des lycéens pour résister aux Américains et sauver le pays. Il a contribué très positivement à la victoire de la libération du Sud et de la réunification du pays. La paix retrouvée, nous qui l'aimons et l'honorons, nous avons proposé de lui donner la nationalité vietnamienne comme il le mérite. Et aujourd'hui qu'il a cette nationalité sous le nom de Hồ Cương Quyết, il continue d'être très proche du peuple vietnamien, particulièrement des plus pauvres ». La séquence était donc bien préparée pour que le Président continue à m'affirmer son soutien malgré son retrait des activités politiques officielles. Ce qui n'était pas forcément rassurant car cela pouvait signifier que si ce soutien avait besoin d'être réaffirmé c'est qu'il était contesté. On devine aisément par qui.

Le lendemain je vais dans les locaux du magazine *Saïgon Tiếp Thị* pour rencontrer Thế Thanh et lui acheter sous le manteau 10 T-shirts « No to U-Line, Yes to UNCLOS » (Non à la ligne en U. Oui à la Convention des Nations Unies sur la loi de la mer). Elle me dit qu'elle est surveillée.

Mardi 22 novembre, nous nous rendons devant la prison centrale de Chí Hòa, rue Hoa Hưng. À l'extrémité, un grand portail familier, avec une arche et à gauche, un poste de garde et de contrôle. Contrôle pour les familles qui viennent en visite. L'officier de police empêche le tournage. Je téléphone directement à Nguyễn Thanh Tài, le vice-président du Comité populaire qui, d'habitude très enjoué et cordial, me répond laconiquement qu'il ne peut pas régler le problème. Tùng commence à être nerveux lorsque nous partons pour tourner une scène devant le consulat chinois. J'enfile le T-shirt blanc « No to U-line » * et fait plusieurs passages avec mon sac à dos devant les sentinelles en faction. Quát a monté son téléobjectif monumental pour des prises de vue d'une rue voisine à plus de 100 mètres. Nous devons coordonner mes passages en fonction de la position des passants, le top pour mon départ m'étant donné par téléphone portable. Une opération commando de bras cassés qui dure plus d'une heure pour un pied de nez pas vraiment réussi d'après les images qui en ont résulté. Les membres de l'équipe sont réellement inquiets. Les instruments du délit sont remballés en moins de temps qu'il n'en faut pour le dire et il faudra à Tùng plusieurs verres de vodka « Absolut » pour se remettre de son coup de bravoure.

Le 23 novembre, ils repartaient pour Hanoï. Tùng était désolé de me laisser les frais de mon séjour saïgonnais, son budget étant épuisé. Moi, tout aussi épuisé que son budget, mais heureux que ça se termine.

Je ne regrette pas ce tournage car il a permis d'authentiques moments d'amitié avec l'équipe et avec les gens que nous avons côtoyés. Ce film a fixé pour la postérité des êtres qui ont marqué ma vie et qui me sont chers. Il a également permis de dire certaines vérités – sa première projection à Saïgon le montrera – que le clan au pouvoir ne voulait pas entendre.

Pékin multiplie les provocations

Le 25 novembre au soir, je retrouve avec plaisir mon club de « comploteurs » habituels rue Hoàng Sa à Saïgon. Je leur raconte le tournage et le bilan que j'en fais. Nous discutons longuement sur l'idée que ce film officiel ne doit pas faire oublier *La Meurtrissure*, certainement beaucoup plus éloquent sur la condition des pêcheurs et sur les agressions chinoises que ne le sera le film officiel en devenir. L'actualité toque fortement à la porte : l'agence Reuters informe que le site web du ministère de la Défense chinois annonce des manœuvres prochaines dans la zone ouest du Pacifique. Le journal *Tuổi Trẻ* annonce que la province chinoise de Hainan a donné l'autorisation à une de ses sociétés de tourisme d'organiser un voyage dans l'archipel des Paracels. Le porte-parole du MAE* Lương Thanh Nghị a réagi en déclarant que « toute action d'un pays étranger dans les archipels des Paracels et des Spratleys sans l'accord du gouvernement vietnamien serait considérée comme une violation de la souveraineté du Vietnam ».

Décidément, c'est le bon moment pour projeter *La Meurtrissure* : ce 25 novembre le premier ministre Nguyễn Tấn Dũng vient de déclarer devant l'assemblée nationale après avoir beaucoup argumenté : « 1) Les Paracels appartiennent au Vietnam et ont été annexés par la force et illégalement par la Chine en 1974 ; 2) Le Vietnam doit les reprendre de façon pacifique. »

C'est la première fois qu'un tel dirigeant le dit avec autant de solennité. Ce que nous répétons inlassablement depuis des années est donc conforté au plus haut niveau du gouvernement.

« Annulez la projection ! »

Bientôt je devrai rentrer en France. Nous décidons de profiter de ma présence pour présenter le film à Saïgon. Cao Lập propose de mettre à disposition, à l'entrée du vaste espace touristique Văn Thánh, un café qu'il gère à titre privé, le bien nommé « Ami des Arts ». Des écrivains et poètes diraient des poésies sur la mer et les îles, des musiciens et chanteurs feraient revivre de vieilles chansons populaires : une petite soirée bien sympathique entre amis de longue date, trop souvent séparés par la vie mais ainsi réunis par solidarité et par nos convictions. Nous collecterions à cette occasion une somme d'argent qui viendrait gonfler les 15 millions de dongs déjà récoltés par notre ami Lê Công Giàu pour aider les veuves de pêcheurs dont parle le film. Nous arrêtons la date au soir du 29 novembre.

Des rumeurs de manifestation en soutien aux déclarations du Premier ministre circulent pour le dimanche 27. Le 26 au matin, je me rends rue Bạch Đằng dans une boutique spécialisée dans la publicité pour faire faire deux banderoles en hiflex. Sur la première, imprimé au recto l'article 69 chapitre 5 de la Constitution : « Les citoyens ont le droit d'expression, et d'être informés ; le droit de réunion et de fonder des associations ; le droit de manifestation selon les dispositions de la loi ». Sur la deuxième banderole notamment : « Les Paracels et les Spratleys sont vietnamiens ! » Je règle d'avance les 220 000 dongs et prends rendez-vous pour retirer les deux banderoles. Lorsque je reviens à 17 heures, une jeune fille en chemise bleue des Jeunesses d'avant-garde me tend une enveloppe sur laquelle sont écrits au feutre rouge : « Rendre au Français 220 000 đongs, impossible de faire ». Je n'aurai pas d'autre explication.

Le matin du 27 je lis dans *Thanh Niên* : « La Corée du Sud arrête 5 bateaux de pêche chinois ». J'apprends qu'il n'y aura pas de manifestation de soutien à la déclaration du Premier ministre. Huit uniformes beiges devant le « Café Đá », rue Alexandre Rhodes ; quinze uniformes verts sur le trottoir qui longe le jardin de la Commune de Paris, face à la cathédrale… Les paniers à salade ne sont pas loin des lieux habituels des manifestations. Le soir, je me rends chez mon ami Lập, où j'habite officiellement pour préparer la soirée du 29.

Ancien directeur de plusieurs « resorts », espaces touristiques du groupe

Saïgontourist, ancien prisonnier politique du précédent régime, déporté dans les cages à tigre de Poulo Condor, Lập était une figure dans le mouvement des étudiants de la troisième composante[1]. Il avait été arrêté avec d'autres étudiants et leur président Huỳnh Tấn Mẫm, au cours de manifestations contre le Président Thiệu et pour le retrait total des troupes américaines. Lập était avant tout un patriote très attaché à l'indépendance et à la culture de son pays. L'idéologie communiste n'était pas sa tasse de thé. Mais ses convictions étaient très fermes. Je me souviens de cette scène filmée par un journaliste et dont il a récupéré la cassette : on le voit avec ses camarades devant les juges du tribunal militaire de la 3e région, il s'ouvre les veines du poignet pour, avec son sang, écrire sur les murs : « Libérez nos camarades de Poulo Condor ! » Après 1975, pour des raisons d'opportunité de travail, il a adhéré au Parti communiste pour prendre ensuite ses distances avec son fonctionnement. Il était très connu et apprécié par les collaborateurs et les ouvriers qu'il dirigeait ainsi que dans le monde des intellectuels et artistes, à Saïgon en particulier et dans le sud en général. C'est lui qui a eu pour mission après 1975 de faire défricher et aménager les marécages de Saïgon pour y aménager ces beaux villages touristiques si prisés. Il l'a fait avec goût et passion. C'est aussi sous sa direction que pendant de nombreuses années a été réalisée la décoration du centre-ville de Saïgon pour le nouvel an lunaire.

Au moment où j'entre chez Lập, ce soir-là, j'ignore que le film *La Meurtrissure* nous replongera dans l'ambiance policière que lui et moi avons connue quarante ans plus tôt. Nous discutons sandwiches et boissons quand le téléphone sonne. Au visage de Lập et au ton sec et décidé de sa voix, je devine un problème sérieux : « Qui êtes-vous pour me donner cet ordre ? De quel droit ? Pour quelle raison ? Il n'en est pas question ! » Un officier de police qui ne veut pas dire son nom, nous intime laconiquement l'ordre d'annuler la soirée prévue dans deux jours. Sans autre explication.

Le lendemain 28 novembre, Lập me signale que l'ordre menaçant lui a été réitéré sèchement. Nous décidons de continuer nos préparatifs sans tenir compte de ces injonctions préoccupantes mais que nous ne prenons pas vraiment au sérieux. Elles paraissent d'autant plus décalées de l'actualité que le même jour dans *Tuổi Trẻ*, on lit à la une : « La solution pour exiger la restitution des Paracels » et « Quatre milliards de dongs pour prendre soin de la santé des pêcheurs ». Nous soutenons ces propositions à cent pour cent ! Mais, à l'examen des événements qui suivront, les injonctions policières anonymes que nous recevons sont facilement décryptables : le noyau prochinois au pouvoir dans le Parti se trouve contesté sur la question des archipels, des pêcheurs, de la démocratie et le film vient à point pour apporter très concrètement de l'eau au moulin de la contestation populaire. La situation est également utilisée par le clan du Premier ministre qui, malgré ses récentes et opportunistes rebuffades antichinoises, ne m'inspire pas plus confiance que celui du secrétaire général en place, Nguyễn Phú Trọng.

Je prépare une brève présentation du film, fais tirer quelques photocopies des deux chansons réalisées avec Jean-Pierre Pousset : « *Ballade pour Hoàng Sa* » et « *Complainte*

1. Force politique non organisée, plutôt de gauche, formée d'intellectuels, d'étudiants, d'organisations religieuses, indépendante du Parti communiste et qui s'est constituée en résistance au régime proaméricain. Elle était censée être représentée dans le nouveau régime une fois la paix venue mais elle a été systématiquement écartée par un PCV farouchement opposé au pluralisme politique et à la démocratie.

des veuves pour Hoàng Sa ». Je récupère mes DVD du film. Puis nous partons avec l'ami Bùi Đỗ chez Cao Lập pour vérifier le bon fonctionnement du matériel de projection. Nous envisageons de louer un groupe électrogène en cas de coupure de courant. Minh, actuel directeur du village touristique Văn Thánh et pendant de nombreuses années un des lieutenants de Lập, téléphone. Il a peur. Quatre policiers sont venus le voir pour qu'il empêche la projection. Il dit qu'il est malheureux mais qu'il ne peut rien faire pour nous aider. Kim, l'épouse de Lập, nous prépare un excellent repas. En l'absence de son mari, elle me dit qu'elle en a assez de ce régime, qu'elle ne se sent pas en sécurité et qu'elle voudrait bien rejoindre ses deux enfants aux USA mais Lập refuse toujours de s'y résoudre. Il finira par s'y résigner au terme d'une traque policière de plus en plus étouffante.

Je reçois un mail du consul général de France à Saïgon, M. Fabrice Mauriès. Il m'annonce qu'il sera présent mais je l'informe d'un incident possible avec la police et lui conseille d'éviter de venir. Le 29 au matin, Lập téléphone : ils ont fermé le café Ami des Arts. Je vais acheter les journaux : toute la page 19 de *Thanh Niên* : « Point de vue univoque du Vietnam sur les Paracels et les Spratleys », avec une photo de notre ami historien Nguyễn Đình Dầu montrant des cartes anciennes des XVIIe et XVIIIe siècles témoignant de la souveraineté vietnamienne sur ces archipels. Et plus loin un article sur les déclarations du nouveau président de la République M. Trương Tấn Sang : « Le Vietnam maintient fermement la souveraineté territoriale de la nation ».

L'opération policière du 29 novembre

Le soir du 29 novembre, soir de mousson finissante, il pleut à cordes sur le village touristique de Văn Thánh. Nous arrivons à l'avance pour les derniers préparatifs quand le personnel du café et un vigile nous informent de présences inhabituelles. Le temps d'y jeter un œil et le café est bouclé par des individus en civil. Après un bref échange, Lập leur déclare que, de toute façon, nous projetterons le film dans un espace voisin. Aussitôt, l'électricité est coupée. Notre petit groupe se met à couvert sous un kiosque à une centaine de mètres du café désormais interdit. Nous sommes interloqués par la violence de cette opération commando. Anciens détenus politiques du précédent régime dont certains ont occupé d'importantes fonctions politiques dans le régime actuel, journalistes vietnamiens venus à titre privé, professeurs et même un journaliste étranger, nous sommes entourés de policiers en civil qui se plantent devant nous, menaçants, nous filment, enregistrent nos propos. Je demande à parler au responsable : aucune réaction. Je connais bien ces « têtes de buffle et faces de cheval »[2] qui nous entourent. Quarante ans auparavant lors de mon arrestation et de ma détention, j'ai eu affaire à leurs congénères : une espèce bipède à la matraque nerveuse, sans état d'âmes quel que soit le régime. Ce soir-là, mon ami Lê Hiếu Đằng est avec nous. Avocat, ancien secrétaire général du Comité populaire révolutionnaire de Saïgon Gia Dinh dans la Résistance, ancien vice-président du « Front de la Patrie » d'Hồ Chí Minh-Ville sous le régime « libéré » … Il est encore membre de ce parti communiste qu'il quittera publi-

2. Expression faisant référence à une légende, employée pour désigner des malandrins.

quement deux ans plus tard, essentiellement pour cause de sa dépendance à la Chine et de son comportement liberticide. Lorsque nous brandissons tous deux l'affiche que j'ai rédigée sur le champ pour crier notre colère devant les caméras policières, ce pauvre ami est probablement loin de se douter que ces mêmes buffles qui nous encerclent ce soir ou leurs semblables seront lâchés trois ans plus tard pour profaner ses obsèques, piétineront sa gerbe mortuaire et déchireront les banderoles de deuil offertes par ses amis. (Voir chapitre « Du pavois ») Ce soir-là est encore un soir de deuil pour la démocratie, un soir où nous connaissons la honte. Toutes les issues sont bloquées. Personne ne peut venir à nous ni accéder au café. Toujours sous une pluie torrentielle, nous nous séparons sans toucher aux sandwiches.

La traque

Pour la première fois depuis des années, je ne me sens pas en sécurité. Je laisse ma moto sur place et rentre à l'hôtel en taxi. Internet est inaccessible. La porte de la chambre ne ferme pas et je glisse une table pour la bloquer. Je me sens très seul dans ce cauchemar. Je téléphone à des amis vietnamiens. Un d'entre eux me propose courageusement son appartement momentanément vide et je déménage dans la foulée. Sans l'identifier concrètement, je sens la présence policière, mais la situation est tellement surréaliste que je me refuse encore d'y croire… J'essaye de me raisonner : « Enfin, ta photo est exposée, en grand, dans la salle des solidarités internationales du Musée des vestiges de guerre à Saïgon, visité par des centaines de milliers de Vietnamiens et de touristes étrangers, commentée par des guides touristiques, avec le drapeau du Front national de Libération… Et tout ce grand tapage médiatique autour du citoyen d'honneur d'Hồ Chí Minh-Ville que je suis ! Le légendaire « Français Vietcong » sur lequel on a écrit tant d'articles, des pages entières dans les journaux officiels, réalisé en 2004 un premier film du même nom largement diffusé sur toutes les chaînes TV… Ils sont en train de faire un second film documentaire sur ta vie liée au Vietnam, commandé par l'État… Ils t'ont hissé sur le pavois du héros résistant, tu es soutenu par un président de la République… Tu ne peux pas logiquement être traité comme un ennemi « réactionnaire » suite à un simple documentaire déjà visé et validé par la censure officielle… C'est absurde ! Tu hallucines ! » Et puis, cette visite à Lý Sơn, il y a deux mois à peine, le 10 septembre 2011, du nouveau secrétaire du Parti de la province, M. Võ Văn Thưởng, (aujourd'hui président de la République), qui déclarait : « Derrière nos compatriotes pêcheurs, il y a le Parti, le pouvoir et des millions de Vietnamiens. C'est pour cela que les pêcheurs doivent coller à la mer en toute confiance, s'enrichir de la mer, et contribuer pour leur part à affirmer la souveraineté de la patrie sur la mer de l'Est ». L'Histoire du Vietnam l'a souvent montré : personne n'est à l'abri des foudres de Pékin. Comme Nguyễn Hòa Bình, le précédent mandarin de Quảng Ngãi, son successeur ne s'embarrasse pas du sort des pêcheurs et ses mots de soutien cachent à peine une politique d'abandon. Où sont la logique, la sincérité et le patriotisme quand on touche à la Chine qui balise le chemin vers le Bureau politique ?

Je rumine tout cela quand le taxi arrive devant un grand immeuble de dix étages du quartier Phú Nhuận. Un ami, très tendu, m'attend dans le hall, près de la réception. Accolade. J'inscris mon nom à l'accueil et présente ma carte d'identité vietnamienne.

Ainsi va la vie dans le Vietnam libéré. Sur la gauche, la salle des vigiles avec les caméras contrôlant les couloirs de chaque étage. Qui a dit que les caméras sont un gage de sécurité ? Je m'installe dans l'appartement vide où on m'a laissé quelques provisions. Un autre ami est propriétaire d'un appartement dans le même immeuble, à un autre étage. C'est Bùi Đỗ, prisonnier politique de l'ancien régime, déporté au bagne de Poulo Condor, fils d'une illustre famille de résistants en armes et d'intellectuels patriotes de la province de Khánh Hòa, Nha Trang. J'ai promis à Bùi Đỗ de raconter son histoire dans ce livre et je l'ai fait (voir chapitre « Du pavois »).

Nos ennemis avaient-ils raison ?

J'essaye de me rassurer : me voilà mieux qu'à l'hôtel, la porte verrouillée à double tour. Pas si sûr ! J'apprends deux jours plus tard par cet ami qu'un vigile lui a confié la présence, dès mon arrivée, de nouveaux venus peu bavards et très attentifs à mes mouvements qui se relayent dans la salle des caméras. Je n'imagine pas un instant que mon portable ne soit pas écouté.

Je sais maintenant que je ne suis pas en proie à un délire paranoïaque, mais j'avoue que je n'aurais jamais imaginé ce que ce régime soit capable de commettre contre ceux qui ont mis leur vie dans la balance pour qu'il voie le jour et qui l'ont ensuite nourri de leur fidélité. Imaginez le sort des citoyens anonymes qui osent résister à l'appareil ? Jusqu'ici, pour moi, le mot stalinien restait assez abstrait et relevait plutôt d'un anticommunisme primaire. Surtout venant d'amis de droite ou d'autres, qualifiés de « gauchistes » dont je pensais qu'ils forçaient le trait. Je me trompais, Staline et Mao étaient bien vivants à Hồ Chí Minh-Ville et j'avais affaire à eux.

Pourquoi cette interdiction musclée et cette filature ostentatoire ? Selon une formule lâchée par Nguyễn Văn Đua, dit Ba Đua, le responsable à la propagande du Comité populaire, l'idéologue de service, (vous savez, celui que le président a invité à poser à mes côtés devant le théâtre de Saïgon) mon film « manque de caractère du Parti » (traduction littérale) c'est-à-dire qu'il n'est pas dans la ligne du Parti, qu'il ne le flatte pas.

Je savais bien que mon film serait une petite épine qui gratouillerait les fesses des apparatchiks mais ce que je ne réalisais pas encore, c'était qu'il se trouverait au cœur de cette lutte où se joue la ligne du Parti, c'est-à-dire la remise en cause du pouvoir des prochinois et de leurs intérêts. J'ignorais aussi à quel point leur attitude allait donner de l'importance à ce documentaire.

Au moment où j'écris ces lignes, l'individu Nguyễn Văn Đua n'est plus lui-même dans la sphère du pouvoir mais à son tour en délicatesse avec lui pour présomption de corruption dans une sombre affaire de réquisitions illégales de terres. Fort heureusement l'anthropophagie de ce pouvoir n'épargne personne y compris ses propres apparatchiks. En fait, ce qui dérange à ce point les prochinois, c'est la vérité simple de ce reportage qui montre par la voix même des pêcheurs et de leurs veuves que le Parti les abandonne aux griffes chinoises, tout en les incitant à braver quotidiennement le danger mortel des vaisseaux chinois. Ce qui les irrite c'est qu'il montre sans ambiguïté comment le Parti omnipotent abandonne à leur triste sort les familles en deuil et endettées à vie. Enfin, sa projection, par l'empathie et l'indignation qu'elle suscite, pourrait favoriser des rassemblements de citoyens solidaires des pêcheurs et contribuer à structurer une opposition jusque-là endiguée. En « dérapant » sur la question chinoise, selon le mot d'un « éminent spécialiste » français de Bangkok, le sujet pourrait être la faille saisie pour exprimer d'autres mécontentements bien réels. Et je dois dire que ces inquiétudes des maoïstes de Saïgon et de Hanoï sont fondées. La vérité de *La Meurtrissure* pourrait bien être révolutionnaire contre ceux qui se gargarisent de la révolution mais qui en ont peur quand ils tiennent le pouvoir.

Le 30 novembre, M. Hoàng Dũng, professeur à l'université de pédagogie, vient me proposer la mise sur YouTube par ses étudiants de la version vietnamienne du film. Le 1er décembre, toujours reclus dans mon appartement, je reçois la visite de M. Hoàng Hưng qui a déjà traduit en vietnamien certains de mes articles. Il a un lourd passé de « réactionnaire ». Arrêté dès 1982, il a connu la prison de Hỏa Lò et plusieurs camps de « rééducation ». Il a été journaliste au journal *Lao Động*. Il vient me dire son admiration et me remettre 300 000 dongs de droit de plume pour mon article « Hoang Sa, dans ton cœur ou derrière ton dos » ainsi que 5 millions de dongs de sa part et de la part de son épouse pour les pêcheurs. Quand je lui demande s'il sait que le couloir et la porte d'entrée de l'appartement sont en permanence observés, il rit aux éclats et répond: « Sẵn sàng ! » (Je suis prêt !)

Le 2 décembre, je termine la lettre ouverte à l'intention du président du Comité populaire, Lê Hoàng Quân, puis rejoins le propriétaire de l'appartement où je me suis réfugié au poste de police du 7e quartier de l'arrondissement de Phú Nhuận. Nous sommes convoqués pour « travailler » avec l'uniforme 269-453. Il ne m'adresse pas la parole et il parle de moi tantôt comme étranger « ông », tantôt comme vietnamien « anh », quand je le remets en place. Il regarde son chef derrière lui qui ne dit pas un mot. La séance vise clairement à l'intimidation. Je me rends ensuite au 304 rue Nguyễn Thị Minh Khai pour rencontrer Lập, Bùi Đỗ et Lê Hiếu Đằng afin de mettre au point la lettre ouverte à envoyer aux autorités. Ambiance réunion secrète. Avec Lê Hiếu Đằng et Cao Lập, nous cosignons la lettre de résistance adressée au président du Comité populaire, M. Lê Hoàng Quân, celui qui naguère me serrait affectueusement dans ses bras. Je pars ensuite pour le Comité populaire. Là commence une balade que j'ai déjà connue ailleurs, celle qui pourrait s'appeler « Ce n'est pas moi, c'est l'autre ». On m'aiguille vers un bureau où l'on m'annonce qu'on ne peut pas me donner de récépissé pour ma lettre. On me suggère alors le cabinet d'accueil des citoyens de la ville, dans le 3e arrondissement, 15, rue Nguyễn Già Thiều. Là, après une longue explication, je dois ouvrir l'enveloppe et faire lire la lettre à la demoiselle du service pour qu'elle juge si elle mérite d'être transmise. Puis elle passe un coup de fil et consent finalement à faire un reçu relatif au fait que les forces de l'ordre de la ville et de l'arrondissement de Bình Thạnh ont empêché la projection du film *Hoàng Sa Vietnam la meurtrissure*. Évidemment, pas de réponse. J'appelle plusieurs fois sur son numéro personnel le secrétaire permanent du Comité populaire d'Hồ Chí Minh-Ville, M. Nguyễn Thanh Tài, naguère chaleureux admirateur du « Français Viêt-Cong ». Il suffit maintenant qu'il voie mon nom s'afficher sur son portable pour qu'il coupe. Ici, encore une parenthèse: M. Nguyễn Thanh Tài se trouve en 2021 sous les verrous, accusé de corruption liée à l'immobilier. À son tour trahi par les siens.

Quelques jours après, j'envoie la lettre par courrier recommandé avec accusé de réception. J'attends encore quelques jours avant de la lancer sur le net en français et en vietnamien : « S'il vous plaît camarades, dites-moi que ce n'est pas vrai, que nos ennemis n'avaient pas raison, que je ne dois pas à nouveau monter au front... contre vous cette fois ».

Personne. Je me sens bien seul

M. Nguyễn Minh Triết n'est plus président de la République depuis quatre mois. Disparus, volatilisés, les camarades qui avaient naguère joyeusement posé avec lui et Hồ Cương Quyết[3] devant le théâtre municipal. Pauvre Menras, qui « joue de la cithare à l'oreille des buffles ». L'équivalent en français, est également musical mais nettement moins élégant s'agissant d'un violon. Impossible de savoir de qui vient l'interdit, qui a donné les ordres aux policiers en civil de saboter la projection, qui a téléphoné à Cao Lập pour annoncer l'interdit, pour quel motif officiel... Je pense alors au coup de fil de dernière heure qui a annulé la commémoration des victimes militaires et civiles de la sanglante agression chinoise dans les îles Spratleys en mars 1988, alors que la cérémonie avait été prévue, annoncée et organisée de longue date par les militaires de Nha Trang et que les familles des victimes avaient été invitées. Personne : c'est le nom pris par Ulysse pour tromper les cyclopes, c'est aussi l'identité du courageux haut gradé qui avait donné l'ordre en 1988 aux victimes, braves pioupious gardiens des îles, de ne pas tirer alors que les malheureux se faisaient mitrailler par les Chinois comme à la fête foraine. Bref, je n'ai jamais pu obtenir aucun écrit ni rencontrer aucun responsable justifiant l'interdiction. Je mesure à ce moment-là toute la fragilité d'une réputation, toute la perversion de ce « pouvoir collectif » qui permet à n'importe qui dans la sphère de décision de passer le coup de fil assassin tandis que personne n'est publiquement responsable des conséquences. Sauf-conduit pour les mauvais coups anonymes, porte ouverte à toutes les lâchetés.

Mis à part les quelques amis proches qui ont tenté de me protéger sur place tout en essayant de ne pas trop se mettre en danger, je me sens bien seul dans cette nouvelle situation ubuesque.

Autre déconvenue : l'accès redevenu possible à internet après ma fuite de l'hôtel, loin d'être réconfortant, me permet de constater les limites des « amitiés » françaises dans le milieu des associations proches du Vietnam. J'ai fait tout d'abord le rapport des faits et de ma situation au conseil d'administration de mon association, l'ADEP France-Vietnam. Seul un véritable ami m'a répondu, faisant part de sa surprise et de son inquiétude. Il a conclu, gêné, par un « sois prudent ». J'ai envoyé aussi des mails à l'Association d'amitié franco-vietnamienne dont j'étais encore membre du comité national. Pas de réponse. Personnellement j'ai très mal vécu cet abandon de la part de gens qui se disaient mes amis. Comment ont-ils pu se taire ainsi après avoir pris connaissance du récit détaillé que je leur ai fait ?

3. Le nom vietnamien que m'ont donné mes camarades en prison.

Le 9 décembre une journaliste de l'AFP, Amélie Bottolier, me contacte pour une interview. Le long article qu'elle me consacrera sur la base de l'enregistrement effectué au restaurant Thủy Tạ sera publié le 27 décembre. Elle ne sous-estime pas, elle, le danger de ma situation: « ...ce militant atypique est sans doute le seul étranger à vouloir s'immiscer dans un dossier aussi tabou que dangereux: la dispute entre Hanoï et Pékin sur l'archipel des Paracels... » Elle me demande: « Vous n'avez pas peur? » et, après avoir parlé du film: « ...même les exemples récents de bloggeurs arrêtés par le régime ne l'effraient pas... » Mais apparemment, l'article n'a pas ému outre mesure mes amis en France au point de provoquer une intervention officielle auprès des représentants du Vietnam à Paris.

Dans ce long article, interviewé sur le sujet, un expert sort même du bois pour me fustiger – avec expertise! – de son lointain Bangkok. Benoît de Tréglоré, directeur de l'Institut de recherche sur l'Asie contemporaine (Irasec) qualifie *La Meurtrissure* d'« ultra-nationaliste » « Typique de ces étrangers amis du Vietnam qui se veulent plus vietnamiens que les Vietnamiens ». L'honorable chercheur n'avait pas encore trouvé que j'étais officiellement vietnamien. Ne le dérangeons pas, laissons-le chercher. Je me demande même s'il a trouvé le film, que des dizaines de milliers de personnes ont déjà vu sur YouTube, pour oser le qualifier d'« ultra-nationaliste », terme qui sous-tend la violence pour un film qui montre les victimes de cette violence. De Tréglоré en choisissant ses mots a bien choisi son camp.

En fait, dans cette effervescence, j'ai peur face à tous les possibles y compris l'emploi d'hommes de main que l'on pourrait ensuite discréditer, mais je dois faire avec. Certains, muets sur le moment, m'ont dit par la suite, qu'ils étaient intervenus auprès de l'ambassade à Paris. Vu l'accueil froid puis très distant qu'ils ont réservé au film à mon retour en France, je doute que cette intervention ait été vigoureuse et convaincante. Passablement écœuré par ce poncepilatisme, je le traite avec mépris et me concentre, comme toujours, sur mes amis vietnamiens. Je veux savoir où ils en sont avec la pression policière quelques jours après la soirée honteuse du 29 novembre 2011.

La deuxième soirée honteuse

Je retourne à Saïgon pour une soirée organisée le 9 janvier 2012 au Café Đồng Hồ, vaste espace tranquille planté de grands arbres. Près d'une centaine de tables sont disposées de part et d'autre d'une allée centrale où l'on a déroulé un long tapis rouge. Guirlandes de lampes descendant comme une pluie de lumière au-dessus des tables. Nappes blanches impeccables et superbes bouquets de fleurs sur trépieds métalliques dorés. En face, une scène surmontée d'un écran géant: « Rencontre du Mouvement de lutte des étudiants et intellectuels de Saïgon-Gia Dinh avant 1975 ». Je suis déjà en délicatesse avec les autorités et les organisateurs ont « oublié » de m'inviter. Mais mes amis Tà ru*, étudiants à l'époque, m'ont en quelque sorte parrainé d'autorité. Je ne suis pas refoulé à l'entrée mais je sens bien des regards fuyants et gênés chez certains jeunes de l'accueil c'est-à-dire du service d'ordre, membres de la Fédération des jeunesses communistes. Dans la salle, contrairement aux poignées de mains frénétiques et aux étreintes de la période du « légendaire Français Vietcong, citoyen d'honneur d'Hồ Chí Minh-Ville » dix ans auparavant, pratiquement personne ne vient me saluer. Malaise.

Tout en répondant à certains sourires coincés, mes amis et moi faisons corps et occupons deux tables non loin de la scène. Le complot est ourdi. Suite à l'interdiction musclée de projeter mon film *La Meurtrissure*, j'ai réuni par des projections à l'étranger une coquette somme pour la solidarité aux familles de pêcheurs victimes des agressions chinoises. Mes amis vietnamiens du « Mouvement » contre l'ancien régime ont, de leur côté, collecté quelques dizaines de millions de dongs à ajouter au pécule principal.

Le repas est joyeux au rythme des chants et des danses sur la grande scène. Puisque la soirée est organisée en la mémoire et l'honneur des acteurs du mouvement de résistance civile au régime américano-saïgonnais avant 1975, on ne peut pas ne pas appeler au micro notre ami Huỳnh Tấn Mẫm. Il était président de l'Union générale des étudiants de Saïgon dans les années 1969-1970. Je l'avais rencontré dans la prison de Chí Hoà avec Lập et beaucoup d'autres. Libéré puis repris, maintes fois torturé, déporté au bagne de Poulo Condor et « échangé » en 1974, c'est une figure majeure de cette résistance patriotique, de ce bleu du drapeau du Sud si rapidement absorbé par le rouge de Hanoï après 1975. Ce soir-là, la petite silhouette de Mẫm se dirige sans enthousiasme vers la scène. Il sait qu'il est dans le combat avec mission de nous inviter à le rejoindre pour annoncer la collecte. Nous sommes 17 à attendre son annonce : Lê công Giàu, Phạm Chánh Trực, Trịnh Đình Ban, Lê Hiếu Đằng (depuis disparu), Trần Thiện Tứ, Trần Văn Long, le député Phan Xuân Huy,Đỗ Đình Bảy, le député Hồ Ngọc Cứ, Hồ Cương Quyết (moi-même), Hồ Hiếu, Châu Tam Luân, Nguyễn Hữu Thái, Trần Thị Tuyết Hoa, Trần Quốc Thuận, Hạ Đình Nguyên (depuis disparu). Cao Lập prend la photo. C'est alors que le présentateur, avant l'arrêt des applaudissements, saisit le micro des mains de Mẫm, avec un sourire qu'il veut bienveillant pour enchaîner sur quelques remerciements verbeux et nous inviter à regagner nos places. Mẫm est interloqué, la main encore ouverte du micro subtilisé, incrédule. Il me faut quelques secondes pour réaliser l'affront cinglant, le déshonneur public que nous venons de subir de la part de ce jeune blanc-bec du show à quatre sous et des organisateurs qu'il sert.

J'attends et espère vainement la réaction de Mẫm ou d'un de nos amis mais chacun regagne sa table en silence, penaud. Pourtant il eut été facile, même sans micro, de faire la courte déclaration prévue. Le présentateur au courant de nos intentions a bien joué le rôle confié par l'équipe de Trương Mỹ Lệ.

Qui y a-t-il face à nous ?

Il faut que je m'attarde à ce point du récit, sur le clan que nous avions face à nous. Nous ne faisions vraiment pas le poids. Mme Trương Mỹ Lê est une figure de la libération, avec sa participation aux commandos lors de l'offensive générale du Têt en 1968, membre de la direction des Jeunesses communistes lors de la campagne Hồ Chí Minh en 1975. Redoutable clan des Trương avec une grande sœur, Trương Mỹ Hoa, ancienne détenue des cages à tigre de Poulo Condor, vice-présidente de la République et sa sœur cadette, Trương Mỹ Hiền, épouse d'un des plus gros mandarins rouges du Vietnam, Lê Thanh Hải, membre du bureau politique, secrétaire du Parti, maire et « seigneur » de Saïgon pendant deux mandatures. Un véritable parrain qui s'est forgé, essentiellement par la violence du Parti et sa mainmise sur les « terres en or » de la mégapole, un réseau mafieux de clients et de soutiens politiques d'envergure nationale. Les audacieux journalistes qui ont osé fouiller dans ses affaires se sont retrouvés en prison. Ce fut le cas de Nguyễn Văn Hải qui a dévoilé le véritable pédigrée de celui qu'il appelle « le prolétaire voyou » et qui, au terme de ses six ans de prison, a été exilé aux USA. C'est aussi le cas du journaliste Phạm Chí Dũng incarcéré depuis novembre 2019, qui explique comment « Hải le cochon », ainsi nommé par les milliers de familles de Thủ Thiêm qu'il a dépouillées de leurs terres, a tissé sa terrible toile politico-mafieuse. Même l'indéboulonnable secrétaire du Parti Nguyễn Phú Trọng, dans sa tapageuse campagne contre la corruption, n'a pas osé toucher à cette bûche monumentale pour alimenter son fameux « fourneau ». Il a grillé un certain nombre des membres de son gang mais en ce 19 mai 2023 le parrain Lê Thanh Hải était encore souriant sur les écrans de télévision, officiellement honoré d'une décoration en la mémoire... du président Hồ Chí Minh. Éduqué très jeune par un vieux chinois de Chợ Lớn ce triste personnage a été pendant de nombreuses années secrétaire du Parti de ce 5e arrondissement de Saïgon où résident de très riches, très influents et très magouilleurs Chinois... Il fait ainsi naturellement partie de la tendance politique prochinoise qui a empêché la projection de mon film.

Ce sont ces mêmes forces qui, en nous confisquant le micro dans une soirée en notre honneur, nous ont empêché de développer notre solidarité envers les pêcheurs. Nous aurions dû insister. Juste pour voir si, comme ils l'avaient fait pour mon film deux mois auparavant, ils auraient coupé l'électricité. Mon ami Mẫm, de retour à la table lâcha, la mort dans l'âme et les yeux baissés : – « J'ai honte ». Moi aussi j'avais honte. Mais pourquoi faut-il que, comme dans les plus noirs moments du stalinisme, ce soient eux, les pourris, qui soient tranquilles et nous qui ayons honte ? À moins que ce ne soit pas de la simple honte de s'être tus mais la honte d'avoir peur. Quand on mesure la puissance malfaisante que ces forces peuvent mobiliser pour empoisonner votre quotidien et celui de vos proches, quand on voit comment ils peuvent traiter ceux qui ont tout sacrifié pour leur pays et se servir d'eux comme des marionnettes ridicules pour nourrir leur régime, la honte doit être relativisée. Rester soi-même, continuer de dire et d'écrire sont déjà actes de courage.

Plusieurs années après cette soirée, les amis qui ont persisté dans leur attitude patriotique ont été systématiquement assiégés chez eux par la police ou des voyous à sa solde. Mon dernier film : *Un cri qui vient de l'intérieur* leur est en grande partie consacré. Interviewé dans ce film, Mẫm a été particulièrement ciblé. Agressé par des dizaines de malfrats policiers à moto alors que, médecin, il se rendait dans son centre pour enfants autistes à Củ Chi, il a été victime d'un infarctus et a dû être opéré d'urgence. Il avait des raisons d'avoir honte quand on lui arracha le micro des mains le soir de ce 9 janvier 2012.

Le bon pays mais pas le bon moment

Je décide de revenir à Hanoï pour garder un œil sur le montage du documentaire « André Menras : un Vietnamien » et profiter de ma présence près des services décideurs de la censure politique pour les interroger sur celle qui frappe *La Meurtrissure*. Extraits ci-dessous de la lettre que j'adresse au ministre de la Culture, du Sport et du Tourisme et au Département du cinéma du Vietnam dont dépendait l'autorisation de projeter le film : « Ce film porte-t-il préjudice au Vietnam ? attaque-t-il l'État vietnamien ? le Parti communiste ou quelqu'autre organe d'autorité au Vietnam ? dans ce film y a-t-il quelque chose qui soit contraire à la vérité ? ce film appelle-t-il à la violence ? ce film va-t-il oui ou non à l'encontre de la ligne politique que vient d'énoncer la porte-parole du ministère des Affaires étrangères et affirmée par le Premier ministre Nguyễn Tấn Dũng devant l'assemblée nationale le 25 novembre 2011 ? À savoir : « En 1956, la Chine a envoyé son armée pour occuper les îles orientales de l'archipel des Paracels. En 1974 la Chine a utilisé la force armée pour occuper la totalité de l'archipel des Paracels alors administré par le pouvoir de Saïgon c'est-à-dire de la République du Vietnam... Notre position univoque est que l'archipel des Paracels est sous la souveraineté du Vietnam... » « Lequel parmi vous peut me montrer un seul document interdisant la projection de ce film au Vietnam ? » « Pourquoi en tant qu'autorité responsable, aucun service, aucune personne n'accepte de me recevoir pour m'entendre sur ces points ? » Et je leur demande, comment on peut me mépriser ainsi d'un côté et de l'autre faire mon éloge dans un film officiel : « Désespéré et indigné je n'ai qu'une envie : effacer toutes les séquences déjà tournées et quitter le Vietnam au plus tôt pour retourner près de mes vieux parents qui ont besoin de moi... À compter d'aujourd'hui j'ai décidé d'arrêter provisoirement toute activité dans le nouveau film tant que je n'ai pas votre feu vert pour projeter *La Meurtrissure* ».

Suite à cette lettre, j'ai reçu l'assurance que l'autorisation était en cours. Une fois de plus, j'ai accepté le chèque en blanc. D'autre part j'ai été très touché que le réalisateur Đào Thanh Tùng m'accompagne dans toutes ces démarches. C'était courageux car il se mettait en danger et je ne voulais pas lui causer de tort. Vice-directeur du studio national et réalisateur, Tùng était un de ces intellectuels à l'esprit ouvert. Désabusé par le régime dans lequel il ne se reconnaissait plus, il était malheureux. Il s'enfonçait de plus en plus dans la fumée du tabac et les vapeurs de la vodka et de l'alcool de riz pour essayer de le supporter. Il en mourra en 2016 à l'âge de 56 ans. Grâce à un ami commun, j'ai pu rendre visite à sa veuve et à son fils à leur domicile hanoïen pour un peu d'encens ajouté à sa fumée.

Au cours de ces derniers jours à Hanoï, Tùng m'invite « confidentiellement » aux studios du 465 rue Hoàng Hoa Thám pour visionner 44 minutes d'un premier montage qui reste à « dépoussiérer ». Je le trouve acceptable étant donné ses contraintes politiques et il est soulagé. Mais la courte déclaration du Président Triết a été coupée et mériterait d'être respectée. La monteuse sort alors du bois : « C'est Tùng le réalisateur ». Mais c'est de ma vie dont il s'agit, pas de celle de Tùng. Il me promet que la déclaration intégrale sera maintenue dans l'épreuve définitive. Elle l'a été.

Tùng m'accompagne pour rencontrer la vice-directrice du Service cinématographique du Vietnam. Et poser des questions sur la censure qui frappe « La Meurtrissure ». Habituelle réaction « ce n'est pas moi, c'est l'autre ». En franchissant la porte du bureau je dis à Tùng : « Để lâu, cứt trâu hóa bùn » (attendre longtemps pour que la bouse de buffle devienne de la boue, proverbe vietnamien). Il rit de bon cœur et, parlant de ma naturalisation, il lâche : « Tu as peut-être choisi le bon pays mais pas le bon moment ».

Nguyên Ngọc vient d'appeler un ami au secrétariat du ministre de la Culture, Hoàng Tuấn Anh, qui pense que le film devrait être diffusé à la télé et qui va en parler au ministre... Les frémissements se multiplient mais sans que personne ne prenne les devants. Dans ma quête d'un lieu de projection, on m'oriente vers l'Espace francophone, rue Tráng Tiền où je me rends au nom d'une certaine Nguyệt pour rencontrer un certain Philippe qui botte en touche pour cause de programme surchargé… Je tourne en rond.

L'article de l'AFP n'a pas encore paru et je dis à Tùng que je vais organiser une conférence de presse. Il tente de m'en dissuader et m'apprends qu'en tant que Vietnamien, je dois en demander l'autorisation. Il s'inquiète pour moi et aussi pour lui car il se trouve indirectement mêlé à mon film.

On se fait une bouffe ?

Tùng essaye de me sortir les soucis de la tête et m'invite à dîner chez des amis à lui, en banlieue d'Hanoï. En fait, le repas a été mitonné en l'honneur d'un Việt Kiệu* de retour de Russie. À la grille d'entrée, un berger allemand à la chaîne que la patronne caresse affectueusement pour me montrer qu'il n'est pas méchant. Au repas : du chien, rien que du chien, bouilli, rôti, à toutes les sauces. Je n'étais pas si difficile quand pour le Tết 1971, alors que derrière les barreaux j'avais la faim au ventre, un camarade détenu avait tenu à partager un plat de chien apporté par sa famille. Je l'avais trouvé excellent. Après tout mon père n'avait-il pas goûté au corbeau et au renard peut-être même avec un brin de roquefort ? Et puis de quoi se plaindre quand pour faire descendre chaque bouchée vous avez cet alcool si fort qu'il vous dispense de vous brosser les dents ! Cette cuisine exotique et ses vertus supposées me rappellent quelques épisodes de mes pérégrinations. Heureusement, mes hôtes n'imaginent pas l'effet « madeleine de Proust » que leur chien cuisiné a provoqué. Il m'a ramené vers des moments d'anthologie qui ont marqué ma découverte de ce que j'appellerai la gastronomie profonde du Vietnam.

Ainsi ma rencontre privilégiée sur les Hauts plateaux du Tây Nguyên avec le légendaire chasseur d'éléphants Amakong. J'avais goûté à son infusion fortement alcoolisée de plantes broutées par le puissant pachyderme. Elle était censée être tonifiante, au sens biblique du terme, ce qui ne m'avait pas paru évident. Peut-être, toujours pressé, n'avais-je pas pris le temps d'en faire une cure. En tout cas, l'apéro dans sa hutte sur pilotis en pleine mousson, fut convivial. Mais mon souvenir le plus marquant reste cette soirée, encore sur les Hauts plateaux du Tây Nguyên. C'était à Gia Lai au soir d'un 1er août chez M. et Mme Tư Thành. Une soirée « entre hommes », bien alcoolisée qui avait pour but, je le soupçonne, de tester les limites de mes capacités gustatives et la faculté de tolérance de ma culture gastronomique. C'était une sorte de cocktail dînatoire de combat supposé booster la santé mais d'où, à mon avis, le danger de la détruire n'était pas absent. D'ailleurs, notre hôte, ancien combattant, intitula le repas de façon martiale : « Hải Lục Không Quân » c'est-à-dire « Marine, infanterie et aviation ». Nous étions six en lice. Après les quelques bières d'usage, nous avons fait le tour des bocaux exposés comme des munitions dans la pièce décorée par des lances et arbalètes de minorités ethniques. Le maitre de maison présentait les armes et désignait les ennemis : rhumatismes, maux de tête, acné, inflammations de toutes sortes, dysfonctionnements du haut en bas de l'individu, infections, vieillissement… Pour la marine, il proposait des hippocampes blancs. Il en avait quinze. Pour l'infanterie, des reines termites au gros corps blanc et rond et à la petite tête. Il en comptait vingt. Dans le même corps d'armée, les geckos, environ cinquante. L'armée de l'air était forte d'environ cinquante mille abeilles noires avec comme carburant de l'alcool de coucal, (*bìm bịp*) espèce d'oiseau de la famille du coucou. Deux bêtes baignaient dans le bocal. Notre ami possédait des dizaines de pots de miel de fleurs de café et de chrysanthèmes sauvages. Du ginseng venant de la montagne Ngọc Linh, d'autres tubercules en provenance de la montagne Tu Mơ Rông… Par chance, j'étais en bonne santé. J'ai fait bonne figure en goûtant à ces chers, très chers médicaments. Tant que leur cherté n'aboutit pas à la disparition d'espèces, pourquoi pas ?

Mais revenons à Hanoï, le chien digéré. En prenant mon petit-déjeuner au bord du lac Hoàn Kiếm, je rencontre – par hasard ? – un jeune homme qui m'interpelle. Il se présente comme un journaliste que j'aurais rencontré à Lý Sơn et m'invite à prendre un café au « Bốn Mùa », avec des amis dont j'ai entendu parler, Anh Ba Sàm, c'est-à-dire le blogger Nguyễn Hữu Vinh et M. Đinh Kim Phúc, historien-géographe… J'accepte par curiosité car j'ai lu plusieurs articles du second sur les archipels et beaucoup d'articles du premier sur son blog très documenté concernant la démocratie et la liberté. Normal : c'est un ancien officier de police. Un blog avec son chien animé qui mange ses croquettes dans une gamelle bleue et son animation finale : la Chine représentée par une tête de bœuf rouge et des ciseaux qui coupent sa langue, symbole de ses prétentions expansionnistes en mer de l'Est… Ba Sàm, a publié un certain nombre de mes articles repris du site Bauxite.vn. Pour l'heure cette rencontre aussi bizarrement fortuite qu'elle me paraisse, n'apporte rien de nouveau à la censure de *La Meurtrissure* sinon qu'un colonel de police anonyme à leur table me propose de « garantir » une projection privée à son domicile si je donne au préalable la liste des personnes susceptibles d'y assister. Je réponds à cette aimable proposition que le caractère documentaire et pacifique du film ainsi que la notoriété qu'il est en train de prendre dans le pays et à l'étranger valent bien mieux qu'une poignée de spectateurs sous protection. Avant de nous séparer alors que je fais une plaisanterie d'usage sur un ami « communiste, mais bon » Nguyễn Hữu Vinh se fend du conseil tout aussi classique : « Au Vietnam, tu peux toucher à beaucoup de choses mais ne touche pas au Parti communiste ». Apparemment, il y a touché. Arrêté le 5 mai 2014 pour publication d'articles « portant atteinte à l'intérêt et au prestige de l'État » il a été condamné à cinq ans de prison ferme qu'il a purgés.

Commandité, primé… censuré !

Alors que *La Meurtrissure* n'a pas encore eu l'autorisation d'être projetée au Vietnam, *André Menras : un Vietnamien* obtient très officiellement le 5 mars 2012 l'auguste feu vert pour « …une large diffusion pour tous les publics dans le pays et à l'étranger ». Succès planétaire, votre honneur ! Lors du festival du cinéma du Vietnam à Saïgon en 2013, il remportera le « cerf-volant d'argent » du film documentaire. Clin d'œil du monde du cinéma à la censure de Hanoï ? Si c'est le cas, on peut dire que la censure me réussit. En tout cas c'est pour moi une nouvelle occasion pour mettre des choses au point. Avec mon ami et complice Cao Lập nous organisons une projection à Saïgon de ce film primé au Vietnam. À nos frais. Une grande salle est louée à Chợ Lớn, le quartier chinois. Le contrat est déjà signé quand le directeur téléphone à Lập pour lui annoncer que la projection ne pourra avoir lieu pour cause de problèmes techniques. Nous proposons de reporter la séance mais voyons très bien que les problèmes sont politiques. Nous louons donc une autre salle, derrière le Grand théâtre, au centre de la ville. Comme je m'apprête à regagner la France, j'invite l'ex-président de la République qui apparaît dans le film, les représentants du Comité populaire, tous mes amis, anciens prisonniers politiques, la presse, la communauté française à Saïgon, des amis de la communauté anglaise...

Le jour de la projection, la rue qui donne sur l'entrée du cinéma grouille de civils bien étranges. Je rentre dans la salle pour vérifier le micro et m'assurer que la projection est prête. Le directeur, accompagné d'un homme silencieux, me demande de lui montrer ce que j'ai l'intention de dire au micro. Je lui tends la feuille en vietnamien et en français. Après avoir consulté son ombre, il me demande d'enlever un passage. Alors je les réunis tous les deux et, les regardant droit dans les yeux, je leur promets une réaction violente et un gros scandale s'ils m'empêchent de parler comme je l'entends. Un ami nous a informés qu'une heure avant notre arrivée dans la salle, ils ont placé des caméras et des micros. Je me rends dans la petite salle technique où se trouve le projectionniste : quatre personnes assises me regardent froidement, sans un salut... L'affaire est entendue. Dans la salle, les personnalités ne sont pas là. La presse non plus. Seulement une cinquantaine de personnes.

Lorsque je prends le micro pour présenter le film, j'excuse le réalisateur Tùng, retenu à Hanoï et, après les remerciements d'usage, je demande à mon amie Tân Danièle, qui est un des personnages du film, de venir traduire en vietnamien ce que je dis en français pour les amis qui se sont déplacés. Mais, suite à l'intrusion de la police, le contenu de mon intervention est plus rugueux que celui que j'avais imaginé. J'avais prévu un peu d'humour et n'en ai plus l'humeur. Je dis en substance que j'ai déjà l'expérience en tant que réalisateur du ridicule dont peuvent se couvrir les autorités par peur de la vérité. J'ajoute que ces instants affligeants confirment cette expérience mais cette fois en tant que personnage principal d'un film que les autorités ont elles-mêmes commandé et validé par un prix. Ce régime a peur des gens, c'est chose certaine, mais il n'a pas peur du ridicule, c'est une évidence. Le film se déroulera sans incident technique. Mais sans débat.

Interdit au Vietnam, triquard en France

De retour chez moi au début de cette année 2012, je n'ai qu'une chose en tête : casser le mur du silence imposé par les dirigeants vietnamiens et profiter du film pour fédérer la solidarité avec les familles de pêcheurs victimes. Je ne peux compter que sur le soutien inconditionnel de mon épouse, et la très faible capacité militante de mon association. J'ai aussi pris la mesure du soutien que me porterait l'Association d'amitié franco-vietnamienne. Elle m'a invité à une projection tout à fait confidentielle et en entier cette fois de *La Meurtrissure*, organisée à la va-vite à Paris. Cela m'a permis de réaliser que je ne pouvais pas compter sur elle pour promouvoir le film.

Je me souviens de ce moment lors du débat, où l'un des « experts » du Vietnam, alors président de l'Association, ancien diplomate au Vietnam et qui sévit toujours dans le milieu des think tanks franco-vietnamiens s'est lancé dans une digression aussi professorale qu'aérienne sur la situation géopolitique. Puis il a coupé la parole à un vieux monsieur vietnamien résidant en France qui s'interrogeait sur son pays, pour enfin conclure que j'insultais le Vietnam en prétendant qu'il s'inclinait devant la Chine – c'était aussi le mot du responsable à la propagande de Saïgon. Comme le temps passait et après lui avoir fait remarquer qu'il avait déjà beaucoup parlé, je priais ce brillant orateur de bien vouloir laisser les autres personnes s'exprimer et qu'ensuite je lui répondrai bien volontiers et lui rendrai le micro. C'est alors que ce fidèle ami du Vietnam, jurant de la démocratie, se drapa de son long manteau, de son interminable cache-nez et chaussa son élégant chapeau pour une sortie de salle théâtrale. Tel était à ce moment-là l'état de mes relations avec le président de l'Association d'amitié franco-vietnamienne. D'autres « experts », devant les documents révélés par le film tournaient plus délicatement autour du pot. Certains ne voulaient retenir du film que son intérêt ethnologique ou anthropologique comme la cérémonie des « tombes du vent ». D'autres complimentaient les belles images, le caractère vivant, dépouillé du reportage… Un autre ami, spécialiste de la plongée, parlait du danger de cette pratique en eau profonde. Mais je voyais bien que nul ne voulait mettre les pieds dans le plat : la détresse de milliers de familles face à l'agression chinoise. Quid de la question logiquement attendues de la part d'amis du Vietnam, de gens de justice et de cœur qui découvrent cette tragédie ? quelle solidarité avec ces familles victimes ? quelle intervention humanitaire et de protestation face aux agressions sauvages, aux enlèvements de pauvres travailleurs de la mer libérables contre rançon ? Silence… Au point qu'après plusieurs échanges assez vifs au cours des semaines suivantes et l'alignement figé de ce monde bien conforme sur la position de l'ambassade du Vietnam, j'ai renoncé à les convaincre.

Quand je parle de l'ambassade j'ai voulu avoir le cœur net sur ses positions. J'avais une certaine sympathie pour l'ambassadeur en poste et j'ose penser que c'était réciproque. Je lui ai donc demandé un entretien et me suis déplacé de mon sud occitan à Paris spécialement pour la circonstance. L'échange a duré plus d'une heure. Le premier représentant du Vietnam ne m'a rien appris que je ne savais déjà mais il m'a assuré, ayant été en poste dans la province de Quảng Ngãi, que beaucoup de pêcheurs n'étaient pas à plaindre, que certains d'entre eux étaient très riches. Dans ces conditions, André, pourquoi être plus royaliste que le roi ? Certes, le peu de patrons pêcheurs qui n'allaient pas en mer et dont les bateaux avaient eu la chance de passer à travers maille étaient aisés. Je le dis d'ailleurs dans le film. Mais j'aurais aimé comparer le compte bancaire de ce haut fonctionnaire avec ceux de la grande majorité des travailleurs de la mer que j'ai côtoyés pendant de longs mois. C'était bien clair, l'ambassade ne m'aiderait pas. Au contraire. L'Association d'amitié resterait bien conforme à cette position, bien au chaud dans ses pantoufles satellitaires. L'Union générale des Vietnamiens en France écouterait sagement la voix de son maître. Le ciel était bouché mais, heureusement, internet fonctionnait bien.

Après la projection à Lyon le 5 février 2012 sous l'impulsion de Dominique Foulon et Ngoc Anh Rolland, je suis contacté par le président d'origine vietnamienne d'une association montpellieraine, « France-Asie », censée être en très bon termes avec la maire socialiste de Montpellier. Il est prêt à retenir la Maison des relations internationales pour une projection. Nous organisons la préparation quand, quelques jours avant la date prévue, il reçoit un refus signifié par le directeur de la communication. Parmi les motifs invoqués par écrit: « La vocation de la Maison des relations internationales est de valoriser les différentes cultures, non de les opposer. La Ville souhaite donc rester impartiale et tient à conserver une neutralité interdisant toutes controverses, voire provocations ». Quant à l'affiche, jugée « trop agressive », elle représentait le visage d'une veuve en surimpression sur la carte du Vietnam. Au téléphone, un argument décisif: « Nous sommes jumelés avec Chengdu ». Le journaliste de *Midi libre* Yannick Povillon semble beaucoup plus près de la vérité quand il écrit: « Le jour de l'ouverture de Vinisud (grand marché du vin), la ville a-t-elle préféré soigner ses relations avec l'Empire du Milieu ? »

À Béziers le 13 mars, l'association ADEP organise une projection où je ne vois pas beaucoup de ceux qui, à une certaine époque – et c'est tout à leur honneur – ont crié: « US go home ! » En ce temps, ils avaient le Vietnam populaire au cœur... Aujourd'hui qu'ils l'ont devant les yeux, ils ne se dérangent pas. Je comprends donc que le chemin sera dur.

Mais internet continue de bouillonner. Vis-à-vis de la population vietnamienne au pays, le film et la réaction du PCV me placent dans une situation bien singulière: mon passé ne permet aucun doute sur la sincérité de mes idées et mon entière indépendance, mais mon présent dérange car en dissidence avec l'orientation de la direction pour une société vietnamienne soumise à Pékin. Devenu vietnamien de façon officielle, je suis passible de répression et de représailles de la part d'un parti qui a montré dans son histoire sa capacité et son savoir-faire en la matière. Pour la communauté vietnamienne à l'étranger, mon image est en général celle d'un activiste communiste qui, a contribué à les précipiter dans le malheur, la défaite et l'exil. Pour d'autres, minoritaires, je suis une sorte de repenti naïf qui regretterait ce qu'il a fait et qui mérite d'être écouté surtout s'il s'oppose à la Chine. Bien qu'exprimés de façon caricaturale, ces trois points de vue donnent à ma situation un inconfort certain. Il faut donc que je ne me laisse pas entraîner sur le terrain du passé car il reste extrêmement clivant et fait obstacle à toute action solidaire efficace. Je dois absolument m'accrocher aux valeurs qui m'ont attiré dans ce combat: respect et protection du droit à la vie, au travail, de la démocratie et des droits souverains de chaque nation dont celle du Vietnam. Je le ferai contre vents et marées.

La manif du 1er juillet 2012 à Saïgon

J'ai déjà manifesté à Saïgon en compagnie de mes vieux amis, le 5 juin 2011 contre l'agression chinoise sur un navire d'exploration pétrolière vietnamien. Pékin passe à l'escalade sur les pêcheurs mais aussi sur un autre navire d'exploration pétrolière vietnamien en zone économique exclusive du Vietnam, et nous redescendons dans la rue ce 1er juillet 2012.

Depuis début décembre, les provocations s'enchaînent: des bâtiments chinois coupent les câbles d'exploration du navire *Binh Minh 02* du Vietnam. La Chine fait imprimer un nouveau passeport et de nouveaux tampons douaniers qui officialisent sur ce document la « langue de bœuf » comme partie de son territoire national, une surface de cette forme qui englobe 80 % de l'espace maritime de la mer de l'Est et les deux archipels des Paracels et des Spratleys. L'administration de Hai Nan décrète l'interdiction « pour tout navire étranger [à la Chine] de pêcher et de naviguer dans ces eaux sauf autorisation particulière ».

L'actualité de *La Meurtrissure* est relancée par cette nouvelle offensive. Devant l'indignation populaire, les piliers prochinois de Saïgon comme Lê Thanh Hải, Nguyễn Văn Đua sont pris de court. Alors, nous, les contestataires d'il y a quarante ans, sommes redescendus dans la rue. Malgré les coups de téléphones amicaux et bien entendu, confidentiels, destinés à nous en dissuader, ce matin du 1er juillet 2012, avec mes jeunes vieux frères de combat des années 70, nous avons remis ça, cheveux grisonnants et rhumatismes taquins. L'herbe du « Jardin public du 30 avril » s'est parée d'une palette de verts des différents uniformes, du plus foncé au plus clair en passant par le kaki… Toutes sortes de polices, casques impressionnants, élégantes gapettes, bottes bien cirées, prêtes à shooter. Paniers à salade positionnés pour l'accueil. Un vrai festival. La démocratie avait de la gueule ! Arrivé sur l'avenue de la Commune de Paris, à hauteur de la cathédrale, je suis suivi par des civils et stoppé par un bipède en uniforme vert qui en veut à mon affiche et me dit de quitter les lieux ou bien il va appeler l'immigration. Je brandis ma carte d'identité vietnamienne et lui dis : « A votre aise » et tandis que, décontenancé, il dit quelques mots dans son talkie-walkie, je continue mon chemin. Une photo dont j'ignore l'auteur a fixé ce moment. Elle restera dans mes annales résistantes à l'impérialisme chinois et à ses soutiens vietnamiens.

Je mesure le manque de culture manifestante chez mes amis : je suis le seul à avoir préparé des slogans en anglais et en vietnamien sur un petit tableau magnétique acheté la veille dans une librairie de la rue Nguyên Huệ. Chacun sait bien qu'écrire sur un tableau c'est la déformation professionnelle la plus fréquente chez les anciens enseignants. J'ai écrit : « Chine : Le Monde déteste les pirates ! » ; « Chine : respectez la loi internationale, respectez le peuple du Vietnam » … Cette œuvre d'art (!), tenue à bout de bras figure dans une vidéo postée sur YouTube par Radio Free Asia.

Le nombre de manifestants est encore plus grand qu'en juin 2011. C'est d'autant plus remarquable que la répression policière a été déclenchée bien avant. Certains citoyens militants ont été pris en filature et arrêtés sans ménagement dans la rue. D'autres ont été bloqués chez eux dès la veille. On voit arriver des jeunes, des familles, à pied ou à moto. Des milliers de gens. Nous allons devant le consulat général chinois pendant que les flics font leur moisson de jeunes et de citoyens ordinaires qu'ils entassent dans leurs mini paniers à salade et dans des bus vers des postes de police éloignés. Pour des séances de travail – c'est l'expression consacrée de la police au Vietnam – qui se prolongeront plusieurs heures après la fin de la manifestation.

Quelques grosses pierres volent autour de moi. Quatre ou cinq « têtes de buffle et face de cheval », en civil, pareils à ceux que j'ai connus de près sous l'ancien régime, surgissent de plusieurs côtés à la fois, essayent de m'arracher mon précieux tableau. Mais le vilain vieillard que je suis résiste avec succès et ils n'insistent pas quand de jeunes manifestants que je ne connais pas se resserrent autour de moi. Et nous pouvons repartir avec le professeur Tương Lai et l'ami Lê Hiếu Đằng à travers les rues et la circulation, jusqu'à la rue Quang Trung, à cent mètres du consulat chinois, juste à portée de voix pour rappeler plusieurs fois aux représentants de Pékin que Hoàng Sa et Trường Sa sont vietnamiens. Puis nous repartons sagement jusqu'au point de départ pour aller boire un café à l'angle de la rue Đồng Khởi et Nguyên Du.

Traqué jusqu'aux USA

Là, Lập me montre un groupe d'individus près de leurs motos et il me dit: « ils m'attendent ». Effectivement lorsque mon ami prend congé pour retourner chez lui, ils lui filent le train. J'enfourche ma moto et les suit. Quand ils s'en aperçoivent, un d'entre eux se détache et je le prends en chasse, mon petit appareil photo à la main. Il s'arrête. Je prends plusieurs clichés de sa plaque d'immatriculation et m'avance pour avoir son visage mais, le masque remonté au ras des yeux et le casque bien enfoncé, il n'est pas reconnaissable.

Vu de l'extérieur, cet épisode peut ressembler à un amusant enfantillage, mais quand on se trouve quotidiennement au centre du jeu, le ressenti est différent. Ces voyous, policiers en civil ou malfrats à leur solde, plantent devant votre domicile, heurtent volontairement votre véhicule dans la circulation, vous menacent et vous insultent publiquement, vous rendent la vie impossible pour que la peur s'installe pour vous, votre famille et vos proches et que l'isolement commence. Ils coupent ainsi vos activités sociales et politiques. Ajoutez le harcèlement sur internet avec quelquefois la bienveillance de Facebook qui, à leur demande, ferme temporairement votre compte et vous avez tous les ingrédients d'un emprisonnement sans prison. Dans cette situation, à quoi sert de rester au pays? C'est ainsi que Lập, qui a sacrifié sa jeunesse à lutter contre l'Amérique destructrice, est parti se réfugier dans le giron de l'Amérique protectrice. Terrible tour de force de ce régime libérateur!

Je pense que cette manifestation pacifique du 1er juillet 2012 a marqué un tournant dans l'intensité et l'organisation de la répression que le régime était prêt à utiliser pour endiguer toute résistance populaire, que ce soit contre les agressions chinoises, contre les concessions du pouvoir à la Chine (zones économiques spéciales) ou contre la méga-pollution (Formosa). La violence de certaines forces de police a été extrême. Des noyaux anti-manifestants ont été créés et entraînés. La police est allée jusqu'à louer les services de sociétés privées pour ses basses œuvres. Paradoxalement, en résistant à la Chine la population pousse le régime à mettre en place contre elle le système chinois.

A l'occasion du 30 avril, anniversaire de la libération du Sud, j'apprends que 21 pêcheurs de Lý Sơn, détenus par les Chinois dans l'île de Phú Lâm pendant 48 jours viennent d'être libérés. Je me fends d'un coup de gueule publié sur le site Bauxite.vn. Je l'intitule « Mes nouveaux copains Tà ru* ». Je commente le titre d'un journal officiel se félicitant que « Vingt et un pêcheurs rentrent au pays ». Au pays? Les Paracels sont-ils bien sous souveraineté vietnamienne? Si oui, les pêcheurs ont été emprisonnés dans leur pays et, libérés, ils ne peuvent rentrer au pays puisqu'ils y sont déjà. C'est dire, en dépassant l'humour noir de circonstance, à quel point ce régime et la presse qu'il contrôle, particulièrement sur ce sujet, entretiennent une ambiguïté qui démobilise, entretient le flou. Après m'être documenté sur les conditions d'emprisonnement auprès de certaines victimes, j'ai constaté qu'elles n'avaient rien à envier au régime pénitentiaire de l'ancien régime à Chí Hòa. Au contraire. Vingt et une personnes dans une pièce de 40 m². Toit en plaques de fibrociment, sol en béton. Une chaleur étouffante. Comme régime alimentaire: un bol de riz par repas, eau rationnée. Quelquefois, ils avaient droit aux restes des gardes. Les interrogatoires étaient continus. Certains ont été interrogés jusqu'à quatorze fois en 48 jours, d'autres seulement huit fois.

Interrogatoire souvent les yeux bandés. Les coups pleuvaient ainsi que les décharges électriques. Quand ils ont été libérés, des deux chalutiers capturés, on leur a laissé le plus vieux, délesté de tout matériel de pêche, sonde, GPS et sans assez de carburant pour le retour à Lý Sơn. On peut se poser la question : le Vietnam est-il vraiment libéré ?

Les Việt Kiều* d'Europe s'en mêlent

Après la menace et l'interdiction, *La Meurtrissure* va vivre son premier épisode heureux. La première proposition vient de Việt Kiều parisiens. La projection est prévue dans le 13e arrondissement. Des DVD seront vendus au profit des pêcheurs. Un débat suivra la projection… Tout semble s'enclencher favorablement. Si bien que je reçois un coup de fil du conseiller politique de l'ambassade que je connais bien. Il a mission de me dissuader de participer à cette projection. Il me met en garde contre une opération politicienne visant à me manipuler. « Que l'ambassade, lui dis-je, ou l'Union des Vietnamiens en France, organise une projection-débat à Paris et j'annulerai peut-être tout autre projet. Sinon, j'irai porter la voix des pêcheurs là où on veut bien leur donner le micro ». Le message restera sans écho. Cependant, du côté de l'association qui m'a proposé la projection, la pâte retombe, d'anciens officiers saïgonnais menaçant d'utiliser la violence si je n'enlève pas du film le passage concernant le massacre de Mỹ Lai. Ainsi, je me retrouve dans la situation du pêcheur de truites dans un petit ruisseau avec, de part et d'autre, un taureau – ou buffle – inhospitalier. Pas d'autre solution que de pêcher les pieds dans l'eau à contre-courant.

C'est alors que Thọ, à Cologne, m'invite à répondre à une tribune animée par de jeunes Việt Kiều, puis Nguyên Cương me contacte de Prague et se met en relation avec Mạc Việt Hồng à Varsovie. Un réseau européen se constitue. Les frais de déplacement et de nourriture seront pris en charge par les invitants et je logerai chez l'habitant. Cinq tours seront organisés : le premier du 23 au 31 mars 2012. Berlin, Cologne, Prague, Plsen et Varsovie. Le deuxième tour a eu lieu du 19 septembre au 24 décembre 2012, uniquement en Allemagne : Offenbach, Leipzig, Hanovre, Francfort et Sarrebruck. Le troisième tour s'est également déroulé en Allemagne, les 19, 20 et 21 octobre 2012. J'ai projeté le film à Munich le 20 et à Nuremberg. Enfin, je suis retourné projeter le film du 10 janvier au 15 janvier 2013, à Nuremberg, Cheb, Mos et Erfurt.

J'ai effectué un cinquième séjour à Prague du 7 au 9 juin 2015, après l'intrusion de la plateforme pétrolière chinoise dans les eaux souveraines du Vietnam et la projection de mon film à Saïgon. J'étais invité par le « Groupe Văn Lang pour une société civile ». Conférence pour les étudiants et les professeurs à l'Institut d'études d'Extrême-Orient de l'université de Karlova, suivie de la projection du film *La Meurtrissure* à Prague, puis à Jihlava.

Tout au long de ces incursions, bien qu'un ami en Tchéquie m'ait proposé le plus sérieusement du monde de me payer une bonne assurance vie « pour ta femme et ton fils », jamais je ne me suis senti menacé. Quatre-vingt-dix-neuf pour cent des personnes que j'ai côtoyées étaient d'origine vietnamienne et je peux dire sans exagération que j'ai été pris en charge, protégé et même choyé par le Vietnam dans sa diversité. Au départ de l'aventure, j'avais une vision très négative de ce qui m'attendait. Car la communauté vietnamienne dans ces pays n'a pas une histoire uniforme. Il y a eu les « boat people » d'après 1975 et leurs descendants, dont certains bien installés dans le pays d'accueil sont résolument opposés au régime de Hanoï. Ceux d'avant la chute du mur, sans moyens de rejoindre la mère patrie ou qui ne veulent pas subir le régime. Et ceux qui ont soutenu ce régime et qui déçus, sans lui être franchement hostiles, ne veulent pas lutter contre ce qu'ils ont soutenu.

Une unité de rêve

Eh bien je peux affirmer fièrement que le film a rassemblé. Avec l'ami Thọ à Cologne où les deux communautés ne s'étaient jamais réunies. À Sarrebruck quand, invité par une association comptant d'anciens officiers de l'ancien régime, j'ai pu, sans aucune attaque ni allusion au passé, utiliser le micro comme je l'entendais, rester au repas, avec à mes côtés, certains officiers, épinglette au revers du veston avec le drapeau jaune à trois barres rouges, à proximité des amis que j'avais rencontrés à Cologne, « descendus » pour m'encourager. Il faut dire que l'ancien régime a toujours fait preuve, face aux velléités d'annexion des archipels par la Chine, de beaucoup plus de clarté et de fermeté que l'actuel. À la fin du débat, la collecte a rapporté 500 euros et je suis reparti avec un beau poème sur les pêcheurs des Paracels, concocté pendant mon séjour d'un jour par Võ Thị Trúc et son mari qui m'ont hébergé.

Le film nous a également rassemblés à Munich pour une grande marche dans la ville, « Un jour pour le Vietnam ». Marche de plusieurs milliers de personnes, sans drapeau, à l'initiative de huit personnalités vietnamiennes d'horizons politiques très différents qui, lors du rassemblement final, ont pris tour à tour le micro. Les seules banderoles et slogans exigeaient de la Chine le respect des pêcheurs et de la souveraineté du Vietnam. Nous avons longuement défilé, escortés par la police allemande. Je veux ici citer les noms de ces Vietnamiens dont le courage et la persévérance ont conduit au succès : Lê Văn Cát, Hồ Thành Công, Hồ Việt Đoàn, Nguyễn Nam Hòa, Bùi Quang Lộc, Nguyễn Thị Thục Quyên, Nguyễn Minh Trí, Nguyễn Anh Tuấn.

Jamais je n'ai aussi bien mesuré à quel point le verrouillage de la réconciliation nationale prive le Vietnam d'une force et d'un potentiel de développement exceptionnels. C'est le message que cette banderole munichoise tenue fermement par toutes ces mains, a envoyé à Pékin mais aussi à tous les mandarins de Hanoï.

Je garde à jamais ces images : celle de cet ouvrier de Plzen qui, après avoir vu le film, est venu les larmes aux yeux, m'apporter son billet en disant qu'il n'avait pas les moyens de rentrer au pays. J'ai été impressionné par l'accueil que m'ont réservé ces petits vendeurs de fripes, transis de froid à Cheb, un de ces petits marchés aux confins de la Tchéquie et de l'Allemagne où des familles vietnamiennes se regroupent pour gagner leur vie. À la fin de la projection, nous avons chanté quelques airs et phrases de Trịnh Công Sơn.

Et comment oublier ces deux guerrières du marché de Fovmava qui, au petit matin par un froid de canard, m'ont pris par le bras de boutique en boutique pour que je convainque leurs compatriotes de participer à la collecte. Une des deux s'est déplacée ensuite à Prague pour me remettre 500 euros en pleine réunion et est repartie immédiatement sans même attendre la fin et les remerciements. Le porte-à-porte des petites boutiques dans ce grand marché proche de Varsovie en compagnie de Mme Mạc Việt Hồng où commerçants vietnamiens et chinois voisinaient dans les petites allées, est aussi chose mémorable car je ne détectais pas toujours la nationalité et certaines moues me faisaient comprendre que je m'étais trompé. Nous avons beaucoup ri.

Dans chacun des pays où j'étais invité j'allais me présenter à l'ambassade si j'en étais proche géographiquement. En Pologne, j'ai été reçu par le Premier secrétaire et invité à une projection « confidentielle » pour les membres de l'ambassade. Ils étaient une bonne dizaine et ont contribué de 500 euros à la collecte. Ce n'était pas les mêmes euros que ceux de la guerrière de Fovmava mais ils avaient du sens. À Prague, un des diplomates est venu à la séance et a assisté au débat jusqu'au bout. Il est ensuite venu me serrer la main en déclinant son identité. Lors de ma dernière visite en 2015, lorsque je me suis rendu à l'ambassade en compagnie de Nguyên Cương, je n'ai pu trouver qu'une aimable secrétaire blonde comme les blés. Comme à Lý Sơn, les chefs étaient absents.

Le seul acte délibérément hostile a eu lieu à Erfurt en Allemagne. Le 12 janvier, une partie de la communauté vietnamienne avait programmé la projection du film suivie d'un débat public. Des affiches avaient été placardées dans les divers lieux de vie. Certaines ont été déchirées et est apparu un communiqué de l'Association des Vietnamiens d'Erfurt-Thüringen signé du président Hoàng Văn Phúc. « Ceux qui appellent à cette projection n'en ont pas compétence. La collecte est illégale ». Puis, en fin de communiqué le loup sortait du bois : « …Notre bureau exécutif vous informera lorsqu'il y aura une directive du comité de travail de l'ambassade et de l'Union ». Comme au pays, les matraques en moins !

L'interdiction du film avait porté ses fruits : Plus de vingt projections en Europe, près de 12 000 euros collectés. Solidarité populaire, celle que le décret qui m'avait été opposé à Quảng Ngãi voulait dissuader. Petits reçus écrits à la main sur des papiers que j'ai conservés précieusement, avec le nom des donateurs et les sommes en euros, en zloty, en couronnes, en dollars. Les censeurs du film auraient pu difficilement obtenir meilleure publicité. Ils auraient pu difficilement recevoir en retour une plus mauvaise image.

Chapitre « Mon petit carnet noir »

Mon arrivée à Đà Nẵng, septembre 1968 sacs de sables sur la terrasse.

Octobre 1968 au marché aux poissons de Đà Nẵng.

Novembre 1968, piste qui mène au col des Nuages. (Photo A.M)

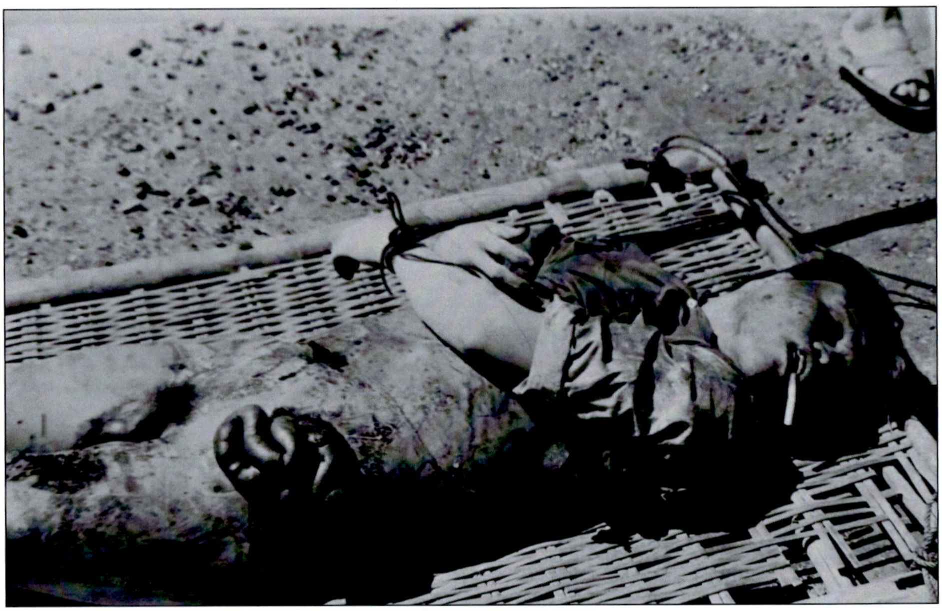

Janvier 1969 bord de route à Nam Ô, l'œuvre des Sud-Coréens. (Photo A.M)

Avec ma classe à l'école Lê Quý Đôn, Saïgon, mars 1970.

Sur les hauts plateaux juin 1970.

Chapitre « Le drapeau de l'exaspération et de la révolte »

25 juillet 1970 Saïgon, midi. (Photo offerte par le musée de la guerre d'HCM ville)

Chapitre « Les boîtes à larmes de ma mère »

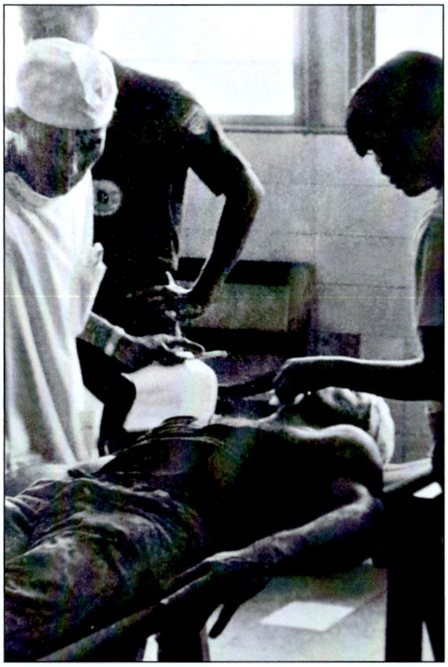

Après le tabassage je suis hospitalisé avenue Lê Lợi. (Photo anonyme)

Devant le tribunal militaire première audience.
(Photo Paul Léandri, exécuté par la police saigonnaise, cadeau de sa veuve)

Le tribunal militaire. (Photo Paul Léandri)

À la sortie du jugement définitif « Vive le Front national de Libération » ! (Photo AFP)

Chapitre « À peine expulsé, les témoignages »

Conférence de presse au Secours populaire français
avec Julien Lauprêtre et Gilbert Avril début janvier 1973.

Avec Dương Đình Thảo, porte-parole du GRP à la conférence de Paris,
Annie et Mme Pham Thị Minh, Janvier 1973.

Décembre 2001, première ascension du clocher
de la cathédrale St Nazaire à Béziers.

Chapitre « Les ministres passent, les clochers restent »

23 juin 2003, à l'étroit sur le clocher : un ancien ministre, deux députés,
un vice-président du Conseil général, 4 syndicalistes,
trois journalistes pour une conférence de presse.

Chapitre « Annulez la projection ! »

1er décembre 2009, le Président de la République Nguyễn Minh Triết me donne la nationalité vietnamienne. Palais de justice de Saïgon.

Vers le consulat de Chine à Saïgon avec, de g. à dr. le poète Đỗ Trung Quân, l'avocat Lê Hiếu Đằng et le professeur Tương Lai.

■ **Le Biterrois André Menras en interview lors de la réalisation de son documentaire.**

Le film d'un Biterrois censuré à Montpellier

Couac | La mairie a refusé le prêt d'une salle au prétexte d'un documentaire trop « politisé ».

La mairie de Montpellier a-t-elle annulé le prêt d'une salle municipale pour soigner ses relations commerciales avec la Chine ? C'est ce que pense le Biterrois André Menras. Cet enseignant à la retraite, président de l'association d'Amitié pour le développement des échanges pédagogiques entre la France et le Vietnam (Adep), vient de réaliser un documentaire sur le triste sort des pêcheurs qui se rendent, depuis des siècles, dans l'archipel Hoang Sa (Paracels), occupé militairement *« et illégalement »* par la marine de guerre chinoise depuis 1974. Des pêcheurs plongeurs victimes notamment de disparitions. *« Ceux que l'on ne revoit pas laissent derrière eux, depuis des années, de nombreuses veuves et orphelins. Mon film fait parler cette communauté.*

par M. Paul Nguyen, avec qui nous tr vaillons régulièrement. Le 3, nous le avons répondu qu'au regard de l'affiche pa ticulièrement agressive, le prêt de la sa Martin-Luther-King ne pouvait être acce té », explique Benoît Sabatier, le directeur la communication.

Paul Nguyen estime *« la mairie très gentil Mais la sous-directrice de la Maison des rel tions internationales m'a bien expliqué q ça touchait les Chinois et qu'elle préférait r fuser le prêt de la salle parce que c'était tr politisé. »*

Business is business. Mais il reste enco à celles et ceux qui veulent se faire une op nion sur le travail documentaire d'André Me ras, d'aller voir le film sur internet !

Midi libre, 21 février 2012.

Chapitre « Avec les pêcheurs plongeurs dans l'archipel interdit »

L'équipage pour un mois de campagne et 1 000 kilomètres.

8 avril 2019 je ne reverrai plus Lê Đình Kình, assassiné par la police.

Chapitre « Du pavois à l'oubli, ou jetés au rebus »

De g à droite : Bùi Đỗ, Cao Lập, Lế Hiếu Đằng, Võ Quang Ba, Lê Công Giàu.

2012, le tigre gris Đặng Văn Việt en visite chez Mme Hà épouse du général Giáp alors hospitalisé.

Février 2009, avec le général et son épouse.

Côn Đảo, secteur des « cages à tigres » françaises.

Chapitre « Les jours heureux »

Avec les rescapés des cages à tigres devant la maison des anciens seigneurs.

Bonheur avec les *Ta rus* dans les bois du Sud-Aveyron.

Novembre 2023, à Lộc Ninh ancien QG de la résistance au Sud, avec l'ex-président de la République et ancien combattant M. Nguyễn Minh Triết.

Décembre 2023, avec les lycéens de Lê Quý Đôn, Saïgon.

Avec la veuve et une belle-fille de M. Lê Đình Kình, assassiné.

Décembre 2023, mémoire, fleurs et encens pour Lê Hiếu Đằng
sous haute surveillance policière.

Mes périples dans le Vietnam en guerre, de mon arrivée en 1968 à mon arrestation en 1970.

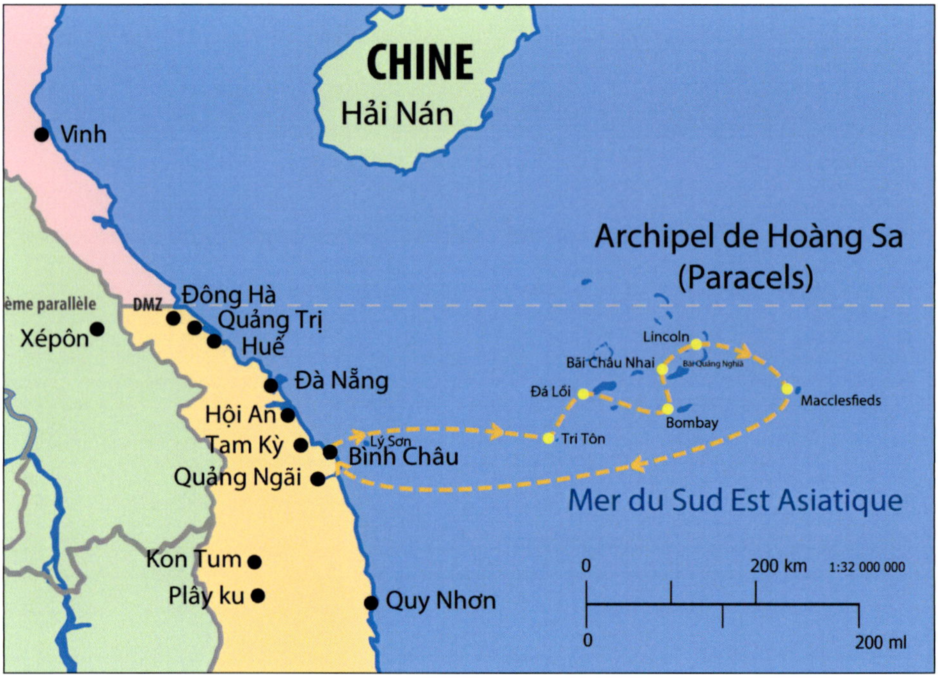

Un mois et mille kilomètres dans l'archipel interdit avec les pêcheurs-plongeurs.

Avec mes amis paysans dépouillés de leur terres, Bình Dương, novembre 2023.

Face à la bête HD 981

Le 8 mai 2014, la Chine a conduit sa plateforme géante de forage pétrolier « Hải Dương 981 » à travers l'archipel des Paracels, profondément à l'intérieur de la zone économique exclusive du Vietnam. L'île Tri Tôn où elle stationne est la plus proche du continent vietnamien, à 224 kilomètres de Lý Sơn. L'opinion nationale et internationale a fermement condamné cette intrusion. J'ai interrompu mon programme au Vietnam pour rejoindre un bateau qui amenait des journalistes internationaux près de la plateforme.

Le départ m'a été annoncé en même temps que mon accréditation. À tout hasard, j'avais sollicité l'assistance de mon ami Nguyễn Hoàng, caméraman et réalisateur à la télévision TFS de Saïgon et d'un preneur de son. Contre toute attente, ils m'ont rejoint à l'embarcadère devant le bâtiment CSB-8003 qui s'était frotté dès le 19 mai aux cerbères chinois qui entouraient la plateforme. Près de 90 m de long, et 5 mètres de haut, il était rassurant. J'étais en compagnie de plusieurs journalistes: *New York Times*, agence Reuters, AFP, *Guardian* ainsi que de deux Japonais et de quelques Vietnamiens. La plateforme chinoise entourée de ses quelque 130 navires de protection restait sur sa position et lorsqu'après deux jours de navigation jusqu'au point d'affrontement, nous avons stoppé les machines, nous étions à quelques centaines de mètres d'un garde-côte chinois dont les hautparleurs nous intimaient l'ordre de nous retirer. Nous étions trop loin pour apercevoir la plateforme voyou. L'impressionnante armada qui la protégeait faisait barrière sur des kilomètres. L'équipage ne manifestait aucune fébrilité. En face ils nous scrutaient. J'avais enfilé un T-shirt portant l'effigie du général Giáp pour leur signifier qu'ils allaient perdre, mais j'ignore si c'était du goût de certains journalistes du groupe. En tout cas, c'était de celui des deux Japonais, de loin les plus sympathiques. Si le canon de notre navire était entièrement recouvert d'une bâche, leurs téléobjectifs monumentaux mitraillaient allégrement l'ennemi. Car pour eux, il s'agissait bien d'ennemi, leur pays étant aussi confronté aux agressions de l'armada chinoise dans l'archipel de Senkaku. Et j'ai eu avec eux plus de complicité qu'avec les autres membres du groupe. Nous avons maintenu ce face à face durant trois jours jusqu'à l'annonce du retrait de la plateforme. En prévision, j'avais emporté une bouteille de vin rouge que nous avons débouchée au moment de leur départ. Nous avons trinqué avec le commandant du 8003, la journaliste du *Guardian* et quelques autres, celui de l'agence Reuters avait fait délibérément bande à part avec sa bouteille de whisky. Sur le chemin du retour, nous avons suivi au radar l'itinéraire de la plateforme vers le nord-est, cap sur HảiNán. C'était la fin de deux longs mois de tension.

Pour ne pas perdre la face, Pékin a justifié le retrait de différentes façons : la prospection était terminée… le typhon « Rammasun » arrivait en provenance des Philippines… Une autre zone devait être prospectée à 150 km au sud de HảiNán… On n'a jamais eu connaissance des résultats de la prospection. La plateforme n'étant pas sur la trajectoire de Rammasun, le retrait marquait bien l'échec d'un coup de force. Mais un échec provisoire. Encore une fois, la seule réaction vigoureuse contre l'expansionnisme de Pékin est venue du peuple vietnamien. Pas des dirigeants du Parti communiste, d'ailleurs bien divisés pour le pouvoir. Ont-ils attaqué la Chine devant le tribunal international comme l'ont fait les Philippines ? Ont-ils soutenu madame Hoa de Đà Nẵng et d'autres pêcheurs victimes qui voulaient faire un procès aux agresseurs chinois à titre privé ? Pas du tout !

Au plus fort de la crise du 1er mai au 1er juillet 2014, silence total et prolongé du secrétaire général du Parti, Nguyễn Phú Trọng. Le chef de file des prochinois ne prendra la parole que le 1er juillet pour tenter de sauver une santé politique mise à mal en déclarant : « Le Vietnam doit préserver l'amitié avec la Chine mais doit en même temps garder fermement sa souveraineté ». Il reprend en partie le discours de son rival le Premier ministre Nguyễn Tấn Dũng devant l'Assemblée nationale le 25 novembre 2011. Et, à la surprise de bon nombre de citoyens, il ajoute : « Certains demandent : Et si la guerre éclate ? – Alors nous devons nous préparer à toute éventualité. Nous ne voulons pas de la guerre et nous efforçons de l'éviter ». Jeu politicien pour recoller à son Premier ministre qui, le même jour, réunit son gouvernement afin de consolider le dossier contre Pékin et envisager la lutte juridique contre la Chine. Tandis qu'à Saïgon, sur fond de campagne électorale, le président de la République, Trương Tấn Sang, déclare avec le contre-amiral Lê Kế Lâm que la Chine dépense des dizaines de milliards de dollars pour contrôler l'économie et corrompre le gouvernement vietnamien.

À un an de l'ouverture du 12e congrès du PCV, le clan « pro Washington » du Premier ministre, mis à mal par de grosses affaires de corruption, sort vitaminé de cette intrusion maritime. Xi Jinping, après avoir refusé de recevoir son poulain Nguyễn Phú Trọng dans un premier temps a peut-être compris qu'il valait mieux pour ses intérêts maintenir ce fidèle camarade aux commandes en lui évitant le choc intenable du stationnement de la plateforme. Dans le même temps Nguyễn Phú Trọng pour son maintien au pouvoir devait dire qu'il prend ses distances avec Pékin, sans véritablement toucher aux liens « en or » qui unissent les deux camarades. En tout cas, que ce soit pour les « conservateurs » ou pour les « réformistes », le seul appui sans lequel le Parti s'écroulerait, c'est la Chine et tout changement ne semble pouvoir se faire que dans un cadre validé par elle.

Voilà la cuisine politicienne dans laquelle s'opère le retrait de la plateforme HD 981 et je me trouve, petit électron qui se croit libre, à naviguer à vue et quelquefois à l'aveugle dans ces turbulences, mon seul repaire fiable au Vietnam étant mes amis et les pêcheurs.

La Meurtrissure enfin à l'affiche

L'année 2013 est arrivée sans que *La Meurtrissure* ait obtenu l'autorisation de projection au Vietnam. Les autorités sont restées figées comme un lac glacé. Je venais de terminer mon deuxième tour européen quand j'ai reçu du Comité populaire de Hanoï, une très officielle invitation à me rendre au Vietnam, pour participer du 27 janvier au 2 février aux festivités du 40e anniversaire de la signature des Accords de Paris. L'occasion était bonne pour prendre la température de la solidarité internationale à l'égard du régime actuel, pour aller voir les pêcheurs et leur transmettre l'aide en main propre et pour me rendre compte de la situation de mes amis.

Les cinquante invités internationaux et « témoins historiques » dont je faisais partie ont été choyés, promenés dans différents lieux historiques et invités à des prises de parole médiatisées. Rien de plus normal, la signature des Accords de Paris avait été une étape cruciale, une victoire de la résistance vietnamienne contre l'occupation étrangère en même temps qu'un beau succès de la solidarité internationale pour la justice et la paix. Tout cela était indéniable et méritait d'être fêté. Quand dans son toast de bienvenue, le président de la République, Trương Tấn Sang, nous invita à lever le verre à « la construction et à la défense du pays », je n'ai pu que communier avec cet ancien pensionnaire du bagne de Phú Quốc, dirigeant des maquis de Long An sous l'occupation américaine. Mais quand il parla « défense du pays » je ne pus m'empêcher de penser « défense des pêcheurs, défense des archipels » contre l'occupation chinoise et lors de son tour des tables pour nous serrer la main, quand il me dit tout souriant : « Bonjour Tà ru* », je savais qu'il n'ignorait pas ce que je pensais de la construction du pays dans la corruption et l'autoritarisme. Le pensait-il aussi ? a-t-il essayé de le dire sans pouvoir changer les choses ? Ma demande d'entretien n'a pas eu de suite.

Les jours suivants n'ont pas été pour moi des jours de célébration dans la joie, car les défaites du présent venaient toujours ternir les victoires du passé. Si bien que mes réflexions dans la délégation me faisaient passer pour le vilain petit canard. Le délégué indien m'avait surnommé « André many colours » et à chaque prise de parole, je provoquais des montées d'adrénaline chez ceux qui me tendaient le micro. Mais en aucun moment je n'ai troublé la fête.

Personne n'a assisté à mon interpellation du délégué chinois, ancien ambassadeur plénipotentiaire de Pékin, dans l'ascenseur de l'hôtel au centre de la conférence internationale rue Hùng Vương à Hanoï. Et c'est bien regrettable. Seul dans l'ascenseur, ce monsieur a nié les agressions sur les pêcheurs vietnamiens et affirmé que c'étaient les pêcheurs chinois qui en étaient victimes ! J'ai à peine marqué le coup à Saïgon quand le maire Lê Hoàng Quân a eu le culot de me dire « On ne t'a pas vu ces temps-ci » alors qu'il était resté muet à chacun de mes appels. J'ai su me tenir même si je me suis fait violence.

Le seul épisode sensible s'est déroulé à Saïgon quand nous étions hébergés à l'hôtel Rex et que j'ai invité Hélène Luc[1] et Daniel Davisse[2] à descendre dans le hall pour écouter les témoignages de deux anciens résistants, dont mon ami Cao Lập, harcelés par la police pour leurs déclarations contre l'expansionnisme chinois. À quelques tables de là, deux flics en civil, ce qui donnait à la scène une atmosphère complotiste. Mais quand ils sont repartis, mes amis français ne pouvaient plus dire qu'ils ne savaient pas.

De retour en France, je digère cette expérience en préparant les nouvelles projections et je termine la rédaction d'un long article que m'a demandé mon ami Alain Ruscio, historien, pour un ouvrage qu'il coordonne en la mémoire de Charles Fourniau, grand ami du Vietnam récemment disparu (Une vie pour le Vietnam, Mélanges en l'honneur de Charles Fourniau. Les Indes Savantes). Il n'a finalement été que partiellement publié le 2 février 2017 sous le titre « Mer du sud-est asiatique : chronique d'un hold-up annoncé ».

Entre le temps de l'écriture et celui de la publication beaucoup d'évènements se sont succédé et en particulier le 12 juillet 2016, la décision de la Cour internationale d'arbitrage de La Haye qui a désavoué toutes les prétentions de la Chine dans la zone économique exclusive des Philippines, les estimant « sans fondement juridique » rejetant tous « droits historiques » et accusant Pékin d'« actes illicites », d'« atteintes à l'environnement ». Les dirigeants vietnamiens n'ont pas eu jusqu'ici, en 2023, le courage de s'engouffrer dans la voie ouverte par les Philippines tandis que les pêcheurs vietnamiens sont toujours harcelés.

Durant quelques mois, la saga de *La Meurtrissure* est en *standby* mais ironiquement, c'est Pékin qui va la relancer.

Ma troisième manifestation : merci Pékin

Le 7 mai un équipage de seize pêcheurs de Quảng Ngãi est attaqué dans les Paracels avec balles incendiaires, canons à eau, puis abordé et agressé avec des marteaux, des hameçons. Le 8 mai 2014, la Chine conduit sa plateforme géante de forage pétrolier « Hải Dương 981 » à travers l'archipel des Paracels (Voir chapitre précédent). Les agressions et les victimes vietnamiennes se succèdent les 16, 17, 25, 26 mai. Un pêcheur de Quảng Ngãi trouve la mort. Dans toutes les grandes villes, Saïgon, Hanoï, Huế, Đà Nẵng, Bình Dương… des dizaines de milliers de Vietnamiens descendent

1. Sénatrice du Val-de-Marne de 1977 à 2007, présidente du groupe communiste, républicain et citoyen au Sénat de 1979 à 2001.

2. 1938-2020, maire de Choisy-le-Roi (Val-de-Marne) de 1996 à 2014 ; conseiller général de 2004 à 2011.

dans la rue. Spontanément ou, cette fois, avec le feu vert (forcé par l'opinion?) des autorités. Les points où se concentrent les entreprises chinoises et des milliers de travailleurs et cadres chinois comme Bình Dương et Hà Tĩnh (aciéries Formosa) sont le théâtre de violences longtemps contenues. Des milliers de travailleurs chinois doivent quitter le Vietnam en catastrophe. Si bien que passée la première semaine, Hanoï s'inquiète des débordements possibles contre le régime, interdit à nouveau les manifestations et active son appareil de répression : confinements au domicile, arrestations et même emprisonnements. L'épisode permet en effet aux démocrates de reposer clairement la question du droit à manifester en mettant en cause la conception anticonstitutionnelle de la manifestation « presse-bouton » du Parti communiste. En l'occurrence : quand la vie et le gagne-pain des pêcheurs sont menacés, on a tout juste le droit d'en parler et la manifestation, bien sûr, est interdite et sévèrement réprimée. Mais quand on touche aux comptes en banque du réseau de « Petrovietnam », alors le bon peuple est invité à défendre la patrie. Beaucoup de Vietnamiens « profitent » de l'occasion par patriotisme authentique mais aussi parce que c'est une brèche bienvenue dans l'arsenal liberticide du régime. Les catholiques du Nghệ An, qui vivent près des aciéries chinoises Formosa, manifestent massivement et seront quand même, sauvagement réprimés. À Saïgon, une bouddhiste s'immole par le feu devant le palais de l'indépendance.

À l'étranger la communauté vietnamienne réagit vigoureusement bien que, dans la majorité des cas, chacun défile sous son drapeau. La première manifestation se déroule à Los Angeles, suivent Berlin, Frankfort, Tokyo, Prague, Manille, Munich, Melbourne, Hong Kong… Paris arrive en milieu de peloton, le 16 mai, plus d'une semaine après l'agression. On n'est jamais trop prudent ! Quelques jours auparavant, je reçois un coup de fil de jeunes Việt Kiều, qui, je crois, militent au sein de l'Union des étudiants vietnamiens en France et qui m'invitent à rédiger un texte de circonstance pour que je le lise au nom des manifestants. Si j'accepte, je dois, évidemment leur envoyer le texte pour qu'ils donnent leur avis. On ne sait jamais ce qui peut arriver quand Hồ Cương Quyết tient le micro. Je sais bien que derrière ces jeunes il y a l'ambassade. J'ai deux options : ou bien je me venge de la galère qu'ils m'ont infligée concernant un film qui justement dénonce les agressions chinoises et je rends public leur appel « au secours » en urgence pour les ridiculiser, ou bien je ravale mon amour-propre et vais à l'essentiel, grand seigneur.

Je « monte » donc à Paris. Ce 16 mai, nous sommes plus d'un millier devant la Tour Eiffel, place du Trocadéro. Drapeau rouge à étoile jaune. J'aurais préféré devant l'ambassade de Chine mais il faut bien ménager l'éléphant. Les manifestants sont, en très grande majorité, des Vietnamiens, beaucoup de jeunes, quelques Français, amis historiques du Vietnam. Nous ne défilerons pas. Protégé – c'est mon karma – mais cette fois du vent, par deux jeunes Vietnamiens au front ceint d'un bandeau rouge, je lis mon texte sans qu'un seul mot n'ait été retouché. Les banderoles déployées sont classiques : « Non à l'invasion chinoise » ; « China stop invading » … Bref, un refus sagement exprimé. On ne pouvait pas faire moins… Mais l'important pour moi était de prendre la mesure du changement d'attitude à 180 % à mon égard en l'espace de deux ans, de la traque policière dans Saïgon au statut de porte-parole très protégé au Trocadéro. Et pourtant je n'avais changé en rien sinon en ma plus forte défiance vis-à-vis du régime que mes articles n'avaient pas épargné.

Conférence internationale. La Chine débloque *La Meurtrissure*

Et *La Meurtrissure* dans tout ça? Je me préparais à porter de nouvelles charges quand je recevais du Vietnam une invitation à participer à une conférence internationale sur le thème « Archipels Paracels et Spratleys: la vérité historique ». La conférence était annoncée pour les 20 et 21 juin, plus de quarante jours après le début de l'agression. L'invitation émanait de l'université de Đà Nẵng et de l'université Phạm Văn Đồng de Quảng Ngãi. Contrairement au colloque de Paris, la conférence ne fut pas annulée à la dernière minute. Évidemment, pas de délégué de Chine populaire. Nous étions trente-quatre participants: Australiens, Américains, Indiens, Taïwanais, Canadien, Russes, Allemand, Sud-Coréen, Belge, Japonais, Philippin, Italien, Français et Vietnamiens. Nous avons tous pris la parole en séance plénière et/ou en atelier. Nous avons été invités à produire une contribution qui serait distribuée aux autres délégués. Le colloque s'est déroulé à Đà Nẵng dans les locaux de l'Hôtel Grand Mercure, à huis clos. Seuls médias autorisés dans la salle: l'agence de presse vietnamienne, organe de l'État, et *Nhân Dân*, (Peuple) organe central du PCV.

J'ai été surpris lors de la distribution des contributions que la mienne, qui m'avait été demandée en anglais, n'ait pas été imprimée. Tout oubli est possible. J'ai donc fait en sorte qu'elle le soit et soit bien présente devant le siège de chaque délégué, à côté des autres. Le titre que je lui avais donné était: « Coups de bélier et tache d'huile, une chronologie de l'annexion chinoise des Paracels, base stratégique pour contrôler la mer du sud-est asiatique ». Dans le programme des ateliers, le titre devenait « Les Paracels, charnière de la politique d'expansion maritime en mer sud-est asiatique ». La Chine avait disparu du titre, c'est une des maladies récurrentes de ce régime: taire le nom de son camarade agresseur même en situation extrême. En fait, ils ne m'invitaient pas pour dire ce que je voulais dire mais ce qu'ils voulaient dire. Il se trouve qu'en la circonstance, les deux coïncidaient.

Après examen de la liste distribuée sur place aux participants, j'ai eu droit à une petite surprise. Je ne figurais dans aucune des grandes catégories où chacun était rangé dans son petit tiroir (nom, nationalité, profession). Il y avait les experts internationaux, les experts d'origine vietnamienne et les experts vietnamiens. J'étais bien seul dans la case des « invités » au titre de « chercheur indépendant » et, tenez-vous bien, « Auteur du film Hoàng Sa Việt Nam: *La Meurtrissure* ». Voilà donc essentiellement en qualité de quoi j'étais invité par le Parti: auteur du film censuré pendant quatre ans par ce même Parti. C'était, brusquement sortie du chapeau, la reconnaissance officielle du film et sa promotion devant un public d'experts internationaux. Heureux d'en être informé. J'apprenais en même temps que *La Meurtrissure* était projeté en boucle au musée « Hoàng Sa » à Đà Nẵng. Certes l'écran n'était pas si grand au milieu des cartes historiques, des ouvrages consacrés aux archipels et autres objets, mais c'était déjà ça. Quand nous avons été invités à la visite du musée avec tous les délégués, mes voisins ont bien ri de m'entendre exprimer ma gratitude envers la plateforme chinoise pour avoir débloqué la censure de *La Meurtrissure*. J'ai promis en remerciement une version sous-titrée en chinois mandarin et j'ai tenu parole.

Bien que catalogué « invité », j'ai quand même pu exprimer clairement mon opinion à plusieurs reprises. Deux fois en séance plénière suite aux échanges en atelier.

J'avais la chance de pouvoir m'exprimer en anglais, sans le filtre ou les approximations d'un interprète et de comprendre le vietnamien. J'ai insisté particulièrement sur la nécessité de poursuivre Pékin devant le tribunal international : Le Vietnam a des arguments encore plus solides que les Philippines pour gagner un tel procès. J'ai soutenu le juste point de vue du Premier ministre Nguyễn Tấn Dũng : « Nous ne pouvons pas échanger notre souveraineté nationale pour une amitié illusoire ». Et j'ai ajouté que pour être plus crédibles sur cette question de souveraineté, les États-Unis devraient adhérer à la Convention des Nations Unie sur le droit à la mer. Ce qu'ils n'ont pas encore fait. Cette dernière remarque n'a pas été du goût d'un des délégués américains qui, lors de sa prise de parole, a dit, sur le ton des maîtres qui n'aiment pas recevoir de leçons, que cette adhésion se ferait prochainement... Près de dix ans plus tard, on l'attend toujours.

Je me suis aussi exprimé quand j'ai été appelé à la tribune. Je voulais insister sur les circonstances concrètes des agressions de pêcheurs dans les Paracels mais je me suis laissé emporter par les chiffres et la chronologie alors que j'aurais dû me concentrer sur la description du harcèlement physique et moral et la douleur des familles. J'étais un des seuls à pouvoir et peut-être vouloir parler de cela et je ne l'ai pas bien fait correctement. Rétrospectivement, je n'étais pas content de moi. Heureusement mon film a compensé ce manque.

Après la visite guidée dans le port de Đà Nẵng du chalutier DNA 90152TS encerclé par 40 chalutiers chinois puis éperonné et coulé aux abords de la plateforme, je vais rendre visite à ma maman vietnamienne, Lê Thị Kinh et à mon ami Nguyên Ngọc. Puis je me décide à monter à Hanoï où d'autres amis m'attendent. Particulièrement Phạm Toàn qui a déjà organisé beaucoup de rencontres et projections-débat sans demander aucune autorisation.

Il faut dire que, depuis la conférence de Đà Nẵng, *La Meurtrissure* surfe sur l'indignation contre la plateforme chinoise. Le 6 juillet, le journal *Thanh Niên* non seulement annonce le film mais me permet ce commentaire sous forme de clin d'œil aux autorités, dans un encadré bien en évidence : « Dans cette histoire, je n'ai pas toujours eu la maîtrise des évènements. J'ai dû beaucoup subir. Par exemple, avant mon dernier retour au Vietnam, j'ai reçu un mail du ministère des Affaires étrangères de Đà Nẵng me promettant qu'ils créeraient les meilleures conditions pour que j'embarque sur un navire des gardes-frontières jusqu'aux Paracels. Une semaine s'est écoulée depuis et non seulement ils ne m'ont donné aucune nouvelle information mais ils me demandent de leur fournir un C.V alors qu'ils le connaissent parfaitement ».

Je me crois dans un autre pays. Les médias ne m'évitent plus, ils me sollicitent et en redemandent. Le 8 juillet, *Tuổi Trẻ* fait l'article : « Le film sera projeté par l'Association des écrivains de Hanoï le 10 juillet, M. Menras débattra avec le public... Il y aura une soirée organisée conjointement par le Fonds Phan Châu Trinh et la maison d'édition Tri Thức... le 11 juillet, au 53 Nguyễn Du, arrondissement Hai Bà Trưng, le film sera projeté gratuitement pour les habitants de Hanoï ». Le 10 juillet, radio, presse et télévision de « La voix du Vietnam » (VOV) : « Avec l'accord de l'auteur, le 11 juillet, VOV.vn diffusera le film *La Meurtrissure*. Invitez vos amis à le regarder ».

Le 11 juillet, c'est la voix du PCV qui s'éclaircit et découvre que le film « a le caractère du Parti » contrairement à ce qu'affirmait Nguyễn Văn Đua, devenu brusquement muet. Après avoir rendu compte de la projection débat organisée par le Fonds

Phan Châu Trinh et la maison d'édition Tri Thức (qui sera dissoute quatre ans plus tard), le journal électronique du PCV commente, comme s'il le découvrait : « Le film a été réalisé par l'auteur en 2010. Afin de filmer ces scènes vivantes et vraies, il s'est rendu à Bình Châu et Lý Sơn pour vivre avec les familles des pêcheurs ». J'ai ravalé mon amertume. J'ai gentiment répondu aux questions dont je savais qu'ils connaissaient les réponses pour les avoir lues sur le site Bauxite.vn où d'autres blogs indépendants. J'étais tellement heureux pour les amis qui m'avaient soutenu ; pour le président de la République qui avait ouvert la porte au tournage et qui, avait déclaré au moment de son interdiction, qu'il devrait être diffusé dans tout le pays ; pour les grands réalisateurs comme Trần Văn Thủy et Đặng Nhật Minh qui, dans une interview avait courageusement déclaré qu'il aurait aimé réaliser un film d'un tel contenu. Quelle victoire nous avait offert cette plateforme pirate ! Et j'étais presque amusé en voyant les censeurs de naguère voler aujourd'hui au secours de cette victoire.

Un bâtiment des gardes-frontières vietnamiens s'apprêtant à lever l'ancre de Đà Nẵng vers l'île Trí Tôn avec à son bord un groupe de journalistes internationaux, j'avais posé ma candidature pour faire partie de l'équipée et j'ai envoyé une piqûre de rappel aux autorités par l'intermédiaire du journal *Thanh Niên*. Comme je ne voulais pas être coincé à Hanoï tandis que le départ se faisait à Đà Nẵng, j'ai annulé avec grand regret une projection-débat avec des étudiants que mon ami Phạm Toàn avait organisée, pour voler au plus près du lieu d'embarquement.

Đà Nẵng, les fleurs avant d'embarquer

Arrivé à Đà Nẵng, j'attends et les jours me semblent interminables. Alors je lis la presse et réagis par un article que publiera Bauxite.vn. « Peur des fleurs et des vieilles dames ». « ...Sur le journal *Lao Động*, mes yeux ont été attirés par une photo : une vieille dame saisie par-derrière à bras-le-corps par une mégère casquée et masquée, ceinturée par une autre qui la tire en avant. Le groupe est entouré d'hommes qui s'agitent tout autour des trois femmes. Visiblement on n'est pas venu secourir cette dame de 97 ans. Au contraire on devine qu'elle résiste. On est venu l'arracher à son humble habitation offerte par la population locale en reconnaissance des sacrifices en vies humaines qu'elle et sa famille ont consentis pendant la guerre d'indépendance. De « Mère héroïne » voilà qu'elle devient mère indésirable, chassée d'une terre où elle avait espéré trouver repos, déracinée à nouveau à la fin d'une vie de tourments. Mère rudoyée, meurtrie, victime d'une nouvelle guerre d'agression : celle des projets immobiliers juteux pour quelques-uns qui balayent les pauvres gens. Je ne sais pas si Mme Lành a le droit avec elle. Je ne connais pas le détail de cette affaire. En revanche je sais que les cas sont innombrables dans le Vietnam d'aujourd'hui de pauvres gens chassés, dépossédés de leurs maigres biens, brutalisés, emprisonnés quand ils résistent à la cupidité des cadres du Parti qui servent les promoteurs. On appelle cela le développement. Ce que je sais par les réseaux sociaux, c'est que la vieille dame a été conduite de force au centre hospitalier du district An Hải Tây, à Đà Nẵng. Lorsque je suis arrivé au service des urgences avec mon bouquet de fleurs, et que j'ai demandé à la rencontrer, le médecin de service a ouvert des yeux ronds puis son visage s'est fermé et il a parlé de « Lãnh đạo » (les dirigeants). À peine 5 minutes après, 4 individus en civil sont arrivés, deux sont entrés dans le service des urgences pour parler au médecin, deux autres sont montés à l'étage. J'avais laissé au médecin, en guise de présentation, l'article paru le jour même sur le journal *Thanh Niên* qui expliquait sur toute une page qui j'étais et ce que je venais faire au Viêtnam. Juste pour montrer que je n'étais pas « un élément terroriste des forces réactionnaires de l'étranger ». Puis ce fut l'habituel va-et-vient des téléphones portables, du chef invisible et non identifiable au fonctionnaire de base en quête de lumière… Rien n'y fit de mes arguments, je ne pouvais pas lui remettre de fleurs, encore moins la prendre en photo – elle pourrait être utilisée de façon malveillante ! –. Bref: Mme Lành avait le tort d'être pauvre, vieille et sans défense. Je n'avais qu'à repartir laissant Mme Lành prisonnière par la complicité des médecins et de la police d'un système à la chinoise qui bâillonne les gens, surtout les plus faibles. Un système qui a peur des fleurs et des vieilles dames. Un système condamné à changer ou à mourir. Mme Lành, je ne vous connais pas mais je vous aime ! »

Cet article a été beaucoup lu et un service du Comité populaire de la ville de Đà Nẵng m'a invité à un entretien « amical » pour m'expliquer la situation de la vieille dame. Ils m'ont assuré quelle serait relogée mieux qu'auparavant. On s'est quitté fâchés. Je n'ai jamais plus eu de nouvelles de la vieille dame.

La superbe projection à L'Idecaf* de Saïgon

Le 4 août 2014, dans le très officiel bulletin *Công báo* (*Annonce*) de Saïgon: Le bureau du Comité populaire de la Ville précise: « Approbation de la politique autorisant le Consulat général de France à organiser la projection du film *Hoàng Sa la meurtrissure* du réalisateur André Menras (Hồ Cương Quyết) dans le cadre de la coopération culturelle entre la France et le Vietnam). Heure: 18 heures le 5 août. Lieu: Institut d'échanges culturels avec la France (IDECAF), 31, Thái Van Lung, district 1 ». Près de trois ans après la course poursuite pour fuir la police, c'est une annonce qui mérite d'être encadrée. Le lendemain, la salle est comble. Plus de deux cents personnes. À l'entrée, je rencontre Lan qui a signé l'autorisation d'exporter le film alors qu'elle était en poste au service des affaires extérieures de la Ville et m'avait accompagné pour mes démarches d'obtention de mes papiers vietnamiens. Elle est désormais directrice de l'Idecaf. Je voudrais lui poser des questions mais je manque de temps et ne veux pas la gêner. À l'intérieur, je suis attendu par un membre du consulat de France qui me présente mon jeune interprète et une Vietnamienne qui semble représenter l'autorité politique de la Ville. Il est très inquiet. Il a peur d'un débordement diplomatique de ma part. Le jeune interprète me semble bien sympathique mais un peu court en compétence. J'appelle immédiatement mon ami Lê Hưng qui, de l'autre extrémité de Saïgon, enfourche sa moto. Quant à la Vietnamienne, elle commence par me dire que le temps est limité et que les questions posées par les spectateurs devront être écrites et passer par elle. Souhaite-t-elle que j'annonce à la salle que la Ville veut encore me priver de parole et censurer les questions du public? Elle se met en retrait, vraisemblablement pour demander l'avis d'un chef. Je préviens le diplomate que, selon la situation, je descendrai moi-même dans la salle pour tendre le micro aux spectateurs et qu'au pire, on peut couper l'électricité: je peux répondre dans les trois langues en me passant du micro. Finalement ce nécessaire cadrage fait son effet et les limites sont respectées.

Je descends dans la salle pour distribuer près de cent roses rouges. Passer dans les travées me permet de remercier celles et ceux qui ont eu le courage de se déplacer. La plupart ont déjà visionné le film sur YouTube et sont venus pour affirmer leur attachement non seulement au film mais au droit d'expression. Beaucoup de mes amis anciens emprisonnés sont là, pas mal de bloggeurs, des expatriés français et anglais, des journalistes. Aux premiers rangs, avec son épouse, mon ami François Guillemot qui, dans ses carnets de recherche « Mémoires d'Indochine », a suivi mes tribulations et en a rendu compte… Beaucoup de jeunes Vietnamiens arborent un T-shirt portant en effigie une langue de bœuf chinoise que tranchent d'énormes ciseaux.

Cette soirée, nous l'avons attendue depuis si longtemps. Elle est la victoire d'une amitié soudée dans un combat commun. Je me sens comme dans une bulle, habité par l'énorme énergie qui se dégage de la salle et observé par des forces hostiles provisoirement impuissantes.

Après la projection du film et juste avant le débat, j'ai le bonheur de présenter au public l'équipe du film : le caméraman et réalisateur Tuệ, le preneur de son Nhiều et le monteur Khôi et mon ami Lê Hưng. Les trois techniciens ne diront pas un mot mais ont droit à une longue salve d'applaudissements. Ils n'ont pas touché d'argent pour le film et y ont mis tout leur cœur et leur savoir-faire. Je remercie vivement le Consul général de France, M. Fabrice Mauriès sans lequel cette projection n'aurait pu avoir lieu. Juste pour rappeler que les autorités de la ville qui ont censuré si brutalement le film, auraient pu reconnaître leur erreur en prenant en compte la projection. Si elles ne l'ont pas fait c'est qu'elles sont prêtes à recommencer. Je remercie également la plateforme chinoise HD 981 pour avoir fait reculer la censure prochinoise. L'échange avec le public sera encore plus riche qu'à Hanoï. Et, le débat terminé, il est vrai écourté par l'horaire, nous nous retrouvons nombreux sur la scène pour les photos souvenir de cette soirée mémorable.

Larmes de crocodile, bouse de buffle…

Je peux rentrer en France heureux. Mais mes amis Tà ru* dont certains sont encore membres du Parti communiste, sont taquins. Ils ont voulu savoir si ceux qui nous ont menacés, censurés, poursuivis depuis 2011 ont changé. Ils ont écrit puis téléphoné à Võ Văn Thưởng, ancien numéro 1 du Parti dans la province de Quảng Ngãi devenu désormais, numéro 2 du Parti à Saïgon. Un journaliste nous avait rapporté qu'en 2011, lors d'une visite aux pêcheurs de Lý Sơn, il avait visionné *La Meurtrissure* qui l'aurait « ému aux larmes ». L'occasion était belle de réveiller cette émotion et mes amis lui ont demandé son appui pour organiser une projection au siège de la Jeunesse communiste. Mais le camarade ému resta muet. Il est actuellement membre du Bureau politique et grand chef de l'omnipotent « Comité central de la propagande et de l'éducation », coupeur-en-chef des têtes qui dépassent. Sur le chemin de la présidence de la République qu'il occupera.

Nguyễn Phú Trọng, son patron s'est rendu à Pékin pour montrer patte blanche après avoir osé un caprice rebelle. La Chine a construit en toute tranquillité des îles artificielles dans l'archipel des Spratleys et les pêcheurs du Centre Vietnam sont toujours agressés… Il reste encore beaucoup de riz à moudre !

Avec les pêcheurs-plongeurs dans l'archipel interdit

2017. *La Meurtrissure* projeté en salle au Vietnam et partout en Europe, je peux m'appliquer à réaliser mon projet initial jusqu'ici systématiquement empêché : participer à une campagne de pêche avec un équipage dans les Paracels. La promesse de m'abstenir de la haute mer que j'ai faite au Président Nguyễn Minh Triết, ne tient plus puisqu'il n'est plus Président.

Voici la transcription la moins épurée possible de mon journal de bord audio.

Le Rendez-vous préparatoire

Je suis à Tam Kỳ le 15 mars au soir et je piaffe d'impatience. Il y a deux jours, j'ai eu du mal à avoir le rendez-vous avec Tiến, le pêcheur qui est mon contact à Bình Châu. Beaucoup de problèmes pour comprendre ce qu'il dit car le vietnamien des pêcheurs de Quảng Ngãi n'est pas celui de Saïgon ni celui de Hanoï. Il a fallu qu'on communique par SMS. Il me donne rendez-vous au resto Thủy Dương sur la plage de Mỹ Khê. Là, dès que j'arrive le *bảo vệ* (vigile) me reconnaît. C'est râpé pour la discrétion. Tiến et Tuấn, un maître d'équipage arrivent. Le patron d'un bateau, Lâm, 35 ans, nous rejoint ensuite. Bardé de bracelets, chaînes en or, bagues en jade. Mon impression n'est pas bonne. Ils veulent changer d'endroit. Sur la route de Sa Kỳ, une petite gargote où ils commandent des bières, du poulet etc.

Leur inquiétude n'est pas le départ mais l'arrivée. Ils me demandent de les protéger d'une sévère sanction policière pour avoir embarqué un clandestin « étranger ». Je leur dis que ma seule protection c'est mon passé et l'ancien Président Nguyễn Minh Triết que j'informerai immédiatement après mon retour. Leur deuxième souci, c'est les Chinois et l'accident possible. Je leur montre le double de la lettre où j'assume la totale responsabilité d'un éventuel accident. Lettre laissée à deux amis dont l'écrivain Nguyên Ngọc et un exemplaire pour eux. Ils vont assurer ma nourriture et ma sécurité pendant un mois mais, de mon côté, je dois penser à mes éventuels problèmes de santé. Je donne 4 billets de 500 euros et ils m'annoncent le départ pour le 15 ou le 16.

Le 16 mars, Tiến doit venir me chercher. J'ai téléphoné à mon fils Sylvain pour lui dire que j'embarquais. À la plage Mỹ Khê, sur la route de Sa Kỳ, je passe devant le restaurant Thủy Dương où le vigile m'a reconnu il y a trois jours. Je suis également enregistré à l'hôtel par ma carte d'identité vietnamienne. Donc les policiers sauront que je suis dans les parages. Finalement Tiến vient me chercher à moto, la nuit tombée. On arrive chez lui par une route infernale que je ne connais pas. À l'entrée du village de Bình Châu, au lieu de rentrer tout droit, comme à l'ordinaire, on a tourné sur la droite pour emprunter une route qui traverse un bosquet. Puis, par des sentiers impossibles, tous phares éteints dans la végétation, on distingue à peine le chemin. Finalement on arrive sur le versant de la colline qui fait face à la mer. Je reconnais d'en haut sa petite maison où aboutit la plage. Personne ne nous a vus mais sans cale pied, avec mon sac où sont rangés les appareils (avec objectifs et chargeurs) et les deux autres ballots, j'ai eu du mal à garder un contrôle qui allait de soi pour mon chauffeur. Dans ce rodéo de creux et de bosses en déclive, j'ai plusieurs fois failli être désarçonné.

Dès ce soir, les contacts doivent venir chercher mes bagages pour les charger sur le bateau. Je tiens à conserver mes appareils photos pour embarquer car je n'ai pas cent-pour-cent confiance aux amis de Tiến. Ce soir, je ne mange pas.

D'entrée, je sens que Tiến est mal à l'aise. Il essaye de me dissuader. Depuis trois jours, il n'a pas dormi d'inquiétude car les gardes-frontières « peuvent être cruels. Ils peuvent nous mettre aux fers, confisquer le bateau ». Il a peur qu'ils devinent. « Toi, au retour, tu repartiras librement. Mais nous ? Ta présence aura été probablement révélée par des pêcheurs sur le bateau ou des pêcheurs que vous aurez croisés en mer ». Je comprends que Tiến redoute les gardes-frontières qui sont déjà venus le menacer à deux reprises pour m'avoir hébergé mais je suis surpris de voir à quel point il en a peur. « Je n'ai pas peur des Chinois mais j'ai peur des Biên Phong* ».

L'embarquement est prévu pour demain soir. Je ne dois pas sortir de la pièce où je suis reclus à l'étage. Seulement pour aller satisfaire mes besoins au rez-de-chaussée. Si j'entends du bruit, je ne bouge pas. « Du kích » (guérilla) dit-il. Ça me rappelle les jours qui ont précédé l'action du drapeau, quarante-sept ans plus tôt. En immersion j'avais changé d'adresse et coupé toutes relations.

17 mars, 2 heures du matin. Ils ne sont pas venus. Rien n'est sûr, tout est élastique. Silence complet dans la maison. Au-dessus de ma tête, la moustiquaire que je n'ai pas dépliée. Un méchant ventilateur au ras du sol, dirigé en plein sur moi et que je ne peux pas déplacer car le fil tendu est trop court. Il peut à lui seul éloigner un régiment de moustiques mais il m'enrhume et me fait pleurer les yeux. Je me retrouve dans la situation du Vietcong immergé, « nằm vùng », c'est l'expression vietnamienne, avant sa mission.

3 heures du matin Impression bizarre de dépendre entièrement de Tiến et de deux ou trois de ses amis. Je suis complètement à leur merci. Je n'existe pas hors de ceux avec lesquels je vais agir. C'est-à-dire que je suis à Bình Châu dans une petite pièce, dans une maison isolée où personne ne m'a vu entrer. Disparu du monde, hors des radars. Il y a une sorte de confiance totale, d'abandon nécessaire entre ceux qui m'hébergent et moi. Et moi qui dois être garant de leur anonymat, je sais bien que ce n'est pas possible. Je fais ce reportage pour aider les pêcheurs et pour ce faire, je dois les filmer, et je mets en danger ceux qui m'aident. Ils seront menacés quand moi je m'en serai dégagé. Si les Chinois nous interceptent, ce sera la double peine pour l'équipage qui a osé introduire un étranger dans la zone interdite. Ils risquent gros. Très gros. J'ai l'impression de les entraîner dans cette aventure avec le risque de déséquilibrer leur vie même. L'idée d'annuler ce projet m'est venue à l'esprit. Trop tard. Les uns et les autres nous sommes engagés. Il faut avancer.

Le drame, c'est que dans le Vietnam actuel, ceux qui veulent changer doivent se mettre en résistance et donc en danger. Cette société est apparemment une société de paix mais cette paix n'est pas saine. À l'intérieur il y a une sorte de guerre silencieuse. Le terrible c'est que l'apparence extérieure est un sourire, ce si beau sourire que l'on retient de retour du Vietnam alors que c'est un peuple qui continue de souffrir et qui est menacé s'il bouge. Une jeune fille de Đà Lạt rencontrée à Hội An avant mon départ m'avait dit : « la toile policière est plus dense que la toile d'araignée ».

5 heures du matin J'ai croisé dans le couloir au rez-de-chaussée, la femme de Tiến, qui marmonne des mots incompréhensibles et son fils, également handicapé mental. Tiến est absent. Je suis l'oublié du premier étage.

7 h 30 Tiến arrive, prépare une natte avec plateau et eau. Il apporte des « Bánh Xèo », crêpes cuisinées par Mme Nhị et me dit que Lâm, le patron du bateau, a peur. Il me fait le signe des poignets menottés. Il m'apprend qu'il n'a pas pris un sou de ma participation financière au voyage. Au lieu de partir à 11 heures, je partirai ce soir à 8 heures.

11 h 45 Du poisson, 3 bols de riz et je rejoins mes pénates. Avant de s'éclipser, me parlant du départ, il dit que les *Biên Phong** contrôlent les bagages dans le bateau et vérifient si les pêcheurs ont leur carte d'identité et s'il n'y a pas d'explosifs.

15 h 20 Sous le toit en fibrociment, le ventilateur ne me renvoie que de l'air chaud. Jusqu'ici pas de visite.

16 heures Tiến arrive et me demande si j'ai le cafard. Il me donne un sachet de gâteaux secs, m'apporte une pastèque et me dit qu'il va cuisiner le repas du soir. Il m'annonce que Tuấn, le maître d'équipage viendra me voir à 18 heures.

18 h 10 Comme dans beaucoup de situations où des précautions strictes sont exigées, un relâchement inattendu intervient. Tiến me présente sa copine, marchande ambulante, qui vient prendre le repas avec nous pour fêter mon départ. Preuve que la tension chez mon ami n'est pas si grande. De mon côté par contre, je ne suis pas trop rassuré. Pour fêter mon départ, on mange des petites seiches bien caoutchouteuses, que je fais descendre avec des galettes de riz, *bánh tráng*, et de la bière. Après le repas, il prend les deux ballots. J'ai appris entre-temps que dix plongeurs venus de Nha Trang constitueront l'essentiel de l'équipage et que je devrais embarquer à minuit au large de la plage qui touche la maison. J'attends, agent dormant à moitié endormi.

18 h 30 Tiên confirme qu'on ne peut pas téléphoner du large avec le portable. On doit passer avec l'Icom[1] par Đà Nẵng qui dispatche les appels aux familles. Tant que j'en ai la possibilité, je téléphone à Annie, mon épouse, en lui annonçant que j'embarque dans trois heures… Peut-être.

1. Emetteur récepteur radio

21 heures Notre bateau de pêche, 17 m de long, 5 m de large, 2,5 m de haut. Moteur de 450 chevaux et 16 hommes d'équipage. C'est limite pour la haute mer avec ses typhons et tempêtes réputées, causes de beaucoup de naufrages dans cet archipel de récifs à fleur d'eau, submergés ou non selon la marée. Quant à la redoutable armée d'occupation chinoise, sa rencontre est imprévisible mais toujours envisagée. Dans tous les cas, ils occupent les îles et en refusent l'abri en tirant sur les bateaux vietnamiens en perdition. Ce fut le cas en 2003 pour le naufrage des treize pêcheurs que leurs veuves m'ont raconté dans le film *La Meurtrissure*. Dans ce cas, ce sera la fuite salvatrice de notre petit esquif, bateau de bois fragile et désarmé devant une machine à broyer à coque d'acier, trois ou quatre fois plus grosse et plus rapide que nous, avec des hommes en armes entraînés à la guerre.

Mon départ a été préparé comme une véritable opération pour déjouer la vigilance des gardes-frontières vietnamiens. Nous lèverons l'ancre non pas de l'île de Lý Sơn et du village de An Vĩnh mais à 2 miles au large du petit village de Bình Châu. Clandestinité oblige.

Une sorte de rêve va enfin se réaliser : vivre avec les pêcheurs une épopée où ils remettent en jeu chaque fois leur vie et leurs biens quand ils partent la gagner dans ces zones de récifs, d'atolls, de coraux, de lagons, de plages de sable appelées autrefois « les sables jaunes ». Réaliser un documentaire révèlera leur galère à beaucoup de leurs compatriotes et à la communauté internationale. J'ai envisagé l'éventualité d'une agression chinoise. Dans le meilleur des cas, ce serait l'arrestation et l'emprisonnement à Phú Lâm ou Hải Nán. Dans le meilleur des cas, car l'affaire déboucherait alors sur un procès à retentissement international. À cet effet, j'ai emporté avec moi mes deux passeports vietnamien et français pour que les militaires chinois sachent bien qu'ils arrêtent un citoyen français dans un espace maritime revendiqué par le Vietnam, ce qui obligerait la France à intervenir aux côtés du Vietnam.

23 h 40 Personne. Je devais embarquer dans 20 minutes. Je me suis habillé. J'ai soigneusement préparé mes affaires dans le ballot noir plein comme un œuf. Je commence à saturer dans cette pièce au ventilateur Tupolev. Vivement le vent du large.

Samedi 18 mars

5 heures du matin. Pas de nouvelle de Tiến. Ça sent le roussi. Je ne peux pas penser que Tiến se prête à un coup tordu. J'ai plutôt peur non pas qu'ils me subtilisent mon matériel mais qu'ils rendent mes quatre billets et qu'on en termine là. Ce serait une catastrophe. Surtout pour notre amitié avec Tiến.

6 h 15. J'entends la télé en bas. Tiên ne se manifeste pas. Ceux qui viennent de Nha Trang sont-ils en retard? Est-ce qu'ils essaient de me décourager pour que j'abandonne? y a-t-il une pression inhabituelle de la part des gardes-frontières? Je n'ose imaginer que Tiến me balade. Est-ce qu'il craint de m'annoncer certaines choses de peur de me fâcher? Je tourne en rond. Peut-être qu'en pensant à une interception lors du retour, ils hésitent sur le départ…

J'ai demandé batteries, téléphone, carte Sim. Je sue et je dois me décrasser au rez-de-chaussée. Il met les plats sur la natte : « Mange le petit-déjeuner ! ». Je n'ai pas faim. Il m'annonce qu'après le petit-déjeuner on va partir sur la plage. Je nagerai jusqu'au bateau. Il sait que je suis bon nageur mais quand même… Je lui dis : – « Les gens vont nous voir ». – « Mais non, tu fais du tourisme. Ils t'ont déjà vu les fois précédentes… » – « Mais on verra le bateau… ». Je ne veux pas créer de blocage par un refus. Nous verrons sur place. Si on doit encore retarder le départ, je dois téléphoner et lui demande de mettre 50 000 dongs sur le compte de ma carte Sim. Il part. Apparemment, je vais rester un peu plus longtemps. Avant même de prendre la mer, je suis embarqué dans une galère où tout est flou, où ce qui est dit aujourd'hui n'est pas ce qui sera fait demain. C'est pénible de devenir fataliste !

8 heures Tiến téléphone, voix lointaine : il faut attendre. On a ouvert la petite fenêtre et je peux regarder les arbres par-dessus le toit. Au bord de la plage, deux femmes sont en train de dévider un filet à côté d'un coracle*. Il y a du monde et quand je vais sortir c'est impossible qu'on ne me remarque pas. Je ne sens pas leur plan. Mais pas du tout.

19 mars Embarquement Il est minuit, on est finalement partis de Bình Châu avec Tiến dans son coracle* complètement délabré. Je prends le gouvernail pour qu'il écope. Trois petits bateaux pêchent devant nous à 300 m de la plage. Je m'inquiète car je crois que le nôtre est l'un d'eux. Puis Tiến allume le moteur et on continue sur 3 km pour rejoindre celui qui nous attend. Je monte par une échelle souple suspendue au flan du navire. Comme la mer est un peu agitée, je me cogne et, préoccupé de protéger le sac contenant mes appareils, me blesse au tibia. Tiến est plus tendu que jamais. Si j'avais écouté ses yeux, nous serions retournés au rivage. Musique traditionnelle sur le bateau. Le jeune patron, Lâm, est au timon et le maître d'équipage Tuấn, affairé avec l'Icom, qui nasille. Les autres pêcheurs, jeunes pour la plupart, un peu étonnés de voir ce vieux « Tây » (occidental), ne répondent pas à mon sourire. Nous prenons la direction de Lý Sơn, l'île à 30 km de Bình Châu. Le patron a brûlé des baguettes d'encens dans la cabine. Le chef d'équipage s'est placé à la proue pour indiquer le cap, bras tendu. On me propose de manger. Je refuse. Je n'ai pas faim. Le patron dit qu'il a acheté de l'eau exprès pour moi. La mer est paisible et le bateau avance à 2/3 km heure cap 70° nord-est.

13 h 30 On laisse Lý Sơn à notre droite. Tous dorment sauf Tuấn et Lâm. Ils mettent le cap sur l'île Tri Tôn qu'ils m'ont montrée sur l'écran du GPS ainsi que l'itinéraire prévu dans l'archipel. Tuấn note sur mon cahier de bord la latitude et la longitude de l'île : 16°-31 nord ; 111°-38 est. Ce ne sont pas exactement les positions indiquées par Wikipédia mais je fais confiance au GPS coréen du bord. Je pense que Tuấn et Lâm m'ont en sympathie. J'ai eu une petite sensation de mal de mer quand je me suis concentré sur le téléphone pour envoyer un dernier SMS à Annie et à Nguyên Ngọc. On m'a assigné un petit espace dans la cabine. Pas de quoi étirer les bras et les jambes mais j'ai vue directe sur le timonier, une partie du pont et la proue. Ma tête touche la porte de la pharmacie et je suis à portée de bras de l'autel où veille une madone protectrice, derrière son vase à baguettes d'encens, ses petits gobelets et autres offrandes. Logiquement, je devrais être le premier protégé !

3 h 45 Nous sommes à 20 miles de Đá Lồi. Nous passons bien au large de Tri Tôn. Lâm me dit que si on passe trop près, les Chinois risquent de nous tomber dessus. L'équipage dort mais ça commence à bouger. Au timon, Lâm me parle du budget de cette campagne de pêche, des frais et de la répartition des gains : 160 millions de dongs d'investissement, environs 6400 euros (sans compter la nourriture), gazole, glace, frais de l'équipage, assurance du bateau. Il me dit que l'État les a aidés à hauteur de 70 millions (2800 euros) pour le gas-oil. Lui s'attribue 40 % de la pêche et les 60 % qui restent sont divisés entre les hommes de l'équipage sachant que chacun a un fixe de 2 millions de dongs. J'ai donc participé à un quart des frais de la campagne. C'est honnête.

Ils ont deux moyens de communication: l'« Icom » qui passe par le continent et le « bộ đàm » (talkie-walkie), pour communiquer entre bateaux de pêche d'une portée maximum de 50 km. Les communications familiales et professionnelles urgentes passent par Đà Nẵng qui filtre. Les pêcheurs commencent à manger en prévision de la plongée, énormément exigeante en calories. Certains restent couchés embrassant, enjambant leur oreiller.

15 h 05 Nous venons de doubler l'île Tri Tôn à l'est, cap sur Đá Lồi. On m'invite à boire le café sur le pont. Je suis prêt à filmer. Un peu excité. Ils discutent par *bộ đàm* avec un bateau de Bình Châu. À cette distance du continent, en rencontre encore pas mal de bateaux vietnamiens.

21 h 30 Nous voici sur la zone de Đá Lồi ou discovery reef. Le massif coralien le plus important de l'archipel. Il est situé dans le groupe d'îles ou atolls dit « du croissant » à cause de sa forme, au sud-ouest de l'archipel. La pêche a commencé à 17 heures Auparavant l'équipage s'est livré à la cérémonie rituelle pour s'attirer les bonnes grâces de la mer et de ses génies: encens, papiers votifs, offrandes symboliques de fruits (qui seront malgré tout consommés). D'après Tuấn, cette cérémonie n'a pas de nom et on peut l'appeler « cérémonie des pêcheurs du centre Vietnam pour solliciter de la mer la permission de prendre ses produits ». Des bateaux vietnamiens sont déjà sur place. Un bateau de pêche chinois vient ensuite dans notre sillage. Coque en acier, imposant: le triple du nôtre. Il ne nous quitte pas. Puis il se rapproche à 200 mètres sur le côté. Il ne pêche pas. Au loin, à peu près 3 km, un navire de contrôle des pêches chinois. Toujours cette pression chinoise menaçante. Car le bateau à coque d'acier peut très bien être un faux bateau civil. Il se rapproche, s'éloigne, tantôt plein phare, tantôt lumières éteintes.

Notre équipage a accroché des haut-parleurs au mât et diffuse de la musique traditionnelle. Le premier groupe de sept plongeurs est resté à peu près une heure au fond. Pendant ce temps, sur le pont, ceux de l'autre équipe ont dévidé les câbles nécessaires à chacun pour respirer à partir de l'air envoyé par le moteur. Ils ont aussi veillé à la mobilité des câbles électriques qui alimentent la canne du plongeur pour électrocuter le poisson.

Le chef d'orchestre de ce ballet aquatique est le maître d'équipage, Tuấn qui, de son timon, regarde à droite et à gauche pour situer les plongeurs par rapport au navire sans perdre des yeux le cadran témoin de la fréquence des prises, chacune étant annoncée par un signal lumineux vert. Tuấn est aussi très attentif à la sonde et veille à ce que les plongeurs ne descendent pas au-delà de 30 mètres pour éviter au maximum les accidents de décompression à la remontée. Il dirige l'équipe qui manipule les câbles sur le pont pour éventuellement, par simple traction, rappeler un imprudent à la discipline quant à la profondeur ou lui indiquer un changement de direction. Quand je vois, sur ce côté gauche du pont, cet enchevêtrement de fils électriques et de petites durites enroulés qu'ils dévident sans les emmêler à chaque plongée et que je pense à mes mésaventures dans la manipulation des tuyaux d'arrosage de mon jardin, je me dis que l'exercice tient du prodige.

Les sept premiers sont remontés avec leurs paniers pleins mais ils ne sont pas satisfaits. Selon eux, les prises sont ordinaires, bon marché, 8 000 dongs le kilo, (0,30 euro). Puis ceux qui étaient dévideurs ont sauté à leur tour. Les premiers plongeurs devenus dévideurs, transis de froid à cause du vent assurent leurs camarades avant une nouvelle plongée d'une heure. Et ainsi de suite, soit pour chacun et par nuit un enchaînement de quatre plongées d'une heure entrecoupées de quatre quarts d'une heure sur le pont.

Son heure de pêche terminée, le plongeur remonte, son trajet facilement repérable à la lumière bleutée de sa torche qui monte des profondeurs. Deux de ses camarades attendent qu'il émerge, près de la coque. Ils font descendre une corde pour accrocher le panier de poissons qu'ils hissent sur le bateau. Après avoir jeté ses palmes sur le pont, l'homme grimpe à bord par une petite échelle mobile. Il se débarrasse de son masque, reprend son souffle, crache pour humidifier sa gorge desséchée par l'air chaud du moteur, boit quelques gorgées d'eau. Puis il se couvre la tête d'un bonnet de laine et le cou d'un foulard pour se réchauffer.

Le jeune cuisinier dispose d'une heure entre chaque nouvelle plongée pour empaqueter dans des sacs en plastique le poisson déversé sur le pont. Les sacs seront descendus en soute à la fin de la nuit. La conservation se fait à l'aide de blocs de glace qui doivent tenir pendant le mois de la campagne de pêche. Chaque matin à la proue du bateau, une vieille machine à concasser est activée et le poisson est salé et mis dans la glace. La deuxième équipe a réussi à prendre deux mérous, « cá mú », un gris et un rouge, une holothurie*, un petit homard et un autre petit crustacé rouge, la cigale de mer qu'ils appellent « Ni ». Des prises de choix valant chacune près d'un million de dongs le kilo.

Le bateau chinois est toujours là, phares allumés. Gros problème avec une embarcation apparemment vietnamienne qui nous a croisés de très près à l'avant. Le câble du patron, Lâm, alors en plongée, a été pris par la quille de l'indélicat, mettant en grand danger l'homme entraîné vers l'hélice. Un de ses camarades a dû plonger en catastrophe pour le dégager. Tuấn m'a fait signe de me cacher pour que les pêcheurs de l'autre bateau et que ceux du bateau chinois ne me voient pas. Ce qui m'a obligé à filmer de façon très aléatoire.

Le bateau vietnamien qui nous a dangereusement croisés, reste à proximité et ça m'empêche de sortir sur le pont. Pas un cri, pas un mot d'excuse. Dans ces zones sous contrôle chinois, on ne sait pas qui est qui. On a toujours un doute : ce n'est pas parce qu'un bateau est immatriculé de Quảng Ngãi que ses occupants sont forcément vietnamiens puisque seule la police des mers chinoise est présente dans ces eaux. Tout bateau est potentiellement hostile. Et, en tout cas, même vietnamien un bateau reste un concurrent.

20 mars

La pêche a commencé la veille à 19 heures et se termine ce matin à 4 heures Tout le monde est fatigué. Nous continuons notre périple cap vers le nord-est avant de jeter l'ancre. Le bateau chinois n'est plus là, ni le bateau vietnamien qui nous a causé problème. Pendant que l'équipage dort, je vais trier les photos, les sauvegarder sur l'ordi et le disque dur, charger mes batteries. Avant le départ, j'ai demandé au patron, de prévoir dans la cale une ou deux caches sécurisées et au sec pour y mettre à l'abri les précieuses cartes mémoire chargées de photos et de films, en prévision d'une fouille chinoise. Cap 100° long N-E vers l'atoll de Bombay.

5 heures du matin Lâm prend le relais de Tuấn après une petite collation, les plongeurs dorment, le jour se lève.

11 heures du matin J'ai mangé à 5 heures, 2 bols de riz + poisson + viande de porc. Nous dormons tête bêche à six sur un plancher de bois de 6 m^2. Le jeune « buf-flon » face à moi étend ses jambes et me gratifie le plus naturellement du monde de ses pieds à deux doigts de mon nez. L'idée d'avoir à le subir pendant un mois ne m'enchante pas. Mais « à la guerre comme à la guerre ».

La mer d'un bleu sombre est assez calme. Nous sommes à 10 km des récifs coralliens de Bombay (du nom du navire qui les a cartographiés) qui entourent un lagon profond. Arrivés à trois kilomètres des récifs submergés, on aperçoit déjà trois ou quatre bateaux de pêche chinois, près d'une sorte de tour cylindrique récemment dressée par les Chinois. C'est le phare de Bombay.

21 mars

Le matin On est arrivés. Tout le monde dort sauf le jeune cuistot qui étale les seiches sur le « thúng » (coracle*) de sauvetage. Tuấn est venu me chercher pour le petit-déjeuner. On est allés à l'arrière du bateau et il a préparé une sorte de sauce avec de l'ail, du piment, de l'oignon, de la saumure. Il a fait cuire le riz. Il a fait réchauffer une soupe de courgettes avec du poisson « rouge ». Il m'a montré le fretin à l'arrière du bateau qui attend qu'on lui jette les restes de riz du repas. J'ai des problèmes avec les appareils photo et l'humidité. Je dois trouver un moyen pour les sécher au soleil sur le pont sans les exposer directement aux rayons brûlants.

La mer est calme. Du pont, on distingue très nettement la ligne de partage entre l'eau du lagon, d'un superbe vert émeraude, et l'eau de la mer qui est d'un bleu sombre et profond. À la limite des deux, les vagues d'écume blanche viennent frapper la barrière de corail à peine émergée sur plusieurs kilomètres. On jette l'ancre. Je brûle d'envie de piquer une tête. Le lieu l'aurait mérité et cela m'aurait bien détendu. Les circonstances me l'interdisent : un bateau vietnamien stationne à cent mètres de nous.

12 h 10 A 50 mètres devant, un bateau vietnamien vient croiser. Pas de signe amical, pas une interpellation. On n'est visiblement pas dans la rue ou au marché. Plus loin, trois bateaux chinois dans les eaux vertes du lagon, de l'autre côté de la barrière sombre des récifs. Je n'avais pas remarqué le passage de plusieurs mètres de large dans le cordon corallien qui enserre le lagon, à proximité du phare. D'après la sonde, le fond est à 16 mètres mais on le voit très clairement avec des taches claires qui correspondent au sable et d'autres brunes qui correspondent aux algues. Ce sont ces algues que les six pêcheurs de Lý Sơn « disparus » dans la zone en 2010 étaient venus récolter, juste avant le nouvel an lunaire. Tout le monde dort sauf moi.

17 h 30 Les lumières du bateau sont allumées. On a mangé : riz, morceaux de courgettes, poisson « chình », anguille de mer, que le jeune cuistot avaient mises à sécher sur le pont. Il paraît que c'est bon préparé avec du piment et de la citronnelle. Voire…

Tout à l'heure les pêcheurs jouaient aux échecs, les pieds nus sur les morceaux de poisson.

Une salangane, grosse hirondelle, me passe à 20 centimètres du nez. Un peu comme les pigeons du clocher de la cathédrale Saint-Nazaire qui m'étaient devenus si familiers. Je l'ai prise en photo posée sur le rebord de la cabine. Elle ne me quitte pas. Bien sûr, il y a le phare où elle peut éventuellement s'abriter et se reposer mais, de toute évidence, elle aime bien la compagnie de l'homme. Je viens de réaliser que « Đá chim Én », c'est-à –dire le récif de l'hirondelle, petit atoll entre Đá Lồi que nous avons passé et Bombay où nous sommes, n'est pas si loin. Y a-t-il un rapport ?

Le bateau est à l'ancre et je suis dans mes pensées à la proue. Le moteur tourne tranquillement pour fournir l'électricité aux piles et batteries qui se rechargent pour la nuit à venir. Certains jouent aux échecs sur le pont, sorte de guerre silencieuse ponctuée de claquements secs à chaque prise réalisée sur l'ennemi. D'autres regardent un film guerrier chinois chargé sur leur téléphone portable avant le départ. D'autres, au rez-de-chaussée de la cabine, juste au-dessus de la soute aux machines, regardent ces mêmes sino-navets à la télévision où des sabreurs et sabreuses planent en vociférant de toit en toit, embrochent, taillent et tranchent dans un vacarme assourdissant. Comme une injure à cette immensité paisible qui nous entoure. Soirée magnifique, la mer se ride légèrement, trois dauphins passent non loin de nous. Quelques poissons volants. La violence est dans les échecs, les films chinois, la télé. Dans les boîtes de « Red bull » jetées à l'eau. Ils finiront par pourrir ces coins de beauté sauvage jusqu'à ne plus pouvoir en vivre. Comment leur faire comprendre que la mer est fragile, eux qui la voient infiniment puissante ?

Leur position est très bizarre. D'un côté ils disent que les Chinois sont cruels, qu'ils tabassent, violent, malmènent, qu'ils peuvent tuer sans état d'âme. D'un autre, ils se gavent de leurs films et évoluent dans cette zone de grand danger avec une apparence de déconcertante tranquillité. Bien sûr ils ont des regards circulaires à l'horizon parce qu'ils savent que les bateaux blancs peuvent surgir, mais pas de tension vraiment apparente, pas de fébrilité. Il semble qu'ils aient intégré cette vigilance réflexe à leur quotidien. À côté de notre bateau, une sandale en polyester flotte sur l'eau.

Le phare que les Chinois ont construit sur le rocher émergé commence à clignoter chaque six ou sept secondes. Une tour cylindrique blanche de 18 m de haut et environ 3 m de diamètre. L'édifice se termine par une coursive extérieure surmontée du phare de verre renfermant le projecteur, le tout coiffé par une coupole de couleur rosâtre avec une antenne. C'est un bon repère à proximité des écueils. Mais les Chinois le veulent surtout comme un symbole de propriété et de souveraineté sur le lieu.

Petite discussion sur le pont : un des plongeurs me confie son rêve : s'il n'avait pas deux enfants, il partirait chez un parent américain qui l'hébergerait six mois. Il pourrait économiser 6 000 euros en déchargeant des bateaux sur les docks ou en allant pêcher. Il reviendrait ensuite au pays avec ce pécule pour ouvrir un petit commerce. Ah, ce bon vieux rêve américain ! Je pense à ces « boat people » fuyant le nouveau régime par la mer qui, après les pirates thaïs et les camps de réfugiés, sont arrivés les mains vides sur la côte ouest des États-Unis en espérant gagner leur vie avec ce qu'ils savaient le mieux faire depuis des générations : pêcher. Ils se sont cotisés pour acquérir des bateaux délabrés en payant un citoyen américain pour en être le propriétaire factice car la loi leur interdisait cette propriété. Ils ont trimé dans ces eaux froides à pêcher la morue de roche, la crevette, l'anguille de mer… Certains y laissant leur vie. Le brave plongeur qui se confie à moi, sait-il que les pêcheurs américains qui les voient comme des concurrents illégaux peuvent être aussi féroces que la marine de guerre chinoise? Sait-il que dans les années 70 ses compatriotes, appelés « parasites », « Vietcongs infiltrés » par ces pêcheurs locaux du golfe du Texas ont été harcelés, menacés de mort, leurs bateaux incendiés par le Klu klux Klan[2] ?

Mais revenons en mer de l'Est. Mes amis plongeurs pensent que le danger ne vient pas des bateaux de pêche chinois mais des bateaux militaires chinois. Voire… Pour avoir suivi quasi quotidiennement le comportement des bateaux chinois par des articles de presse, en mer de Chine orientale, en mer de Corée et en mer du Sud-Est asiatique il apparaît que Pékin a élaboré tout un arsenal diversifié et agressif de navires pour mener à bien sa politique d'expansion maritime. Il y a bien sûr les navires de guerre puis ces bâtiments blancs « China coast guards » avec leur numéro d'immatriculation, qui chassent en permanence dans l'archipel. Ils se croisent avec leurs compères de l'administration des pêches, tous lourdement et visiblement armés. Mais il y a aussi ceux de la « marine populaire », civils d'apparence mais en fait militaires, équipés et entraînés pour la surveillance, le renseignement et, si nécessaire, l'affrontement. Enfin beaucoup de heurts entre bateaux de pêche dans les différentes mers citées plus haut attestent que les équipages chinois ont fait usage d'armes à feu. Trois pêcheurs de notre bateau dont le maître d'équipage, l'ont personnellement vécu à une vingtaine de kilomètres d'ici, il y a un an. Ils ignorent que je suis au courant. Le hasard fait bien les choses. En septembre 2017, après que j'ai manifesté mon intention d'embarquer pour les Paracels avec un équipage de pêcheurs, Tuấn m'avait été présenté par une veuve de pêcheur à l'occasion d'une action humanitaire de mon association. Le temps d'un café, nous avions échangé sur mon projet. Il était un peu surpris par les questions précises que je posais quant à l'itinéraire de pêche mais je sentais bien qu'il ne prenait pas entièrement au sérieux la décision téméraire et insolite de ce vieux Français de 71 ans de s'embarquer pour un mois dans la zone. Il me donna tout de même son accord sur le principe. S'il ne mesurait pas la force de ma détermination, il ignorait aussi que de mon côté je savais qui il était. Il ne soupçonnait pas que je suivais depuis des années les événements survenus en mer dans la zone des archipels et que j'avais archivé un article le concernant, paru sur le journal *Tuổi Trẻ* du 18 juin 2016. L'article, photos et clips vidéo à l'appui, avait particulièrement attiré mon attention. Il relatait l'agression dont le bateau de Tuấn avait été victime le 16 juin de la part d'un bâtiment des gardes-côtes chinois. Course poursuite de plusieurs heures, impact latéral, cabine défoncée, déchiquetée, coque à deux doigts d'être percée. Les circonstances tout à fait fortuites de notre rencontre m'ont conforté dans la certitude que j'étais tombé sur le bon personnage, certainement le bon équipage, de la trempe de ceux qui ne cèdent pas.

Nous voici dans la zone où s'est produite l'agression quelques mois auparavant. L'île de Phú Lâm, base militaire chinoise la plus importante de l'archipel, ne se trouve qu'à 120 km au nord. L'île de Lincoln, elle aussi est militarisée. Elles servent de base

2. Voir « The fishermen and the Dragon » de Kirk Wallace Johnson. Edition Viking

aux bateaux de l'administration des pêches et de la marine de guerre chinoise qui écument la zone. Elles sont aussi des points de ravitaillement pour les bateaux de pêche chinois qui ratissent souvent en groupe et dont les équipages sont fréquemment armés.

8 h 30 Un hélicoptère chinois nous a survolés. Il est passé à une centaine de mètres juste au-dessus du bateau. Je suis vite rentré dans la cabine. L'épisode me ramène près de cinquante ans en arrière, en décembre 1969, dans un bateau de pêche plus petit que j'avais emprunté comme passager clandestin pour relier en quatre jours Đà Nẵng à Saïgon. Des hélicoptères américains nous survolaient quelquefois à quelques dizaines de mètres et l'un d'entre eux, au large de Nha Trang, avait joué avec nous en descendant à la verticale pour nous secouer violemment du souffle de ses palles. Les deux situations à cinquante ans d'intervalle sont assez singulières. Jerry n'a pas changé, il est toujours chassé. Tom a toujours ses griffes mais a changé de langue.

Je n'ai pas eu le temps de fixer le téléobjectif sur l'appareil. J'aurais dû prendre la photo avec l'objectif normal. Mais il aurait fallu que je sorte de la cabine au risque très probable de me dévoiler. Que nous serait-il arrivé alors ? Que serait-il arrivé au bateau ? À l'équipage ? C'est un des grands regrets de photo manquée que je garderai de l'équipée. Les pêcheurs m'ont remercié pour mon contrôle mais je garde de l'épisode un sentiment partagé entre défaillance et regret. L'hélicoptère passé, le calme est impressionnant.

13 h 15 Nous avons des ennuis de moteur et donc d'électricité. Lâm, les mains dans le cambouis, se démène dans la cale des machines et Tuấn, dans la cabine fait écho à ses questions. Finalement nous levons l'ancre. Un peu de tension. Nous mettons le cap à l'ouest sur une plage de sable immergée qui s'appelle Bãi Châu Nhai (Bremen bank). Elle est située à environ 30 km de l'île de Bombay, au bord d'un atoll coralien en demicercle.

Le soir Repas sur le pont. Tout le matériel est prêt : palmes, câbles, ceintures plombées. Nous avons parcouru environ 30 km à partir de Bombay et allons atteindre le point de départ de la nouvelle plongée nocturne.

21 h 15 Le filtre de l'objectif 120 s'est dévissé. Il est tombé à la mer avec le cache. Objectif nu. Difficile de faire des photos nettes des plongeurs. Même avec le bidouillage de Lâm, la lumière est insuffisante. À l'horizon, ribambelle lumineuse de bateaux. J'ai trouvé une blatte dans mes affaires. Demain, lessive des vêtements, de moi-même et de l'ordinateur.

Mercredi 22 mars

8 heures ancrés à Bãi Châu Nhai La pêche a été bonne. Tout le monde dort. J'aurais dû amener un flash externe mais le danger est de se faire repérer de loin. Lorsque j'ai demandé l'avis du patron du bateau pour l'utilisation du flash incorporé à l'appareil, il m'a répondu avec flegme que je ne me gêne pas. Il semble que, plus nous approchons de la zone militarisée, plus l'équipage semble sûr de lui. Je me suis rasé. Je suis allé faire mes ablutions. C'est le petit coin en plein air que j'appelle « socialiste » car chacun y défile selon ses besoins. Vous n'y trouverez pas de petit signal rouge, occupé, ou vert, libre : on ne peut pas se méprendre. Une toute petite plateforme de bois à la poupe du bateau avec un pilier de bois où s'agripper en cas de tangage dans la position de déséquilibre arrière au-dessus de l'eau. Intimité garantie dans cette position accroupie on ne peut plus valorisante. Moment de vie quotidien de ces baroudeurs qui n'ont pas le luxe de la pudeur.

Aucun navire en vue. Quelques oiseaux de mer en chasse au ras de l'eau. Hier, sur le pont, avant la plongée, j'ai eu droit aux effusions de Tuấn, le vieux loup de mer peu diseux et grand faiseux, qui m'a serré contre lui avec les yeux embués. Sans un mot. J'ai été surpris. Les jeunes plongeurs ont aussi montré un peu d'émotion. Je n'ai pas bien compris pourquoi mais j'ai senti que j'avais franchi un pas dans leur estime. Est-ce le lieu, proche de l'agression subie quelques mois plus tôt?

Il y a des petits problèmes électriques. Ce matin, ils m'ont réveillé pour que j'aille prendre le petit-déjeuner avec eux. Tuấn communique avec sa femme à Bình Châu par l'intermédiaire de Đà Nẵng. Il a de gros problèmes de réglage après chaque déplacement d'une île à l'autre.

9 h 50 Tuấn couché regarde par sa fenêtre et me dit que le point à l'horizon est un bâtiment de contrôle des pêches chinois. Il est à 7 ou 8 km de nous. Avec de puissantes longues-vues, il peut très bien nous observer. Il faut se préparer à cacher les disques durs externes et les cartes mémoire. J'apprête le téléobjectif en cas d'une éventuelle agression.

10 h 40 Le jeune cuisinier me propose de manger un *mì tôm*, soupe instantanée aux vermicelles. Je refuse mais cinq minutes plus tard, il arrive avec un bol de soupe de poisson fortement épicée. J'apprends que le bateau vu à l'horizon n'était pas militaire mais civil. J'ai prévu de filmer encore du toit de la cabine et je prépare le matériel. À midi, je vais prendre quelques images de leur repas. L'appareil n'a pas l'air de les déranger. Ils gardent leur naturel au point que le cuisinier se mouche bruyamment devant moi à la manière d'un joueur de rugby sur le stade.

15 h 30 Je suis de plus en plus à l'étroit dans la cabine et mon espace se réduit au fur et à mesure que je suis intégré. Ça va être dur quand je serai membre de l'équipage à part entière. Il me reste encore 26 jours. Ils envahissent la cabine. Un étend ses jambes, l'autre ses bras. Nous faisons corps.

Nous remontons de 25° longitude vers le nord-est, vers Bãi Quảng Nghiã, Jehangire Reefs, un ensemble de plages et récifs coraliens immergés qui tire son nom de la province vietnamienne de Quảng Ngãi d'où nous venons. Une preuve supplémentaire que nous sommes bien chez nous. Puis cap sur l'île Lincoln. Nous approchons de la zone militarisée chinoise.

Tuấn a pu communiquer avec sa femme par l'Icom. Aucun bateau à l'horizon, un dauphin à cent mètres de nous. Je feuillette les pages de son cahier secret avec la géolocalisation des lieux de pêche et quelques annotations prises au cours des campagnes précédentes, enrichies de l'expérience présente. C'est un privilège. Il m'autorise à photographier quelques pages. Il m'indique comment nous localiser sur le GPS. Peu à peu, je suis en train de passer avec succès le cap de l'évaluation positive et que je glisse du statut gênant de passager privilégié à celui d'ami digne de confiance. Le cuisinier prépare le poisson rouge pour ce soir. Rien à voir avec celui du bocal.

16 heures On est supposé arriver sur le lieu de pêche distant de 20 km vers 18 h 30. Trois bateaux de pêche à l'horizon. De plus en plus de bateaux apparaissent au fur et à mesure que nous progressons vers l'île Lincoln. À 50 mètres, un mastodonte chinois vient de poser son chalut. Il ne ferait qu'une bouchée de nous s'il le décidait. Tuấn m'appelle pour le repas du soir à l'arrière de la cabine. J'y vais avec un espoir, c'est que cette méchante télé à proximité tombe en panne pour le salut de mes pauvres oreilles. J'ai pitié des bruiteurs chinois, ils doivent finir complètement sourds et débiles. Quelle pollution sonore et visuelle ! Pendant le repas, nous parlons des goûts cinématographiques avec deux ou trois pêcheurs. Ils rient de mes réflexions.

19 h 30 Nous sommes à 6 ou 7 km de l'île Lincoln, la plus orientale de l'archipel. Tout autour de nous il n'y a que des bateaux chinois. Je suis certain que dans chaque tête trottent les images de l'éperonnage subi ici quelques mois plus tôt. Mais l'équipage les a conjurées à sa façon. Et comme pour exorciser les démons, sur le mat dressé à la proue, drapeau vietnamien, ils ont installé un haut-parleur qui diffuse en continue une musique traditionnelle vietnamienne. Le message est on ne peut plus clair : ici c'est chez nous ! Dans ces conditions, personne ne voit d'objection à ce que j'utilise mon flash. Les plongeurs ont commencé à sauter. Je suis monté sur le toit de la cabine et de là je pense faire des photos des sauts et des remontées sur le pont. Les pêcheurs se montrent plus inquiets de me voir chuter que d'une agression chinoise. – « Oncle, oncle, Fais attention de ne pas tomber ! »

20 h 10 Toujours sur le toit de la cabine. Onze bateaux chinois autour de nous. Au large, les lumières de l'île de Lincoln, si près… Nous n'irons pas boire l'eau douce de l'île, ni nous balancer dans un hamac à l'ombre de ses arbres : Pékin nous l'interdit de ses canons.

21 h 40 Ce soir les pêcheurs ont remonté un grand et beau coquillage. Très élégant avec ses excroissances courbées et terminées en pointe comme les frêles doigts d'une danseuse thaï. Les Vietnamiens l'appellent *Bàn Tay* (la main). Le cuistot en a extirpé le malheureux occupant, l'a découpé en morceaux et il m'a proposé un d'entre eux avec de la sauce épicée et quelques tranches de courgette. Comment refuser ? Je vais m'épancher par-dessus bord. Ici c'est l'ordinaire. On passe à côté du pisseur tout à fait naturellement mais en évaluant prudemment le sens et la force du vent.

23 mars

3 heures du matin Tuấn a arrêté la pêche parce que l'eau est trop froide et que physiquement ce n'est pas tenable. Il m'annonce qu'on ne peut pas continuer sur le nord de l'archipel car on ne rencontre plus que des bateaux chinois. Passé l'île de Lincoln, nous toucherions à la base de Phú Lâm, le cœur du dispositif militaire chinois, et tôt ou tard un de leur bâtiment du « contrôle des pêches » finirait bien par nous stopper. Dans le meilleur des cas, ils nous confisqueraient la pêche, surtout les mérous, homards, cigales de mer et, bien sûr, les holothuries*. Tuấn sait de quoi il parle et je comprends pourquoi il ne veut pas trop tenter le diable. J'ai moi-même recueilli des témoignages de pêcheurs de Bình Châu et de Lý Sơn capturés et emprisonnés pendant un mois dans l'île de Phú Lâm. Ils ont été traités comme de vulgaires pirates, bastonnés, entassés dans une pièce au toit de tôle où ils crevaient de chaleur et d'humidité. Avec des rations alimentaires insignifiantes et malsaines, souvent les restes du repas de leurs geôliers. L'eau leur était sévèrement rationnée. Ils avaient finalement été libérés contre de conséquentes rançons payées par leurs familles. Tuấn a beaucoup d'amis qui ont connu ce traitement. Malgré son courage qui n'est pas à prouver, il ne sous-estime pas la force de nuisance et l'organisation de ces pirates d'État. Il a aussi en charge la vie de ses pêcheurs et le sort du bateau et il prend la décision la plus sage.

Nous mettons le cap à 120° au sud-est sur l'archipel de Trung Sa, également revendiqué par l'empire du Milieu – qui revendiquerait même les ours blancs de l'arctique s'il le pouvait – mais que les autres pays considèrent comme faisant partie des eaux internationales. Ce vaste banc de récifs coralliens immergés, du nom du navire britannique qui s'y est échoué, le *Macclesfield*, devient notre prochaine destination.

Pour se consoler de son renoncement à poursuivre vers le nord-ouest, Tuấn s'est confié : depuis des générations ses ancêtres ont pêché dans cet archipel. Lui ça fait 20 ans qu'il a commencé comme pêcheur-plongeur. Il connaît tous les recoins de ces îles, récifs et atolls. Il y a affronté bien des tempêtes. Mais cette fois il a un mauvais pressentiment qui le pousse à changer de cap. Il me dit aussi que par le talkie-walkie des rumeurs circulent parmi les bateaux vietnamiens sur d'imminentes manœuvres militaires, auxquelles les Chinois ont coutume de se livrer dans la zone pour montrer leurs muscles.

Je suis déçu mais il faut bien que je me fasse une raison. Je ne continuerai pas sur les traces du chalutier *De Lanessan*, bâtiment principal de recherches en mer de l'institut océanographique de l'Indochine qui croisait dans ces eaux inhospitalières. Avant mon départ, j'ai lu le rapport sur ses expéditions en 1926 et 1928. Avec son laboratoire intégré, ses cales frigorifiques, il se livrait à des campagnes d'études zoologiques, botaniques et minéralogiques ainsi qu'archéologiques et historiques, sillonnant ces espaces coralliens qu'il préconisait de protéger en interdisant la pêche aux « engins traînants ». Quel siècle de progrès sépare ces méchants colonialistes avec les soi-disant communistes chinois qui raclent les fonds, les vident de leurs poissons, arrachent et broient des massifs entiers de coraux avec leur drague géante, la « Baleine céleste », pour construire des îles artificielles à des fins guerrières !

Et puis, peut-être devant nous n'y a-t-il pas que le danger chinois. En témoigne ce passage écrit en 1698 par un des passagers de l'*Amphitrite*, frégate qui a donné son nom au groupe d'îles et récifs de ce nord-ouest des Paracels, que Tuấn renonce d'affronter : « Le banc de rochers sur lequel nous étions se nomme le Paracel et a plus de cent lieues de long… On voit distinctement de tous côtés d'affreux rochers sous le vaisseau. On sonde et l'on ne trouve que cinq ou six brasses. La mer blanchissait et brisait devant nous et un assez gros grain se formait à l'arrière. Que faire pour le coup ? Il n'y eut personne qui ne se crût perdu sans ressources. On rebroussa chemin le mieux qu'on put et le plus vite. Comme le fond était inégal, on n'attendait plus que le moment où le vaisseau rencontrant un rocher plus gros et plus élevé que les autres, irait donner dessus avec furie et se casserait comme un verre… Quelque brave qu'on soit, pour ne pas s'effrayer, il faut alors un cœur ou de bronze ou d'acier… » L'homme était un artiste peintre émotif et le navire arriva en Chine avec ses pères jésuites. Mais il est vrai que cette zone de l'*Amphitrite* est particulièrement périlleuse, confirmation par Tuấn qui la connaît bien, mais en cette année 2017, il y a plus dangereux. Lâm l'assure : « Les obstacles physiques, on peut les contourner, les obstacles climatiques, on peut les prévoir et s'y préparer mais les Chinois, on ne peut pas leur échapper, on ne peut pas leur résister. Quand ils décident de nous prendre en chasse avec leurs bâtiments de guerre, on ne tient que quelques heures avant la destruction, les tabassages et le pillage ». C'est bien de cela que je voudrais être témoin. Mais il faut être raisonnable : on ne peut pas ainsi attirer la malédiction sur ses innocents voisins.

J'ai passé des mois à répertorier ces agressions. La plupart des informations sont de sources très officielles comme les rapports du poste 328 des gardes-frontières et du Comité populaire de district de Lý Sơn. Certaines informations proviennent aussi de journaux officiels vietnamiens (*Tuổi Trẻ, Thanh Niên, Vietnam net, Pháp luật, Dân trí, Sàigòn Tiệp Thị, Lao Động*, et de la BBC…). Ces statistiques sont cependant incomplètes car les informations, jugées « sensibles » sont difficiles à obtenir de la part des autorités vietnamiennes et les pêcheurs n'ont pas la liberté, les moyens ni l'organisation pour les communiquer par eux-mêmes. J'ai consigné ce que j'ai pu, de 2002 à 2014, les dates, les numéros d'immatriculation des bateaux agressés, les noms des propriétaires, le nombre de pêcheurs victimes, arrêtés ou détenus, la rançon payée… Plus de 2000 cas en douze ans. Mais ce chiffre est dérisoire comparé à celui que détiennent très confidentiellement les postes des gardes-frontières auxquels les victimes font leur rapport à leur retour de campagne. Si chaque agression par les bâtiments chinois, pudiquement appelés « bateaux étrangers » (*tàu lạ*) paraît furtivement ici et là dans la presse, car elle est impossible à dissimuler aux victimes elles-mêmes, elle n'a jamais fait jusqu'ici l'objet de statistiques officielles encore moins de stèles commémoratives et jusqu'à ce jour elle n'a pas incité les autorités à prendre des mesures de protection ou de prévention. Elles se contentent de protester de façon tout à fait symbolique, d'inciter les pêcheurs à « coller à la mer » dans cette zone à très hauts risques en leur disant : vous défendez la souveraineté du Vietnam, protégez-vous vous-mêmes, sortez groupés. Sous-entendu : mais nous, les gardes-frontières, la marine, l'aviation, c'est-à-dire les forces armées sensées défendre les citoyens vietnamiens dans l'espace souverain du Vietnam, nous resterons à terre en spectateurs indignés. Alors, la chanson des veuves de Lý Sơn et de Bình Châu est toujours dans les têtes depuis le temps des seigneurs Nguyễn, quatre siècles auparavant : « Hoàng Sa, anh đã đi nhưng không thấy về », « Dans les Paracels, tu es parti mais n'es pas revenu ».

Nous suivons notre nouveau cap, et croisons un cargo au loin. J'ai lu des récits de plusieurs incidents sur cette zone, y compris des collisions accidentelles, souvent survenues de nuit, entre bateaux de pêcheurs et cargos dans leur route nord-sud vers la Corée, Taïwan, la Chine et le Japon ou en sens contraire vers l'océan Indien par le détroit de Malacca.

Mon intégration se poursuit tandis que chaque geste devient un problème quand la mer s'agite. Seize hommes dans 12 m^2 sur un plancher de bois patiné par des milliers de frottements de pieds et de mains, hyper-glissant et dans une cabine qui bringuebale. Ça me rappelle un manège de mon enfance où le jeu consistait à résister le plus longtemps possible à la force centrifuge qui vous éjectait d'une plateforme glissante. Comment arrimer ses affaires en l'absence de porte-manteau ? comment se stabiliser sans poignée pour se tenir ? où ranger et retrouver ses lunettes, son ordi ? comment taper sur la bonne touche du clavier au bon timing de la vague alors qu'on vous enjambe, qu'on vous bouscule sans prévenir ? Il faut s'adapter, si possible avec naturel en évitant de laisser paraître toute contrariété qui serait signe de faiblesse.

Les vagues venues du nord-est sont assez hautes (2,5 m). À poil pour la première douche après six jours de navigation. Tâm m'a apporté une brosse à dents et pendant que je l'essaye, il s'accroupit à deux mètres de moi sur la petite plate-forme de bois et fait mignonnement son petit caca.

25 mars

10h45 Réveil et toilette à 6h40. Aucun bateau à l'horizon. Le « petit coin socialiste » a déjà son occupant, plongé dans ses pensées matutinales. À 1,50 m de lui le cuistot dévide son fil de crin pour pêcher à la traîne... La mer donne des signes de bougeotte. Pas d'ablution à l'indienne ce matin, le perchoir étant occupé je grimpe sur le petit parapet pour soulager ma vessie. Par bonheur, les poissons volants ne sont pas carnivores.

Depuis que nous sommes dans cette zone, où les récifs sont entièrement immergés, j'ai du mal à localiser les points de pêche car le GPS ne donne plus que des lettres et des chiffres. L'écran affiche 15°52 de latitude nord, 113°58 de longitude est. Je contrôle les photos. Je note les noms vietnamiens des poissons capturés. Je devrai trouver leur équivalent français mais ce n'est pas évident car je suppose que certains sont endémiques. Que les ichtyologues veuillent bien me pardonner si j'y ai perdu leur latin.

Je tombe sur Sơn, la seringue à la main, près de la boîte à pharmacie et il me dit: « J'ai du mal à palmer et je suis fatigué alors je me pique pour me donner du tonus ». Je reviens sur le pont. Un autre jeune, allongé à plat ventre se fait piquer dans la fesse. Il me dit qu'il a les jambes « fatiguées ». Ça fait déjà trois sur quinze qui utilisent ce même médicament, je prends les boîtes en photo. C'est du « Rovit H 5000 » (complément vitaminé) et du « Cerebrolysin 5 ml » (neuropeptide), ampoules pour injection intramusculaire profonde. À peine six jours depuis notre départ et déjà les premiers dégâts physiques.

Sacrée vie! Je pense à ce que m'avait soutenu l'ambassadeur du Vietnam à Paris: « – Pourquoi tu te fais du souci pour les pêcheurs du Quảng Ngãi? Certains sont très riches! » Peut-être, mais la misère de la grande majorité, leurs galères quotidiennes, la santé et l'espérance de vie hypothéquées ne semblent pas préoccuper la plupart des hauts dirigeants.

19 heures Problème de lumière du pont. On pêche au même endroit qu'hier soir sur le plateau continental de Trung Sa, qui signifie littéralement en vietnamien « les sables du milieu ». Ce plateau corallien se situe « au milieu » (Trung Sa) entre les Paracels (Hoàng Sa) à l'ouest et les Pratas (Đông Sa) au nord-est, presque à mi-chemin entre Đà Nẵng et Manille.

20h45 La pêche n'est pas très bonne. La petite lampe verte ne clignote pas souvent. Mauvais choix du maître d'équipage? Pas de chance? Changement de temps? Dans deux ou trois jours, il est prévu des vents de force 7/8/9. Aux dires des pêcheurs, ça devrait secouer sérieusement le maximum étant de 12, vent de tempête. Quand nous avions choisi la période de ma participation à une campagne de pêche, Tuấn m'avait conseillé le mois de mars. Malicieusement il m'avait cité le dicton « Tháng ba, bà già đi biển » c'est-à-dire: « En mars, même une vieille femme peut prendre la mer ». Ce qui me reléguait aimablement au rang des vieilles femmes. La suite de l'aventure m'a permis de montrer à Tuấn qu'il fallait prendre un peu de recul avec les dictons.

Ce soir, un jeune est venu me chercher pour papoter en attendant la plongée. Il paraît qu'ils sont allés pêcher jusqu'en France et que la police française les a arrêtés et les a chassés après avoir coupé leurs câbles. Ils me racontent les eaux poissonneuses et pleines de requins contrairement à ici. J'ai mis un moment à réaliser que la France dont ils parlent est la Nouvelle Calédonie. J'ai lu et entendu des histoires de pêcheurs de Bình Châu ou Lý Sơn qui, découragés par les agressions chinoises, ont tenté leur chance dans des eaux plus lointaines. L'aventure s'est souvent soldée par des agressions de la part des pêcheurs autochtones qui protégeaient leur gagne-pain, des emprisonnements, des bateaux détruits. Et de retour au Vietnam ils ont dû payer des amendes conséquentes avec suspension du permis de pêcher. Certains malheureux sont même revenus au pays natal salés et conservés dans la glace comme des poissons, afin que la famille puisse procéder à leurs obsèques. Lâm a frisé la correctionnelle trois ans plus tôt dans les eaux de Malaisie. Il a purgé deux mois de détention et a perdu son bateau, incendié par les autorités locales. Il me montre en riant le tatouage sur son bras gauche : « Palau 05-11-2014 ». Lieu et date de son incarcération.

Pendant que nous parlons, la première équipe de plongeurs a terminé sa séquence et remonte. C'est au tour de la deuxième équipe. Il en restera deux.

Je suis en train de réfléchir à la position que j'occupe en prévision de la tempête annoncée. Je suis vraiment au bord de la cabine et derrière une ouverture en bois. Si ça tape fort, la protection du sac contenant les appareils et l'ordinateur portable n'est pas évidente. Il faudra que je me cale mais il n'y a aucune prise, aucune poignée. Avec l'artiste que j'ai en face de moi et son jeu de pieds aussi violent qu'imprévisible, c'est le rock-and-roll assuré. En ce moment il est très fatigué et ne plonge pas. Aux dernières nouvelles, il serait victime d'un mal de décompression à l'épaule depuis deux jours. Il se shoote aux piqûres et se bourre de comprimés dont j'ignore la composition.

22 h 45 Troisième plongée. Ils ont sorti un énorme poisson qu'ils avaient du mal à tenir à trois. Il a dû falloir plusieurs décharges électriques pour l'immobiliser et une belle énergie pour le remonter à la surface avant qu'il ne reprenne conscience. Je me ferai dire le nom. Quelques homards, holothuries. Ce n'est pas la pêche d'hier, mais ce n'est pas la misère non plus. J'ai réussi une photo de plongeurs volants. Enfin ! Je la trouve superbe. J'ai déjà de quoi faire une petite expo. Il faut que je m'attèle au film, mais je n'ai pas de torche pour filmer la nuit et le jour, tout le monde dort. Tous sont physiquement atteints, mais dans une bonhomie, une tranquillité surprenante.

26 mars

0 h 15 Nous sommes passés du 25 au 26. Je viens de manger un *mì tôm*, soupe de nouilles de blé aux crevettes, préparée par les jeunes qui font un break rapide entre deux plongées pour prendre des forces et un peu de chaleur parce qu'ils ont encore deux plongées à faire, les pauvrets. Du poisson, une bonne sauce à la moutarde, je crois que je vais encore tenir le coup jusqu'à la plongée suivante avant de plonger moi-même dans un sommeil profond parce que j'ai réussi deux autres photos de plongeurs. J'ai encore du boulot à filmer Tuấn et son pilotage, les cuisiniers, les repas communs. Et en réfléchissant j'observe la petite lampe verte. Le fond n'est pas accidenté, il est régulier, sans failles. L'image donnée sur l'écran du bathymètre le montre.

14 h 30 Toujours ancrés dans la zone de Trung Sa. J'ai gardé la notice de ces « vitamines » qu'ils s'injectent. Elles sont produites en Chine. Le jeune qui vient de se faire piquer dans la fesse sur le pont par Lâm m'a dit le faire tous les dix jours. La notice de l'un des produits indique qu'il peut accélérer la formation de cellules cancéreuses.

Je pense qu'on va encore pêcher là ce soir. À côté de nous à 500 mètres, un énorme chalutier philippin. Depuis deux jours, on n'a pas vu un seul paquebot.

15 heures Tuấn est en train de parler à Tiến le pêcheur, sur le continent, par l'Icom. Tiến s'inquiète de mon sort et je lui dis « Yên Tâm » (soit tranquille).

Comme je suis à côté de la caisse à pharmacie, j'assiste au défilé pour les vitamines, contre les dermatites, le rhume, la plupart ont pris froid et toussent.

Je vais faire indiquer notre position sur la carte. Il est exactement 15h05. Le moteur s'allume, on va pouvoir brancher les appareils électriques, batteries, lampes étanches etc. Car le moteur en repos, nous sommes privés d'électricité depuis 5 heures du mat.

17h55 On vient de lever l'ancre. J'ai eu une discussion intéressante avec les jeunes sur les questions de société, la violence, la loi, la situation des femmes, le divorce… C'est la première fois qu'on a ce genre de discussion. Ils sont conservateurs. Sur Hồ Chí Minh, unanimement respecté, on s'accorde à dire que le régime utilise son image pour faire le contraire des valeurs qu'il proposait. Sur le pont avant le coucher du soleil, c'est l'heure des confidences, du coucher du soleil, des papiers votifs et de l'encens offert à la mer. Maintenant tout le monde s'affaire. Le premier quart a mis sa tenue. Je me suis fait expliquer le fonctionnement de la canne électrique. Il y a simplement une gâchette. Il suffit de toucher le poisson qui est paralysé pendant une minute avant qu'il reparte si on ne l'a pas attrapé. Quelquefois, il faut y revenir deux ou trois fois s'il est trop gros. C'est pour ça qu'on voit la lampe verte s'allumer à répétition quand il s'agit de gros poissons. Ils m'ont dit qu'il n'y avait pas de danger pour l'homme car la décharge est très faible.

Tuấn a repris sa danse frénétique de la porte droite à la porte gauche en passant par de grands coups de timon au milieu et de grands coups de gueule aux dévideurs pour qu'ils ramènent leur plongeur qui dévie de la route. Danh est à la proue et fait signe de la main à Tuấn pour qu'il ajuste le cap et la vitesse. La petite lampe verte ne s'affole pas. Tâm a du souci car les plongeurs sont de chaque côté du bateau. Un œil à la boussole pour le cap. Beaucoup moins de lumières à l'horizon qu'hier. Demain on annonce un vent de force 5/6 qui va durer deux jours. Les jeunes m'ont dit qu'avec cette force, vagues de trois à quatre mètres, on ne pêche pas. Soudainement, les impulsions marquées par la lampe verte se succèdent très rapidement : le poisson est gros.

Roulis très fort. Les plongeurs m'ont dit que ça ne provoquait pas de pollution visuelle au fond. Tangage qui s'accentue. Haut et creux ! Je crains toujours qu'un bateau sans lumière dans la nuit noire se trouve sur notre trajectoire. On est à 300 miles nautiques de la côte vietnamienne : 540 km. Ce n'est que la septième nuit. Il en reste 25.

Un bateau devant et un derrière. Yan arrive. Il fait un tour. Il est dévideur et va plonger tout à l'heure. Il a ramené un gobelet en plastique avec son thé qu'il sirote, en même temps il marche comme un singe sur le pont. Bien que ça roule et que ça tangue, il n'est pas tombé une fois. Ces jeunes sont des acrobates, ils s'assoient sur le parapet qui fait 20 cm de large, ils se brossent les dents, ils enjambent. Je n'en ai pas vu un tomber tandis que moi j'ai du mal à rester stable dans la cabine. Même le lourdaud en face de moi a une agilité incroyable pour se déplacer. Très félins. Lâm est venu s'abriter dans la cabine et brûler une baguette d'encens devant l'autel.

21 h 15 J'ai raté les photos car j'avais laissé l'appareil sur la fonction caméra.

21 h 30 La plongée se situe entre 32 et 27 mètres de fond. C'est la profondeur moyenne du plateau corallien en dessous de nous. Ici les fonds sont très fissurés. Tuấn accélère pour rattraper les plongeurs. Apparemment ce sont les plongeurs qui précèdent et le bateau qui suit. Au fond, l'oxygénation n'est pas idéale par cette durite d'air venant du moteur et pendant une heure, ils vont palmer sans discontinuer. Les cuisses et les mollets sont saturés d'acide lactique. C'est la raison de leurs injections à la prescription douteuse. Hier, Sơn m'a confié qu'il se sentait mal, qu'il avait subi la pression de l'eau. Et quand je lui ai demandé pourquoi il replongeait : « Quand je plonge ça me soulage parce que quand je redescends et reprends la pression, je me sens mieux ». Cercle vicieux de l'épuisement et des traumatismes.

Avant de plonger, Dược m'a expliqué l'utilisation du panier-nasse. La partie plastique supérieure c'est un peu comme un entonnoir. Cette partie dure faite de lamelles mobiles permet de pousser le poisson à l'intérieur de la nasse mais elle reprend sa forme plate de couvercle pour fermer l'orifice et empêcher le passage en sens inverse. La nasse est fermée à l'autre extrémité avec une corde qui coulisse et qu'on peut défaire pour déverser le poisson une fois sur le pont après la plongée. L'utilisation est facile sauf dans le cas de très gros poissons dont la tête dépasse la circonférence de l'entrée de la nasse. Ils doivent être remontés à la main avec une corde passée par la bouche et les branchies. La durée de paralysie de tels poissons étant d'une à deux minutes au bout desquelles ils reprennent leurs esprits et leur vigueur, il ne faut pas traîner car dans l'eau, leur puissance de résistance est considérable. Ça bouge beaucoup. Tuấn m'a prévenu : « Attention au vent, petit oncle ! Fais bien attention quand tu sors de la cabine ! » J'assure mes appuis. Jusque-là ça va.

23 h 15 Le fond est à 40 mètres avec des failles. Tuấn a libéré les gaz et la lampe verte est déconnectée. Je pense que c'est un signal pour informer les plongeurs que la descente est au maximum. Pas d'affolement. Lâm est à la proue et indique du bras la direction à Tuấn. Il ne semble pas y avoir d'anomalie notoire, mais il vient d'éteindre la sonde. Plongée interrompue. Les plongeurs sont remontés et on file à grande vitesse. Ils ajustent les combinaisons, nettoie leurs masques. Ils crachent beaucoup en remontant, se rincent à l'eau de mer avec ce tube narghilé à la bouche qu'ils mordent pour respirer. Je trouve qu'ils ne boivent pas assez.

On se rapproche d'un point géographique répertorié en vert. Pas de nom, simplement des lettres et des chiffres. Un nom général : Trung Sa et les coordonnées. Tuấn ne consulte pas de cahier, il marque directement. La sonde réactivée indique 25 mètres, la profondeur habituelle. Je ne sors pas encore parce que le vent chargé d'embruns tape et j'ai peur d'éclabousser l'appareil. On m'invite à manger du *mì tôm* à l'arrière. Je pisse sur le trajet en me tenant aux courroies qui pendent latéralement du toit de la cabine. Que d'eau !

27 mars

0 h 15 Je suis dans le cirage. Après le repas, *mì tôm*, poisson sauce moutarde, réveillon. Une équipe vient de sauter à l'eau. Le bateau avance à 900 m/heure environ.

Beaucoup de poissons mais de taille moyenne. « Pourquoi tu ne dors pas ? » me demande Tuấn. Une murène, *cá chình biển*. Elle est grosse et se défend. Le petit mousse l'achève à la barre.

29 mars

8 h 45 J'ai eu des problèmes avec l'enregistreur. La carte était pleine et je croyais que les piles étaient défectueuses. Je suis sorti de la cabine pour ne pas réveiller les plongeurs fraîchement endormis. Je suis sur le pont. Ça ballote. Tuấn a fait sa toilette à l'eau de mer, puis sa lessive en l'essorant avec les pieds. Tiến, qui se loue parfois pour des plongées en eaux profondes, est venu chercher des médicaments contre le mal de gorge. Je lui ai donné du Doliprane. J'ai vidé la carte de l'enregistreur de son et aussi les photos sur la mémoire externe. Je serai juste en nombre de cartes.

En regardant les clichés, je réfléchis au travail de chacun sur le bateau. Tuấn, en tant que maître d'équipage, a un rôle clé. Il détermine l'itinéraire avec les points de pêche. S'il choisit mal, la pêche est mauvaise et on peut le lui reprocher. Il est responsable de l'entretien général du bateau et fait l'électricien et le mécanicien. Il doit réparer y compris les cordages endommagés, comme celui de l'ancre qu'il a rafistolé en reconstituant les tresses de la corde. Il pilote toute la nuit et orchestre les déplacements des plongeurs, le guidage des dévideurs. À 5 heures du matin, il concasse, sale, descend dans la soute pour stocker le poisson. Il protège les câbles le jour, il nettoie la cabine. Il écoute la météo, communique par l'Icom. C'est incroyable la vitalité de ce bonhomme de 51 ans. C'est vraiment le maître de l'équipage. Je vais faire ma toilette. Aujourd'hui je ne me rase pas. La météo annonce toujours des vents forts.

29 mars

10 heures Tout le monde dort. Chacun sur le bateau a une tâche bien précise.

Le moussaillon : Hậu, c'est le plus jeune 23/24 ans. Il est chargé de la cuisine et met de côté un certain nombre de poissons, dont les seiches. Il les met sur le coracle à sécher. C'est lui qui les cuisine. En général il fait cuire le riz. Mais selon les quarts, chacun participe. Certains, au gré d'un petit creux ou de la fringale du moment, vont se faire une soupe, un poisson, se préparer une sauce. Toute la nuit, à chaque retour des plongeurs, Hậu hisse à bord les nasses pleines de poissons, il aide à dévider les câbles. Il vide les nasses sur la partie gauche du pont, étale les poissons, les trie, les met dans des sacs en plastique ou des cagettes selon leur valeur et leur grosseur. Les homards, les holothuries*, oreilles de mer et autres crustacés iront dans une soute spéciale contenant de l'eau de mer, compartimentée pour accueillir chaque espèce, afin de les ramener au port vivantes pour y être vendues. Il aiguise les couteaux pour découper les poissons. Il dispose les fils de crin à l'arrière du bateau avec une amorce pour pêcher à la traîne. Il aide à stocker les poissons en soute. À partir de 4 heures du matin, il est très actif quand les plongeurs affamés vont avaler le repas qu'il a préparé. Il aide à concasser la glace. Il sale. Un travail énorme.

Les plongeurs **:** Essentiellement, c'est la traque et la capture du poisson. Même en mettant des gants pour se protéger, l'extrémité de leurs doigts est entaillée au contact des coraux. Ils doivent veiller à l'entretien des câbles, à la charge des lampes, signaler les anomalies mécaniques ou électriques. Improviser la popote pour un petit creux entre les plongées. Pour la vaisselle pas de tour de rôle mais chacun s'y colle naturellement. Ils doivent se préoccuper de leur santé mutuelle, de leur sommeil car la pêche est l'affaire du collectif et si un élément de ce collectif fait défaut, la pêche, c'est-à-dire le revenu à se partager, est moins important. Lâm, le patron du bateau est aussi plongeur. Il fait office de mécanicien. Il assiste le maître d'équipage et a la responsabilité de l'organisation du groupe et de sa cohésion. C'est lui qui aide à régler d'éventuels problèmes de conflit. Pas d'attitude autoritaire mais respecté et écouté. Il seconde Tuấn pour le pilotage. Il y a aussi les devoirs spirituels dont on ne parle pas mais qu'on sent très présents.

Croyances et superstitions

Juste à côté de l'autel de la dame protectrice je suis aux premières loges pour observer offrandes d'encens et d'autres objets. Je reconnais la dame à la robe bariolée pour l'avoir vue dans un temple du 5e arrondissement d'Hồ Chí Minh-Ville. C'est la « Dame céleste ». Pas celle de Huế, fièrement dressée au bord de la rivière des Parfums pour le culte du bouddha, mais une dame chinoise protectrice des marins et des pêcheurs. Il y a des siècles elle était censée protéger les premiers immigrés chinois qui prenaient la mer pour s'établir au Vietnam. Depuis, elle a été en quelque sorte vietnamisée, elle protège désormais les pêcheurs vietnamiens, y compris contre les agressions chinoises ! En cas de rencontre malheureuse, lesquels protégera-t-elle ? Jusqu'ici l'expérience a hélas montré que c'est toujours les Chinois… Sur les 15 membres d'équipage, seulement 4 ou 5 sont venus brûler des baguettes d'encens devant elle, à côté de l'endroit où je dors. C'est peu. Mais chaque soir avant la nuit de pêche, le cérémonial est immuable : à la proue du bateau, Tuấn, pantalon long et chemise propre, offre à la mer des baguettes d'encens et se penche par-dessus le petit parapet pour laisser échapper des dizaines de papiers votifs qui flottent un instant dans notre sillage.

Le petit coracle de sauvetage s'appelle « Thiên », ce qui veut dire ciel. Sur sa coque en fibre de verre, il porte aussi l'inscription « Văn minh », c'est-à-dire « civilisation » avec le numéro d'immatriculation qui l'officialise. Heureusement, jusqu'ici, il ne nous a servi qu'à faire sécher les seiches.

Depuis des siècles, dans ces espaces de typhons où la mousson orchestre les tempêtes et où les récifs émergent des flots selon la marée, la mer a pris beaucoup de vies. Des équipages ont disparu avec leurs bateaux sans jamais laisser de trace. Alors, en remerciement pour la mer nourricière et en résistance à la mer prédatrice, les populations ont tissé avec elle des liens particuliers, intimes qui s'expriment par des rites, des cérémonies qui rythment leur vie.

13 h 20 Tuấn est venu me chercher pour le repas. Le cuistot ébouillante des coquillages pour en extraire l'habitant, le découper en pièces et me les mettre dans le bol, d'autorité. J'aurais préféré une soupe aux vermicelles… J'ai bien arrosé de sauce et j'ai avalé mes protéines caoutchouteuses. Puis Tuấn est descendu dans la cale du moteur contiguë à l'espace cuisine. Le vétéran américain de 450 chevaux aux tuyaux rouillés fait l'objet de beaucoup de soins. De sa vigueur et de sa longévité dépend le succès de la pêche en même temps que le sort de l'équipage. Il doit travailler sans discontinuer de 15 heures l'après-midi à 5 heures du matin, le temps du déplacement vers le nouveau point de pêche et pendant la durée de la plongée nocturne. Puis, à 5 heures, repos. Le bateau est à l'ancre et le moteur coupé. Tuấn m'a montré le compresseur pour alimenter les pêcheurs en air. Lui aussi n'a pas le droit de défaillir. L'air est pris de la soute, bien chaud et déjà pollué par les gaz du moteur quand il arrive dans la bouche et les poumons des plongeurs par une durite ou narghilé. En cas de panne, si le moteur s'arrête de façon inattendue, l'air n'arrive plus aux pêcheurs qui sont au fond. Pour leur sécurité ils m'ont dit qu'ils devaient respecter un palier minimum de décompression de cinq minutes pour chaque dix mètres de remontée. Quelquefois, en raison d'accidents mécaniques ou d'agresseurs extérieurs, ils sont obligés de remonter beaucoup trop vite avec un réel danger d'accident cérébral, médullaire. Hémiplégies, quadriplégies ou même décès ne sont pas rares à Lý Sơn ou Bình Châu.

Bien sûr, pas de caisson de décompression sur le bateau ou dans le voisinage. Apparemment, aucun des plongeurs n'a été informé d'une possible et nécessaire formation à ce sujet. Je me souviens, dans l'île de Lý Sơn, de ce cortège funèbre qui remontait de la plaine, à travers les champs de maïs, vers le petit cimetière accroché à la colline. Le jeune homme n'avait que 22 ans. Dans cette île de pêcheurs ainsi que dans les petits villages voisins sur la côte, quatre à cinq familles par an sont touchées par de tels accidents. Nombreux sont ceux qui en gardent des séquelles à vie comme mon ami Tiến le pêcheur. À tel point qu'une association française, l'AFEPS (Association francophone d'éducation et promotion de la santé), a proposé ses services pour former bénévolement les pêcheurs et leur fournir gratuitement du matériel afin de parer à ces accidents. Mais il ne semble pas que les autorités, par qui toute initiative doit passer, soient disposées à prendre la question vraiment au sérieux et aider efficacement le travail des bénévoles de cette association.

Au-dessus du moteur, il y a un plancher et entre ce plancher et celui de la cabine les 1,20 m d'espace sont bourrés de sacs de *mì tôm* et de riz, de caisses, de sacs... Les aliments les plus difficiles à conserver sont stockés en soute aux poissons avec de la glace. Celle-ci fait preuve d'une longévité exceptionnelle d'autant que chaque matin les pêcheurs ouvrent et ferment les couvercles pour ranger le poisson. La glace épuisée, il faudra rentrer au risque de perdre toute la pêche.

Déjà plus d'une semaine d'agitation et la météo nous annonce trois prochains jours de mauvais temps. Où que l'on se tourne, le ciel est couvert de nuages et la mer prend des reflets gris acier. Le paysage est bien morne : les seiches aplaties sur le coracle bleu restent humides.

À 15 heures quand il y aura de l'électricité, je vais leur rappeler qu'ils contactent Tiến pour qu'il passe un coup de fil à Nguyên Ngọc et j'espère que Nguyên Ngọc préviendra Annie. J'ai un petit moment de blues, beaucoup d'interrogations dans ma tête sur ma mère, ses soucis, les difficultés qu'elle peut faire à Annie... Je redoutais ce long isolement en mer pour cette raison... J'espère que ça va bien se passer pour ceux que j'ai laissés à terre. Autre problème, les dix jours supplémentaires à Quảng Ngãi que me demande Tiến à mon retour et je ne peux pas refuser parce qu'il a pris des risques. Je comprends pourquoi ces dix jours. Si jamais ils ont un problème avec les gardes-frontières de Quảng Ngãi, je serai là tout de suite pour désamorcer l'affaire. Comme je l'ai fait la fois précédente. Donc, dix jours de plus, ça me fera retarder la date de départ mais je dois bien ça à Tiến et ses compagnons. De retour sur la terre ferme, je dois aller tout de suite à Quảng Ngãi pour prendre une chambre une nuit, me doucher et donner mon linge à laver. De là je vais aller d'une traite à Đà Nẵng chercher ma valise chez Nguyên Ngọc et je passerai chez Mme Minh pour rassurer son fils. Puis je retournerai à Quảng Ngãi pour dix jours. De là j'irai à l'aéroport de Chu Lai à 40 km et envol vers Saïgon où je rencontrerai mes amis Robert et Hoàng avant mon départ. Je pourrai leur révéler le fait accompli...

Plus que vingt jours ou encore vingt jours ? Ça va être dur car ça va bouger. Je suis condamné à la cabine et je souffre. Pas du mal de mer qui ne m'a jamais inquiété mais sans appui, ce n'est pas évident de tenir sur le pont avec l'appareil photo que je dois à tout prix protéger. Et prendre des photos avec une seule main. Si je tombe, je risque tout. Ou alors, il faut que je m'enroule sur moi et je vais tomber n'importe comment sur une arête, sur le parapet... et je risque de me faire très mal, d'être un fardeau pour le reste de la campagne de pêche. Le coup que j'ai pris dans les reins il y a deux jours, évidemment je le sens mais quelle chance j'ai eue de ne pas me blesser à la tête ou me casser une côte contre une des poignées de la barre à roue métallique ! Je ne vais pas tenter le diable. Je préfère rester dans mon coin à ruminer, attendre que la mer se calme. Si je casse l'appareil dans une nouvelle chute, il ne m'en restera plus qu'un qui donne déjà des signes de dysfonctionnement.

15 h 45 Je veux m'allonger mais impossible d'étirer les pieds. En face, Bufflon, que j'ai ainsi surnommé en mon for intérieur, pour ses manières rustiques, m'a envoyé un coup dans son demi-sommeil. Je lui en ai renvoyé un pour signaler ma présence. Il a des douleurs à l'épaule qu'il attribue à la pression de l'eau. Je ne l'ai pas encore vu défiler devant l'armoire aux médicaments mais ça ne saurait tarder. Danh vient s'incliner devant la Dame céleste et brûle une baguette d'encens.

Faute de pouvoir me reposer, je descends sur le pont. Lợi a changé le morceau d'étoffe qui recouvre l'embout du narghilé pour respirer. La plongée c'est dans deux heures. Ils préparent les lampes, les chargent et vérifient leur fonctionnement. Ce ne sont pas les lampes maison que fabriquait, seulement sept ans plus tôt, une famille de Bình Châu avec une ampoule, des fils électriques, du goudron, du ciment, le tout protégé par une bouteille de verre préalablement séparée de son culot. Maintenant ce sont des lampes chinoises, bien lestées, parfaitement étanches, facilement maniables et rechargeables mais pas données : 1,5 millions de dongs la lampe (60 euros). La brave femme de pêcheur et sa fille qui avaient créé ce petit artisanat en économie d'appoint ont dû chercher un autre gagne-pain. Le marché chinois a encore frappé.

17 h 45 On a levé l'ancre depuis vingt minutes. Dès la première plongée, les pêcheurs ont un gros problème d'alimentation en air. Il est chargé de gaz trop chauds qui leur brûlent la gorge et les poumons. Ils ne peuvent plus rester au fond. J'ai filmé leur remontée et leurs visages défaits. Ils n'arrêtent pas de cracher et de boire. Lâm m'appelle pour aller manger le *mì tôm* traditionnel. J'espère qu'il n'y aura pas de seiche caoutchouteuse.

Le soir noir

23 heures Catastrophe totale. J'ai raté toutes les photos par manque de lumière. Après la soupe obligatoire, je suis sur le pont pour respirer un peu alors qu'ils sont en plein ennui mécanique et en pleine réparation. Le moral n'est pas excellent et j'ai envie d'aller m'asseoir sur le pont pour m'aérer. Alors je manque le pied sur un coup de roulis, je glisse sur le bois sale et j'essaye de me rattraper comme je peux dans ce fatras d'obstacles de couvercles de bois et de métal, de tuyaux brûlants auxquels on ne peut pas s'agripper, je place mon bras comme je peux en extension vers l'arrière pour protéger ma tête et je me fracture l'épaule. La douleur n'a pas été très violente mais j'ai senti la tête de l'humérus sortir de sa cavité dans l'omoplate fracturée. Douleur aussi au pectoral. Sensation d'un appui qui se dérobe tandis que l'on est impuissant et que l'on continue de tomber. J'ai déjà éprouvé cette sensation lors de mes multiples entorses du genou. Je suis tombé sur le cul en rentrant la tête. J'ai pris mon épaule droite fracturée dans la main gauche et je l'ai remise en place en la serrant très fort. Vive douleur. Par comble de malchance, Sơn a surgi juste après la chute. La nouvelle va se propager et ce n'est pas bon. J'avais le front en sueur de la douleur et du choc. Je me disais : comment faire pour remonter dans la cabine ? Comment faire maintenant avec les trois jours de tempête annoncés ? Pour pisser ? Pour filmer ? Galère totale.

Finalement je me remets sur les pattes. Sơn m'aide à prendre deux ou trois appuis pour arriver à la poignée de la cabine et je me débrouille pour me hisser à l'intérieur. J'avale deux anti-inflammatoires et je dis à Sơn de ne pas ébruiter l'incident par crainte d'un défilé de condoléances. Il me promet de se taire mais je suis sûr qu'il s'empressera d'annoncer la nouvelle. Je me suis couché et, chance, je me suis endormi. Au réveil, ils ont réparé la panne et sont partis en plongée. Il me reste encore vingt jours. C'est la quatrième fois que je tombe en dix jours. J'aurais déjà pu me casser quelques côtes. Maintenant, c'est l'épaule.

Pour satisfaire un besoin pressant mais aussi pour me rassurer sur mes capacités d'autonomie, je viens d'aller pisser tout seul en passant par l'intérieur de la cabine, vers le « petit coin socialiste » à l'arrière. Je ne voulais pas risquer de passer par l'étroit couloir extérieur, perdre le seul appui possible par un coup de roulis et me retrouver à la mer. La douleur était supportable et ça m'a rassuré. Ensuite il a fallu que je saute pour passer, en position assise, du corps de la cabine au réservoir d'eau en contrebas, redescendre à un mètre du sol sur le plancher glissant et aller pisser sans possibilité de me tenir à un poteau puisque je ne pouvais pas prendre appui sur l'épaule. Un vrai moment de cirque. Je suis revenu sur trois pattes, en m'appuyant uniquement sur le bras gauche. Puis j'ai testé mon épaule pour explorer prudemment les limites des mouvements possibles : pas d'appui en écartant le bras du corps, garder l'épaule en adduction, le bras ainsi collé au corps. Je peux faire fonctionner l'avant-bras et même saisir des objets avec force. C'est déjà ça. Il faut que je me discipline. Ce n'est pas si grave, je verrai un chirurgien à mon retour en France. Je vais gérer les anti-inflammatoires qu'il me reste. Les prises de vue ce sera pour la mer tranquille et je trouverai bien une technique. Je souffle et je me rassure. L'espace du bateau est devenu un champ de mines. Tout est réduit, entravé, glissant, aucune poignée pour se rétablir, mis à part pour entrer et sortir de la cabine. Univers pas si facile pour de jeunes acrobates en bonne santé et qui exige désormais les vestiges d'agilité du grand-oncle que je suis. Je m'endors dans mon coin, épuisé.

30 mars

Vers 4 heures du matin. Je me réveille au moment du concassage de la glace. Je n'ai pas pu suivre la pêche. C'est bien ma chance ! Je regarde le côté gauche du pont :

des dizaines d'énormes poissons gris verdâtre, dont certains font bien un mètre de long, y sont entassés. Je me fais dire leur nom « cá mó u » ou poissons-perroquets à bosse. Les plongeurs sont tombés sur un banc de ces poissons coraliens au curieux et redoutable bec rose, probablement en pleine migration. Je n'ai pas pu filmer le combat de leur remontée sur le pont mais je me force à saisir leur mise en cale.

Je pense que je vais devoir protéger mes appareils par gros temps. Je ne pourrai pas sortir sur le pont. J'ai pris deux comprimés de plus. Et je vois Tiến qui s'amuse des blocs de glace qu'il fait glisser. Il les enjambe, les dévie… Il y en a un qui fonce sur lui. Il l'esquive comme un joueur de foot, le rattrape une fois passé, repart sur un pied à 50 cm du parapet au risque de passer par-dessus bord. Ces jeunes ne sont pas ordinaires. Ils naissent funambules. Quel vieux lourdaud je fais à côté d'eux !

C'est l'aurore. Le ciel commence à s'éclairer de rouge, jaune, orange. Je m'attendais à des aventures chinoises mais après cette traversée rapide des Paracels, je crains que ça n'arrive pas. Hậu vient m'apporter une boîte de breuvage vitaminé mais je ne vais pas boire pour le moment car je ne veux pas risquer le parcours du combattant dans le cas d'un besoin pressant. Mon épaule est encore trop douloureuse.

7 heures du matin. Tuấn a écouté la météo par l'Icom : sur la zone Trung Sa, des vents de force 6 à 7 sont attendus dans la journée. Je vais essayer de faire ma toilette et tenter l'accès au petit coin.

8 h 40 Tout le monde dort. Le tonneau d'eau douce est épuisé. Je me suis lavé et rasé à l'eau de mer. J'ai pu m'accrocher avec mon bras valide, mon bras droit collé au corps, avec des moments de changement d'appui où mon équilibre est un peu incertain. Je suis allé voir l'endroit de la chute : ça glisse terrible et pas de prise. Tôles tranchantes au sol, tuyaux brûlants les pieds empêtrés dans des câbles la chute de dos ne me laissait que le choix du bras en extension pour protéger ma tête : position fatale. Je sens bien que la blessure est sérieuse mais je dois m'organiser pour surmonter ce handicap et accomplir ma moisson d'images sans être un poids pour l'équipage.

1er avril

13 heures La mer est grise et les vagues cognent de toute part. Dans la cabine, en haut comme en bas, c'est le silence des poissons. Seul Tuấn veille. Mạnh vis-à-vis de moi vient de me gratifier de son coup de pied habituel. J'ai envie de le lui rendre pour me signaler amicalement à son attention mais je dois absolument éviter tout geste de nervosité qui traduirait ma douleur. Ma blessure doit paraître banale. À l'arrière de la cabine, Lợi et Duy ont transformé leur couverture en hamac, en fixant leurs coins au plafond par des ficelles. L'invention, aussi ingénieuse que téméraire dans le cas d'une rupture, permet à l'occupant d'éviter les glissades et autres chocs en épousant tranquillement roulis et tangage dans un apaisant balancement aérien. Duy, bien calé dans son hamac, fume tranquillement sa cigarette tout en regardant son film sur le téléphone portable, comme s'il était sur le divan du salon.

15 h 30 Ça fait une heure que Tuấn et Lâm se relaient à l'Icom pour capter la radio de Đà Nẵng, de Nha Trang, de Qui Nhơn, de Hải Phòng ou de Saïgon. Sans succès. On entend Đà Nẵng communiquer avec des pêcheurs mais on n'arrive pas à les joindre. Lâm démarre le moteur. On a l'électricité, c'est bien pour recharger les batteries des appareils mais c'est la galère qui commence. Télévision à fond. Cloué dans mon coin de cabine sans possibilité de m'échapper sur le pont, je suis obligé d'endurer le châtiment.

16 h 20 Personne sur le pont parce que ça secoue trop. Par dépit, ils tapent le carton en bas ou regardent un film. S'ils plongeaient ce serait dangereux mais ils veulent eux-aussi remplir les soutes le plus tôt possible pour rentrer au port. Pour le repas, ils ne m'ont pas proposé de seiche. Ils ont compris que ce n'était pas mon fort. J'ai eu du poisson avec de la sauce piquante. Toujours mieux que l'anguille de mer mangée à midi avec sa peau grasse et collante et sa chair gluante car pas assez cuite. « Musique » chinoise.

17 h 20 Dũng est venu se confier. Il est fatigué mais il doit plonger quand même. Il a le blues. À chaque départ laisser sa famille, risquer les pirates chinois, les blessures, sa santé et même sa vie… Trois fois le salaire moyen ce n'est pas cher payé. Tandis qu'il parle, je revois ces pêcheurs de Lý Sơn de retour de campagne qui ingurgitaient mécaniquement des bouteilles de bière, comme une thérapie contre le stress, le danger et la solitude qu'ils avaient endurés et dont apparemment ils n'arrivaient pas à se défaire. Maintenant que je connais ce qu'est leur quotidien en mer, je suis plus indulgent avec eux.

Hậu et Tiến viennent me chercher pour manger. Je n'ai pas faim. Tuấn insiste pour que je ne sorte pas filmer. Ça secoue trop et c'est dangereux pour l'appareil. Puis Lợi et Dược me le répètent. Ensuite, le jeune acrobate Tiến y va de son couplet au grand-oncle. C'est une touchante offensive d'attentions. Ils sont visiblement très inquiets pour moi.

Le vent a encore forci. Le bateau monte, amorce un quart de vrille comme pour se visser dans le ciel puis pique dans le creux comme pour se ficher dans la mer. Je m'étonne quand même beaucoup de ne pas avoir du tout le mal de mer. Quand je pense que j'étais malade dans le bus lorsque j'étais gosse. J'ai de la chance parce que si en plus de l'épaule hors service j'avais le mal de mer, ce serait vraiment difficile.

À la télé, les Chinois sont en guerre contre les Japonais. Je comprends des bribes de traduction vietnamienne. Actuellement c'est toujours la grande rivalité pour l'hégémonie en Asie. La tension s'est exacerbée avec les provocations chinoises sur les îles Senkaku et Pékin abreuve les Vietnamiens de sa propagande. En particulier par ce genre de navets guerriers.

Danh prépare les lampes pour ce soir. Je dis aux jeunes : si vous faites une bonne pêche comme les nuits précédentes, dans quatre jours, vous rentrerez chez vous car les soutes seront pleines. Ils pensent plutôt six jours. Sur le pont, on enlève la bâche qui recouvre le matériel, les câbles, les palmes.

Les grosses vagues giflent la coque de bois dans des gerbes d'écume qui frappent la cabine et lessivent le pont. Impossible de filmer sans risquer d'endommager ou de perdre l'appareil et avec mon épaule, je ne peux pas le protéger sous ma veste. Quand vous le voyez au port et que tout est calme, notre brave chalutier de 17 m de long et de 4 m de large ressemble à une embarcation respectable. Ici, dans cette mer immense et démontée, ce n'est plus qu'un esquif frêle et dérisoire. À bord, chacun semble vaquer à ses occupations comme si de rien n'était mais les baguettes d'encens vont bon train devant la Dame céleste. Ce soir, on passe à force 7 et demain force 8 et 9, Tuấn dixit.

Tuấn rite du soir

Comme chaque soir, avant les plongées de la nuit, Tuấn enfile un pantalon par-dessus son survêt et une chemise par-dessus son T-shirt et allume une poignée de baguettes d'encens. Il en brûle une devant la Dame céleste et se dirige vers la proue en luttant contre le vent, les pas mal assurés. Il s'adosse au mât, active le feu des baguettes en les présentant face au vent et dépose la poignée dans le petit réceptacle fixé à cet effet, juste à la proue du bateau. Il a du mal à se tenir droit. Il enjambe la grosse corde qui nous relie à l'ancre et qui n'arrête pas de se tendre et de se relâcher. Alors il entame sa série de salutations buste incliné, mains jointes, comme rivé au plancher. Il grimpe vers le ciel, descend vers la mer, comme un bouchon, il pique encore et se soulève, puis, dans le bon tempo, reprend ses salutations interrompues. Ses invocations terminées, il sort les papiers votifs de sa poche, fait le tour du mât, se dirige vers la partie gauche du pont, toujours la même, s'agenouille puis s'allonge sur le parapet pour lâcher les papiers votifs dans le vent et l'écume en les suivant du regard sur les flots. Il se redresse ensuite et va, pendant quelques secondes, renouveler ses révérences, mains jointes devant les baguettes d'encens qui se consument encore. De quoi apaiser le courroux de la Dame. Il s'assoit sur le pont, quitte sa chemise et son pantalon et va les ranger dans la cabine, là où il dort, pour la cérémonie du lendemain soir. En T-shirt et survêtement, il est prêt à officier en tant que maître d'équipage tandis qu'à quelques mètres sur le pont, Danh vérifie soigneusement les câbles.

Les plongeurs sont sur le pont et Lộc vient de tomber. C'est la deuxième chute que je vois depuis notre départ. Le jeune s'est fait mal aux reins contre le couvercle saillant de la soute. Ça tape très fort. Tuấn conduit le bateau très lentement. À la proue, Danh le guide dans la direction de l'ancre puis l'équipage se dispose à la queue leu leu pour hisser l'ancre. Près de la proue, on trouve les guerriers : Tiến, Dũng, Danh, Lâm. Tandis que Lộc, torse nu, se tient toujours le côté gauche. Il s'est vraiment fait mal aux lombaires.

19 h 15 Ce soir, la plongée a été moins méthodique, moins militaire que les autres soirs. Suite à l'ordre donné de la cabine, ils ont sauté l'un après l'autre à beaucoup de distance d'intervalle pour ne pas risquer de se percuter.

Le vent fort est chargé d'embruns. Il fait frais sur le pont mais aussi dans la cabine. Pour y voir clair, Tuấn a été obligé d'ouvrir la vitre glissière qu'il a devant lui. Juste derrière, je vais mettre la veste car je reçois les embruns en pleine figure. Ce soir le palier du récif se situe entre 20 et 30 m de la surface. La lampe verte s'allume avec fréquence. Les dévideurs s'adossent, se calent contre le mât ou le coracle. Tuấn fait de la musculation avec le timon qui rechigne à tourner dans le sens imposé. Les deux portes latérales à glissière sont ouvertes. Grand courant d'air mais visibilité oblige. Je donne mes médicaments à ceux qui sont enrhumés mais je conserve du Doliprane.

20 h 30 Le GPS nous localise au point 16°10 lat. nord, 114° 47 long. est. On se rend sur un autre lieu de pêche pour la deuxième plongée. L'atmosphère est beaucoup plus tendue que les autres soirs. Pas de grosses prises ni le volume des nuits précédentes.

Et c'est la galère de la petite commission que j'ai retardée au maximum. Impossible de sortir parce que ça roule trop. Le temps, même très bref, entre deux changements de prises de la main gauche pourrait me coûter une chute à la mer. Par ce temps, la nuit et avec le bateau en marche, ce serait ballot. J'entreprends donc la traversée de la cabine vers l'arrière sur trois pattes, en direction de la plateforme ad hoc. J'en redoute le point délicat. Ce sera le passage de ma position assise à 1,5 m en contrebas pour prendre appui du pied sur la cuve d'eau potable : un déséquilibre qui dépend du mouvement du bateau à cet instant-là. Allons, soyons fou ! Je valdingue d'un côté et de l'autre en essayant de protéger mon épaule, en m'accrochant aux hamacs, toujours sur ce plancher-patinoire. Arrivé en vue du graal, je découvre Sơn accroupi sur la plateforme, en pleine attitude de recueillement. Je m'en retourne, dépité. Mais comme le rire n'est jamais loin de l'affliction, surtout dans une telle situation, je pense à cette inscription familière sur les murs des villes du Vietnam : « Cấm đái bậy » qui signifie « interdit d'uriner n'importe où » et qu'un Américain aurait pris pour le nom d'une toute nouvelle baie de « Cấm Đái » qu'il souhaitait visiter comme celle de Cam Ranh ou d'Hạ Long. Et je relativise mon malheur.

Deuxième déboîtage

J'attends un quart d'heure pour une nouvelle tentative : échec. Cette fois c'est Trừ qui pose culotte. Alors je renonce une fois encore. Sur le retour j'ai pris un appui malencontreux en rétropulsion du côté blessé, accentué par un violent coup de roulis et j'ai senti mon épaule se dérober. Je prends deux anti-inflammatoires, me cale dans mon coin comme je peux et j'attends. Je ne suis pas près d'aller pisser puisque Tuấn a annoncé des vents de force 7/8 vers minuit et force 9 le matin. J'ai soif mais je dois me retenir de boire et trouver une solution pour le trajet pipi. Je n'irai pas prendre la soupe habituelle.

21 h 10 Je suis en plein dans le courant d'air de la cabine. J'ai enfilé à grand peine et avec douleur le pantalon, la veste et la capuche imperméables qui coupent le vent. Tiến et Lâm sont venus me proposer d'aller manger. J'ai refusé. Ils ne se doutent pas du sérieux de ma situation et se proposeraient certainement de me soutenir si je la leur expliquais. Mais je ne tiens pas à me montrer dans cette position de dépendance. En dehors de ma vessie, ma préoccupation première, ce sont les deux petites cordes qui maintiennent mon sac contenant les appareils photo et l'ordinateur et l'empêchent d'aller cogner partout dans la cabine et même, carrément, de tomber à l'eau. Si elles cèdent, la main gauche occupée à me maintenir moi-même, je suis incapable de rattraper le sac avec la main droite au risque de me démonter l'épaule. Et si je décolle la main gauche du plancher, je risque de partir en toupie à la merci du roulis. À côté de moi, impassible, la Dame céleste n'en pense pas moins. Peut-être veut-elle mettre ce vieux Français à l'épreuve. Après tout, il l'a bien cherché. Eh bien non, elle ne m'extirpera ni regrets ni découragement.

Pas de plongée

Trừ est venu me dire que la pêche n'était pas bonne. Ils ont dû arrêter. Pas de chance : les soutes se rempliront moins rapidement et ça prolongera la campagne. La tempête s'est intensifiée. Lâm est venu m'apporter un bol de soupe. Il a deviné mes problèmes de déplacement sans réaliser la gravité de ma blessure. Il pense que ce n'est qu'un choc violent. Je ne peux pas refuser sa soupe. Quand j'ai terminé, je ne sais plus quoi faire avec le bol dans les mains. Il faut que je me cale avec les deux pieds, les jambes écartées à l'extrême pour résister au roulis. Pour le tangage, c'est plus facile parce que je peux contrebalancer avec le haut du corps. Et la punition pour la soupe va être les toilettes. Je vais devoir, c'est le cas de le dire, me jeter à l'eau pour éviter de perdre la face. Lâm m'apporte de l'eau. Je ne bois pas. Il reprend le bol vide et les baguettes. On n'a pas le droit de craquer à 600 km du port.

Avec du recul, je ne regrette pas d'avoir refusé à un journaliste français, fût-il « grand reporter », de m'accompagner dans ce périple, bien que cela m'eut arrangé. Mon refus a pu paraître quelque peu prétentieux : « Mais pour qui se prend-il ce monsieur ? Il dit qu'il veut faire connaître cette situation et écarte les journalistes ? ». La réalité me confirme que j'ai eu raison de n'embarquer personne dans l'aventure. D'abord, outre le côté clandestin de l'équipée et sa durée, l'extrême méfiance du patron et du maître d'équipage qui ont à peine accepté ma présence malgré ma notoriété au Vietnam, imposer un journaliste eut été mission impossible. J'avoue ensuite que je ne réalisais pas exactement la dureté des conditions de vie pour une durée non-retour d'un mois. Le reportage dépassait le cadre professionnel : il ne pouvait être que militant. D'ailleurs, il n'est pas étonnant que jusqu'ici, malgré l'intérêt géopolitique particulièrement chaud focalisé sur la zone, aucun journaliste étranger n'ait tenté ce genre de reportage mais seulement un journaliste vietnamien de façon tout à fait confidentielle.

Je suis au bord de la rupture ou comment un simple pipi pourrait devenir un monde d'indignité dont on parlera longtemps dans les pagodes. Je dois sortir à tout prix. Malgré le vent violent je choisis le chemin le plus court : la porte latérale à glissière à l'avant de la cabine. Elle est fermée et est souvent coincée. Descendre en s'asseyant dans le couloir de pilotage, se tenir de la main gauche, pousser ou tirer la porte de l'autre, bras droit collé au corps, jusqu'à ce qu'elle se débloque. Puis agripper fermement la poignée extérieure de la main gauche pour prendre appui du pied droit sur le parapet, au-dessus des flots. Puis, peu importe le vent et les embruns s'adonner enfin au plaisir simple du marin désailé. Savourer enfin la quiétude de sa vessie. Il est des scènes que l'on n'oublie pas. J'ai pu remonter sans casse. Les plongeurs ont envahi la cabine pour jouer aux cartes, assis en rond. Bien carré dans mon coin, mes pieds arrêtés par leurs dos, j'avoue avoir apprécié ces cales humaines. Pour la première fois, j'appréciais la promiscuité.

2 avril

5 heures du matin Toute la nuit force 7 ou 8. Des creux de quatre à cinq mètres. Tout le monde dort ou, en tout cas, ferme les yeux. Alors que je m'assoupissais, Bufflon a étalé ses pattes jusqu'à 20 cm de ce qu'on nomme mes bijoux de famille. Réflexe défensif. Puis j'ai risqué une sortie de la cabine pour perfectionner ma technique, comme un grimpeur sur sa voie d'escalade. Elle a été couronnée de succès malgré les pieds de Tuấn embusqués à un mètre en dessous, son sac placé près de la porte et quelques autres bricoles qui ont failli me déstabiliser. Sơn qui dort à côté de moi s'est aussi levé pour aller satisfaire un besoin pressant. Il n'est pas passé par l'extérieur mais a pris le chemin intérieur que j'avais initialement emprunté. Je l'ai observé pour évaluer nos différents niveaux. À croupetons, il est allé jusqu'à l'ouverture qui sépare les deux compartiments. Il l'a enjambée mais derrière elle il y avait quelqu'un qui dormait et il a dû aussi l'enjamber. Ce faisant, sa tête, déjà à 50 cm du plafond et avec le roulis, a violemment heurté une solive : bosse, comme le poisson du même nom. Il lui restait le franchissement entre les deux hamacs occupés qui se balançaient avec entrain. Il s'est arrêté un moment pour mettre au point une stratégie. Il a choisi de passer à quatre pattes en bloquant d'une main un hamac à sa fixation pour ne pas réveiller l'occupant et en baissant la tête à l'extrême pour éviter d'être cogné par l'autre hamac. Il s'est glissé comme un félin, presque couché sur le flanc, bras levé, en rampant avec les jambes dans une attitude de commando en zone minée. Le franchissement était presque assuré quand la Dame céleste a décoché un violent coup de roulis. Sơn a glissé sur le plancher. Il est parti en vrille, sans aucun appui sous le hamac qu'il tenait. Il l'a tiré violemment en réveillant l'occupant en sursaut au risque de l'en déloger. Puis il s'est glissé jusqu'au bord du plancher, a dû enjamber les 1,5 mètres qui le séparaient du réservoir d'eau. Finalement la planche d'aisance s'est offerte à lui, au-dessus des flots rugissants. Paradis. Au fond, il n'a pas fait tellement mieux que moi.

6 heures du matin Nouvelle préoccupation. Dans la soute, il doit y avoir un problème de conditionnement : le klaxon sonne à répétition. Avec le moussaillon et Lâm, Tuấn descend sur le pont fortement chahuté. Ils retirent les sacs de poissons de la soute concernée, les ressalent et les rempaquètent avant de les remettre en cale. Ce sont les poissons d'hier soir, déjà bien raides. Il s'agit de la soute où sont stockés les homards et holothuries et autres oreilles de mer qui n'ont pu être ramenés vivants. Je pense que des sacs se sont défaits et les poissons éparpillés. Je crois aussi que mes amis sont trop gourmands et veulent rentabiliser l'espace en comprimant les poissons au-delà du raisonnable pour ramener la plus grosse pêche possible au port. Tuấn coupe le moteur. Toujours des creux de quatre bons mètres.

Je pense au premier projet avorté quelques années auparavant avec le pêcheur de Lý Sơn qui, pour 20 millions de dongs (800 euros), voulait me faire traverser les Paracels du sud au nord-ouest, près de l'île hyper militarisée de Phú Lâm, avec un bateau de 90 CV alors que celui-ci avec ses 450 CV s'avère très limite par mauvais temps. J'ai eu de la chance que ça ne se fasse pas. Avec des vagues de cette force et l'abri forcément refusé par les Chinois, je pense que ça aurait mal fini.

Tuấn essaie d'établir le contact avec le continent. Sans succès. Il me propose une boîte de « jus d'hirondelle », boisson aux vertus réputées vivifiantes. Je décline poliment pour économiser ma vessie. On entend des voix dans l'Icom, ça ressemble à du philippin. On est au sud des îles Pratas, plus près de Taïwan que du Vietnam à 16°03.296 de latitude nord et 114°15.218 de longitude est, plus près de Manille que de Đà Nang.

8 heures moins 10 Tuấn essaie d'avoir Đà Nẵng mais comme, à l'étage inférieur de la cabine la télé chinoise est à fond, il n'entend même pas s'il y a un écho. Il a beau répéter inlassablement son numéro de bateau « 90499 Quang Ngai ».

10 heures On vient me dire d'aller manger. Je refuse. Pour limiter les besoins naturels, il faut réduire l'alimentation et la boisson. Les pêcheurs ne sont pas contents. Je tiendrai bien encore 5 ou 6 jours. J'ai appris beaucoup sur la capacité de mon corps à se discipliner sur ce sujet durant le mois et demi passé sur la cathédrale de Béziers. Mais j'étais quand même plus à l'aise sur la cathédrale. Avec plus d'espace et de tranquillité. La mer est toujours aussi démontée mais contrairement à celle de Fernand Raynaud, on ne voit qu'elle.

La radio aléatoire

Tuấn a enfin réussi à joindre sa femme très ponctuellement. Le problème de ces communications, n'est pas seulement de réussir à les établir, c'est qu'une fois établies, tout le monde écoute. À commencer par l'opérateur de Đà Nẵng qui sert de liaison. Rien d'intime ou de secret. Maintenant Tuấn tente d'appeler Nha Trang. Tout à l'heure c'était Phu Yên. Puis Qui Nhơn… Rien. Si on est en situation de danger on a le temps de couler tranquillement. Le système de communication pour assurer la sécurité des pêcheurs n'est pas au point. En particulier dans la zone des Macclesfields où nous nous trouvons.

Pour ce soir, la météo annonce des vents de force 7/8/9 et des vagues de six mètres. Nous sentons bien que la force du vent augmente. Craquements du rafiot, grésillement de l'Icom, claquement des vagues, sifflement du vent…

En dessous, les hommes d'équipage ne dorment pas : voix et « musique » de la télé, ambiance tempête mais sans affolement. On sent que c'est du déjà vécu maintes fois. Vagues frontales, vagues latérales. S'il n'y avait pas la quille on tournerait sens dessus-dessous. La corde qui nous relie à l'ancre, bien que pas toute jeune, résiste encore à ces tensions saccadées. De la musique nous arrive par l'Icom. Mieux vaut couler en musique. Toujours pas de liaison radio. Comme je le sens malheureux, j'explique à Tuấn qui voulait me faire boire une bouteille de lait parce que je n'ai pas mangé ou bu depuis longtemps pourquoi je m'abstiens. Il comprend que c'est pour limiter des sorties dangereuses et me propose l'aide de deux ou trois gaillards pour me soutenir. Je le remercie mais je n'en suis pas à ce degré de handicap.

Midi Tout le monde dort. Les vagues augmentent d'ampleur et de vigueur avec des crêtes beaucoup plus écumeuses. La mer n'est pas bergère, elle est mégère. Elle ne garde pas ses blancs moutons mais nous lance ses noirs démons. Le petit esquif esquive comme il peut. Il se bat vaillamment quand les murs d'eau le prennent de face ou en cisaille, des deux côtés. C'est au pied de la vague qu'on voit le bateau. Je pense aux charpentiers de Sa Kỳ que je filmais lorsqu'ils assemblaient la coque. Leur travail semblait si ordinaire dans le calme du chantier. Il faut vivre ces moments de tempête pour mesurer à quel point il est vital ! Quelle violence ! Mon voisin m'a repoussé vers le tableau de bord, les pieds à 50 cm de ma tête, complètement en travers. Le « bufflon » d'en face a provisoirement disparu. Il a émigré chez les joueurs de cartes de l'étage inférieur. C'est autant de répit ! Derrière la vitre de la cabine, j'ai l'impression d'être dans le cockpit d'un avion : décollages et piqués enchaînés. Je coupe l'enregistrement parce qu'il faut que je m'accroche. Mon voisin vient de fuser comme une balle sur le plancher vers la paroi en face de nous puis il a vrillé sur lui-même et est revenu à sa place d'origine avec un bon coup de tête contre la paroi de départ. Il a éclaté de rire. On a les manèges qu'on peut. Moi qui au départ voyait avec optimisme ce bateau comme un ouvrage stable et solide, en entendant tous ces craquements je me surprends à m'interroger sur ses points faibles puis j'abandonne : il y en a trop. Le timon, habituellement fixé par une corde quand le bateau est à l'ancre, s'est débloqué. Déboussolé, il tourne à droite et à gauche. Le hamac qui d'ordinaire est un lieu d'instabilité, devient un refuge sûr contre la chute car il enveloppe l'occupant qui ne peut pas en être projeté. À condition, bien sûr, que ses fixations tiennent le coup. J'ai constaté que le ton des conversations et des échanges avait de plus en plus des accents de films chinois : sec, presque agressif. Est-ce le temps, la fatigue, le stress ? Bufflon arrive à quatre pattes de l'arrière. Je ne sais pas comment il est passé de l'étage inférieur au plancher de notre cabine. Il a fait signe qu'il s'est cogné la tête. Le début de la sagesse ?

La mer souveraine

Le temps dure longtemps et les heures sont longues. La mer nous fait savoir qu'elle est chez elle, qu'elle décide du type d'hospitalité qu'elle voudra bien nous accorder. Dans ces moments-là on comprend mieux les rites, les offrandes, l'encens brûlées devant l'autel, les papiers votifs lâchés sur les flots pour l'amadouer. Car elle peut être féroce, bien au-delà de la violence ordinaire, jusqu'à force 12 avec l'aide du vent, cyclones et typhons...

Je pense au but initial de mon expédition : aider le Vietnam à affirmer sa souveraineté sur ces espaces maritimes pour le salut de ses pêcheurs. Parce que je les aime profondément. Mais dans ces moments de grande incertitude, pour le pêcheur sur son fétu de paille à la merci des vagues rageuses, cette prétention de souveraineté humaine sur la mer, fût-elle nationalement légitime, peut sembler bien dérisoire. Pour le pêcheur, la véritable souveraine, incontestable, c'est la mer. Et, pour qui en douterait encore, elle affirme sans ambiguïté dans ses grandes colères, qu'on ne la mettra pas en cage dans des frontières dérisoires et ridicules. C'est le ressenti de votre serviteur quand il dicte ces mots, blessé, allongé sur ce plancher bien poli par les milliers de pieds et de fesses qui ont glissé dessus, ballotté comme mon voisin tout à l'heure, ainsi qu'un palet animé par des lanceurs invisibles.

2 avril. Force du vent : 8

Je viens de voir un poisson volant qui a profité du vent et de la force de la vague pour faire un vol d'une quarantaine de mètres. Ce n'est pas la galère pour tout le monde.

Mai Phung Luu

J'essaye de profiter de ces moments de repos relatif pour m'informer. J'interroge Lâm sur l'histoire de Mai Phụng Lưu, ce maître d'équipage quatre fois capturé par les Chinois dont la dernière, en 2010, où plusieurs jours après sa libération, il a dérivé pour des problèmes de moteur, sans donner de nouvelles, son Icom confisqué, avec ses huit membres d'équipage en provenance de la prison sur l'île de Phú Lâm. Récupéré non loin de la côte il a fait le buzz des médias nationaux. Lors de mon deuxième séjour à Lý Sơn, au nom de mon association, j'avais remis à son épouse la somme de 10 millions de dongs (environ 400 euros) pour l'aider. Je voulais qu'il participe au film *La Meurtrissure*, au moins pour un court témoignage, mais il s'est toujours débiné en envoyant sa femme chercher les aides de notre association, aides évidemment refusées puisque bien que dans les parages, son mari n'a jamais daigné nous honorer de sa présence ni d'un coup de téléphone. Beaucoup d'autres pêcheurs étaient passés par ces galères sans grande publicité, avec seulement un petit article et même quelquefois sous total silence. Je pense à M. Tiêu Viết Là que j'ai rencontré à Bình Châu, lui aussi quatre fois agressé par la marine de guerre chinoise dans les Paracels, matériel de pêche confisqué, moteur démonté et emporté, emprisonné puis libéré contre 13 000 euros de rançon, tabassé en groupe par ses geôliers avec des séquelles à vie… Alors pourquoi ce grand tapage national autour de M. Mai Phụng Lưu ? Pourquoi attendre 2012 pour valoriser ainsi les pêcheurs courageux qui « collent à la mer » ? En quoi tout à coup, après des années d'étouffoir et de pudeur imposée concernant « les bateaux étrangers », l'incident Mai Phụng Lưu pouvait-il mériter l'intérêt et l'éclairage du Parti au point que le brave pêcheur fut convié à Hanoï pour y être décoré des mains du président de la République Trương Tấn Sang ? Qu'est-ce qui poussait ces investisseurs privés et sociétés à se précipiter pour lui proposer la direction d'une société logistique de services pêches, de transformation et de vente des produits de la mer avec des chaînes de supermarchés à Hanoï et Hải Phòng, l'achat d'un bateau à coque d'acier de 300 tonnes et 1 000 CV pour approvisionner en haute mer les pêcheurs en carburant, glace, instruments de pêche, leur acheter sur place les poissons, la construction d'une usine de transformation des produits de la pêche, l'acquisition d'un parc de camions frigorifiques… ? De quoi faire tourner la tête au pauvre « héros », tête que même la mer la plus déchaînée et le Chinois le plus brutal n'avaient jamais fait trembler. Sensible au chant des sirènes de l'argent et de la renommée, il a quitté Lý Sơn. Sa fidèle épouse qui l'avait si longtemps attendu en cultivant ail et oignons de ses mains calleuses, s'est retrouvée, après les centaines d'articles laudateurs, clips, films publicitaires et autres conférences, dans un silence et un isolement pathétiques.

Ses moments de gloire éphémères ont coïncidé avec la période de désamour aigüe entre les deux partis communistes. C'était en 2011-2012 quand Pékin avait agressé des navires sismiques vietnamiens qui sondaient les zones potentiellement exploitables en pétrole et en gaz dans la zone économique exclusive du Vietnam. Le Parti devait réagir. Mais le secrétaire général Nguyễn Phú Trọng, souvent silencieux dans ces épisodes, veillait à ne pas « casser le vase en tuant la souris à l'intérieur ». Plutôt que de prendre des mesures structurelles pour accompagner et protéger les pêcheurs sur leurs terrains de pêche traditionnels, mieux valait calmer le bon peuple en sortant un héros du chapeau. M. Mai Phụng Lưu est ainsi, malgré lui, passé de l'héroïque pavois à l'oubli au risque de s'y perdre. Aujourd'hui, dit-on dans les milieux de la pêche, il voit très peu de gens et parle peu.

La tempête me rappelle rudement aux priorités du moment. Je viens d'expliquer à Lâm que ce n'est pas la peine qu'il insiste quand je refuse d'aller manger ou boire. Je pense qu'il a compris. Il tient à m'appliquer un emplâtre à l'épaule. Ça ne peut pas faire de mal. Les jeunes ont défilé pour prendre des médicaments et me les ont montrés en m'expliquant leur utilité. J'ai fait des photos. Ils m'ont apporté un café et un bonbon. Je n'ai pas refusé. Tuấn bidouille les fils électriques avec du scotch. Je me demande comment ça ne prend pas feu. Heureusement, on ne manque pas d'eau !

16 h 30 Ce soir, pas de plongée. L'équipage a envahi la cabine pour taper le carton à côté de moi. Fait exceptionnel, ils boivent une bière. Repoussé près de la Dame céleste, je subis avec elle la partie de cartes qui n'en finit pas. Le verbe n'est pas si fleuri que celui du César de Pagnol mais il est plus intense. Ils ne me fendent pas le cœur mais les tympans ! Malgré les embruns et les regards réprobateurs, j'ouvre par instants le hublot coulissant pour évacuer la fumée. En bas, ceux qui regardent le film chinois sur la télévision sont obligés de monter le son. Les parties sont intéressées par des canettes que chacun a apportées. Elles roulent dans la cabine. C'est Las Vegas.

3 avril

7 h 10 du matin Apparemment encore une journée de réclusion dans la cabine : force 7. Ce sera la troisième journée sans pêche. Mais les crêtes sont moins écumeuses et les creux moins importants. J'ai pu sortir m'épancher dans les flots et quand je suis rentré j'ai découvert Duy derrière moi. Il m'avait vu sortir et s'était tenu prêt à me parer en cas de déséquilibre.

La mer est bleu acier et le vent semble faiblir. Vers 9 heures, comme tous les deux jours, l'équipage concasse de la glace pour la rajouter dans les soutes déjà pleines. Ce soir si la mer reste dans cet état, ils vont plonger. Je serai tranquille. Dame céleste, donnez-moi chaque soir du force 6 ou 5.

14 heures De nouveau des coups de vent très forts avec des vagues de plus de trois mètres. La plongée semble compromise. J'espère que je ne serai pas puni d'une nouvelle soirée chinois hurleur-belote-fumée. Jusqu'au plus loin de l'horizon, pas un bateau ne passe. Hà a changé de place parce qu'il a fait le palet à plusieurs reprises. Non seulement le choc peut être douloureux mais la glissade incontrôlée n'est pas glorieuse. Le problème est que l'espace est très réduit et quand on change de place, on prend celle d'un voisin.

16 h 45 La mer se calme un peu. Les plongeurs ont mangé et ont beaucoup insisté pour que j'en fasse autant. Hậu, le jeune cuistot, m'a dit qu'il allait se faire réprimander par le maître d'équipage si je ne mangeais pas. Je lui ai promis que ce serait pour demain. J'espère qu'on va remplir rapidement la soute ce soir et qu'il n'en restera plus qu'une.

Je ne suis pas mystique mais je me suis toujours conformé au dicton vietnamien « Quand tu entres dans la famille, tu en épouses les coutumes ». Alors, comme j'avais le temps pendant ces trois jours de réclusion, j'ai brûlé des baguettes d'encens en pensant à ceux qui sont tombés pour défendre les Paracels en 1974, les récifs de Gạc Ma en 1988 ainsi que pour tous les pêcheurs victimes d'agressions sur cette mer. Tuấn m'a observé, surpris. Puis, après un silence m'a demandé pourquoi ce geste. Quand je le lui ai expliqué, il a dit : merci.

Ce soir, problème pour lever l'ancre : le bateau s'est positionné latéralement par rapport à la corde. Vent force 6/7. Le roulis est très fort. Les plongeurs ont beaucoup de mal pour remonter par l'échelle latérale. La pêche n'est pas très bonne. Une oreille de mer, un petit mérou, pas d'holothurie*. Des poissons bleus, rouges… sans trop de valeur mais qui remplissent la soute. C'est ce qui m'intéresse très égoïstement… Danh vient de chuter et un autre encore.

4 avril

6 heures du mat J'ai passé une nuit très dure. Roulis terrible. Face à la vitre ouverte du pilotage, j'ai subi de plein fouet aussi longtemps que j'ai pu ce méchant vent froid chargé d'eau. Je n'ai pas pu tenir. J'ai dû abandonner mon emplacement, seul endroit de la cabine où je pouvais me caler efficacement. Comme je n'avais pas de prise sur ce plancher glissant, j'allais d'un côté à l'autre avec une seule main pour me retenir sans pouvoir me cramponner avec les pieds. Je faisais la toupie en protégeant mon épaule blessée. Finalement au bout de deux heures, j'ai trouvé un angle de cabine pour caler mon dos, je me suis accroché au filet tendu au-dessus de la tête pour contenir les petits bagages et heureusement, il a tenu.

11 h 40 Le vent a nettement faibli (force 2 ou 3). Comme promis à Hậu, j'ai pris le déjeuner avec l'équipage. Il avait préparé un excellent mérou.

J'ai même fait ma toilette complète à l'eau de mer et ils ont insisté pour que je me rince à l'eau douce en m'expliquant que les réserves étaient suffisantes. J'ai rasé ma barbe de quatre jours. Tuấn est venu me voir, inquiet : « Tu es maigre, il faut manger. ». Il voulait me masser. Selon lui on rentrerait dans dix jours. Sơn m'a montré un endroit à l'étage inférieur de la cabine où on est moins ballotté qu'en haut.

13 heures Un bateau de pêche à environ un kilomètre de nous.

15 heures Tout le monde tape le carton sur le pont.

17 h 10 Je viens de manger sur le pont un *cháo* de poisson, sorte de potage. Tiến raconte comment il a coulé dans la tempête au large de Phan Thiết. Il dormait quand c'est arrivé. Les pêcheurs se sont accrochés à des objets qui flottaient et ont nagé vers la côte pendant une nuit et un jour. Il me dit que la pêche d'hier soir était maigre. 15 millions de dongs (600 euros). Le montant minimum pour qu'elle soit rentable devrait être de 25 millions (1 000 euros). Il me dit qu'à ce train, il va toucher seulement 17 millions. « Pour cette somme, je ne pars pas en mer. Il me faut au minimum 20 millions (800 euros).

Lâm m'annonce que la campagne durera encore quinze jours de plus. Il est taquin… « Musique » à fond en bas. Vietnam, pays de sourds !

Ambiance pharmacie

Tuấn vient de prendre des médicaments contre le mal de dos. Trừ m'emprunte du Doliprane contre une rage de dents. Tiến soigne son mal de tête… Lumière sur la mer comme un miroir brisé. Un poisson volant traverse à la proue à cinq mètres du bateau avant de disparaître dans la vague. On se rend sur le prochain point de pêche. Les plongeurs ont mis leur tenue. Ils discutent avec aux pieds, les câbles, le hublot, la canne électrique, les palmes et, pour la plupart, la clope au bec.

Sơn qui fait partie de la deuxième plongée est passé près de moi pour me rappeler l'endroit qu'il m'avait indiqué pour dormir sans être trop ballotté. Il m'a apporté une sorte de breuvage dans une assiette en plastique. Du lait avec de l'eau pétillante. Tuấn me donne une boîte de Red bull. Sensible à toutes ces attentions, je ne peux que les remercier d'un sourire contraint car je sais qu'après avoir ingurgité toutes ces bonnes choses, je n'échapperai pas à la galère vers le « petit coin socialiste ».

J'ai pris en photos nos coordonnées 16°10 N ; 114.47 E. (Pigmy shoal). La lampe verte boude. Fonds de 25/30 mètres. Rien ne se passe. On n'est pas encore rentrés. J'ai moins froid qu'hier soir peut-être parce que j'ai mangé.

Tuấn a coupé les gaz du compresseur et on aperçoit les premières lueurs bleu-vert qui vont surgir de la mer d'encre : la remontée des premiers plongeurs. Le mousse va leur tendre la corde pour accrocher les nasses pleines au quart. Maigre pêche. Les nouveaux plongeurs sont prêts, ils ont nettoyé les masques avec un peu d'eau de mer. Ils ont craché sur le verre, l'ont nettoyé avec un gant. Tuấn lance son coup de gueule. Ça saute.

Bouteille à la mer

Tant pis pour l'écologie, pour demain, je projette d'envoyer deux bouteilles à la mer avec un petit mot: « I am a french and vietnamese national in the middle of what is called the South China Sea which does not belong to China, whose the extreme north limit is Hai Nan island. This beautifull sea belongs to all the nations that border it. With a protected international passage ». (Je suis un franco-vietnamien au milieu de ce qu'on appelle la mer de Chine méridionale qui n'appartient pas à la Chine et dont l'extrême limite nord, est l'île de Hai Nan. Cette magnifique mer appartient aux nations qui la bordent. Avec un passage international protégé). Je signe et note mon numéro de téléphone et adresse mail.

Tuấn me dit qu'il veut que j'aille loger chez lui dès mon retour. Je décline son offre: je dois aller à Đà Nẵng, puis Quảng Ngãi, puis à Bình Dương chez l'ancien président de la République Nguyễn Minh Triết pour lui avouer mon forfait et demander sa protection pour les pêcheurs hors la loi avant que la nouvelle s'ébruite. Et puis, il faut bien l'admettre, je veux pouvoir savourer quelques heures de solitude. Il est un peu contrarié.

5 avril

5 heures du mat Je suis allongé et je viens de me rendre compte que sur mon dos et les crêtes iliaques je n'ai pas mis ma couverture pour atténuer la dureté des frottements avec le bois du plancher. Ma peau en a souffert. Je vais finir par m'y faire comme je me suis fait, il y a cinquante ans, à l'austère natte de la prison.

8 heures du mat Sur le coracle, Hậu a étalé les incontournables seiches et les carapaces de cette espèce de poisson porc-épic, poisson globe avec ses épines, ses yeux exorbités et sa petite queue. Une fois vidées de leur chair ces carapaces sont mises à sécher pour être vendues aux Chinois. L'intérieur, sorte de vessie, est vendu aux Vietnamiens pour faire des soupes. Hoàng Sa c'était mieux, la mer était plus calme et les fonds plus poissonneux.

En revenant du pont vers la cabine, j'ai rencontré une blatte, « con gian » en vietnamien et j'ai pensé à l'expression « Chán như con gian » (Je m'ennuie comme un cafard). C'est un peu ça… À part ça, aucun oiseau de mer. Un bateau de pêche de Hong Kong. Jusqu'ici les Chinois n'osent pas toucher militairement à cette zone. Ils aboient mais ne mordent pas. Tout à l'heure j'ai fait quelques exercices. Mon épaule semble aller mieux. Lâm et Dung viennent me proposer de manger une soupe aux vermicelles. J'accepte. Le jeune cuistot qui est en train de dépecer un poisson vient d'éternuer sur le couteau et il continue de dépecer la bête. J'espère qu'elle sera bien cuite. Et vas-y que je te tousse.

Miracle, le bufflon rueur m'a apporté un café sur le pont. Je l'ai remercié affectueusement: « Merci petit cheval » et les autres ont ri parce qu'ils ont bien compris l'allusion à la ruade.

Ce sera une nuit de demi-lune et donc défavorable à la pêche. Dược m'explique qu'avec la lune, les poissons voyagent plus. Ils se laissent moins fixer par la lumière. Je le savais bien pour avoir braconné la truite la nuit « à la luminade » dans les ruisseaux de l'Aveyron paternel. Il reste dix jours.

L'ancre

18 heures Tout l'équipage est sur le pont pour lever l'ancre dans la bonne humeur. Certains font des exercices d'échauffement façon hula-hoop, circonvolutions du bassin, du cou. Ils ont enlevé le bloc de polystyrène blanc qui est relié à l'ancre pour retrouver celle-ci au cas où la corde casserait. Disposés à la queue leu leu, ils se répartissent des portions de corde à tirer. Au fur et à mesure qu'ils tirent la corde s'enroule et l'ancre se lève. Avec leurs bonnets de laine, leur petite taille et leurs gestes vifs, on dirait des lutins. De sa cabine derrière son timon et sa boussole rouge, Tuấn surveille tout ce petit monde.

Le « bộ đàm » talkie-walkie est allumé ainsi que les deux GPS. Les plongeurs viennent prendre leurs lampes alors que des lueurs orange persistent à l'horizon. Baguettes d'encens devant l'autel et salutations, les gants pendent contre chaque mollet, coincés entre les bas de laine et le collant de la combinaison. Problème de batterie, pinces mouillées, fils enchevêtrés. Mais la lampe verte fonctionne bien, toutes les nasses sont pleines, ils ont fait 400 kg de poissons, une des meilleures pêches du mois : concombres de mer, mérous, serpents de mer… Elle compense la misère de la nuit dernière.

J'ai pu filmer de la main gauche la nage du plongeur pour arriver jusqu'au bateau en m'accrochant, bras collé au corps, à une courroie de vélo fixée à la cabine. La prise de vue est lisible. Alors qu'il jugeait ça inopportun et risqué, Tuấn m'invite à descendre sur le pont pour filmer. Avec la bonne pêche, j'ai presque oublié mon épaule.

22 h 50 L'espace réservé aux poissons sur le pont est bien occupé. Les soutes vont se remplir vite et ça sent le plancher des buffles. J'ai avalé une soupe de poisson.

4 heures du mat La dernière plongée va bientôt remonter. Les blocs de glace sont déjà sortis, découpés à la pelle pour aller dans la concasseuse. Les poissons empaquetés. Les cagettes sont prêtes. Dung contrôle le dévidage de deux plongeurs. Le ciel et la mer se renvoient du rouge, rose, jaune, orange et bleu.

6 avril

12 h 05 J'ai fait ma toilette à 7 heures, pas tranquille car le moussaillon dévidait son crin à un mètre de moi. La mer est relativement paisible. Petits nuages dodus et épars. En contrôlant mon épaule, je suis descendu dans la mer par l'échelle latérale pour m'immerger complètement dans l'eau mais sous haute surveillance du moussaillon. Je crains le pire pour le repas : ils viennent de dépiauter deux coquillages. J'ai dû ingurgiter la soupe rapide avec cet horrible escargot de mer. Je suis surpris de n'avoir pas de réactions digestives.

16 h 20 Défilé devant l'armoire à médicaments. Un petit groupe tape le carton sur le pont. La mer dodeline. Repas sur le pont. Tuấn bricole une anse pour le seau. Il m'explique que la présence ou non de poissons est aléatoire. Elle peut dépendre de la nature du fond elle-même, de la lune et des courants. Il peut y avoir un courant au fond, un autre courant à mi-profondeur et encore un autre à la surface. On ne peut en prendre la mesure qu'en plongeant. Et le poisson suit les courants. La surprise est toujours là. Avec la même lune, le même vent et la même luminosité, le résultat peut ne pas être le même qu'hier. On se dirige vers le sud. Tư, le dormeur, prend des médicaments contre le mal de tête. Il y a quelques minutes Danh s'est piqué à l'épaule et Lâm aux fesses.

L'expérience de la cathédrale

Jusqu'à présent, à part l'incident de l'épaule qui me vaudra une opération à mon retour en France, je n'ai eu aucun problème de santé. Malgré le vent et les embruns, malgré la nourriture dont l'hygiène n'est pas terrible, malgré la rétention des besoins naturels. Depuis le début du mois je ne suis allé sur le « petit plancher socialiste » de l'arrière que deux fois. Dans ce coin glissant avec seulement un bras pour se tenir, à la vue de tous et avec un roulis quelquefois extraordinaire, il valait mieux limiter ces épisodes.

Le moteur semble avoir un souci. Lâm l'a acheté d'occasion il y a un an... Problème de température d'huile. Le moteur est américain mais peut-être qu'il date de la guerre du Vietnam et qu'il a été réparé et traficoté maintes fois. Problèmes électriques également. Tuấn revoit les batteries, manipule les fils entremêlés et Lâm est en bas dans la soute au moteur et procède à des réglages. Ils communiquent à la voix. Sur le pont, les autres attendent, tranquilles. Certains sommeillent, d'autres papotent. Avant le départ du port, c'est Lâm qui s'est occupé de la « révision » technique du moteur. On comprend pourquoi il y a des problèmes : par économie, il s'est improvisé mécanicien. Nous sommes à plus de 600 km des côtes vietnamiennes et à 350 km de Itu Aba ou Ba Bình, île coralienne occupée par Taïwan. Une panne sérieuse ne serait pas de mise.

Tuấn m'indique les prochains points de pêche avant le retour: 16°.02 114°.50 Egeria Bank. Le 7 au 8. 15°.59 114°.54 Howard Shoal. Le 9 au 10 15°.49 114°.46 Learmonth Shoal

21 heures Peu de prises. Danh ne plonge pas. Il doit être sérieusement fatigué. Il se contente de guider du pont la direction du bateau en tendant le bras pour Tuấn. Dans cette zone, la pêche se borne à de petits ou moyens poissons. Les dévideurs lâchent du câble pour augmenter la distance du plongeur au bateau.

J'ai lavé mon linge sans savon et Lâm m'a fait remarquer qu'il ne sentait pas bon. Il m'a proposé de refaire ma lessive avec son savon et sa lessive « Omo » en utilisant l'eau douce. Il reste de plus en plus longtemps dans la cale du moteur. Je suis fatigué de prendre des photos la nuit sans lumière, en déséquilibre au-dessus de l'eau, avec une seule patte, la réussite ne peut être due qu'à la chance et à la multiplication des shoots.

Des commandos d'exception

Je pense qu'avec l'adresse, l'habileté et l'énergie qu'ils ont dans l'eau et sur le bateau, s'ils avaient pour objectif de faire sauter dans la zone un bateau de guerre ou de contrôle des pêches chinois – et quelquefois ce n'est pas l'envie qui leur manque – je ne donnerais pas cher du bâtiment. Parce que ce sont vraiment des guerriers. Ils sont capables avec leur connaissance de la mer, de mener une guérilla des eaux redoutable. Ils ont le sens du collectif, l'esprit de corps très poussé. Ils n'ont pas été formés par des instructeurs militaires mais leur métier les a structurés de façon quasi militaire dans des conditions où l'erreur se paie comptant et cher. Ils sont habitués à une vie austère de discipline qui tutoie le danger. Confronté à des centaines de tels équipages équipés de matériel moderne, Pékin ne se cantonnerait plus à son confort de Tom et pourrait bien connaître les inquiétudes de Jerry.

Mais la guerre de ces combattants n'est pas violente. C'est une guerre de résistance obstinée pour survivre, et, de façon beaucoup plus profonde, défendre un patrimoine, une culture. C'est bien là le grain de sable qui bloque l'impressionnante machine de guerre chinoise, avec ses milliards de dollars engloutis en armes, entreprises de séduction, de corruption, menaces en tout genre afin d'éloigner les pêcheurs vietnamiens de leur mer. Depuis bientôt un demi-siècle que l'archipel leur a été confisqué, des milliers de pêcheurs ont péri, ont été poussés à la faillite, se sont découragés. Des milliers d'autres sont montés au front et « collent » à la mer sans protection de la part d'un Parti communiste qui, pour l'essentiel, pactise avec l'agresseur. Les gènes sont profondément enracinés dans la population et ni les ennemis extérieurs ni les ennemis intérieurs ne peuvent les éradiquer. Les membres de cet équipage en sont un exemple vivant que j'avais besoin de voir.

7 avril

0 h 10 Pêche extrêmement maigre.

Films chinois

Les films chinois sont ma punition, ma torture. J'imagine la performance des doubleurs de son dans ces combats de voltigeurs, moitié chauve-souris, moitié hirondelles où les onomatopées éructées de la gorge, de la bouche, doivent exiger un entraînement et une formation particuliers, avec peut-être, des victimes collatérales ! J'ai appris que c'étaient des combats. Au début, comme je ne voyais pas la télé, je croyais que c'était des films de sexe. Je me trompais, c'était des cris de combats ou des sanglots. Car, dans ces films-là, les femmes pleurent beaucoup.

Tout au long de ce voyage, que ce soit dans les Paracels avec la menace chinoise ou par les vents de force 8 dans les Macclesfield où la pêche était impossible et le confinement difficile, il y a eu cette musique vietnamienne du soir, cette tranquillité pour continuer le chemin, sans reculer, sans se plaindre. Jamais un signe extérieur de mauvaise humeur n'a transparu, contrairement à mes états d'âme passagers. Avec la tempête des éléments, ils ont laissé passer celle de leurs sentiments. C'est une force impressionnante. Elle est due à quoi ? J'ai pris des comportements pour des incivilités : tu es au milieu, on veut passer, on te bouscule et on passe sans te demander pardon. Tu dors, sagement allongé dans ton coin, on s'étire sans regarder si on repousse ton pied, ta cuisse, ton bras. On ne te demande pas pardon non plus. C'est naturel, ça va de soi. Ce matin j'ai observé Tuấn qui dormait en dessous. Tư était à côté. Il a mis sa tête sur la poitrine de Tuấn et ce dernier n'a pas bougé. Au bout d'un moment, il s'est juste retourné et, tout en dormant, a repoussé du pied son voisin. Il y a un côté à la fois animal et très humain dans ces comportements. En tout cas, jamais agressif et toujours naturel. J'imagine que lorsqu'on est issu d'une nombreuse fratrie, forcé de vivre dans des espaces réduits, on n'a pas la même culture de la promiscuité qui pousse au contact que celle de l'égoïsme qui pousse à la distance. Envers moi, ils se forcent car ils ont bien vu que je n'aimais pas trop ces contacts. Seul mon bufflon de vis-à-vis semble prendre un malin plaisir à me harceler du pied quand il somnole. Mais la tendance est de me chouchouter. Quand ils ont appris que je m'étais blessé à l'épaule, ils se sont naturellement émus. On m'apporte la nourriture sur place pour m'éviter de me déplacer. Et j'ai dû avaler, sous peine de les attrister, leur jus d'hirondelle, leur Red Bull, leur lait et autres concoctions… Mes bougonnements intérieurs ne sont pas très justes : je suis vraiment le grand-oncle chouchouté.

Le président le redoutait : j'y ai laissé la peau !

11 h 10 Lors de ma toilette, comme ça me grattait, j'ai fait une découverte. Pour éviter le contact avec le plancher, généralement on dort sur une serviette. Mais avec ce roulis, la serviette est plus glissante que le bois lui-même. Alors, on dort à même le bois. J'aurais dû m'en douter : les premiers hommes le savaient déjà et c'est au programme de la 4e du collège : lorsqu'il se produit un frottement entre deux surfaces, il y a production de chaleur. Et, avec ce méchant roulis, du frottement, il y en a. Particulièrement entre la peau de mes fesses et le bois du plancher. Résultat on ne peut plus mécanique : non pas le feu au bateau mais bien le feu à la peau de mon auguste base. De petites boules étaient accrochées aux poils de mes fesses. La boule déroulée, je découvrais une fine membrane qui n'était autre que ma peau du cul. Et à mesurer par le nombre de boulettes, j'en avais concédé une bonne surface dans la bataille. Le Président avait peur que je laisse ma peau dans l'aventure. Il n'avait pas tort. Au dossier des blessures de guerre pour toucher la pension d'ancien combattant des Paracels, en supplément de l'épaule, je déclarerai ma peau des fesses !

Tuấn a déménagé. Il ne dort plus au-dessous parce qu'il a été chassé par Tư, l'invasif. Il examine une carte au 1/25 000 de la zone militaire maritime et de la zone d'exploitation pétrolière qui en principe sont interdites aux pêcheurs.

17 h 10 Petite musique douce avec le pied du bufflon à 20 cm. On a mangé sur le pont.

19 h 20 L'Icom annonce qu'un bateau de Bình Châu a été agressé par les Chinois à Hoàng Sa ; On ne sait pas s'il a coulé ou non. C'était à 16° 16 N et 111°56 E. Tuấn active le talkie-walkie pour discuter avec les autres bateaux vietnamiens dans les parages.

8 avril

1 h 50 du matin On est à trois ou quatre jours de la pleine lune, la luminosité est forte et les poissons sont difficiles à fixer à la lampe : petite pêche mais beau mérou rouge. La plupart des photos sont ratées. Problème d'appareil. Les trois soutes sont pleines et dans la quatrième, la glace est presque épuisée. Il faudra bientôt rentrer. Lâm dit qu'il reste une soute à remplir, soit quatre ou cinq pêches maxi, l'équivalent en jours avant le retour au port.

Épaule déboîtée 3e fois

13 heures La mer redevenue calme, j'ai voulu me baigner, mon épaule me laissant tranquille. J'ai plongé du bord du bateau pour faire quelques mètres en crawl et de nouveau, épaule déboîtée. J'ai continué en nage indienne jusqu'à l'échelle suspendue et je suis remonté, pas très fier de ma bêtise. Il me reste quelques anti-inflammatoires.

Au sujet du bateau de Bình Châu agressé par les Chinois, Tuấn m'a dit qu'il avait parlé à sa femme et qu'elle ne savait pas trop.

8 avril

16 h 20 On a croisé un bateau vietnamien. Lâm m'a fait signe de me cacher. Ils sont incohérents. D'un côté ils veulent garder le secret et de l'autre ils font des photos qu'ils vont mettre sur Facebook. Alors pourquoi me priver d'en faire moi-même ? J'ai jeté mes deux bouteilles à la mer. On vient de croiser un autre chalutier vietnamien à cinquante mètres. Lâm m'a emprunté l'appareil. Il a réussi deux photos sur les quatre clichés.

Mon épaule me titille. Sơn m'a confirmé l'éperonnage du bateau vietnamien par les Chinois. J'ai discuté politique avec les jeunes : tous sont d'accord sur un fait : les gens sont « bất mãn », insatisfaits du système. Mais tous se sentent impuissants devant le réseau policier et sa violence. Ils sont fatalistes.

9 avril

1 h 30 du matin J'ai filmé la dernière plongée. Les photos sont nettes et cadrées. J'ai enfin pris le coup. Mon épaule va mieux. Je me rendors. J'ai mangé ma soupe aux vermicelles avec Lâm. La mer est calme, le ciel dégagé et le soleil cogne. Impossible de tenir pieds nus sur le pont, à l'avant du bateau. Sur le coracle, les seiches sont sèches, archi-sèches. Pas de mouche, ni moustique, ni moucheron, seules quelques blattes. J'ai pris au télé un bateau de pêche chinois équipé de prolongements latéraux. Il ressemble à une grande araignée d'eau avec ses pattes latérales. Au bout de ses prolongements, il descend ses filets jusqu'au fond. Ils entourent les poissons pris à l'intérieur de cette nasse géante. Les Vietnamiens appellent ça : *Tàu chẹp cá* (bateau qui aplatit le poisson). Pas bon pour l'écologie. À la nuit, le bateau chinois s'est tout illuminé. On dirait une ville. Il éclaire tout l'horizon. La lumière attire les poissons et les fixe, concentrés dans la zone délimitée par les filets. Quand on sait que ces vandales râclent ainsi les mers, broient des dizaines de kilomètres cubes de coraux pour construire des îles artificielles et osent jouer les écologistes en interdisant la pêche de mai à fin août, période de reproduction, pour affamer les pêcheurs du Vietnam… Il y a deux mondes entre leur saccage systématique et la cueillette pratiquée par notre équipage.

Hier, les plongeurs ont pris dix « oreilles de mer » à 600 000 dongs (24 euros) chacune. C'est pas mal.

10 avril

5 heures du mat Je vais manger avec eux.

8 h 40 Bateau de Hong Kong à plus d'un kilomètre de nous. Cinq petits canots rouges qui sortent pour pêcher.

13 heures Bonne nouvelle : Dược vient de m'apprendre que, si la pêche de cette nuit était suffisante, ce serait bon pour rentrer car on n'a plus de glace. Le retour sur le continent durerait deux jours.

15 h 40 Lâm fait un petit nettoyage de l'autel et donne à manger à sa déesse. Un gros paquet de beignets de 20X30 cm dans une soucoupe. Trois petits gobelets remplis d'alcool de riz, une bouteille d'eau. Le pont est un vrai chantier : le couvercle des soutes, câbles, cagettes. Pas question pour moi d'aller y respirer. Leur pop vietnamienne me fait mal à la tête. Je suis condamné à la cabine et au casse-tympans. Ma vessie me presse mais la petite plateforme est occupée. De part et d'autre de la cabine, il y a du monde. Je suis coincé.

20 h 25 Il y a eu un petit incident, un bateau de pêche vietnamien qui tirait son chalut nous a coupé la route. Une mer immense avec personne à perte de vue et ces fins navigateurs trouvent le moyen de venir nous couper la route, alors que les câbles et les plongeurs sont sous l'eau. Très dangereux ! Tuấn n'a pas eu l'air de s'affoler outre mesure. Il a crié quelques directives aux dévideurs et le chalutier est passé tranquillement. Il a continué à traîner son filet. Puis il a stationné pas très loin avant de s'éloigner.

22 h 30 Je me suis placé sur le côté de la cabine, accroché au pneu de vélo, pour filmer avec le D 5600. Mais comme à chaque fois que je suis sur la passerelle, le moussaillon passe devant moi au moment où je filme. Prise de vue ratée, réglages à refaire. Il pourrait passer de l'autre côté du bateau qui est absolument identique, mais non ! Excédé, je lui ai fait savoir mon sentiment. Il n'a peut-être pas compris les mots mais il a certainement deviné leur sens. Tuấn aussi a dû sentir que ça n'allait pas ! J'enfile ma tenue de pluie pour couper le vent et je vais dormir. Je ne vais pas manger avec eux et n'ai pas envie de faire risette.

11 avril

7 heures du mat L'épaule m'a taquiné toute la nuit. J'ai pris deux anti-inflammatoires à 4 heures et je viens d'en prendre deux autres. La mer chahute toujours. La pêche a été bonne. Cette nuit sera la dernière pêche. Cinquante heures de navigation pour rentrer. Je dois rester patient. Mais l'essentiel est passé. J'aurais pu m'adapter moins bien.

Tout le monde dort. Je vais pouvoir faire ma toilette et laver mon linge. Je sors de la cabine par le côté droit et j'entends une voix. C'est Duy qui me salue par la petite fenêtre et me fait signe d'aller sur le pont. Il sort à grand peine un jerrycan visiblement plein d'eau et il me dit : je te l'apporte pour faire ta toilette à ton aise. Je lui dis que je n'ai pas besoin de tout ça et qu'il faut économiser l'eau douce. Il me répond qu'il en reste plein la soute. C'est la première fois que je fais ma toilette et ma lessive entièrement à l'eau douce. Du grand luxe.

Après avoir terminé la pêche, la mise en soute du poisson et le repas, Duy a patienté pour attendre mon passage. C'est très attentionné. Alors, comme chaque fois, je ravale ma colère précédente sur Hậu. Mais je choperai quand même le moussaillon pour lui expliquer qu'il doit respecter mon travail et qu'il passe par l'autre côté du bateau.

Conditions de filmer difficiles

11 heures du mat Moment romantique, j'ai fini d'enlever une grande partie de la peau de mes fesses. Il est des frictions assassines. Pour les Vietnamiens, la position jambes croisées l'une sur l'autre amène quelquefois des brûlures de peau au niveau des chevilles.

Faire des photos ou filmer dans cet environnement tient de l'acrobatie. L'action se déroule essentiellement la nuit. Des scènes de mouvement avec très peu de lumière, le flash étant dangereux car repérable. Pas de pied possible ni de fixation de l'appareil par un système de pinces : risques de chute. Quand ça bouge, on ne peut pas travailler sur le pont qui se dérobe, très glissant, les déséquilibres sont trop grands. On doit rester sur un côté de la cabine, se fixer d'une main en tenant l'appareil de l'autre. On ne peut pas viser. On filme ou on shoote au jugé. Avec mon épaule abîmée qui m'enverrait à l'eau si elle me lâchait, c'est encore plus dur. Alors chaque photo nette arrachée, chaque petite séquence lisible est une vraie victoire.

Où que vous soyez, à part à l'arrière dans la cabine avec un champ de vision extrêmement réduit et le timonier qui se déplace en permanence devant vous, vous gênez. L'espace étant tellement réduit, ils ont besoin de la place pour leur travail qui doit se dérouler vite et sans encombre. Sur le côté pour prendre les sauts de plongée, vous êtes sur le passage latéral du bateau d'avant en arrière et donc vous gênez. Et si vous voulez prendre les poissons sur le pont, vous êtes au milieu des plongeurs et des dévideurs qui doivent se déplacer rapidement en fonction de l'évolution de la pêche. Sans parler des éclaboussures qui vous laissent du sel sur les appareils et l'humidité qui vous attaque les micro-processeurs. Pas d'endroit sécurisé pour ranger le matériel. Je suis toujours en vigilance.

Lâm vient de me proposer une boisson sud-coréenne. Je refuse. Quand il ouvre la boîte, elle exhale une odeur de pharmacie. Vivement le coca, au moins on sait de quoi on meurt. Je vais me jeter un de ces pastis quand j'arriverai à Saïgon ! La boîte est finie donc on la jette à la mer par le fenestrou ouvert sur le côté. Mais il n'y a aucune vue sur un éventuel passage de part et d'autre. Si un équipier passe par là en même temps, c'est la boîte dans la tête.

J'ai alpagué gentiment le moussaillon et lui ai dit mon sentiment pour que ce soir ça se passe bien. J'espère qu'il a compris. Tuấn trafique l'électricité sur le tableau de bord et les câbles s'enchevêtrent.

Épaule 4e fois

Dược est passé me voir dans la cabine. Je lui ai passé le cahier où chacun écrira son nom, son âge et son coin natal. Je montre à Lâm comment faire pour prendre en photo Tuấn en train d'éparpiller les papiers votifs au-dessus de la mer à la proue du bateau. Avec mon épaule, trop risqué de tenter ces positions au-dessus de l'eau. Pour lui montrer qu'il faut enjamber le parapet je mime la position dans la cabine, mains de part et d'autre d'un oreiller qui matérialise le parapet et quand je me mets en appui : brusque roulis et nouvelle luxation. La quatrième. Aussi douloureuse que les précédentes. J'ai pris mon épaule dans la main gauche et je l'ai remise en place. Me voilà de nouveau sous anti-inflammatoires. J'ai quand même filmé les pêcheurs en utilisant ma technique du pneu de vélo au-dessus des flots. On a évité de peu, encore une fois, un filet tendu par un bateau vietnamien. Les conversations par talkie-walkie avec d'autres chalutiers deviennent plus fréquentes. Mon épaule brûle. Je prépare les interviews avant le port.

Créer des parcs ?

Dược continue ses explications. Quand je lui pose la question de la dangerosité de cette pêche et parle des propositions de certains de l'interdire pour, à la place, employer les pêcheurs dans des parcs d'élevage, le long de la côte, il sourit. Il me dit qu'il a travaillé plus de dix ans dans un tel parc et que s'ils se multiplient, avec la productivité, ils vont devenir un foyer de pollution. De toute façon, selon lui, les produits de ces parcs n'auront jamais la qualité de ceux pêchés en haute mer et les employés de ces parcs n'auront pas un salaire comparable à celui des plongeurs de l'équipage. Il affirme que le danger des dangers c'est les Chinois et que c'est ça qu'il faut régler.

12 avril

2 h 30 Je me réveille. Pleine lune. Sur le pont, je vois deux holothuries, une énorme anguille de mer que Hậu achève à la masse. Les nasses semblent pleines. On va rentrer à bloc.

Ne pas s'épancher n'importe où

Une réflexion en voyant un plongeur pisser sur le pont. Il est vrai que nous sommes dans des conditions particulières et que j'ai tendance à faire le délicat. Soit. Au Vietnam, on fait des plaisanteries sur ce manque d'hygiène et ce sont essentiellement les hommes qui pissent n'importe où : sur le bord de la route, contre les murs cachés ou bien exposés, derrière les arbres, contre les voitures… en urgence ou de façon ostentatoire. Le phénomène n'épargne pas la France dite civilisée. Mais au Vietnam il est plus… répandu. Ici, le milieu étant propice aux épanchements, la scène fait partie de l'ordinaire : le long de la cabine, les 80 cm de la petite margelle au bord du bateau constituent ce que j'appelle la « pipi line ». À partir du début de l'après-midi, heure du réveil, on peut y croiser l'intégralité de l'équipage. C'est un peu technique mais on s'y fait. Vous passez, sans le toucher, sous le bras d'appui de l'urineur, entre la paroi de la cabine et son dos. Ne traînez pas sous peine d'une saute de vent qui vous ferait partager les embruns de la miction. Il n'est pas nécessaire de siffloter pour se donner bonne contenance : le pisseur s'en fout.

Poisson et lune

Nous parlons de la rudesse de ce métier. Dược regarde la lune et me dit qu'à 30 mètres de fond, il peut la voir briller. Que son métier a des moments magiques et qu'il l'aime. Tuấn doit déplacer le bateau plus souvent car, avec la pleine lune, le poisson ne tient pas. Il est en éveil, en mouvement, dispersé. Et pour le loger, on doit aller vers des espaces coralliens où on a plus de chance de le trouver : dans un « ga » (gare en vietnamien) c'est-à-dire une cavité où il se remise et où on pourra le surprendre au repos. Je suis en plein courant d'air et j'ai mal à l'épaule.

7 heures du mat C'est parti : on lève l'ancre pour le trajet retour pour un voyage de trois jours et deux nuits. 335 miles nautiques : 600 km. Les soutes sont pleines. La mer est tranquille, cap sur l'ouest. Ils se relaient aux commandes. Comme d'habitude l'Icom ne fonctionne pas.

8 h 20 Des dauphins ! Lợi vient me chercher dans la cabine et me guide jusqu'à la proue en prenant l'appareil. Comme ils ne sautent pas, on les distingue sous l'eau, à fleur de la surface. Les dauphins jouent avec le bateau devant, autour, ils se doublent, sautent les uns au-dessus des autres. Les photos ne seront pas terribles mais le moment est très agréable.

Nous passons au sud des Paracels et bien au nord des Spratleys, selon une ligne droite d'est en ouest vers l'île de Lý Sơn. Peu de risques de se faire intercepter par les pirates chinois et perdre la cargaison. Je viens d'apprendre une expression : pêcher à la traîne avec un fil de crin à l'arrière du bateau, ils appellent ça « đi chợ », faire le marché. Tuấn au réveil s'est brossé les dents, puis a pris une boîte de bière et du lait. Il a mélangé les deux et avalé ça. Ça tape le carton, la cabine est envahie et je suis relégué dans un coin. Danh m'apprend qu'il est le neveu de Tuấn. Il a 27 ans. Il a subi une agression chinoise dans les Paracels il y a deux ans. Les Chinois ont foncé sur leur bateau avec des canons à eau et ont explosé la cabine. Les plongeurs sont allés à la proue, courbés en signe de soumission. Là les Chinois ont tiré et achevé de détruire la cabine. Il y a eu des blessés : bras cassés et traumatismes divers. L'État a dédommagé le patron du bateau de 20 millions de dongs (même pas 1 000 euros). Il a payé les frais d'hospitalisation au pêcheur gravement blessé. Et les autres ont eu deux ou trois millions chacun. Depuis deux ans, les Chinois multiplient les contrôles par hélicoptère et depuis l'an dernier par groupe d'hélicoptères.

13 avril

3 h 15 du matin Mon épaule m'élance. Je crapahute du pont jusqu'à la cabine pour prendre deux anti-inflammatoires. La veille en fin d 'après-midi, les plongeurs m'ont proposé de descendre sur le pont. Ils ont sorti du poisson séché et des bières pour une sorte d'apéro (*nhậu*). J'en ai accepté une pour ne pas être en reste. Eux en ont enchaîné plusieurs. Puis ils ont parlé de la campagne de pêche et en ont estimé le rapport. Lâm, le patron du bateau parlait d'environ 600 millions de dongs soit 24 000 euros. Mais Tiến et Lợi n'étaient pas d'accord et le ton est monté. Puis Tuấn les a calmés : dès que l'argent est en jeu, la solidarité révèle des failles. Je leur ai demandé de sortir une natte et j'ai dormi sur le pont, comme un pied de nez à l'adversité. J'ai pu me reposer de 21 heures à 3 heures du matin. Il y avait de la vague mais la brise était agréable et le ciel était étoilé.

Quand je suis revenu dans la cabine j'ai surpris Lâm avec mon 5 600 en train de faire des photos des joueurs de carte. Je l'ai sèchement remis en place en lui disant que je ne jouais pas avec son instrument de travail et que je ne voulais pas qu'il touche au mien. Grand froid dans l'assistance mais la leçon a été comprise.

Tout le monde a commencé le rangement, la lessive. Le pont devient plus propre et finalement il sera peut-être praticable quand nous serons arrivés.

Deux bols de riz et du mérou. Excellent ! Quand j'étais dans la cuisine, près de la cale du moteur, j'ai ressenti un air chaud extraordinaire et vu une légère fumée. Tuấn m'a dit que c'était normal, que le moteur chauffe beaucoup car désormais, il tourne en continue, nuit et jour. C'est logique mais pas rassurant. Au moins 60° avec de la fumée et, tout autour, du bois. J'espère qu'on va arriver avant que ça crame. Bien sûr, ce n'est pas l'eau qu'il manque pour éteindre mais ce ne serait pas l'idéal avec personne à l'horizon et l'Icom défaillant. Il faudrait s'accrocher à un jerrycan en plastique vide et s'armer de patience.

J'ai préparé mon appareil 5 600 pour filmer les interviews de Dược, Lâm, Tuấn…

Où poser ses fesses déjà bien entamées ?

12 h 20 Faute de place, la cabine envahie, je n'ai pas pu dormir. Je reste assis. Contre mauvaise fortune bon cœur, j'ai pris des photos de pieds entremêlés. Ils dorment en se chevauchant et, une fois réveillés, ils s'emparent de l'espace pour taper le carton en fumant à grandes volutes. Dès qu'il y aura un peu d'ombre sur le pont, j'irai m'y réfugier. Plus qu'une dernière nuit de misère. « Régale-toi papa », m'avait dit mon fils Sylvain. Pas de lieu où on soit seul, où on ne soit pas bousculé, où on ne soit pas empêché... Aucun relâchement possible même pas pour les besoins naturels. Partout, absolument partout, sauf sur le pont qui brûle de soleil, où tout le linge est installé, des carapaces de poissons hérissons mises à sécher, partout il y a des tapeurs de carton, dans la cabine, sur la banquette et toute sa longueur. Tout est occupé. Sur le côté droit du bateau il y a une mince frange d'ombre de 30 cm de large, je m'y suis assis mais ce n'est pas vivable avec les gaz d'échappement du moteur. À l'arrière, la petite plateforme d'aisance désormais exposée à l'est, est à l'ombre mais elle est doublement occupée, l'un accroupi, l'autre debout. Il faut éviter de stationner à hauteur d'une ouverture parce qu'il y a danger de crachat sortant, de bouteille de pastique volante, ou de boîte en alu qui gicle sans crier gare. Poser son cul est devenu une question vitale. Je suis revenu dans la cabine. Je me suis fait tout petit à côté de mes affaires. Ils me disent gentiment: « Il faut dormir grand-oncle ». Je leur réponds en forçant mon sourire « Préviens-moi quand tu verras une place » Ils rient. Je vais « me régaler » jusqu'à la lie.

Je note qu'ils ont enlevé l'échelle métallique latérale pour descendre du bateau et qu'il ne reste que l'échelle de corde très mobile. Je me demande comment je vais faire pour descendre avec mes appareils par cette échelle sur le coracle* de Tiến le pêcheur, quand il viendra me chercher au large, surtout s'il y a de la vague. Rodéo assuré avec mon épaule. D'un seul bras, il me faudra lâcher ma prise pour en rattraper une en dessous avec le même bras... quand le bateau et le coracle ne bougent pas de la même manière, avec les ballots à protéger. À l'aller je m'étais blessé avec mes deux bras valides. Alors là, avec un seul, je crains le pire. Surtout que, s'ils me chouchoutent à l'excès par moments, ils ont l'air de me considérer globalement gaillard. Quand je suis monté sur le bateau, j'avais l'impression que ces trois jours de réclusion sans savoir quelle en serait l'issue étaient une galère et que je rentrais dans une période de libération. C'est la même impression que j'aurai quand je mettrai les pieds sur la terre ferme. La plupart des épisodes de cette aventure auront été des moments de galère. Avec de réels moments de plaisir, de découverte, des moments vraiment fraternels. Demain matin, à partir de 10 heures, je pourrai téléphoner, les ondes passeront. Je regarde les cadrans: température d'eau et d'huile corrects, compte-tours au minimum, le voltmètre est à moitié. Les prises électriques sont toutes occupées pour charger les téléphones portables. Heureusement la mer est calme.

19 heures On passe à proximité de l'île Tri Tôn, chargée de mes souvenirs de 2014 lors de la confrontation avec les bâtiments chinois. Demain je vais interviewer Dược et Lâm. Je leur ai donné les questions écrites pour qu'ils s'y préparent. Je viens de voir des dauphins à 50 mètres. Une salangane est venue se poser sur le coracle*.

14 avril

5h25 du matin Le moteur n'a pas pris feu, la mer est calme. Nous venons de passer la dernière nuit. Tout le monde est sur le pont pour boire le thé. Mon épaule m'a laissé tranquille. J'ai les deux mains occupées: appareil photo, enregistreur et Lâm insiste pour que je prenne une boîte de Red Bull. Dans la cabine, douze hommes pour 12 m². Quatre sur la banquette de pilotage cinq sur le plancher voisin qui tapent le carton et trois qui jouent aux échecs.

Arrivé à trente miles nautiques (34 km) de Ly Son, je compte quatorze bateaux de pêche chinois et je fais des photos. De gros bateaux bleus à coques d'acier, tous identiques, avec, bien en évidence, leurs numéros d'immatriculation précédés de caractères chinois. Au-dessus de la cabine centrale blanche, une longue échelle rouge soutenue par une armature métallique de même couleur. Elle conduit à une petite plateforme qui porte une antenne où flotte le drapeau de l'« empire ». Leurs incursions sont de véritables razzias. Et leurs équipages se sont souvent révélés armés. C'est Lâm et Tiến qui m'ont prévenu. Trừ m'a dit : ils violent l'espace maritime vietnamien. Lapalisse l'aurait confirmé. « Et les gardes-frontières vietnamiens ? » « Ils n'interviennent pas ». J'en parlerai au Président Nguyễn Minh Triết mais je crains qu'il n'ait déjà lu les rapports des gardes-frontières qui consignent ces violations. Comme pas mal de dirigeants, a fortiori retraités, il ne décide pas de la politique de ce parti prochinois.

On est à une heure du coup de fil possible pour Annie mais je vais attendre car il est 4 heures du mat en France. Je suis prêt et tout propre pour le débarquement.

9 h 20 Problème de moteur. Ça doit être une surchauffe extrême. J'espère que les gardes-frontières ne viendront pas nous dépanner sinon je suis mal. Ils devront me cacher avec mes trois sacs dans une soute à poisson. J'ai vu une mouche, un papillon et une libellule. On n'est pas très loin de la terre. Le moteur tourne à l'extrême ralenti.

Vers midi Finalement Lâm me dit qu'ils veulent faire une photo d'ensemble sur le pont du bateau. Quatre ou cinq refusent certainement par peur de ma clandestinité. Ils commencent à capter des ondes avec leurs portables. Le mien ne fonctionne pas. J'ai utilisé celui de Lâm pour téléphoner à Nguyên Ngọc et à Tiến le pêcheur. Ils sont ravis. Tiến m'attendra au large dans son coracle au moteur rouillé, plein d'eau et de gas-oil mais tellement espéré !

15 h 50 J'ai fait les trois interviews. On a laissé Lý Sơn et ses collines volcaniques sur notre gauche et on est à deux heures de Bình Châu.

15 avril

5 h 10 du matin On s'est rapproché de Bình Châu et la mer étant un peu forte, on a stoppé à environ trois kilomètres de la plage. Tiến le pêcheur nous a attendus. Il est là avec son sourire lumineux. Mais il n'arrive pas à stabiliser son coracle près de notre coque. Il fait le yoyo tantôt tapant contre la coque, tantôt s'en écartant et il doit ramer pour revenir. Comme personne n'a de solution, je dis à Danh de descendre dans le coracle avec Tiến, de prendre mes sacs et sécuriser les appareils (tant pis pour le reste si ça prend l'eau). Et pour ma descente, je demande à Sơn et Dược de fixer l'échelle en corde et en bas à Danh de me soutenir chaque fois que je lâche ma main d'un échelon à l'autre. Finalement on réussit sans que je me blesse. Les sacs sécurisés par Tiến, je me cale au gouvernail du coracle. Comme je connais la plage, je mets le cap dessus et nous voilà partis avec notre coque qui prend l'eau, notre moteur poussif et fumeux. On danse sur les vagues assez fortes.

Pendant ce temps, le bateau s'est éloigné. Tous étaient sur le pont pour me saluer. Emotion. Environ quatre kilomètres, moteur en marche puis Tiến a terminé à la rame. Il voulait que je change de côté pour équilibrer le coracle mais j'ai refusé pour prévenir un incident de dernière heure. Ce serait trop bête. L'esquif lève du nez et prend un peu d'eau à chaque vague. Je reconnais l'entrée du chenal habituel signalé par les deux drapeaux. À marée basse, les algues sont découvertes. Les femmes les récoltent pour les vendre à des sociétés chinoises. Très vite, on commence à toucher les petits récifs avant d'arriver à la partie sablonneuse. Alors il faut descendre.

Je descends le premier, de l'eau jusqu'à mi-cuisse et on tracte le coracle. À peu près à 40 mètres de la plage, une femme plantée dans l'eau s'adresse à Tiến. Je reconnais son visage sans savoir où je l'ai vue. Elle nous rejoint toute souriante contourne le coracle et le pousse. Nous on le tire et on le guide à l'avant. À dix mètres du bord, une autre femme nous attend. C'est une des veuves que notre association a aidées. Une petite femme toute souriante aussi mais un peu tendue. Elles veulent charger mes trois sacs. Je garde celui avec mes appareils photos. Une d'entre elles prend le chemin du village tandis que l'autre saisit les deux sacs d'autorité, passe devant moi et me fait signe de la suivre d'un pas bien décidé. Je vois qu'on se dirige vers le petit morceau de brousse qu'il faut franchir pour arriver à la maison de Tiến. Il y a deux petits murs à sauter. Elle saute le premier, pose les deux sacs de l'autre côté, enjambe à nouveau le muret, me déleste du sac contenant les appareils photos et elle continue s'occuper de moi. Les trois sacs sur le dos, elle enjambe le dernier muret. Nous traversons le bosquet et nous arrivons dans la cour de la maison de Tiến sans avoir croisé âme qui vive. Elle dépose les sacs, se dirige vers le tuyau d'eau douce et m'invite à me rincer pieds et pantalon. Tandis que je m'exécute, d'autres femmes s'assoient à côté de moi et me proposent des tongs et un short sec. Je refuse poliment et leur dis que maintenant il faut que je rentre à l'hôtel. J'ai eu droit à un accompagnement de guérillero comme au temps du maquis.

Elles me posent des questions sur mon épaule, s'inquiètent de ma fatigue. Leurs maris ou amis les ont mises au courant dans le détail. « Est-ce que tu as eu le mal de mer ? » « Tu as faim ? » La jeune femme de Danh vient me présenter son bébé. Elles sont pleines de curiosité devant ce « grand-oncle » qui a traversé les îles avec leurs époux. Tiến arrive. Elles prennent congé très affectueusement et respectueusement.

Étant donné l'état de mon épaule, et les trois sacs, je n'ai pas voulu rejoindre l'hôtel en conduisant une moto. Tiến a appelé un taxi et la rue étant trop étroite pour son passage j'ai dû faire 300 m à pied avec les trois ballots. À peine arrivé à l'hôtel, un des employés me reconnaît « Oh mais c'est le grand oncle Hai. C'est lui qui aide les pêcheurs etc. etc. ». Il reste une chambre que je devrai libérer le lendemain matin. L'homme qui m'a reconnu ne m'a pas quitté. Qui était-il ? Il m'a ensuite téléphoné pour me dire qu'il a trouvé une chambre équivalente dans un hôtel voisin pour 50 000 dongs de moins.

J'ai pris mon premier repas, ma première douche. J'ai donné mon linge à laver. Tout s'est bien passé sur la terre ferme avec, chez Tiến un premier moustique, un rat qui passe à cinq mètres, un petit crapaud, la civilisation quoi ! Cette nuit j'ai dormi huit bonnes heures. Mon épaule m'a un peu taquiné mais sans plus. C'est le lever du jour avec, oh délice, le chant du coq, des arbres verts et pas de seiche qui sèche sur le coracle bleu… Oh, doux bruit d'une moto qui pétarade. Quand on passe ainsi brutalement d'un environnement à un autre certains éléments vous manquent dans votre nouvelle ambiance. Ainsi à mon retour du Vietnam en 1973, j'avais quelquefois la nostalgie du bruit des pales des hélicoptères. En sera-t-il de même aujourd'hui pour les geignements, pleurs, braillements et autres onomatopées des films chinois ?

Je prévois de me rendre au port de Sa Kỳ pour assister à la vente du poisson. Je flémarde un peu sous les draps. Et, au lever, en mettant pied à terre, je fais une autre découverte : le mal de terre existe, je l'ai rencontré. J'avais cru le ressentir hier soir à mon arrivée mais, pris par mes préoccupations, je l'ai minimisé comme une sensation tout à fait passagère. Maintenant, onze heures après mon débarquement, j'ai l'impression d'être sur le pont du bateau par mer calme. Le sol est mouvant. Je ne marche pas normalement. Je me surprends à marquer des temps d'arrêt pour évaluer le mouvement et avancer mon pas dans le timing en fonction de la secousse attendue. C'est une sorte de vertige mémorisé. Je ne sais pas combien de temps ça va durer.

Mon premier petit-déjeuner ne fut pas celui que j'avais rêvé : du pain avec du beurre et de la confiture et j'ai du pain avec des œufs. C'est mieux que rien : J'ai pris un café au lait concentré qui colle au palais. Mais c'était bon !

15 avril

16 heures Bilan de la journée Je suis allé au port de Sa Kỳ où le bateau devait décharger sa pêche et la vendre sur place. Personne ne m'a indiqué l'endroit. J'ai marché avec mon gros ballot rempli de mes appareils et de mon ordinateur portable. Je ne voulais pas aller demander au poste des gardes-frontières. Je me suis arrêté dans un petit café à l'ombre. Chaises et tables dont j'avais oublié la petite taille. J'ai commandé un café puis finalement Tiến est arrivé. Il me fallait trouver un distributeur pour retirer de l'argent liquide. Il ne savait pas le manipuler. Il a appelé la fille du bistrot d'en face. Elle a guidé mes manipulations tournant sagement le dos quand j'ai tapé mon code. J'ai retiré 5 millions de dongs (200 euros) pour Tiến. C'était la somme promise pour son téléphone portable. Je lui devais bien ça.

Ensuite, il m'a conduit sur le quai. Les jeunes plongeurs, en tenue de ville, me font signe joyeusement, chacun veille à ce qu'aucune cagette ne s'égare pendant le déchargement. Les femmes qui trient le poisson ne me connaissent pas mais accueillent bien ma présence ainsi que celle de mon appareil photo. L'ambiance est à la fois à la fête et au commerce c'est-à-dire plaisir et rigueur. Déchargé du bateau le poisson passe par plusieurs chaînes où il est identifié, trié, comptabilisé. La maîtresse femme qui représente la société rachetant la pêche se tient en bout de chaîne comme un aigle de mer. À quelques mètres, trois employées concassent des blocs de glace et reconditionnent les poissons dans des cagettes avant de les charger dans un camion frigorifique. Tout semble parfaitement rôdé. Je filme, photographie, sans restriction. La pêche ainsi définitivement sécurisée, l'équipage m'invite à déjeuner dans une gargote voisine. Puis je m'enhardis. Je prends la moto pour aller chez Tuấn par la route qui traverse les rizières en cette pleine saison de la mousson. Premier paysage champêtre depuis un mois. Tuấn me montre le document écrit, validé et tamponné par les gardes-frontières attestant de l'agression chinoise qu'ils ont subie il y a deux ans.

Après nous allons chez Lâm dans un coin retiré du village au bout d'un sentier cahoteux, au repas de partage de l'argent. Ils sont tous là, ceux de Nha Trang seuls, ceux de Bình Châu avec leurs épouses. Tiến aussi est présent. Ambiance très tendue. Il faut compter plusieurs fois pour déterminer le montant revenant à chacun et ensuite recompter à plusieurs reprises les billets de cinq cent mille dongs (20 euros). Deux ou trois des pêcheurs sortent, excédés. Puis ils tombent d'accord. Il revient à chacun des plongeurs 19 millions de dongs. Presque 800 euros. Dược me dit que c'est la meilleure recette de l'année et que je leur ai porté bonheur. Les femmes recomptent encore et empochent l'argent. Celle de Hà n'a pas l'air de plaisanter avec les billets. Les deux « agents de liaison » qui m'ont accueilli sur la plage hier soir sont là, très heureuses de me voir. Puis les jeunes partent en taxi vers Nha Trang d'où ils sont originaires. Accolades. Sept heures de route.

Je vais rentrer à l'hôtel, revenir à Quảng Ngãi, prêt à subir un éventuel assaut des gardes-frontières.

Maintenant retour à la plage près de la « grande bleue » qui commence à me manquer malgré le mal de terre qui persiste. Lait de coco bien frais et porc frit à la citronnelle ! Puis, après avoir récupéré ma valise chez mon ami l'écrivain Nguyễn Ngọc à Hội An, je file à Bình Dương chez l'ancien président de la République, M. Nguyễn Minh Triết, pour lui annoncer la nouvelle. Je lui demande de protéger le patron du bateau, le maître d'équipage et les plongeurs d'éventuelles sanctions par les gardes-frontières. Il ne cache pas son irritation. Il me rappelle que je lui avais promis de ne pas prendre la mer pour Hoàng Sa. C'est vrai mais à ce moment-là, il était encore Président et ce n'est plus le cas… Argument malhonnête je le sais. Alors il me répond qu'il est redevenu un simple citoyen, sans pouvoir particulier. Argument qui ne me convainc pas non plus. Comme chaque fois, cependant, nous sommes heureux de nous retrouver autour d'un bon repas paysan arrosé de quelques verres d'alcool de riz. Mes amis pêcheurs n'auront pas eu de problème.

Coïncidence, quelques mois après cette équipée, en octobre 2017, la frégate de guerre française, l'*Auvergne* a suivi une partie de notre périple dans les eaux de Hoàng Sa. Parlant des sous-marins nucléaires chinois, le commandant de ce bâtiment ultramoderne, équipé pour la détection et le combat a constaté qu'il y avait « du monde sous l'eau ». Et la journaliste du *Monde* qui accompagnait l'équipage écrit « Au large de l'île Lincoln, au passage de l'île Bombay, un avion de patrouille maritime chinois près des Macclesfield vient reconnaître la frégate en faisant un cercle ». C'est justement dans cette zone que notre esquif a été survolé par un hélicoptère de Pékin. Tout au long du trajet, la journaliste rend compte de la surveillance permanente de la marine de guerre de Pékin. Intimidation ? Certainement. Mais les pêcheurs vietnamiens savent fort bien que lorsqu'ils se sentent plus forts, les Chinois ne se contentent pas d'intimider. Cité par *Le Monde*, l'amiral commandant la zone maritime pacifique, M. Denis Bertrand, l'exprime clairement : « Si la liberté de navigation est bafouée ici, elle le sera partout, à court terme ».

Comme monsieur Jourdain qui faisait de la prose sans le savoir, chaque petit pêcheur du centre Vietnam qui fait face à Pékin dans les espaces de pêche de ses ancêtres défend aussi cette liberté. Il faut l'aider et le protéger.

Le prix des lycéens à Lorient

Immédiatement après l'équipée de mars avril 2017 à travers l'archipel des Paracels, je me suis mis au montage puis à la projection du film *Les chevaliers des sables jaunes* qui a obtenu le prix des lycéens au Festival international de la mer à Lorient. Je suis très fier de ce prix car un film qui touche les jeunes est nécessairement un film du cœur, authentique.

En revanche, mis à part les Viet Kiêu de Paris et leur club de cinéma YĐA qui en a organisé une projection, le documentaire, sorti en DVD, n'a pas retenu l'attention des amis du Vietnam. Côté médias, la presse régionale *La Marseillaise* et *Midi Libre* lui ont réservé un bon écho tandis que les journaux nationaux, dont *l'Humanité*, l'« ami historique du peuple vietnamien », l'ont royalement ignoré. Je l'ai donc posté sur YouTube pour un accès gratuit et libre, sans prise possible pour la censure au Vietnam. Pourtant éloquent sur le quotidien des pêcheurs-plongeurs, des centaines de milliers de travailleurs vietnamiens, le documentaire a été traité par les autorités et les médias dans le pays comme s'il n'avait jamais existé.

Personnellement, j'avais atteint avec mes modestes moyens, l'objectif que je m'étais fixé et j'avais honoré l'engagement pris à la suite du premier film : faire connaître au plus grand nombre le travail et la vie en mer des maris, fils et frères de ces veuves auxquelles j'avais donné la parole. Je pouvais enfin m'accorder un peu de répit pour l'opération, ajournée jusque-là, de mon épaule abîmée en mer et pour ma vie de famille.

Un cri longtemps contenu

Fin février 2019, santé rétablie et économies reconstituées, j'arrive à Saïgon avec l'intention de me rendre dans l'archipel des Spratleys* pour mettre au point le scénario d'un nouveau film.

2019 J'arrive pour un film…

Au cours des derniers mois, la Chine a accéléré sa politique d'annexion de la mer aux dépends des pays riverains. Elle a construit des îles artificielles à partir de récifs coraliens immergés, comblés et prolongés par des millions de mètres cubes de coraux arrachés à la mer, broyés par la drague géante *La baleine céleste* et bétonnés. Pékin s'incruste ainsi dans les zones économiques exclusives du Vietnam, des Philippines et d'autres nations. Mini-aérodromes, stations radar, garnisons militaires, dépôts de ravitaillement pour ses propres pêcheurs, bases de harcèlement contre les pêcheurs locaux pour les chasser de l'espace annexé. Sept îles militarisées ont été ainsi aménagées depuis 2014. « L'empire » ayant de surcroît décrété unilatéralement son intention de contrôler les airs par le projet de constitution d'une « zone d'identification de défense aérienne ». La menace sur les 21 îles et récifs encore contrôlés par le Vietnam, garants de la liberté de circulation et de pêche dans la zone, est devenue de plus en plus critique.

Sur la lancée de mes deux films précédents et pour suivre en quelque sorte les pêcheurs de Bình Châu et Lý Sơn qui, chassés des Paracels par la marine de guerre chinoise, vont pêcher dans les Spratleys, plus sûrs, j'ai décidé de réaliser un nouveau documentaire. Comme les précédents, de façon indépendante. J'en ai touché quelques mots à l'ex-Président Nguyễn Minh Triết lors d'une visite chez lui en 2018 et, après avoir lu le synopsis, il ne m'en a pas dissuadé sans promettre toutefois de m'aider.

Le scénario est simple : il s'agit de suivre un ou plusieurs jeunes soldats qui pendant des jours scrutent la mer dans une petite construction sur pilotis bâtie sur des récifs souvent immergés à marée haute, une « Nhà giàn », reliée au commandement par radio. Je veux les suivre dans leurs familles, avec leurs amis dans leur vie paisible, « normale » sur le continent et ensuite les observer sous tension véritable au milieu de l'immensité bleue, à attendre un ennemi qui ne vient pas mais qui peut surgir et attend son heure. Je veux montrer que, comme la sentinelle, titre que je veux donner au film, le Vietnam n'est pas vraiment en paix, mais en sursis d'une agression subite, condamné à une longue et pénible vigilance. Ceci, alors que non loin de là, dans l'île principale de l'archipel, la vie continue, simple mais tranquille, que les familles de civils et de militaires entretiennent jardins et vergers, élèvent du bétail et de la volaille, envoient les enfants à l'école… semblant ignorer la menace.

C'était ce visage paradoxal que je me propose de montrer sous l'angle de la mer. Les hasards de la vie ne m'en laisseront pas l'occasion.

…et je pars pour un autre

Mes amis du club Lê Hiếu Đằng, apprenant mon arrivée à Saïgon, m'invitent à leur réunion conviviale de début d'année lunaire. C'est au café restaurant Đoàn Viên dans le premier arrondissement. Plaisir de se retrouver, présentation de nouveaux membres que je ne connais pas, petit-déjeuner convivial. Nous sommes environ vingt-cinq.

Après avoir échangé quelques nouvelles personnelles et attaqué les bols de soupe, certains commentent les évènements culturels, sociaux et politiques du moment. Il est fortement question des expropriations sauvages de terres dont sont victimes les milliers de familles des « Jardins de Lộc Hưng » à Saïgon, comme ont été dépouillées quelques années auparavant les milliers de familles de la zone de « Thủ Thiêm » et comme sont menacées de l'être les centaines de paysans du village de Đồng Tâm près de Hanoï. Un des membres du club, habitant de Bình Dương, à une trentaine de kilomètres de Saïgon, se sent particulièrement concerné, sa famille ainsi que celles de dizaines de villageois de son coin subissent les mêmes pirateries officielles depuis 2003 et lui-même a enduré trois ans de prison pour les avoir dénoncées.

Si je suis sensible à la confiscation violente des îles et de la mer par Pékin c'est d'abord parce que je connais la misère des pêcheurs et de leurs familles, mais mes racines paysannes me rendent encore plus solidaire des centaines de milliers de familles victimes de ce fléau national qu'est la confiscation des terres par les dirigeants corrompus acoquinés avec des promoteurs voyous. Quelquefois les deux ayant la même casquette. J'imagine mon père et ses frères et sœurs qui auraient vu débarquer sur leurs maigres terres durement cultivées des voyous appuyés par des policiers pour les en chasser en détruisant leur maison familiale. Je ne pense pas qu'ils auraient hésité à sortir le vieux fusil du grand-père, les fourches, les faux et les serpes pour résister. Et si j'avais été en âge de le faire, j'aurais, avec eux, sans aucune hésitation non plus, frappé et tiré. Plus pour faire respecter ma dignité et celle des miens, la mémoire de ceux qui nous ont précédés que pour défendre la propriété de quelques maigres chênes et tas de lauzes. Cette « tragédie nationale », selon les mots de l'avocat Đặng Đình Mạnh, est plus que jamais actuelle et encore plus insupportable au Vietnam étant donnée l'Histoire de ce peuple qui vit à 70 % de la terre et s'est battu pendant plus d'un siècle contre toutes sortes d'envahisseurs qui voulaient la lui enlever. Garder sa terre, celle du village, celle du pays, c'est essentiellement sur cette base et sur l'espoir de justice sociale que le Parti communiste vietnamien a réussi à agréger les forces populaires et conduire leur combat. C'est cet espoir qui a fondé et légitimé de si terribles et si longs sacrifices. L'indépendance et la liberté tant promises par Hồ Chí Minh, passent d'abord par la propriété familiale de la terre. Et voilà qu'une fois le pays « libéré » et réunifié, ce même Parti communiste sous le couvert cynique de « propriété de tout le peuple », prête, reprend, distribue à son gré cette terre marquée, façonnée, amendée par des générations de travailleurs. Il le fait sans aucun respect pour ceux qui y sont enterrés et leurs descendants dont elle est le seul et unique moyen de vivre. Des milliers de vétérans, de blessés de guerre, de familles qui ont pleuré en leur sein des morts en déportation, par la torture, sous les bombes et la mitraille n'y échappent pas. Ils sont maintenant envahis par des troupes de policiers en uniforme ou en civil, de gendarmes mobiles et autres militaires, des miliciens, des voyous de la mafia locale loués par des promoteurs véreux, de véritables unités de bulldozers pareils à des blindés qui rasent arbres, maisons et tombes. Un parti qui selon le dicton populaire « ăn cháo đái bát », « mange le potage et pisse dans le bol » des sacrifices passés. De véritables forces étrangères d'agression avec leurs troupes régulières et leurs mercenaires. Car ces individus n'ont rien à voir avec le monde paysan vietnamien, son travail, ses traditions, son histoire. Ce sont les étrangers du dollar. Ils participent d'un nouveau colonialisme, un colonialisme foncier au profit d'étrangers de l'intérieur sous la protection d'un parti dégénéré.

Les vagues d'agressions sont même quelquefois plus violentes qu'à l'époque coloniale. À Hanoï, Đà Nẵng, Quảng Ngãi, Saïgon, Can Thơ, je les ai vus, jetés à la rue, regroupés sur les trottoirs ou sur les places avec leurs pauvres écriteaux ou petites banderoles aux slogans écrits à la main, dans le froid, sous un soleil brûlant ou sous la pluie, s'abritant sous de petites toiles. De leurs villages ils étaient « montés » à la ville, devant le siège du parti Communiste et du Front de la patrie aux portes désespérément closes. Je les ai entendus, les yeux à la fois courroucés et craintifs, car ils savaient le surcroît de violence que leur action pouvait leur apporter sur place ou quand ils seraient rentrés au village. J'ai été ému par l'obstination de ces pauvres gens à vouloir croire encore en la droite protection de la loi, en la loyauté des apparatchiks de la justice, en l'humanité d'un système animal qui les broie.

Quand j'arrive au Vietnam en ce début de février 2019, je n'ignore pas les noms de ces batailles pour la terre à Tiên Lăng, Văn Giang, Thái Bình, Dương Nội... Je connais les noms des victimes qui se sont suicidées après avoir résisté ou qui ont été condamnées à mort ou encore qui ont enduré de très lourdes peines de prison : Đoàn Văn Vươn, Đặng Ngọc Viết, Đoàn Văn Hiến... J'ai suivi par le net ou racontées par des parents et des amis ces tragédies épurées, dénaturées par la presse à la botte. Les terres nourricières volées, mises en jachère alors que la faim est là, pour construire des golfs, des casinos où est blanchi l'argent de la corruption, une population désemparée, privée de son passé et de son avenir.

En début de réunion, quand mes amis parlent de la sauvage évacuation des familles des jardins de Lộc Hưng à Saïgon, tristesse et colère m'envahissent. Réfugiés du Nord établis là depuis 65 ans, petites maisons et petits jardins ouvriers, tout est rasé juste avant les fêtes du nouvel an lunaire.

Je ne peux pas laisser croire que j'ai voulu ça quand j'ai levé ce drapeau. Je dois condamner cette gigantesque usurpation, cette odieuse trahison. Je dois laisser cette honte à ces dirigeants pour qu'ils en soient comptables. Je n'ai absolument rien à voir avec le Vietnam qu'ils représentent. Quand le Président m'a tendu le petit livre de la

Constitution, je l'ai pris en déclarant que je resterai fidèle aux principes de liberté, d'égalité et de fraternité qui m'ont vu naître et qui m'ont amené à m'engager aux côtés du Vietnam. Tout cela trotte dans ma tête alors que la caméra, posée sur pied, tourne pour fixer nos moments d'amitié.

Notre réunion continuant, chacun raconte, souvent de façon humoristique les dernières tracasseries de la police. Avec sa gouaille habituelle, le vieux Nguyễn Văn Kết, ancien secrétaire du premier général de la police populaire après 1975, nous fait tous rire en racontant comment, avec son copain Kiệt ils déjouent régulièrement leurs « queues », ces policiers chargés de leur surveillance avec mission de les bloquer chez eux la veille de chaque manifestation possible. Les deux compères s'éclipsent dans la ville deux jours avant la date de la manifestation pour se retrouver dans un petit réduit – où je les ai interviewés – au milieu d'objets et petits meubles en désordre. Ils dorment dans ce coin de maquis urbain sur des lits de fortune et y prennent leur repas sommaire, complètement à l'abri des regards, pour, le moment venu, prendre une moto taxi jusqu'au lieu de la manifestation, fiers d'avoir remporté cette nouvelle victoire contre l'ennemi, façon Viêt-Cong.

L'actrice « émérite » Kim Chi, est une des figures emblématiques de ces artistes maquisards dans les jungles de la résistance. Partie du Nord, elle a traversé à pied et sous les bombes, les pistes Hồ Chí Minh pour rejoindre son Sud natal tout en jouant la comédie et en chantant pour ses camarades combattants. Elle raconte comment elle est maintenant confinée dans son appartement d'un HLM de banlieue, avec de jeunes policiers qui contrôlent ses entrées et sorties ainsi que celles de ses visiteurs. Elle les plaint d'en être réduits à leur âge à une tâche alimentaire si peu glorieuse comparée à celle qu'elle a eu le bonheur de connaître dans sa jeunesse. Et en même temps, elle ironise sur la situation en y trouvant des avantages : lorsqu'elle va faire les courses au supermarché, ils proposent aimablement de lui porter ses achats.

Trần Văn Bằng, ingénieur, témoin de la guerre dévastatrice menée par les hordes chinoises à la frontière Nord en février 1979, dit comment les caméras de surveillance ont été installées devant son domicile saïgonnais et plaisante sur le triste sort des « soupes de nouilles » qui poireautent près de leurs motos au coin de la rue à longueur de journée, prêts à le suivre quand il sort. Il est depuis en prison pour de longues années. Au fur et à mesure de leurs récits, Je me dis qu'un de ces jours, il faudra que je fixe pour la postérité ces faits d'armes quotidiens du glorieux Parti communiste vietnamien d'aujourd'hui.

Une petite goutte et le grand vase déborde

Les conversations vont bon train lorsque nous apprenons par un serveur l'arrestation soudaine de notre ami le poète Phan Đắc Lữ qui vient de quitter la réunion. C'est la goutte d'eau qui fait déborder le vase. J'annule tous mes projets de départ vers les îles et décide de me lancer au pied levé dans un nouveau film pour dénoncer l'inquiétante dérive policière du régime. Je fais part sur le champ de mon intention aux amis présents à la réunion et leur demande de m'aider. Malgré le danger, ils se proposeront tous pour témoigner et me guider dans cette aventure hasardeuse. Sans eux, je n'aurais jamais pu réaliser *Un cri qui vient de l'intérieur*.

Dès les premières rencontres, je mesure la témérité de mon défi. D'abord sur le plan technique : seul, avec un budget de touriste modeste, un équipement photographique des plus sommaires et une compétence limitée de caméraman autodidacte, l'entreprise est déjà osée. Chaque interview étant unique et définitive, sans mise en scène ni entretien préalable, dans l'environnement aléatoire du direct concernant la lumière et le bruit, je n'ai pas droit à l'erreur au risque de décevoir mes amis et de gâcher des moments d'exception. J'en ai, hélas, gâché quelques-uns. Mais surtout, il faut ajouter les problèmes de sécurité pour moi et ceux que je filme alors que nous savons mon téléphone sur écoute de la police, mes déplacements vraisemblablement suivis… Ce film est donc enfanté sous forte pression, façon guérilla.

D'entrée, je rencontre des problèmes d'internet. D'abord pour des raisons politiques auxquelles Facebook n'est peut-être pas étranger. En effet ce réseau qui se targue de porter en son cœur la démocratie mais pour lequel les revenus d'un marché juteux priment sur les principes de liberté, a fait allégeance aux exigences de contrôle du PCV. En 2017, sa directrice administrative, Monika Bickert est venue à Hanoï rencontrer le ministre de l'Information et de la Communication M. Trương Minh Tuấn. Depuis, les articles effacés et les comptes bloqués se multiplient sous le prétexte de « violation des critères de la communauté ». La loi sur la sécurité du net, « an ninh mạng » que les démocrates vietnamiens ont, pour raison d'homophonie, appelée « animal » a été allègrement votée par l'Assemblée et est entrée en vigueur le 1er janvier 2019, juste avant mon arrivée. Dix mille militaires – le bien nommé « groupe AK47 » – sont préposés au contrôle liberticide de la toile, sous les ordres d'un lieutenant général du Département politique. Ils sont aussi payés pour inonder le net de fausses nouvelles, pour insulter, menacer les opposants, pour provoquer, casser les solidarités…

Ce contrôle et cette pollution du cyberespace qui empêche d'ouvrir ou d'envoyer des dossiers, des mails, des vidéos, venant s'ajouter aux filatures de terrain par les « queues » et les « soupes de nouilles », l'écoute du téléphone portable et les craintes d'écoute ou même d'observation jusque dans la chambre à coucher, tout cela fait que je considère chaque nouvelle séquence filmée et sauvée, à la fois comme une victoire et comme un sursis. Et je dois avouer que jusqu'aux derniers moments du séjour quand je suis remonté dans l'avion pour le retour en France après deux mois de tournage, je n'ai pas été tranquille.

Défi improbable

J'ai commencé les interviews à Saïgon, début mars avant de me rendre à Hanoï pour rencontrer le général Nguyễn Trọng Vĩnh qui m'a accueilli en compagnie de sa fille Mme Nguyễn Nguyên Bình, colonelle démissionnaire de l'armée populaire, dans leur modeste maison au bord du petit lac de Kim Liên. Puis j'ai rendu visite à mon ami Phạm Toàn pour parler du site web Bauxite.vn qu'il a fondé avec le professeur Nguyễn Huệ Chi. Jusqu'ici, malgré tous les coups de boutoir policiers, leur site a servi de refuge à tous les intellectuels interdits des journaux ou censurés par le Comité central de la propagande. Ils ont publié tous mes articles. Phạm Toàn, Nguyễn Ngọc Giao et Hoàng Hưng ont traduit en vietnamien la quasi-totalité de ces articles sur Bauxite.vn. et Diễn Đàn.

Je voulais aussi interviewer Phạm Toàn le pédagogue sur son groupe « Cánh buồm » (voile de jonque), militant pour une pédagogie d'ouverture, de découverte et d'accompagnement, contre la rigidité et le conformisme d'un enseignement sous influence politique partisane. Je voulais l'interroger sur le mouvement des intellectuels et artistes « nhân văn giai phẩm » (Humanisme et belles œuvres) pendant la réforme agraire qui visait à libérer les arts et les lettres de l'emprise du « Parti des travailleurs ». Nous avions encore beaucoup de sujets à évoquer pour terminer tranquillement la bouteille de bon vin que j'avais apportée. Par exemple le succès de la série d'ouvrages pédagogiques du CP à la fin du collège édité en 2015 par la maison d'édition « Tri thức ». Toàn m'avait demandé une contribution sur Anatole France à laquelle j'avais modestement satisfait. De France, j'avais appris que le rédacteur en chef de cette maison d'édition, notre ami Chu Hảo avait subi les assauts des cerbères du Parti au point qu'il venait de le quitter en 2018 et je me demandais si la maison d'édition n'avait pas été dissoute. Je me souviens de l'accusation dans la presse officielle : « ...de 2005 à 2018 la maison d'édition Tri Thức a édité 29 livres au contenu contraire au point de vue, aux directives et à la ligne du Parti et de l'État, violant la loi de l'édition. Ils ont été retirés et détruits ». Notre ami l'écrivain Nguyên Ngọc venait également de quitter le Parti par solidarité avec Chu Hảo. Alors, ses très nombreuses œuvres dont certaines jusque-là étaient au programme dans les écoles de tout le pays, furent menacés d'ostracisme par l'omnipotent Comité central de propagande et d'éducation. Décidément, dans ces années 2018-2019 remontaient des relents de la sombre période, plus de soixante ans en arrière, où les intellectuels progressistes du Nord étaient victimes des foudres conservatrices du Parti. C'est sur ce sujet que je voulais interviewer Toàn. Mais le temps nous manquait. Nous n'avons pu réaliser que quelques mots d'interview en prenant rendez-vous pour septembre. Quand je l'ai quitté, il m'a demandé où en était mon livre car il comptait bien le traduire en vietnamien. Je lui ai dit que la priorité allait au film. Alors il me prit par l'épaule et dit en souriant : – « Dépêche-toi, mon ami, le temps passe vite ». Deux mois plus tard, Toàn nous quittait et je n'ai jamais pu terminer l'interview.

Chez Toàn, nous parlons Đồng Tâm

C'est chez lui que j'ai rencontré par hasard de jeunes intellectuels et militants écologistes qui m'ont parlé des villageois de Đồng Tâm, en résistance contre la réquisition de leurs terres agricoles par le géant des télécommunications de l'armée : Viettel. Je suivais depuis des mois le long combat de ces paysans. Il s'appuie sur une loi de la propriété foncière des plus iniques : « La terre appartient à tous et l'État en administre l'usage », c'est-à-dire retire cet usage ou l'attribue selon son bon vouloir. Véritable tour de force car, en se présentant comme garant du bien public, il le confisque de fait. Et cette confiscation est toujours violente, souvent sanglante.

Ici le gâteau est de taille : 59 hectares de terres dans l'arrondissement de Mỹ Đức à proximité de Hanoï, un paysage bucolique de petits pains de sucre. Parfait pour les promoteurs. Un paradis pour la corruption, à deux pas du centre de la capitale. Des millions de dollars à engranger au nom de la défense nationale. Avec l'urbanisation galopante, la zone est devenue la cible des prédateurs du Parti et de leurs réseaux dans la police et dans l'armée car la vaste parcelle cultivée par les villageois depuis des générations jouxte celle destinée depuis longtemps à l'armée pour un aérodrome qui a déjà son nom sans aucune piste ni bâtisse : Miếu môn.

Le scénario s'accélère à partir de la fin de 2016 quand l'armée et la police déclenchent l'offensive en délimitant les 59 hectares ciblés par des cordages et des panneaux « Interdit – zone militaire ». Les paysans enlèvent les cordages et les panneaux et procèdent aux travaux agricoles habituels. Des centaines de policiers, gendarmes, miliciens déboulent alors sur les lieux avec canons à eau, véhicules militaires, ambulances. Ils tabassent le patriarche du village (fracture du bassin et du col du fémur), l'arrêtent ainsi qu'un de ses fils et un groupe d'autres paysans emmenés pour interrogatoire à Hanoï. Pendant ce temps, les autres paysans et surtout les femmes isolent 38 gendarmes mobiles qu'elles désarment sans violence physique. Elles les « hébergent » pendant sept jours dans la maison de la culture du village. Le président du Comité populaire de Hanoï, Nguyễn Đức Chung, membre du Comité central du Parti, général de la police populaire, député et… actuellement en prison pour corruption, vient négocier avec le bas peuple. Espoir : il remet en liberté les paysans emprisonnés, s'engage par écrit à ce qu'il n'y ait pas de poursuites. Les femmes relâchent les 38 gendarmes qu'elles avaient nourris, logés et protégés. Certains les ont remerciées. Désillusion : deux mois après, la police de Hanoï engage des poursuites pénales pour séquestration des 38 gendarmes. En juillet 2017, le Procureur de Hanoï souffle le froid : il annonce son interprétation de la loi : « Toute la zone de l'aéroport à l'intérieur des limites administratives de Đồng Tâm – c'est-à-dire les deux parcelles – appartient à la Défense nationale ». Les villageois doivent donc être totalement dépouillés. En mars 2018, la réalité du terrain souffle le chaud : l'armée creuse une tranchée et élève un mur autour de la zone de 47 ha destinée à l'aéroport, pour la séparer des 59 ha traditionnellement cultivés par les villageois, ce qui semble présager de la coexistence de deux zones, villageois d'un côté, armée de l'autre. Avril 2019, fin des espoirs de conciliation : le Parti affûte ses armes juridiques pour légitimer la violence à venir et l'inspecteur général du gouvernement s'en fait l'écho. Il confirme la première conclusion de l'inspecteur de Hanoï et rejette toute requête des paysans qu'il déclare « sans fondement ».

Au cours de mon repas chez Phạm Toàn j'émets le souhait de rencontrer ces courageux villageois car je pense qu'ils ont leur place dans mon film. Des jeunes me proposent de faciliter le contact.

Un programme chargé à travers le Vietnam

Mais je dois remettre la rencontre au mois d'avril car depuis l'annonce de ma décision de réaliser un documentaire, mon carnet de rendez-vous s'est considérablement étoffé et les dates sont retenues.

À Saïgon, je dois interviewer Trần Văn Bang, l'ingénieur, emprisonné depuis, Kha Lương Ngãi, ancien rédacteur en chef du journal *Sàigòn Giải Phóng* (libération de Saïgon). Je dois rencontrer les femmes des « Jardins de Lộc Hưng » dont les maisons et les jardins qu'elles occupaient depuis plus de 60 ans avec 112 autres familles viennent d'être rasés sur plus de quatre hectares, en pleine ville. Je dois interviewer un de leurs avocats, M. Đặng Đình Mạnh actuellement réfugié aux USA. J'ai promis d'être présent pour la commémoration des soldats abattus par la marine chinoise à Gạc Ma, le 14 mars 1988. Mon ami le journaliste Phạm Chí Dũng souhaite s'exprimer sur l'expansionnisme chinois et les réquisitions illégales des terres et ce n'est pas facile de le rencontrer étant donné la pression exercée par ceux qui le traquent et par ceux qui me filent. Lui aussi a été depuis emprisonné pour quinze longues années. Je voulais en outre rencontrer des vétérans de la République du Vietnam, les pauvres « fantoches » très lourdement blessés et handicapés au cours des dernières années de combats, essentiellement sur le terrible front de Quảng Trị, zone démilitarisée. Je voulais voir comment ils survivent, comment ils sont traités par le nouveau régime. Je voulais encore interviewer Danièle Tiêu Thị Tân sur sa vie de misères et d'honneur, mon ami Mẫm, figure emblématique de la résistance étudiante anti-américaine et vraiment démocratique, avalée par le Parti communiste avec beaucoup d'autres personnalités de la « troisième composante » dont mon avocat, Me Nguyễn Long. J'avais rendez-vous avec les familles de villageois de Bình Dương, résistants contre les colonialistes français et les Américains puis dépossédés de leurs demeures et de leurs terres depuis 2003. Entre ces rencontres, je devais trouver du temps pour me rendre chez les pêcheurs de Bình Châu pour remettre les aides de mon association aux veuves et aux pêcheurs victimes d'agressions chinoises en mer ; interviewer une nouvelle victime qui venait de perdre son bateau coulé près des récifs de Đá Lồi. De là, Hội An pour rencontrer Nguyên Ngọc, Chu Hảo et Trần Đức Anh Sơn, le chercheur historien qui venait d'être exclu du Parti.

Rencontre à Đồng Tâm

Ce n'est que le 8 avril que j'ai pu rencontrer les villageois de Đồng Tâm. Ce fut au terme d'un périple digne d'un véritable polard.

Une femme vient me chercher le matin au centre de Hanoï au volant d'un taxi. Mon portable neutralisé pour ne pas être tracé. Pas un mot sinon le bonjour minimum. Nous roulons vers la banlieue. Au bout d'un moment, elle se gare derrière une autre voiture dont le conducteur descend. Je reconnais un des jeunes rencontrés chez Phạm Toàn. Nous montons dans son véhicule qui roule pendant de longs kilomètres jusqu'à un jardin clôturé où la voiture nous laisse pour le long interview d'un avocat plusieurs fois emprisonné politique. Puis c'est un barbecue avec trois ou quatre amis.

Là commence une discussion entre eux pour décider si on doit ou non me conduire à Đồng Tâm, la situation sur place paraissant tendue. Certains pressentent une réaction violente de la part de la police et craignent pour ma sécurité et peut-être aussi pour la leur (un d'entre eux a connu la prison depuis). Je leur dis que je n'ai pas fait tant de chemin pour renoncer si près du but et que j'assume toute conséquence fâcheuse. Finalement je monte dans une voiture sur une petite route de campagne défoncée jusqu'à une autre moto qui m'attend. Une nouvelle voiture nous escorte. Enfin, j'arrive dans une cour où attendent plusieurs dizaines de villageoises et villageois. Monsieur Lê Đình Kình, le patriarche à l'allure d'Hồ Chí Minh, l'air jovial, sourcils touffus et longue barbe blanche, m'accueille avec sa canne sur le seuil d'une grande pièce comble d'une quarantaine de personnes assises à même le sol. Il est entouré d'un groupe de journalistes indépendants qui sont venus filmer notre rencontre et qu'il semble connaître. Le vieil homme de 84 ans se déplace avec grande difficulté suite à la sauvage agression qu'il a subie de la part des gendarmes mobiles deux ans plus tôt. Il parle avec beaucoup de clarté et de cohérence. On voit rapidement qu'il est rompu à cet exercice. C'est un dirigeant et avec ses cinquante-cinq ans de Parti, il a l'habitude des réunions et des exposés. Je les assure qu'en tant que citoyen vietnamien et français, je m'engage à utiliser ma caméra et ma plume pour faire entendre leur voix. M. Lê Đình Kình s'adresse à moi par mon nom vietnamien précédé de « camarade ». Assis sur son fauteuil, sans lire une seule note et pendant près de deux heures, il expose le dossier historiquement, administrativement et juridiquement. Il en maîtrise tous les aspects comme les moindres recoins du terrain de Đồng Sênh qu'il a cultivé. Quelques femmes dont sa fille prennent également la parole. Leur intervention est essentiellement une accusation de la violence policière et de la corruption ainsi qu'un appel à la solidarité.

Mon pressentiment

Concentré sur mon appareil pour ne rien perdre des témoignages, je n'ai pas pu mesurer pleinement la force qui émanait de ces regards tranquilles. Assis, serrés les uns contre les autres, dans cette grande salle sur de larges tapis, ils avaient tout l'air de grands enfants paisibles, réunis pour un moment de fête, confiants dans leur bon droit. Tout sauf un groupe d'excités violents. Mais je savais à quel point cette force était dangereuse pour le régime et cela m'inquiétait pour eux. Non seulement parce leur combat privait de gros prédateurs d'un substantiel gâteau qu'ils sentaient à portée, mais surtout parce qu'il remettait en question efficacement l'arbitraire des administrations au service du Parti. Parmi elles, celle de la justice. Elle avait devant elle un communiste militant de plus d'un demi-siècle, irréprochable dans son comportement citoyen et patriotique : avec son épouse, ils avaient hébergé et nourri gratuitement des combattants provisoirement de retour du front. Irréprochable dans ses anciennes fonctions administratives locales, peut-être le seul au fait de tous les dossiers, en sa possession. Il en savait beaucoup. Beaucoup trop. Un homme respecté, entouré d'autres travailleurs. Le Parti d'en bas, bien sain, aux mains calleuses, et traditionnellement fidèle. Pas de prise idéologique sur eux comme pour les dépossédés catholiques des jardins de Lộc Ninh à Saïgon. Impossible de leur faire porter le chapeau de « réactionnaires » ou de « forces de l'étranger ». Ajoutez à tous ces points forts du mouvement une ligne de combat résolument déclarée contre la corruption, actuel cheval de bataille du secrétaire général-Président Nguyễn Phú Trọng. Le pouvoir est défié comme il l'a rarement été dans une période où, dans tous le Vietnam, la chasse aux hectares à bétonner est ouverte. Il est défié aux yeux du pays et même de l'étranger, le mouvement s'étant doté par le net d'une capacité de communication qu'aucun autre n'avait eue jusqu'ici.

Enfin, plus dangereux encore pour le pouvoir, ce défi semble susciter quelques frémissements solidaires dans le pays. En 2013, un pisciculteur de Hải Phòng, M. Đoàn Văn Vươn a, avec sa famille, utilisé des armes artisanales pour résister à la réquisition de sa pisciculture. Il a été condamné à cinq ans de prison et en a purgé trois. L'affaire a ému l'ensemble du Vietnam et le Premier ministre Nguyễn Tấn Dũng a déclaré illégitime la réquisition de ses terres. Désormais, monsieur Vươn qui a repris ses activités de pisciculteur propose sa médiation en déclarant notamment à la presse internationale : « Le pouvoir doit tirer la leçon des précédentes réquisitions dans les différentes régions… Chaque nouvel incident prend sa source dans une politique et une loi foncière inappropriées qui dépossèdent les gens de leurs terres comme moyen de subsistance. Le gouvernement doit abolir ou amender la loi foncière sur « la propriété de tout le peuple ». C'est, simplement dit, ce que pensent tous les paysans du Vietnam, du nord au sud, aspirations que met en avant le combat des « Đồng Tâm ».

J'ai conscience de la gravité des enjeux au centre desquels se trouvent ces simples villageois assis autour de leur patriarche et si je suis enthousiasmé par leur détermination et leur confiance en leur bon droit, je ne peux m'empêcher d'être inquiet quant aux réactions de la machine qui leur fait face. Je les quitterai trop vite après quelques accolades, sans me douter que je ne reverrais plus jamais le sourire affable et confiant du vieux Lê Đình Kình.

Coup de semonce à l'aéroport de Nội Bài

De retour à Hanoï par des chemins détournés et quelques changements de véhicule jusqu'à mon hôtel, je m'empresse de mettre à l'abri les précieuses séquences d'interview et, dès le lendemain, je lève le camp vers Đà Nẵng et Hội An.

Ce 9 avril au matin, à l'aéroport, j'enregistre mes bagages, passe le contrôle et me rends à la porte d'embarquement. Quelques minutes plus tard, je reçois un appel téléphonique m'invitant à retourner à l'enregistrement pour un contrôle des bagages. Là, une petite femme, la quarantaine, me donne du « Bác Quyết », grand-oncle Quyết, et m'indique une petite pièce où elle m'invite à m'assoir. Quand je lui demande où sont mes bagages, elle évacue la question et me dit en vietnamien: « Vous êtes journaliste… » Je coupe net: « Pas du tout, je suis instituteur par contre vous n'êtes pas contrôleur de bagages, vous êtes de la police et vous savez très bien qui je suis et toute mon histoire ». Elle acquiesce, à peine gênée, et me présente deux de ses collègues, des hommes en civil d'une quarantaine d'années que je n'ai pas vu arriver. « Je m'appelle Linh et voici Thiếp et Tuấn. Nous nous excusons pour le dérangement mais avons quelques questions à vous poser de la part de nos supérieurs ». « Ne tournons pas autour du pot, je n'ai rien à cacher ». Elle me surprend par son style direct: « -Est-ce que vous soutenez le régime? Le Parti? Vous êtes allés hier à Đồng Tâm avec d'autres Vietnamiens? ». « -C'est exact, vous le savez bien, vous avez mon numéro de portable et donc vous écoutez mes conversations, alors pourquoi demander? » « -Vous avez filmé? Quoi? dans quel but? » « -C'est tout à fait personnel et je ne pense pas qu'il y ait interdiction de le faire. Les villageois m'ont invité à écouter leur témoignage. Mon film leur donnera la parole. Je trouve très triste la façon dont ils sont traités. J'ai longuement enregistré M. Lê Đình Kình et quelques femmes du village, mères et grand-mères. Je respecte les gardes mobiles qui se sont laissé désarmer sans verser le sang. Je déteste ceux qui ont frappé des innocents et en particulier le vieil homme. Qu'avez-vous à me reprocher? Vous me demandez si je soutiens le régime, le Parti? Vous savez ce que je pense parce que je l'ai très souvent écrit… Non je ne suis pas d'accord avec une loi qui favorise cette corruption. J'ai honte de ce capitalisme sauvage habillé de communisme quand je vois qu'au nom de cette loi des dirigeants envoient des bras armés pour tabasser et mutiler des vieillards comme M. Lê Đình Kình qui était au Parti d'Hồ Chí Minh alors que vous n'étiez pas encore nés. Ce que je vois de jour en jour et qui me rend malade, c'est un communisme qui déclare la guerre aux travailleurs, à l'opposé des valeurs humanistes et libératrices que j'ai soutenues et que je soutiens toujours. J'ai le sentiment d'être trahi ».

La policière prend des notes très scrupuleusement, sans lever les yeux de sa tablette. Je parle le plus clairement possible, en choisissant mes mots, de façon redondante pour éviter les problèmes d'accent. Je me lâche avec délectation tenant fermement entre mes jambes le ballot contenant mes appareils et les précieuses cartes mémoires, bien que les policiers n'aient jamais manifesté de velléité de s'en emparer. Je me lâche sur l'agression policière qui a décidé de mon film dès mon arrivée à Saïgon, sur ces communistes qui persécutent et maltraitent d'anciens résistants parce qu'ils luttent contre la corruption, ces communistes lâches face à la Chine et cruels envers leur peuple et même leurs camarades comme le vieux Lê Đình Kình… « Est-ce que vous approuvez le comportement de vos collègues policiers envers ce vieillard ? ». Elle me répond que la violence est des deux côtés et qu'un garde-mobile a été malmené. « -Donnez-moi ses coordonnées, il pourra s'exprimer dans mon film ». « -Il habite Saïgon » « -Aucun problème, il pourra me rencontrer à mon hôtel dont voici l'adresse déjà connue de vos services… » Elle fait mine de prendre l'adresse. Je n'aurai jamais de nouvelles du policier malmené.

La liste des désaccords s'allongeant, elle s'arrête d'écrire et, comme pour s'excuser : « Le temps presse, grand-oncle, on ne veut pas vous faire manquer votre avion. Nous, vos neveux, admirons ce que vous et votre génération avez fait pour le Vietnam et marchons sur vos pas. Nous sommes venus parler avec vous parce que nos dirigeants voulaient savoir ce que vous pensez de Đồng Tâm ». Je détends l'atmosphère : « Ce n'est donc pas cette fois que je vais découvrir les barreaux du Hanoï Hilton » (nom ironique donné à la prison centrale de Hỏa Lò). Ils rient et Thiếp enchaîne sur un autre ton : « Je vous demanderai votre adresse mail pour vous envoyer le compte-rendu de notre conversation ». Puis, très solennel : « Notre devoir est de vous avertir de ne pas faire des choses qui nuiraient au Parti et à l'État », expression juridique consacrée qui motive arrestation et emprisonnement, « sinon, vous devrez en assumer les conséquences ».

La messe était dite et la menace on ne peut plus claire. Ce coup de semonce confirmait deux choses : 1) le Parti ne lâcherait pas sur Đồng Tâm. 2) j'étais bien dans le collimateur de la sécurité.

J'avais déjà eu affaire à eux quelques années auparavant alors que j'écrivais beaucoup contre les arrestations de journalistes anti-corruption, contre la soumission à la Chine… Ils me félicitaient de mon soutien « précieux » à la position du Vietnam sur la question de la souveraineté en mer de l'Est. Mais ils me « conseillaient respectueusement » de ne pas manifester, de ne pas critiquer le Parti sur la question de la bauxite des Hauts plateaux, de la démocratie. Le ton restait affable et les deux rencontres qui ont eu lieu dans un café de Saïgon m'ont permis de mesurer l'état de mes relations avec la police politique : pas excellent mais acceptable. À ce moment-là, si j'étais devenu un personnage sensible, remuant et peut-être cause d'embarras, je restais quand même un ami « utile » pour l'« internationalisation » du débat sur la mer et les archipels. L'épisode de l'aéroport que je venais de vivre amorçait une rupture par l'exposition de mes désaccords quasi complets avec le Parti et ma volonté de combattre ses comportements de plus en plus violents. Un pas avait été franchi dans le désamour. Et, avec ce nouveau film, il allait se creuser peut-être jusqu'à la détestation.

Étrange rencontre à Đà Nẵng

Le lendemain de cette mise en garde policière à Hanoï, un évènement étrange se produisit. J'étais à Đà Nẵng lorsque l'historien que je venais d'interviewer me transmit l'invitation d'un de ses amis très désireux de me rencontrer. Nous sommes allés retrouver ce monsieur sur le Bạch Đằng*. Face au fleuve Hàn, l'endroit n'avait plus rien à voir avec la rangée de bars américains glauques que j'avais connus pendant la guerre. L'homme, à l'embonpoint d'un bouddha rieur, m'attendait devant deux grandes tours de trente étages qu'il me présenta fièrement comme son nouvel hôtel cinq étoiles appelé Hoàng Sa (Paracels) et Trường Sa (Spratleys). Dans la cour, devant l'hôtel, la statue de Trần Hưng Đào, héros de la lutte ancestrale contre les Chinois, était en construction et, au dernier étage d'un des deux immeubles, une hélisurface. Accompagné de son ingénieur français, il me fit visiter le très luxueux édifice, me présenta ses cadres essentiellement orientés vers la clientèle japonaise plutôt que chinoise, puis m'invita à déjeuner seul avec lui « pour parler d'un sujet important ». Dès l'apéritif, il alla droit au but : « J'ai beaucoup d'admiration pour vous et ce que vous faites. Trois de mes frères et sœurs ont été déportés à Côn Đảo* sous l'ancien régime. J'ai vu votre film *La Meurtrissure* et il m'a ému. J'ai appris que vous en avez réalisé un autre et que vous êtes en train d'en préparer un troisième. Est-ce que vous êtes sponsorisé ? Ce doit être difficile de supporter ces frais sur votre seul budget ». Je ne niais pas les difficultés et sentis venir une proposition. « Si vous êtes d'accord, ma société peut vous aider. Nous pouvons signer un accord pour l'exclusivité de diffusion du film au Vietnam en échange de dix mille euros pour vos frais de tournage. Vous toucherez une part des recettes de la diffusion et si vous veniez à disparaître, votre famille continuera à percevoir des royalties ».

À ces mots le corbeau ne se sent plus de joie… il ouvre un large bec, mais y il retient sa proie. De toute évidence, la somme étant déjà bien inférieure aux frais de tournage, le piège pourrait bien se trouver dans le contrat d'exclusivité : une fois signé, la société de ce monsieur, prétextant n'importe quel motif, pourrait tout à fait tranquillement et légalement bloquer la diffusion des films mieux que n'aurait pu le faire n'importe quel interdit politique. Ce richissime homme d'affaires avait-il quelque chose à voir avec la police ? Je l'ignore. Apparemment il y avait des antennes car j'avais pris du retard pour mon embarquement vers Saïgon et, sur un simple coup de fil de sa part, un membre de la sécurité de l'aéroport m'attendait pour me conduire à bord. Malgré le rendez-vous pris à Saïgon, je n'entendrai plus parler de cet aimable et énigmatique bouddha rieur.

Le lendemain, 11 avril 2019, je reçois ce message d'un ami : « S'il te plaît, sois prudent. La police cherche activement tous ceux qui sont liés à ton interview de Đồng Tâm. La jeune fille présente à l'interview qui filmait et diffusait en direct a été arrêtée hier et interrogée toute la journée. Elle n'a été libérée qu'à 8 heures du soir. Cache tes enregistrements aussi soigneusement que tu peux ». Je me concentre sur cette tâche, ne laissant aucune carte mémoire à l'hôtel et, le 17 avril, je m'envole rapidement pour la France avec, comme but, le montage du film.

À peine de retour qu'il faut repartir

J'y travaille dès mon arrivée. Mes finances étant mises à mal, j'ai recours à une collecte de quelques dizaines de Viet Kiêu* pour assurer les frais du montage qui nécessite un travail de professionnel, d'autant que mes prises de son s'avèrent souvent défectueuses. Mais tout en avançant dans la construction de mon film, je réalise que j'ai oublié un des points essentiels de la vie moderne du Vietnam : l'écologie. J'avais beaucoup d'opportunités et beaucoup d'angles pour illustrer cette facette d'un développement paradoxal et anarchique, choisi par un régime qui détruit pour produire.

Je pouvais parler des boues rouges de la bauxite et du saccage de la forêt des Hauts plateaux, du pillage du bois vers la Chine, interviewer mon ami Nguyên Ngọc sur la tragédie des minorités ethniques dépouillées de leur mère-forêt et refoulées chaque jour un peu plus vers le Cambodge et le Laos, poussées à l'alcool ou à pirater le bois dans une spirale d'auto-destruction.

Je pouvais parler du fleuve Rouge à Lào Cai, frontière chinoise, et de ses alluvions chargées des déchets d'une usine de cuivre. De la rivière Thi Vải empoisonnée par la société Vedan avec les conséquences dévastatrices sur l'approvisionnement en eau d'HCM-Ville* et des provinces de Đồng Nai et Bà Rịa-Vũng Tàu, avec la ruine de milliers de paysans et de pisciculteurs. De ces « villages de la mort » du Nghệ An où le cancer décime des familles entières, probablement dû à l'usage de pesticides pour protéger les plantations de café en amont du barrage de Phú Thọ. Ruissèlement et infiltration drainent le poison sur les villages en aval, ce qui a donné naissance à la phrase reprise par les médias : « Si tu vas dans la ruelle, tu rencontreras… le cancer ».

Je pouvais parler des lâchers de barrages en catastrophe en période de mousson, qui provoquent la dévastation et la mort en aval. De la campagne urbaine d'abattage de superbes arbres sains et multi-centenaires à Hanoï, Saïgon et autres grandes citées sous prétexte de sécurité, abattage et revente très lucratifs pour les cadres locaux. J'aurais pu faire parler à ce sujet ces jeunes des associations « Green Tree » ou « Sauvez Sơn Trà » qui dénoncent le saccage, replantent à leurs frais et dont la chaîne officielle de télévision VTV dit qu'ils « se cachent derrière l'environnement pour rassembler les gens et les inciter à descendre dans la rue contre les directives du Parti et de l'État ». J'aurais pu interviewer des paysans du delta du Mékong ruinés par la sécheresse et la salinisation des eaux due à la construction des barrages en amont, tout en dénonçant la participation active de l'armée du Vietnam et autres milliardaires vietnamiens à la construction de certains de ces barrages.

Mon champ de documentation était, hélas, immense. Mais mon temps et mes moyens étaient très limités. Je devais terminer le film ce qui m'obligeait à me cantonner à un évènement pouvant à lui seul symboliser la politique écocidaire du régime, sa grande tolérance à l'égard des manquements à la sécurité de la part des entreprises étrangères pour la plupart, sa grande facilité à délivrer des autorisations d'exploitation bien complaisantes et sa grande intolérance face à la résistance de la population en lutte pour sa survie.

La méga-pollution de Formosa

La pollution causée par l'aciérie taïwanaise de Formosa était toute désignée. Le lâchage sauvage de ses déchets chimiques venait d'empoisonner la mer et la terre pour des dizaines d'années en impactant plusieurs centaines de milliers de familles sur les cinq provinces du centre. Cette tragédie était d'autant plus douloureuse qu'elle dévoilait le double langage des dirigeants vietnamiens qui, d'un côté et avec raison, dénonçaient le crime monstrueux des firmes américaines pour l'empoisonnement stratégique d'un pays et d'un peuple par l'agent orange, mais qui désormais traitaient par la matraque et la prison ceux qui osaient dénoncer ce nouvel empoisonnement de masse. Ce dernier empoisonnement, même s'il était sans commune mesure avec le premier, était pour moi plus révoltant, plus condamnable encore, parce qu'il venait frapper en temps de paix, pour des raisons de profit et de corruption, des populations en souffrance déjà impactées en temps de guerre. C'était enfin une occasion de montrer comment, dans une province qui vit naître les premiers soviets du Vietnam en 1930 et qui comptait désormais la plus forte concentration de catholiques du pays, ce parti traitait la liberté de religion.

Une fois l'essentiel du montage terminé, je décidais donc de retourner au Vietnam pour compléter le film avec cet écocide de Formosa tout en suivant l'évolution de la situation à Đồng Tâm. J'en profiterai sur place pour visionner avec mes amis intervenant dans le film la partie déjà réalisée. Parce que j'ai toujours voulu que ce film soit notre film et que leur parole ou leurs silences soient strictement respectés. Et qu'ils soient pleinement conscients du danger pour leur sécurité avant de le lâcher devant le public.

Objectif Formosa. Pression accrue

Le 2 octobre 2019 me voici à Hanoï. Impossible de me rendre à Đồng Tâm, je transmets la partie du film déjà réalisée pour qu'ils la visionnent. Je n'aurai pas de retour. Il faut dire que la tension est montée d'un cran : l'armée est en train d'organiser le festival annuel des sports de la Défense nationale au centre d'entraînement national de Miếu Môn attenant aux 59 hectares de terres agricoles du village dont elle veut s'accaparer.

La projection confidentielle avec les autres amis concernés se fait à la sauvette, avec des interruptions en cours de visionnage. Je ressens par moments une forte tension mais personne parmi mes amis ne me demandera d'effacer le moindre passage.

Je quitte Hanoï pour Saïgon où nous visionnons le film clandestinement en deux endroits dans un franc enthousiasme. Un ami me déconseille d'aller à Bình Dương pour le montrer aux paysans dépossédés de leurs terres, car il craint que le secret soit mal gardé et que j'aie en retour la visite punitive de la police. J'apprends que l'ancien rédacteur en chef du journal *Saïgon Giải Phóng* qui témoigne dans le film a été arrêté il y a deux semaines. C'est la technique policière qui consiste à « secouer l'arbre pour effrayer le singe ». Comme ils ont fait avec moi à l'aéroport de Hanoï et comme ils l'ont fait hier à Hanoï avec un jeune homme du groupe « Green Tree » qui a participé à la réalisation d'un clip militant diffusé sur le net. Le scénario est partout le même : une dizaine de policiers de tout poil débarque au domicile le matin: menottes, fouille, contrôle de l'ordinateur et fourgon vers le poste. Interrogatoire toute la journée et libération le soir.

Héros désarmé

Début novembre, mon ami Đào Tiên Thì m'arrange un rendez-vous avec le général Lê Mã Lương à Hanoï. Cette rencontre m'intéresse beaucoup après le coup de gueule que ce héros des forces armées populaires vient de pousser devant les huiles du Parti et du ministère des Affaires étrangères lors d'une conférence sur « L'espace maritime de Bãi Tư Chính et la loi internationale ». Cette conférence arrivait plus de trois mois après que le groupe de forage de Pékin Haiyang Dizhi 8 avait pénétré et stationné dans cette partie de la zone économique exclusive et du plateau continental du Vietnam. À plus de 1 000 kilomètres de leurs côtes, les Chinois rééditaient l'agression de 2014 sur une zone où le Vietnam, depuis les années 90, avait édifié deux phares et trois structures métalliques ancrées sur un massif corallien immergé de 700 km². En dehors de la protestation rituelle de la porte-parole du MAE* à Hanoï, silence de la presse officielle. Cette attitude consistant à régler confidentiellement entre les deux partis communistes vietnamien et chinois des questions d'importance nationale inquiétait beaucoup de Vietnamiens et en exaspérait certains comme le général Lê Mã Lương. Il avait interpellé les hauts dirigeants: « Le gouvernement va-t-il se décider à poursuivre la Chine devant la Cour internationale... Si nous nous laissons déposséder de Tư Chính, nous perdrons toutes les autres îles ». Dans la foulée, il ciblait le ministre de la Défense Ngô Xuân Lịch « qui ne sait pas lire une carte et ne sort pas sur le terrain » sans oublier les généraux dont « la seule force c'est d'avoir beaucoup d'argent ». J'aurais aimé fixer ce coup de gueule dans mon film mais le rendez-vous accepté au départ par l'intéressé a ensuite été repoussé et je n'ai pu joindre par la suite que son répondeur. Il n'avait pas changé d'opinion en deux jours. On l'en avait fait changer. Quelques jours plus tard, la rafale du Parti venait du lieutenant général Nguyễn Văn Được qui estimait ses propos « inquiétants, provocateurs et affabulateurs, semant le doute sur le Parti et l'État dans leurs efforts pour résoudre les différends en mer orientale ». C'est sur ces bons mots qu'a capitulé la voix du héros. Ce n'était pourtant pas un pleutre: il s'était engagé à l'âge de 17 ans et fut lourdement blessé dans les féroces batailles de la route numéro 9 au Laos, à Lao Bảo, Cửa Việt, Quảng Nam... Bien sûr, je respecte le combattant et le patriote et ma réflexion n'a absolument rien de personnel mais je ne peux m'empêcher de vérifier la triste réalité que déplorent un certain nombre d'amis: « Dans le passé, pour résister aux Américains, le Parti a fait de simples gens des héros, aujourd'hui, des héros il fait des lâches ». Certes « lâche » n'est pas le mot pour ce général mais nous dirons que, face au Parti, il ne va pas au bout du courage qu'il a montré devant les bouches de feu de l'ennemi.

Formosa en passant par Đà Nẵng

Je n'avais plus d'espoir de recevoir de réponse du général révolté et je n'avais plus le temps d'attendre, le rendez-vous étant fixé au lendemain avec les amis de Hà Tĩnh, le poison de Formosa et l'évêque Nguyễn Thái Hợp. Alors je m'envolais pour une courte escale à Đà Nẵng où nous avons visionné le film avec Nguyên Ngọc, le professeur Chu Hảo et quelques amis choisis par eux. « Il faut à tout prix que ce film soit diffusé le plus largement possible » : après le choc qu'ils avaient ressenti pendant la projection, ce fut la première phrase prononcée par mes amis. J'étais soulagé car je craignais que certains ne reviennent sur les condamnations qu'ils avaient formulées sans ménagement contre le régime. J'apprenais que l'épouse de Chu Hảo avait eu la visite d'un colonel de la police porteur d'une menace claire pour son mari : « On n'emprisonne pas les gens de quatre-vingts ans mais ils peuvent avoir un accident en traversant la rue ». Cette menace avait également été proférée à l'encontre d'une jeune militante qui distribuait des T-shirts » No-U » * dans la banlieue de Saïgon. Il m'arrive d'y penser quand, le trottoir étant entièrement pris par les motos, je dois marcher sur la chaussée, le dos toujours exposé à une circulation anarchique, difficilement prévisible…

Ce soir-là, je prends le bus de Đà Nẵng pour Vinh. Huit heures de voyage. Il pleut et je suis secoué par des quintes de toux. Pas besoin de forcer la fatigue pour rester éveiller et garder un œil sur mon matériel. Arrivé à Vinh à 4 h 30 du matin mon contact n'est pas là et les chauffeurs de taxi se pressent pour me proposer leur service. Je résiste trois quarts d'heure à leurs assauts, quand mon honorable correspondant arrive : il s'excuse, il a oublié de monter le réveil. Dans une action qui peut s'apparenter à un combat, j'ai du mal à comprendre la négligence, mais je me calme en pensant que c'est peut-être à cause de ce genre de contre-temps que les colonialistes ont perdu la guerre : comment décrypter l'ennemi quand celui-ci se surprend lui-même ?

Une heure et demie de route jusqu'à l'hôtel à Hà Tĩnh où je peux finalement fermer l'œil en attendant que ma liaison vienne me chercher pour un lieu que j'ignore. À Hà Tĩnh, ce qu'on peut difficilement ignorer, c'est la grande tour qui domine la petite ville, siège du groupe Vingroup du multimilliardaire en dollars Phạm Nhật Vượng. Enfant du pays, il n'a pas eu à s'expatrier dans un container frigorifique, lui, en quête de l'eldorado anglais.

Après un bol de « cháo lương », potage d'anguille, mon guide me conduit devant une petite échoppe. Là, une vieille dame m'invite à prendre le thé en testant mon vietnamien. J'ai un peu de mal avec son accent mais la glace brisée par les quelques questions habituelles sur mon âge, mon pays d'origine, mon éventuelle femme vietnamienne, elle va droit au but en me disant que les gens d'ici sont pauvres et qu'il faut les aider.

De l'autre côté de la rue, une grande église dans un vaste espace clos où des ouvriers dressent d'impressionnants échafaudages de bois en vue d'une construction à venir. Environ une centaine de mètres en arrière un grand bâtiment en U : l'évêché de Văn Hạnh. C'est le centre du tout nouveau diocèse créé l'année précédente, qui regroupe les provinces de Hà Tĩnh et Quảng Bình. À 9 h 30, on vient m'arracher au sympathique interrogatoire de la vieille dame et de ses quelques amies arrivées entre-temps, pour me conduire à l'intérieur du parc jusqu'aux bâtiments de l'évêché.

Reçu par Monseigneur Nguyễn Thái Hợp

Le secrétaire de l'évêque, le jeune prêtre Thinh, me conduit jusqu'au deuxième étage où m'attend monseigneur Nguyễn Thái Hợp.

D'un an mon aîné, le prélat à l'air bonhomme, est, si je puis dire, un sacré combattant. Son père condamné par un tribunal populaire pendant la réforme agraire au Nord a été sommairement exécuté. Sa mère entre la vie et la mort, il a connu l'errance et la faim avant d'être ramené dans le Sud. Trois années de prêtrise à Saïgon, juste avant la chute du régime, il connaît ensuite le Pérou, le Brésil puis enseigne en Italie avant de retourner au Vietnam en 2004 pour y être ordonné évêque en 2010. Il est de ces catholiques qui affirment comme son jeune secrétaire : « Si le catholicisme se limitait aux murs de la chapelle, Karl Marx aurait raison : ce ne serait que l'opium du peuple. Notre religion doit être vivante ». C'est pour cela qu'il « se mêle » des questions qui touchent ses compatriotes. J'ai vu maintes fois son nom sur les pétitions que j'ai moi-même signées au côté de très nombreux membres du Parti, adressées au Premier secrétaire, au gouvernement, au président de la République concernant la Constitution, la répression des manifestations, les emprisonnements, la corruption, les réquisitions arbitraires, les lois et décrets liberticides... Auteur de l'ouvrage *La Mer de l'Est et les îles du Vietnam* édité en 2010 par la maison d'édition Tri Thức, il est très proche des pêcheurs de sa région avec lesquels il a fait des sorties au large.

Dès mon entrée dans le bureau, le ton est donné : le secrétaire me demande mon téléphone portable et, avec le sien et celui de l'évêque, il va les porter dans une autre pièce. Puis nous faisons connaissance. En fait, de même que je me suis renseigné sur lui, il connait bien mon histoire. Nous sommes d'entrée en confiance. Je leur donne un exemplaire du documentaire en l'état de montage actuel pour qu'ils aient une idée du projet auquel ils vont participer. Thinh me transmet des documents et des vidéos sur le sujet qui nous intéresse. J'en prendrai connaissance pendant qu'ils visionneront le film.

Pour plus de sécurité, l'évêque me demande de quitter l'hôtel pour l'évêché. Je dormirai au troisième étage, dans une grande salle dont les fenêtres donnent sur la cour et sur l'église : un lit et une chaise, une salle de bain où coule l'eau claire, une prise électrique et internet : le bonheur. Rendez-vous est pris au réfectoire pour le déjeuner. Thinh me conduit à ma chambre en me recommandant de toujours fermer à clé : « – On ne sait jamais, il faut toujours faire attention ». Comme si on vivait ici en état de siège, pas du tout saint.

Une communauté sous haute surveillance

Dans la voiture, sur le chemin de l'hôtel pour récupérer mes affaires, je demande à Thinh si nous sommes suivis, si la pression policière est forte envers leur communauté. « Être suivi est chose banale mais, depuis le mouvement de protestation massive de la population contre le crime écologique de Formosa, la pression est plus forte. Vous verrez les violences policières sur les vidéos que je vous ai transmises. Un de ceux qui a pris ces clips a été arrêté et condamné à sept ans de prison. Nous irons rendre visite à des victimes de ces violences. Le seul fait d'être catholique dans cette région est un motif de suspicion de la part de la police, mais paradoxalement, si je n'étais pas prêtre, je serais certainement en prison depuis longtemps ». Ma question déclenche chez le jeune religieux le besoin de libérer une frustration trop souvent retenue : « Être suivis, c'est sûr que nous le sommes. Nous avons appris à vivre avec, développé des réflexes de prudence ». Il ajoute : « On ne sait pas toujours qui est qui, il y a même des policiers qui viennent chez nous pour prier. Notre porte reste toujours ouverte et nous ne faisons rien de mal ». Nous rentrons à l'évêché pour le déjeuner. Thinh m'accompagne au réfectoire. J'y retrouve l'évêque en compagnie de six prêtres et d'une trentaine de séminaristes qui me regardent avec une curiosité à peine contenue. La table du prélat et des prêtres fait face à celles des jeunes séminaristes qui attendent en silence, debout devant les couverts, la fin de la brève prière prononcée par un des prêtres. Ces jeunes hommes, après avoir été sélectionnés au sortir de l'université, étudient ici pendant deux ans, puis après avoir passé avec succès trois ans de probatoire et cinq ou six ans dans le Nghệ An, ils sont ordonnés prêtre. L'évêque m'invite à m'assoir près de lui pour commencer un repas frugal en aliments et en mots.

De retour dans ma chambre, je prends connaissance du programme monastique quotidien, imprimé sur un petit feuillet : matin, 4 h 45 prière, puis toilette, ménage et silence jusqu'à 6 h 30 petit-déjeuner. 11 h 15 déjeuner. 12 heures repos sieste 13 h 30 prière. 18 h 30 dîner. 19 h 30 prière 22 heures coucher et silence. Je suis, bien sûr, dispensé des prières mais invité à y assister et même à filmer. Je décline poliment l'invitation car je ne veux pas apparaître comme un intrus, sorte de touriste troublant la quiétude métronomique de cette petite communauté. Je profiterai de ces moments de prière pour l'enregistrement de mon journal audio, la sauvegarde de mes séquences filmées et… prendre un peu de repos car je suis fourbu et très enrhumé.

Avant de fermer les yeux, deux nouvelles tombées du net me coupent le sommeil : un étudiant est mort dans les manifestations de Hong Kong, tué par la police ; le Premier ministre vietnamien Phúc vient de lâcher une nouvelle perle : « Il faut développer les activités nocturnes au Vietnam pour divertir les 18 millions de touristes ». Et voilà les « activités nocturnes » devenues secteur économique de pointe dont le chef de gouvernement est… souteneur.

Quảng Bình : exodes mortifères

Nous partons pour Quảng Bình pour une visite de petites paroisses souvent bâties autour d'une église. Sur la route nous nous arrêtons devant le monstre : l'aciérie est une petite ville entourée de hauts murs de brique rouge longs de plusieurs kilomètres, avec de grandes tours, de hautes cheminées fumantes rouges et blanches, de monumentales cuves cylindriques, tout cela autour d'une chaîne longue de plusieurs dizaines de mètres de tumulus coniques de résidus miniers. Épaisses fumées blanches qui se transforment en un dense brouillard pour envelopper des dizaines de kilomètres d'habitations. Je prends quelques photos et vidéos et nous continuons vers un petit village.

Nous arrivons en plein enterrement. Le corps du défunt de trente-cinq ans vient d'être ramené de Corée du Sud où il avait « exporté sa force de travail », selon l'expression consacrée.

Une centaine de villageois sont rassemblés face au cercueil et à la famille. Ils entonnent de lancinantes mélopées. Au fond de la cour, quelques enfants jouent autour du char mortuaire fabriqué artisanalement à partir du châssis d'une voiture. Il attend le cercueil avec son double toit rouge et ses dorures jaunes, prêt à être remorqué jusqu'à la dernière demeure.

La scène semble coutumière. Comme l'explique la voisine de la veuve. « Mon mari aussi est parti en Corée. Il n'y a pas de travail ici. Surtout depuis la pollution de la mer. Il a signé un contrat de trois ans plus dix-huit mois. Il a emprunté pour partir et rembourse une partie de sa dette par son travail mais il reste quand même un peu d'argent qu'il nous envoie à moi et aux enfants. C'est dur, il travaille jusqu'à 17 heures par jour dans un équipage de quatre Vietnamiens et quatre Coréens ». Le père Thinh ajoute : « Ces marins, fiers de leur métier et de leur culture, doivent endurer mépris et humiliations racistes. Transformés en esclaves contre salaire. Cela vaut-il mieux que de vivre pauvrement au pays près des siens ? » Il continue : « Un d'entre eux s'est confié à moi avec humour : « Père, je n'ai jamais mangé autant de chien que sur ce bateau coréen ». Et comme je ne comprenais pas, il a précisé : « Ils le traitaient de chien à longueur de journée ». La femme, ajoute : « Bien sûr je suis inquiète et malheureuse mais je pense qu'il a fait le bon choix. On pourra peut-être arriver à économiser un peu pour acheter une maison ».

« Des maisons neuves à moitié vides parmi des maisons en ruines, près d'une mer devenue morte. Voilà l'avenir de cette région » me dit Thinh en aparté. J'ai vu ces hectares de dunes parsemés de ruines près de kilomètres de plage déserte aux petites barques couvertes de draps blancs comme des linceuls. Mon film montre cette désolation des terres et de la mer mais il peut difficilement montrer la désolation des cœurs car je n'ai pas le temps de rester.

Le régime, loin de se remettre en question semble s'en accommoder. Pire, il en tire fierté et incite ces jeunes populations à l'exil : il n'est pas rare de voir sur le bord de la route des panneaux publicitaires comme celui que j'ai vu à Ban Mê Thuột, sur les Hauts plateaux : « Exportation de la main-d'œuvre : visa Japon-Corée du Sud-Taïwan-Roumanie-Singapour-Canada-Australie-Espagne ». Sur le net on trouve facilement le « top 10 » des pays les plus intéressants. On y lit que le départ à l'étranger « aide les travailleurs à accéder à des sources de revenu plus élevées » et l'exilé peut même en tirer une fierté patriotique puisque « cela contribue grandement à changer le visage de l'économie nationale en réduisant le taux de chômage » et, faut-il l'ajouter, en apportant des devises.

Je pourrais donner des dizaines d'exemples de ce triste et honteux « sauve-qui-peut » parmi mes connaissances et même mes amis, souvent soucieux pour leurs enfants, mais je ne veux pas leur faire de peine parce que je connais bien le quotidien de certains dans lequel moi-même je n'accepterais pas de vivre. J'en parlerai donc de façon générale.

Pendant l'époque coloniale ou néocoloniale d'exploitation et de guerre, on comprend facilement cette tendance à partir d'une population en quête de mieux vivre et de respect. Mais que l'exode continue un demi-siècle après la paix montre que le mal vivre est toujours très fort et, désormais, on ne peut pas le mettre sur le dos de l'agresseur extérieur. Ce parti communiste, dont les pères combattants ont sacrifié leur vie pour garder la terre de leur si beau pays, a créé les conditions en à peine un demi-siècle de paix pour que les générations suivantes veuillent s'en échapper de toutes les manières. Les plus riches le font de façon légale en achetant des visas pour des centaines de milliers de dollars ou par des « bourses d'études » réelles ou payées environ 20 000 euros par an avec, comme objectif une fois les études terminées, de trouver un emploi dans le pays hôte et demander la naturalisation.

Pour ceux dont les revenus sont moindres, il reste des moyens de fuite semi-légaux. Engager ses biens familiaux, emprunter à la banque pour acheter son billet dans une filière d'« exportation » ou bien investir dans un contrat de travail à l'étranger. Pour les femmes les plus fortunées, c'est le mariage blanc, pour les autres le mariage réel mais avec une procédure plus longue. Cette carte du Tendre peut au mieux connaître l'estime, éventuellement la reconnaissance mais rarement l'inclination. Dans les années 2010, les villages du sud-ouest du pays ont connu une véritable hémorragie de filles en des vagues successives : « Épouser un Taïwanais », puis « Épouser un Coréen ». Filles jeunes et vieux maris. Avec, pour beaucoup, une fois chez le mari, le calvaire de la maltraitance et même de l'esclavage sexuel.

On trouve aussi le scénario du voyage touristique et la disparition dans la nature en fin de visa au moment du retour. La filière diplomatique est quelquefois empruntée. On raconte la fuite, en 2018, de neuf hommes d'affaires qui, accompagnaient le voyage de la présidente de l'Assemblée nationale en Corée du Sud. Ils étaient originaires du Centre, comme, un an plus tard, les 39 victimes mortes de froid dans un container anglais. Après avoir tenté de dissuader les familles de faire rapatrier les corps, le pouvoir, par son Premier ministre Phúc, a quand même marqué le coup, en envoyant de loin, ses condoléances. Terrible filière de la misère quand on confie sa vie à des passeurs mafieux à travers la Chine, la Russie, les pays du centre de l'Europe, à la merci d'un chauffeur, d'un douanier, potentiel tueur, violeur.

Mais il faut insister sur un point, absolument évident, qui pourrait expliquer pourquoi Hanoï a été si peu loquace dans cette tragédie. Dans une société soumise à un maillage policier aussi dense, comment se pourrait-il que la filière mafieuse n'ait pas commencé au Vietnam sans la complicité, voire la participation active, des autorités politiques et de la police ? Selon les statistiques, établies par le père Nam, depuis le début de 2019, plusieurs dizaines de milliers de jeunes auraient fui ces régions.

Le père Thinh qui est allé en Corée du Sud, à Taïwan, en Thaïlande, a rencontré beaucoup de ses compatriotes de la région, partis dans le cadre de contrats de travail tout à fait légaux, qui vivent désormais difficilement au jour le jour, quelquefois d'expédients, en marge de la délinquance. Ils ne peuvent pas rentrer au pays. « Au bout de deux ans, ils ont remboursé la dette. Il leur reste un an de « bénéfice » mais c'est insuffisant pour investir dans un nouveau contrat. Alors ils restent et travaillent illégalement, traqués par la police locale. Personne pour répondre d'eux, pour les protéger. Ils triment pour un ou plusieurs patrons qui quelquefois ne les paient pas. J'ai vu cet exil, au départ estimé à trois ans, durer jusqu'à dix ans. Les couples, séparés finissent souvent par éclater, des enfants naissent de relations adultères. Ces enfants sont souvent perturbés, déscolarisés. Certains glissent vers le vol, la drogue. Cet exode est terriblement destructeur ».

Soudés et dignes sous les coups

J'accompagne le prêtre dans les familles. Il est souvent sollicité à son passage pour aider à des démarches administratives, apporter des médicaments… Dans une famille, on lui a même préparé une table et une chaise avec des dossiers à remplir. Il est suivi en permanence par des groupes d'enfants et d'adolescents qui le connaissent et auquel il serre la main. Il est chez lui dans ce petit village de Cồn Sẻ. Plus de six cents familles habitent cette île au milieu de la rivière Gianh. Cette communauté de pêcheurs sur le fleuve et en mer est d'une cohésion impressionnante. Elle donne du fil à retordre au pouvoir. En particulier par son opposition naturelle et idéologique à la politique de limitation des naissances. Mais aussi et c'est le plus dangereux pour le pouvoir, parce qu'elle se prend en main. Le jeune prêtre m'indique le pont étroit qui constitue le seul accès du village à la terre ferme. À l'entrée du pont, veillent toujours un ou deux villageois mais pas de policier, pas d'uniforme. Lorsque la police a voulu s'en mêler, le prêtre a répondu que les villageois se chargeaient de la sécurité publique et de l'ordre dans le village. Si la police s'y opposait, elle serait responsable des désordres, vols, crimes qui pourraient se produire. Et jusqu'ici, ce modus vivendi a prévalu, aussi inconcevable que ce soit dans ce régime autoritaire.

Cette souplesse de contorsionniste dont le Parti fait montre quelquefois s'estompe vite en période de forte tension, révélant le véritable visage du régime. Thinh me présente un couple très pauvre. La femme est en train de soigner son mari, un homme d'environ soixante ans allongé dans un hamac, grelottant sous une mince couverture. Paraplégique, ce pêcheur ne rapportera plus de poissons à la maison ou au marché. Il a reçu un coup violent porté avec une pierre derrière la tête lors d'une manifestation de protestation contre la pollution par l'aciérie. La famille a déposé plainte. Le bras criminel est connu. Les témoins sont nombreux. Mais la police n'a pas ouvert d'enquête. Aucune reconnaissance ni indemnité de la part des autorités, c'est la communauté des pêcheurs, la paroisse et l'évêché qui aident la famille pour les médicaments, prend en charge les déplacements pour les examens et les soins. J'ai du mal à quitter le vieux couple et à trouver des mots pour les réconforter. Il est des moments où on se sent coupable d'être impuissant.

Le père Thinh me conduit dans une autre maison où une jeune femme nous reçoit. Elle est mariée depuis à peine cinq mois et son mari, un militant écologiste, a été arrêté il y a un mois. Elle ne peut le voir. La police maîtrise aussi la technique des arrestations « à retardement », très longtemps après les faits incriminés. La pression est ainsi plus grande car on ne sait pas quand va frapper l'arrestation et le quotidien est vécu comme une liberté provisoire. Quelquefois on en a même oublié les faits, les circonstances initiales, quand les bottes arrivent à la maison, ce qui rend prêt psychologiquement à n'importe quel moment à être arrêté pour une cause insignifiante, un passif oublié. Un étudiant, exclu de l'université pour cause de manifestation, me fait remarquer que les policiers s'efforcent de trouver des motifs non politiques aux arrestations. Ils privilégient les chefs d'inculpation tels que vol, évasion fiscale et même viol. « Un de mes amis, représentant commercial, avait rendez-vous avec un client dans un café. Il s'est retrouvé drogué dans un hôtel sans se souvenir de ce qui lui était arrivé. Peu après il a été convoqué à la police pour plainte pour viol face à des photos compromettantes en compagnie d'une jeune femme ».

Dans ce village où une équipe d'une vingtaine de compagnons édifie une église dans une jungle d'échafaudages liés par des pneus découpés et des passerelles branlantes, un prêtre me présente un jeune homme de 17 ans qui veut témoigner. Quelques mois après les manifestations massives de 2016 contre la pollution géante, son père a été arrêté. Bien qu'il ne le souhaite pas, je tairai le nom de mon interlocuteur parce qu'il n'est protégé par personne. Il raconte l'irruption matinale dans le village d'une centaine de policiers et miliciens qui ont encerclé sa maison, emmené son père, saisi les téléphones portables, l'ordinateur et même l'argent. Après six mois sans contact avec sa famille, son père a été condamné à 13 ans de prison ferme et 5 ans de résidence surveillée. Pour quelques images envoyées sur le net. Sa mère est tombée en grave dépression et c'est lui qui, désormais, prend soin de la famille. Il parle sans hésiter, avec ce regard tranquille qui fixe l'objectif et dégage une force bien supérieure à des centaines d'escouades d'arrestation, une force à desceller tous les barreaux de prison. À effrayer ceux qui veulent faire peur. Quand je lui demande ce qu'il souhaite pour le futur : « C'est que chacun dépasse la peur car elle est comme des fers aux pieds du condamné. Elle nous empêche de sortir de cette société abominable, de nous libérer, de libérer nos familles pour vivre en paix de façon civilisée ». J'imagine un jeune communiste de cette même région en 1930 à la formation des Soviets sous les griffes de la domination coloniale. Le contenu de son discours n'aurait peut-être pas été très différent. Je n'ai pas intégré cette séquence dans le film pour la raison donnée plus haut mais je la garde comme une note de courage et d'espoir dans ce monde de détresse et de peur.

La peur, toujours la peur

Car plus j'avance dans les rencontres, en même temps que la volonté de résistance, c'est bien la peur qui transparaît : les gens ont peur du pouvoir qui lui-même a peur des gens. Ils ont peur de la police et des fonctionnaires qui ont peur les uns des autres. Les membres du Parti ont peur des cadres qui se méfient les uns des autres. Cette société fonctionne par la peur et c'est la peur qui la bloque. C'est l'avis de beaucoup de ceux qui s'expriment dans le film. Les Vietnamiens ont plus peur des Công an* qu'ils n'ont peur de la Chine.

Mais d'où vient cette peur ? Selon le père Thinh elle prendrait source dans la période de la réforme agraire où toute la société au Nord du pays a dû vivre sous le régime inspiré des grands frères Staline et Mao, de la dénonciation généralisée et des tribunaux populaires souvent expéditifs. « Personne n'était à l'abri d'une accusation arbitraire. La famille même était gangrénée par ce fléau : les parents dénoncés par le fils ou la fille… Ce fut une peur générationnelle qui s'est ancrée profondément jusque dans le subconscient. Et si le régime et un Hồ Chí Minh repentant a lâché la pression, le Parti la remet aujourd'hui par ses nouvelles lois liberticides et la recrudescence des arrestations ». Selon le père Thinh, cette peur comporte un côté paradoxal, irrationnel. Certes, elle se justifie par la violence policière mais elle est démesurée en comparaison. D'ailleurs les gens sont capables de la dépasser quand ils sont confrontés au danger réel de répression : les énormes manifestations l'ont montré. Mais ce n'est pas le cas dans la vie quotidienne. Thinh : « Prenez l'exemple de millions de peurs ordinaires : celle d'un honnête citoyen qui roule à moto dans la rue. Il est arrêté par la police. Son véhicule est en bon état de marche. Il est sobre, en possession de tous ses papiers : permis de conduire, carte grise… Il porte le casque réglementaire. Il roule à la bonne vitesse, sur la bonne voie. Et pourtant les policiers le verbalisent. Il tremble, il n'ose pas contester, demander pourquoi on lui prend son argent. Quelquefois même il glisse son billet en même temps que ses papiers. L'accoutumance à de tels comportements, leur banalisation par la peur, rend flou et quelquefois fait perdre la notion du juste, du droit, de l'équitable. Qu'est-ce qui est juste, qu'est-ce qui ne l'est pas ? Certains finissent par ne pas s'y reconnaître, par se tromper eux-mêmes et se perdent en s'accommodant ainsi de cette vie devenue un enchaînement de petits baissements de tête que l'on pourrait dépasser. Ils capitulent, laissent la peur étouffer au fond d'eux-mêmes des espaces d'amour-propre, de dignité humaine et se résignent à vivre injustement ». « Par contre, continue le prêtre, si mes compatriotes ont peur des petits dangers, ils en sous-estiment de terribles qu'ils osent affronter. Par exemple ces 39 malheureux qui ont laissé leur vie dans ce container anglais. Chaque année, des milliers de jeunes comme eux jouent ainsi leur vie sur un enchaînement de coups de dé. Quelle tragédie et quelle absurdité : risquer la fuite mortelle à l'étranger par peur de défendre son droit de vivre chez soi ! »

D'autres tiennent bon sur cette terre conservatrice où il est impensable d'abandonner les tombes des ancêtres. Nous allons rencontrer des paysans. Ils protestent contre la gestion catastrophique des barrages qui menacent leurs villages. Une femme explique : « Notre région est une étroite bande de terre entre la chaîne Trường Sơn et la mer. Sa largeur varie de cent kilomètres à quelques dizaines seulement par endroit. À la saison des pluies et des tempêtes, l'eau dévale très vite et ce sont de violentes inondations. C'est la nature, le climat. Mais à ces dévastations s'ajoutent celles de l'homme qui les aggrave. Beaucoup de petits barrages sont édifiés au départ pour irriguer ou fournir l'eau potable mais ils sont gérés en dépit de toutes normes de sécurité. Nombreux sont ceux qui sont endommagés, dégradés sans être réparés ou modernisés. Quand ils sont menacés par la rapide montée des eaux, les responsables font des lâchers en catastrophe qui décuplent les crues en aval. Des centaines de maisons sont submergées, des centaines de milliers de volailles, des centaines de têtes de bétail sont noyées. Il y a même des habitants qui perdent la vie. Ces autorités ne sont pas capables de nous protéger. Ils n'ont que faire de notre sort. Après la catastrophe de Formosa, le secrétaire général du Parti, Nhuyễn Phú Trọng, est venu avec son équipe de hauts dirigeants rendre visite à la direction de l'aciérie. Il s'est félicité de leurs bons résultats commerciaux mais ne s'est pas dérangé pour nous entendre parler de notre misère. Ce régime est une catastrophe nationale encore plus grande que celle qui frappe l'environnement. Vous voyez, celui qui se dit le représentant des travailleurs caresse les milliardaires étrangers pollueurs et ignore la misère des travailleurs de son pays. Avec les barrages en amont, Formosa en aval et un tel mépris de la part des autorités, comment vivre dans ce désert empoisonné de sable et de cailloux ? »

Interview de Monseigneur Nguyễn Thái Hợp

Plus qu'une petite journée et je dois rentrer à Đà Nẵng puis Saïgon. Ma dernière interview à Hà Tĩnh sera pour monseigneur Nguyễn Thái Hợp.

Après qu'il m'a parlé de son diocèse et des paroisses que j'ai visitées, de la cohésion et du nombre de cette communauté catholique, j'ai évoqué la question de la liberté de culte. Paradoxalement, il ne s'est pas trop étendu sur le sujet « N'oublions pas que ce régime athée dans son essence a adopté dans sa Constitution le marxisme-léninisme comme doctrine nationale. Comparée à celle d'il y a trente ou quarante ans, la situation actuelle s'est améliorée. Il existe désormais des lois qui garantissent la liberté de croyance et de culte. Mais il subsiste des discriminations pour l'attribution de postes, fonctions et grades. L'État suspecte et s'inquiète de tout ce qu'il appelle « forces de l'étranger » qui se manifestent hors de son contrôle. Particulièrement celles qui veulent maintenir leur indépendance à l'égard du pouvoir politique. Mais ce n'est pas propre aux catholiques d'être suspectés : toute forme de pensée qui touche à la démocratie, à la réflexion intellectuelle et aux échanges d'idées est chose sensible. Nous sommes libres comme l'assiette l'est sur la table et comme la table dans la pièce : en liberté surveillée ».

« Mais vous êtes venu jusqu'ici pour parler de Formosa. C'est la plus grande pollution qu'a connue le Vietnam depuis la fin de la guerre. Ce n'est pas que la mer qui est empoisonnée. Les déchets chimiques enfouis dans le sol près des cours d'eau, des sources, pénètrent jusqu'aux nappes souterraines. Et, trois ans après la révélation de cet écocide, Formosa continue d'enfouir son poison. Les responsables, dirigeants de l'entreprise ou dirigeants politiques ne se préoccupent pas de chercher une technologie appropriée pour stopper ce désastre. Ils répondent ainsi aux populations exaspérées : Il faut choisir : le poisson ou l'acier ».

« Les Nations Unies et quelques pays en particulier ont proposé leur aide mais les dirigeants vietnamiens l'ont refusée. Kỳ An, foyer de la calamité, est le district le plus pauvre de Hà Tĩnh. Il ne vivait que de la mer. Brusquement, cette richesse n'est plus. Au contraire, elle est devenue poison. L'État, a voulu faire un geste en favorisant la pêche hauturière : il a permis des crédits bancaires pour des bateaux à coques d'acier. Mais après quelques sorties, ces chalutiers se sont révélés peu sûrs, voire dangereux pour la vie des équipages : coques rouillées, ponts endommagés. La société de construction qui s'était engagée par contrat à employer de l'acier coréen a utilisé de l'acier « made in China » de basse qualité. On a reproché aux pêcheurs de ne pas avoir engagé des consultants de surveillance indépendants pour superviser les travaux. Ils n'ont pas été dédommagés et sont tombés dans une autre misère, celle de la dette à rembourser sans en avoir les moyens ». L'évêque continue :

« Cette région de Nghệ An-Quảng Bình n'a aucune industrie légère et une terre rocheuse peu fertile. Alors, quand le pouvoir a annonçé l'installation d'une grande aciérie à Kỳ An, la population était très enthousiaste. Oui, l'espoir de sortir de cette pauvreté a été réellement grand, mais le rêve s'est transformé en cauchemar. Les gens pensaient qu'on allait créer des milliers voire des dizaines de milliers d'emplois mais on a embauché des ouvriers ordinaires venus de Chine. Les gens pensaient aux retombées économiques locales : on avait multiplié les constructions de maisons, de boutiques, de rues… Mais Formosa est devenu une ville fermée dont on ignore même le nombre d'habitants. Les achats, vêtements, nourriture, légumes, fruits sont faits ailleurs. Le pouvoir parle d'impôt qu'il perçoit, mais, de l'autre main, il le rend à l'entreprise qui ne contribue en rien à l'économie locale comme elle le devrait. À la décharge des autorités, il faut dire que le Vietnam n'a jamais accueilli auparavant une usine de cette envergure avec un tel danger d'impacter l'environnement. La logique aurait voulu qu'en amont d'un tel projet, avant la mise en activité, on vérifie scrupuleusement la conformité aux critères de sécurité des hommes et de l'environnement. Mais ce n'est pas la façon de travailler des dirigeants vietnamiens. Ils procèdent selon la méthode « Faisons d'abord et nous verrons en marchant ». Elle peut à la rigueur fonctionner pour de petits projets car les petites erreurs sont réparables ». Je continue d'enregistrer le prélat :

« On peut aussi se poser la question : pourquoi avoir choisi Formosa alors que ce géant international a déjà eu de graves problèmes de pollution aux États-Unis et au Cambodge ? Peut-être à cause d'une offre plus concurrentielle, mais certains pointent du doigt le cancer de l'économie vietnamienne : la corruption. Peut-être que Formosa a apporté plus d'argent trouble à certains groupes d'intérêt que d'autres entreprises plus fiables n'ont accepté de le faire. Pourquoi cette attitude du pouvoir à prendre le parti de Formosa après la catastrophe et cet acharnement à s'opposer à la population ? Après l'annonce de la catastrophe, le pouvoir au plus haut niveau du Parti communiste est venu rendre visite aux dirigeants de l'entreprise. Pas à la population. Vous avez rencontré des victimes de la répression qui manifestaient pacifiquement. Vous avez pu constater la violence déchaînée contre eux. L'appareil judiciaire du régime a rejeté toutes les plaintes des habitants contre Formosa. L'appareil policier a malmené ceux qui venaient devant la Cour pour déposer leur dossier. Des délégations venues de Nghệ An ont été stoppées sur le trajet, tabassées, avec des arrestations, des emprisonnements et condamnations pour 5 ans, 7 ans, plus de 10 ans... Certains sont encore en prison.

Cette tragédie a conduit à la confrontation de trois acteurs : l'État, les industriels étrangers et le peuple. Dans cette confrontation, l'État devrait se tenir du côté du peuple dont il est le représentant, or c'est le contraire : il est totalement du côté des industriels pollueurs. J'entends de plus en plus souvent autour de moi que ce gouvernement qui se dit « du peuple, pour le peuple » est devenu dans la réalité « lâche envers l'ennemi et cruel envers le peuple ».

Vous me demandez ce que nous pouvons faire pour aider. À l'image des populations, notre diocèse est pauvre face à l'ampleur de cette tragédie. Nous recevons un peu d'argent de Rome. Des bienfaiteurs de l'étranger et de l'intérieur du pays nous ont aidés. Cela nous a permis de parer aux besoins immédiats : nourriture de base, médicaments, vêtements, argent, objets du quotidien, ont été acheminés dans nos différentes paroisses et distribués indépendamment de l'appartenance religieuse. Des bourses ont été attribuées aux familles qui n'avaient plus de revenus pour envoyer leurs enfants à l'école. Nous aidons également des victimes malades ou âgées et isolées.

Mais le plus important est d'organiser la protection de toutes ces victimes quand elles décident de manifester, d'exiger l'intervention de l'État, de déposer plainte contre Formosa. C'est cette pression populaire qui a arraché cinq cents millions de dollars aux pollueurs de Taïwan. Mais qu'a fait l'État récipiendaire de cette somme à transmettre ? A-t-il créé un organisme indépendant pour examiner les pertes subies selon les familles et organiser une distribution équitable ? Pas du tout. L'appareil a fonctionné selon la procédure habituelle de l'exécutif : l'argent remis au pouvoir central est transmis aux administrations de la province et du district qui transmettent aux responsables des villages, qui transmettent aux dirigeants du hameau... Chacun ayant au passage ses listes établies de façon arbitraire. Au point que certains patrons de bateaux qui ont beaucoup perdu ont reçu moins que des membres de leur équipage. Certains habitants qui avaient quitté la région, y compris des personnes qui étaient au Japon ou en Corée du Sud ont été dédommagées. Les noms de deux de mes prêtres figuraient sur une liste. Je suis intervenu personnellement pour les faire rayer de cette liste.

Ma vigilance et celle de quelques prêtres n'a pas été bien accueillie du côté des autorités. Nous avons été insultés sur le net. Surtout quand nous avons décidé d'internationaliser la protestation. Nous nous sommes déplacés en Norvège, en Belgique, en France, au siège de la Communauté européenne et, finalement à Genève pour témoigner devant l'ONU. Nous avons signalé l'attitude négative du pouvoir vietnamien qui rejette systématiquement toutes les plaintes adressées à Formosa. Nous nous sommes déplacés à Taïwan dont la Cour, pour l'instant, déclare ne pas avoir compétence pour répondre à nos plaintes. Mais grâce à tous nos amis avocats en Europe et aux États-Unis, nous continuerons à lutter pour que justice soit faite ».

Très satisfait de cette longue interview je remercie l'évêque et vais préparer mes bagages quand il me fait appeler. Dans son bureau, il est en présence de deux hommes qui me regardent avec curiosité. Il les présente comme deux hommes d'affaires qui reviennent d'Espagne, pas très loin de mon Midi natal. Ils ont apporté à l'évêque un saucisson et une bouteille de vin qu'ils m'invitent à partager pour fêter mon départ. Au Vietnam, tout peut arriver: un évêque qui lutte aux côtés d'un sympathisant communiste et, faute de partager avec lui le pain et le vin devant l'autel, l'invite à partager le vin et le saucisson dans son bureau.

Ce 13 novembre 2019, il pleut à verse. Je me console de quitter ceux qui sont devenus mes amis en me disant que j'emmène avec moi une partie de ces gens admirables que je ferai connaître.

Adieu au général Vĩnh, Phạm Chí Dũng arrêté

Je me rends à Hanoï pour rendre visite au général Vĩnh et lui montrer le film mais il est hospitalisé à l'hôpital Việt-Xô dans un dortoir d'une dizaine de lits. À son chevet une jeune femme qui s'occupe de lui en permanence, sa fille Bình et quelques amis. Il est très amaigri, perfusé et sous respirateur. La jeune femme l'assoit sur le lit. Il me reconnaît et prononce « Menras » avec un pauvre sourire. Je remets à sa fille une clé USB contenant les trois films mais je pressens déjà que le général ne les verra pas. En sortant de l'hôpital j'apprends que le journaliste et ami Phạm Chí Dũng vient d'être arrêté à Saïgon.

Le père Thinh me téléphone pour me dire que la situation concernant la construction du nouveau barrage est tendue. Il m'informe qu'il m'a envoyé par la poste un colis contenant des documents que j'avais oublié à l'évêché. À la réception de l'hôtel, ils découvrent comme par hasard que le colis est arrivé depuis cinq jours: enveloppe déchirée contenant le livre de l'évêque, enveloppe vide sensée contenir mes notes (heureusement pas confidentielles). Le réceptionniste, avec qui j'avais sympathisé, semble très gêné.

Je suis excédé. Au fond, ce régime me pourrit la vie plus que le précédent ne l'a fait. Nguyễn Văn Thiệu m'avait volé deux ans et demi de ma vie dans les pires conditions mais, au fond, c'était une riposte à une attaque pouvant être considérée comme ennemie. Depuis 2011, Nguyễn Phú Trọng et ses prochinois empoisonnent mon quotidien avec subtilité. Ses flics me traitent comme un ennemi potentiel, même s'ils se sont servis de mon passé qui jusqu'ici les contraint à une certaine retenue. Mon allergie à cette surveillance permanente, invisible ou manifeste, devient de plus en plus épidermique. Autour de moi, certains liens amicaux se relâchent faute de pouvoir s'exprimer librement. Ils deviennent même dangereux à exprimer. Les communications sur le net ou au téléphone prennent un caractère de plus en plus codé. Beaucoup d'amis, même très proches, n'osent plus « liker » mes communications sur ma page Facebook. Je vis en résistance et j'en adopte les réflexes. Dans la rue, sur le trottoir ou en traversant, à pied ou sur la moto, au restaurant, à l'hôtel, je suis toujours sous tension.

Đồng Tâm, inquiétude accrue

Des nouvelles me parviennent des villageois de Đồng Tâm bien plus sous pression que je ne le suis. Une réunion vient de se tenir au Comité populaire de Mỹ Đức qui semble avoir scellé l'avenir: les autorités juridiques et administratives, en présence de représentants des forces armées viennent, d'un côté de sanctionner des policiers coupables de violences mais de l'autre d'entériner le dédommagement de quelques ménages qui ont accepté le déplacement forcé. Rien n'est réglé pour un apaisement fondé sur la justice, et sous couvert de bonne volonté et d'esprit de dialogue de la part du pouvoir, je perçois cette mesure comme un signal de mauvais augure. Une provocation a eu lieu le soir même de cette réunion, quand un véhicule de police a été stoppé puis libéré par les villageois dans la zone revendiquée par Đồng Tâm, tandis que le Festival des sports des forces armées se déroulait sur la zone militaire contiguë.

Je me prépare à quitter le Vietnam pour Noël et je suis inquiet pour ceux de Đồng Tâm et pour les documents qui doivent passer le contrôle des douanes…

Triste visite chez le Président

Comme j'en ai pris l'habitude à la fin ou au début de chacun de mes séjours, je vais rendre visite au Président Nguyễn Minh Triết et à son épouse. Cette fois, c'est un ami qui m'y conduit. Je suis accueilli avec la même chaleur qu'à l'ordinaire. Mais il n'était pas au courant du brusque changement de sujet provoqué par les agressions policières insupportables sur mon entourage. Je devais être franc et j'avais apporté sur une clé USB le film « Un cri » à son intention, afin qu'il le visionne en l'état. Il m'invita à quitter la terrasse pour la grande salle où il reçoit ses invités pour parler de choses sérieuses. Il mit en marche le ventilateur et prépara le thé. Pendant ce temps, je réfléchissais et je me dis que le visionnage de cette partie du film pourrait lui créer des problèmes car le régime était clairement mis en accusation. Qu'il ne pourrait pas se prononcer fermement et que nos relations d'amitié risquaient d'être altérées par ma franchise comme d'autres amitiés l'avaient été. Il valait mieux que je raconte car les paroles peuvent se moduler, pas les images. Alors, j'ai gardé ma clé USB dans la poche et j'ai tout déballé.

Je lui dis que je me sentais de plus en plus mal à l'aise dans ce Vietnam dont je lui avais demandé de me faire citoyen et lui annonçait mon intention de faire un film de tout cela, comme une contribution à une société plus propre et plus juste. « Il va peut-être vous mécontenter mais je veux que vous le sachiez avant. Je ne veux pas vous donner l'impression que j'agis dans votre dos. Je vous dois la franchise ».

Il m'a longuement écouté et s'adressant à moi en termes de « petit frère » (*em*) et il m'a répondu : « Je sais tout cela et j'ai lu ce que tu as écrit. À 80 %, je pense comme toi. Certains dirigeants ne sont pas dignes de l'être. Leurs actes ne sont pas conformes à leur fonction. Mais moi j'ai ma position et toi tu as la tienne. Dis ce que tu as à dire, fais ce que tu as à faire. Je ne t'ai jamais rien interdit, à part d'aller dans les Paracels parce que c'était dangereux mais tu n'as pas écouté parce que tu as la tête dure. Je ne t'empêche de rien, au contraire, je me porte garant de toi (*bảo lãnh*) ». Notre échange fut court mais chargé d'émotion contenue.

Nous sommes revenus sur la terrasse pour prendre le repas avec une dizaine d'invités. Comme à l'accoutumée, il m'a fait assoir à côté de lui en remplissant mon bol entre chaque petit verre d'alcool de riz.

Quand ses hôtes se sont dispersés, nous sommes restés encore un moment assis à une table voisine pour boire le thé. Puis il s'est levé et avec son épouse, ils m'ont renouvelé leur invitation pour un prochain séjour avec Annie. Quelques mois après, quand le film a été définitivement terminé et avant de le poster sur YouTube, je lui ai fait transmettre la clé USB par ma « grande sœur » Trần Tố Nga.

Lettre prémonitoire à l'ambassadeur du Vietnam

De retour en France je me suis empressé d'écrire à l'ambassadeur du Vietnam à Paris en m'inquiétant de la situation à Đồng Tâm. Voici la lettre manuscrite que je lui ai envoyée en vietnamien et en français, avec accusé de réception. « ... Sans entrer dans des examens de procédure complexes et contradictoires ni dans des considérations de valeur sur les différentes déclarations des responsables politiques et cadres de l'administration, je me permets d'insister sur l'extrême urgence d'un règlement équitable et non violent de ce conflit explosif. Ceci pour éviter que le sang ne coule, ce qui semble imminent. J'ai rencontré les villageois de Đồng Tâm en mars dernier. J'ai longuement entendu leur point de vue de travailleurs et pris connaissance de leur situation sur le terrain. Ce sont des gens paisibles, honnêtes, qui aiment leur terre et leur pays comme une partie d'eux-mêmes. Je comprends leur détermination à les défendre et je les soutiens, comme nombre de leurs compatriotes et de citoyens français épris de justice les soutiendront si de graves incidents venaient à survenir à leur encontre.

En espérant que vous voudrez bien transmettre ma lettre aux autorités compétentes ainsi qu'aux hauts responsables politiques du Vietnam, je vous prie d'agréer, votre excellence, l'expression de mon profond respect ainsi que de mes sentiments citoyens ».

« Un crime que ni le ciel ni la terre ne pardonnent » (Nguyên Ngọc)

Je n'ai jamais eu de retour, mis à part l'accusé de réception et la réponse sauvage de l'assaut donné quelques jours plus tard par trois mille policiers mobiles contre les habitants du village. En pleine nuit, avec des auto-mitrailleuses, des tirs d'armes lourdes, vingt-neuf arrestations, la maison du vieux Lê Đình Kình prise comme le bunker du général De Castries à Điện Biên Phủ. Devant son vieux copain Kiểu, le patriarche, gravement blessé, est abattu dans son lit : deux balles explosives dans la poitrine, tirées à un mètre, une autre dans la jambe. Une blessure supplémentaire à la nuque. Le vieil homme de 84 ans qu'on voit dans mon film à peine quelques mois plus tôt frêle et chancelant, se serait-il métamorphosé pour devenir brusquement, selon l'ubuesque rapport de police, ce terrible Rambo fonçant à l'assaut des policiers, un tube de fer d'une main, un couteau tranchant dans l'autre ? (Mais dans quelle main tenait-il sa canne sans laquelle il ne pouvait se déplacer?) Il était déjà dans le coma quand un chien policier a planté ses crocs dans son genou pour le traîner hors de la chambre. Avec, ose écrire le rapport, « encore dans sa main droite, une grenade qui n'aurait pas explosé ». Les généraux de la police nous rassurent cependant: aucun policier n'a été blessé par cette grenade fantôme ni par celle qu'aurait tenue la vieille épouse de M. Kình, copieusement giflée par les policiers de combats quand elle refusait d'avouer. Une scène digne d'un sanglant film mafieux. Sans parler de ces deux membres des forces spéciales et de ce super pompier qui devaient pourtant avoir appris par cœur, dans les moindres détails et depuis de longs jours leur terrain d'opération pour arriver jusqu'au Ben Laden de Đồng Tâm. Ils tombèrent, c'est ballot, tous les trois à la fois, dans une fosse technique de quelques mètres entre deux habitations. Pire: cette chute de quelques mètres à peine s'est avérée simultanément mortelle pour ces trois combattants aguerris qui, assaillis par on ne sait qui venu d'on ne sait où auraient été aspergés d'essence ou d'un combustible non identifié pour finalement être carbonisés comme des mannequins de carton.

Évidemment, tout le périmètre du village était bouclé. Pas de journaliste autorisé. Impossible de prendre de photo ou de filmer. Toutes les investigations internationales indépendantes seront refusées.

Le corps du patriarche a été autopsié confidentiellement. Sans représentant de la famille ni avocat. C'était truffé de flics quand ils ont rendu le pauvre corps meurtri que l'on voit dans le film et que YouTube m'a demandé de cacher dans mon film pour scène « contraire aux standards de la communauté ». Finalement après plusieurs articles et interventions y compris de médias étrangers, la scène a été conservée. Tandis qu'ils verrouillaient le périmètre, les nettoyeurs étaient à l'œuvre pour effacer certaines traces qui venaient contredire leur scénario fumeux, construit dans l'urgence.

Dès qu'il a pu accéder aux lieux, M. Hoàng Xuân Phú, chercheur et professeur associé à l'Institut de mathématiques de l'Académie des sciences et de technologie du Vietnam, a remis en question, la thèse officielle: prises de vues de l'extérieur et de l'intérieur de la maison y compris vues détaillées de la fosse technique et de la cour, mesures précises et explicitées, impacts de balles... Trois longs documents avec des questionnements clairs restés sans réponses du côté de la police, les contradictions étant trop flagrantes entre la fable des généraux et la réalité.

Mais ils ont eu la peau du vieillard présenté comme un redoutable terroriste et c'est ce qu'ils voulaient. Plus personne pour défendre le dossier avec sa compétence et son prestige, capable de révéler peut-être des détails embarrassants accumulés pendant 56 ans de Parti et d'honnête gestion communale. Car si cette gestion ne l'avait pas été, tous ces experts en communication se seraient fait un plaisir de le faire savoir au bon peuple.

Au regard des faits et en considérant la loi, les quinze avocats de la défense n'ont pas eu grand peine à conclure que si les autorités avaient eu la volonté de dialoguer, le sang n'aurait pas coulé. Il était aussi flagrant que l'attaque n'était pas due à un incident occasionnel mais qu'il y avait bien eu un « plan d'attaque » proposé par la police de Hanoï, approuvé par le Comité populaire, et plus haut par le ministre de la Police etc. Dans cette affaire, rares doivent être ceux en haut lieux, dont les mains et les paroles ne sont pas entachées de sang.

D'ailleurs, le surlendemain du crime, ils étaient tous là, des Rambos de terrain qui tirent dans le dos, aux généraux qui se sont contredits dans les rapports successifs, en passant par le maire de Hanoï, aujourd'hui derrière les barreaux pour corruption, qui a grossièrement trahi sa parole. Mines et tenues de circonstances, la crème actuelle du Bureau politique, le top de la police et de l'armée assistaient à la grande messe patriotique autour des trois officiers décédés, érigés en exemple à toute la jeunesse. Le Secrétaire général Trọng leur a décerné à titre posthume la médaille de la victoire de première classe. Le général en chef de la police les a élevés de deux grades.

En visite chez les policiers mobiles, le Premier ministre Phúc a déclaré avec un aplomb de… Premier ministre : « De nombreux camarades ont héroïquement sacrifié leur vie ou laissé une partie de leur sang pour protéger la sécurité nationale, le maintien de l'ordre et la sécurité de la société. En particulier lors de l'incident (sic) de Đồng Tâm le 9 janvier ». Et que dire du Secrétaire général Nguyễn Phú Trọng qui, le 2 septembre 2020, date anniversaire de la Révolution d'Août, osa cette rengaine : « …Les gens savent, les gens discutent, les gens font, les gens surveillent. Prenez le peuple comme racine ».

Toute ma détestation

Le soir du 9 janvier, j'ai appris l'assaut. J'ai reçu les premières images des interrogatoires forcés ainsi que les premières insultes, mon nom cité dans la liste noire par la très officielle télévision d'État VTV1. Bien que je l'aie envisagé, le choc restait quand même du domaine de l'impensable. Je les croyais encore un peu humains. J'avais tort. J'étais sonné. J'avais du mal à rester debout. Ma colère touchait à la haine.

Et la suite était à prévoir. Le patriarche avait été martyrisé dans sa chair, liquidé physiquement, il fallait désormais détruire son image, effacer ses proches, ceux qui à ses côtés s'étaient dressés en résistance, qui avaient bravé la peur et suscité l'exemple.

Vous imaginez l'attention avec laquelle j'ai suivi le procès. Il s'est révélé à la hauteur du crime. Les quinze avocats de la défense ont fait l'objet d'empêchements administratifs permanents de la part de la Cour, de la police : retards de la poste, oublis, documents égarés, impossibilité d'accéder à temps aux rapports d'enquête… Dans la prison, quand par chance la rencontre a été possible, des gardiens s'invitaient à la table du détenu et se mêlaient à la discussion. Dans la salle du tribunal, les avocats ont subi agressions policières et insultes. Pas moyen de faire copier des documents ou de les montrer. La vidéo filmée de l'assaut de police n'a pas pu être projetée à la salle pour analyse et discussion. Comme les avocats demandaient à communiquer avec leurs clients, le juge en chef Trương Việt Toàn leur a répondu sans la moindre hésitation : « Pendant le procès, le contact avec l'accusé n'est pas nécessaire ».

Une stratégie de la terreur

Des voyous à moto les ont menacés sur le trajet du tribunal à l'hôtel. Tous ces faits sont clairement mentionnés dans la pétition qu'ils ont adressée à la Cour et qui figure sur internet. Si bien que la journaliste écrivaine Phạm Đoan Trang a écrit un article intitulé « Protégez les avocats ! ». Elle allait, elle aussi, être bientôt arrêtée et condamnée à 9 ans de prison pour « propagande contre l'État socialiste du Vietnam ».

Il n'y a pas eu, cela va de soi, de reconstitution en présence des accusés, des avocats, des représentants des familles… Les deux fils de Lê Đình Kình ont été condamnés à mort, son petit-fils à perpétuité : le Parti reprend à son compte la vieille tradition chinoise selon laquelle l'empereur contesté s'acharnait à éliminer trois générations de la famille coupable. Pour les 23 autres villageois, les peines s'échelonnent de 16 ans à 18 mois.

Mais l'occasion est trop belle pour la broyeuse de continuer son nettoyage : Mme Nguyễn Thúy Hạnh qui a prêté son compte de la Vietcombank pour recueillir l'aide solidaire envoyée de l'étranger et de nombreux endroits du pays, aux prisonniers et à leurs familles a été arrêtée. Perquisition, mandat d'arrêt, tribunal, « propagande contre l'État socialiste », huit ans fermes, hôpital psychiatrique. La banque a bloqué les vingt-trois mille dollars collectés dont une partie était destinée aux funérailles du vieux Lê Đình Kình.

Mon ami le journaliste Phạm Chí Dũng, volontaire pour témoigner dans mon film, a lui aussi longuement parlé de Đồng Tâm avec indignation. Le Parti lui en a été reconnaissant. Les chefs d'accusation : « Violation de la loi du Vietnam qui interdit la presse indépendante », « Calomnie contre le Parti et l'État ». Il sera condamné à quinze ans de prison ferme et trois ans de résidence surveillée. En 2012 et 2015 la police l'avait déjà arrêté et provisoirement détenu. Cette fois, ils ont frappé fort : un tiers de sa vie volé. Ses deux collègues Nguyễn Tường Thụy et Lê Hữu Minh Tuấn : 11 ans chacun. Le jeune Trịnh Bá Phương qui a couvert en direct sur le net les harcèlements policiers du village et l'assaut final : 10 ans. Mme Nguyễn Thị Tâm qui a elle aussi soutenu ses compatriotes de Đồng Tâm en informant sur Facebook : 6 ans…

Que les amis du régime ou ceux qui le justifient se rassurent, la justice de la République socialiste du Vietnam avance fièrement derrière le chef de la Cour suprême. Rendant compte de la limpidité de son mandat, Nguyễn Hoa Bình, y met à son tour son grain de sel. Il n'est plus le petit chef de Province du Parti que j'ai connu à Quảng Ngãi, mais s'est hissé jusqu'au Bureau politique, très loin de ses compatriotes pêcheurs. Cet homme est le super-juge de circonstance. Il est conciliant : « S'il manque des preuves pour décider que le crime est grave, il faut le traiter comme un crime mineur ». Quoi qu'il en soit, « de tout le mandat il n'y a eu aucune condamnation injuste d'une personne innocente ». Ce qui, en quelques mots, scelle comme définitivement juste le sort des victimes de Đồng Tâm. C'est réconfortant, venant du chef des magistrats chargé de l'affaire du condamné à mort Hồ Duy Hải dont certains instruments du crime manquant au dossier ont été achetés à la hâte au marché !

La guerre ? Contre qui ?

Mais alors que pour ce dernier condamné à mort l'injustice a mobilisé une partie des médias officiels et l'opinion publique, Đồng Tâm ne semble pas avoir provoqué, du moins en surface, la secousse sismique logiquement escomptée. Peut-être parce que le Parti a menacé de guerre toute résistance collective ou individuelle. Il a découragé et désactivé les réactions qui bouillonnaient ici et là en verrouillant et brouillant soigneusement l'information de terrain. Il a forcé les médias à servir sagement sa soupe malgré quelques timides sursauts.

Je me souviens d'un dessin humoristique qui, dans ce contexte de peur, est plutôt courageux. Il me rappelle le genre d'humour résistant que pratiquaient les journaux saïgonnais dans les derniers temps de la guerre pour critiquer le régime de Thiệu, sans s'exposer à ses foudres. Il s'agit d'une caricature du magazine *Trẻ*. Une route en lacets avec un convoi de véhicules militaires dont certains transportent des missiles. D'un côté de la route, deux paysannes pieds nus, chapeau conique ou coiffe noire traditionnelle du nord… « Dieu merci, les neveux, vous allez combattre la Chine ! » « – Non ! Nous allons arracher les terres de la clique de Đồng Tâm ». La caricature a tout dit : « C'est la guerre ».

Mais la guerre contre qui ? Pas contre la Chine, c'est bien évident ; pas contre les Américains qui au contraire sont en mal d'alliance pour conforter leur « pivot » asiatique et ne cessent les œillades du dollar ; pas contre les Russes qui restent, malgré la fracture ukrainienne, les principaux fournisseurs d'armes et les conseillers ; pas contre les Européens qui ont définitivement perdu, et depuis longtemps, toute velléité de colonialisme conquérant ; pas contre les petits pays voisins de l'ASEAN* qui ont fort à faire avec leur propre développement et la menace du grand voisin Hán… Les pays de la région, Japon, Australie et Nouvelle-Zélande n'ont pas le moindre contentieux avec le Vietnam. Le joufflu cow-boy flingueur Kim Jong-un est un pote de Nguyễn Phú Trọng et ne shoote pas dans sa direction…

Alors ? Pourquoi après Đồng Tâm et avant le XIIIe congrès du PCV, cette manifestation de force outrancière, 6 000 policiers en parade à Hanoï avec les armes les plus modernes ? Pourquoi ces directives pour équiper la police à tous les échelons, du village à la province, d'armes telles que les canons anti-char, mitrailleuses anti-aériennes, et même missiles anti-char… alors qu'elle n'a pas vocation à défendre le territoire en cas d'agression étrangère ? Pourquoi montrer ainsi ses muscles policiers et contre qui ?

Quelques mois seulement après Đồng Tâm, le 21 septembre 2020, le petit Xi Jingping du Vietnam, Nguyễn Phú Trọng déclarait devant le comité central permanent du Parti chargé de la sécurité publique : « À tout prix nous devons maintenir la sécurité politique et l'ordre social ». À tout prix ? Même celui d'un Tiên An Men vietnamien ? Ils ont montré qu'ils en sont capables.

Je le dis avec beaucoup de tristesse, cette attaque massive, planifiée qui aurait facilement pu être évitée si on avait eu recours à la loi, pourrait très bien avoir servi d'expérimentation à la répression de nouvelles résistances. Tout s'est passé comme si le pouvoir l'avait provoquée pour faire de Đồng Tâm le laboratoire de la violence antipopulaire à grande échelle, érigée en outil de gouvernement. La stratégie contient tous les ingrédients de la domination coloniale : appropriation violente des terres appartenant à des populations locales que l'on dit protéger, opérations militaires et policières contre ces populations en coordination avec des collaborateurs et cadres locaux ; utilisation d'engins lourds de destruction, d'armes de guerre, violences physiques extrêmes, exécutions, arrestations et emprisonnements des victimes qui résistent, des citoyens qui les soutiennent ou qui les aident pacifiquement à soulager leur souffrance…

Colons dans leur propre pays !

Un des personnages de mon film *Un Cri qui vient de l'intérieur*, paysan du sud qui a abrité et nourri les résistants durant les guerres françaises et américaines, l'exprime très clairement : « Des trois périodes historiques, celle-ci est la plus terrible pour nous. Du temps des Français et des Américains, nos maisons étaient incendiées, rasées, nos récoltes dévastées, empoisonnées, mais nous avions encore nos terres. Aujourd'hui, on ne nous laisse plus rien ».

J'ai clairement exprimé dans mes actes l'anticolonialisme viscéral qui m'anime. L'exemple ci-dessous ne doit pas laisser le moindre doute à ce sujet mais il mérite d'être cité. Le pouvoir qui se dit communiste le met d'ailleurs en exergue pour louer un des épisodes victorieux de la résistance paysanne face au pillage des terres par les colonialistes français et leurs serviteurs corrompus. On en parle comme de l'« affaire de Nọc Nạng », survenue dans le village de Phong Thạnh, province de Bạc Liệu. Le paysan qui avait défriché les terres tout à fait légalement avec sa famille et en avait acquis l'usage ne s'appelait pas Lê Đình Kình mais Mười Chức. Comme pour Đồng Tâm, les tentatives d'expropriation perduraient depuis plusieurs dizaines d'années quand le drame a éclaté en 1928. Avec la complicité de la force publique locale – en nombre dérisoire comparée aux 3 000 hommes de Đồng Tâm – l'assaut fut donné et cinq personnes ont trouvé la mort : quatre villageois et un policier français. Le procès a été ouvert au public et à la presse nombreuse. L'opinion a eu accès aux informations, aux détails de l'enquête. Le procureur Moreau a parlé des « hommes sans cœur » qui prêtaient la main aux voleurs de terres. L'avocat Tricon qui défendait bénévolement les villageois a bien identifié l'origine du conflit dans la politique de propriété du sol déclarant qu'elle était plus juste et plus réaliste du temps des seigneurs Nguyễn. Il a vanté la vie de travail acharné des paysans poussés à la barre qui ont dû se battre contre la nature, les puissants, les procédures judiciaires. « Nous les Français, nous devons construire dans ce pays une dictature. Pas celle du mousqueton mais celle du cœur ». La Haute Cour de Cần Thơ a finalement acquitté les accusés pour s'être défendus et avoir défendu leurs terres qui leur ont été rendues. Après le procès, des personnalités publiques et des habitants de Phong Thạnh ont participé à un repas pour remercier les deux avocats et les journalistes français et vietnamiens.

Bien sûr sous un régime colonial conçu pour l'exploitation par la violence et qui est donc une grande piraterie, toutes les affaires de terres volées ne se sont pas terminées de façon aussi idyllique. Il a fallu, hélas, le drame de Điện Biên Phủ pour mettre un terme à tous ces drames contenus en un seul : le pillage d'un pays. Mais il est incontestable que, même sous le joug colonial, les pauvres gens étaient quelquefois mieux traités que sous ce régime actuel qui se proclame libérateur et patriote. Plus de cent ans de guerre et des millions de morts, un peuple écartelé pas encore remis après cinquante ans de paix, et deux peuples, français et américains, profondément marqués dans leur histoire pour en arriver là ? Cela valait-il la peine ? La voie pacifique de Phan Châu Trinh vers l'indépendance n'était-elle pas la moins coûteuse, la plus sûre et durable ? Le Vietnam ne serait-il pas aujourd'hui un pays plus fort, plus moderne, en possession de toutes ses terres et toutes ses îles par la Chine volées, respecté pour bien d'autres choses que ses armes ?

Ces questions que me posaient un jour un chauffeur de taxi sur le trajet de l'aéroport, m'avaient irrité car je les prenais pour une capitulation devant le juste combat libérateur. Aujourd'hui, je les considère avec plus de pondération et de profondeur. Mais avec des si…

Je me suis empressé de terminer le montage du film avec ces nouveaux éléments récoltés car le covid menaçait de retarder la sortie en salles. D'autant que je voulais d'abord le présenter dans des festivals internationaux afin qu'il soit reconnu comme document de valeur avant de le poster sur YouTube pour qu'il soit vu librement et gratuitement.

Les nems plutôt que le peuple vietnamien ?

Lorsque j'ai appris l'exécution du vieux Kình et la razzia sur le village quelques jours seulement après avoir prévenu l'ambassadeur vietnamien, j'ai été contacté par des amis pour former en France un Comité de soutien des villageois : nous n'avons pas été débordés par les adhésions et sommes restés jusqu'à la fin les cinq membres du départ. Ma colère n'avait d'égale que ma honte pour mes compatriotes français, eux qui, dans les réceptions, étalaient leur amitié avec « le peuple » vietnamien. Encore une fois leur silence montrait qu'ils préféraient les nems à ceux qui les concoctaient. Je constatais amèrement que, comme pour les films précédents, je n'avais pas à compter sur leur courage pour relayer les voix qui s'élevaient au Vietnam. Ils étaient les trois singes : aveugles, sourds et muets. Evaporés devant un tabou. Même pas un signe pour exprimer leur curiosité, de simples émotions, un brin d'humanité. C'est pourtant certainement cette humanité et cette vérité rayonnant sans artifice des visages de ceux qui témoignent dans *Un cri qui vient de l'intérieur* qui ont retenu l'attention de sept jurys internationaux. Et c'est justement cette humanité, cette vérité historique que ces Français qui se disent « de gauche » ne veulent pas regarder en face, de peur qu'elle ne sème le désordre dans leur musée dogmatique. Parce qu'elle est tellement douloureuse qu'on ne veut pas y croire. Parce qu'ils ont abdiqué pour certains l'engagement de leur génération : une paix au Vietnam dans la LIBERTÉ. Au point qu'ils ne veulent plus entendre ces camarades vietnamiens des maquis qu'ils ont admirés, dont ils ont alors bu les paroles et qui sont aujourd'hui persécutés.

Passé les festivals, le film a été visionné en vietnamien, français, anglais, plus de deux cent mille fois sur YouTube, projeté en salle trois fois en France. Quoi d'étonnant qu'il m'ait valu insultes et quelques menaces de mort de la part des « modérateurs du net » vietnamiens. Pour l'anecdote, j'ai même eu les honneurs d'un « modérateur » d'un groupe de discussion du Parti communiste français sur Facebook (12 000 membres). Je n'avais pas l'intention de discuter avec lui mais il a immédiatement réagi à mon premier post rappelant le film, en me montrant la sortie de son groupe de libre parole, « chouineur » que j'étais en mal de « victimisation ».

Plus sérieusement, à la suite du film, les dizaines de milliers de remerciements, essentiellement vietnamiens, adressés sur le net à ceux qui ont osé parler, récompensent amplement les efforts et les risques de toutes celles et ceux qui ont permis ce document. Il a rassemblé nos pensées, celles des Eric, Robert, Annie, Stéphan, Jean-Pierre, Sylvain, Linda, Solène, Philippe, Sylvaine, Peter, Kezia qui leur ont prêté leur voix lors du montage. Grand privilège d'avoir pu favoriser cette simple communion du bout du monde.

L'engagement pris un an auparavant a été honoré et, malgré tous les obstacles et les blessures accumulées, je n'avais pas, comme dans le dicton, laissé la charrue au milieu du chemin.

Du pavois à l'oubli ou jetés au rebut

Ce sont des amis ou personnalités communistes que j'ai fréquentés de près ou de loin et que le Parti n'a pas épargnés pour crime de différence, de désaccord ou de divergence. Souvent pour crime d'intégrité. Celles et ceux qui témoignent dans le film « Un cri » parlent très peu de leurs combats passés jetés ensuite au rebut. J'en connais même, combattants sans faille lors de la résistance anti-américaine, qui ont dû, pour échapper aux foudres du Parti, fuir et se réfugier... aux États-Unis ! Du plus simple des militants au plus illustre des dirigeants, personne n'est à l'abri. L'appareil broie sans état d'âme, dans l'anonymat le plus lâche. En voici quelques exemples.

La lettre du brave soldat condamné à mort, oublié

J'ai connu Võ Huy Quang dès mon retour au Vietnam en 2002. Il faisait partie du noyau dur des Tà ru* qui avaient pris en main ma destinée à Saïgon. Il était parmi les plus pauvres. Après sa libération, il avait consacré vingt-cinq ans à la réalisation d'un épais ouvrage, édité en 2001 à Hồ Chí Minh ville par « Văn Nghệ », intitulé *Portraits de condamnés à mort dans l'histoire de la lutte pour garder le pays. De 1858 à 1975.* Sept cent vingt-six pages, une page par condamné, avec, chaque fois que possible, sa photo, les moments essentiels de sa vie, de sa détention, la date et le lieu de son exécution. Il se qualifiait de soldat d'Hồ Chí Minh et ne manquait pas une occasion de le rappeler. Avec un brin d'amertume, il écrit sur la quatrième de couverture : « ... mes camarades ne sont que de valeureux anonymes, leurs vies et leurs sacrifices sont simples, pour ne pas dire qu'ils se sont dévoués en silence. Quelques pierres de plus pour bâtir le rêve de victoire... » D'autres anciens n'ont pas été si directs. Un autre Tà ru*, lui aussi détenu pendant de longues années à Côn Đảo*, lui aussi auteur d'un livre sur les prisonniers politiques a été plus souple. Il a donné sagement dans le discours « tournons la page » voire « enrichissons-nous ». Sans être vraiment corrompu, il a été récompensé : maison de trois étages à Saïgon, grande propriété à Phan Thiết...

En 2008, le Parti a poussé le comble de l'ingratitude jusqu'à supprimer à Quang sa maigre pension. Alors, celui-ci écrivit une longue « lettre de protestation » où il interpelait nommément les plus hauts personnages du Parti et de l'État. Il leur rappelait son pédigrée : combattant dans les deux Résistances, 57 ans de Parti, condamné à mort à l'âge de vingt ans, 14 ans de cages à Tigre à Côn Đảo* en refusant de saluer le drapeau de l'ennemi.

« Finalement, est-ce qu'ils avaient tort ? »

Je cite quelques passages de sa lettre : « Sorti des griffes de l'ennemi, je suis tombé dans l'oppression des camarades. Après le cachot, ce corps en ruine n'est qu'une ombre qu'on repousse du pied pendant 34 ans, impitoyablement maltraité par la faim, les maladies, la douleur... De 1950 à 2001, je n'ai touché aucune pension. De 2001 à 2006 j'ai reçu seulement un peu d'argent du fond de « bien-être ». Depuis 2007, je n'ai plus rien... Sous l'ancien régime, ma famille possédait 38 hectares de rizières de première catégorie. Après la libération, elles ont été collectivisées, partagées entre les cadres, puis revendues... Ma famille a tout perdu et a été chassée quand elle est allée frapper à la porte des autorités. Et pourtant, mes deux jeunes frères sont morts au combat, mes parents franchissaient de nuit les barrières du hameau stratégique où ils étaient parqués pour aller nourrir les résistants. Nos terres ont fourni à la résistance des dizaines de tonnes de riz qui devaient être restituées « une fois la révolution victorieuse ». Rien de tout cela, même pas une décoration ni même une simple visite... » Quang poursuivait : « Dans les campagnes et les zones reculées, les vétérans, les « mères héroïnes » qui ont perdu maris et fils tendent en vain le cou en attendant votre miséricorde. Ils portent plainte pour récupérer leurs terres et maisons volées. Aucune politique de compensation. Il est profond le fossé entre le Parti et les masses, les cadres et le peuple... Ngô Đình Diệm disait que les communistes paupérisent le peuple. Et je me suis battu contre ce mensonge. Nguyễn Văn Thiệu disait : « N'écoutez pas ce que disent les communistes mais regardez ce qu'ils font ». Et je me suis battu contre sa propagande. Lê Văn Khương, le tigre gris de Côn Đảo*, disait : « Si tu meurs, personne ne te regrettera, si tu survis, handicapé, tu vivras à l'écart ». Et je lui souriais. Les sbires et gardiens du bagne disaient : « les communistes n'ont pas de cœur ». Je prenais ça comme une insulte. Finalement, est-ce qu'ils avaient tort ? »

Quang m'a confié sa lettre que j'ai photocopiée avant de la transmettre en main propre au vice-président du Comité populaire d'Hồ Chí Minh ville. Je n'ai pas eu de retour.

Protestation désespérée, résignation désolée

En revanche, dans son envoi aux autorités et aux amis, et comme une attestation de celui qu'il avait été, il a joint une lettre-réponse d'un de ses camarades, ancien codétenu de Côn Đảo* que je juge plus désespérante que réconfortante. Cet ami écrivait : « En lisant ta « lettre de protestation » je ne peux m'empêcher de verser des larmes. Quand nous étions ensemble dans les cages à tigre et les cages à buffle du camp N° 7, tu étais parmi les plus courageux de nos camarades... Quand j'ai appris que tu n'avais aucun revenu, je t'ai proposé de partager huit cent mille dongs de ma pension pour te permettre de vivre. Mais tu as refusé car tu as craint de me mettre en difficulté. C'est bien là ta nature ! Nous vivons dans un monde à l'envers. De nos jours, la foi et les aspirations sont différents. Tu es désespéré ? Mon cher Quang, j'ai 86 ans, plus de 70 ans de révolution et soixante et quelques années de Parti. Le corps couvert de blessures, je n'ai jamais pris un jour de repos. Nous sommes ainsi. Nous vivons entièrement pour l'idéal que nous avons choisi. Pour avancer, idéal et réalité sont confrontés quotidiennement. Dans cette spirale, on rencontre quelquefois des portions de chemin cahoteuses mais il faut garder les roues de la charrette et la charrette elle-même sur leur trajectoire, même si l'élan est coupé. Je ne peux rien te conseiller mais seulement te rappeler une leçon que la prison nous a enseignée : c'est dans les crises les plus fortes que nous nous montrons le plus lucide et intelligent... »

Terrible lettre à la conclusion métaphorique d'un ami et « ancien héros » qui invite en fin de vie à la capitulation fataliste plutôt qu'au combat. Certains objecteront que le Vietnam est un pays pauvre, que la guerre a laissé dans le besoin des millions de rescapés des combats et des cachots, handicapés, et que cette charge est lourde pour la société. C'est vrai. Toutefois alors qu'il était « oublié » par son parti, Võ Huy Quang savait très bien que des millions voire des milliards de dollars venant du contribuable et de l'aide internationale étaient détournés, dilapidés, confisqués par ses camarades, cadres et dirigeants. Aucun Saïgonnais ne pouvait ignorer l'affaire « Năm Cam » du nom d'un parrain de la mafia qui, acoquiné avec de hauts cadres du Parti et des centaines de fonctionnaires, policiers, militaires de 1995 à 2004 se sont gavés de millions de dollars en imposant leur violence. Aucun Saïgonnais ne pouvait ignorer l'affaire PCI (Pacific consultant international) PMU18 (Project Management Unit) de 2002 à 2008. Des millions de dollars de la corruption ont été ponctionnés au plus haut du Parti. Le ministre des Transports et de la Communication et son ministre adjoint ont été impliqués ainsi que de nombreux cadres supérieurs dont des généraux de la police, jusqu'à des membres du cabinet du Premier ministre. Tous, depuis 1993, « géraient » avec beaucoup de zèle les deux milliards et demi de dollars d'aide de la Banque mondiale et ont empoché au passage les millions de pots de vins venus du Japon et d'autres pays.

Bien sûr les huit cent mille đồngs mensuels (environ 35 euros) qu'on refusait à Quang avaient leur importance pour faire vivre sa famille mais c'était loin d'être l'objet essentiel de sa « protestation ». L'essentiel était la trahison dont il était victime, l'humiliation contenue dans la résignation qu'on lui imposait.

Mais lui a osé parler, contrairement à des dizaines de milliers d'anciens « héros ordinaires » qui, bien qu'ulcérés, n'osent pas dénoncer et appeler à s'unir pour combattre avec la même force qu'ils ont opposée à l'agresseur, de peur de paraître remettre en cause leurs luttes passées et de menacer l'avenir et la sécurité de leur famille.

Bùi Đỗ : « Les terres de mon père, la tombe de ma mère »

Bùi Tiến An, qu'on appelait Bùi Đỗ, était un ami fidèle. Je l'ai connu dans les années 2004-2005. Toujours discret et d'une extrême simplicité, il passait inaperçu dans le groupe des anciens prisonniers politiques que je rencontrais régulièrement. Ce n'est que vers 2009-2010 que nous sommes devenus plus proches. Il a essayé de me protéger lorsque j'étais traqué par la police, suite à l'interdiction de projeter mon premier film. Dans les mois qui suivirent cet événement, Il faisait partie de notre petit groupe de « gentils comploteurs » Bùi Đỗ n'avait pas la confidence facile et il a fallu des circonstances particulières pour que j'en apprenne plus long sur sa vie.

C'était le 12 décembre 2016 à Saïgon. Cúc, une amie, ancienne détenue politique du précédent régime, me téléphone avec son fort accent du delta du Mékong. J'ai du mal à comprendre. Elle me passe Bùi Đỗ qui m'annonce la nouvelle : M. Thái est mort cette nuit à Nha Trang. Bùi Hồng Thái, c'était le responsable de la résistance anti-américaine dans la province de Khánh Hòa. Son courage et son intelligence de combattant n'étaient pas à prouver. Il était plein de bonhommie, d'ouverture d'esprit et il savait écouter. À la libération, il avait été pendant quelques années le secrétaire du Parti de la province. L'association humanitaire que je présidais s'était appuyée sur sa réputation et la confiance qu'il inspirait aux populations démunies, notamment les minorités ethniques, pour mettre en œuvre des actions de solidarité, sans manipulation politique ni parasitage administratif dont il nous protégeait.

Bùi Đỗ, ancien détenu politique au bagne de Poulo Condor, qui était très proche de lui, me propose de l'accompagner pour assister aux obsèques le lendemain à Nha Trang. Nous embarquons à 17 heures à l'aéroport de Tân Sơn Nhứt. Atterrissage à Cam Ranh, taxi, dunes de sable blanc et nous roulons vers la belle ville Chăm qui vénère Yersin[1], nichée dans sa baie magnifique. Sur le trajet, Bùi Đỗ est en mal de confidences. De part et d'autre de la quatre voies à l'approche de la ville, il me montre les terres qui vont vers les collines ou vers la mer. Des centres de loisir et hôtels entourés de murs, des habitations privées, clôturées… Et me dit en souriant, le doigt pointé sur sa poitrine : « Ici le Viêt-Cong, propriétaire terrien passé au communisme et que les communistes ont dépouillé de 45 hectares de terres familiales que voici. Je te raconterai ça bientôt ».

Arrivé chez lui, rue Cửu Long, je retrouve sa famille, son frère, le petit salon de coiffure au rez-de-chaussée et les chambres à l'étage. Nous marchons jusqu'au centre funéraire de la province. La fille de M. Thái nous accueille, entre deux rangées d'officiers de police ou de militaires en uniformes blancs. Nous remplissons le registre de deuil. Puis, déchaussés, nous suivons deux rangées de jeunes qui portent nos gerbes vers un autel, à vingt mètres de là. On tend à chacun de nous un bâtonnet d'encens dont les volutes bleutées devraient accompagner nos affectueuses pensées jusqu'à l'âme du défunt. Nous nous inclinons à plusieurs reprises avant d'être guidés vers un autel voisin où sont exposées des photos de M. Thái, près de la statue du bouddha. Nous nous inclinons à nouveau, dans une mélopée lancinante d'« A Di Đa Phạt* ». J'ai toujours été surpris de voir avec quel naturel beaucoup de communistes vietnamiens vénèrent le bouddha.

La pluie me rappelle à des pensées moins lourdes mais ce n'est pas le cas de Bùi Đỗ. Le passé de M. Thái qui s'en va dans l'encens a ravivé le sien et pendant la nuit, il me racontera le long chemin de sa vie résistante.

1. Alexandre Yersin : 1863-1943, médecin pasteurien, découvreur du bacille de la peste. Enterré à Nha Trang où il est décédé. Les Vietnamiens ont construit à côté de sa tombe un petit pagodon toujours orné de fleurs et d'encens.

Une famille de révolutionnaires

Bùi Đỗ est né en 1943 dans une famille de cinq frères et sœurs. Au retour des Français, fin 1945, la famille a fui vers l'est à travers les forêts pour se réfugier dans la propriété du grand-père. C'est au terme de ce périple que sa mère, minée par le paludisme et sans médicaments, est morte d'une lente hémorragie en perdant le bébé qu'elle portait. Bùi Đỗ avait trois ans. Son père a nourri les enfants pendant un an jusqu'à sa première arrestation. Instituteur, il était soupçonné d'avoir approvisionné le Vietminh dans la montagne. Détenu pendant un an puis relâché faute de preuves, il reprit son métier d'enseignant. Mais ses enfants, élevés par leurs grands-parents, le voyaient très peu. Après la défaite française à Điện Bien Phủ, en 1954, il est devenu inspecteur principal dans le service de l'Éducation de la province. C'était la fin du règne de Bảo Đại et le début de la dictature de Ngô Đình Diệm. Mais il n'a jamais cessé ses activités résistantes. Il fut arrêté une seconde fois et encore emprisonné pour un an. Renvoyé du service de l'Éducation, il partit travailler dans les rizières et les jardins tandis que, de son côté, Bùi Đỗ prenait le chemin de Saïgon au sein du mouvement des scouts dont Hồ Chí Minh était président d'honneur. Il avait 19 ans et c'était sa première rencontre avec des membres du jeune Front national de libération. Aujourd'hui, paradoxe de l'Histoire, ce mouvement des scouts n'est pas reconnu par le régime qui se méfie de la jeunesse et de toute organisation qui n'est pas la sienne.

Bùi Đỗ a milité clandestinement dans le mouvement des lycéens de Saïgon de 1962 à 1967. Un an après le débarquement des Américains à Đà Nẵng et un mois seulement avant les bombardements massifs des villes du Nord, de nombreux mouvements de la jeunesse ont organisé la grande manifestation du 1er mai 1966 dans toutes les grandes villes du Sud. Bùi Đỗ, alors président d'un de ces mouvements, me montre avec fierté une photo où il figure avec ses camarades, porte-voix à la main. C'est à cette occasion qu'il fut arrêté, détenu pendant trois jours et traîné à la tristement célèbre Maison de la police urbaine, « Nhà Đô Thành », pour interrogatoire. Faute de preuves de contacts avec le FNL, malgré les tabassages et les menaces, il sera relâché au bout de trois jours et immédiatement convoqué au centre de recrutement pour être envoyé sur le champ de bataille. Là, ses faux papiers le sauveront. Alors qu'il avait 23 ans, ils en affichaient moins de vingt, âge légal du recrutement. Il fut reconduit au siège de la police urbaine qui le relâcha immédiatement. Il commente en souriant : « Il faut reconnaître que, de ce point de vue, l'ancien régime était très correct dans l'application de la loi ».

Puis ce sera la deuxième arrestation, en décembre 1967, juste avant l'offensive générale du nouvel an lunaire déclenchée par le FNL dans toutes les villes et campagnes du Sud. L'agent de liaison de la cellule de quatre à laquelle Bùi Đỗ appartenait, portait une arme et, selon les termes des clandestins, elle n'avait pas suffisamment « coupé sa queue » c'est-à-dire déjoué les filatures possibles. À ce moment-là, les Viêtcongs introduisaient beaucoup d'armes dans Saïgon en préparation du jour « J ». La sécurité, sur les dents, l'a pistée jusqu'à la cache de Bùi Đỗ et de ses trois compagnons, appartement où vivait la famille pauvre d'un manœuvre maçon. « J'ai été cueilli comme un bébé, pendant mon sommeil », plaisante Bùi Đỗ : « Bien sûr, j'ignorais tout de cette dame : c'est ce que j'affirmai dur comme fer à mes inquisiteurs ». « J'ai donc retrouvé la Maison de la police urbaine où ils m'ont fait goûter à toutes sortes « d'amuse-gueule » : eau savonneuse, décharges électriques, massages plantaires... Mais je n'ai rien lâché car je savais qu'une seule hésitation ou contradiction dans ma déclaration me serait fatale. Cela a duré quatre mois avant que je sois transféré devant le tribunal militaire de la 3e région, rue Bạch Đăng. Tu connais l'endroit puisque c'est là qu'ils t'ont jugé. Devant mes protestations d'innocence et faute de preuves, j'ai été emprisonné à Chí Hòa, sans jugement. Quelques mois plus tard, retour devant le tribunal, juste pour entendre le verdict, sans autre interrogatoire : un an avec sursis. J'avais déjà effectué ce temps depuis mon arrestation mais au lieu d'être libéré j'ai été ramené à Chí Hoà. Non pas dans ma cellule mais dans « la salle de cinéma ». Tu te souviens de cette grande salle sombre ? J'y suis resté aux fers pendant trente jours. Cette fois le menu était administré par les agents de l'ordre, « trật tự », criminels et autres voyous désignés par l'administration, comme les kapos dans les camps nazis. Ils savaient que la cellule des détenus dont j'étais le représentant avait organisé dans toute la prison un mouvement pour refuser de saluer leur drapeau, de se rallier, de crier « A bas Hồ Chí Minh ! », « ... Ces trente jours de « salle de cinéma » m'ont paru plus longs que les quatre mois au centre de la police urbaine. Après m'avoir transféré au secteur ID de la prison, ils m'ont transporté à la prison de Tân Hiệp où se trouvaient les « obstinés » de mon espèce. Puis, en 1969, ce fut la déportation au bagne de Poulo Condor, directement aux fers dans les cages à tigre. Là, j'ai appris le décès de l'oncle Hồ, en septembre, mais j'ignorais qu'un an plus tôt, mon père avait été arrêté pour la troisième fois. Sur dénonciation d'un voisin, il a été accusé d'être « une base pour les Vietcongs » : la police avait trouvé une cache dans un bosquet de bambous sur son terrain. Ils l'ont relâché au bout d'un an, faute de prouver que la cache soit bien son œuvre. Le fils dans un bagne, au milieu de la mer, le père, dans les cachots de Nha Trang sans nouvelles l'un de l'autre... Il sera arrêté pour la quatrième fois en 1972. Il restera détenu pendant un an avant d'être relâché, mais interdit de séjour dans sa campagne natale. La maison qu'il a louée à un capitaine de l'armée du Sud ne lui sera jamais rendue ni le loyer payé. Il sera assigné à résidence à Nha Trang où une tante l'hébergera. Malade, sans aucun enfant pour prendre soin de lui, l'un en prison, l'autre dans l'armée du Sud, le troisième au Nord, un autre encore arrêté par intermittence... Sans moyens financiers pour se soigner, il viola l'assignation à résidence et se fit transporter à la campagne, dans la maison laissée par son père pour y mourir à 73 ans. Je n'ai appris la nouvelle de sa mort que deux ans après quand je suis sorti du bagne, sept ans et quatre mois après mon arrestation ».

« Ce qui me révolte, c'est ce que ce régime a fait de nos sacrifices »

Il est déjà tard dans la nuit et mon ami ne semble pas fatigué. Sa voix ne tremble pas. Elle semble même détachée de son histoire. « Vois-tu, André, je regrette mais j'accepte toutes ces années de jeunesse perdues, ma famille déchirée, ma santé détruite avec ce cancer qui me ronge. Nous étions dans la tempête et nous avons fait face. J'en suis fier. Ce que je refuse, qui m'attriste et me révolte, c'est ce que ce régime a fait de nos sacrifices ».

« En 1976, un an après la libération du Sud, le Parti communiste et l'État ont lancé une grande campagne pour inviter les patriotes propriétaires terriens à céder l'usage de leurs terres pour en administrer l'exploitation dans l'intérêt public. Selon la nouvelle loi, les propriétaires n'avaient pas le droit d'employer directement des ouvriers. J'étais alors à Hồ Chí Minh-Ville, englué dans mon militantisme en tant que cadre du Comité d'organisation du Parti puis secrétaire du Parti pour le quartier 13 du 11e arrondissement pendant dix ans. Mes frères et sœurs étaient dispersés. Totalement plongé dans la reconstruction du pays avec des difficultés économiques et sociales énormes, avec la menace d'une nouvelle guerre, Chinois au nord, Khmers rouges à l'ouest, blocus américain en mer de l'Est, je n'avais même pas le temps de m'occuper de moi. Alors, hors de question d'aller à Nha Trang pour cultiver les terres de la famille. Avec deux de mes frères et sœurs, nous avons donc signé un document donnant à l'État le droit d'administrer notre propriété. Mais en aucun cas le droit d'attribuer cette propriété à quelqu'un d'autre. Ni de l'utiliser à des fins commerciales ou personnelles. Il était bien clair pour nous que nous en restions propriétaires et j'ai là tous les actes de propriété qui l'attestent. Nous étions même fiers de contribuer par cette action à faire vivre des dizaines de familles. Pas de reçu. Aucun document officiel. Plusieurs années s'écoulent avant que j'apprenne que c'est un nommé Nguyễn Văn Trung, ancien vice-directeur de la police de la province qui serait propriétaire de nos terres. Il les aurait lui-même héritées de Nguyễn Tắc, son père qui les aurait achetées à mon père avec tout le bétail, les buffles, les cochons… Pour tout document de cette prétendue vente : l'attestation écrite d'une certaine madame Vân, parfaitement inconnue. Une arnaque grossière de la part d'une famille de hauts cadres du Parti, l'héritier de Nguyễn Văn Trung étant Nguyễn Tiết Hùng, président du comité populaire de la province. Ces gens qui fonctionnent en réseau sont intouchables sous le parapluie du Parti. Et ils sont dangereux. Le résultat est que ces terres ont été revendues à des dizaines de familles privées, chacune en possession de leur « carnet rouge », titre de propriété en bonne et due forme. Le plus terrible, c'est que c'est le propre fils d'une de mes sœurs, Lê Thanh Quanh, actuel secrétaire du comité provincial du Parti, membre du comité central, qui a signé l'attestation de propriété de la parcelle où se trouve la tombe de ma mère et donc de sa grand-mère. C'est mon père qui les a nourris, lui et ses frères quand son père est décédé. Ce genre d'individu ne respecte même pas sa famille. Tu l'as vu aujourd'hui, face à nous aux obsèques de M. Thái. Il n'a pas eu un salut ni un regard pour moi et pour toi. Tu étais pourtant le seul étranger aux obsèques. Il pavoise, entouré de ses chiens de garde mais, en fait, il sait ce que nous savons et craint notre regard ».

Un « trou à chien » dans le grillage…

Je me souviens qu'en 2004, Bùi Đỗ m'avait invité au traditionnel rassemblement de famille pour l'anniversaire du décès de son père (*Đám giỗ*). À cette occasion nous étions allés nous recueillir sur la tombe de sa mère et j'avais été surpris de devoir me glisser par le trou d'un grillage pour accéder à la sépulture. Mais je n'avais pas posé de question. Aujourd'hui je comprends : la tombe est devenue propriété privée d'une autre famille et Bùi Đỗ en est légalement interdit d'accès. La nouvelle famille est venue le voir à Saïgon pour lui demander de faire exhumer les restes mortuaires et de les déplacer. Il a refusé. Alors, ils ont construit un mur pour barrer l'accès à la tombe. Bùi Đỗ a fait appel à la justice. Le mur a été détruit mais remplacé par un grillage avec, selon ses propres mots, « un trou à chien ».

J'avais déjà rendu hommage à M. Thái, notamment en l'invitant chez moi, dans les bois aveyronnais avec d'anciens détenus des cages à tigre de Poulo Condor (voir chapitre « Les jours heureux »). Il faisait partie des communistes que je respectais, avec un présent conforme à leur passé, simple, honnête, très proche des pauvres gens dont ceux des minorités ethniques de l'arrière-pays. Ils l'avaient abrité pendant la résistance anti-américaine et j'avais mesuré à l'occasion de mes nombreuses visites chez eux à quel point ils le respectaient encore alors qu'il n'avait plus de pouvoir officiel. Après le récit de Bùi Đỗ, l'abjection atteint les sommets. Impossible de dormir pour me défaire de cette histoire.

Le lendemain, des centaines de personnes sont massées dans et devant le centre funéraire. Le corbillard bariolé est là, chargé de gerbes et de couronnes. Des camions, des jeeps de l'armée avec des dizaines de soldats et d'officiers en blanc et en vert, impeccables, armes à l'épaule ou à la ceinture pour celui qui fut, un temps, le plus haut dignitaire de la province. Le cercueil est chargé au son des tambours et la famille en blanc, front enrubanné, prend place à ses côtés. Notre taxi avec Bùi Đỗ et deux de ses amis s'ébranle à la suite du convoi. Il pleut à verse. Après une dizaine de kilomètres, nous nous engageons dans un étroit chemin. L'eau ruisselle de la colline où est adossé le petit cimetière, transformant le chemin en patinoire. Un civil et quelques policiers nous font signe de stopper alors que devant nous le convoi continue d'avancer avec la famille et les huiles. Nous sortons de la voiture et continuons, les pieds dans les flaques et la boue. Des motos nous talonnent pour nous doubler. Enfin, après plusieurs centaines de mètres, nous parvenons à la zone des tombes, au flanc de la colline, orientées selon le Feng Shui[2]. Tambours et mélopée d'« A Di Đa Phật* » … La garde, en blanc, fusil à la poitrine fait le carré, imperturbable. À l'intérieur du carré, près de la sépulture, le fils, capitaine de la Sécurité dit quelques mots. Puis c'est au tour de Lê Thanh Quang, Premier communiste de la province, pilleur de terres et, accessoirement, vendeur de la tombe de sa grand-mère. Planté face au cercueil, il y va de sa langue de bois. Comme la veille, le triste personnage n'a pas le courage d'un regard pour nous tandis que les croquemorts, tout de blanc vêtus, chapeaux coniques noirs et blancs descendent le cercueil en terre.

L'apparatchik a gagné : il a détourné de moi cet affectueux moment de recueillement pour un cher ami. Il l'a transformé en quelques minutes de mépris et de colère envers lui et les siens. Le bruit des casseroles que traîne le fâcheux a fini par irriter les oreilles de ceux qui, dans les hautes sphères, craignent pour leur système ou qui ont un nouveau poulain à placer. C'est ainsi qu'en octobre 2019, j'apprendrai par le journal *Tuổi Trẻ* que le comité central, après inspection dans la province de Khánh Hòa, a constaté que : « Lê Quang Thanh était le « principal responsable » de nombreuses violations et lacunes graves dans la gestion et l'utilisation des terres ainsi que dans la mise en œuvre de projets d'investissement dans la construction… dans l'attribution des terres, la location des terres, attribution forestière, baux forestiers… ». Aucune enquête approfondie pour déterminer les montants des fonds et biens extorqués et en contraindre

2. Art millénaire d'origine chinoise (littéralement « le vent et l'eau ») dont le but est d'harmoniser l'énergie d'un lieu pour favoriser le bien-être de ses occupants.

la restitution. Même si je sais que ce n'est qu'un fusible qui saute pour assurer la pérennité d'un circuit politique malsain, je suis satisfait. Une satisfaction toute relative car la sanction n'est autre qu'un départ à la retraite anticipé ! À Nha Trang, la plage est belle.

La nouvelle aurait tout de même fait un petit plaisir à Bùi Đỗ, mais mon ami est décédé un an plus tôt, en octobre 2018, de sa longue maladie.

La charité plutôt que la lutte pour les droits

Mais qu'est-ce qui a permis l'arnaque foncière décrite plus haut? Pourquoi la justice a-t-elle fait la sourde oreille à ses multiples réclamations? Tout simplement, pour le Parti, Bùi Đỗ n'était plus le cadre politiquement correct. Plus grave, au fil de ses années de militantisme, il avait glissé de son statut inattaquable à celui d'élément « sensible » par son honnêteté, son questionnement du système, l'intransigeance face à la corruption, contre la soumission à Pékin, pour la démocratisation.

Après ses nombreuses années derrière les barreaux de l'ancien régime, ses dix ans de secrétaire du Parti dans le 13e quartier du 11e arrondissement de Saïgon, il était devenu membre permanent du Comité de propagande de la ville. La voie semblait tracée pour un poste de pouvoir mais ses expériences négatives pour soulager la population et la rencontre avec Nguyễn Hộ, président progressiste du Front de la Patrie[3] d'Hồ Chí Minh-Ville, ont définitivement barré cette voie. Bùi Đỗ a adhéré au groupe « Truyền thống kháng chiến » (tradition résistante) auquel Nguyễn Hộ appartenait. Bùi Đỗ raconte : « Les dirigeants voulaient cantonner notre comité de propagande à une association de bienfaisance qui soulagerait ici et là les injustices et détournerait les doléances des gens. Nous, au contraire, dans notre tradition révolutionnaire, voulions mobiliser les gens pour agir contre les causes de ces injustices et les faire remonter jusqu'au pouvoir central ». Fatale erreur pour Nguyễn Hộ et quelques-uns de ses camarades. Il fut arrêté une première fois et assigné à résidence pour « opposition au Parti ». Comme il continuait à écrire et exprimer des idées de changement, il purgea deux ans de prison. Après plus de cinquante ans de bons et loyaux services dans ses rangs, le Parti l'avait à son tour dévoré. Bùi Đỗ qui n'avait pas la stature politique de Nguyễn Hộ, s'en est sorti par une mise au placard et l'abandon de toutes ses responsabilités politiques. Mais il n'a jamais cessé de cacher son hostilité à la politique du Parti. En août 2014, peu après le décès de Lê Hiếu Đằng, Bùi Đỗ fut l'un des 61 « vieux révolutionnaires », ainsi officiellement appelés, signataires d'une lettre ouverte adressée au Comité central du Parti et, indirectement, à des millions de camarades et concitoyens pour demander des changements et réformes démocratiques urgents ainsi qu'une claire politique d'indépendance envers le régime de Pékin. En boomerang, avec cinq anciens résistants dans le mouvement étudiant contre l'ancien régime, il a été convoqué par le « Comité d'éducation et de propagande » de Saïgon. Invité à faire son autocritique, il a accusé le Parti d'être « lâche envers l'ennemi (le PC chinois) et cruel envers le peuple ». Ce faisant, il avait gagné l'assignation d'« une queue » policière permanente et avait perdu toute chance de

3. Partie constitutive du système politique de la République socialiste du Vietnam. C'est une alliance d'organisations politiques, sociales, de groupes ethniques et religieux ainsi que des personnalités à l'intérieur du pays et outre-mer, sous la direction du P.C.V.

justice dans son affaire de terres volées. Il me confia que désormais, tout ce qu'il demandait, c'était de pouvoir se recueillir sur la tombe de sa mère.

De retour des obsèques de M. Bùi Hồng Thái, je me disais que ce dirigeant de la résistance, communiste des premiers jours, avait dû lui aussi être témoin malheureux du glissement vers la corruption et l'autoritarisme dont étaient victimes les populations. Il n'avait exercé le pouvoir localement que durant quelque deux années pour se consacrer ensuite à des actions plus proches de la bienfaisance que de la solidarité qui suppose la lutte sociale et politique. Beaucoup de mes amis ont fait de même : ils ont été cadres dans les premières années du nouveau pouvoir puis, fatigués de résister, inquiets des nouvelles tendances qui se dessinaient et peut-être poussés vers la sortie, ils ont continué d'exister dans une solidarité très proche de la charité, à laquelle, j'en suis témoin, ils ont garanti un maximum de propreté avec un minimum de pouvoir.

Je me souviens d'un affrontement avec un petit chef local fortement alcoolisé qui venait marquer son territoire. C'était au moment du repas de midi dans un restaurant à l'ombre d'un banyan séculaire. Le bougre voulait que l'aide de mon association aux enfants des minorités ethniques passe par sa caisse. M. Thái et Bùi Đỗ ont assisté à sa mise en boîte sans intervenir mais avec un sourire gêné. Un autre détail, dans un autre domaine, qui montre le renoncement, la fatigue voire la crainte – pour leurs proches plutôt que pour eux-mêmes – de ces vieux résistants face à un parti bulldozer. Lorsque mon premier film, *La Meurtrissure*, a été interdit de projection par le Parti, j'en ai confié un CD à Bùi Đỗ qui l'a transmis à M. Thái afin d'avoir son sentiment. En retour, j'ai reçu une photo de M. Thái devant son ordinateur, regardant le film. Sans commentaire. Le vieux guerrier est resté bien sage, sans se renier dans son comportement envers les gens mais sans critique ouverte envers les « erreurs » du pouvoir. C'est sans doute pour cette raison qu'il a eu des obsèques officielles à la mesure de ses anciennes fonctions.

Obsèques sous surveillance policière

Ce ne fut pas le cas de Bùi Đỗ. Ses obsèques eurent lieu le 15 octobre 2018. J'avais chargé les amis vietnamiens sur place de déposer une couronne en mon nom et celui de l'Association française que je représentais. Je voulais aussi participer à la couronne des amis vietnamiens du club « Lê Hiếu Đằng ». Mes amis To Lê Sơn et Kha Lương Ngãi se sont rendus à la boutique de couronnes mortuaires qui jouxte le funérarium. Lorsqu'ils ont donné le nom de notre club à inscrire sur les couronnes, l'employé leur a dit que ce n'était pas possible car l'ordinateur était en panne. Mes amis ont attendu dix minutes pour s'entendre dire que la réparation serait longue. Ils ont fini par comprendre que la sécurité était passée par là. Ils sont revenus au funérarium sans couronne. À la réception, tous ceux qui venaient assister aux obsèques, particuliers ou organisations, devaient s'inscrire. On les citait ensuite au micro. Quand mes amis ont donné le nom du club Lê Hiếu Đằng, on leur a répondu : « Nous avons reçu l'ordre de ne pas citer ce nom ». La salle était comble, avec des gens de toutes opinions. Notre ami Hồ Hiếu avait préparé quelques mots en notre nom mais nous y avons renoncé par crainte que la sécurité ne l'empêche de parler, coupe le micro ou provoque un incident. Les Vietnamiens ont très peur que des obsèques troublées portent préjudice à l'âme du défunt. Ainsi, sous ce régime, même la mort doit être sous contrôle. Quand un cadre ou un ancien cadre a recours au funérarium pour des obsèques civiles, tout ce qui va à l'encontre du discours officiel est immédiatement empêché. S'ils interdisent de prononcer le simple nom de Lê Hiếu Đằng, comment espérer qu'ils permettront à Hồ Hiếu d'exprimer nos sentiments au nom de notre groupe ? Il ne nous restait plus que Facebook et le site de Bauxite.vn encore actif...

Bien sûr, tout cela était prévisible mais comment faire autrement ? Pas de place dans l'appartement HLM pour organiser le deuil. La solution d'un office à la pagode n'était pas possible, Bùi Đỗ n'étant pas croyant. Le funérarium « du Parti » restait la seule option... pour que Bùi Đỗ se fasse voler ses obsèques comme il s'était fait voler ses terres.

Lê Hiếu Đằng, l'avocat révolté

Impossible de parler de Bùi Đỗ sans parler de Lê Hiếu Đằng. Cet avocat soixantenaire avait un passé de résistant irréprochable. Avec plus de quarante ans de Parti, il était passé de la lutte étudiante sous l'occupation américaine, par de multiples postes dirigeants jusqu'à la vice-présidence du Front de la Patrie d'Hồ Chí Minh-Ville, fonction qu'il a abandonnée en 2009. C'est à ce moment-là que je l'ai connu. Je venais de recevoir ma nationalité vietnamienne. Lê Hiệu Đằng aimait bien ma façon de soutenir les familles des pêcheurs du centre. Il était présent en ce soir de mousson de septembre 2011 quand des dizaines de policiers en civil avaient envahi le lieu où mon film devait être projeté. Il avait co-signé ma « lettre de résistance » adressée aux dirigeants du Comité populaire de la ville.

M. Đằng avait l'air bon enfant, mais il ne fallait pas s'y fier. Ce n'était pas un homme de concession. Contrairement à certains résistants, il n'avait pas peur de dire ce qu'il pensait... Il avait gardé l'enthousiasme et l'audace de sa jeunesse, avec les valeurs libératrices qui avaient animé ses combats. Il parlait et écrivait sans détour dans les pages de Bauxite.vn, seul espace indépendant d'opinion encore vivant et en sursis. « De quoi avez-vous peur ? » Il interpellait les lecteurs, simples citoyens ou dirigeants : « Aujourd'hui nous devons nous unir pour lutter. Il faut du courage. Si chacun a peur pour soi-même, pour sa famille, alors qu'arrivera-t-il au pays ? » M. Đằng était une des 72 personnalités de renom, initiateurs et premiers signataires de la pétition nationale pour la révision de la Constitution « qui va à l'encontre des intérêts populaires, antidémocratique, en particulier sur la question de la propriété foncière ». Il avait demandé la démission du Premier ministre Nguyễn Tấn Dũng, pour corruption, accusé le PCV d'être devenu « le parti des groupes d'intérêt », « une force empêchant le développement du pays, contraire aux intérêts du peuple ».

Quitter le Parti qui a aggloméré les forces anticoloniales, n'est pas chose facile quand il s'agit d'une vie de combats profondément ancrée en soi, le tissu conducteur de sa vie militante, sociale, affective, culturelle... mais les nouveaux bidouillages de la Constitution par l'équipe prochinoise au pouvoir afin de renforcer le régime autoritaire et policier ont été, selon ses mots, « la dernière goutte qui a fait déborder le vase ». M. Đằng a publiquement dit adieu au Parti et s'est éteint l'année suivante, juste avant le nouvel an lunaire 2014, fauché, comme Bùi Đỗ le sera, par une longue maladie.

Obsèques profanées

Comme pour Bùi Đỗ quatre ans plus tard, pire même, ses obsèques seront souillées par la violence policière. La stature politique de M. Đằng étant beaucoup plus grande que celle de Bùi Đỗ, la profanation fut à sa mesure. Le journaliste Phạm Chí Dũng, condamné depuis à quinze ans de prison et, au moment où j'écris, sous les barreaux depuis deux ans a raconté : « Il y avait deux cercles de policiers en civil : un qui se mêlait à la foule et l'autre qui se tenait à l'extérieur pour contrer toute manifestation éventuelle. Les premiers, immergés, ont fait mine d'aider mais ont détourné des couronnes mortuaires, arraché des banderoles, déchiré des inscriptions, sous les yeux même de la famille et des amis. Certains s'y sont opposés. Des photos très claires ont été prises de ces profanations. Parmi les banderoles enlevées ou déchirées celles du « Forum pour la société civile », de « Bauxite Vietnam, une voie pour le Vietnam », de l' « Association des victimes d'injustices », de l' « Association justice et paix ». Les noms ont été enlevés, il ne restait plus que la formule « …venus présenter nos respectueuses condoléances ». On ne savait plus de qui venaient les couronnes ».

Ces actes d'agression se veulent d'autant plus violents que la cérémonie bouddhiste a pour but d'accompagner dans la plus grande sérénité possible l'âme de défunt vers une autre vie. Les innombrables canards de la presse officielle sont restés muets sur l'incident. Seuls la BBC, VOA, RFA et RFI en ont largement parlé. Phạm Chí Dũng a même osé écrire : « Les forces de sécurité en charge de l'ordre localement auraient dû agir pour empêcher les voyous. Ont-ils pactisé avec eux ou bien sont-ils eux-mêmes les voyous ? »

Certains politiques ont eu le culot, d'autres ont eu le cran de marquer leur présence dans cette atmosphère pesante. Parmi les plus culottés, M. Lê Thành Hải alors encore membre du Bureau politique du PCV, Premier secrétaire du Parti à Hồ Chí Minh-Ville. Ce puissant « parrain », est lié de notoriété publique à de très nombreuses affaires de corruption dont celle de la confiscation des terres de Thủ Thiêm qui a jeté à la rue des milliers de familles. Si bien que, terrible punition, le Parti a fini, en 2020 par le démettre de fonctions qu'il avait quittées en 2015 ! L'homme a versé quelques larmes de crocodile et continue de vivre très confortablement. Il est tout ce que M. Đằng haïssait et combattait. Si bien que bon nombre d'amis ont vécu sa présence aux obsèques comme une provocation. Les profanateurs dont la photo a été largement diffusée sur les réseaux sociaux n'ont jamais été inquiétés. Toujours la même lâcheté anonyme.

Parmi les personnalités qui ont eu le cran de venir honorer la mémoire de leur ancien compagnon de résistance, l'ex-président de la République M. Nguyễn Minh Triết s'est déplacé avec son épouse, à titre personnel. Sur le cahier de condoléances, il a écrit selon la croyance bouddhiste de la transcendance de l'âme, « Cette vie est encore très dure. Je souhaite à mon ami Lê Hiếu Đằng un passage serein vers le salut ». Une allusion à peine déguisée au combat en résistance du défunt.

Même un ex-président de la République doit faire attention à ses mots.

Les obsèques ubuesques du général Trần Độ

D'autres obsèques célèbres témoignent de telles profanations, comme celles du général Trần Đô. Membre du Parti depuis 1940, emprisonné par les colonialistes français en 1941 en même temps que Lê Đức Tho et Xuân Thuỷ, qui sont devenus ensuite les tout-puissants négociateurs des Accords de Paris face à Kissinger, il s'est évadé en 1943 lors d'une déportation vers le bagne de Poulo Condor. Général de brigade en 1958, vice-secrétaire du Parti dans l'armée de libération du Sud, général de division en 1974, membre du comité exécutif du PCV de 1961 à 1991, vice-président de l'Assemblée nationale de 1987 à 1992… Bref, les médailles auraient pu lui alourdir la poitrine au point de lui causer un mal de dos chronique.

Mais le général avait compris que la paix exigeait la liberté de mouvements que trop de garde-à-vous figeaient. Il a commis le crime impardonnable qui mène au pilori, le blasphème suprême : il a demandé le pluralisme, la suppression du rôle dirigeant du Parti. Il a dénoncé la soumission de la culture au pouvoir politique, préconisé la liberté d'association, demandé le droit de constituer un parti politique, la liberté de la presse… Il a désigné le régime de parti unique comme la principale source de dysfonctionnement économique et social. En substance, il préconisait le démantèlement du vieux système politico-militaire si efficace dans le passé contre les agresseurs de tout poil. C'était une véritable déclaration de guerre aux instances supérieures du Parti qui venaient de rencontrer à Cheng Du les dirigeants du Parti chinois pour un accord d'allégeance resté secret. Un accord qui a plombé depuis le développement de la société vietnamienne.

Exclu du Parti en 1999, le général a persisté et signé. Il est décédé d'un cancer en septembre 2002. Je me trouvais alors à Hồ Chí Minh-Ville et j'ignorais tout des obsèques du général Trần Độ qui se déroulaient à Hanoï. Quinze ans après, son fils en a fait le récit publié par le poète Nguyễn Đình Cống sur sa page Facebook. À ce moment-là, le président de l'Assemblée nationale responsable de l'organisation des obsèques n'était autre que l'actuel secrétaire général du Parti, M. Nguyễn Phú Trọng. Il a brillamment veillé à leur profanation systématique par la présence menaçante d'une multitude d'« agents de cérémonie » et de militaires : substitution des registres de condoléances, détournement de couronnes funéraires, de rubans et banderoles, le titre de général remplacé par « Monsieur », y compris sur la couronne envoyée par le général Giáp…

Au moment où le Général Trần Độ était effacé de son grade et de ses combats pour la patrie dans ce funérarium d'Hanoï, je recevais avec une joie sincère mon titre de citoyen d'honneur à Hồ Chí Minh-Ville en présence de mes amis anciens prisonniers politiques encore influents. Si j'avais su tout cela, le discours que j'ai prononcé aurait été tout autre.

Mais, il faut croire que beaucoup de citoyens, mieux informés que moi et très courageux, croient encore au changement. C'est peut-être ce qui m'a permis de tenir jusqu'ici sur la pente descendante des désillusions avec une indignation et une colère croissantes. Jusqu'à quand ?

Au musée des vestiges de guerre à Hồ Chí Minh ville, rue Võ Văn Tần, dans le secteur réservé à la solidarité internationale, je figurais sur deux photos : une où je suis à peine reconnaissable à côté de l'énorme drapeau du FNL, l'autre était un portait en plan américain ainsi sous-titré en anglais : « Monsieur André Menras ancien prisonnier politique de nationalité française visitant le musée des vestiges de guerre le 13 juin 2000 ». Après plusieurs années de mes questionnements publics et indignations sur le fonctionnement du régime, cette deuxième photo a disparu, m'a-t-on dit, « faute de place ». Depuis, quand un ami part en visite à Hồ Chí Minh-Ville, je lui demande si celle du drapeau est toujours là. Juste pour savoir si le Parti ne m'a pas encore effacé, même du pan de mur d'un musée.

Les misères du tigre gris de la Route N° 4

Je voudrais également évoquer le cas d'un autre militaire monumental, absolument atypique que le Parti a effacé de son vivant des pages de gloire officielles pour crime de *curriculum vitae.* « Le tigre gris de la route coloniale N° 4 », c'est ainsi que ses adversaires français appelaient le lieutenant-colonel Đặng Văn Việt, tandis que les Vietnamiens qui ont combattu sous ses ordres l'appelaient « le roi de la route N° 4 ». Je ne vais pas ici raconter trop longuement sa vie de général sans étoile. Il l'a très bien fait lui-même très ingénument et de façon souvent savoureuse. Vie rocambolesque qu'il a traversée sereinement, lui le descendant de grands mandarins lettrés de la cour royale, grands propriétaires terriens, beaucoup plus proche du peuple que nombre de généraux communistes. Il aimait me montrer les blessures récoltées lors des différentes campagnes de la route coloniale 9 (RC 9), à la RC 7 dans le pays des Meos, de l'opium et du paludisme, à la RC 4, verrou de la frontière nord-est avec la Chine. Après avoir décimé le corps expéditionnaire français poste après poste, convoi après convoi, à la tête d'un régiment constitué majoritairement de combattants issus de minorités ethniques, souvent pieds nus, avec des armes artisanales ou récupérées sur l'ennemi, il a conduit son régiment 174 vers la RC6 et la victoire de Mộc Châu ouvrant la porte du Laos. À la tête d'un des trois régiments fondateurs de l'Armée populaire vietnamienne, ce jeune étudiant en médecine fut un des chefs de guerre historiques qui ont libéré la frontière chinoise et fait basculer le rapport des forces de l'état de résistance à celui de contre-offensive générale qui s'est terminée deux ans plus tard par la défaite française définitive de Điện Biên Phủ. Les plus hauts personnages politiques et militaires ont été forcés de reconnaître le génie militaire et le courage du chef de régiment Đặng Văn Việt. À différents moments des combats, le général en chef, Võ Nguyên Giáp et Hồ Chí Minh lui-même sont venus sur place pour féliciter son régiment dont sont issus vingt généraux.

Écarté de Điện Biên Phủ pour 15 ans de purgatoire chinois

Mais alors que son régiment fut appelé à participer en première ligne à cette bataille décisive au cours de laquelle il fut décimé, son chef de la première heure en fut écarté. Pour quelle raison ? Voulait-on préserver sa vie ? Il était beaucoup plus en danger dans les précédentes campagnes où il côtoya la mort dans des situations très improbables face à des professionnels de la guerre puissamment armés. Incompétence ? Difficile à avaler concernant un guerrier qui sur 120 batailles en a remporté 116. Même celui qu'il appelait « le camarade Léo Figuère », membre du Comité central du Parti communiste français connaissait ses qualités de chef et de stratège. Dépêché au Vietnam pour s'informer de la situation, M. Figuère avait assisté à la préparation par le régiment 174 de l'attaque sur Đông Khê et avait vanté le talent militaire de Đặng Văn Việt qui l'avait raccompagné en toute sécurité jusqu'à la frontière chinoise.

Alors était-ce le charisme que ce jeune descendant d'aristocrates lettrés avait acquis auprès de ses hommes et même de ses ennemis qui inquiétait le nombre grandissant de maoïstes au sein du Parti ? La raison avancée pour le priver de Điện Biên Phủ et l'isoler pendant sept longues années dans des camps militaires au fin fond de la Chine méridionale est lamentable : « Formation militaire et politique ». Sur le plan de la stratégie militaire bien peu de ses chefs avaient montré autant de compétence. En revanche, ils avaient nourri leur prestige de ses succès. Sur le plan politique, le jeune homme avait adhéré au PCV dès 1948 et avait toujours suivi ses directives avec zèle.

La vraie raison se trouvait certainement dans l'ascendant grandissant du Parti communiste chinois au sein du Parti vietnamien. Le Vietnam avait impérativement besoin de vivres, de médicaments, d'armes... et la Chine de Mao était son principal fournisseur. La frontière nord était « libérée », notamment par les combats et les sacrifices d'hommes comme Đăng Văn Việt. Le passage des hommes, du matériel, était grand ouvert. Des « conseillers » chinois étaient présents dans les combats et leur préparation.

Mao conditionne son aide à des purges « de classe »

Mais Mao entendait bien conditionner l'aide matérielle à une nécessaire contrepartie politique. En même temps que le PCV devait chasser les démons étrangers de la porte sud de la Chine, il devait éliminer, à la chinoise, l'ennemi de classe : les propriétaires terriens « corrompus par l'étranger ». Et c'est ainsi que de 1953 à 1956, des dizaines de milliers de familles furent dépouillées, éparpillées dans le pays et à l'étranger, décimées pendant la terrible campagne dite de « réduction des taxes foncières » ou plus généralement de « la réforme agraire ». Parmi ces familles, beaucoup avaient donné sans compter et de bon gré à la révolution. Beaucoup comptaient en leur sein des membres et même des cadres du parti communiste. La famille maternelle de Đăng Văn Việt avait répondu dès 1945 à l'appel du Parti lors de « la semaine de l'or » à Hanoï. Sa contribution avait été l'une des plus importante : 117 taels d'or offerts au Parti. Les membres de sa famille paternelle, convaincus de la « nécessaire émancipation des paysans » s'étaient volontairement séparés de beaucoup de terres au profit de paysans locaux pour ne conserver que quelques lopins qu'ils labouraient eux-mêmes juste pour vivre. Mais rien n'y fit : pendant que, sous le costume de l'armée de libération chinoise, son fils était convoyé par monts et par vaux, confiné dans des camps « qui ressemblaient à des camps disciplinaires », le père de Đăng Văn Việt dut passer dans « l'arène d'accusation et de dénonciation », le tribunal populaire. Maltraité, humilié publiquement, lui, ministre respecté sous trois régimes (Bảo Đại, Trần Trọng Kim et Hồ Chí Minh) fut dépouillé de tous les biens qui lui restaient, jusqu'aux meubles de sa demeure. Il en mourut en 1954 et son épouse se laissa mourir l'année suivante. Le reste de sa grande famille dut fuir devant la traque impitoyable de l'omnipotente brigade de la réforme agraire.

Ce n'est qu'en 1957, de retour de l'exil chinois, que le « vieux soldat » apprit la tempête qui s'était déchaînée contre sa famille et ses proches en son absence. Beaucoup à sa place auraient laissé éclater leur colère mais, une fois encore, il l'a parfaitement maîtrisée. Il a simplement écrit par deux fois à Đỗ Mười, secrétaire du Parti et à Phạm Văn Động,

Premier ministre, pour demander la réhabilitation de son père et des siens : sans réponse. Alors que plusieurs de ses amis, un temps sous ses ordres sont promus généraux, il va rester lieutenant-colonel jusqu'à sa mort. Pas une seule promotion en 63 ans !

Des galères administratives à celles de livreur de gâteaux

Mis au placard du commandement, il a attendu l'âge de la retraite, tour à tour relégué dans un bureau du ministère de la Construction, parachuté dans ce monde dont il comprenait le discours « comme un canard écoutant le bruit du tonnerre ». Puis, selon ses mots, il glissa « sur le front des produits aquatiques » (responsable d'élevages de crevettes) où il a galéré pour « éviter l'humiliation d'être ignorant » et s'est même inscrit aux cours du soir de l'École Polytechnique pendant cinq ans sans manquer un cours afin de décrocher son diplôme d'ingénieur. Bref, il a une fois encore joué sagement le jeu bête et méchant de l'expiation pour son crime de curriculum vitae.

Le temps de refuser quelques enveloppes glissées sous la table pour la validation de certains chantiers et c'est la retraite en 1980. Ses revenus étant insuffisants pour faire vivre sa femme et ses deux enfants, il a défriché le petit lopin de terre appartenant à une cousine pour en vendre les légumes et les fruits. C'est la période qu'il appelait avec humour « sur le front de la production jardinière ». Il étalait ses produits au bord de la route ou aux carrefours, en concurrence avec les marchandes attitrées avec lesquelles il a vite noué des relations complices, surtout quand survenait l'agent de police dont il ne fallait pas « blesser le regard ».

Il avait enfin trouvé un équilibre apaisé quand, pendant son absence, son jardin fut ravagé régulièrement par une bande de jeunes voyous soutenus par leurs parents. Les autorités restèrent indifférentes à ses appels à l'aide. Alors il a abandonné ses cultures pour, sur son vieux vélo équipé de grandes sacoches, devenir livreur de gâteaux dans les ruelles des 36 métiers du quartier du lac de l'Épée restituée, à Hanoï. Toujours dans la sérénité. La visite personnelle et amicale du général Giáp, lui-même traversant en ce temps-là une période politiquement difficile, n'a rien changé à son sort de vieux soldat pauvre et oublié.

Quand j'ai appris par mon ami Bùi Đỗ l'existence tourmentée du lieutenant-colonel Đặng Văn Việt c'était en mars 2008. J'ai demandé à le rencontrer chez lui à Hanoï. Nous avons immédiatement accroché. Il me présenta celle que j'appelais respectueusement du terme désignant l'épouse d'un homme important mais cette dame de trente ans sa cadette s'empressa de rectifier en anglais : « girl friend ». Le couple était charmant, naturel, bon vivant, avec un brin de folie. Đặng Văn Việt semblait se contenter de sa petite pension pour vivre tranquillement. Dès 5 heures du matin, il attaquait son programme quotidien : danse (boléro, tango, boston…) puis tennis ; ensuite l'écriture de ses livres et l'apprentissage de l'anglais… Il aimait me faire visiter Hanoï sur le cruel porte-bagages métallique de sa motocyclette. J'avoue que la perspective d'une conduite poétique au beau milieu d'une circulation sauvage ne m'enchantait pas. Mais mon illustre guide était tellement ravi que j'acceptais… Les fortes émotions des trajectoires aléatoires, surtout quand il se retournait pour d'incompréhensibles commentaires, me faisaient oublier les sévères secousses endurées par mon pauvre séant. Je me souviens de ces deux tours du lac Hồ Tây, le premier n'ayant pas suffi aux explications de

M. Việt. Entre nids-de-poule et nids d'éléphant, en fermant les yeux je pouvais imaginer le calvaire de la piste Hồ Chí Minh. Mon téléphone portable, glissé sur ma poitrine dans la pochette de ma chemise, profita d'une de ces martiales secousses pour déserter en marche à mon insu et cela me valut de mémorables recherches.

Avec M. Đặng Văn Việt, on ne s'ennuyait pas. Nous nous sommes ensuite rencontrés plusieurs fois à HCM-Ville pour être interviewés par le réalisateur Nguyễn Hoàng. Et quand le réalisateur Đào Thanh Tùng m'a fait part de la commande officielle par le Parti d'un film dont je serais le personnage principal, une des conditions que j'ai posées était que la vie de M. Việt figure en bonne place dans ce documentaire destiné aux annales du Parti qui l'avait oublié. Elle fut acceptée et la promesse tenue. J'ai été très heureux d'avoir contribué à cette reconnaissance de dernière heure du vieux soldat oublié, même si, pour le grand public, elle est restée confidentielle. Ainsi, pendant plusieurs jours nous avons vécu ensemble le tournage d'une partie du film dans beaucoup de lieux historiques : dans la cour de la prison de Hỏa Lồ, dans le temple de la littérature Văn Miếu à Hanoï où étaient consacrés les lauréats des concours mandarinaux et dont son grand-père M. Đặng Văn Thụy fut un temps directeur ; devant l'ancienne faculté de médecine où il fut étudiant au moment de la grande famine de 1945, avant de partir au combat ; au N° 30 rue Hoàng Diệu, siège de la résidence officielle du général Giáp récemment décédé et en compagnie de son épouse Mme Đặng Bích Hà… J'ai savouré ces moments uniques jusqu'à demander de visionner avec lui le film en avant-avant-première, seuls spectateurs dans une grande salle. Il n'y a pas de petite revanche contre l'injustice.

En quelques années, nous avions atteint une complicité peu habituelle. Il m'invitait souvent à partager le thé ou le petit verre d'alcool dans son repaire au 125 rue Minh Khai à Hanoï. Il laissait sa moto dans une cour entourée de vieux HLM, souvent avec sa serviette à documents que personne ne touchait et il me guidait dans les escaliers aux murs décrépis jusqu'au troisième étage devant la grille métallique ouvrant sur ce qu'il aimait appeler sa « BT205 » (« biệt thự » veut dire villa). Là, à l'extrémité d'un couloir très étroit, nous arrivions dans son cantonnement de 12 m². « C'est là où je travaille, où je reçois mes hôtes, où je mange et je dors. C'est aussi mon dépôt ». Il avait plaisir à commenter toutes ses photos, ses livres qu'il m'offrait, les petits fascicules imprimés à l'économie, très critiques du régime, de la constitution, de l'expansionnisme chinois. Comme autant de décorations, il me montrait ses blessures à la tête, au ventre, au tendon d'Achille… en décrivant les différentes batailles. Pendant le tournage, alors que le réalisateur et ses assistants qui ne comprenaient pas le français étaient occupés à différents réglages, il me dit en plaisantant : « Menras, ne sommes-nous pas un peu fous, toi le Français qui a hissé le drapeau Viêtcong au cœur de Saïgon et moi, le fils de mandarin qui a hissé le drapeau Vietminh sur la citadelle de Huế ? » C'est la question que certains se posent encore aujourd'hui. Elle a du sens mais aucun de ces deux fous ne regrette sa folie car elle avait de si belles raisons et chacun de nous emportera avec lui d'uniques images que personne ne pourra jamais ternir.

Vieux soldat, plus grand que cent généraux

La santé du vieux soldat se dégradant, il s'est fracturé la jambe et je suis allé lui rendre visite en 2016 à l'hôpital « Hữu Nghị » de Hanoï. Le visage constellé de petits carrés blancs couvrant les points d'acuponcture, il n'avait rien perdu de son entrain, l'ordinateur à côté de lui sur le lit et le téléphone portable à portée de la main. Il était toujours dans son projet d'écriture d'une « Esquisse de l'Histoire militaire du Vietnam ». Projet sur lequel, dès 1990 Nguyễn Khắc Viện, alors directeur de la maison d'édition en Langues étrangères, ainsi que le général Giáp lui-même l'avaient invité à plancher avec l'aide d'autres hauts gradés et d'éminents chercheurs en histoire militaire. Les embuscades au sein du Parti en temps de paix étant quelquefois plus redoutables que celles tendues par l'ennemi en temps de guerre et le nerf de la guerre étant inexistant, ce beau monde d'experts avait très vite laissé mourir le projet. Mais le vieux soldat s'y accrochait dc façon touchante, comme s'il voulait ignorer qu'un ouvrage aussi sensible ne pouvait être écrit et édité qu'avec la bénédiction du Parti. Et lui ne l'avait pas vraiment depuis très longtemps.

Au moment de son hospitalisation, je l'ai présenté à de jeunes amis vietnamiens rencontrés par hasard. Ils étaient en relation avec le professeur toulousain Nguyễn Tiến Dũng lui-même lié à une modeste maison d'édition. Par internet et autres souscriptions, des fonds ont été réunis pour la publication d'un nouveau livre écrit par défaut, comme une thérapie pour remonter le moral légèrement en berne du vieux soldat oublié.

J'ai revu M. Việt pour la dernière fois le 19 février 2018. Il est arrivé au rendez-vous, triomphal sur un tricycle électrique surmonté d'une bâche de toile bleu et blanc soutenue par deux arceaux. Casquette gris foncé, complet gris-clair arborant un médaillon à l'effigie du général Giáp, foulard rouge et, en bandoulière, petite sacoche brodée par les minorités ethniques. Sur le côté de son fringant destrier un étui contenant sa raquette de tennis : il était magnifique ! En mettant pied à terre il se fendit d'un grand sourire avant de me donner l'accolade « Menras, j'ai cent ans ! ». Je l'ai présenté à mon beau-frère, alors en visite au Vietnam et il a tenu à l'inviter à prendre le thé dans sa « villa 205 ». Puis, l'heure du repas arrivant, nous avons prudemment descendu les méchants escaliers pour nous rendre, à son invitation, dans un petit restaurant de sa connaissance, le « Napoléon » – cela ne s'invente pas – réputé pour son « bít tét », beefsteak. En attendant le taxi, il s'est assis naturellement sur le siège d'une moto garée à proximité. Mon beau-frère était impressionné par la décontraction de ce centenaire. Devant le « Napoléon » fermé pour cause de Tết, nous avons retourné l'invitation à notre compte pour aller fêter l'anniversaire du centurion près du lac de l'Épée restituée, au « Lục Thủy ». Il m'a guidé avec sa canne entre les chaises de la terrasse où nous nous sommes installés. Un coup d'œil panoramique aux clients et à la circulation sur l'avenue Lê Thái Tổ voisine ainsi que sur la foule de promeneurs au bord du lac : « Le Vietnam se développe et certains sont même très riches. Pour moi, ça va. De toute ma vie, je n'ai jamais pris un seul sou appartenant au peuple. Mes dix millions de dongs de pension (environ 400 euros) me suffisent pour vivre. C'est même beaucoup et j'aide cinq familles pauvres ». Avant de passer la commande, je lui suggérai, faute d'un steak Napoléon plein de panache de le remplacer par un solide T-bone steak de Nouvelle Zélande. Il me répondit que son estomac n'avait plus la capacité de ses vingt ans mais qu'un tel repas d'anniversaire méritait d'être honoré. Il le fut. Le steak s'avoua vite vaincu face aux vaillants assauts ponctués de généreuses gorgées de vin rouge. La crème glacée subit le même sort, suivie d'un « Irish coffee ». Mon beau-frère était admiratif : le vieux lieutenant-colonel avait une santé de jeune général en chef !

Le steak et le général ! Par association d'idées et de façon beaucoup moins légère, je penserai toujours à ce général d'aujourd'hui, pourfendeur des malheureux paysans de Đồng Tâm et à son steak doré londonien à cinq mille dollars… le sinistre Tô Lâm[4]. Oui, le Vietnam se développe… et, avec la paix, son armée aussi. Le groupe des 36 généraux lors de l'offensive générale de 1975 est devenu une cohorte inflationniste de 490 étoiles dormantes en 2014 dont 44, comprenant le haut commandement de la défense maritime, sont poursuivis pour corruption en 2022…

Deux mondes militaires : celui de Đặng Văn Việt, soldat d'une armée pour le peuple dont les chefs ont partagé la misère et la force et celui de l' « armée du Parti » qui a changé de nature. C'est celui des généraux milliardaires, celui des chefs qui brassent des millions de dollars et vivent en seigneurs, en dehors de tout contrôle, excepté celui de leur réseau. Avec leurs uniformes verts et leurs étoiles jaunes ils ne sont pas si différents de leurs homologues chinois.

Le vieux soldat s'éteignit à l'âge de 102 ans, en septembre 2021 sans que j'aie pu le rencontrer une nouvelle fois. Ses obsèques furent organisées au funérarium du ministère de la Défense. L'éloge funèbre tourna autour du thème « le tigre de la route numéro 4 ». Amnésie totale sur les années d'exil en Chine juste avant Điện Biên Phủ, l'anéantissement de sa famille pendant la réforme agraire, la mise au placard de l'armée « sur le front de la construction et des ressources de la mer », la misère du retraité « sur le front de la jardinerie et de la livraison de gâteaux » … Une fois encore, mais plus gentiment, le Parti effaçait et signait.

Võ Nguyễn Giáp, général du peuple, pas toujours du Parti

Bien que beaucoup plus furtive, une autre rencontre m'a fortement impressionné. Non pas par le contenu des échanges mais par la charge affective qui l'entourait. C'est celle avec le général Giáp et son épouse, début février 2009.

Trente-sept ans auparavant, dans ma cellule de Chí Hòa, au cœur de la censure, de l'interdit et de la surveillance permanente, le jeune enseignant que j'étais découvrait l'Histoire du Vietnam à la barbe des geôliers. Deux précieux ouvrages, édités dans la collection Maspéro dans un petit format : l'un d'entre eux s'appelait *Guerre du peuple, armée du peuple* du général Võ Nguyên Giáp m'étaient parvenus, via les États-Unis. (voir chapitre Mon ami Rich). Alors que j'étais raccompagné à ma cellule par un gardien, je marchais dans le couloir de la prison, ce petit livre plaqué contre mon ventre, plus heureux qu'un enfant à Noël, plus puissant et plus fier qu'un roi. Dans ce contexte d'oppression extrême, il me donnait un sentiment de liberté sans bornes. Quel énorme pied de nez que notre humanité faisait à leur barbarie ! Sans l'avoir encore ouvert, j'aurais donné ma vie pour ces quelques pages, pour tout ce qu'elles représentaient. Dans la pénombre de mon cachot, en dévorant ce livre à l'odeur de biscotte venu du bout du monde et que ma mère avait tenu, un œil sur le texte, l'autre sur le judas de la porte et l'oreille en éveil, j'ai découvert des horizons autrefois si lointains mais si proches de moi cette fois. J'ai mieux mesuré à quel point le général Giáp, son président

4. Né en 1957, général en chef de la police, ministre de la Sécurité, membre du Bureau politique du PCV.

Hồ Chí Minh et leurs compagnons d'armes faisaient corps avec leur peuple, quel ciment indestructible les liait de façon naturelle comme l'air qu'ils respiraient. Et, par la même occasion, j'ai encore mieux réalisé ma chance et mon honneur de me trouver librement de leur côté.

Quand j'ai transmis pour traduction et diffusion secrète ce précieux document à mes amis étudiants Lập, Mẫm, Diệm, Công… je me suis fait une promesse un peu folle, comme un rêve irréalisable qu'on aime caresser quand le moral n'est pas au mieux : si tu en réchappes un jour, il faut que tu rencontres l'auteur de ces pages et que tu essayes de lui faire comprendre à quel point elles t'ont réchauffé le cœur et l'esprit, à quel point elles t'ont donné du souffle pour te battre.

Et voilà que ce moment d'exception est arrivé avec l'année du buffle 2009. Grâce à l'entremise du président du Comité populaire d'HCM-Ville M. Lê Hoàng Quân et du vice-président M. Nguyễn Thành Tài, j'ai pu rencontrer le général dans sa résidence à Hanoï. Passé la grande porte de fer et le contrôle de la sentinelle, le secrétaire particulier, Monsieur Hải, m'a très aimablement conduit jusqu'au général en m'aidant à porter les bouquets de fleurs et les documents que j'avais apportés. J'étais impressionné comme un petit garçon et une foule d'images se bousculaient dans mon esprit à la vue de cet homme de 98 ans, assis face à moi, le buste bien droit dans son impeccable uniforme vert, les épaules soulignées par de larges épaulettes aux quatre étoiles d'or, les cheveux argentés encore bien épais derrière un front dégarni, le regard altier sous des sourcils gris bien fournis.

Me voilà devant ce monument de l'Histoire du monde, ce symbole de l'épopée des luttes de libération des peuples, un des pères fondateurs du Vietnam moderne, l'auteur fabuleux du petit livre que j'avais serré si fort dans mon cachot… L'émotion me paralyse et me laisse sans voix. Je m'empêtre avec mes bouquets et mes documents. Je ne sais si je dois parler en français ou en vietnamien… Le général qui m'observe avec grande attention dans l'attente de quelques mots, son épouse Mme Hà assise à ses côtés, l'ordonnance du général et M. Hải en retrait, tous doivent me trouver bien pataud. Pour surmonter très vite la gêne que mon émotion apporte, je décide de parler en vietnamien par respect, bien que je sache le français du général et de son épouse excellent et bien que je sache aussi que mon émotion va jouer des tours à mon vocabulaire et à ma prononciation. Le général m'invite alors à m'asseoir près de lui sur un long fauteuil de bois laqué et me prend la main. Après lui avoir demandé des nouvelles de sa santé je lui présente les documents que je lui ai apportés : le livre écrit avec mon codétenu : *Nous accusons*, réédité en 2004 par la maison d'édition Trẻ, les articles que j'écrivais quotidiennement dans la presse lors de mes 46 jours passés sur le clocher de la cathédrale Saint Nazaire, le programme détaillé de mon combat itinérant après ma libération dans 17 pays du monde, pour dénoncer les crimes du régime pénitentiaire américano-saïgonnais…

Le général et son épouse m'écoutent très attentivement. Mme Hà corrigeant de temps à autre mon vietnamien défaillant. Le général me tient toujours la main comme pour mieux ressentir la vibration des mots. Alors, je manque de courage : j'ai préparé un certain nombre de questions portant sur l'actualité, mes interrogations concernant le développement du Vietnam, sa souveraineté en mer et sur le continent… Mais, parce que je ne veux pas plomber ces quelques minutes exceptionnellement heureuses, pleines de fraîcheur, en transformant cette amicale rencontre en banale interview, je renonce à mes questions. Dois-je le regretter ?

À un moment de la discussion, les mains du général ont serré la mienne plus fortement : mains chaudes à la peau parcheminée, identiques à celles de mon père (le général était seulement plus âgé de trois ans). Il lâcha, dans un français impeccable, l'œil pétillant : « Je pense que mon français est bien meilleur que votre vietnamien ». Était-ce une invitation à continuer en français ou un amical boulet de général, tranquillement tiré à bout portant ? Étant donné l'excellence du français que maîtrisaient le général et son épouse, j'ai rapidement positivé la petite phrase en me disant qu'elle impliquait tout de même que mon vietnamien restait compréhensible. Nous avons donc continué en vietnamien dans un climat bon enfant quelquefois ponctué d'éclats de rires. Après une demi-heure de bonheur j'ai renouvelé tous mes vœux de longévité et « toutes les bonnes choses » avant de prendre congé, raccompagné par M. Hải. Mais à peine dans la rue, encore un peu étourdi, les questions que j'avais préparées en vietnamien me reprochaient de les avoir retenues. La seule fois où j'ai exprimé ma tristesse sur la tragédie des pêcheurs et la question de la bauxite des Hauts plateaux bradée aux Chinois, le visage de Mme Hà s'est fermé et elle m'a répondu gravement, comme un point final : « Nous ne décidons pas ». Je le savais bien.

Généraux du maquis contre généraux de la banque

Je savais notamment que quelques jours avant notre rencontre, le 5 janvier 2009, le général avait adressé publiquement au tout puissant Premier ministre de l'époque, M. Nguyễn Tấn Dũng, une lettre mettant en garde contre les graves dangers du projet d'exploitation de la bauxite sur les Hauts plateaux impliquant la présence des milliers de travailleurs et cadres chinois. Il se référait à la pétition très détaillée qu'un nombre important de scientifiques de renom et de professionnels avaient adressée au Parti et à l'État l'année précédente. Dangers écologiques par la destruction des forêts et les risques de pollution par les boues rouges des nappes en amont du fleuve Đồng Nai et des cours d'eau du centre et du sud-est ; dangers sociaux, culturels et humains par la déstabilisation et la paupérisation des minorités ethniques qui y vivent ; danger économique par l'investissement exigé ; danger pour la défense nationale par l'implantation d'une nombreuse population chinoise dans cette zone stratégique. Le Premier ministre n'a jamais directement répondu à la lettre du général. Sinon par une souveraine et dogmatique déclaration publique, comme un message de mise en garde adressé à tous les opposants au projet : « C'est une grande directive du Parti et de l'État ». En clair : ceux qui s'y opposent le font contre le Parti et l'État. Chacun au Vietnam en connaît les conséquences. Elles sont inscrites noir sur blanc dans la Constitution. Et d'ailleurs, elles ne vont pas tarder à se manifester par des arrestations.

Sans réponse, le général a adressé une seconde lettre au vice-Premier ministre Hoàng Trung Hải datée du 9 avril 2009, à l'occasion du colloque que le régime fut forcé d'organiser sur la question. Pas de réponse. Alors, le mois suivant, le général Giáp a envoyé une troisième lettre-pétition plus détaillée au Bureau politique, au comité exécutif du Comité central, à l'Assemblée nationale et au gouvernement. Il demandait l'arrêt des « expérimentations » qui ont commencé dans les provinces du Lâm Đồng et du Đắc Nông. Le Bureau politique a fait mine d'adopter une sage position d'attente alors que tous ses membres savaient parfaitement que les « expérimentations » étaient bien engagées. Par ailleurs, le Premier ministre a commencé à frapper par un décret qui réduisait à néant le champ d'action et de communication des scientifiques hors contrôle du Parti sous menace de retrait d'autorisation de fonctionner. L'institut IDS (Institute of Development Studies), alors seul institut de recherches scientifiques indépendant du Vietnam, s'autodissoudra en signe de protestation.

Cet épisode a largement contribué à ma prise de conscience sur la réalité du pouvoir vietnamien. Je m'interrogeais : qui est ce Nguyễn Tấn Dũng pour oser prendre de si haut les recommandations du général ? Qui détient le pouvoir dans ce Parti ? Au profit de qui ? Sur une question stratégique pour la nation, je voyais nettement s'exprimer puis s'affronter deux positions : d'un côté l'intervention insistante du légendaire général, compagnon d'Hồ Chí Minh, fondateur des tout premiers maquis et de la nation vietnamienne. Un de ceux qui avaient creusé le puits. En face, ceux qui, comme Nguyễn Tấn Dũng, grandi dans les maquis de la banque, boivent l'eau du puits et balayent sans appel d'un revers de phrase toutes ces inquiétudes.

Au moment même où le général Giáp s'inquiétait des ressources naturelles de son pays bradées aux Chinois, Nguyễn Tấn Dũng poussait le Parti à valider des emprunts d'État de milliards de dollars à la bourse de New York et de Singapour. Argent public qui servira à perfuser les « pertes » de grands groupes maritimes publics comme Vinashin et Vinalines, surnommés par le peuple « les bateaux qui coulent » et dont Nguyễn Tấn Dũng avait la responsabilité. Au pouvoir dès 2005, l'homme, au cours de ses deux mandatures, a étendu son emprise par l'argent et les groupes d'intérêt. Il a assis sa position et acheté des soutiens par le lobbying et la pression économique policière.

Un de mes amis, M. Trinh Văn Lâu, ex-président du comité de Province de Vĩnh Long, ancien membre du comité central du Parti, très influent et respecté en raison des années de prison passées dans les cages à tigre de Poulo Condor, a écrit une lettre de protestation à ce sujet. Il y révélait comment il avait été directement sollicité par un banquier saïgonnais, envoyé de Nguyễn Tấn Dũng, pour acheter son vote. Le système se prêtant à ses manœuvres, Nguyễn Tấn Dũng a tissé et consolidé ses réseaux jusqu'à concurrencer le très prochinois secrétaire général du Parti, Nguyễn Phú Trọng.

Entre deux maux, Pékin plus fort que le dollar

Mais à peine quatre années après avoir donné des gages d'inféodation à la Chine par le projet Bauxite, le tout puissant Premier ministre a laissé planer un doute et quelques inquiétudes en déclarant en 2013 au Forum économique mondial « ne pas vouloir échanger l'indépendance et la souveraineté [du Vietnam] contre une paix et une amitié [avec la Chine] illusoires ou pour quelque soumission que ce soit ». Fatale erreur, pêché de surestimation, et, en tout cas, manœuvre prématurée que de mettre ainsi en doute publiquement la ligne politique de solidarité inconditionnelle avec le grand frère chinois. Pour Pékin, malgré son discours interne impeccablement communiste, ces propos confirmaient que la fidélité de Nguyễn Tấn Dũng ne présentait pas les garanties de celles de Nguyễn Phú Trọng. Par ailleurs, le Premier ministre était trop près de la banque et des capitaux américains… Ses trois enfants dans des universités américaines ou suisse ; sa fille, présidente de « Viet Capital investment fund » pesant 55 millions de dollars, présidente de « Viet Capital Securities », membre du conseil d'administration de la Banque du Vietnam. Fille de poids mariée à un Vietnamien-Américain, directeur général d'« IDG Ventures Vietnam » qui investit dans les médias, la technologie et qui est même, gage de bon américanisme, à la tête de la succursale vietnamienne de « Mac Donald ».

Alors, les « affaires » jusque-là enfouies furent très vite sorties du chapeau du camarade Nguyễn Phú Trọng. Il gardait en mémoire sa larme d'impuissance essuyée en octobre 2012, devant « tout le Parti, tout le peuple » pour ses échecs dans le combat contre la corruption. Il alluma son « fourneau » pour toute une série de collaborateurs de son rival Nguyễn Tấn Dũng mêlés aux « pertes » vertigineuses des grands groupes publics. La cascade d'arrestations et d'emprisonnements s'accéléra et le boulet ne passa pas loin du grand chef désigné pudiquement comme « Monsieur X » par le président de la République Trương Tấn Sang. Mais le rongeur était trop gros pour que son élimination ne risque pas de briser la jarre. Ses réseaux économiques et ses soutiens politiques au sein du comité central du Parti étaient trop importants.

Les guerres perdues du général

Finalement le 6e plénum réuni à huis clos décida de ne pas sanctionner « le Bureau politique pour les fautes d'un camarade en son sein ». Alors Monsieur X a fait amende honorable et a promis de devenir « une personne gentille », gage de renoncement à toute ambition politique de premier plan. Nguyễn Phú Trọng avait éliminé son rival. Il a terminé sagement sa mandature jusqu'en 2016 et tous les généraux du monde, y compris le légendaire général Giáp, peuvent bien exprimer leurs émotions patriotiques : le Parti a tranché. Il va hisser le camarade Nguyễn Tấn Dũng, désormais neutralisé, sur le pavois de l'honneur. Voici l'éloge prononcé par le Premier ministre Phạm Minh Chính pour célébrer les 55 ans de Parti de ce désormais « gentil » camarade, le 24 mai 2022 : « Absolument fidèle au Parti, à la patrie et au peuple ; à la pensée de Hồ Chí Minh ; inébranlable dans le marxisme-léninisme ; inébranlable dans l'accomplissement des buts et des idéaux du Parti ; dans la défense des qualités morales révolutionnaires des membres exemplaires du Parti qui étudient, cultivent, mettent en pratique ces qualités et s'efforcent constamment de s'élever ».

Voilà à quel mur se heurtait le général Giáp quand il dénonçait ce projet bauxite : il n'avait aucune chance d'être entendu. D'autant que le Premier ministre n'était pas seul. Il était accompagné de son vice-Premier ministre, le très prochinois Hoàng Trung Hải, lui-même expert en faillites de sociétés publiques vietnamiennes au détriment du Vietnam et au profit… de la Chine et à l'origine de grandes pollutions telle celle de Formosa.

Le cri du vieux combattant Giáp, à l'orée de ses cent ans, désavoué de fait par son cher Parti, avait quelque chose de pathétique. Mais sa cuirasse était épaisse, il avait déjà connu de difficiles périodes de désaccord avec la ligne souvent prochinoise du Parti. Les conseillers chinois à Điện Biên Phủ, tenant le robinet vital de l'aide, qui le poussaient vers une stratégie expéditive, extrêmement couteuse en vies humaines… vietnamiennes ; les crimes de la réforme agraire dont il dut publiquement s'excuser... Puis les rumeurs de collaboration avec la CIA, la mise au placard de l'armée perçue comme un soufflet infligé à l'illustre général. Il a vieilli ainsi, exposé en vitrine d'un passé glorieux que le Parti revendiquait tout en le trahissant.

Cependant, le général ne s'est jamais laissé couper de l'actualité, ni départir de son courage, donnant publiquement de la voix. En 2006 par exemple, il qualifiait ainsi les hauts dirigeants responsables de l'affaire PMU18* (dont il est question dans les pages précédentes) : « Les agresseurs intérieurs, qui, par la corruption, gangrènent le Parti qui les abrite, les couvre et leur sert d'écran pour opérer ». Prostitution, paris liés au football, tripots clandestins : des millions de dollars d'argent public détournés. À la veille du 10e congrès, la réponse du Parti au général fut claire, comme un cinglant démenti : l'affaire ne figurera pas à l'ordre du jour des débats. En revanche, l'affaire se prolongea par des luttes internes pour le pouvoir et des journalistes furent arrêtés et emprisonnés pendant des années pour avoir osé s'en mêler. Cette période a été un moment fort de ma prise de conscience.

Une année après avoir condamné cette méga corruption, le général Giáp repartait en guerre en 2007 contre la décision du Parti de détruire le Hall Ba Đình, bâtiment chargé d'Histoire, face au mausolée d'Hồ Chí Minh, pour y construire un immeuble pour l'Assemblée nationale. De tous les journaux qui ont reçu la lettre de protestation du général, un seul quotidien national osera la publier. Les autres ont sagement obéi à l'ordre de se taire. Je savais tout cela lorsque j'ai rencontré le général deux ans plus tard et j'ai bien mesuré le sens de la petite phrase prononcée par son épouse : « Nous ne décidons pas ».

Deuil : le Parti minimise, le peuple plébiscite

Les obsèques de Võ Nguyên Giáp ne pouvaient pas être minimisées comme certaines forces dans le Parti l'auraient souhaité. Le peuple du Vietnam et les peuples du monde entier ne l'auraient pas accepté. Mais au vu de la fin de vie du vieux combattant, ses obsèques étaient devenues un « sujet sensible ». Il n'était pas une seule manifestation en réaction aux agressions chinoises en mer ou sur terre où le portrait du général ne soit présent. Même les jeunes, pourtant bien loin de connaître le détail de l'Histoire, brandissaient ce portrait lors des rencontres de foot asiatiques !

La nouvelle de sa mort datant du 4 octobre 2013 ne fut annoncée par la presse officielle que le lendemain, bien après les réseaux sociaux et beaucoup plus tard que certains médias internationaux. Le temps pour le Bureau politique de décider d'obsèques nationales. Car ce n'était pas acquis. Selon le décret signé par... le Premier ministre Nguyễn Tấn Dũng, seuls quatre hauts personnages pouvaient y prétendre : le secrétaire général du Parti, le président de la République, le Premier ministre et le président de l'Assemblée nationale. Le général Giáp n'avait occupé aucune de ces fonctions. Le décret mentionnait que pour les autres cas, c'était au Bureau politique de décider. Je me souviens que dans la population il y a eu un moment de doute. D'ailleurs, deux généraux, M. Nguyễn Trọng Vĩnh et M. Đồng Sỹ Nguyên, à l'occasion du centenaire du général avaient fait paraître une lettre sur le site bauxite.vn disant que dans le cas d'un décès, ils demandaient des obsèques nationales pour leur commandant suprême car « si on examine le parcours des dirigeants d'aujourd'hui, aucun n'est aussi méritant que le général en chef Võ Nguyên Giáp en fait de contribution à l'Histoire de la nation ».

Le Parti l'a finalement accompagné de façon conforme, poussé par les centaines de milliers de Vietnamiens dans toutes les villes et villages de province ainsi que ceux massés sur les avenues menant à son domicile hanoïen, naturellement, dans un ferme, affectueux et solennel élan.

Le Premier ministre chinois avant le général Giáp

Cependant, ils n'ont pu éviter le dernier accroc au respect de leur général. Le temps officiel réservé au deuil national aurait dû être de deux jours tous drapeaux en berne. Ce temps fut écourté d'un jour par le Parti prenant prétexte d'une visite diplomatique « prévue depuis longtemps ». Visite de qui? Je vous le donne en mille... du Premier ministre Chinois Li Keqiang. Ainsi le drapeau rouge à étoile jaune en deuil de son historique général fut prématurément hissé pour honorer un hôte qui venait probablement signer, avec son homologue Nguyễn Tấn Dũng, de nouveaux accords que le général aurait dénoncés.

Madeleine Riffaud et la quatrième guerre

Quand on parle du Vietnam, Madeleine Riffaud n'a pas besoin d'être présentée. Journaliste à *L'Humanité*, elle a accompagné le peuple vietnamien dans sa résistance, sous les bombes à Hanoï, Hải Phòng, sur le 17e parallèle, dans la jungle du maquis du Sud, les abris souterrains... aux côtés de « l'armée au chignon[5] ». Chị Tám, la sœur Numéro 8, a bravé la mort, les maladies, la peur aux côtés du peuple vietnamien. Elle a aussi sacrifié son amour interdit avec le poète Nguyễn Định Thi[6]. Hồ Chí Minh la traitait avec affection comme sa petite fille et elle le vénérait.

J'ai appris son histoire par bribes, dès mes longs mois de prison, par mes amis vietnamiens. Son nom avec ceux d'Henri Martin[7] et de Raymonde Dien[8], faisait partie des incontournables quand il s'agissait de solidarité de combat. Ils en avaient fait des poèmes, des chansons. Je ne l'avais rencontrée qu'occasionnellement à l'Association d'amitié ou à l'ambassade du Vietnam à Paris. Elle m'avait fait part de ses préoccupations et avait signé la pétition pour mon soutien lorsque j'étais sur le clocher de la cathédrale en 2003.

5. Terme employé par Madeleine Riffaud pour parler des combattantes de la guérilla du Sud Vietnam.
6. 1924-2003, Écrivain, poète, musicien, qui a marqué la résistance au colonialisme français dans les années 40. De 1958 à 1989 secrétaire général de l'Association des écrivains vietnamiens.
7. (23 janvier 1927-17 février 2015), militant communiste français emprisonné de 1950 à 1953 pour s'être opposé à la guerre d'Indochine. Il a fait l'objet d'une campagne de soutien nationale et internationale.
8. 1929-2022, militante communiste française, emprisonnée pendant dix mois en 1950 parce qu'elle s'était couchée sur les voies pour empêcher le passage d'un train transportant du matériel de guerre pour l'Indochine.

Je n'avais pas de nouvelles depuis des mois lorsqu'elle m'a téléphoné pour me parler d'une histoire qui la contrariait beaucoup. Elle essayait en vain depuis le décès de son amour, Nguyễn Định Thi, de récupérer sa correspondance amoureuse et quelques objets personnels, alors en possession du fils du poète, Nguyễn Đình Chính, lui aussi écrivain et musicien. Ils avaient pour elle une très grande valeur affective et elle craignait que ces documents ne tombent en des mains malveillantes. Un de ses amis français, Jean-Luc, missionné par elle à Hanoï pour récupérer le trésor ainsi que la prestigieuse madame Nguyễn Thị Bình*, amie de Madeleine, avaient tous deux échoué dans leur tentative de récupération. D'après ce que je comprenais, le fils souhaitait se rapprocher de Madeleine en venant en France et négocier en quelque sorte ces documents intimes. L'histoire arrivait en même temps qu'un engouement subit de la part de certains amis vietnamiens pour accueillir la grande dame à Saïgon. À Hanoï, le président de l'Association des écrivains du Vietnam, le poète Hữu Thỉnh, me faisait part d'un projet de Musée Madeleine Riffaud dans la capitale et me demandait de la convaincre de prêter des objets lui appartenant. Un comble ! Les amis de Saïgon me demandaient en même temps de la convaincre de venir au Vietnam.

J'aimais bien Madeleine et son côté direct, avec beaucoup d'admiration pour la femme extraordinaire et la combattante qu'elle avait été pendant la Résistance en France et au Vietnam. Mais j'avais en tête des projets d'action aux côtés des pêcheurs et d'autres amis démocrates, qui me prenaient beaucoup de temps, d'énergie et d'argent. De plus, mis à part ce soucis passager, elle était dans son passé magnifique, victorieux, romantique tandis que je commençais à me débattre dans un présent moins glorieux, souvent dérangeant, qui polluait la mémoire victorieuse. Elle avait terminé ses trois guerres, Résistance, Vietnam, Algérie et la quatrième dans laquelle j'entrais lui était étrangère. Je ne pouvais pas aller au-delà de quelques démarches. De plus, j'étais très gêné de rendre une nouvelle visite de réclamation à son beau-fils. Même sur la pointe des pieds, on n'entre pas ainsi dans la vie de tels personnages. Je me suis quand même résigné à ce rôle, le plus discret possible, de messager-facteur.

Avant de partir pour le Vietnam, le 2 septembre 2010, je me suis rendu au domicile parisien de Madeleine pour prendre les messages audio et vidéos qu'elle envoyait à ses amis Bùi Thị Mè et Dương Đình Thảo, car elle n'y voyait plus assez clair pour écrire. Je me chargeais de transmettre à bon port deux documents précieux. Le premier était un message vidéo adressé au général Giáp à l'occasion de ses 100 ans, le second était un DVD qui venait de sortir : *Les trois guerres de Madeleine Riffaud* (Documentaire de Philippe Rostan). Elle souhaitait qu'il soit visionné par « nos amis vietnamiens pour qu'ils jugent s'il pouvait être diffusé au Vietnam ».

J'ai donc vu son beau-fils qui m'a reçu chez lui, à Hanoï, dans une imposante demeure non loin du fleuve rouge. L'homme ne m'a pas inspiré grande confiance. Et je n'ai rien obtenu des objets ayant appartenu à Madeleine. À Saïgon, j'ai contacté le directeur de la télé qui, après tergiversations a fait diffuser les vœux de bon anniversaire au général Giáp. Puis j'ai contacté le groupe d'amis de Madeleine pour leur parler du DVD dont elle avait refusé la diffusion à la Maison du Vietnam à Paris, pour des raisons de coupures et de contraintes financières et juridiques avec France Ô. Mes amis saïgonnais se sont emparés de l'affaire, ils m'ont invité au visionnage.

Kiêu Xuân Long, qui avait rencontré Madeleine dans le maquis, vient me chercher chez moi, le 22 octobre, rue Lê Quý Đôn avec sa vieille BMW pour me conduire dans les locaux du Service des relations extérieures. Je suis accueilli par Bùi Thị Mè, et Dương Đình Thảo, parfaitement francophones, Lan, la cadre des Affaires étrangères qui, l'année précédente, a accompagné les démarches administratives pour l'obtention de ma nationalité vietnamienne et un vice-directeur, petit chef de service appelé Tuấn avec son interprète. Atmosphère très solennelle.

Dans le documentaire, Madeleine évoque ce qu'elle appelle avec beaucoup de doigté le « coup de théâtre de 1956 » et la « pression de la part des grands frères de Moscou et Pékin » qui a abouti à « des milliers de morts ». Elle parle d'Hồ Chí Minh « qui a voulu démissionner ». Bref, l'Histoire telle qu'elle l'a vécue. La lumière à peine rallumée, Thảo s'empare de la parole pour entrer dans le vif du sujet : « Madeleine a le droit de s'exprimer comme elle le veut mais dire que l'oncle Hồ « a été obligé »... c'est l'insulter ». Par trois fois il répète cette expression suivie de la rhétorique : « Parler ainsi, cela implique que Hồ Chí Minh a été aux ordres des Russes et des Chinois pendant la réforme agraire. Cela porte tort au Vietnam ».

« Influencée par la presse capitaliste »

Et Bùi Thị Mè de renchérir lourdement : « Madeleine a été influencée par la presse capitaliste... Mettre ce film dans les mains de réactionnaires, c'est leur donner des arguments... ». Mais elle s'empresse d'appliquer le baume du tigre : « Nous respectons la combattante insoumise, indépendante, l'amie unique ». Sur l'amour empêché avec Nguyễn Đình Thị, Thảo positive : « Ce sacrifice donne encore plus de force à ses liens avec le Vietnam ». Mais le petit chef censeur n'est pas d'accord : « En parler de cette façon c'est très négatif : comment expliquer que les dirigeants poussent les gens à se marier puis les séparent malgré eux. Le public ne va pas aimer ça... » Sur la réforme agraire, Bùi Thị Mè : « Pourquoi en parler ? C'est si loin... »

L'apparatchik des Affaires étrangères y va de sa conclusion. Il me remercie froidement d'avoir transmis le film et dit qu'en tant que jeune, (c'est-à-dire quarante ans), ça lui a permis de comprendre certaines choses du passé. Néanmoins il pense que certains passages doivent être modifiés pour pouvoir passer au Vietnam et que le film est trop long. Autrement dit : ou c'est le charcutage à la sauce du régime ou ça ne passe pas du tout.

J'ai attendu la pause qui sollicitait mon opinion pour déclarer que, si je comprenais bien, le film ne serait pas projeté au Vietnam. Je n'ai pas retenu ma déception : Je leur ai dit que je regrettais d'avoir perdu mon temps pour entendre de tels jugements, dignes de la réforme agraire, et que, si ce documentaire sur Madeleine ne pouvait pas embellir ce qui ne l'était pas, il témoignait d'un amour peu commun avec le Vietnam. Je déplorais que, visiblement, certains ne méritaient pas cet amour. Et j'ai continué : « Oui, la réforme agraire a bien existé, hélas pour des millions de Vietnamiens. Oui, Madeleine l'a vécue et a assisté à des tribunaux populaires sinon à des exécutions sommaires comme certains de ses confrères soviétiques. Elle n'en parle pas, c'est dommage. Mais elle m'en a parlé. Moi, j'en aurais parlé parce que ça aurait fait du bien à la vérité et à la démocratie. Heureusement, d'autres Français, alors membres du PC vietnamien, ont été témoins de ces épisodes inhumains et l'ont dit bien fort comme Albert Clavier et

Georges Boudarel. Ils ont démissionné du Parti et n'ont dû leur salut qu'à la fuite à l'étranger. Qui oserait le nier? Hồ Chí Minh a été pris en otage par le Parti communiste chinois et ses soutiens au sein du Parti vietnamien et Madeleine a raison de laisser entendre que l'autorité de l'oncle Hồ et peut-être sa sécurité ont été menacées. Le dire, n'est pas l'insulter mais, bien au contraire, montrer comment la décision et donc la responsabilité des crimes de cette période lui échappait… Oui, l'amour de Madeleine a été interdit et Hồ Chí Minh n'a pu le protéger. Oui, on lui a dit affectueusement: "Madeleine fait ta valise!" »

J'avais du mal à contenir mon indignation devant la mauvaise foi dogmatique de gens que pourtant je savais par ailleurs honnêtes et courageux. Très sèchement, j'ai récupéré le DVD que le directeur voulait conserver. Avant que je quitte l'inquisitrice assemblée, Thảo a suggéré, certainement à mon intention, de ne pas mentionner cette projection: « ce n'est qu'une séance entre amis, rien d'officiel ». Je l'avais proposé au départ et c'était la volonté de Madeleine qui souhaitait simplement l'avis de ses amis et non pas cette mise en scène ridicule et définitive que Thảo lui-même a organisée. Pour ouvrir son parapluie? En guise d'au revoir, le petit chef de service a eu le culot de me dire: « Quand vous aurez un autre film, apportez-le, on le visionnera ». Je suis sorti sans attendre personne.

En marchant, je me disais: comment est-ce possible? Surtout de la part de Thảo. Et je repassais dans ma tête de belles images du passé. Thảo, d'ordinaire si chaleureux, si ouvert, très intelligent, ancien porte-parole du GRP qui nous avait invités avec Annie à la table du Président Huỳnh Tấn Phát, à Verrière-le-Buisson. Ce même Thảo qui, devant les Tà ru, m'avait volé un surprenant baiser à la russe lors de mon retour à Saïgon en 2002; celui qui, en 1977 s'était confié sur l' « ineptie et le flou » du concept de « pouvoir du peuple collectif » en marge du congrès du Parti, qui en 2004 m'avait expliqué qu'il était « plus facile de prêcher à la pagode qu'au marché », qui m'avait plusieurs fois confié être « sur une mer démontée sans avoir le gouvernail », qui n'a pas bougé quand j'ai demandé la nationalité vietnamienne mais qui m'a invité à manger le gâteau quand elle m'a été accordée… Enfin, comment ce même Thảo qui avait été un grand ami de Madeleine, lui qu'elle avait invité de nombreuses fois dans sa maison en Normandie avec d'autres membres de la délégation du Sud pendant les négociations de paix à Paris, comment pouvait-il maintenant la démonter ainsi devant un petit apparatchik?

Ne pas se mêler de parler politique!

Et cette attitude mi-protectrice, mi-moralisatrice envers son amie Madeleine: « C'est une héroïne qui a beaucoup fait pour le Vietnam et nous l'aimons beaucoup, mais elle est un peu naïve et ne pèse pas ses mots… Qu'elle écrive, photographie, filme… mais qu'elle ne se mêle pas de parler politique ».

Le soir même de la projection, Thảo m'a téléphoné et je n'ai pas répondu. Je ne voulais pas lui dire ce que je pensais de sa prestation honteuse, ni entendre de jérémiades, ni écouter de confidences. Je voulais effacer ce court moment de cauchemar où l'image que j'avais de lui venait de se ternir. Je ne l'ai plus jamais revu. J'en ai quelquefois des regrets. Je n'ai pas non plus rendu compte de la séance dans le détail à Madeleine.

À quoi bon ? Ce triste épisode, n'était qu'une de ces opérations « monsieur propre » dont le Parti a le secret : retoucher l'Histoire à la convenance du jour. Hồ Chí Minh lui-même n'a-t-il pas été embaumé alors qu'il voulait être incinéré ? Ne l'a-t-on pas fait mourir un jour après sa mort car son décès survenait le jour de la fête nationale pour, vingt ans après, rétablir la vérité ?

Le 1er novembre, je rencontre Lợi, toujours aux abois pour réaliser un film sur la paix. Lui qui semble au fait du renseignement policier me confirme qu'à plusieurs reprises Thảo a été « frappé ». Dès la libération, il méritait un poste plus important que celui de directeur du Service de la culture et de l'information de la Ville qui lui avait été assigné. À ce moment-là, tous les anciens hauts cadres du GRP du Sud Mme Bình, Thảo, Mme Minh etc. étaient des voix écoutées. Elles ont très vite été mises en sourdine par Hanoï, particulièrement celle de Thảo qui avait exprimé des désaccords avec la ligne du Parti. Maintenant il a peur.

Le 3 novembre, je vois Kiều Xuân Long qui m'avait conduit au siège des Affaires étrangères pour la séance de projection. Pour mon retour en France le lendemain, il me ramène lettres et petits cadeaux de la part de Bùi Thị Mè et Thảo pour Madeleine Riffaud. Quand je m'indigne de l'attitude de Thảo, il me confirme que Thảo a peur parce qu'« il a reçu beaucoup de coups » mais surtout il m'informe qu'il était présent au Nord lors de la réforme agraire. Il savait donc parfaitement que Madeleine Riffaud disait vrai. Long ajoute que ce que je viens de vivre n'est pas un phénomène isolé. Il parle de la mainmise du Nord sur le Sud juste après 1975 et confirme que beaucoup d'intellectuels du sud n'osent pas s'exprimer. « Ils étaient courageux pendant l'occupation américaine mais ils ont peur sous le régime communiste ». Et pourtant, l'homme qui me parle a passé ses jeunes années sous les bombes, dans la jungle du maquis. Avant même d'être monté dans l'avion pour Roissy, j'avais déjà essuyé un gros trou d'air.

C'est un joli nom « camarade ». Le terrible témoignage de Tân

C'est en septembre 1977 à Hồ Chí Minh-Ville que j'ai rencontré Thiều Thị Tân pour la première fois. J'étais invité solennellement au Vietnam, deux ans à peine après la fin de la guerre américaine, un an avant l'offensive contre les Khmers rouges au Cambodge et deux ans avant le raid dévastateur de l'armée chinoise à la frontière nord. C'est dire que l'atmosphère n'était pas propice à des rencontres ou à des retrouvailles sereines.

C'était à la fin d'une réunion avec une cinquantaine d'anciens détenus politiques du régime de Saïgon, surtout des hommes, que j'avais croisés à Chí Hoà ou qui avaient connu les cages à tigre de Poulo Condor. Dans le vertige des échanges et des embrassades, je n'avais pas eu le temps de communiquer avec Tân (Daniele) et sa sœur Tao (Mado). Je me souviens juste du visage juvénile et souriant de cette jeune fille de 24 ans et de son français impeccable car elle m'avait abordé en fin de réunion pour me demander de lui envoyer de France *Le Capital* de Karl Marx ! J'avais connu son frère, détenu politique à Chí Hòa, qui lui avait parlé dans le détail de mon comportement en prison, ce qui me rendait plus sympathique à ses yeux.

Je n'ai revu Tân qu'en 2002 sans avoir de ses nouvelles entre-temps. C'est alors que j'ai commencé à apprendre quelques bribes de sa douloureuse histoire. Au fil des ans, lorsque nous sommes devenus plus proches, elle m'en a lâché toujours plus. Jusqu'à nos derniers combats qui nous ont rapprochés, pour une réelle amitié. Elle m'a ouvert des portes et accompagné dans des situations dangereuses pour la réalisation de mon dernier film dans lequel elle a courageusement témoigné, *Vietnam, un cri qui vient de l'intérieur*.

Nous sommes tous deux membres du club Lê Hiếu Đằng à Hồ Chí Minh-Ville. Mais ce n'est qu'en ce vendredi 15 décembre 2023 qu'elle s'est décidée à casser le secret sur les moments les plus sombres de sa vie de jeune prisonnière politique dans un témoignage stupéfiant, accouché dans une extrême douleur et en sachant qu'il serait publié dans ce livre avec les graves ennuis qu'il pourrait causer à la femme très vulnérable qu'elle est devenue. J'en ai conservé l'enregistrement original.

Un parcours de résistante bien singulier

Dans le bagne de Chí Hòa, j'avais rencontré de très jeunes prisonniers politiques, issus de familles résistantes ou arrêtés pour des actions de résistance (agents de liaison, transporteurs d'armes et même saboteurs et combattants). Tous venaient de milieux paysans pauvres et vivaient en campagne ou aux abords des villes. La plupart étaient illettrés. Ce n'était pas le cas de la jeune Tân entrée en résistance à l'âge de treize ans.

Sa mère, femme seule, bien que galérant dans le marché An Đông pour vendre quelques fruits et parfois des tissus, avait tenu à donner à ses deux filles une éducation francophone solide : en primaire à l'École française de Chợ Lớn, puis en secondaire au lycée Marie-Curie. C'est là que Tân côtoyait les filles d'officiers supérieurs de Saïgon.

Bonne élève et agréable de compagnie, elle était souvent invitée chez elles à l'occasion de fêtes et mesurait l'énorme fossé qui séparait ce monde d'opulence et celui où sa mère trimait.

Tân a assisté à la dure répression des bouddhistes par Ngô Đinh Diệm. Le 11 juin 1963, horrifiée et indignée, la fillette de dix ans était présente dans la foule, lorsque le vénérable Thích Quảng Đức s'est immolé par le feu.

Elle était également malheureuse et indignée par ce qu'elle entendait sur les terribles bombardements américains contre ses compatriotes au nord du pays au cours de ces années 1964, 1965. Dans cet environnement de violence totale et de répression, Tân, à treize ans, en était arrivée d'elle-même à la même conclusion et à la même décision que moi à vingt ans : seule la victoire du Front national de libération du Sud-Vietnam pourrait mettre fin à cette guerre atroce. Il fallait aider la résistance !

C'est ainsi que la collégienne et sa sœur Tao, après maintes péripéties, contactèrent le maquis et y firent des stages de formation à la guérilla. Cela se passait à Trảng Bàng, à quarante-cinq kilomètres de Saïgon. « On nous a formées à démonter et remonter les fusils, les mitraillettes, révolvers K54, puis les AK47, AK50, à utiliser le TNT puis le C4, explosif dix fois plus puissant venu d'URSS, plus malléable, facile à glisser dans des canettes de bière, des roues, boîtes de conserve… » « Bé Cò », Petite cigogne, c'est le nom de guerre qui lui fut attribué à cause de sa frêle silhouette. Elle devint vite une experte et fut intégrée à une « unité militaire pour mobiliser soldats et officiers de l'armée adverse » (Ngành Binh Vận) sous la direction du Comité central du Sud-Vietnam. « Il y avait déjà eu l'offensive générale du nouvel an lunaire 1968 à laquelle je n'ai pas participé. Elle n'avait pas suffi à arrêter la guerre. Puis une deuxième vague d'attaques en mai de la même année a également échoué. Mais peu de gens savent qu'il y a eu un troisième épisode offensif début octobre 1968 dans lequel, cette fois, j'étais impliquée, bien persuadée que ce serait le coup fatal à la guerre. J'avais alors quinze ans. Selon nos chefs, il y avait dix-neuf points stratégiques dans Saïgon à occuper pendant une demi-heure avant que l'armée régulière prenne le relai. Parmi ces points clés se trouvaient notamment le Palais de l'indépendance, l'ambassade américaine, les stations de télévision et de radio, le haut commandement de la marine, la prison centrale de Chí Hoà et le quartier général de la police nationale. C'est ce dernier point qui était assigné à mon groupe et cela faisait des semaines que nous préparions ce moment en introduisant du C4 depuis le maquis, dans notre maison, puis à l'intérieur des locaux du Quartier général de la police. Cette dernière étape, reposait sur une amie, Kim, employée de longue date dans ces services. Lors de la première offensive début janvier, les résistants s'étaient introduits dans le quartier 10 et pour les déloger, les forces de Saïgon avaient incendié toute une série de maisons dont celle de cette amie. Nous avons hébergé sa famille et l'avons convaincue de nous aider dans notre action. Quand elle a été jugée fiable, elle prit le nom de « Dung ». Nous avions déjà chez nous cinq kilos de C4 prêts à être transférés dans les locaux de la police. Mais, coup de théâtre, « Dung », amoureuse d'un policier n'avait pas la permission de son père, très confucianiste, de se marier tant que les deux amoureux n'auraient pas de foyer. En outre, une loi venait de passer, pour détruire l'infrastructure du Viêt-Cong au sein des villes, elle renforçait la chasse à ceux qui soutenaient les résistants : la personne qui trouvait un seul tract, un seul indice de sympathie avec les Viêt-Cong dans une habitation en deviendrait propriétaire. Une partie du C4 étant stockée chez nous, « Dung » nous a trahies pour récupérer notre maison en récompense et donc l'autorisation paternelle au mariage ».

Arrestation, interrogatoires et Prison

Tân et Tao ont été arrêtées sur le chemin du lycée Marie-Curie. Tao avait des tracts dans son sac. Tous les membres de sa famille furent également arrêtés. Les interrogatoires eurent d'abord lieu à Chợ Lớn, dans une villa de deux étages d'apparence ordinaire, près d'un arroyo nommé « kênh Tàu Hủ » au croisement de la rue An Bình. C'était l'emplacement de deux services spéciaux du Quartier général de la police (Ty 2 et Ty 3) avec leurs bureaux, leurs salles de détention et d'interrogation. « L'arrestation était le résultat d'un an de filature et la rafle a ciblé toutes les personnes en contact avec nous pendant cette période, du vendeur de légumes jusqu'au garçon qui me suivait à la sortie du lycée pour me baratiner, Ma mère été enchaînée avec les femmes, mes deux frères avec les hommes mais le petit de cinq ans, Noël Hiếu, a été laissé en liberté dans la salle. D'ailleurs, il a fait un caprice car il voulait être enchaîné comme les autres. Quelques jours après, mes proches ont été remis en liberté avec la plupart des autres. Les policiers m'ont séparée de ma sœur. On m'a menottée au mur à un anneau, assise par terre sur le carrelage. Pendant les interrogatoires, j'ai été très souvent frappée, coups de matraques sur la main gauche, brûlures de cigarettes, j'ai été suspendue dans le vide par le bras gauche avec une bande de chambre à air au poignet pour ne pas laisser de traces. Ils évitaient de toucher à la main droite et au bras droit réservés à la signature des documents. Cela a duré pendant près de trois semaines. Pour me terrifier, ils m'ont conduite dans une pièce où j'ai vu ma sœur Tao allongée sur un banc dur en bois grossier, la tête plus basse que les pieds, avec un chiffon sur la bouche et le nez, sous un seau d'eau avec un robinet. L'eau coulait et rentrait dans son nez. Dans cette situation terrible et malgré ma douleur indescriptible face au corps de ma sœur ligotée et immobilisée par des cordes sales, son visage et ses sourcils inondés d'eau, je la voyais si belle… On me poussa alors vers la porte pour me faire sortir de la salle de torture. Mes jambes me portaient mais mes yeux n'arrivaient pas à se détacher de ma sœur dont le jupon de dentelle blanche frémissait sous sa robe fleurie. Pour ce qui me concerne, je garde un souvenir particulier d'un interrogatoire où un policier me gifla si violemment et de façon si inattendue que je me retrouvais par terre absolument étourdie. Multitude d'étoiles scintillante surgies autour de moi et, malgré la douleur et la pression, je me suis mise à penser à « Tintin et Milou » et au capitaine Haddock. Car quand il tombait on dessinait plein d'étoiles autour de lui. Les miennes me faisaient penser aux siennes.

– « Où était votre maquis ? Qui était votre chef? Qui vous a enseigné à manipuler le C4. Et surtout, toujours comme première question : qui vous a persuadée de devenir Viêt-Cong ? » Ils n'arrivaient pas à croire que c'était la situation du pays ravagé par la guerre et de la société cruelle qui avait suffi à nous convaincre et nous conduire vers la résistance. »

Clin d'œil du hasard, le chef du service du renseignement qui chapotait l'interrogatoire de Tân et de sa sœur Tao, le lieutenant-colonel Nguyễn Mâu, parfaitement francophone, sera celui qui m'interrogera deux ans plus tard.

Puis, début décembre 1968, Tân fut transférée au Quartier général de la police nationale pour complément d'enquête. Là elle n'eut droit qu'une seule fois à l'interrogatoire par l'électricité et, selon elle, ce serait grâce à Nguyễn Mâu qui les aurait protégées, elle et Tao, des pires sévices. Le dossier clos sans rien de nouveau, la gamine fut envoyée à la prison de Thủ Đức. Le régime y était très sévère et la résistance des détenues politiques opiniâtre. La torture faisait partie du quotidien.

En juin 1969, Tân passe devant le tribunal militaire de la 3e Région tactique. Le même qui me condamnera deux ans plus tard. Dans la nuit du 22 août 1969, trois prisonnières perdent la vie, isolées et torturées pendant des semaines pour refus de saluer le drapeau de Saïgon. Tân me donne leur nom : Đặng Thị Rành, 16 ans ; Nguyễn Thị Tần, 42 ans et Nguyễn Thị Xuân Đào, 40 ans. Le lendemain, l'émeute qui suit conduit Tân et ses camarades à la déportation vers la prison centrale de Chí Hòa où elle restera dans le secteur OB où je fus ensuite moi-même détenu. Elle y demeurera jusqu'au 26 novembre, date de la déportation finale, avec quatre cents codétenues, vers l'île de Côn Đảo, directement dans les « cages à tigre ».

Deux déportations à Côn Đảo

Cent vingts cages réparties en deux secteurs pour quatre cents femmes. Elle se retrouve avec sa sœur Tao et une autre femme dans la cage N° 60. Au gré des luttes pour survivre et contre le salut imposé du drapeau saïgonnais, les mois se succèdent avec des moments terribles : eau rationnée et riz sans sel, pas de médicament, quelquefois immobilisation aux fers, humidité et froid, hygiène inexistante… Le 7 juillet 1970 en visite au bagne, le journaliste américain Don Luce et un groupe de sénateurs conduits par le démocrate Augustus Hawkins et accompagnés du secrétaire du conseil œcuménique des églises pour le Vietnam, découvrent les cages à tigre à partir de documents secrets fournis à Saïgon par un étudiant fraîchement libéré : Cao Nguyên Lợi dont nous parlons plus avant dans ce livre. L'opinion publique américaine et mondiale est émue. Trois mois plus tard, Tân et ses amies sont transférées au camp N° 5 et réparties dans des salles beaucoup plus spacieuses. Environ 70 détenues par salle, pieds et mains sans entraves et sans empêchement de communiquer entre elles. Elles resteront là jusqu'au début de 1971 et seront déportées sur le continent à la prison de Tân Hiệp. Puis de Tân Hiệp, Tân est transportée à l'hôpital psychiatrique de Biên Hòa, celui-là même où je séjournerai deux ans plus tard. Et c'est le même médecin directeur, le docteur Hiệp, qui nous sortira courageusement de la camisole de folie dans laquelle le régime voulait nous enfermer pour ôter tout sens à notre combat. Après deux mois parmi les malades mentaux, Tân est à nouveau déportée à Côn Đảo, au camp N° 4. Elle et sa sœur y resteront jusqu'en septembre 1973. Puis Tân et plus de deux cents détenues seront transférées au camp N° 2, dans les grandes salles 8, 9 et 10.

Dans des conditions plus humaines, la vie collective se renforce et la structure du Parti communiste aussi. La cellule du Parti (*Chi bộ*) qui souvent déclenche et coordonne les luttes, peut intervenir dans chaque salle par une petite structure appelée « nid » (*tổ*), groupement de quelques membres, ce qui permet la coordination des activités dans le bagne et facilite la transmission des informations. C'est ce *tổ*, souvent composé de jeunes, qui, lors des agressions menées par les gardiens se met en avant pour protéger les détenues les plus faibles.

Les « majoritaires » du Parti répriment les « minoritaires »

Le 27 janvier 1973, la signature des Accords de Paris ouvre une perspective pleine d'espoir de liberté prochaine pour les détenus politiques. Mais paradoxalement la signature de ces Accords marquera aussi pour certaines détenues le début d'une période de galère encore plus douloureuse que celle causée par la violence du régime pénitentiaire : la répression venant de leurs propres camarades.

Par les radios clandestinement introduites et cachées dans le bagne ainsi que par certains gardiens, les détenus étaient au courant des clauses des Accords, particulièrement celles qui traitaient du sort des « personnels civils » c'est-à-dire des prisonniers politiques. Dans les cellules et dans les camps, on connaissait bien l'article 8 concernant le traitement de ces prisonniers après la signature des Accords ainsi que l'article 7 sur l'échange de ces prisonniers. La perspective de libération sous forme d'échange entre les quatre parties semblait imminente. Elle commencera en fait deux mois après, en mars 1973, à Lộc Ninh, province de Bình Phước. Beaucoup de détenus, hommes et femmes y furent échangés. Parmi eux mes amis Cao Lạp, Huỳnh Tấn Mẫm et d'autres étudiants et intellectuels. Mais beaucoup d'autres, plus de deux cents dont Tân faisait partie, sont restés prisonniers.

« Dans une situation d'urgence extrêmement dangereuse, le régime pénitentiaire falsifiait les dossiers des politiques pour ne pas les échanger, en les transformant administrativement en droit commun, tout en les malmenant pour leur faire signer des dossiers vides. Les rations de riz avaient diminué et les prisonnières malades et faibles n'étaient pas soignées. Dans les deux mois qui suivirent les premiers échanges trois prisonnières du camp N° 4 sont mortes. Lê Thị Cúc, 58 ans, le 24 avril puis Trần Thị Thanh, six jours après, et Nguyễn Thị Hương, 55 ans, deux jours après Thanh. Elles sont mortes sans tabassage ni torture, simplement parce qu'on les a laissé mourir de faim et de maladie.

D'ordinaire, face à des évènements si graves, la réaction des prisonnières aurait été de faire bloc, de crier des slogans contre l'administration, contre le régime pénitentiaire, d'exprimer des revendications et la cellule et les « nids » du Parti auraient été à la baguette et en première ligne. Cette fois après quelques heures de silence, la dirigeante de la cellule qui se trouvait dans la salle de Tân, Mme Đỗ Hữu Bích, une intellectuelle francophone, gentille et douce, fit savoir aux trois salles qu'il ne fallait pas réagir, pas protester.

Pour Tân et bon nombre d'autres, le ciel leur tombait sur la tête : « Comment ? Avec notre passé et toutes celles qui se sont sacrifiées pour ne pas saluer le drapeau, pour défendre notre dignité et nous protéger les unes les autres, nous resterions maintenant silencieuses devant la mort de trois de nos sœurs, à pleurnicher en silence comme des lâches ? Si nous faisons cela, nous ne respectons pas nos camarades sacrifiées, nous ne nous respectons pas ! Nous ne sommes pas des lâches, nous sommes des combattantes. Beaucoup d'entre nous ont tenu tête aux Américains, aux Sud-Coréens, à la grenade, sur le terrain… Quelle honte ! Inacceptable ! »

« Mme Đỗ Hữu Bích convoqua alors une réunion dans chacune des salles 8, 9 et 10 en lisant une lettre soi-disant « secrète » datée du 10 octobre 1973. Cette lettre s'intitulait « Directive du Comité du Parti de l'île (Chỉ thị Đảo ủy T45). J'ai pu la récupérer plus tard, en 1975, quand les hautes instances du Parti, sous la pression, durent tenir une réunion secrète sur ce sombre épisode. Il s'est avéré à ce moment-là que la directive ne venait pas des hautes instances du Parti mais émanait bien de la cellule de la prison, à son initiative. Rédigée de façon équivoque, tantôt comme si elle venait de l'intérieur de la prison, tantôt comme si elle répercutait la voix du Parti à l'extérieur, la directive évoquait une situation militaire tendue, les obstacles créés par Saïgon aux échanges des prisonniers. Elle se livrait ensuite à une analyse extravagante et délibérément rassurante de la situation économique qui permettrait de prévoir que les rations alimentaires en prison ne baisseraient pas d'ici fin décembre. La lettre ajoutait que dans le cas où les prisonniers lutteraient, le dessein actuel de l'administration pénitentiaire était de les changer de salle et de camp, de les disperser pour effacer leur trace. L'heure était donc aux études culturelles, politiques et… au chant. Ainsi la lettre signifiait : Ne vous impatientez pas trop : quand les deux côtés auront réglé la question de l'échange des prisonniers vous rentrerez sûrement… Ne revendiquez pas avec violence pour exiger l'échange… Comme si la violence venait des prisonnières… »

« Après cette lettre, Mme Đỗ Hữu Bích a organisé des cours politiques basés sur un document intitulé *Perspective révolutionnaire* (*Nhan sinh quan Cach Mang*), mettant en scène les bons bolcheviks contre les mauvais mencheviks de l'URSS. En conclusion, elle déclarait que notre actuel conflit interne était un "conflit antagoniste fondamental" qui ne pourrait être résolu que par la disparition totale de la partie réfractaire et que selon les Accords de Paris, ici, en prison, nous devions faire la réconciliation avec le régime pénitentiaire, avec les geôliers ! Ce à quoi un nombre important de détenues a répondu que les récents décès de nos camarades coprisonnières prouvaient que l'administration augmentait délibérément sa répression en aggravant les conditions matérielles de détention, que ses efforts pour changer le statut des politiques en droit commun en falsifiant les dossiers montraient bien ses intentions de faire disparaître le plus possible de futurs cadres, que la soumission totale priverait les victimes ciblées du peu de protection que la lutte avait apportée jusqu'ici. Enfin, qu'il fallait exiger tout à fait légitimement notre échange tel que stipulé dans les Accords de Paris. Nous considérions la schématisation des Accords de Paris ramenée caricaturalement à la situation interne de la prison comme puérile. Comme un appel à se rendre devant un ennemi déterminé à vous exterminer ».

L'antagonisme entre la préconisation du Parti – ne plus rien faire et attendre – et la volonté de continuer à résister pour se protéger exprimée par un nombre minoritaire mais conséquent de détenues n'en resta pas longtemps au niveau des arguments verbaux. Le régime alimentaire déficient, les soins médicaux réduits à néant, devenus les armes principales des geôliers, et surtout, l'échange libérateur programmé et signé qui ne venait pas, tout cela justifiait et nourrissait la nécessité de résistance et de protestation des camarades de Tân.

Tân confie : « Au quotidien, à chaque repas, je mesurais le mensonge des auteurs de la directive. Jamais je n'ai eu aussi faim. J'essayais de dormir pour ne pas sentir la faim me tenailler. Et quand je réussissais à m'endormir, je voyais défiler des bols et des bols débordants de riz. »

Le désaccord entre les tenantes de la position attentiste préconisée par la directive, « les majoritaires », et les partisantes du combat quotidien pour se protéger et survivre, « les minoritaires » s'est alors accentué. Le Parti a pris des mesures. Dans chaque salle des femmes du camp N° 2, le groupe des communistes constituant le « nid », jusqu'ici destiné à la protection des plus faibles a été rebaptisé « Comité d'action ». Son rôle : faire régner l'ordre chez les minoritaires d'abord par la conviction puis si nécessaire par la contrainte physique.

Les tentatives de ralliement « raisonnable » au point de vue de la directive se sont vite montrées vaines. Dans chacune des salles 8, 9, 10 les minoritaires furent mises à l'écart, comme des pestiférées. Comme cela ne suffisait pas à les faire taire, le Parti leur interdit de parler, de communiquer entre elles, mesure que les geôliers avaient employée seulement dans les cages à tigre. D'ordinaire elles dormaient selon leurs affinités mais désormais, elles étaient forcées de se regrouper en rangée. Le comité d'action veillait à la bonne exécution des consignes d'isolement.

« Quand on se promenait dans le couloir du camp, y compris quand on allait aux toilettes, les majoritaires nous suivaient pour s'assurer qu'on ne se parlait pas. »

Mais les minoritaires ne se soumettaient toujours pas. Alors les jeunes femmes des comités d'action utilisèrent l'invective et la violence physique.

« Elles s'en sont prises à nos vieilles tatas, s'adressant à elles très grossièrement. En vietnamien quand on s'adresse à une femme d'un certain âge, on dit « dì » ou « cô » ou encore « tata » tandis qu'elles les apostrophaient par des « mày », un « tu » absolument impoli, réservé à un égal ou un inférieur. Le doigt menaçant pointé sur le visage : « Toi la vieille, pourquoi tu es si idiote ? Tu n'écoutes pas le Parti. » Je me souviens de tata Tư Mai, originaire de Cần Giuộc-Long An, très héroïque, elle était présente dans la prison de Phú Lợi en 1958 lors de l'empoisonnement massif des détenus politiques par les autorités pénitentiaires. Les prisonniers s'étaient soulevés, avaient fait une percée dans le toit, envahi le camp, occupé la radio… De camps en cellules et cachots, depuis plus de quinze ans cette dame n'avait jamais flanché. Elle avait toujours refusé de saluer le drapeau de l'ennemi. « Qui t'a permis de parler ? » lui dirent deux jeunes. Et elles la frappèrent. J'ai voulu intervenir mais deux poings bien serrés ont surgi devant mon visage et deux bras m'ont enserrée très fort par-derrière. « Ne touchez pas à la petite Tân ! » C'était Maman Ba Chi, une dirigeante majoritaire qui venait de me sauver du tabassage. Nous, les minoritaires, pour la plupart commandos ayant combattu sur le terrain avant notre arrestation, nous avions pourtant décidé que nous ne riposterions pas quand elles nous frappaient car, malgré tout, elles étaient de notre bord et refusaient de saluer le drapeau de Saïgon. Elles n'étaient pas nos ennemies… Le même jour, 31 décembre 1973, où elles ont frappé tata Tư Mai, comme les gardiens ouvraient les portes des trois salles pour nous permettre de marcher dans le couloir du camp, j'ai croisé une camarade que j'ai eu du mal à reconnaître. Elle marchait difficilement en s'appuyant au mur, les cheveux ébouriffés, le visage tuméfié, le blanc de ses yeux avait cédé la place au noir et au mauve. C'était Huỳnh Thị Lan. Elle vit toujours à Long An. Quant à notre sœur Phạm Thị Lộc, elle fut l'une des plus sérieusement malmenées.

Le plus terrible c'était notre honte pour celles qui nous malmenaient ainsi, honte pour le Parti, pour notre communauté de combat face à un ennemi commun. Honte que nos geôliers voient ces actes sauvages et s'en réjouissent. Il arrivait que des camarades minoritaires violemment tabassées se mettent elles-mêmes les mains devant la bouche pour s'empêcher de crier…

La séparation : une libération

Puis les majoritaires sont allées encore plus loin. Peu de temps après, alors que nous rentrions de promenade, elles se sont barricadées dans les salles après avoir jeté nos affaires à l'extérieur et nous ont empêchées de rentrer. Nous restions soixante femmes dans l'immense couloir, abasourdies, désorientées. Une des plus anciennes détenues, tata Hoa Sứ, profondément choquée, a perdu connaissance et s'est effondrée sur le sol. Les gardiens s'apprêtaient à fermer à clé. Je m'étais collée à la porte de ma salle et suppliais, comme une gamine que j'étais : – « Tatas, laissez-moi entrer, s'il vous plaît ! » De l'intérieur, Nam Liên me répondit « – Non ma petite, tu restes dehors ! » Je me sentais perdue, abandonnée, livrée aux gardiens. Le message des majoritaires à l'administration était clair : « – Faites d'elles ce que bon vous semble, cela ne nous concerne plus ». Tandis que, dans le couloir, les autres minoritaires ne bougeaient pas.

Désavouées par la majorité de nos camarades et bien identifiées comme des résistantes obstinées par nos geôliers, le pire pouvait nous arriver : être renvoyées en cellules d'isolement, tabassées, torturées à nouveau. Les trente minutes d'attente avant que l'administration ne réagisse me parurent une éternité. Puis les gardiens nous ordonnèrent de prendre nos affaires et nous conduisirent dans la salle N° 7, voisine de la 8 et identique à elle en bouclant la porte derrière eux. Je pleurais de joie, si heureuse que nous restions ensemble, débarrassées de l'inquisition et des brutalités des majoritaires. Elles nous avaient vendues aux geôliers et, ce faisant, s'étaient vendues elles-mêmes. Par contre, notre dignité était reconnue.

Dans les jours qui ont suivi, nous avons fabriqué un porte-voix avec du papier fort et nous avons crié nos slogans pour exiger une meilleure alimentation, dénoncer le non-respect des Accords de Paris par le côté saïgonnais et demandé notre échange immédiat. Nous criions le jour et trois fois par nuit.

Un évènement survint qui nous mit du baume au cœur. Par tradition à Côn Đảo, les détenus politiques qualifiés d'« obstinés » car opposés au salut du drapeau de Saïgon, refusaient aussi la fouille de leur salle par les gardiens. Et cela donnait lieu à des affrontements ». Tân raconte que le jour de la fouille, les majoritaires ont laissé opérer les gardiens sans obstacle dans leurs salles 8, 9 et 10. C'était ensuite au tour de la salle N° 7 des minoritaires, bien décidées à faire front.

« À l'extérieur, une centaine de vigiles et soldats gardiens se préparaient, matraque en main. Leur chef est venu à notre porte pour annoncer officiellement la fouille puis il a refermé la porte en bois qui précédait la porte métallique. Nous avons pris le porte-voix et crié "Prière de ne pas fouiller notre salle, nos affaires !" ainsi que d'autres slogans. Puis on s'est préparées à recevoir l'agression. Silence complet. Après une vingtaine de minutes en se faisant la courte échelle pour regarder par la petite fenêtre armée de barbelés, nous avons découvert qu'il n'y avait plus personne dans l'immense cour du camp ! Ils étaient repartis sans fouiller. Larmes de joie et embrassades !

À partir de ce jour-là, nos relations avec les majoritaires, pendant la promenade comme au bain, se sont figées. Nous nous sommes croisées sans nous parler. Et nous avons continué à scander nos revendications jusqu'à notre déportation sur le continent dans la prison de Hố Nai avant l'échange libérateur à Lộc Ninh le 5 mars 1974. »

Réunion secrète du Parti dans le maquis

En février-mars 1975, peu de temps avant la campagne Hồ Chí Minh sur Saïgon, le comité d'organisation central du Sud-Vietnam, pressé par un nombre important d'anciens détenus, hommes et femmes, a organisé dans le plus grand secret une réunion confidentielle sur les évènements survenus à Côn Đảo après les Accords de Paris. La réunion eut lieu dans la jungle vietnamienne, à quelques kilomètres de la frontière cambodgienne. Elle dura 31 jours. Elle fut dirigée par M. Chín Lực, chef du comité central d'inspection du Parti, et M. Sáu Chí, chef du département d'inspection du Parti pour la zone sud. Deux cadres majeurs. Seule une vingtaine d'anciens détenus y furent conviés et Tân en fit partie.

Parmi les anciens détenus présents figurait le secrétaire de la cellule des hommes du camp N° 2 mais pas la secrétaire de la cellule des femmes. Trois groupes de prisonniers étaient représentés : les majoritaires, les minoritaires et les neutres qui avaient quand même dû se soumettre aux majoritaires.

« Pendant trente jours, les majoritaires ont nié leurs violences en bloc. Les deux dirigeants qui lisaient les rapports écrits des participants et écoutaient leurs récits ont déclaré aux majoritaires qu'ils avaient déchiré leur rapport initial, le jugeant irrecevable car en flagrant délit de mensonge. Leur second rapport ne fut pas plus convaincant. » Tân poursuit : « J'ai raconté beaucoup d'évènements pendant cette réunion, des moments douloureux. Parmi eux, celui où Mỹ Lan (que ma grande sœur de laquelle j'avais été séparée dans le camp N° 4 avait désigné comme ma protectrice) vint me voir et me dit : « À partir de maintenant je suis obligée de ne plus parler avec toi. Si tu es malade, je ne pourrai plus m'occuper de toi. Je te dis adieu même si on est dans la même salle. » Alors le dirigeant Chín Lực, les larmes aux yeux, a frappé violemment du poing sur la table à plusieurs reprises. « J'ai fait les deux résistances et jamais je n'ai eu autant de peine. Pas même à la mort de mon père. Comment est-il possible de se comporter ainsi avec ses propres camarades ? !

Le dernier jour de la réunion, les majoritaires ont finalement avoué qu'ils avaient donné des directives pour nous frapper mais indirectement en utilisant la formule : « vô hình trung » ce qui veut dire : ce n'était pas expressément formulé. La chose étant entendue, la réunion fut close. Les dirigeants nous demandèrent de brûler tous les documents écrits et d'observer la plus grande discrétion concernant cette affaire. L'heure, dirent-ils, était à se concentrer sur l'imminente campagne Hồ Chí Minh qui, cette fois, allait mettre fin à la guerre. »

Ainsi les « minoritaires » ont été rétablies dans leur réputation de fidélité à la lutte révolutionnaire ainsi que dans leur dignité tandis que les « majoritaires » ont été désavoués par la direction mais n'ont jamais produit de franches excuses. Des dirigeants se sont émus mais les documents consignés en trente jours de témoignages ne sont plus apparus nulle part, jamais. Lorsque Tân s'est enquise de leur existence auprès d'un ami, M.Tám Báu, ancien prisonnier politique devenu « chef du département chargé de la protection politique interne du Parti » à Hồ Chí Mình-Ville, il lui a appris que le dossier avait été emporté à Hànội. Il a aussi confié aux deux sœurs : « Heureusement pour vous que vous étiez des témoins sincères et authentiques sinon vous auriez été arrêtées ».

En 1997, une des détenues sérieusement molestée par les majoritaires au camp N° 2, Huỳnh Thị Lan, a adressé une lettre d'accusation détaillée à l'« organisation du Parti ». Je l'ai en ma possession. Après avoir décrit les tabassages que lui avaient infligés ses codétenues et les séquelles qu'elle en portait toujours, elle donnait les noms des membres les plus violents du « comité d'action » concerné, et concluait : « Cela fait plus de vingt ans que je suis tourmentée par ces évènements. Je demande seulement au Parti de les clarifier. On ne peut pas laisser ceux qui ont battu leurs camarades et compagnons de lutte siéger au comité central ou à l'Assemblée nationale. Surtout quand ils n'ont pas encore sincèrement reconnu et déclaré leurs actes. » La lettre est restée sans réponse.

En décembre 2001, une lettre semblable – également en ma possession – fut adressée aux dirigeants du comité central et aux dirigeants de la province de Long An par Mme Nguyễn Thị Lộc, victime de graves sévices de la part du « comité d'action » de sa salle et qui était encore persécutée huit ans après, dans l'hôpital où elle travaillait par une de celles qui l'avaient malmenée. Là aussi, des noms sont cités.

J'ai découvert avec stupeur et une peine immense que je connaissais quelques personnes qui s'étaient comportées en brutes lors de cet épisode. J'étais, jusqu'à cette terrible découverte, persuadé qu'elles étaient des modèles de combattantes révolutionnaires. Elles paraissent tout le contraire de ce qu'elles ont été à ce moment-là. Ces témoignages me désemparent mais ils sont tellement documentés qu'on ne peut pas ne pas les croire et, pour le bien de la vérité, leur faire écho.

Quant au Parti communiste, si lors de la réunion secrète dans la jungle de mars 1975, il a confidentiellement donné raison aux victimes et désavoué les brutes qu'en est-il dans la vie qui a suivi ?

Du côté des majoritaires, donneuses d'ordre ou soldates, leur situation matérielle actuelle, leur statut dans le Parti ainsi que dans la société ne leur donne pas lieu de se plaindre. Deux d'entre elles ont même gravi très rapidement les marches menant aux plus hauts sommets de l'État. En revanche, Lan, Lộc et beaucoup d'autres ont dû traverser des années de galère.

Lan, retournée à Long Thanh dans sa région d'origine, a passé plus de vingt ans au bord de la route à courir d'un véhicule à l'autre, son plateau sur la tête, pour vendre des morceaux de canne à sucre. Lorsque Tân et sa sœur se sont mises à la recherche de leurs compagnes de misère, elles se sont rendues chez elle, dans sa misérable bicoque aux murs en feuilles de cocotier. À quarante-cinq ans, « on aurait dit une vieille femme au visage envahi par les rides, à la bouche édentée. Son mari, lui aussi ancien détenu politique de Côn Đảo, sérieusement blessé à une jambe lors de son arrestation était handicapé.

Trần Thị Bé, celle qui avait attaqué un camion de militaires sud-coréens à la grenade, transportait à longueur de journée son plateau fixé par une courroie autour du cou pour vendre de l'oignon, de l'ail et d'autres produits très bon marché. « Quand je l'ai rencontrée au marché « Cầu Muối », en plein Saïgon, elle n'avait pas de kiosque ni d'emplacement pour vendre et était chassée en permanence par les gardiens du marché. »

Lộc, elle, était devenue aide-soignante, interdite d'adhésion au Parti par l'ex-majoritaire qui l'avait tabassée dans le camp N° 2. Interdiction appuyée par une autre ex-majoritaire devenue une des dirigeantes de l'État.

Le Parti a-t-il changé ?

Le bagne de Côn Đảo a révélé, par ses tentatives extrêmes de déshumanisation, l'infinie capacité de résistance collective à cette déshumanisation. Dans cette lutte, les militants communistes ont très souvent été en première ligne dans l'intelligence, la solidarité et le sacrifice. Mais Côn Đảo a aussi révélé que l'organisation du Parti, l'aveuglement militant inconditionnel et le dogmatisme imbécile ont pu le mener à l'inhumanité voire à la cruauté.

Quand on connaît la tragédie endurée par les minoritaires, on comprend mieux l'assassinat du vieux communiste Lê Đình Kình aujourd'hui. On comprend mieux les dizaines d'années de prison infligées aux citoyens patriotes en contradiction avec la voix unique sur la coopération avec Pékin. On comprend mieux les corruptions, et autres confiscations de terres et de biens…

Avec son allergie maladive aux voix dissonantes et la violence comme argument ultime pour s'imposer, ce parti gagne les guerres mais, seul au pouvoir, il ne sera jamais un parti de paix.

Les jours heureux

Ce sont les moments de fête où le rêve s'invite. Ces moments qui vous surprennent même si vous les espériez. Ils contiennent un bonheur unique que rien ni personne ne pourra vous ôter.

Mais dans la guerre et l'oppression, avec la destruction et le malheur tout autour de soi, comment trouver des jours heureux qui ne soient pas un leurre, une fuite égoïste, illusoire, condamnée à l'échec ? Impossible oubli, tentative d'abandon de la misère des autres ?

Le vrai bonheur, le bonheur solide, celui qui ne vous lâche pas, qui ne ternit jamais je n'ai pu le trouver que dans le combat pour que cesse cette misère commune. Paradoxe parce que ce combat est lui-même douleur, privations, quelquefois danger mortel. Certains le magnifient, y trouvent gloire, héroïsme, qualifiant ainsi ce dépassement volontaire de soi en situation de grand danger. Comme si cet excès de courage venait de l'intérieur de soi. Pas du tout ! Il vient des autres et des circonstances. Et la lutte ne peut être que donnée ou menée en partage.

Et si j'ai donné au Vietnam nombre de jours heureux, le Vietnam et son peuple m'en ont offert tellement que je suis condamné à en écarter beaucoup de ces pages pour ne choisir que ceux qui m'ont le plus marqué. J'en ai partagé beaucoup avec mes amis français, avec ma famille. J'en ai gardé d'autres pour moi, égoïstement et pour protéger des êtres chers d'un régime policier qui fait flèche de tout bois et avec lequel je suis en délicatesse.

Si je veux, dans ma mémoire, conserver clarté et fraîcheur à ces moments lumineux, il me faut les isoler, les séquencer pour éviter de les polluer par les salissures de l'actuel régime. Vertige entre le cauchemar-bonheur des moments de prison et le bonheur-cauchemar de la paix privée de liberté.

Mais il est une chose dont je ne veux ni ne peux les détacher : la conquête et la célébration de la paix gagnée la tête haute et le plaisir de la partager. Je ne pense pas avoir plus pleuré de bonheur qu'avec le Vietnam, grâce au Vietnam. C'était d'ailleurs devenu un sujet d'affectueuse plaisanterie de la part de mes amis vietnamiens proches : « Attention, André va pleurer ». J'ignore si c'est une force ou une fragilité. Cela m'arrive encore aujourd'hui et c'est difficile à réprimer.

Nourri dans les moments de dures épreuves, ce bonheur a souvent surgi des retrouvailles. Etreindre mon père à la descente de l'avion en pyjama noir et sandales en pneu de voiture, aurait pu, avec du recul, ressembler à la séquence d'un film comique mais pour nous, il tenait du rêve éveillé, sérieux à pleurer. Mon père qui n'était jamais venu à Paris, qui ne savait même pas où était le Vietnam, lui qui, en casquette de paysan aveyronnais, veste et pantalons du dimanche, avait quitté précipitamment ses carrés de légumes pour se retrouver dans cet aéroport, entouré de Vietnamiens encostumés parlant un français plus correct que le sien devant son fils unique tant attendu, amaigri, vieilli et ainsi déguisé : quel choc ! Une étreinte pudique. Je sortais de trente mois de prison à l'autre bout du monde : « Ta mère t'attend à la maison ».

Moments heureux lorsque plus tard, après avoir traversé dans la plus grande indifférence les Champs-Élisées pavoisés en ce jour de l'an 1973, je transmettais à Madame Phạm Thị Minh[1], extirpés des profondeurs de mon pyjama, les documents sortis de prison. Avec la même émotion qu'au sommet de la statue à Saïgon, soulagé, avec des frissons de bonheur !

La rencontre avec la maman de Rich en présence de son fils, détenu américain à Chí Hoà, dans son modeste mobil-home sur une colline du Colorado m'a aussi ému aux larmes. Visage de l'Amérique généreuse, tolérante, humaine, je la voyais comme une bonne fée qui veille en coulisse. Sans la connaître, je m'étais habitué à l'idéaliser comme le visage et le cœur des dizaines de milliers de mamans américaines dont on avait volé le fils.

En 1975, moment également très fort lorsqu'avec Annie nous sommes partis du sud de la France pour rendre visite à mon ami Mười Để, hospitalisé en RDA, à Rüdersdorf, pour y recevoir une prothèse de la jambe suite aux séances de torture endurées du temps des Français. Mười Để c'était le faux « rallié » sexagénaire de cette petite cellule du secteur AB où j'avais quelquefois le droit de m'arrêter pour parler car, aux yeux des autorités, il était inoffensif. C'était mon bol d'oxygène, tout sourire avec sa fine moustache. Il était ma source principale d'information, ma liaison à l'intérieur et avec les autres prisons dont Poulo Condor. Cet après-midi-là à Rüdersdorf, les bulles de champagne ont été très aériennes pour un bonheur bien trop court partagé avec les autres amis vietnamiens en attente de prothèses.

Puis, ce 30 avril 1975, ce moment étourdissant où, dans le bus qui me ramenait des obsèques de Jacques Duclos, j'ai appris à la radio l'entrée des forces de libération dans Saïgon. J'étais à côté d'Annie, de mon ami Jeannot Claverie : nous chantions en pleurant.

Que dire de ces bonheurs du clocher, de cette extraordinaire conférence de presse à 57 mètres de haut sur cette étroite plateforme ; de ces pièces de musique sacrée offertes par l'archiprêtre qui montaient du chœur et me tiraient des larmes ; tout comme le bonheur de voir mes petits élèves venir me saluer en bas sur le parvis et mes grands élèves m'apporter à manger en haut sur le clocher… Les aubades improvisées, le cortège de centaines d'amis manifestants venus crier leur soutien… Moments uniques, privilèges d'une vie, cadeaux de milliers d'amis que pour beaucoup je ne connaissais et ne connais toujours pas… Après eux la vie ordinaire semble bien insipide.

1. Membre de la délégation du Gouvernement révolutionnaire lors des pourparlers à Paris. Un temps ambassadrice de ce gouvernent après la signature des accords de Paris, que j'appelle aussi maman Minh.

Je pense aussi à ce billet d'avion pour le Vietnam offert dans le petit village de Portiragnes en 2002 par mes amis en prélude à une fête avec 300 personnes pour célébrer la première victoire de la cathédrale !

Retrouvailles encore à Saïgon avec mon « papa Khuê » bibliothécaire complice dans la prison, dont, bien loin des discours, je n'ai retenu que quelques instants si simples et si merveilleux : nos tours de grande roue dans ce jardin public Đầm Sen à rire comme des canards…

Retrouvailles heureuses à Đà Nẵng avec ma « maman » Minh (Phạm Thị Minh, Lệ Thị Kinh), dans sa modeste demeure. Elle venait de perdre son mari et vivait désormais près de son petit-fils. Mon émotion était d'autant plus forte qu'après avoir « travaillé » en France avec cette grande dame qui avait sillonné le monde dans son combat diplomatique, rencontré le roi d'Espagne, le Président du Portugal, représentante de son pays en Italie puis à Londres, accueillie dans le luxe et la solennité du protocole, je retrouvais au Vietnam une simple mamie en pyjama ordinaire, au fond d'une ruelle. Les ans avaient blanchi ses cheveux mais le sourire restait toujours aussi lumineux. Nous avons dégusté une soupe et regardé de nombreuses photos, comme un voyage intime dans sa famille et dans sa vie qu'elle me commentait. On y retrouvait la photo prise avec Annie à Verrières-le-Buisson en 1973…

Heureux aussi mes soixante-dix ans, dans ce coin retiré de l'Aveyron, pays de la bourrée, du mouton et du Roquefort, si loin des immensités maritimes de la mer du Sud-Est asiatique, où ma famille et mes amis m'ont fait la surprise de chanter avec Jean Pierre Pousset la *Ballade pour Hoàng Sa* que nous avions avec Nguyên Ngọc et ses lycéennes offerte aux pêcheurs de l'autre bout du monde.

Et encore et encore… des centaines de flashs de rêve qui surgissent sans crier gare et me redonnent vigueur et envie de continuer. Sans le Vietnam jamais je n'aurais eu le privilège de ces jours magnifiques ! Quoiqu'il se soit passé avant ou après, je m'y accroche comme autant de repères lumineux sur mon chemin.

Il m'aurait fallu un autre livre pour raconter à quel point j'ai été heureux au cours de mes années de témoignages à l'invitation des Vietnamiens d'Europe dont pourtant, pour beaucoup d'entre eux, mon action avait contribué à l'exil et qui ne m'en voulaient pas… Toutes ces pages restées blanches de mots mais si belles d'émotion !

Pèlerinage joyeux à Poulo Condor

Les émotions rencontrées à Poulo Condor[2] ont été parmi les plus fortes. Je n'oublierai jamais cette équipée d'avril 2007 avec cent cinquante anciens détenus des cages à tigre, en bateau de Vũng Tàu à Poulo Condor. N'ayant pas été invités par le Parti lors d'un grand show de commémoration télévisé national en 2005 et, voyant qu'aucune invitation officielle n'arrivait, mes amis Tà ru* ont payé de leur poche le voyage et me voilà avec eux, leur invité avec un photographe français.

2. Archipel de la mer du Sud-Est asiatique, aussi appelé pulau condore en malaisien. Il compte seize îles et ilots. Côn Sơn, l'île la plus étendue a été utilisée par les colonialistes français pour y établir leur sinistre bagne.

Douze heures de traversée pendant lesquelles quatre-vingt-dix pour cent d'entre eux ont dû endurer la torture du mal de mer qu'ils avaient déjà connu dans leur jeunesse. C'était plus long à l'époque, à partir du quai du Bạch Đằng* de Saïgon. Comme du bétail, ils y étaient déchargés des camions qui les ramenaient des geôles de Chí Hoà pour être entassés menottés dans la cale d'un cargo militaire qui les attendaient sur la rivière de Saïgon pour leur long périple jusqu'à l'île de Côn Sơn dans l'archipel de Côn Đảo. Départ à midi et arrivée à 5 heures du matin le lendemain. Un ami confirme: « C'était plus long que notre voyage d'aujourd'hui mais nous étions plus endurcis, plus préparés à souffrir, plus jeunes, » et non sans humour: « et puis... étourdis par les coups de matraques et les gaz lacrymogènes, aux fers dans la cale, on ressentait beaucoup moins la violence des vagues ».

M. Trinh Văn Tư, « Tư Cẩn », de son nom de résistant, conduisait le groupe en compagnie d'un général à l'air hautain dont je me suis empressé d'ignorer le nom. Ce fut un pèlerinage joyeux malgré des moments de forte émotion devant les anciennes cellules où ils avaient croupi, d'un lieu de bastonnade à un lieu de torture. Certains s'isolaient, assis sur l'herbe, sur un rebord de fenêtre ou adossés à un arbre. Les regards étaient tournés vers l'intérieur, quand les fers, les barreaux et les inscriptions « interdit d'écraser les punaises sur les murs » les ramenaient vers leurs cauchemars: pluie qui dégouline du plafond, harcèlement des punaises, mouches et moustiques, froid glacial et chaleur étouffante, odeur d'urine et d'excréments dans lesquels il faut vivre, cris de douleur, de colère, de détresse, portes métalliques qui claquent dans les tympans, insultes des gardiens, maux d'estomac, dysenterie, choléra, paludisme, tuberculose, typhoïde, œdèmes, plaies buccales, des mois sans médicaments. La mort à petit feu... accroupis en permanence, les jambes ne pouvant plus porter le poids du corps.

Aujourd'hui au détour des allées et à l'entrée des cellules, la tête que l'on se prend à deux mains, comme pour stopper le vertige. Dans le cimetière Hàng Dương, l'atmosphère semble moins lourde. Il ne pleut pas et les flamboyants en pleine floraison donnent à la cérémonie des allures de promenade printanière. Les groupes s'éparpillent, poignée de baguettes d'encens à la main que des jeunes filles en *áo dài** leur ont distribuées. Main dans la main ou sur l'épaule, certains marchent par paire dans les allées pavées de pierres dispersées entre les tombes blanches, pour la plupart coiffées de marbre rouge portant en leur centre l'étoile jaune. Certaines envahies d'herbes folles. Certaines avec nom, d'autres sans. Le gris des volutes d'encens, du même ton que celui des cheveux des visiteurs, devient très dense devant la tombe de Võ Thị Sáu, jeune résistante de 19 ans, que les Français ont passée par les armes sur le terrain d'exécution de la prison. Certains s'asseyent au pieds des saules, silencieux.

La journée bien remplie, nous dormons dans une grande salle de l'ancien bagne sommairement aménagée en dortoir, sur des lits de camp disposés côte à côte, comme les pensionnaires d'un internat délabré. Le sommeil ne vient pas, sans cesse repoussé par une nouvelle histoire et je passe de l'une à l'autre tiré par une nouvelle main vers de nouvelles misères.

Le lendemain matin très tôt, je vais voir l'état du petit cimetière français, dont j'ai découvert l'existence en 2002. La grille métallique à l'entrée est ouverte. Une plaque verte indique que les restes mortels des 43 occupants ont été transférés à Bình Dương, sur le continent, toujours en terre vietnamienne, par les soins du consulat général en accord avec les autorités.

Le musée de Côn Đảo a conservé des plaques ovales portant les noms de gardiens et de membres de leur famille, qui sont venus mourir ici, pour imposer, consciemment ou non, la civilisation du fouet colonial. La plus ancienne plaque date de 1883 : c'était un « piqueur » des Ponts et Chaussées.

Mes amis m'ont guidé vers la grande cellule du camp N° 6 où ils avaient caché pendant de longs mois le poste de radio à trois bandes que je leur avais passé quand ils étaient en transfert à Chí Hòa. Avec une joie de potaches, ils revivaient et mimaient pour moi leurs gestes de résistance. Puis ils se sont relayés pour poser avec moi devant la petite niche rectangulaire minutieusement découpée dans le mur avec sa cloison en pâte de riz soigneusement blanchie couleur du mur pour refermer la niche sans laisser de traces. Le camouflage, à mi-hauteur était parfait. Toutes les nuits, jusqu'à trois heures du matin, Toản écoutait les nouvelles et transmettait son rapport à Tư Cẩn, secrétaire de la cellule communiste « Vũ Văn Hiếu » du nom de ce détenu qui, se sachant condamné, avait donné sa chemise à un camarade pour qu'il survive. Grâce à cette radio ainsi que par d'autres canaux, les détenus avaient des nouvelles fraîches du front, des négociations à Paris, des mouvements sociaux à Saïgon… C'était vital alors qu'on voulait les isoler.

La soirée de la flamme…

Puis ce fut la soirée du 24 avril 2007 quand « la flamme » de la lutte passa symboliquement de la vieille génération à la jeunesse. Devant tous les anciens prisonniers rassemblés dans le plus grand silence au centre de la grande cour du camp 1-6B et en présence d'une centaine d'autres personnes, Tư Cẩn lut quelques mots sur l'histoire du camp en liaison avec celle des autres camps. Les vagues de répressions, les grèves de la faim, les grenades lacrymogènes et les fusées éclairantes, les mises aux fers, la mort des camarades, leurs noms, les dates, les précaires victoires… Il parla de l'épisode de la radio et de ma contribution à cette lutte, de celui qui l'a reçue à Chí Hòa, Phạm Văn Ba, de celui qui suivait l'actualité chaque nuit, Bùi Văn Toản, de celui qui la cachait, Ung Văn Bê et du responsable de l'utilisation sécurisée de cette radio, Nguyễn Văn Hai. « Chaque ancien détenu présent ici ce soir est lui-même un stock de documents pas encore exploités selon leur vraie valeur ». Puis en guise de torche, une boîte métallique enflammée, fixée au bout d'un bâton de bois, il transmit la flamme à un jeune militaire en tenue verte qui à son tour la transmit à trois jeunes marins toujours dans des boîtes métalliques de bière en guise de torches. Paradoxalement, ce bricolage donnait à la cérémonie un caractère encore plus authentique. La flamme se propagea ainsi dans la nuit, des mains d'une guide en *áo dài** blanc à celles d'une jeune communiste en chemise bleue… pour constituer deux haies de feu, têtes inclinées en signe de recueillement où s'engagea lentement le patriarche Tư Cẩn. Derrière lui, immobiles et silencieux, ses cent-cinquante camarades et leurs familles. Je m'étais blotti à côté de Chính, un ancien détenu de la cellule OB1, et du vieux Phạm Văn Ba. Serrés les uns contre les autres, chacun perdu dans ses images ou tendus vers un seul rêve. Arrivé au bout du couloir de lumière, Tư Cẩn glissa la flamme sous un tas de rondins disposés en cône et illumina la cour. Puis chacune et chacun défila vers une petite table pour coucher son nom sur le drap rouge du souvenir.

...et de la tortue braconnée

Quelques minutes plus tard, j'étais à peine remis que Tư Cẩn envoyait un jeune homme me chercher pour me conduire à moto jusqu'à une petite maison qui touchait la plage. Je ne suis pas fier de la suite mais, à Côn Đảo, on doit assumer ses crimes.

Tư Cẩn m'attendait à l'intérieur, assis sur une natte en compagnie du général dont je n'ai jamais su le nom et de deux autres hommes. La table était mise, avec les boîtes de bière fraîche devant chaque bol. Plus qu'un repas du soir, je sentais que c'était un repas de fête, avec un brin de solennité. Nos hôtes semblaient très familiers, affectueux même envers le petit-oncle Tây*. Quant à moi, j'observais le plus naturellement possible le comportement de mes voisins et je m'y conformais scrupuleusement. Après la soupe que je croyais être de poissons, la maitresse de maison servit dans nos bols ce qui ressemblait à de petites balles de ping-pong blanches à la peau fine, grosses comme de œufs de caille mais sans coquille. À l'intérieur un jaune et un blanc visqueux. Alors que mes deux voisins semblaient apprécier en me lançant de petits sourires entendus, je m'empressai d'avaler mon premier œuf, poussé sans ménagement par deux copieuses cuillérées de riz et deux bonnes gorgées de bière. Le second fut aussi rudement expédié. Je dus me battre d'arrache-pied pour en refuser un troisième tout en remerciant mes hôtes pour la délicatesse du mets. Comme pour le général, je n'ai pas demandé le nom de l'animal. J'avais compris : je venais de consommer de la chair et des œufs de tortue de mer. Strictement protégée. Tư Cẩn qui à la sortie des cages à tigres était devenu le premier maire de l'île, connaissait bien les traditions gastronomiques du lieu, tout comme certains gendarmes de l'Aveyron qui braconnaient les écrevisses dans les ruisseaux perdus à l'occasion du 15 août. L'histoire de ma famille me permettait de comprendre ce genre de piraterie populaire et de l'expliquer, sinon de l'approuver. Une volonté d'offrir à ses invités ce que la nature peut vous donner de meilleur : les écrevisses, la truite, le lièvre, les cèpes et les giroles, la bécasse... D'autant que cette consommation familiale n'est pas dévastatrice mais seulement et exceptionnellement festive. Bref, je repartis vers le camp-dortoir, certes un peu confus mais sans me chercher d'excuses, fort de tous les bienfaits qui m'avaient été vantés et dont je bénéficiais désormais : le sang « nettoyé », un foie en meilleur état, un système immunitaire renforcé, une meilleure croissance des cheveux, une meilleure vision, une meilleure mémoire... et tout et tout ! J'étais en quelque sorte remis à neuf, boosté, pour continuer notre aventure.

Pas celle de l'émission Koh-Lanta qui a débarqué sur l'île exactement trois ans plus tard pour faire médiatiquement mumuse sur le thème de l'homme seul qui survit dans les conditions extrêmes. Quarante jours de tournage sur place, pour une armada de quatre-vingts personnes, quatorze preneurs d'images, quatorze preneurs de son. Et finalement, cent mille euros pour consacrer la bravoure du dernier « survivant ». Tout ce joyeux monde sensé vanter la capacité humaine de survie n'a pas daigné un regard, une image vers ces dix hectares de camps et de cellules, vers ce cimetière de vingt hectares aux milliers de tombes. Pas un mot, même dit en passant, sur cette politique d'extermination, alors que la vie ou la mort se sont vraiment jouées là à quelques coups de schlague pendant plus d'un siècle pour des dizaines de milliers de femmes, d'hommes. Quelle indécente mascarade ! « Pendant tout le tournage, nous avons reçu le soutien, l'aide chaleureuse des autorités » ont déclaré les producteurs à la presse. Des autorités bien légères sur la mémoire dont elles se flattent d'être les respectueuses gardiennes, ici comme à Củ Chi, terre martyre, où elles font payer le tir à l'AK 47 par les touristes de passage, comme pour un jeu de fête foraine !

À Côn đảo, l'aventure se termina par de grandes effusions devant la villa des seigneurs de l'île. Ces cinquante-trois grands tortionnaires, depuis le premier « missionnaire civilisateur » français, le capitaine Roussel jusqu'au dernier « défenseur du monde libre » le lieutenant-colonel Nguyễn Hữu Phương pour le compte de la libre Amérique.

Pour la photo souvenir, groupés face à l'entrée du camp principal, devant la demeure de ces tueurs d'hier, aujourd'hui aménagée en musée, nous avons tourné vers eux nos postérieurs heureux.

Un dernier regard devant nous au « quai des 914 », ainsi nommé en souvenir des prisonniers ainsi comptabilisés qui ont brisé leur vie à faire rouler sous les coups ces énormes blocs de granit depuis la colline voisine. Ils furent certainement plus de 914… Une pensée aussi pour les rares évadés qui ont osé de là leur rêve de liberté vers le continent sur des embarcations de fortune. Et enfin, à quelques dizaines de mètres, face à la mer, un petit dernier souffle rafraîchissant de civilisation française que les Vietnamiens ont précieusement conservé : cette petite « maison des passagers » où, du 20 mars au 19 avril 1895, vécut Camille Saint-Saëns, à l'invitation du nouveau gouverneur général d'Indochine, un nommé Rousseau. Après y avoir terminé les trois derniers des cinq actes de l'opéra Brunehilda devenu Frédégonde, il écrivait : « Bien que je ne sache pas grand-chose des gens d'ici, de leur culture et de leur musique, tout ce que j'ai ressenti ici a enrichi ma culture musicale, m'a persuadé que ma musique reflétait la beauté, la bonté, la richesse de l'âme des gens de ce pays. Ils souffrent tellement ! « Dans la lettre d'au revoir au « seigneur de l'île » du moment, un nommé Louis Jacquet, il écrivit « …Partout où on respecte la beauté, le crime est chassé, nul besoin de recourir à la loi ».

Nous quittons les quatre badamiers centenaires, sentinelles débonnaires à l'entrée du bagne, qui ont tout vu et tout entendu de l'enfer et du paradis – peut-être même les notes de Camille Saint-Saëns –. Bye bye Côn Đảo, puisses-tu toujours protéger ton âme insoumise et ton petit paradis des pitoyables Koh-Lanta, des pirates promoteurs, des pirates du pétrole, des pirates du bois, pilleurs de nids d'hirondelles et autres… œufs de tortue.

Promesse tenue

Lors de ma détention, je m'étais promis de réaliser beaucoup de choses si je survivais. Parmi ces promesses : inviter en France un certain nombre d'amis vietnamiens rescapés des geôles de Saïgon. Le pari avait quelque chose d'un vœu pieux dans les conditions du moment quand le sort de chacun de nous était bien incertain et que, malgré un solide optimisme, la fin de la guerre ne semblait pas si proche. Mais je me suis toujours forcé d'y croire.

Et voilà arrivé ce 2 juin 2007 à l'aéroport de Roissy. Seulement un an après ce pèlerinage à Côn Đảo, ils sont treize femmes et hommes, accompagnés d'un cameraman, mes amis Nguyễn Hoàng de la télévision d'Hồ Chí Minh-Ville et Lê Thanh Hưng, interprète. Mes invités ont pris en charge leur billet d'avion et notre association ADEP[3], ses membres et amis français ont pourvu à tous les autres frais de ce séjour de plus de quinze jours.

Le doyen du groupe, Phạm Văn Ba, (l'homme de la radio de Côn Đảo), avait 88 ans dont 17 de prison. Les autres avaient tous dépassé la soixantaine. Dans le hall d'arrivée, l'enthousiasme était un peu tempéré par la fatigue du voyage et le souci des valises bourrées de cadeaux et tous les sacs secondaires plus ou moins autorisés par Vietnam Airlines. Le trajet est long jusqu'à la navette qui mène à la gare de Lyon avec pas mal d'escaliers à franchir et nous n'étions que quatre assez vigoureux pour porter les bagages, les amis français nous attendant en gare de Béziers. Alors, nous prîmes l'option hasardeuse de passer par l'escalator. Oui mais, bien que nous nous soyons positionnés à l'arrivée supérieure, prêts à aider au franchissement de la dernière marche sur le palier : good morning Paris ! Le premier ami qui montait n'a pas dégagé assez vite le passage, s'est emmêlé les pieds... et l'escalator continuant imperturbablement son cycle, il a déversé les suivants qui butaient sur ce barrage avec leurs bagages, comme des dominos. Belle entrée en scène ! Roissy résonnait d'onomatopées bien vietnamiennes quand la machine infernale a fini par s'arrêter sous l'œil des passants ébahis ou goguenards. On se tâte, on récupère ses bagages et puis ce sont les fous rires. Résister à des années de cage à tigre pour venir en France se fracturer le col du fémur, ce serait ballot !

Le voyage en train fut plus calme. Mais pas pour moi. Le règlement nous a rattrapés. Mes amis auraient dû le savoir : « Français » en vietnamien se dit « Pháp », terme qui veut aussi dire « la loi ». Le contrôleur du train, un bien brave homme, nous l'a rappelé. Voyant notre groupe bien chargé il s'est mis en tête de contrôler le poids des bagages. Il a appliqué le strict règlement, faisant fi de toute circonstance atténuante, même quand je lui ai discrètement révélé qui étaient ces passagers. Il nous a gratifié d'une amende substantielle. Je la mettrais sur le compte de la diplomatie populaire française.

Si l'arrivée augurait mal de la suite, le reste du séjour fut à la hauteur de notre affectueuse amitié. Dès notre arrivé à Béziers, la logistique de l'accueil se mit en branle sans aucune faille. Les adhérents de l'association, leurs familles et amis, les élus, les offices de tourisme, les caves coopératives viticoles : ce fut une mobilisation dont bien des dirigeants officiels auraient aimé faire l'objet. Chaleureuse, populaire, sincère. Nous accueillions chez nous de façon tout à fait indépendante le Vietnam résistant, martyrisé et fier.

À Portiragnes, une grande maison fut mise à la disposition du groupe par Annick et Gérard. Elle devint bien vite un point de ralliement festif. Le garage comme entrepôt pour les bagages, la cuisine en permanence occupée où se mitonnaient des petits plats, le salon lieux des repas, des rencontres avec les gens du pays, des chants et histoires des

3. Association pour le développement des échanges pédagogiques France-Vietnam.

terroirs vietnamiens et français, le jardin lieu de balade et de méditation... Le maire socialiste, Jean-Claude Lugan, a très solennellement reçu le groupe et a remis à mes amis la médaille de citoyens d'honneur du village. Nous sommes allés piqueniquer au bord de la plage avec les enfants de l'école primaire où j'avais enseigné et leurs enseignants : questions qui fusent et interprètes débordés. Nos amis furent accueillis par le maire communiste de Vendres, Jean-Pierre Pérez et par le député-maire socialiste de Limoux, Jean Paul Dupré. À Béziers, nous avons organisé une rencontre avec le public et la presse. Rencontre que le PCF local a boudée, mis à part cinq ou six de ses membres. Dommage, mais nos invités n'étaient les représentants ni officiels ni officieux de personne. Ils étaient simplement des témoins historiques qui avaient traversé en combattant deux guerres fratricides de résistance à l'étranger et que la France anticoloniale avait soutenus. Avant toute chose, nous les invitions pour qu'à la fin de leur vie, ils mesurent cet humanisme, cette générosité bien enracinés au sein de nos terroirs et qui ne sont la propriété d'aucun parti politique, d'aucun gouvernement. Nous voulions aussi qu'ils découvrent des facettes de nos territoires, de notre culture. À cet effet, nous avions loué deux minibus dont un, flambant neuf, a été volé le lendemain de leur arrivée, juste sous leur fenêtre. Nous nous serions bien passés de cette salissure à l'image de la douce France « civilisée », d'autant qu'elle survenait en même temps que la nouvelle d'un corps calciné découvert dans une voiture à l'entrée de notre joli village. Mais notre réalité sociale s'invitait aussi dans la rencontre. Visite de la ville de Béziers, celle de Jean Moulin le résistant, de la cathédrale dont l'histoire est désormais marquée par notre combat vietnamien, des villages côtiers avec leurs fruits de mer et le petit vin blanc.

Puis ce fut la ville de Sète magnifique, du Mont St-Clair, où Madame Nguyễn Thị Bình, chef de la délégation du gouvernement provisoire du Sud-Vietnam venait se reposer pendant les pourparlers de Paris. Nous y fûmes accueillis par la section locale du Parti communiste et notamment par nos deux amis, Jacques Blin, conseiller général qui, alors jeune communiste, fut un des gardes du corps de cette dame, et François Liberti, député de l'Hérault. L'émotion qui s'est dégagée de la salle lorsque les Vietnamiens ont prononcé quelques mots de remerciement dépassait de loin tout discours politique.

Nous sommes ensuite partis pour la cité de Carcassonne, les caves de Limoux, Montpellier, puis un jour pour le Pézenas de Molière, chargé d'histoire. Le premier à s'asseoir avec délectation dans la chaise à porteurs, dans la cour de l'hôtel des barons de Lacoste, fut notre doyen Phạm Văn Ba, revanche du vieil indigène, heureux comme un prince du XVIe siècle. Très sages, quelquefois prenant des notes, ils s'imprégnaient de cet univers de vieilles pierres, de voûtes, de colonnes, sculptures et chapiteaux, cours en calades, fontaines et autres mâchicoulis... Les jambes étaient lourdes, mais les yeux étaient toujours demandeurs.

Nous avons continué vers le lac du Salagou où, quelques galopins parmi nous, ont fait un concours de ricochets. Puis ce fut le cirque de Mourèze, lunaire sous le crachin. Pour nos amis, c'était un étourdissement. Nous savions que notre hospitalité était un peu trop gourmande, nous voulions tout leur montrer au risque de trop les fatiguer. Mais après tout, ce n'était pas plus pénible que la navigation de Vũng Tàu à Poulo Condor, par mer capricieuse.

Je voulais aussi qu'ils connaissent l'arrière-pays, mes racines paternelles dans les petits chênes noueux, la bruyère et les cades accrochées à la lauze rouge. Alors, cap sur le viaduc de Millau, les caves de Roquefort pour arriver dans le trou de verdure perdu au milieu des bois où je venais souvent entre deux Vietnam. C'est dans cette jasse de pierres rouges rustiquement aménagée au fil des années avec ma famille, épouse, fils, parents, oncles et cousins, que je venais en gentil trappeur me laver le cerveau des turbulences vietnamiennes. C'est dans ces bois pentus où j'adorais crapahuter avec mes chiens d'arrêt en quête d'hypothétiques bécasses ou de non moins hypothétiques champignons.

Nous nous y étions donné rendez-vous ce 7 juin 2007. Pendant que nous installions les plateaux de bois tenant lieu de table, sur cette grande terrasse, face à la vallée, ils arrivaient les uns après les autres : ceux de Bétirac, de Maziès, de La Font Blanque, de Barre, de Murat, de Saint-Sever... Finalement c'étaient les Vietnamiens qui les accueillaient dans leur pays et ils étaient pour la plupart un peu intimidés. Ma tante Élise ne l'était pas du tout. Sortie de cette terre rude, ouvrière durant des années dans une charcuterie et mère de trois enfants, c'était une femme dure au travail, pleine de bonté mais d'un caractère bien trempé. Jamais elle n'avait vu de Vietnamien et, comme mon père, elle ignorait où se trouvait le Vietnam. Dès son arrivée, quand je fis les présentations de Tư Cẩn, Mme Khánh, M. Bùi Hồng Thái, elle dit en riant : « Ce sont des hommes et des femmes forts ! ». Élise avait apporté un grand panier rempli de salades de son jardin et un plein carton de magnifiques oreillettes amoureusement cuisinées. Elle était parfaitement à l'aise, très vite entourée par les femmes du groupe, mains qui se serrent et même embrassades, comme si elles s'étaient connues depuis toujours. Mes cousins avaient pourvu à l'essentiel : trois grands plateaux de la meilleure charcuterie de Lacaune, forme de Roquefort pour les téméraires qui voudraient se frotter à son tempérament... grosses miches de pain cuit au feu de bois à la mie si légère et la croûte craquante... Contrairement à Côn Đảo et ses œufs de tortue, je n'avais pas eu le temps de descendre au ruisseau pour braconner quelques truites. Mais le sanglier était là, mariné dans sa sauce par Anne-Marie dans une grande marmite en fonte, prêt pour le grill.

Serge et Maurice orchestraient magistralement la cuisson. Ma traduction des oreillettes d'Elise par « petites oreilles » fut vivement contestée car elles étaient bien larges et leur succès fut unanime. Elles me faisaient penser, peut-être par leur forme, leur couleur et les rires qu'elles suscitaient à ces délicieux *bánh xèo*, crêpes garnies que nous avions dégustées en 2004, à Vĩnh Long, chez Tư Cẩn en présence de son ami, l'ancien Premier ministre M. Võ Văn Kiệt. Cet homme que j'admirais beaucoup, robuste et enjoué pour ses quatre-vingt-deux ans, s'était engagé à venir en France à ma modeste invitation. Nous avions crocheté nos doigts en guise d'engagement et je savais qu'il était sincère et suffisamment indépendant pour tenir sa promesse. Il aurait pu faire partie de ce voyage avec son « pays » Tư Cẩn. Malheureusement, il tomba rapidement malade et la sale maladie l'emportera un an après le voyage des Tà ru.

En ce début juin et à cette altitude de 600 mètres, la température pouvait paraître fraîche à ces habitants des tropiques, alors le feu devint pour certaines femmes un point de réunion et de chants. Chants populaires et révolutionnaires mêlés. Y compris le « Giải phóng ca », hymne de libération du Sud, sorte de chant des partisans que nous hurlions quelquefois dans nos cellules quand les coups pleuvaient. Toute la vallée s'en est fait l'écho. Ces chants ont réchauffé le repas, ponctués par les incontournables « Vô ! », invitant à boire vin blanc et vin rouge. Avec tout un arsenal de sourires et d'éclats de rire en guise de langage. Nous étions aux anges. Je ne remercierai jamais assez mes amis et ma famille de nous avoir offert ces moments. Je voulais tellement faire la boucle entre mes premiers pas de jeune braconnier de perdrix aveyronnaises en partance pour le Vietnam et la fabuleuse moisson de cette amitié vietnamienne, elle aussi braconnée, que j'en avais ramené !

Comme nous n'avions pas assez de temps pour une promenade dans les bois, nous avons fait les fous. J'ai chargé à tour de rôle des groupes de Tà ru dans la pelle du tracto et les ai élevés assez haut pour une vue panoramique du paysage. Puis, trop rapidement, la température fraîchit encore et le disque rouge du soleil glissa derrière la colline. Ce fut le moment de se couvrir et je distribuais tous les pulls, vestes, bonnets et foulards disponibles. Une dernière réunion autour du feu à l'extérieur alors que j'allumais la cheminée dans la maison pour la nuit. Quelques histoires, un dernier chant d'au revoir et ma famille nous quitta après beaucoup d'embrassades.

Pendant que les hommes prenaient leurs quartiers dans la maison pour la nuit, nous avons conduit les femmes à Saint-Sever du Moustier, le village voisin. Elles y ont passé la nuit dans un grand dortoir, bien au chaud. Le lendemain matin, lorsque j'ai voulu régler les frais d'hébergement, les jeunes responsables m'ont répondu : « Quand on sait ce qu'ils ont souffert, ces gens méritent bien notre modeste hospitalité ». Après leur retour au Vietnam, lorsque je suis revenu dans mon refuge, j'ai trouvé un petit mot dans la cuisine, griffonné à la hâte et signé de tous : « Nous avons découvert dans cet endroit merveilleux un climat d'amabilité, de douceur, une atmosphère d'amitié romanesque, des gens ouverts et hospitaliers comme ta famille… » et, écrit en français « Sois courageux ne pleure pas en lisant ces mots ! »

Sur le trajet du retour vers Béziers nous avons fait halte à Murat, chez tante Élise, comme promis. Ravie, elle nous a fait visiter son jardin, non sans fierté. On sentait en eux se réveiller l'âme paysanne. Ils ont littéralement envahi les carrés, identifiant les légumes, goûtant certaines feuilles. Élise avait de belles fraises bien rouges qu'elle invita à déguster. Malgré la modération de mes amis qui se partageaient la même fraise, j'ai craint un instant que la précieuse récolte n'y passe entièrement. Mais le plaisir d'offrir de ma tante était tel qu'elle les encourageait et serait même allée en acheter à l'épicerie s'il en avait manqué. La générosité des paysans, surtout des petits, n'a pas de frontières. Arrivés à Portiragnes après le repos et les retrouvailles avec l'indispensable riz et le *nước mắm*, le groupe m'a pressé pour aller rendre visite à mes parents.

Plusieurs délégations de Vietnamiens étaient déjà venues les voir au fil des années. Mon père, toujours au travail dans son jardin, s'en réjouissait mais ne changeait rien à ses habitudes. Ce n'était pas le cas de ma mère qu'il me fallait prévenir. Elle se mettait beaucoup de pression pour recevoir convenablement mes amis dans le petit espace de la salle à manger. Et cette fois ils étaient quinze ! Mais ce n'était pas le plus difficile pour elle : malgré l'affectueuse attention dont elle faisait chaque fois l'objet, le Vietnam réveillait chez elle les vieux démons qui l'avaient torturée nuit et jour pendant mes deux ans et demi de prison à l'autre bout du monde. Une grave dépression dont elle ne s'était jamais complètement remise. Cependant, les Tà ru ne voulaient pas partir sans voir mes parents et les embrasser. Alors nous avons organisé la visite. Les femmes ont pris les choses en main pour le service des boissons et des biscuits, comme si elles étaient chez elles. Khánh, ma petite sœur francophone a parlé avec ma mère et Lê Hưng avec mon père. Puis nous nous sommes dispersés dans les deux jardins que cultivait mon père, un devant la petite maison, l'autre au bord du canal et de la rivière. Mes amis arpentaient les allées sans herbe, admiraient les ruisseaux rectilignes, palpaient cette terre sablonneuse riche en limon. Ils ont cueilli de magnifiques tomates et les premières aubergines. Certains ont examiné avec curiosité l'antique motoculteur et la vieille 2 CV que mon père conduisait encore à 92 ans... Bé Tư avait apporté quelques pieds de gingembre qu'elle a plantés près de la maison... Puis nous sommes partis les yeux un peu embués. Au moment du départ, Tư Cẩn a tenu à se faire traduire quelques mots par Lê Hưng. Il a dit à mes parents à quel point le Vietnam leur était reconnaissant d'avoir donné la vie à un tel fils. Alors ma mère lui a répondu : – « On vous le prête ». Puis, après un court silence : « – Prêté, pas donné ! » Je rappelle que j'avais alors 62 ans. Ils se sont tous mis à rire et nous sommes remontés dans les minibus pour une visite des neuf écluses sur le canal du Midi, à 500 mètres de là. Le lendemain, départ pour Barcelone, la côte vermeille et ses nombreux virages serrés qui ne le cèdent en rien à ceux du col des nuages. Le groupe a fait preuve de bravoure mais je ne suis pas sûr que le plaisir ait été total.

Enfin, avant de « monter » à Paris, nos amis ont tenu à concocter un dîner, où plus de cinquante personnes se sont retrouvées. Les femmes de la délégation sont allées faire le marché à Portiragnes et ont cuisiné. Les hommes ont installé tables et chaises dans le jardin. L'affaire a été rondement menée. Un beau bouquet final à dix jours d'amitié pour conclure cette visite occitane.

Pour le nord, le séjour aurait été beaucoup plus difficile et coûteux sans la contribution de Claudine et de Marc. La maman de Claudine, Michèle Domenech, militante communiste, avait été rendue aveugle par la grenade d'un CRS en 1950 pendant une manifestation contre la guerre d'Indochine à Montpellier. À partir de 1954, elle s'installa à Bagnolet où, sans espoir de retrouver la vue après de multiples opérations, elle continua son action militante et politique et fut élue conseillère municipale. Sa fille Claudine gardait donc de nombreuses et solides connaissances dans la banlieue parisienne, ce qui facilita grandement l'hébergement des Tà ru, dispersés dans plusieurs familles entièrement bénévoles. Marcelle, Nathalie et Marc, Claude et Louise, Marie-Paule et Claude, Carole et Bruno, Christina et David, Agnès, Leila, Eugénie et Olivier. Ces neuf familles ont fait preuve d'une affectueuse attention et ont largement contribué à l'organisation des activités, aux transports, souvent aux repas du soir... Pendant les six jours parisiens, nous avons pu réaliser les visites touristiques classiques : Tour Eiffel, Champs-Élysées, le palais du Louvre devenu musée, bateau-mouche sur la Seine, ses péniches, ses ponts, Notre-Dame, quelques grands magasins... Le groupe a été très solennellement reçu par le maire communiste de Bagnolet et ses adjoints, dans la salle Salvador Allende, drapeaux français et vietnamien côte à côte. À la fois émouvant et convivial. Claudine et Carole étant dans leur jardin, on a même parlé de l'histoire des pêches de Bagnolet qui murissaient grâce à la réverbération d'un mur blanchi à la chaux selon la technique d'un chevalier-jardinier appelé Girardeau. Puis visite au musée de Montreuil, de la chambre reconstituée où vécut Hồ Chí Minh, rue des Gobelins, visite guidée et commentée par l'historien et ami Alain Ruscio.

Un des souhaits les plus chers de nos amis était de rencontrer Henri Martin et Raymonde Dien, deux figures du combat anticolonialiste français, emprisonnés en France pour leurs actions pendant que certains membres du groupe étaient eux-mêmes en prison au Vietnam. J'avais écrit à Marie-George Buffet, alors secrétaire générale du PCF pour solliciter une rencontre. Mais c'était le moment fort des élections législatives. Il lui était donc « très difficile de prendre un engagement concernant [son] agenda de cette semaine-là »… et elle me suggéra cordialement de solliciter Jacques Fath, responsable des relations internationales. Avec Charles Fourniau, ami du Vietnam de la première heure, nous avons été reçus place du colonel Fabien, en présence d'Henri et de Raymonde. Étreintes, embrassades qui n'en finissaient pas. Des regards et des gestes qui en disaient long sur l'admiration et la gratitude de cette génération de résistants vietnamiens pour ces deux militants français. Ces jeunes octogénaires, dans cette effervescence, avaient quelque chose des fans rencontrant leurs idoles. Tous les poèmes, toutes les chansons qu'ils avaient dits, chantés ou entendus en leur honneur se tenaient devant eux aujourd'hui, en chair et en os, souriants et fraternels. Les Vietnamiens n'ont pas pour habitude d'embrasser sur les deux joues. Mais ce jour-là, sur la terrasse de cet imposant bâtiment, toutes et tous ont généreusement humecté les joues d'Henri qui s'est prêté au jeu avec beaucoup de bonhommie. Heureusement pour lui qu'ils n'avaient pas fait un détour par Moscou, le baiser à la russe eut été plus invasif.

Ce fut ensuite une très émouvante visite au siège du Secours populaire Français, rue Froissard. Costume cravate pour les hommes, *áo dài** flamboyants pour les femmes. Le président, Julien Lauprêtre, nous a personnellement accueillis avec les membres de son secrétariat national, les responsables de l'institut de formation et mon cher ami Gilbert Avril, venu de Lille pour l'occasion. De 1970 à 1973, Gilbert avait déclenché et dynamisé la campagne nationale du Secours populaire pour ma libération et celle de JP Debris. Il était en contact permanent avec mes parents, dont il avait bien compris la fragilité. Il les rassurait, les informait des démarches entreprises auprès du Quai d'Orsay, des médias, des universités… Il se déplaçait à Béziers pour les voir. Julien et Gilbert devant moi après toutes ces années, c'était mon histoire qui revivait alors qu'ils avaient devant eux les légendaires résistants des cages à tigre pour la libération desquels ils avaient mobilisé des milliers de Français.

Quelquefois, l'Histoire revient ainsi en boomerang pour de rares moments. Les Tà ru, de leur côté, étaient très impressionnés par notre affectueuse complicité et j'ai dû me réfréner pour que ces retrouvailles ne prennent pas le pas sur leur accueil. Je me suis donc assis à côté de Gilbert pour le déjeuner et nous avons bien arrosé l'amitié. Deux mois plus tard, les Tà ru recevaient Julien Lauprêtre, aujourd'hui disparu, à Hồ Chí Minh-Ville, comme un grand ami du peuple vietnamien, invisible mais près d'eux dans les pires moments. Comme des centaines de milliers d'autres. Le séjour parisien se termina très vite après une réception par M. Nguyễn Đình Bin et son équipe à l'ambassade du Vietnam. Dix-sept jours heureux que nous ne sommes pas près d'oublier.

En guise d'épilogue

Clore un livre sur sa propre vie alors que celle-ci continue encore de vous solliciter en permanence n'est pas un renoncement facile. Mais il est des moments où il faut faire le point de son histoire.

La mienne avait commencé par de longs périples effectués à moto dans le sud du Vietnam en guerre. Je les ai décrits dans le chapitre « mon petit carnet noir ». C'est la découverte de cette réalité qui m'a poussé à brandir le drapeau de la résistance. Alors, pourquoi ne pas boucler la boucle à près de quatre-vingts ans, en repartant cinquante ans après sur les traces de mes vingt ans et revisiter dans la paix le sud que j'avais connu dans la guerre ?

Bien sûr pendant plus de vingt ans j'avais suivi de très près l'actualité sociale et politique du Vietnam et j'avais été entraîné dans ses remous. Mon voyage ne serait donc pas vraiment un saut dans l'inconnu absolu mais il allait me confronter à des réalités différentes, à des rencontres prévues et espérées pour certaines, inattendues pour beaucoup d'autres, peut-être à des défis nouveaux. Que restait-il de la guerre dans la paix ? Était-elle à fleur du présent ou profondément enfouie ? Comment le passé était-il traité par les générations actuelles ? Par ceux et celles qui avaient combattu ? Je trouverai certainement dans l'aventure quelques réponses à ces questions plutôt que des traces de mes lointains périples.

J'étais sûr, en tout cas, d'aller au-devant de belles émotions. Mon cardiologue m'a rassuré : je pouvais y aller. Un de mes amis réalisateur de films, Stephan Balay, par l'image et l'aventure alléché, proposait de m'accompagner durant tout un mois pour moissonner tous les documents possibles pour un nouveau film.

Comme je savais que l'épreuve serait pénible et peut-être compliquée, j'ai renoncé aux déplacements à moto. Physiquement, je n'étais pas sûr de les supporter, surtout pendant la saison des pluies avec un long passage incontournable sur les Hauts plateaux du Tây Nguyên. La voiture s'imposait. Je ne voulais pas non plus impliquer un ami vietnamien pour conduire pendant tout ce temps malgré les propositions sincères qui m'ont été faites et je voulais encore moins d'un chauffeur vietnamien professionnel qui m'aurait suivi partout et qui, aussi gentil fût-il, n'aurait pas pu refuser aux agents du renseignement un rapport détaillé sur mes rencontres et propos. J'ai donc procédé à une série de démarches pour obtenir le permis de conduire vietnamien. Restait la voiture que je voulais louer quand deux jeunes amis entrepreneurs, Hải et Tuyết Vân, enthousiasmés par mon projet, m'en ont prêté une. Un autre ami, non sans malice, m'a offert une assurance « sérieuse » et a fait entièrement réviser le véhicule dans son garage. Tous ne cachaient pas leur appréhension à l'idée de me voir conduire dans le trafic vietnamien.

L'itinéraire devait coller le plus possible à celui décrit dans mon petit carnet noir. De Saïgon je voulais me rendre à Củ Chi, Thủ Dầu Một, Biên Hòa, puis Trảng Bàng, Lộc Ninh, Gia Nghĩa, Buôn Ma Thuột, Nha Trang, Qui Nhơn, Quảng Ngãi, , Hội An, Đà Nẵng, Huế, Quảng Trị, Đông Hà, puis la route N° 9 en passant par Khe Sanh jusqu'à Lao Bảo et retour sur Saïgon en passant par Pleiku. J'avais prévu deux mille kilomètres, nous en avons parcouru trois mille en ce seul mois de novembre.

Mon point de départ à Saïgon était déjà prémonitoire. En effet, des amis avaient mis à ma disposition leur petit appartement provisoirement vacant dans un HLM appelé Nguyễn Ngọc Phương : le nom d'un militant étudiant emprisonné à Chí Hòa et torturé à mort par la police quelques jours seulement avant la signature des Accords de Paris. Cette coïncidence semblait m'indiquer que je n'aurai pas à gratter beaucoup pour retrouver des traces de la guerre et qu'elle saurait facilement me rattraper.

Approximations et simplifications de l'Histoire

Dans Saïgon même, au milieu de la circulation trépidante, dans le chantier permanent des immeubles détruits et des tours construites, des noms de rues et d'avenues changés, je voulais retrouver les traces des images qui avaient choqué le monde entier. Certaines ont été difficiles à cerner comme le lieu où ce guérillero capturé, mains liées dans le dos, a été exécuté à bout portant d'une balle dans la tempe par le général Loan durant l'offensive du Tết en 1968. L'évènement, pourtant simple et clair, fait encore débat. D'abord quant au nom du combattant abattu. Est-ce bien Lê Công Nà dit Bảy Lớp, comme l'affirme sa famille ou Nguyễn Văn Lén, comme le dit le Parti ? Le flou viendrait-il d'une sombre affaire de pension à percevoir par les descendants ? Le lieu même de l'exécution n'est pas précis. Certains parlent de la rue Ngô Gia Tự, d'autres de la rue Lý Thái Tổ. Je me suis rendu sur place et j'ai cherché en vain une plaque commémorative ou une trace quelconque de l'évènement. Pas un seul des commerçants ou des passants que j'ai interrogés ne semblait au courant et visiblement n'avait envie d'en parler.

J'ai connu la même impression à Trảng Bàng à la recherche d'une autre image qui en 1972 avait secoué l'opinion : la petite Kim Phúc, 9 ans, qui court terrifiée sur la route aux côtés d'autres enfants, nue, ses vêtements brûlés sur sa peau par le napalm déversé sur sa maison… photo du reporter Nick Ut, prix Pulitzer 1973. Je m'arrête à l'entrée du village pour m'informer. Aucune des familles interrogées n'est au courant de l'évènement. Je dois finalement me rendre au poste de police pour trouver un officier qui veut bien m'accompagner sur les lieux présumés. La route a été déplacée depuis mais le petit temple caodaïste où s'étaient réfugiés des villageois est toujours là. En face, un café où je rencontre Hiền. Sur la photo banalement accrochée au mur comme une photo de famille, elle me montre du doigt en le désignant chaque enfant qui court autour de Kim Phúc, dont elle et son petit frère. Aucun document ou témoignage écrit, validé, officiellement répertorié n'est consultable sur les lieux. Pas de plaque commémorative.

Très vite, après ces premières expériences, j'ai pris la mesure du défi que je m'étais fixé : retrouver l'Histoire sur le terrain sera chose difficile. Même quand la quête concerne une colline entière ! Ainsi celle où j'étais passé cinquante ans auparavant, la colline 722 près de Đức Lập, base militaire de Saïgon et des forces spéciales US implantée pour couper l'entrée des pistes Hồ Chí Minh, à une soixantaine de kilomètres au sud de Ban Mê Thuột près de la frontière cambodgienne. J'y étais arrivé la nuit et y avais dormi dans un vrai climat d'insécurité. Au départ de Gia Nghĩa, personne ne sait en cette année 2023 où elle se trouve. Le nom du lieu a changé, celui de la province aussi. La colline, localisée dans le village de Đắk Sắk devrait se situer dans le district de Đắk Mil, province de Đắk Nông. Nous voilà partis pour les 80 km qui nous en séparent. Sur place, personne ne peut nous renseigner. On nous envoie au siège du Front de la Patrie : porte close. En désespoir de cause, je vois une église avec une grande cour et je m'engage à l'intérieur. Le prêtre, M. Hùng, refuse de se laisser filmer mais nous offre le thé et contacte quelques personnes par téléphone. Finalement, il trouve un de ses paroissiens pour nous accompagner et ce dernier, encore par des amis à lui, identifie le gardien du mémorial : M. Nguyễn Văn Phúc. C'est samedi et M. Phúc, bien qu'en congé, nous ouvre les grilles. La plaque du mémorial porte, gravés, les noms de 154 combattants tombés à l'assaut de la colline les 23 et 24 mai 1968. Quand je lui parle des morts du côté saïgonnais, il me répond naturellement : – « C'est l'ennemi, on ne les compte pas ». Le ton sec de la réponse signifie plutôt : « ils ne comptent pas ». Le paroissien qui m'a accompagné m'adresse un regard entendu avec une grimace de désapprobation. Puis le gardien propose de me guider pour visiter le Centre de détention et d'interrogation édifié par les Français. Au bout de huit kilomètres, nous arrivons devant une maison coloniale envahie par les herbes. Une bande d'enfants joue sur le parking qui la surplombe. Phúc téléphone au gardien qui refuse de venir ouvrir, car dit-il, l'édifice est en travaux. De l'extérieur, ces travaux ne sont pas visibles et ne semblent pas si importants. Après avoir vainement insisté disant que nous voulions filmer ce lieu historique, notre guide appelle son supérieur, le directeur du service culturel responsable des vestiges historiques de la province : refus d'ouvrir confirmé. Le repos du week-end et les travaux auront eu raison de cette rencontre avec l'Histoire car nous ne pouvions pas nous permettre de rester jusqu'au lundi.

Ce ne fut pas la dernière fois où il a fallu vraiment insister pour accéder au passé. Quand j'ai voulu me rendre sur les lieux précis de l'échange des prisonniers de guerre, en 1973, sur la rivière Thạch Hãn, province de Quảng Trị, j'ai dû consacrer plus de deux heures à questionner la population au départ de Đồng Hà pour finalement passer par une caserne de l'armée. Les jeunes militaires de garde et leur officier n'étaient pas au courant de l'échange – dont pourtant l'ancien président de la République Trương Tấn Sang avait fait l'objet – et ont dû appeler Google au secours. Arrivé sur place, le bornage de l'échange au bord du fleuve était des plus sommaires, presque imperceptible pour un passant non avisé, et sa précision était contestée par une vieille paysanne qui avait été témoin de l'évènement…

J'ai eu l'impression que les gens et même les autorités sur place étaient détachés de l'Histoire et ceux qui en étaient informés restaient dans une approximation nonchalante voire fantaisiste concernant pourtant des évènements dramatiques qui ont décidé du sort de localités, de régions entières. Non, sur le terrain, la mémoire locale n'était pas au rendez-vous ou si profondément enfouie, refoulée, qu'il en manquait des pans entiers.

Cela ne fut pas le cas, à de rares exceptions, concernant les lieux publiquement et officiellement consacrés à cette mémoire c'est-à-dire les cimetières. J'ai essayé de les visiter systématiquement tout au long de mon périple. Innombrables, ils jalonnent mon trajet de Saïgon jusqu'au pont Hiền Lương sur la rivière Bến Hải au 17e parallèle dont parle ainsi le poète : « …En descendant la rivière, s'il te plaît, rame légèrement, mon ami pourrait reposer là, où ses vingt ans sont devenus des vagues tapotant le rivage pour l'éternité. »

La mémoire affichée et la mémoire confisquée

Lorsque je roulais sur ces pistes un demi-siècle auparavant, si la guerre était là, bien vivante, j'étais loin d'imaginer l'espace que les tombes occuperaient la paix venue. Un océan de tombes où vous êtes noyé dans des rangées interminables. Tombes fleuries ou envahies d'herbes folles. Tantôt véritables villages de quarante hectares comme à Quảng Trị avec plus de dix mille habitants reposant silencieux au milieu des pins, « martyrs » du nord, du sud, des minorités ethniques, tombes collectives, tombes sans nom. Tantôt petit village dans le village comme à Hoà Tiến près de Đà Nẵng, où je passais souvent : près de deux mille des enfants du pays tombés pendant les guerres française et américaine. Déjà vertigineux et pourtant on n'a évoqué jusqu'ici que les cimetières des martyrs, des combattants de la résistance, locale ou venue du Nord. Et les militaires de l'armée saïgonnaise, eux aussi enfants de cette terre du Vietnam ? Où sont leurs sépultures ? Le raccourci terrible du gardien Phúc lors de la visite de la colline 722 : « C'est l'ennemi, ils ne comptent pas » n'est pas étranger à la position actuelle des autorités. J'en ai bien pris la mesure lorsqu'après avoir comme à l'ordinaire fleuri les tombes de mes amis au cimetière des martyrs d'Hồ Chí Minh-Ville, je me suis rendu pour la première fois au cimetière de Biên Hòa, situé dans la commune de Dĩ An, province de Bình Dương où reposent près de vingt mille soldats et officiers de la République du Sud-Vietnam.

L'événement mérite d'être raconté par le détail. C'était le 4 novembre 2023. Après une première visite et plusieurs dizaines de marches délabrées, envahies d'herbes, pour accéder au petit autel des « tử sĩ » (martyrs version Saïgon) où brûle une petite flamme, nous nous dirigeons vers le grand cimetière à quelques centaines de mètres. Je me sens épié, les caméras qui fliquent l'accès au petit autel sont reliées à celles du cimetière. Je suis donc attendu quand j'arrive devant la barrière roulante bleue de l'entrée. Je pressens des problèmes et demande à Stephan de m'accompagner en filmant, quoi qu'il arrive. Nous franchissons la petite porte latérale et passons devant la table du gardien en uniforme. Je le salue sans m'arrêter, Stephan filme, derrière moi. La surprise passée, le gardien me rattrape et me demande de lui laisser mon passeport. Je lui demande si c'est une plaisanterie : laisser son passeport pour rendre visite à des morts ? A-t-il peur que j'en vole un ? Il me répond que c'est le règlement. Je lui dis que c'est ridicule et que je ne m'y conformerai pas. Alors, comme il s'énerve, je lui montre à distance ma carte de citoyen vietnamien mais refuse de la lui laisser prendre. Puis je continue mon chemin. Stephan, affolé, a coupé la caméra et je lui demande de la réactiver car ces minutes sont très importantes. Je laisse le gardien tout excité à son téléphone portable et m'engage sur l'allée centrale qui mène à la stèle funéraire surélevée, entourée de vasques encadrant l'autel. Une moto arrive et je ne me retourne pas. « Grand-oncle, grand-oncle, excusez-moi ». Parvenu à ma hauteur, le quadragénaire se présente comme l'administrateur adjoint du cimetière, Je me présente à mon tour, lui explique le but de ma visite et lui dis que je considère l'injonction de remettre mon passeport à l'entrée comme une provocation absurde et une menace à laquelle je ne me soumettrai pas. Très poli, il m'assure qu'il transmettra mon sentiment à ses supérieurs, m'invite à continuer de filmer et me propose même de m'accompagner pour brûler avec moi quelques baguettes d'encens devant l'autel. Ce que nous faisons. Il attend que j'ai terminé ma visite des tombes dont beaucoup sont délabrées, soulevées et fissurées par les racines des arbres colossaux, envahies d'herbes... Puis il me raccompagne vers la sortie. Devant la barrière fermée, assis avec le gardien qui les a appelés en renfort d'urgence, cinq policiers du district en uniforme, visage fermé, menottes et matraques apprêtées. Je les salue sans réponse de leur part après avoir dit au gardien que je n'avais rien de personnel contre lui mais seulement contre le règlement. Passé la barrière, dans la rue, encore trois policiers. Elles sont bien loin la réconciliation et l'harmonie nationales stipulées dans les Accords de Paris !

Il semble bien que les centaines de milliers de militaires de la République du Sud-Vietnam « ne comptent pas ». Ils sont disséminés, évaporés, cachés on ne sait où, comme une honte éternelle. Sont-ils si dangereux pour les autorités ? Craignent-elles de voir s'ériger des édifices funéraires monumentaux, tels de véritables temples, comme l'ont fait de très riches boat people canadiens ou américains dans la « ville fantôme » de An Bằng, province de Huế, pour étaler ostensiblement leur richesse, comme une provocation face à la misère environnante ? Aucun risque de la part de familles pour la plupart très modestes. Mais que dire de la victoire du vainqueur qui traite ainsi les morts du vaincu, surtout dans un pays comme le Vietnam où le monde des morts est quelquefois plus respecté que celui des vivants ? Ce genre de vainqueur donne-t-il une image de force ou de faiblesse ? De volonté de concorde ou d'esprit revanchard ? Peut-on dire que la guerre est terminée quand la haine et la défiance perdurent ainsi, officiellement entretenue ?

Du ventre dur de la guerre aux misères de la paix

Lorsque j'ai annoncé à l'ex-président de la République Nguyễn Minh Triết mon intention d'aller ainsi à la recherche de mon passé mêlé à l'Histoire du Vietnam et d'en faire un film, il m'a demandé si je souhaitais son aide. L'aubaine était belle, maintenant qu'il n'était plus en fonction, pour lui demander de parler de sa vie de combattant dans les maquis du Sud, ce qu'il n'avait jamais fait auparavant. D'autant que, dans le Vietnam contemporain, c'est un des rares hauts dirigeants politiques à avoir réellement combattu sur le terrain. Comme mon périple passait par Củ Chi et Lộc Ninh, lieux près desquels j'avais roulé à l'époque et où il avait combattu, il se proposa de m'y accompagner et de me présenter quelques-uns de ses compagnons de lutte au temps où on l'appelait Sáu Phong.

À Củ Chi, en dehors de l'environnement des tunnels désormais mis en scène et commercialisé pour les touristes, j'ai pu rencontrer et entendre d'authentiques anciens combattants qui, encouragés par la présentation d'exception que leur camarade combattant et ancien président avait faite de moi, ont évoqué librement leur passé au détour des sentiers. J'ai pu mesurer à la fois la force et la fragilité de cette résistance de chaque minute à la vie à la mort. Une résistance menée pour survivre par des paysans ordinaires accrochés à leurs terres que la situation transforme en femmes et hommes d'exception, bien souvent auto-formés à la fabrication de pièges, au maniement, non dépourvu d'accidents, d'explosifs récupérés sur les bombes inopérantes, à l'invention de stratégies de défense anti-chars dans une zone soumise à une pression militaire permanente et totale. Tous ont vu des proches, de nombreux amis et camarades tomber à côté d'eux et, dans la conversation, certains silences étaient lourds.

Les échanges au pied levé eurent aussi des moments beaucoup plus gais. Quand nous avons longé la rivière de Saïgon, un lieu empreint de romantisme je leur ai demandé si, dans le bouillonnement de cette jeunesse combattante, il n'y avait pas eu d'histoires de cœur. Après quelques rires, une femme répondit la première : « – Bien sûr qu'il y en a eu, des histoires d'amitié et même d'amour. » Et Nguyễn Minh Triết d'ajouter sur le même ton : « – Oui, mais il fallait demander la permission au chef, sinon on était puni. »

Septuagénaires pour les plus jeunes, octogénaires pour la plupart, tous vivent aujourd'hui la paix sur cette terre natale où la verdure a repris ses droits sur les trous de bombes et au-dessus des galeries de tunnels. Ils ont bien insisté en s'adressant à moi et cela transpirait de leurs témoignages : plus de cinquante ans après, tous ont eu et ont encore beaucoup de mal à tourner la page de la guerre, à réprimer la haine qui remonte avec la mémoire de ce qu'ils ont subi. Ils m'ont parlé de leurs nuits très souvent agitées par les mêmes cauchemars jusqu'à avoir quelquefois l'appréhension de s'endormir. Une d'entre eux, qui a perdu très jeune un bras dans les combats et qui a continué jusqu'à la fin de la guerre à tenir le fusil avec l'autre bras, m'a avoué qu'elle n'arrivait pas à pardonner malgré tous ses efforts. Ils ne pourront jamais oublier. Grand-mères et grands-pères, ils essayent, me disent-ils, de « faire vivre la flamme » auprès de leurs petits-enfants plus ou moins perméables, entraînés dans cette société ou pragmatisme et enrichissement personnel sont devenus de véritables crédos. Plein d'admiration pour eux, j'ai le triste sentiment que la verdure retrouvée de Củ Chí n'est pas à l'abri d'autres types d'assauts plus difficiles à repousser que ceux du passé tels ceux du béton-dollar et son chapelet de misères.

Pourquoi ce pessimisme ? Je profite de mon passage dans la région pour me rendre à Thủ Dâu Một, à quelques kilomètres à peine de Củ Chí et rencontrer mes amis paysans victimes de la réquisition illégale de leurs terres menée par vagues de violence depuis 2003. Leur village a été officiellement reconnu « héroïque » car ses habitants ont massivement participé directement ou ont aidé, nourri la révolution. Ils ont témoigné ouvertement dans mon film *Un cri* de ces dizaines d'hectares que des hommes d'affaires leur ont volés pour les revendre, en lots à des étrangers.

Devenus mes amis, ils sont très heureux de me revoir. Certains ont disparu, emportés par le Covid. Tous ont changé. Ils me confirment que personne n'a été inquiété pour son témoignage dans le film mais que leur situation n'a pas changé. Chaque mardi ils se réunissent devant la porte du Comité populaire où on ne veut pas les recevoir sous prétexte qu'il n'y a rien de nouveau !

Ils me parlent des villageois de Đồng Tâm et du vieux Lê Đình Kình... Humour noir sur l'écran de fumée de la campagne anticorruption du secrétaire du parti Nguyễn Phú Trọng. Un d'entre eux lâche, dépité : « Nous avons perdu notre pays (*mất quốc*) ». Après un frugal repas, retour sur Saïgon, le cœur lourd.

Honoré mais mal à l'aise

Quelques jours après quand je roulerai vers Lộc Ninh à la suite de la voiture du Président gyrophares allumés, motards ouvrant la route, ou quand je trinquerai avec les cadres locaux qui m'accueilleront solennellement tout en n'ignorant pas ce que j'écris contre le régime, je ne serai pas très à l'aise avec moi-même. D'un côté je suis guidé par le Président pour visiter ce qui a été le quartier général de la résistance au sud, dans la jungle, avec ses tranchées, ses tunnels, ses salles ingénieusement creusées dans le sol et c'est pour moi un honneur. Je suis invité à m'asseoir à la table où eurent lieu les négociations quadripartites pour l'échange des prisonniers, parmi lesquels beaucoup de mes amis en mars 1973, et la photo qu'a proposée le Président devant le drapeau a pour moi beaucoup de sens. En même temps, je pense aux paysans que je viens de quitter, qui vivent à deux pas de là, dépouillés de leurs biens par le régime qui est né de ces victoires auxquelles ils ont contribué de leurs vies et de leur sang et dont Nguyễn Minh Triết est devenu un très haut dirigeant. Mon affection ainsi que mon soutien total et indéfectible vont vers eux. De l'autre je ne peux ignorer l'amitié réelle qui me lie avec le Président, leur voisin, qui a probablement été informé de leur situation et qui a vu le film *Un cri* où ils témoignent. Il m'a donné maintes preuves réelles de cette amitié pleine de sens.

Déjà, en 2009, il a marqué sans équivoque son soutien à mes combats alors que j'égratignais le Parti sur des questions essentielles, dont la démocratie, dans ma longue série d'articles sur Bauxite.vn. Il m'a carrément offert la nationalité vietnamienne avec tout un cérémonial médiatique au palais présidentiel à Hanoï puis au palais de justice de Saïgon. Sans parler du film *La Meurtrissure*, ensuite interdit de projection, dont il a favorisé la réalisation. Sans sa protection que serait-il arrivé au patron du bateau, au maître d'équipage et aux pêcheurs qui m'ont embarqué clandestinement pendant un mois dans les Paracels ? Je pense également qu'il n'est pas étranger à ma relative tranquillité suite à mon dernier film *Un cri* fortement accusateur pour le Parti. Et que dire de l'expression publique de ma solidarité totale avec les paysans de Đồng Tâm crucifiés à la face de tout le pays par les plus hauts dirigeants du Parti et de l'État, alors que la télévision officielle VTV1 m'accusait le soir même de connivence avec les « terroristes » et que les « médiateurs » du pouvoir m'insultaient et me menaçaient de mort sur ma page Facebook ? Dans sa position présidentielle cette amitié n'est-elle pas délicate à assumer ? Et pourtant, il ne m'a jamais fait qu'un reproche : celui d'avoir risqué ma vie en partant avec les pêcheurs dans les Paracels. Lors de ce dernier séjour, quand je lui ai annoncé mon projet d'un nouveau film en lui demandant de m'excuser par avance si certains passages ou commentaires n'étaient pas à la gloire du régime actuel, il rétorqua avec le grand sourire dont il a le secret : « – Pas de problème ! » En me donnant ainsi son amitié qu'a-t-il à gagner sinon les froncements de sourcils des ayatollahs du régime ? Cette amitié est pour moi la preuve d'un certain courage. C'est aussi l'indication que beaucoup de Vietnamiens silencieux pensent comme lui.

À quelques jours de mon retour en France, je suis allé lui rendre une dernière visite et, tout à fait par hasard, je me suis trouvé en compagnie du célèbre saxophoniste Trần Mạnh Tuấn. Le musicien, récemment victime de graves ennuis de santé, avait reçu l'aide du Président. Nous avons déjeuné de plats légers – légumes, viande et fruits produits du potager et de l'élevage familial – ponctués de petites gorgées d'alcool. Le Président, à la bonne franquette, s'emparait des bols vides pour les remplir ou prenait les baguettes pour servir ses hôtes. Puis M. Tuấn improvisa quelques beaux morceaux de Trịnh Công Sơn, savourés simplement devant une tasse de thé. Chez le Président Nguyễn Minh Triết, c'est aussi simple que ça.

Mes amis pêcheurs en terre martyr

Au fil des kilomètres et des rencontres, le présent a pris le pas sur le passé sans jamais s'en dissocier. J'ai repris ma route côtière vers le 17e parallèle après un premier passage sur les hauts plateaux du Tây Nguyên pour une ultime visite à Nha Trang à mon ami le journaliste Võ Văn Tạo, emporté quelques jours après par le mal qui le rongeait depuis des mois. Puis, courtes retrouvailles avec les pêcheurs et l'ami Tiến. La famille ! Beaucoup sont en mer, dans l'archipel interdit par Pékin ou dans les Spratleys. Quand j'aborde l'objet de mon périple sur les traces du passé, de la guerre américaine, bien sûr nous évoquons Mỹ Lai et ses plus de cinq cents vieillards femmes et enfants massacrés par les marines du lieutenant Calley. Le lieu du massacre n'est qu'à une dizaine de kilomètres. Mais Tiến rappelle que sa communauté a aussi beaucoup souffert. Il me présente un vieux pêcheur qui me montre sur la plage l'endroit où quarante villageois furent exécutés par les Sud-Coréens. Je pense au passage du film de 2014 *Ode to my father* de JK Yoon, qui tente de justifier et même de glorifier la sauvagerie de la soldatesque sud-coréenne au Vietnam : quarante mille morts vietnamiens. Plusieurs milliers dans cette seule province de Quảng Ngãi : massacre des 430 villageois de Bình Hòa en 1966, extermination des 230 villageois de Diên Niên-Phước Bình la même année, etc. Les villageois de Sơn Tịnh, Nghĩa Hành, Đức Phổ, Thủ Bồ se souviennent encore des marines du « Dragon bleu ». *Le Monde* du 29 mars 1973 : « Quand les Coréens ont eu rassemblé tout le monde, ils ont distribué des bonbons aux enfants et des cigarettes aux adultes. Je les ai vus séparer un groupe de femmes et les amener à côté. Quand celles-ci ont commencé à réaliser ce qui allait arriver, elles ont joint les mains et crié grâce. [...] Les Coréens les ont tout de même abattues. Puis ils ont tourné leurs mitrailleuses vers les autres, surtout des femmes, des enfants et des vieux, et les ont tous tués. Après, ils ont placé des mines au milieu des cadavres, pour les faire exploser, et ont fait sauter les mines les unes après les autres ; ils ont dû s'arrêter, car il y avait trop de corps. »

Quel brave homme que ce bon Deok-Soo, héros du film maintes fois primé de Yoon, qui perd sa jambe en aidant les villageois à s'échapper d'un village Vietcong ! Ou comment le cinéma peut écrire l'Histoire à l'envers.

Avant mon départ pour Đà Nẵng, Tiến me demande si j'ai un peu de temps. Il me guide vers le hameau de Phú Quý à quelques kilomètres de chez lui. J'avais pourtant passé des mois près d'ici mais, polarisé sur les misères du présent infligées par la flotte chinoise, j'étais passé à côté de celles du passé. « Un peu de temps ! » pour découvrir en fait une nouvelle terre de martyrs, transformée en tombe collective. Dès 1947, les habitants et résistants du village avaient creusé un complexe de tunnels souterrains pour y accueillir et soigner des combattants blessés ou malades ainsi que des civils. La zone était passée inaperçue pour l'occupant français mais en 1965, les Américains qui venaient d'être sérieusement frappés près de leur base voisine de Phú Lai, ont déclenché une campagne de ratissage « search and destroy » de grande ampleur dans la zone et ont découvert l'hôpital souterrain. Ils l'ont détruit aux explosifs largués par les airs et pilonnés du sol. Ensevelissant 61 personnes qui sont restées pour toujours prisonnières de la terre. Seuls 5 corps ont pu être dégagés.

Français, Sud-Coréens, Américains et maintenant Chinois, chacun à sa façon, selon ses moyens et ses appétits, y est allé de son génie pour infliger la souffrance à ces populations. Et pourtant les gens d'ici continuent à rire et, comme ils le peuvent, à résister.

Passage à Đà Nẵng jamais indifférent

Pas de passage au Vietnam sans une visite, comme toujours à l'improviste, pour maman « Minh » à Đà Nẵng. Je la retrouve bien affaiblie à 98 ans dans sa maison, rue Phan Châu Trinh où elle a fait aménager un mini musée consacré à son célèbre ancêtre du même nom. En l'absence de son fils Ninh, c'est sa fille Hương Nam, venue d'Australie, qui prend soin d'elle. Je lui donne des nouvelles mais elle a du mal à se concentrer et, sans l'usage de la parole, les yeux seuls me renvoient des réponses affectueuses, avec de petits hochements de tête. J'ai du mal à continuer mon monologue quand je sens que ses yeux s'échappent de fatigue et avec Hương, nous allons brûler quelques baguettes d'encens devant le buste et l'hôtel de Phan Châu Trinh dans la cour et la pièce aménagés en mini musée. Je ne sais pas si je reverrai « maman » Minh…

Autre moment fort, dans ce périple : les retrouvailles avec l'écrivain, pédagogue, ethnologue Nguyên Ngọc à Hội An où il loge désormais, au rez-de-chaussée de l'institut Phan Châu Trinh dont il est président du Conseil d'administration.

À chacun de mes séjours vietnamiens depuis près de vingt ans nos rencontres ont été pleines de sympathie. Une réelle amitié et même une certaine complicité nous lient. Il a bien voulu témoigner, hélas très brièvement, dans mon film « Un cri ». Il mériterait un film à lui tout seul.

Quand je suis parti en mer clandestinement avec mes amis pêcheurs, c'est à lui que j'ai confié le secret de mon équipée, mes valises encombrantes. C'est lui que j'ai mis en relation avec eux. C'est à lui que j'ai donné le numéro de mon épouse et la lettre reconnaissant mon entière responsabilité en cas d'événement malheureux.

Mon périple actuel devait nécessairement passer par Hội An où il vit avec sa fille

Phương qui prend soin de lui, son épouse ayant disparu il y a à peine un an. Je suis resté deux jours avec lui. Deux jours de film et d'enregistrement auquel il s'est tout naturellement prêté. Son exceptionnelle mémoire a fait défiler tous les combats dont il a été acteur ou témoin depuis l'extension de la guerre française dans la région puis dans tout le pays.

Puis, comme chaque fois, il m'a conté le Tây Nguyên et ses peuples qu'il connaît parfaitement et qu'il aime. Il aurait rêvé d'en faire un « nouveau Bhoutan, où l'on respecte la nature et l'homme, avec son droit coutumier, où le bonheur n'est pas la richesse, dans une société harmonieuse, simple, heureuse, sans conflit ». Il s'assombrit en parlant de tous ses conseils, toutes ses mises en garde pour dissuader les dirigeants successifs depuis 1975 d'appliquer leur politique désastreuse d'incitation au peuplement et au défrichement des terres. Politique mortifère qui fait disparaître la forêt, démantèle les villages traditionnels, âme des cultures autochtones, pour ne laisser que des points touristiques où certains se résignent à faire le show pour le bol de riz quotidien. Ils sont désormais devenus minoritaires dans leur propre région et de nouvelles appropriations de terres selon une législation élastique et opaque les repoussent toujours plus vers la partie de jungle qui subsiste, vers la frontière cambodgienne.

J'ai traversé cette zone et, après les évènements violents de juin 2023, je déconseille fortement aux voyageurs de stationner ou, a fortiori, de prendre des photos ou filmer devant les postes de police ou les casernes militaires de la région sous peine de se faire chasser sans ménagement et effacer les prises de vue. Avec un ministre de la police, le sinistre Tô Lâm, pourfendeur de Đồng Tâm, qui renforce localement l'appareil répressif et déclare que « chaque village, chaque hameau doit devenir une forteresse », le régime est aux abois et affiche ses intentions : il ne réglera pas la question dans la recherche de justice, pacifiquement par le dialogue et la démocratie.

Nguyễn Ngọc, dont les romans étaient dans toutes les écoles, puis brusquement effacés quand il s'est lui-même volontairement séparé du Parti qu'il a tant servi par le fusil et par la plume. « Parce que de libérateur ce parti est devenu « barbare ». « Barbare envers les hommes comme avec le vieux Lê Đình Kình, barbare envers la culture à l'image de ce dragon grotesque et tonitruant aux écailles de fer, à la tête de feu et la queue de fumée sur un pont de Đà Nẵng qui perturbe le paysage alors qu'à quelques centaines de mètres, les magnifiques sculptures du musée Chăm passent inaperçues… Et, Face au pouvoir, les dirigeants se comportent aussi grossièrement qu'envers la culture. » …

Puis nous avons longuement échangé sur la voie non violente et « longue » vers l'indépendance proposée par Phan Châu Trinh. Avec Stephan, nous avons recueilli tout ce que nous avons pu de ces heures que mon ami m'a consacrées. Elles m'ont paru bien courtes, comme mon séjour dans Hội An, la belle, que des bataillons de touristes menacent d'étouffer.

Après le Col des Nuages que j'avais tant de fois franchi à moto parmi les colonnes de camions et de blindés, les colonnes de déminage, la route jusqu'au pont Hiền Lương à travers Huế et Quảng Trị fut sans encombre mais notre récolte de documents personnels plus pauvre. Puis ce fut la route N° 9, Khe Sanh où Stephan frôla l'accident dans une tranchée envahie par la végétation, et le retour par Pleiku. Juste un détour de cinquante kilomètres sur une route où les nids d'éléphants et même de dinosaures succédaient aux nids-de-poule, pour visiter la petite « maison du souvenir » perdue dans la nature consacrée au « Héro Núp », Héro caché, titre d'un roman de Nguyên Ngọc, sur ce combattant Ba Na qui avec ses co-villageois, avait mis en échec le corps expéditionnaire français avec leurs seuls pièges et arbalètes.

Saïgon circulez, y a rien à voir ? Les vitamines des lycéens de Lê Quý Đôn

Arrivé à Saïgon je me suis mis à nouveau en quête de ce qu'il restait aujourd'hui de mon histoire. Sans grand succès. Interdiction de filmer même à l'extérieur des grilles de la prison de Chí Hòa au 324 rue Hòa Hưng. Nous avons dû braver l'interdit en nous dissimulant plus loin dans la rue, en mode téléobjectif. Quant à la statue des marines, elle est bien effacée des mémoires de la place Lâm Sơn qui a gardé son nom, vidée de son histoire pour devenir un espace banal d'exposition de photos de propagande du Comité populaire, avec ses inévitables vigiles, prochaine station qui attend le métro construit par les Japonais, qui eux-mêmes attendent les dollars du Comité populaire qui ne viennent pas… En un demi-siècle cette place a vu se succéder des hôtes plus ou moins symboliques. Pourquoi pas bientôt des W-C payants pour prendre la relève de la statue des marines de Saïgon puis de celle de la femme et de l'enfant venue ensuite, afin de financer la modernisation ?

Un cyclo m'indique la présence à quelques rues de là d'un ancien journaliste vietnamien qui aurait peut-être des informations. Je finis par le rencontrer. Il a chez lui, sur deux étages, un véritable petit musée avec de superbes pièces, laques, porcelaines, sculptures, peintures, ainsi que des meubles ayant appartenu à des personnalités historiques. M. Cường, c'est son prénom, prétend avoir été témoin de la scène du drapeau et l'avoir filmée alors qu'il était journaliste pour U.P.I. Après rendez-vous pris sur la place, il s'avère incapable de me dire où il se trouvait au moment de la scène, qu'est-ce qu'il avait vu, comment ? où ? J'ai compris que ce monsieur n'était pas sérieux, d'autant qu'il arborait fièrement une casquette de Trump d'un rouge urticant !

Alors je tourne la page. Je me rends devant la porte d'entrée du lycée Lê Quý Đôn, ex Jean-Jacques-Rousseau, où j'avais enseigné le français à de jeunes Vietnamiens, en 1970, quelques mois avant mon arrestation. Au cours de ces dernières années, j'étais très souvent passé devant l'établissement qui n'a changé ni d'architecture ni de couleur, jaune pour les façades, vert pour les volets. Je n'avais pas eu le courage d'y entrer. Mais le film se doit de montrer quelques images de ce lieu où j'ai connu le plaisir d'enseigner.

Ce 9 novembre 2023, je ne veux pas de mise en scène et, quitte à faire chou blanc, je ne m'annonce pas à l'entrée. Hoàng et Stephan sont là pour filmer dans le meilleur des cas. Après une attente d'une dizaine de minutes parmi les parents qui réceptionnent leurs enfants, le vigile présent au portillon nous remarque et demande à Hoàng, qui filme mon attente au milieu des *áo dài* blancs, qui je suis et ce que je veux. À partir de ce moment-là la visite se déroulera comme si elle avait été programmée. On me reproche même d'avoir attendu si longtemps sans m'annoncer.

Hân, une jeune collègue a été chargée de la visite. Ancienne élève de l'établissement, elle nous fait visiter la première cour d'entrée avec la statue de Lê Quý Đôn et ses mots célèbres « Phi trí bất hưng » ou « sans intellect, pas de prospérité ». Quelques siècles plus tard, Phan Châu Trinh dira à peu près ça. Nous nous dirigeons ensuite dans l'immense cour principale clôturée par les bâtiments en U où se trouvent les classes. Les lycéens, T-Shirts verts, jaunes ou bleus selon la classe papotent assis en cercles ou font du sport, volley, basket, *đá cầu*, tandis que les arbres centenaires apportent à la scène une note de tranquillité ordinaire. Quelques mots avec des lycéens intrigués par ce vieux Français, un ballot sur le dos, qui leur dit avoir marché dans cette cour et caressé ces arbres il y a cinquante ans. Hân nous guide ensuite jusqu'à la bibliothèque gérée par les lycéens. Je leur offre un exemplaire de *Nous accusons* en vietnamien que je trimballe toujours dans mon sac. Il ira rejoindre les nombreux articles et ouvrages des anciens élèves ou enseignants répertoriés dans une revue bien fournie : Trịnh Công Sơn, le chanteur poète, le prince Sihanouk, le militant Nguyễn An Ninh, l'historien Trần Văn Giàu, membre du club Lê Hiếu Đằng, de nombreux artistes et révolutionnaires originaires du Sud… Au retour, longeant les classes en plein travail par l'immense couloir dont le carrelage blanc à losanges bruns a gardé la fraîcheur d'il y a cinquante ans, Hân toque à une porte et nous invite à entrer. Une fois la surprise passée, c'est bien vite une très joyeuse photo de famille sur l'estrade. C'est peut-être dans une telle classe qu'en 1926, des élèves vietnamiens, « indigènes », alors séparés des Français, avaient écrit au tableau « ABCF », (à bas les colonialistes français) pour pleurer la mort de Phan Châu Trinh ! Dans la cour, en contre-bas, une séance acharnée de tir à la corde, filles et garçons mêlés, fait le spectacle. J'avoue que cette visite totalement improvisée a remué en moi beaucoup de souvenirs et m'a laissé un gout de nostalgie. Extrait de l'article intitulé « Nous avons un professeur "déterminé" – mon prénom vietnamien – écrit par les lycéens après ma visite : « …Novembre est la saison où les arbres changent de feuilles. De l'arche robuste de l'arbre ancien, les feuilles jaunes tombent doucement, trouvant leurs racines, se fondant dans le sol, ajoutant de la vie à l'arbre de vie. M. André restait silencieux, regardant la rangée profonde et solide d'arbres centenaires. Sous la canopée, les jeunes sont en cours d'éducation physique, excités, actifs et en bonne santé. »

Tant pis pour la retraite : j'aurais bien aimé reprendre du service dans une de ces classes. Je suis incorrigible : en quelques minutes de visite j'ai repris des raisons d'espérer, de rêver, pour ce jeune Vietnam. Ce sera bientôt le cent-cinquantième anniversaire de la fondation de cette institution historique qui, de « Chasseloup-Laubat » en 1874, en passant par le lycée « Petrus Ký » puis « Jean-Jacques-Rousseau » et enfin « Lê Quý Đôn », a bravé toutes les tempêtes de l'Histoire.

Avant notre départ, le directeur adjoint improvise une réunion informelle devant une tasse de thé pour m'inviter au prochain voyage des 1 000 lycéens qui se rendront bientôt au nord du pays, dans la province de Thái Bình, pays natal de Lê Quý Đôn. Tout un symbole. Invitation que le manque de temps m'oblige à décliner.

La mémoire, du nord au sud

Avant mon retour, je m'étais fixé comme un devoir de rendre hommage à la mémoire du général Nguyễn Trọng Vĩnh et au Vieux Lê Đình Kình à Đồng Tâm.

La visite de la tombe du général-ambassadeur dont j'ai parlé plus avant dans ce livre, a été organisée par sa fille, Mme Nguyễn Nguyên Bình. Mort à 104 ans, ce haut militaire, promu par Hồ Chí Minh lui-même, n'avait pas tenu à reposer de façon bien conforme dans un cimetière militaire régi par un Parti dans lequel il ne se reconnaissait plus. Sa fille a mobilisé un neveu, le jeune Mạnh, pour nous conduire à Sơn Tây, à 40 km de Hanoï, pour fleurir la petite sépulture, en pleine nature au bout d'un étroit chemin de terre aux méchantes ornières, au milieu de labours et près d'un petit lac : un espace « phong thủy » (feng shui). Deux tombes dont celle du général, non loin de celle, plus imposante et beaucoup plus ancienne d'un ancien diplomate de l'An Nam, Giang Văn Minh, qui envoyé par son empereur à la cour de l'empereur Minh de la dynastie des Ming, avait osé déclarer son opposition à la remise du tribu annuel et avait rappelé à l'empereur chinois devant toute sa cour la défaite de sa flotte sur la rivière Bạch Đằng en 938. Courroucé l'empereur Minh aurait ordonné le supplice de l'effronté : yeux et bouche remplis de sucre et ventre ouvert.

Symbole fort de la détermination d'un peuple à travers des générations pour son indépendance face à son envahissant voisin du nord que le choix de ce général communiste de reposer pour l'éternité aux côtés de son ancêtre résistant de la cour impériale de l'An Nam.

Il ne me restait plus qu'à rendre visite à la famille du vieux Lê Đình Kình. Je n'ai informé personne de cette intention et ne voulait impliquer aucun ami vietnamien dans cette aventure pour ne pas compromettre sa sécurité car je savais cette famille sous haute surveillance d'une police nerveuse et agressive. Je suis seul, Stephan est rentré en France.

Quand je repasse dans ma tête le film de cette journée du 4 décembre, pour moi qui ne suis pas du tout superstitieux, l'enchaînement des évènements a quelque chose d'irréel.

Je n'ai aucune adresse ni aucun plan précis lorsque j'appelle le taxi « Grab » pour lui demander de me conduire à Đồng Tâm.

Il est au pied de l'hôtel quelques minutes à peine après mon appel. En chemin je lui demande de s'arrêter pour acheter des chrysanthèmes jaunes et des baguettes d'encens. Il stoppe devant une marchande ambulante, me demande de le laisser faire et achète le nécessaire que je lui rembourse sans autre commentaire. Puis nous roulons, toujours sans un mot. Discrétion très inhabituelle pour un taxi, d'ordinaire toujours friand d'échange avec un étranger qui parle vietnamien. Musique douce de Trịnh Công Sơn : « Một cõi đi về », « Un monde qui s'en va », ça ne s'invente pas. Nous passons les agglomérations, les champs et les jardins bien entretenus, des carrés bien propres qui me font penser au jardin de mon père. Allées bordées de bananiers, quelques buffles… Puis c'est l'arrivée dans Đồng Tâm à la sortie de l'école. Des centaines d'enfants, à pied, à vélo sortent de l'immense cour. Je demande au chauffeur de s'arrêter pour faire quelques photos. Il répond : « Où est-ce que vous allez ? À quelle adresse ? ». « Je ne sais pas mais laissez-moi là, je demanderai mon chemin ». Il insiste, bien que sa course soit payée : « Je peux vous aider ? » Alors je me décide et prononce le nom de Lê Đình Kình. Bien sûr qu'il sait. Il demande à un passant qui tout naturellement lui indique la maison. Autre coïncidence, cette fois pas suspecte : la veuve du patriarche assassiné par les tueurs de la police nous croise à vélo. Nous la reconnaissons tous les deux et il l'interpelle. Je descends de la voiture et me présente. Sa belle-fille arrive sur ces entrefaites et les deux femmes me proposent de me guider vers le cimetière. Le taxi, toujours aussi prévenant, leur dit de laisser leurs vélos et de monter dans la voiture. Nous voilà partis sur un petit chemin de terre, entre les tombes. Quelques mètres à pied et le taxi, toujours sans un mot, se charge des fleurs, des baguettes d'encens et de deux bouteilles d'eau, comme si tout avait été convenu à l'avance. Nous arrivons devant un petit cumulus entouré d'herbes sauvages avec du barbelé qui longe ses flancs. Une modeste plaque de marbre gris porte le nom du patriarche, sa date de naissance... Pas de construction funéraire, un pauvre petit espace sauvage au milieu des autres tombes. Le taxi est très actif pour apprêter les fleurs, allumer les baguettes d'encens car les deux femmes sont passives, encore sous le choc de ce Français arrivé subitement de nulle part. Après l'hommage, la veuve de M. Kình, Mme Dư Thị Thành m'explique qu'elle n'a le droit de voir son fils et son petit-fils condamnés à mort et leurs amis emprisonnés qu'une fois par mois. « Ils sont menottés et enchaînés aux pieds. Avec un régime alimentaire des plus sévères. Ils n'ont droit qu'à un complément de ration d'une valeur de six cent mille dongs par mois. Ils ont été très violemment frappés au tout début. À présent les violences directes ont cessé. Ils sont deux par cellule. Pas de traitement médical suite aux tabassages de l'arrestation. Pas de visite de médecin. Pourtant un de mes petits-fils est très faible et tremble des mains et des pieds. »

Mme Thành et sa belle-fille Hoa m'invitent à visiter leur maison, cible principale de l'assaut policier et dont les pièces sont encore criblées de balles. La vieille dame me montre l'endroit où son mari a été abattu comme un chien dans un recoin, à travers une petite fenêtre. Murs, plafonds, fenêtres: partout des impacts de balles. Et la dame m'apporte une poignée de douilles récupérées après la fusillade. Elle me guide jusqu'au puits où trois des assaillants seraient tombés et auraient été brûlés. Plaisanterie macabre et ridicule improvisée à la hâte par les maffieux hauts gradés commanditaires du crime : jamais de jeunes commandos entraînés n'auraient pu tomber à trois dans ce puits et encore moins avoir leur corps entièrement consumé par quelques litres de combustible. On comprend mieux en visitant ces lieux pourquoi toute enquête indépendante a été empêchée ! Un jour, si entre-temps le Parti ne la fait pas raser, cette maison sera un des musées de la résistance paysanne face aux mandarins rouges pilleurs de terres.

Il est temps de partir pour protéger le chauffeur de taxi. À moins que ce ne soit un agent des renseignements en mission pour contrôler et banaliser mon geste. Avec la belle fille, nous échangeons nos adresses mail. J'insiste beaucoup pour une petite contribution aux frais de visite aux détenus victimes et c'est la séparation.

Les hauts dirigeants de la police assassine tel le Ministre Tô Lâm peuvent bien se pavaner devant des steaks enrobés d'or dans de chics restaurants turcs de Londres ou d'ailleurs, les gens d'ici savent bien leur véritable nature. Parmi les centaines d'enfants que j'ai croisés à la sortie de l'école, tous connaissent la vérité et, j'en suis persuadé, nombreux sont ceux qui devenus adultes n'oublieront pas.

Dans l'avion du retour vers Saïgon, je suis malheureux de les laisser ainsi et en même temps je suis soulagé de m'en être sorti sans incident majeur. Il faut désormais rentrer en France pour écrire, terminer le livre et visualiser les images qui nourriront le prochain film.

Mais je n'en ai pas terminé avec les au revoir ou les adieux.

Ce matin du 15 décembre, j'ai projeté de me rendre à la pagode Diệu Pháp, près de la rivière de Saïgon pour porter une gerbe à l'endroit où Lê Hiếu Đằng avait voulu que ses cendres soient confiées au courant. Des amis ont souhaité m'accompagner. Nous nous sommes retrouvés quatre avec Lê Thân qui est venu de Nha Trang dans la nuit, Tân Danièle et Đinh Kim Phúc.

Kim Chi l'actrice, qui pour la circonstance s'était vêtue d'un bel *áo dài*, a été bloquée à la sortie de son appartement avec son mari le professeur Mặc Văn Trang. Les policiers leur ont dit carrément que l'ordre supérieur était de les empêcher de participer à cette commémoration improvisée. L'information sur l'évènement étant restée très discrète entre nous, cette intervention policière montre bien que nous sommes étroitement sur écoute. Ainsi, ce régime qui nourrit des barbares n'a pas changé. Comme je l'ai écrit dans un chapitre précédent, il a profané les obsèques de M. Đằng en 1974, couronnes mortuaires arrachées et banderoles de deuil déchirées, et aujourd'hui près de dix ans après, il empêche ses amis d'honorer silencieusement sa mémoire.

Arrivé sur les lieux, je trouve mes trois amis tendus. J'ai acheté les fleurs blanches, les baguettes d'encens et les fruits. Dans la cour de la pagode, une clôture cadenassée prolonge un muret qui barre l'accès au fleuve. Autour, sur les bancs en pierre, des paires d'yeux qui scrutent nos moindres gestes, téléphone portable collé à l'oreille. Phúc compte au moins sept policiers en civil dont une femme, pour les quatre septuagénaires que nous sommes.

Quand je demande d'ouvrir la petite grille donnant accès au bord de l'eau où les cendres ont été éparpillées, un quidam de service répond que ce n'est pas possible. Alors je confie mon barda à Tân et j'enjambe le muret pour récupérer de l'autre côté fleurs, baguettes et fruits. Je commence à installer le petit autel de fortune sur une des marches les plus proches de l'eau. Bizarrement quelqu'un vient derrière moi décadenasser la grille et mes amis peuvent venir m'aider à allumer les bougies, les baguettes et brûler les papiers votifs. Personne ne nous empêche de faire notre commémoration. Une vieille femme vient même m'aider à couper les tiges des fleurs, un peu longues. Nous nous rendons ensuite dans la grande salle où sont entreposés les vases contenant les cendres des personnes incinérées et nous retrouvons la petite photo surmontant le nom de Lê Hiếu Đằng. Il est classé dans la catégorie « Chiến Sĩ, Liệt sĩ » combattants, martyrs.

Oui, comme je l'ai écrit dans le chapitre « Du pavois », il a été un des cadres du mouvement de la jeunesse et des étudiants contre l'agression américaine. Oui, il a été un haut responsable du Front de la patrie d'Hồ Chí Minh ville. Il a été un combattant. Mais « martyr » ? Martyr de qui sinon de ce régime sinisé qui l'a piétiné dès qu'il a parlé de l'indépendance vis-à-vis de Pékin, dès qu'il a manifesté dans la rue contre les agressions chinoises en mer, dès qu'il a écrit avec son talent d'avocat pour défendre la démocratie et les droits humains, dès qu'il a annoncé qu'il quittait ce Parti communiste qu'il ne reconnaissait plus ?

Il faut vivre de tels moments, sous haute surveillance de la police dite populaire, au bord de la rivière de Saïgon qui a porté tant de convois de patriotes, camarades de Lê Hiếu Đằng vers Poulo Condor, pour mesurer la trahison des dirigeants actuels ! Mais en même temps ces moments me rassurent car ils me confirment que notre résistance, même modeste, est digne, juste et salvatrice.

Au terme de ce dernier périple, je pensais être apaisé. Au contraire, cette tentative de retour vers le passé pour mieux mesurer ce qui aurait dû être le bonheur du présent a actualisé et ravivé en moi beaucoup d'inquiétudes. Non pas pour le vieux monsieur en fin de route que je suis et qui assume pleinement le chemin parcouru, mais pour la grande majorité des habitants de mon deuxième pays et ses générations à venir. Pour le Vietnam, la « malédiction de la géographie » sera toujours là, avec ce voisin géant plein d'appétit, impossible à fuir, difficile à contenir.

Dans l'immédiat, l'heure n'est pas à l'optimisme avec ce régime issu de la guerre et qui la porte toujours en lui comme une autre malédiction, dans son comportement avec son propre peuple, au sein d'un monde bipolaire en ébullition où les foyers d'explosion s'exacerbent, la terreur se banalise et où la « realpolitik » fait fi des droits humains.

Cependant, comme quand j'avais vingt ans, je persiste à croire qu'il n'y a pas de fatalité à la misère, à l'oppression et au malheur. Ces fléaux portent en eux les moyens de leur résister et le ciel peut subitement s'éclaircir même au plus noir des nuages : la vie me l'a prouvé. Loin des dogmes de tout poil, il suffit de s'accrocher à l'Humain, son intelligence, son empathie et son courage.

Lexique

À Di Đa Phật: Expression montrant la révérence, la dévotion.
Áo Dài: Littéralement « chemise longue », robe traditionnelle vietnamienne.
Apasturage: Mot sud-aveyronnais signifiant nourrissage du bétail.
Ami en or: expression utilisée par les dirigeants des partis communistes vietnamien et chinois pour parler les uns des autres.
ASEAN: Association des nations de l'Asie du Sud-Est. Par ordre d'adhésion: Indonésie, Malaisie, Singapour, Thaïlande, Brunei, Vietnam, Laos, Birmanie, Cambodge.
Bạch Đằng: Nom d'une célèbre bataille livrée sur le fleuve du même nom à la fin du premier millénaire par le roi vietnamien Ngô Quyền contre la flotte chinoise d'un des dix royaumes. La bataille fut gagnée grâce à un stratagème consistant à planter des pieux affûtés dans le lit du fleuve qui, à marée basse percèrent la coque des embarcations ennemies.
Bateaux étranges: Expression imposée par le PCV pour parler des bateaux de Pékin.
Biên phòng: Garde-frontière.
Bigos: Petite pioche, nom occitan.
Cabalet: À califourchon en occitan aveyronnais.
Caractères Nôm : Écriture formée à partir de caractères chinois auxquels étaient ajoutés des signes phonétiques, Elle a coexisté avec les caractères Nho (chinois) restés officiels jusqu'au début du vingtième siècle. Elle a été ensuite latinisée par l'intervention de missionnaires tels Alexandre de Rhodes, qui la rendirent ainsi accessible au plus grand nombre.
Clapàs: Mot occitan: tas de pierre où se logent les lapins.
Công an: (littéralement: sécurité publique) police.
Côn Đảo: Archipel de la mer du Sud-Est asiatique, aussi appelé Pulau Condore en malaisien (Poulo condor en français) compte seize îles et ilots. Côn Sơn, l'île la plus étendue a été utilisée par les colonialistes français pour y établir leur sinistre bagne dès 1868. Agrandi de quatre camps au fur et à mesure de la résistance contre les Français puis les Américains.
Côn Sơn: (voir Côn Đảo).

Coracle : Petite embarcation sphérique de 1,5 m de diamètre en bambou tressé, dirigée et propulsée à la godille avec un petit moteur d'appoint.
Defòra : Mot occitan signifiant dehors.
Ferrous : Occitan : piège léger placé pour braconner le petit gibier.
Gafet : Jeune garçon effectuant les petites corvées.
Gavach : terme péjoratif employé notamment dans l'Hérault pour désigner les montagnards surtout aveyronnais et tarnais.
Gourp : Un trou d'eau.
Grec : C'est ainsi qu'on appelle sur le littoral biterrois le vent d'est qui souvent amène la pluie.
GRP : Gouvernement révolutionnaire provisoire.
Jasse : Nom donné en Aveyron à un abri de berger.
Holothurie : Aussi appelée concombre de mer ou bêche de mer au corps mou et oblong. Elle compte de nombreuses espèces. Très prisée par les consommateurs chinois pour ses vertus supposées contre l'arthrite, source de testostérone et progestérone… L'animal est très braconné dans les eaux et les parcs d'élevage où il subsiste encore.
Kapo : Prisonniers de droit commun utilisés par les nazis dans les camps de concentration pour administrer les autres prisonniers.
MAE : Ministère des Affaires Étrangères.
Moïs : Nom péjoratif que les colonialistes donnaient aux ethnies montagnardes.
Neveu, petit oncle, petite sœur… : (*cháu, chú*) façon respectueuse ou/et affectueuse de s'adresser à un homme ou une femme selon l'âge que l'on a par rapport au sien. Remplace le plus souvent les pronoms personnels (Je, tu, il, elle…).
No-U ou U-Line ou langue de bœuf : En forme de U ou en langue de bœuf, tracé en tirets ou pointillés qui matérialise sur la carte la zone souveraine revendiquée par Pékin en mer du Sud-Est asiatique.
Phở : Soupe vietnamienne au bœuf ou au poulet.
Poulo Condor : (voir Côn Đảo).
PX : Magasin détaxé de l'armée américaine.
Tây ballot. Littéralement occidental ballot : un(e) occidental(e) avec un sac à dos.
Tà ru : Verlan du vietnamien Tu Ra (sorti de prison) inventé par les anciens détenus politiques, par auto-dérision.
Tendelle : Piège placé sur une lauze, généralement sous un cade. Il est constitué de baguettes de bois maintenant une lauze plate au-dessus d'un appât et ajusté en équilibre précaire pour libérer la pierre sur l'oiseau quand celui-ci becquera sa proie.
Truquer : Terme employé en occitan de l'Aveyron pour qualifier le coup de cornes donné par un bœuf ou une vache.
Vici, VC : Việt Cộng.
Việt Kiều : Vietnamien résidant à l'étranger.

Table

SUITE :

Extrême-Orient, Pacifique

- Joseph GABET et Evariste HUC, *Lettres de Chine et d'ailleurs*
- Bernard de GIVE, *Un trappiste à la rencontre des moines du Tibet*
- Paul PELLIOT, *Carnets de route*
- Anne DI PIAZZA (présenté par), *Journal de Pierre-Adolphe Lesson à bord de l'*ASTROLABE
- Jean-Claude PETER, *Souvenirs du Milieu du Monde*
- Michel WASSERMAN, *Mozart à Kyoto*
- Marie-Claire BERGERE, *La Chine du coin de l'œil*
- Gérard MARTZEL, *Les Grandes Lectures d'été*

Autres

- Pierre LOTI, *Journal, 1879-1913* (5 volumes)
- Samir AMIN, *Mémoires. L'éveil du Sud*
- Marie TYL, *Journal de guerre. Cherbourg 1914-1919*
- Marie TYL, *Journal de guerre écrit à Cherbourg 1939-1945*
- Roger DÉDAME, *Une tranche d'histoire vue d'en bas*
- Georges COURADE, *"Comme le fleuve, la vérité se perd dans le désert" Faire de la recherche dans les Afriques en décolonisation*
- Jacques-Edmond MACHEFERT, *De sable, d'écume et d'immortelles*
- Élie NEAU, *Histoire des souffrances du sieur Elie Neau, sur les galères, et dans les cachots de Marseille,* Édition et présentation de Didier Poton et Bertrand Van Rumbeke
- Pierre BEZARD, *Juger, mission impossible ?*
- Valentin GUILLON, *Arvert, notre commune*
- Henri MOREAU, *Les Empochés*

Achevé d'imprimer en avril 2024 par La Manufacture - Imprimeur – 52200 Langres
N° 240256 – Imprimé en France – Dépôt légal : avril 2024